Theodor Fontane

Der Krieg gegen Frankreich

1870-1871

Theodor Fontane

Der Krieg gegen Frankreich
1870-1871

ISBN/EAN: 9783743673212

Hergestellt in Europa, USA, Kanada, Australien, Japan

Cover: Foto ©ninafisch / pixelio.de

Weitere Bücher finden Sie auf **www.hansebooks.com**

Der

Krieg gegen Frankreich

1870—1871

Von

Th. Fontane.

I. Band:

Der Krieg gegen das Kaiserreich.

Berlin, 1873.

Verlag der königlichen Geheimen Ober-Hofbuchdruckerei
(R. v. Decker).

Der

Krieg gegen das Kaiserreich.

***

Von

Th. Fontane.

II. Halbband:

Von Gravelotte bis zur Capitulation von Metz.
(19. August bis 27. October 1870.)

Mit 35 Plänen in Holzschnitt.

Berlin, 1873.

Verlag der königlichen Geheimen Ober-Hofbuchdruckerei
(R. v. Decker).

Die Angabe der benutzten Quellen erfolgt bei Schluß des Werkes.

Inhalts - Verzeichniß.

—

Wilhelmshöhe.

Straßburg.

VIII

Der

Vormarsch der III. und IV. Armee

in westlicher Richtung (auf Chalons).

Bis zum 25. August.

———

Der 19. August.

Die Bildung der Maas-Armee unter dem Kronprinzen von Sachsen.

So groß die Anstrengungen und Opfer der letzten Tage gewesen waren, sie hatten die Entschlußkraft Derer unberührt gelassen, die berufen waren das große Unternehmen siegreich hinauszuführen. Während noch bestattet wurde, und die Choräle über das Plateau hin erklangen, wurden bereits neue Pläne gefaßt, neue Organisationen beschlossen und ausgeführt. Das große Hauptquartier entschied sich, im Hinblick auf die Situation, für Theilung der gesammten deutschen Heereskraft in zwei Hälften, von denen die eine Hälfte bestimmt sein sollte

als Einschließungs-Armee vor Metz zu verbleiben, und die Capitulation dieser Festung herbeizuführen; die andere Hälfte aber

als Offensiv- oder Operations-Armee auf Paris zu marschiren, und durch Eroberung der Hauptstadt den Frieden zu erzwingen.

Die Verwendung der drei einzelnen großen Heerkörper, aus denen bis dahin die gesammte deutsche Macht bestanden hatte, ergab sich dabei von selbst.

Die I. und II. Armee, die die Schlachten vor Metz geschlagen und die Einschließung bewerkstelligt hatten, wurden natürlich dazu bestimmt die Cernirung fortzusetzen.

Der III. Armee, die bereits auf der direkten Pariser Straße stand, fiel selbstverständlich die Aufgabe zu, die kühn und siegreich begonnene Offensive weiter zu führen; nur erschien es nöthig — und das war es, was zu der Reorganisation führte — die Offensivkraft dieser Armee zu steigern. So gewiß es feststand, daß die Mac Mahonschen Divisionen, die bei Wörth den Kampf geführt hatten, in vollständiger Deroute westwärts gezogen waren, so gewiß war es doch auch, daß er nur mit der Hälfte seiner Truppen diesen Kampf geführt hatte, so gewiß war es

25*

daß das ganze V. Corps, und zwei Divisionen des VII., intakt waren,
daß bei Chalons ein neues Corps, das XII., in der Bildung begriffen war, und

daß drittens und letztens die Hauptstadt selbst ein Faktor war, mit
dem gerechnet werden mußte.

In Erwägung all dieses Vorstehenden faßte das große Hauptquartier
schon am Vormittag des 19. den vorstehend wenigstens angedeuteten Beschluß,
aus der großen Einschließungs-Armee, an deren Spitze Prinz Friedrich Karl
trat, drei Armee-Corps und eben so viele Cavallerie-Divisionen auszuscheiden,
diese drei Corps zu einem selbstständigen Armeekörper zu gestalten und diese
neugebildete Armee, nunmehr die IV., an der Offensive der III. Armee
theilnehmen zu lassen. Dies geschah. So entstand die IV. oder Maas-
Armee. Die Truppentheile, die zur Bildung derselben verwandt wurden,
waren

das Garde-Corps,
das IV. Corps,
das XII. Corps,
die 5. Cavallerie-Division,
die 6. Cavallerie-Division,
die sächsische Cavallerie-Division.*)

Dieser neugebildeten, nach Abzug der gehabten Verluste noch etwa 90,000
Mann starken Armee, fiel die Aufgabe zu, als rechter Flügel der III. Armee
zu operiren. An die Spitze dieser großen Offensiv-Armee trat der König.
Der Kronprinz von Sachsen wurde mit Führung der IV. (Maas-)
Armee betraut.**)

Kronprinz Albert von Sachsen war 1843, in seinem sechszehnten
Jahre, in die Königlich sächsische Armee eingetreten, in welcher er am
24. Oktober genannten Jahres Seconde-, am 3. März 1846 Premier-
Lieutenant in der reitenden Artillerie-Abtheilung wurde. Der Prinz nahm
im Jahre 1849 unter den Befehlen des General v. Heinz an den Kämpfen
in Schleswig Theil, wo er am 13. April 1849, nachdem er am 17. September 1847 zum Hauptmann ernannt war, den sächsischen Heinrichs-Orden
vor dem Feinde erwarb. Am 19. Juli 1849 zum Major befördert und am

---

*) Die sächsische Cavallerie-Division hatte bis dahin keinen selbstständigen Körper,
sondern einen integrirenden Theil des XII. Armee-Corps gebildet; wir halten es aber dennoch
für angezeigt, ihr hier eine gesonderte Stellung anzuweisen, da sie in den nächsten Tagen
ebenso selbstständig operirte wie die 5. und 6. Cavallerie-Division.

**) Zum Chef des Generalstabes dieser neugebildeten Armee wurde General v. Schlot-
heim, bis dahin Commandeur der hessischen Cavallerie-Brigade, ernannt. General-Lieutenant
Prinz Georg von Sachsen übernahm das Commando des XII. Corps.

16. Mai 1850 zum Oberst-Lieutenant ernannt, erhielt er noch am 8. August desselben Jahres das Obersten-Patent mit dem Commando der 3. Königlich sächsischen Infanterie-Brigade. Bereits am 10. Oktober 1851 wurde derselbe zum General-Major, am 27. Oktober 1852 zum General-Lieutenant und am 15. Oktober 1857 zum General der Infanterie befördert. Als solcher führte der Kronprinz, der zuvor Commandeur der 1. Infanterie-Division gewesen war, während des deutsch-österreichischen Krieges 1866 den Oberbefehl über die Königlich sächsische Armee, welche unter seinen Befehlen am Tage von Königgrätz mit einem auch vom Gegner anerkannten Heldenmuthe kämpfte, und unerschüttert durch die völlige Auflösung ihrer Bundesgenossen, den Rückzug mit Zurücklassung nur eines demontirten Geschützes anzutreten im Stande war. Im gegenwärtigen Kriege hatte der eben siegreich beschlossene Tag (18. August) aufs Neue seine hervorragende militairische Begabung ins Licht gestellt.

Am 19. Nachmittags empfing der Kronprinz von Sachsen den Befehl zur Uebernahme des Commandos der neu zu formirenden Armee. Noch am Abend desselben Tages (19.) traten die Garden und das XII. Corps ihren Vormarsch in westlicher Richtung an, auf dem rechten Flügel von der 5., auf dem linken von der 6. Cavallerie-Division begleitet; die sächsische Cavallerie-Division in Front des XII. Corps. Das IV. Corps befand sich, nach links hin, in bedeutendem Abstand (6 Meilen) vom Gros der Maas-Armee. Es hatte an diesem Tage Commercy an der Maas bereits erreicht und unterhielt die Verbindung mit der III. Armee.

Dieser, die wir vom Wörther Schlachtfelde aus noch bis an die Vogesen und durch die Pässe des Gebirges begleiteten, wenden wir uns nunmehr wieder zu.

Die III. Armee bis zum 19. August.

Die Kronprinzlichen Hauptquartiere.*)

Am 8. August von Sulz nach Merzweiler.

Am 9. nach Obermottern (diesseits des Vogesenpasses).

Am 10. nach Petersbach (jenseits des Vogesenpasses).

Am 11., 12. und 13. in Petersbach.

Am 14. nach Blamont.

Am 15. nach Luneville.

Am 16. nach Nancy.

Am 16., 17., 18., 19. in Nancy.

Die III. Armee, nachdem sie am 7. auf dem Schlachtfelde von Wörth gerastet hatte, brach am 8. früh in fünf Marschcolonnen auf, um, durch die Vogesen hin, dem Feinde zunächst bis an die Saar, und wenn er diese Linie aufgegeben haben sollte, bis an die Mosel und Maas zu folgen.

Die fünf Marschcolonnen hielten folgende Straßen inne:

das II. baierische Corps (rechter Flügel) verfolgte die nördliche Vogesenstraße und ging über Bitsch, Rohrbach nach Fénétrauge;

das I. baierische Corps marschirte auf einer südlich davon gelegenen Gebirgsstraße über Bärenthal, Lemberg nach Rahling und bog dann südwärts über Drulingen nach Bettborn aus;

das V. Corps ging auf einer Gebirgsstraße über Lützelstein nach Petersbach vor, und wandte sich dann südwärts nach Saar-Altroff; (die württembergische Division folgte in geringer Entfernung seitwärts);

*) Am 4. Treffen bei Weißenburg; Hauptquartier in Schweighofen. Am 5. in Sulz. Am 6. Schlacht bei Wörth; Hauptquartier Abends in Sulz. Am 7. in Sulz.

das XI. Corps wurde als linke Flügel-Colonne nach Saverne dirigirt, und marschirte von hier bis Saarburg auf der großen Hauptstraße
durch die Vogesen, innerhalb jener Gebirgssenkung, durch welche sich auch
die Eisenbahn Straßburg-Nancy zieht.

Die 4. Cavallerie-Division erhielt gleichfalls die Direktion auf Saverne, um sodann auf der Hauptstraße weiter vorzugehen.

Diesen Weisungen gemäß marschirten die fünf Colonnen. Schon
am ·10. Abends befand man sich jenseits der Vogesen; die Defiléen waren
glücklich passirt, einem Widerstande war man nirgends begegnet. Einzelne,
den einen oder andern Paß beherrschende Festungen, wie Bitsch, Marsal,
Lützelstein, hatte man im Vorübergehen theils mit, theils ohne Erfolg wegzu-
nehmen getrachtet, Unternehmungen, deren wir weiterhin (s. S. 371 und 383)
in Kürze Erwähnung thun werden. Im Ganzen war Alles, was dem Tage
von Wörth auf fast vier Wochen hin folgte, ein Marsch- und Bivouacleben,
oft beschwerlich (besonders an den zahlreichen Regentagen), aber doch immerhin
ein halb idyll-, halb genrehaftes Treiben, das sich mit seinen Gegensätzen,
seinem Humor und seiner Zuversicht erquicklich-wechselvoll in den blutigen
Ernst des Krieges einschiebt, und uns mit Vorliebe bei diesem heitern Zwischenspiel verweilen läßt. Wir lassen Betheiligte selbst sprechen, dabei Briefe aus
dem kronprinzlichen Hauptquartier — das meist die Marschlinie des V. Corps
innehielt — excerpirend.

Obermottern, am 9. Abends.

Hier wären wir denn am Fuße der Vogesen, die waldigen Schau-
plätze Erkmann-Chatriau's und seiner Erzählungen vor uns! Die letzte
Nacht, vom 8. auf den 9., verbrachten wir noch in Merzweiler, einem ausgedehnten Flecken an der Eisenbahn von Hagenau. An Schlaf war kaum
zu denken, denn der Regen ergoß sich mit energischem Geplätscher. Wenn
ich dabei der chemins vicinals gedachte, so wollte es mich bedünken, daß
der Kronprinz keinen schlimmeren Feind als diese Güsse hätte finden können,
welche die Passage der Colonnen und Artillerie-Trains bis zur Unmöglichkeit erschwerten. Der Regen und das unreife Obst waren schon einmal die
gefährlichen Alliirten Frankreichs gegen die preußische Invasion. Aber heute
früh, ehe wir von Merzweiler hieher (nach Obermottern) aufbrachen, hörte
ich von competenter Seite das Gegentheil. »Der Regen und seine Kühle
verscheuchen am sichersten die Krankheitskeime, machen den Soldaten frisch
und elastisch, und reichen noch nicht entfernt aus, die Wege unpassirbar zu
machen.« Der Zustand, der heute zurückgelegten, schien diese gute Meinung
nur zu bestätigen. Es waren immer doch chaussirte Straßen, zwischen

Pappel- und Obstbaumreihen, auf denen die lange Reihe der Reiter und
Wagen des Hauptquartiers dahinzog, immer südwestlich den Vogesen entgegen, durch ein liebliches Hügelland, durch Waldungen und über Wiesen,
auf denen, unserem Zuge parallel, die Pioniere der Feldtelegraphen-Abthei-
lungen vorrückten, ihre leichten Stangen einschlagend und ihre Drähte von
einer zur andern spannend.

Langsam weiter vorwärts gelangend, wurde bereits gegen Mittag
Halt gemacht und das Quartier in zwei benachbarten Dörfern, Obermottern und Zutzendorf, aufgeschlagen.

Es sind schön gelegene, malerische Dörfer mit manchen architekto-
nischen Eigenthümlichkeiten und viel sinnigem Schmucke an ihren Giebel-
häusern, Hofmauern und Thoren; sie verdienten es wohl, eingehender durch-
mustert zu werden, als es die kurze Aufenthaltszeit ermöglichte. Auch die
Bewohner sind durch eine weit farbigere, malerischere Tracht vor ihren, uns
bisher begegneten elsässischen Landesgenossen ausgezeichnet. Die Röcke der
Weiber meist von sehr feinem Meergrün des Tons oder brennendem Roth
mit vortheilhaft geschnittenem Mieder und rothem Besatze; bei den Männern
die rothe Weste, die lichtblaue Hose. Beide Dörfer liegen eine Viertelstunde
auseinander. Der Weg zwischen beiden leitet den Blick über den lachenden
Vorgrund der Wiesen und Felder auf das herrliche Gebirgspanorama der
nahen Vogesen, deren waldbedeckte Felsenrücken sich dort bald in großartig
gestreckten, bald in keck profilirten Linien nach Nord und Süd hinziehen.
Die mittelste Höhe dieser ganzen vor uns ausgebreiteten Kette wird von einem
kleinen, durch's Fernrohr betrachtet, ganz mittelalterlich-burgartig aussehenden
Felsenneste gekrönt: der Bergfestung Lichtenberg. Bald nach unserer
Ankunft wurden wir durch fernen Kanonendonner aus unseren Quartieren
gelockt. Er dröhnte aus jener Gegend her, und eine Stunde später sah man
dicke Rauchwolken von der Feste aufsteigen und sich über die Nachbarhöhen
hinwälzen: die Unseren hatten das Ding prompt in Brand geschossen. Leider
sagt man, daß es sehr feste, in den Fels gearbeitete Kasematten habe und
es eben so schwer sein dürfte, die beim Passiren der dortigen Pässe immer
unbequeme Besatzung auszuräuchern, als die darin verborgenen Pulvervorräthe zu vernichten.

Petersbach (am westlichen Abhang der Vogesen) am 10. August Abends.

Das Hauptquartier unserer III. Armee hat heute früh 8 Uhr
Obermottern verlassen und den Marsch durch die Defilen der Vogesen angetreten, auch beendet. Der Weg führte uns, langsam ansteigend,

an den waldigen Abhängen des Gebirges hin über Weitersweiler und Lützelstein (La petite Pierre) nach Petersbach, wo wir im Laufe des heutigen Nachmittags unser Quartier aufschlugen.

Auf dem Marsche hieher besichtigte der Kronprinz das eben genannte Lützelstein, das zum Schutze der Straße auf Ingweiler dienen sollte, aber, wie die preußische Fahne auf dem Thurm verkündete, bereits in die Hände der Unsrigen übergegangen war. Man konnte auch hier wieder die Bemerkung machen, die sich unseren Truppen bei dem ganzen Zuge durch das Elsaß und bei dem Einfall in Lothringen auf Schritt und Tritt aufdrängt, daß der Feind auf eine so rasche Bewegung der deutschen Armeen nicht im Entferntesten vorbereitet war. Man fand die Palisaden-Arbeiten mitten in der Vollendung unterbrochen, große Massen von Quadersteinen, die zur Vermauerung angewandt werden sollten, unbenutzt. Trotzdem hatte General Faill, der nach der Schlacht von Wörth am Sonntag, den 7. August, die Festungswerke inspicirte, den Befehl ertheilt, daß die Besatzung, etwa drei hundert Mann stark, auf ihrem Posten bleiben und die Vertheidigung forciren solle. Die Truppe muß aber anderer Meinung gewesen sein, da sie aus dem Fort bereits entwichen war, als unsere Truppen vor demselben erschienen. Man hatte französischerseits die Vorsicht gebraucht, Munition und Gewehre zu vergraben. Unsere Soldaten entdeckten jedoch den Versteck und machten auch an diesem Platze wieder eine reiche Beute, die noch durch einige Koffer voll Offizierssachen und anderweite Bagage vermehrt wurde.

Inzwischen hatte sich auch das Schicksal des Schlosses Lichtenberg entschieden, da der französische Commandant, Lieutenant Archer vom 96. Linienregiment, sich zur Annahme der Capitulation entschlossen. Der Vertrag der Uebergabe ist von dem französischen Befehlshaber und dem würtembergischen Major Seestorf, Commandeur des würtembergischen Jäger-Bataillons, das den Angriff unternommen hatte, gezeichnet. Die Bestimmungen lauten dahin, daß die Offiziere in Kriegsgefangenschaft abzuführen seien, aber vorerst das Recht behalten sollen, ihren Degen zu tragen, bis die Entscheidung des Ober-Commandeurs über die würtembergischen Truppen (General v. Obernitz) eingeholt sei.*)

*) Ueber die Einnahme von Schloß Lichtenberg seitens der Würtemberger liegt uns folgendes vor. »Unserm 1. und 3. Jäger-Bataillon, sammt einigen Geschützen, fiel die Aufgabe zu, die Bergfeste Lichtenberg zu nehmen.« Dieses, dem Hohentwiel vergleichbare Felsennest mußte genommen werden, um alle Störungen hinter dem Rücken der Armee zu vermeiden. Auf eine halbe Stunde Entfernung begann die Artillerie die Beschießung und wir rückten zum Angriff vor. In der rechten Hand den Säbel, in der linken den Revolver, drang ich mit meinem Zug durch den Wald, um den Feind in der Flanke zu fassen. Allein es ergab sich bald, daß das Dorf vor der Festung nur von einer Patrouille besetzt war, die sich eiligst

Hier in Petersbach bestätigten uns die Einwohner, daß die Franzosen auf ihrem Rückzuge, dessen Entfernung vom Wörther Schlachtfelde beinahe 6 Meilen beträgt, Sonntag und Montag (7. und 8. August) noch in wildester Flucht angekommen seien. Die einzelnen Regimenter, kaum noch halb so stark, wie sie vor wenigen Tagen zum Anmarsch durchpassirt waren, lagerten sich einige Zeit im Dorfe, um über die weitere Direktion der Fluchtlinien zu berathen. Die Soldaten erklärten dabei ihren Offizieren unter Drohungen, daß sie dem Feind nicht mehr die Spitze bieten würden. Die übrig gebliebenen Mannschaften der schweren Cavallerie, die unter allen Waffengattungen der Franzosen in der Schlacht vom 6. d. am ärgsten mitgenommen ist, fast Alles Männer aus dem Elsaß, haben nach der Art eines geschlagenen Söldnerheeres den Verband mit der Armee selbstwillig gelöst, entschlossen, wenn es ihnen gelingt, in ihre Heimathsorte zurückzukehren.

Petersbach, 10. August Abends.
(Schilderung desselben Marschtages aus anderer Feder.)

Heut um 10 Uhr Morgens brach das Hauptquartier der III. Armee zu einem längeren Tagesmarsch auf. Wir avanciren in täglich beschleunigtem Tempo. Heut gilt es, den höchsten Grat der Vogesen zu überschreiten. Es circuliren Gerüchte von gewissen möglichen Gefahren, mit denen uns die »freien Schützen-Compagnieen« in diesen Waldbergen und engen gefährlichen Défiléen bedrohen könnten, trotzdem die Waldungen ringsum hinreichend abgesucht sind, um jede ernstere Befürchtung zu verbannen. Nach der Ulanen-Schwadron vom 1. Westpreußischen Regiment, welche eine Strecke voraus an des Zuges Spitze reitet, folgt, unter dreier berittenen Offiziere Führung, ein halbes Bataillon Infanterie, dann der Kronprinz und die Fürsten, Generale, Ordonnanz-Offiziere des Hauptquartiers, hinter ihnen die lange Reihe

entfernte. Man ging deshalb sofort zur Cernirung über. Von da an war ein merkwürdiger Zustand; sowohl oben als unten lag man auf der Lauer, und wo sich ein Körpertheil zeigte, fielen Schüsse. Die Franzosen kannten die Entfernung ganz genau und legten auf die Mauer auf. Aber auch unsere Kugeln trafen auf 300 bis 400 Schritt durch die Schießscharten manchen Franzosen. Nachdem die über uns wegzischenden Granaten die Feste in Brand gesteckt hatten, hörte man das Schreien von Frauen, Kindern und Verwundeten. Unser Oberst-Lieutenant v. Steiger vom 1. Jäger-Bataillon wurde tödtlich getroffen. Bis zum Einbruch der Dämmerung ging es in gleicher Weise fort. Die Festung brannte lichterloh; da plötzlich wehte die weiße Fahne auf den Zinnen, und sofort wurden Offiziere abgesandt, welche die Capitulation entgegennahmen. Noch in der Nacht kam ein Theil der Verwundeten herab. Ohne Arzt lagen dieselben oben, theilweise schon bei Wörth verwundet. Am folgenden Tage (10.) zogen wir mit klingendem Spiele ein und überzeugten uns von der Festigkeit des Orts. Todte und Trümmer, Blutlachen und Waffen, Alles lag bunt durcheinander, und oft konnte man sehen, wie unsere Schüsse, über die man unten gestritten, oben gewirkt hatten.«

der Reitknechte und Soldaten mit den Handpferden, die zweite Hälfte des Infanterie-Bataillons und dann erst die Wagen. An den Seiten der Dorf- straße von Obermottern stehen die schönsten malerischesten Weiber- und Kinder- gruppen, wie sie Marchall so treulich und liebenswürdig zu malen versteht. Gestalten, oft von reizender naiver Anmuth in der Tracht wie in der Stel- lung. Sie warten gespannt der Ankunft des Kronprinzen. Er wird ihnen sicher gefallen, dieser Heerführer Süddeutschlands, den seine Soldaten schon heut als den künftigen »deutschen König« grüßen. Wie er an der Spitze seines Gefolges daherreitet, erscheint seine mächtige, blonde, jugendliche Mannesgestalt in ihrer reinen blühenden Gesundheit und Lebensfülle, wie eine Incarnation all jener ächt germanischen Volkstugenden, welche eben jetzt ihre ganze Wucht, ihren Werth und ihre Superiorität Frankreich und seiner romanischen Race gegenüber Jedem verständlich erwiesen haben.

Wieder fahren, mich wieder in den Wagen pferchen, erscheint mir an diesem frisch wehenden, verhüllten, erquickenden Morgen als eine wahre Sünde. Ich wandle in scharfem Gleichschritt neben der Reitercolonne dahin, und bin dadurch in der glücklichen Lage, sowohl deren interessante Einzel- und Gesammterscheinungen nach Belieben in der Bewegung studiren, wie die mit jedem Schritt vorwärts sich immer reicher entwickelnde, landschaftliche Schönheit dieses Waldgebirges besser genießen zu können. Nichts Traulicheres, als die Dörfer an den östlichen Abhängen, in der buschigen Umfriedigung ihrer Gärten halb versteckt. Ihr Landschaftscharakter ist uns so vertraut, die Namen, ihrer Bewohner Gesichtstypus und Sprache ist noch immer, nach zwei Jahrhunderten der prinzipiellen Unterdrückung und Ver- fälschung des deutschen Elements, der ächt deutsche. Man glaubt sich kaum aus dem badischen Land herausgekommen. Und alle Dragonaden und son- stigen frommen Bemühungen des großen Ludwig haben dieses Volk nicht um die protestantische Seele zu betrügen vermocht. In jedem Dorf, das wir passirten, neben der schön und stattlich gebauten, wohl erhaltenen Kirche, das vom Weinlaub beschattete trauliche Pfarrhaus, das zum würdigsten Schauplatz jeder Luisen-, Wakefield- oder Byron-Idylle dienen könnte. Trotz der hier bereits durchmarschirten Truppenmassen ist noch nicht aller Nah- rungsbestand so heuschreckenhaft aufgezehrt wie um Sulz und Wörth. Wo man um einen Tropfen Wasser bittet, bringt man uns willig guten reinen Wein und weißes Brod, und die Annahme der Bezahlung wird freundlich und entschieden verweigert.

Nach anderthalbstündigem Marsch hinter dem großen Flecken Weiters- weiler steigt der Weg immer steiler zu den Waldbergen hinan. Die eine Seite der Straße wird unausgesetzt von langsam vorrückenden Colonnen, von Proviant- und Sanitätswagen besetzt gehalten, und die an der ganzen

Länge des Zuges auf- und absprengenden Armee-Gensd'armen haben ein
hartes Stück Arbeit, jedes Ausbrechen aus der Linie abzuhalten. Ueber die
Wiesen und Stoppelfelder jenseits der Chausseegräben treiben einzelne Musketiere, zu Rinderhirten verwandelt, die requirirten Ochsen und Kälber,
welche sehr geringe deutsche Sympathieen zu bekunden scheinen, bergaufwärts
der Armee nach. Die schweren, mit Sechsen bespannten Wagen der Feld-
telegraphie rasseln voran, während mit bewundernswürdiger Schnelligkeit
und Präcision auch hier wieder die dazu gehörigen Pioniere, — die kurze
Flinte am Riemen über den Rücken, den wuchtigen Holzhammer in der
Faust — zur Seite des Weges ihre leichten Stangen im Boden befestigen,
und die Drähte von einer Spitze zur andern ziehen. Trotz aller strengen
und achtsamen Bewachung scheint ihre Arbeit doch oft genug von heimlichen
Feinden auf der weiten Strecke bis zur Grenze zu einer vergeblichen gemacht
zu werden. Die Drähte müssen hie und da immer wieder zerschnitten worden
sein, denn der Kronprinz hat bis heut noch keine Antwort von Berlin auf
das Siegestelegramm von Wörth erhalten.

In dichtem Buchenwalde, auf der Höhe, wurde an einer Lichtung
Halt gemacht und ringsum die Posten ausgestellt. Die ganze glänzende Gesellschaft des Obercommandos der III. Armee stieg von den Pferden, und
lagerte auf der Erde. Die Feldflaschen kreisten, man brach und theilte gut
kameradschaftlich das Brod. Die Unterhaltung kam noch einmal auf den
gestrigen Gang. Im Besitz mancher charakteristischen, schriftlichen und
literarischen Dokumente desselben, wie ich es war, gelang es mir unschwer, die muntere Stimmung Aller zur herzlichsten Heiterkeit zu steigern.
Besonders die neuesten Nummern unseres alten Freundes »Figaro« (vor den
letzten Siegen), welche ich dort oben dem Verbranntwerden entrissen hatte,
waren auf's Glücklichste dazu geeignet. Da waren jene trefflichen Leitartikel,
in denen klärlich die Unvermeidlichkeit des französischen Sieges über die
Preußen, der Sieg der Armee »de jeunes héros« über die pauvres
bourgeois de quarante ans, ausgesprochen und als Zweck des Krieges
die »tour du monde« hingestellt wurde »pour établir enfin pour toujours
la règne de l'honneur, de la justice et — le désarmement«. Und dann
die Theaterberichte! Die »primeurs« der dort allabendlich erklingenden Helden-
poesien! z. B. Rabaud's »Française«:

Le monde aspirait au repos,
Il croyait enfin terminées
Les étapes des vieux drapeaux
Et des nations acharnées . . .
Voici qu'un cri parti du Nord
Met à néant notre espérance:
La Prusse veut tenter le sort,
Malheur à qui brave la France.

Nous sommes les fils des héros;
Nous avons la fibre et la moelle,
Soldats, officiers, généraux,
Nous naissons avec un étoile.
Ici tout le monde a vingt ans;
On sait endurer la souffrance,
Nos automnes sont des printemps,
Malheur à qui brave la France!

Croyez vous donc, qu'on soit jaloux
D'aller s'implanter où vous êtes?
Nous sommes assez bien chez nous,
Pour ne plus vouloir de conquêtes.
Nous vous laisserons votre Rhin;
Son vin est trop fade et trop rance,
Vous en boirez, vieux Souverains!
Malheur à qui brave la France. —

Nach einer halben Stunde schon, während welcher wir felsige Engen passirt hatten, deren Nichtvertheidigung besser und schlagender als Alles den Zustand der Auflösung bei unseren Gegnern documentirte, hörte der Wald zur Linken auf, und ließ den Blick frei über entzückend schöne Waldwiesenthäler in der Tiefe zur Linken und weit, weit jenseits der buchenbedeckten Höhen, welche dieselben umhegen, auf die fernen blauen Berge des badischen Schwarzwaldes, von denen ich ehedem an so manchem Augusttag zu diesen Vogesen herübergeblickt habe, ohne daß mir je die Ahnungsstimme gesagt, daß und unter welch wunderbaren Umständen ich sie betreten würde. Und drüben gerade vor uns, auf der höchsten Höhe des Gebirgs, das köstlich malerische alte Städtchen mit seinen grauen Festungsmauern und Bastionen, von denen nun die preußische Fahne im Regenwinde flattert, das sich so keck auf der Klippe über der grünen Tiefe erhebt, Lützelburg.

Ich erfahre erst hier im Weitermarschiren, auf welchem Ehrenplatz ich mich befinde. Der Kronprinz hatte nach dem Tage von Wörth meine freundlichen Begleiter dankend umarmt und geküßt. Und ihrem Bataillon (vom 58.) wurde zum Lohn die ehrende Auszeichnung, zur Escorte des Heerführers der Südarmee auf dem gefürchteten Marsche durch die Vogesen zu dienen, und des ganzen Zuges Spitze zu führen. Lieutenant Lau lieh mir ein Pferd; und so ritt ich vor ihnen dahin im vollen Genuß des humoristischen Behagens, persönlich, statt »der Armee des Kronprinzen zu folgen«, auf diesem weltgeschichtlich denkwürdigen Vogesenzug desselben, buchstäblich die Tête des Ganzen gehalten zu haben. Als wir hier in dem großen hübschen Flecken Petersbach, schon auf der westlichen Abdachung des Gebirges, angelangt waren, unser Bataillon sich am Rande der Straße rangirt hatte, und wir uns gegenüber aufgestellt hatten, um den Kronprinzen mit seinem

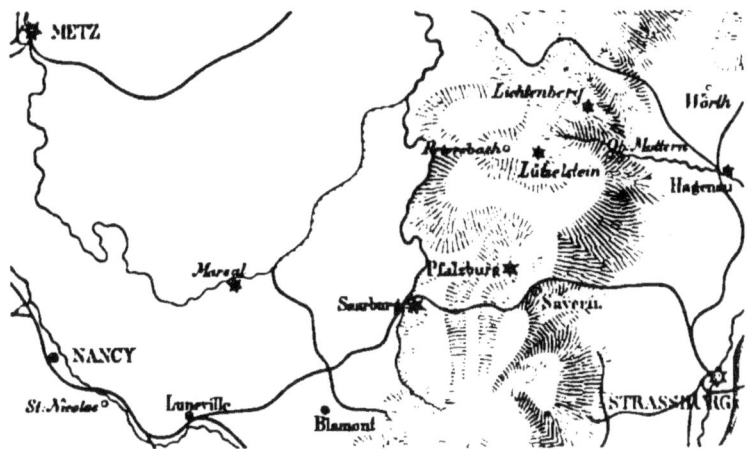

Gefolge an der Front vorüber zum Quartier reiten zu laffen, gab es einen gut militairifchen Wechfelgruß zwifchen Ihm und mir, deffen Art mir am Beften bewies, wie freundlich mein eigenes Amüfement an der Situation vom Feldherrn getheilt wurde.

Hier ift gut fein. Alles deutfch und proteftantifch.

Den Baiern muß bei ihrem Durchzuge füblich, wahrfcheinlich nördlich von uns, Pfalzburg einige Hinderniffe bereitet haben. Eben jetzt, um 10 Uhr Abends, fehen wir in jener Richtung über den fernen Wäldern immer wieder den Feuerfchein der Brandraketen aufzucken.

Im Uebrigen ftrömt es vom Himmel hernieder, fo daß man doch fürchten muß, es wird zu viel von unferem alten und — neuen Bundesgenoffen von Katzbach und Großbeeren, von Sadowa und Weißenburg her.

Zwei Tage, ftatt des beabfichtigten einen, haben wir hier im Quartier gelegen und Raft gehalten. Erft heut um ½8 Uhr fetzt fich das Hauptquartier der III. Armee wieder in Bewegung zu einem langen Tagesmarfch, der bis Saarburg an der Saar ausgedehnt werden foll. Man konnte während diefer ftillen Tage gänzlich vergeffen, was uns hierher geführt; hätte man nicht dann und wann ein Stück Vieh nach dem andern aus den Ställen der armen Einwohner zum Schlachten an der Landftraße treiben fehen, und das jammervolle Weinen der Frauen, das Bitten und Klagen in ihrem fchon an fich fo rührenden allemannifchen Dialekt mit anhören müffen, denen ihr einziges Gut, das ihnen noch geblieben, von dessen Milch vielleicht allein das kranke kleine Kind noch leben kann, aus dem Stall geführt wird, geführt werden muß. Denn, man mag noch so human empfinden und von der Möglichkeit »humaner Kriegführung« träumen: über die unerbittliche Nothwendigkeit, daß der Soldat genährt sein muß, hilft nichts hinweg, und das ausgebildetste Transportsystem, das in entlegenem Feindesland den Truppen Proviant nachführt, kann nicht das System der Requisitionen überflüssig machen. Aber ich gestehe, daß mir der Anblick des Schlachtfeldes nicht halb die innere Pein und Qual verursacht, wie das Zeuge-sein bei diesen Scenen, ohne die geringste Möglichkeit, Hülfe zu leisten oder eine Milderung herbeizuführen. Das Schicksal bewahre uns vor einem Rückzug! Durch diese Landstriche noch einmal, und mit einer geschlagenen Armee passiren, müßte entsetzlich sein, und das gräßliche Scheusal des Hungers würde seine Opfer zu Tausenden verzehren.

Und dabei ist die Landschaft so anmuthvoll; die Buchenwälder auf den Bergen und in den Thälern, vor und unter uns, so frisch und üppig im saftigen Grün, dem sich noch kein welkes Blatt beimischt, die Fernen so zart duftig, die Sonnenuntergänge nach den regnerischen Tagen hinter den mächtigen geballten Wolkenmassen so prachtvoll, — daß dort in der südlichen Ferne immer wieder Rauchsäulen aufsteigen, und sich über die eine Stelle herwälzen, an der man sich Pfalzburg liegend denken kann, muß uns dabei nur nicht stören. — Uebrigens scheint es nicht, daß man in der angefangenen Art mit dem kleinen festen Rest fertig werden wird. Unsere Feldgeschütze können es stellenweis in Brand schießen; aber zu einer wirklichen bezwingenden Beschießung bedürfte es schwererer Positionsgeschütze, die erst herbeigeschafft werden müßten, wie man sie in diesem Augenblick für und um Straßburg aufpflanzt. Es ist dasselbe, wie mit Bitsch. Man wird sich begnügen, beide Festungen beobachten und damit unschädlich für die Armee machen zu lassen. Aber man behält doch immer das Gefühl eines kleinen Splitters im Fleisch. Den großen Weg der Armee freilich aufzuhalten oder zu geniren vermögen sie nicht.

Gestern langte auch, zusammen mit den Proviant- und Munitions-Colonnen, unser Gepäck an, das wir seit dem Tage von Wörth nicht gesehen hatten. Schmerzlich war bei dieser allgemeinen Koffer-Untersuchung die Eröffnung der vielen, den gefallenen Kameraden gehörigen. Man konnte sich einer tieferen Rührung nicht erwehren, und die Cigarren daraus nicht anders als mit »einem heiteren, einem nassen Aug'« in die eigenen Taschen stecken.

Alle Nachrichten, die im Laufe dieser beiden Tage eingegangen sind, scheinen nur danach angethan, die heitere, sichere Ruhe, die im Oberkommando herrscht, zu bestärken. Von der neuen Einstudirung des Stücks von 1792, von der Energie der revolutionairen Leidenschaften und den praktischen Erfolgen des lever en masse hält man sehr wenig. Was damals bitterer, blutiger Ernst, ist heute theatralisches Echauffement.

Es ist wie mit der Marseillaise. Seit sie mit Allerhöchster Bewilligung von Theresa und anderen Comödianten gesungen wird, hat sie ihre »Redouten nehmende«, Heere bezwingende Macht verloren — ist Theaterpuff geworden. So war es ein bitterer Hohn, aber nicht unverdient, als gestern der Kronprinz wünschte, die Kapelle der 58er möge Abends zur Tafel — die Marseillaise spielen. Der arme Dirigent war freilich zunächst in Verzweiflung: er kannte die Hymne Rouget de l'Isle's nicht. Hauptmann Wernecke wußte indessen Rath. Er pfiff sie ihm so lange vor, bis er sie zu kennen glaubte. Und in wenig Stunden war sie gesetzt, die Stimmen ausgeschrieben, einstudirt, und Abends 8 Uhr, als wir Alle um den Kronprinzen versammlt vor der Thür des Hauptquartiers standen, erschallten die mächtigen, wohlbekannten Klänge des »Allons enfans de la patrie« vom preußischen Orchester gespielt, durch die Gassen des französischen Dorfes, und die kleinen blaublousigen Jungen hielten munter die Noten dazu! Nur mit dem Mollsatz war Herr Müller nicht zu Stande gekommen, oder war es Höflichkeit, uns das: »entendez vous, dans nos campagnes mugir ces féroces soldats« nicht hören lassen zu wollen? Denn das sind wir ja selbst, wenn wir auch wirklich nicht daran denken, dans vos bras égorger vos fils et vos compagnes.

Saarburg, 13. August Abends.

Die Colonnen und die Bivouacs am Wege, das waren auch heute wieder die sprechendsten Zeugen des Krieges. Der Ritt des Hauptquartiers an sich glich mehr einer lustigen Promenade, einem Ritt zur Jagd durch Wälder und Wiesen, über Thal und Höhen. Zwei Meilen lang ging es im Schritt hinter der vorausmarschirenden 2. Compagnie des 1. Bataillons der geleitenden 58er her. Nachdem sich in Ottweiler beide getrennt logirt gewesenen Partieen des Hauptquartiers wieder vereinigt, ging es durch schöne deutsche, in Gärten und Gebüsch ganz verborgene Dörfer, durch kleine Wäldchen über freiere Berg·Plateaus, von denen man rückwärts die Vogesenkette, Höhen hinter Höhen, bereits im Duft der Ferne ausgebreitet sah. Mit der glänzenden Cavalcade des Hauptquartiers dahinreitend, gelangte ich in die Nähe eines untersetzten breitschultrigen Herrn in grauem Touristencostüm, den ich bald als meinen alten Reisegefährten vom Nil, den großen Times·Correspondenten Mr. Russel erkannte; zuletzt noch, Ende Dezember, bei der

unvergeßlichen Nachtpartie vom Nil-Ufer aus, wo unsere Dampfer lagen,
nach Sakkhara war ich mit ihm zusammen gewesen. Ein für beide Theile
überraschendes Wiedersehen! Er war ursprünglich für diesen Krieg dem Königlichen Hauptquartier beigeordnet gewesen; hatte aber noch bald genug ge-
spürt, wo diesmal die wahre treibende Kraft des Krieges läge, und
war mit seinem Begleiter, dem jungen Herzog von Sutherland, einer der
charakteristischsten und komischsten Britenfiguren, die man sehen kann,
zu uns herüber gekommen; freilich weniger glücklich als ich, zu spät für
Weißenburg und Wörth. — Der Weg wurde selbst für uns auf Zeiten lang
bis zur Unmöglichkeit des Durchkommens gesperrt durch die Wagenzüge, besonders durch den ungeheuren preußischen Pontontrain. Soll er schon die
Saone überbrücken helfen, die wir heute zu erreichen hoffen?

Zwischen den Bäumen eines Kiefern- und Eichenwäldchens wurde
das Frühstücks-Rendezvous gehalten. Dort zuerst wurde die Nachricht bekannt vom Abtreten des Ministeriums der »ehrlichen Leute« und dem Eintritt
Latour d'Auvergne's ins auswärtige Amt. Wie Graf Solms, der seinen
Gesandtschafts-Attaché hier bis zur Unkenntlichkeit in der Offiziers-Uniform
verbirgt, behauptet, sei Jener wenigstens ein anständiger Mann, und habe
den Krieg nicht gewünscht. Wird das einen sänftigenden Einfluß üben sollen
und können auf die hochgehenden Wogen der französischen Volksstimmung?
Wir werden sehn.

Um die Mitte dieses Tagesmarsches machte sich die Veränderung des
Charakters der Dörfer und Flecken ziemlich gleichzeitig mit der der gesammten Landschaft bemerklich. Die Häuser bekommen jenes kleinstädtische Gepräge, das denen der französischen Dörfer eigenthümlich ist: nüchtern, ohne
zu Tage tretendes Balken-Fachwerk, mit hellfarbigem Anstrich, weißen
hölzernen, hier durchweg niedergelassenen Jalousieen vor den Fenstern, mit
flach geneigten Dächern statt der steil ansteigenden. Die Dorfstraßen, an
deren Seite vor den Häusern all das hinaus verlegt und aufgehäuft ist, was
im deutschen Dorf seinen Platz im Hofe hat: die Dünger-, Holz- und
Reisighaufen, die großen Mistpfützen rc., finden wir hier fast überall verlassen und verödet von den eigentlichen bäuerlichen Bewohnern, desto dichter
und bunter belebt von den bereits darin etablirten, wie von den durch-
ziehenden deutschen Truppen. In der Landschaft treten die Wälder und
Wäldchen mehr zurück; statt ihrer weite, jetzt meist bereits glücklich abgeerntete Getreidefelder, über Hügel und Flächen hin ausgedehnt, und nach allen
Seiten hin durchzogen von unabsehbaren unsäglich langweiligen geraden Pappelchausseen, an welchen der ganze untere Theil der Stämme kahl geschoren ist,
so daß sie wie grüne Strauchbesen in die Luft starren. Dem Kronprinzen
schien es endlich etwas zu ennuyant zu werden, in der bisherigen Weise per-

manent im Schritt hinter seiner Ehrenwache her zu reiten. Er comman-
birte plötzlich: Trab, und an der Infanterie vorbei, nur die Ulanen voraus,
setzte sich die ganze Reitergesellschaft des Hauptquartiers in schärfste Bewegung. Aus dem Trabe wurde Galopp und, bald auf gerader Landstraße, bald, wo diese eine Biegung machte, die Ecken abschneidend, über
Wiesen und Felder jagten wir in einem fröhlichen Sturm dahin.

Gegen 2 Uhr mochte es sein, als wir am Ziel dieses Marsches anlangten und durch das freistehende Thor von Saarburg in seine Straßen
einritten. Ein eigenes Gefühl für einen friedlichen Civilmenschen wie unser-
eins, so mit den Heerführern unter siegreichen Truppen hoch zu Roß. in
eine eroberte Stadt zu rücken! Es dauerte in den vom Wagengedränge
ganz verstopften Gassen lange, bis es möglich wurde, uns nach unseren
Quartieren umzusehen. Alle Läden und alle Fenster waren geschlossen. Jeder
Pontianier scheint sich die Deutschen ziemlich ähnlich, wenn auch mit weniger
Recht, wie wir uns die Intreos, vorgestellt zu haben, und all sein Hab und
Gut und seine Waarenlager, von denen er hier vieles vortrefflich und gegen
baar an den Mann bringen könnte, hinter Schloß und Riegel oder hinter
der bestimmten Betheuerung, daß nichts, »rien de tout«, mehr vorhanden
sei, verbergen zu wollen. Den armen müden, hungrigen und bedürftigen
Burschen wird die Tugend der Enthaltsamkeit von jeder Gewalt wirklich
etwas zu schwer und sauer gemacht. Glücklicherweise hat Saarburg ein paar
Hotels; eins sogar, das den vielverheißenden Namen »de l'abondance«
führt. Und in diesen Hotels wenigstens gute Betten und guten, wenn auch
theueren Chably und Burgunder, und wenn auch kein Brod mehr, so doch
ein paar Hühner, quelque morceau de boeuf, und manche Portion sehr
wohlschmeckenden Katzenragouts aux champignons, das man, wenn man
freundliche Illusionen liebt, auch mit noch besserem Appetit, als »La-
pin« verzehren mag. An den nie ganz abgeräumten Tafeln ein ungenirtes
Durcheinander von Fürsten, Königssöhnen, Generalen, eleganten Cavalieren,
hochberühmten Größen der medizinischen Kunst und Wissenschaft in
voller, sie fast unkenntlich machender Kriegsrüstung, ein Kommen und
Gehen, Säbelklirren und Gläserklingen, ein Sprachgewirre von gutem und
mehr als gebrochenem Französisch und Deutsch, ein Sturm auf die von
Zeit zu Zeit die Lieferung verweigernde Küche, ein Werben um die Gebeluft
der Wirthin mit Silber und Gold, mit Galanterie und deutschester Grob-
heit, — das gesehen und gehört sein will, um es sich vorzustellen. Die
Stadt erinnert in ihrer Lage, ihrem äußeren Ansehen durchaus an viele
unserer heimischen Städtchen mit zerfallenen, mittelalterlichen Befestigungen,
alten Thürmen und Mauern und trockenen Stadtgräben, die nun in Obst-,
Blumen- und Gemüsegärten verwandelt sind. Die Saar fließt, ein klares und

reißendes Berggewässer, am Westende der Stadt vorbei, von zwei alten Stein-
brücken überspannt, welche unsere galanten Gegner so liebenswürdig waren,
beim Abzuge nicht zu sprengen.

Blamont, 14. August Abends.

Heute früh verließen wir Saarburg. Drinnen auf dem Marktplatze
dicht am Ausgangsthor der Stadt steht ein großes Gebäude; im Erdgeschoß
scheint es eine Markthalle zu sein; im ersten Stock war es sonst Ball- und
Concertsaal. Unten wird nun alles Brod und Mehl, das aufgetrieben ist,
zur Vertheilung zusammengehäuft. Wir traten in das Gebäude ein. Oben
ist ein Lazareth eingerichtet. Eine Menge von Kranken, Franzosen und
Deutsche, liegen, von der Nachmittagssonne durch die hohen rundbogigen
Fenster effectvoll bestrahlt, dort friedlich und wohlgepflegt auf ihren Matratzen
beieinander. Es sind keine Verwundeten darunter, meist Fußkranke und von
Lungenentzündung und sonstigen Marschkrankheiten Ergriffene. Die barm-
herzigen Schwestern in Nonnentracht, die Priester in langen schwarzen
Röcken und breiten Hüten sind hier wie in allen Straßen sehr zahlreich.
Aus dem protestantischen Elsaß sind wir heraus. Aus demselben Westthor
über die Saarbrücke und an dem verschlossenen stillen Eisenbahnhof vorbei,
den ich sonst wohl in der ersten Morgendämmerung auf dem Wege von
Paris nach Baden auf der Linie Nancy-Straßburg in so ganz anderen
Stimmungen passirt hatte, ging es in der Frühe des Morgens vorbei, an
der Spitze des Bataillons die Pappel-Chaussee entlang, die sich immer schnur-
gerade bergauf und ab vor uns hinzog. Die etwas verhangene, aber schwüle
Luft des Tages erdröhnte von bald ruckweise, bald wie rollender Donner
klingenden fernen Detonationen aus südlicher Richtung. Sie künden uns, daß
unsere Batterieen um Pfalzburg wieder fleißig an der Arbeit sind. Man
will mit dem Dinge da im Rücken fertig werden.

Wir durchreiten wieder halb verlassene schweigende Dörfer mit verschlossenen Jalousieen, nun sämmtlich durchaus französisch-städtischen Aus-
sehens. Mit Mühe gelingt es, Ställe und Remisen zu öffnen und die Besitzer heraus zu pochen, um die immer noch nöthig werdenden Wagen zu
requiriren.

Vor St. George kommt uns das viel später erst abgerittene Hauptquartier im Galopp nach und vorbeigesprengt. Auf einer kleinen Höhe,
wenig hinter dem Ort, in einem reizenden, von dichten Hecken umhegten, von
der Mittagssonne golden durchblitzten Buchendickicht wird abgestiegen und
Rendezvous gehalten, ein Bild, um dessen Anblick und vollen Genuß mich
jeder Maler grünlich beneiden kann, an dessen Farbenglanz und Reiz aber

26*

freilich der Bleistift eines einseitigen Zeichners elendiglich und verzweifelt
scheitern muß.

Der letzte Rest des heutigen Wegs, die zwölf Kilometer Pappel-Chaussee
in leise gewellter Fläche, in glühender Mittagssonne, müde auf müdem Gaul,
zwischen reizlosen Stoppelfeldern, an niederen Weinbergen vorüber, durch
eine scheinbar von jedem Leben verlassene Landschaft, war dennoch dazu angethan, unsere Frische und Ausdauer auf eine harte Probe zu stellen. Endlich
um 2 Uhr links auf der Höhe die malerische Ruine des von Bernhard von
Weimar zerstörten Schlosses von Blamont aus dem dichten Kranz der Obst-
bäume der sie umgebenden Gärten aufragend, und vor uns am mäßig
geneigten Abhang die große Hauptstraße der saubern hübschen Landstadt.
Noch ist Hauptquartier und Mannschaft von vergeblichen Bemühungen in
Anspruch genommen, die angewiesenen oder etwa sonst noch disponiblen Quartiere
für Pferde und Menschen zu suchen, was nicht ohne Schwierigkeiten, in
Bezug auf erstere zumal, zu bewerkstelligen ist; denn auch hier ist jede Thür
und jeder Fensterladen in allen Stockwerken verschlossen, und der ganze Ort
sieht wie verlassen oder ausgestorben aus. Allmälig öffnen sich wohl hie
und da Thore und Jalousieen, die Einwohner stecken die Köpfe heraus, und
zwischen unsern Soldaten und ihren unfreiwilligen Quartiergebern entspinnen
sich höchst merkwürdige Unterhaltungen und internationale Verständigungs-
versuche, die nicht immer zu dem für beide Theile erwünschten Resultate führen.

Auf's Gerathewohl an eine Hausthür in der Hauptstraße pochend,
sehe ich mich von meinem guten Glück gerade an die beste Stelle geführt.
Mich und meine Begleiter empfängt eine liebenswürdige, ächt französische
Familie, alte, mittlere und junge Damen in weißen Häubchen, mit einem halb
siebzigjährigen Hausherrn (die jüngern Männer des Hauses sind theils verstorben, theils in der Armee); empfängt uns mit herzlich verbindlicher Gast-
freundschaft und Aufmerksamkeit auf unsere Wünsche und Bedürfnisse, welche
in Feindesland doppelt angenehm und doppelt überraschend wirkt. Im
schönen dunkelrothen Wein, von des Hausherrn eigenem Gewächs und Kelter,
wird beim trefflich bereiteten Diner manch Glas auf den baldigen Frieden
und auf die Brüderlichkeit der Nationen geleert, wozu draußen freilich die
unabläffig durch die Stadt raffelnden Colonnen eine wenig harmonische Musik
machen. Den armen Soldaten wird es in der Mehrzahl nicht so gut.
Die Verpflegung scheint schon bei dieser Escorte viel zu wünschen übrig zu
lassen, und wie viel mehr erst bei denen draußen im Felde! Sie müssen
immer wieder ins gewaltsame Requiriren zurückfallen.

Ein endliches Standhalten des Feindes, ein neuer und hoffentlich
entscheidender Kampf ist das, was wir am meisten zu ersehnen haben. Auch

die Natur unserer Soldaten kann diese Gewaltmärsche wie bisher mit schlechter, ungenügender Nahrung nicht mehr ertragen. Und jeder Pflaumenbaum, jeder Weinstock und jeder trübe Brunnen am Wege mehrt die dringende Gefahr.

Außer seiner schön gelegenen Ruine in großen gepflegten Gärten, mit herrlicher Aussicht über die weite Hügellandschaft, hat Blamont in seiner erst etwa 14 Jahre alten, consequent und solide in grauröthlichem Sandstein, in den Formen frühgothischer Kunst ausgeführten, zweithürmigen, dreischiffigen Mauritiuskirche eine anständige Sehenswürdigkeit. Aber es ist nicht Zeit mehr, noch von ihr und von den Stunden in diesem Städtchen an der Bezouze zu erzählen.

Es geht weiter zum langen Marsch, und ich schließe Brief und Mappe.

Lüneville, 16. August Morgens.

Nah an vier Meilen ging es gestern unter klarem, sonnenheißen Himmel in beschleunigterem Tempo, als an einem der früheren Tage, durch eine durch malerische Reize wenig erfreuende, immer ebener werdende Landschaft, immer auf der gewohnten Besenchaussee vorwärts. Ueberall an beiden Seiten die Spuren der Bivouacs. Die ganze Truppenmasse der III. Armee ist bereits voraus, unaufhaltsam der Mosel zu, welche sie in diesem Augenblick ebenso wie die der andern Beiden erreicht haben muß, um hoffentlich baldigst wieder ihre Kraft am enteilenden Gegner zu messen. Unterwegs erzählt mir Russel, der gestern deshalb einen Ritt von vierunddreißig englischen Meilen gemacht, viel Interessantes von der Beschießung von Pfalzburg, die er mit angesehen. Der Ort brenne, aber der Commandant wolle nicht capituliren, und erwidere unser Feuer mit nachdrücklicher Energie. Dagegen ist es sicher, daß sich der andere nördlichere befestigte Punkt, Marsal, vorgestern ergeben hat.*)

---

*) Festung Marsal, unter Befehl des Commandanten Leroy, capitulirte am 14. August. Bereits am 13. Abends ließ der General v. Hartmann, Commandeur des 2. baierischen Corps, 3 Bataillone und 1 Chevauxlegers-Regiment bis in die Nähe von Marsal vorrücken, um die bereits vor der Festung stehenden Abtheilungen der preußischen 4. Cavallerie-Division abzulösen. Am 14. früh setzten sich, zur Verstärkung der vorgenannten baierischen Truppenabtheilungen, die Ulanen-Brigade des Corps und die Artillerie-Reserve-Abtheilung gegen Marsal in Marsch. In der Nähe des Platzes angelangt, ließ General v. Hartmann 1 Ulanen-Regiment und 4 Batterieen auf die Höhe südlich und 1 Ulanen-Regiment und 3 Batterieen auf die Höhe nördlich von Marsal rücken. Nachdem auf diese Weise alle Einleitungen zur Beschießung getroffen waren, schickte der General folgende schriftliche Aufforderung an den Commandanten: »Mr. le Commandant! Je vous annonce que l'armée française a abandonné la ligne de la Moselle et est en retraite sur Paris. Tout résistance de Marsal est donc maintenant sans but. Je suis devant la forteresse avec 40,000 hommes

Die Ortschaften, durch die wir heut ziehen, und die Menschen vor den Thüren der Häuser, widerlegen am Besten die Meinung der Patrioten, welche auch Lothringen noch für deutsches Erbe ansprechen wollen. Der Winkel der Dachfirste ist so stumpf geworden, daß man glauben kann, nordbitalienische Städte zu betreten. Daran, daß es Dörfer sind, erinnern nur die Düngerhaufen vor den Häusern nach der Straße zu. Letztere sind nicht von einander getrennt, nicht einzeln von Garten oder Hof umhegt, sondern wie in einer städtischen Gasse stößt eins unmittelbar an's andere. Aber wiederum nicht in grader Flucht die Straße entlang, sondern in schrägem Winkel gegen deren Richtung von ihr abweichend, und jedes folgende Haus immer mit seiner ersten Ecke weit über die Front des vorhergehenden vorspringend. Die flach geneigten Ziegeldächer treten ungemein weit über die Façade (gar nicht am Giebel) hinaus und werfen breite, tiefe Schatten über die hellabgeputzten Wandflächen, mit den durchweg geschlossenen weißen Holzjalousieen vor den Fenstern, die Weiber sämmtlich in weißen Häubchen, die Mehrzahl in schwarzen Kleidern mit blauen Schürzen, die Männer in blauer Blouse, Holzschuhe an den Füßen — es ist das ächte unvermischte Frankreich.

Lunéville, unseligen Andenkens vom Frieden von 1801 her, einst die Residenz des guten armen Stanislaus Leszczynski in Ludwigs XV. Tagen, von den Habsburgern mit der Provinz Lothringen gegen Toscana verschachert, hat an langweiliger Grablinigkeit manches Aehnliche mit Mannheim und seinen quadratischen Häuserkästen. Aus ihrem Einerlei ragt um so auffälliger die verschrobenste und verzopfteste Ausgeburt des ins Roccoco übergehenden Jesuitenstyls, die Hauptkirche, hinter dem Schloß hervor. Alle Läden, Thüren, Jalousieen natürlich auch hier wieder verschlossen, alles Leben, mit Ausnahme des deutsch-soldatischen, auch hier wieder verschwunden; trotz der Affichen des Maires, welcher die Bevölkerung beschwört, ihre

et 60 pièces en position et je vous somme de vous rendre prisonniers de guerre, les officiers gardant armes et bagages, les soldats leur bagage. Je vous déclare en même temps que si par une résistance frivole vous me forcez de bombarder la ville et de la prendre d'assaut, je ferai passer toute la garnison au fil de l'épée. Le Général Commandant le 2ième Corps bavarois Hartmann.« Während der Parlamentair noch in der Festung war, begann eine der Süd-Batterieen, offenbar in Folge eines Mißverständnisses, ihr Feuer und warf 21 Granaten nach Marsal hinein. Der Parlamentair, selbst überrascht, gab auf der Stelle die Erklärung, daß ein Irrthum vorliegen müsse, eine Erklärung, mit der sich Commandant Leroy auch begnügte. Gleichzeitig aber hatten diese Schüsse die Bewohner des Ortes derartig erschreckt, daß sie auf den Commandanten einen Druck auszuüben und den Entschluß zu capitulieren zu beschleunigen begannen. Der Parlamentair brachte die Antwort zurück: »Le commandant de place rendra la ville aux conditions qui lui sont imposé. La garnison sortira de la place avec les honneurs de la guerre et les hommes de troupes déposeront leurs armes sur les glacis.« So ergab sich Marsal. Einige hundert Mann vom 60. Linien-Regiment (darunter 16 Offiziere), 61 metallene Geschütze und reichliche Vorräthe fielen in unsere Hände.

Arbeiten und Geschäfte wieder auf-, und den Thaler mit 3 Francs 75 Centimes anzunehmen. Dabei aber ideale Quartiere, verbindliche Aufnahme, wahrhaft luxuriöse Verpflegung, schöne, weite Zimmer, und hinter den Wohnungen große, mit aller Sorgfalt cultivirte Gärten. Obst- und Blumencultur scheint auf einer hohen Stufe zu stehen; die Besitzer haben so recht nach der Art unserer provinzialstädtischen Gartenfreunde jedes Spalier und jedes Beet, mit persönlicher Vaterliebe hätschelnd, zu lachenden lebendigen Schmuckkästchen gemacht. In schattiger Laube sitzend, umfächelt vom lauen und frischen Wehen des klaren, sonnigen Augustnachmittags, hält es schwer, sich zurückzurufen, was uns hierher geführt, daß dies keine heitere Sommerreise durch das schöne Frankreich, sondern blutig böser, bitterer Ernst sei, und diese selbe Sonne eben jetzt wenige Meilen von uns wieder ein leichenbesätes Feld und das Tosen des wüthenden Kampfes bestrahle. Daß dem so sei, erfuhren wir noch am Abend in einer glücklich entdeckten Bierkneipe, welche nie zuvor eine ähnliche Gesellschaft, wie die gestrige, bei den Seideln um ihre Tische gruppirt gesehen hat, und nie wieder sehen wird: ein halbes Dutzend deutsche Fürsten und Prinzen, Feldherren und Offiziere, vermengt mit guten Bürgern und bestäubten blaublousigen Arbeitern von Lüneville. Steinmetz habe den ganzen Tag ein heftiges Gefecht in der Nähe von Metz geführt, das mit seinem Siege geendet. Aber von welchen Folgen? Noch wissen wir's nicht. Jedenfalls aber eine schöne Feier des diesjährigen Napoleonstages.

.

Nancy, 17. August Morgens.

Seit gestern sind wir in Nancy, in der schönen Hauptstadt Lothringens. Vor einer Stunde weckte mich das Rasseln der baierischen Trommeln und die Signale baierischer Trompeter. Im Traum die Bilder fortspinnend, welche die gestern bis tief in die Nacht geführten Gespräche erweckten, fährt man aus dem Schlaf auf, in der Meinung, es ginge direkt in das Gefecht. Aber es war eben eine Täuschung. Das Hauptquartier der III. Armee bleibt höchst wahrscheinlich noch diesen ganzen Tag in der schönen Hauptstadt Lothringens, und ob das Eingreifen des Kronprinzen in die Kämpfe zwischen Metz und Verdun möglich und nöthig sein wird, ist in diesem Augenblicke noch nicht entschieden, wenigstens uns noch nicht bekannt.

Erst seit dem gestrigen Auszug aus Lüneville ist es uns wieder ganz zum Bewußtsein oder doch zur sinnlichen Anschauung gekommen, daß wir uns im Kriege befinden, und nicht auf einer interessanten Sommerreise durch Frankreich, mit hübschen Tagesmärschen und guten Nachtquartieren. Noch am

Abend vor dem Ausmarsch, als unser liebenswürdiger Quartiergeber, der
Maire der Stadt selbst, uns vom »literarisch-artistischen Hauptquartier« ein
mit den gebräuchlichen Toasten à la paix! und dem erlesensten Chambertin
gewürztes Diner gab, hätten wir diese »schöne Zeit, wann endlich der Soldat
ins Leben heimkehrt«, bereits gekommen wähnen können. Am Morgen aber
versperrten wieder die baierischen Artillerieparks und der Marsch einer ganzen
Infanterie-Division derselben Alliirten mit ihrem ungeheuren Train bereits
am Schloß des Stanislaus unsere Weiterfahrt: die ganze Masse wälzte sich
nordwestlich weiter auf Nancy zu.

Die Landschaft nimmt hier bald wieder einen gewandelten Charakter
an. Die Hügel, wo sie nicht von Weinpflanzungen bedeckt sind, zeigen sich
mit dichten kleinen Waldungen geschmückt. Statt der kahlen Felder wieder
viel umbuschte Wiesen, Hecken, Gärten; Alles munterer, üppiger, mannig-
faltiger, als die Gegend, durch welche die letzten Tagesmärsche führten.
Und das Schönste: statt der trostlosen Pappelchausseen — Landstraßen von
prächtigen, volllaubigen Linden und Rüstern beschattet. Von der Höhe einer
solchen Straße wird aus der Mitte einer weiten, anmuthigen Thalebene
das Thurmpaar eines hohen Münsters zwischen zahlreichen Fabrikschornsteinen
sichtbar. Wir glauben Anfangs bereits Nancy vor uns zu haben; es ist
aber St. Nikolas mit seinem schönen spätgothischen Dom (14. u. 15. Jahrhundert), eine große wohlgehaltene Landstadt, in welcher jedes Haus,
vom Keller bis zum Boden, von einquartierten Baiern besetzt scheint.
Draußen noch im heißen Sand am Wege und auf den dürren Stoppelfeldern lag, ausruhend vom Marsch, ein würtembergisches Infanterie-Regiment, die Einzelnen hingeworfen, Viele schlafend in Stellungen, welche
nur die tödtliche Müdigkeit begreiflich macht; übrigens unter allen deutschen
Fußtruppen die am meisten malerischen, was ihre Abjustirung in Schnitt und
Farbe und ihre fast französisch »chic-volle« Haltung betrifft. Andere würtembergische Truppen begleiteten uns marschirend weiter auf dem übrigen Wege
jenseits St. Nikolas, wo man zur rechten Seite die Meurthe in der Tiefe
des Thals dahinfließen, und nach einer halben Stunde in der Ferne die
Thürme von Nancy aufragen sieht, während die Stadt selbst sich noch hinter
ihrem großen »Altona« — Laneuveville verbirgt. Letztere geht, wie
jenes in Hamburg, fast ohne Trennung in Nancy über. Eine breite
schnurgrade Straße, welche durch ganz Laneuveville führt, setzt sich jenseits
eines trennenden Thores in derselben Richtung als Nancy's Hauptstraße
fort. Nur die immer großstädtischer, parisischer werdenden Häuser, mit den
zahlreicheren eleganteren Läden in jedem Erdgeschoß, und dem breiten
Asphalttrottoir zu beiden Seiten, bekunden, daß wir vom Faubourg in die
eigentliche Stadt gelangten.

Auch dort, wie hier, sind zwar einige Jalousieen und Schaufenster geschlossen. Aber massenhaft sitzen die Bewohner vor den Thüren, die Weiber fast sämmtlich in weißen hängenden Jacken oder Blousen, und mit weißen Häubchen oder schwarzen Netzen auf dem Haar. Mit einem schwer zu beschreibenden Ausdruck, den ich eben so auch in den vorher passirten Dörfern und Städtchen beobachten konnte, sehen sie den durchpassirenden Zug und jeden dazu Gehörigen an. Fanatischen Grimm oder deutlich ausgesprochenen finstern Groll sah ich nirgends. Es ist eine eigenthümlich trübe Erregtheit, Neugierde und stumpfe oder schmerzliche Resignation gleichzeitig in all diesen Gesichtern, eine Verwunderung wider Willen dabei, welche den Hohn, auch wo man seine Absicht merkt, nicht recht aufkommen läßt. Die Macht »de ces maudits prussiens« ist ihnen denn doch zu deutlich sichtbar und fühlbar geworden.

In Nancy selbst ein so dichtes, von Straße zu Straße zunehmendes Volksgedräng, wie bei einem festlichen Einzug. Und damit vermengt eine völlige Ueberschwemmung der Stadt mit baierischen Truppen. In der Nähe des Place Stanislas haben die Wagen und Reiter des Hauptquartiers Mühe, die Menschenmassen zu zertheilen. Zeigte sich die ganze Stadt bereits in allen Theilen, die wir passirten, als ein Muster von freier, schöner, geräumiger und stattlicher Anlage, so erhebt sich ihr Eindruck hier auf diesem prachtvollen weiten, von schloßartigen Gebäuden im Styl Louis XV. eingefaßten, mit den reichsten und schönsten, theilweise vergoldeten hohen Gittern im Hochroccocogeschmack, und der Broncestatue des guten dicken Stanislaus gezierten Platze, zu dem eines heitern wahrhaft königlichen Glanzes, dessen Gepräge die Residenzanlagen keiner andern Periode doch in so vollem Maße tragen, wie die des 18. Jahrhunderts. — Dem Hauptbau des Hotel de Ville gegenüber, welches den Platz in seiner ganzen Breite an der Ostseite abschließt, zwischen den dortigen beiden niedrigeren Gebäuden, zu deren Seiten sich hier und dort vor dem Hintergrund mächtiger Baumgruppen phantastische Sandsteinfontainen mit Neptuns- und Nymphengruppen erheben, zeigt sich tiefer zurück ein stattliches römisches Triumphthor, eine sandsteinerne Uebersetzung des Constantinischen Bogens in die Architektursprache des Roccoco. Ferner jenseits seiner drei Rundbogen der elegante Palast, welchen der vielgeliebte Ludwig seinem guten, thronlosen Schwiegervater zur behaglichen Residenz gab, umgeben von den grünen Massen des anstoßenden Fürstlichen Parks. Es sind Architekturen und Perspektiven, wie sie kaum eine zweite Provinzial-Hauptstadt aufzuweisen haben mag.

Aber vorläufig ist zu ihrer rechten Würdigung keine Muße. Der ganze Platz strotzt von Infanterie und Cavallerie, von Colonnenwagen, Vieh und Pferden, und man watet im Heu der Campements, das seinen Boden bebeckt. Mit meinem hier empfangenen Quartier-Billet ausgerüstet, suche ich mir meine Wohnstätte bei einem sehr ehrenwerthen Abvolaten des Barreau von Nancy in einer der breiten Hauptstraßen der Neustadt. Die stille Würde, der resignirte edle und tiefe Schmerz, mit dem er die gegenwärtigen Leiden seiner Stadt, seines Vaterlandes und die eigenen Opfer trägt, ist rührend. Ueberraschend und erschütternd aus solchem, im rechten Sinn honetten, ernsten Mannesmunde aber war mir die objective Trostlosigkeit, mit welcher er von den Zuständen Frankreichs und von der gegenwärtigen Generation spricht. Tout est pourri et toute cette génération est mûre d'être fauchée. Und daß die germanische Race die Mission habe, das Schnitteramt zu üben, sei ihm bereits seit manchen Jahren eine ausgemachte Sache. Der Krieg — »c'est une affaire finie. Mais oh ma pauvre France!!«

Uns bleibt der ganze Nachmittag zum Umherschweifen und Durch-mustern der schönen Stadt. Wie das wohlthuend und wonnig ist, wenn man sich lange nur durch Dörfer und kleine Nester bewegt hat, wieder einmal alle Gaben und Vortheile vor sich ausgebreitet zu sehen, welche nur eine bedeutende, zu großer Cultur entwickelte Stadt zu bieten vermag, erkennen wir Alle wieder aufs lebhafteste. An vielen Cafés und Restaurants steht zwar der Anschlag, daß nichts verabreicht werde aus Mangel an Verzehrungs-gegenständen. Aber andere sind dafür desto dichter gefüllt von unserer mili-tairischen Gesellschaft. Aus den Fenstern des Café des officiers (ein schnell improvisirter Titel) am Place Stanislas erklingt gegen die spätere Mittags-stunde ein übermüthig heitrer Diner-Lärm.

Nancy stellt in seinen älteren Theilen eine selten anderswo gefundene Vereinigung schöner mittelalterlicher Renaissance- und Roccocoreste dar. Jenes Palais des Stanislaus hat an der Stelle der dazu niedergerissenen Ostfront den alten Palast der Herzoge von Lothringen verdrängt. Die er-halten gebliebene südliche Seite seines ursprünglichen Carrés zeigt noch die hohe ernste Schönheit dieses dem 14. und 15. Jahrhundert entstammenden spätgothischen Baues. Im ganzen Styl, wie in den Details, ob auch weniger reich, erinnert er lebhaft an das Pariser Hotel Clugny. Der mit Maßwerk und Figuren reich geschmückte prächtige Giebel über dem südlichen Mittelportal ist durch Photographieen sehr bekannt geworden. Es bildet den Eingang zu einem der schönsten gothischen Kreuzgänge, dem einzig von jenen dreien gebliebenen, welche ehedem den inneren Hof einschlossen; nach langer Verwüstung und Mißachtung (er diente als Stall der Gensd'armerie-Ka-serne) neuerdings in der vollen Reinheit und schlichten Würde seiner edlen Architektur wieder hergestellt. Von ihm aus führt in der westlichen Ecke, hinter einem Portal mit flacher, gedrückter Ueberwölbung eine breite, stei-nerne Wendeltreppe, welche die alten Herzöge sonst zur Sitzung hinaufzureiten pflegten, zum großen ehemaligen Ständesaal im ersten Stockwerk, einem langen Saal, den ein hölzernes Tonnengewölbe deckt. Er ist recht sinnentsprechend decorirt, und dient nun als Halle für das darin etablirte lothringische Museum. Von den ältesten gallischen und römischen, auf diesem klassischen Boden ausgegrabenen Reliquien, bis zu Callot's Radirungen und Grauville's Handzeichnungen, finden sich darin Produkte der lothringischen Kunstindustrie dieser ganzen Reihe von Jahrhunderten, nebst vielen historischen Reliquien; das Unbedeutendste sind in der Mehrzahl die geschichtlichen Portraits, das Wichtigste und Schönste die großen kunstvollen Gobelins, welche das Zelt Karls des Kühnen, des hier in der Schlacht bei Nancy geschlagenen und gefallenen Burgunden bildeten. Selbst Clugny enthält keine vollendeteren und culturgeschichtlich interessanteren Arazzi als diese, welche vielfach auch noch den vollen Farben- und Goldglanz ihres Gewebes bewahrten. -

In mehr als einer Hinsicht bedeutend und interessant ist die von der Vollendung wenig mehr entfernte, erst vor sechs Jahren begonnene, gothische Kirche St. Epvre (einen specifisch lothringischen Heiligen aus dem 4. Jahrhundert, dessen Kopf man hier verehrend bewahrt), von Morey in Paris erbaut. Ist es das Material dieses reinen gelblich-lichtgrauen Sandsteins, die Schönheit der Verhältnisse, oder die stylächte, sorgliche und meisterliche Durchführung im Einzelnen, was so sehr besticht? — Mir erschien es, als hätte ich unter modernen Werken gothischer Kirchenarchitektur nie eines gesehen, das sich mit diesem vergleichen ließe. Das Merkwürdige dabei ist, daß das Ganze der Energie und ausdauernden Begeisterung eines Mannes seine Entstehung und Durchführung dankt, des Pfarrers Trouillet, eines lebhaften, feurigen und munter gemüthlichen, starken, hochgewachsenen Herrn, welcher alle Mittel und alle mit Erfolg in Bewegung gesetzt hat, um seinem Heiligen diesen stolzen Tempel zu stiften. Er hat es verstanden, fremde Herrscher, Corporationen aller Art bis zu den reichlichsten Geldspenden dafür zu interessiren (der Kaiser von Oesterreich hat z. B. 40,000 Francs beigesteuert), und hat nun die Genugthuung, sein Kleinod im nächsten Jahre vollendet zu sehen. Der Krieg scheint dem gänzlich von seiner Idee erfüllten, frommen freundlichen Herrn nur eine kleine, schnell vorübergehende Episode, die ihn in seinem Werk nicht wesentlich zu stören, und am wenigsten seine Anstrengungen zu lähmen vermag.

Nancy, den 17. Nachmittags.

Der gestrige Abend (16.) wird mir unvergeßlich bleiben. Es waren Stunden banger Erwartung. Ein baierisches Musikcorps spielte vor der Thür des Hôtel de France, wo der Kronprinz sein Hauptquartier aufgeschlagen hat. Die im Thorweg versammelte Gesellschaft, unter die er bald selbst, wie gewöhnlich die kurze Pfeife im Munde trat, war in einer eigenthümlichen Erregtheit. Die Nachricht war zu bestimmt aufgetreten, daß man sich diesen ganzen Tag über jenseits der Mosel südwestlich von Metz geschlagen habe; aus Pont à Mousson, wo der Telegraph noch vorläufig sein Ende hat, war die kurze Notiz eingetroffen: Blutiges Gefecht, dem Feinde 2 Adler und 2—3000 Gefangene abgenommen. Aber vergebens harrte man auf die geringste Ergänzung und nähere Bestimmung oder Bestätigung dieser Nachricht. Unsere Glückwünsche lehnte der Kronprinz lächelnd und achselzuckend ab: noch wisse auch er nichts weiter, und den ganzen Tag schon habe er sich in die Musterung künstlerischer Dinge gleichsam versteckt, um seiner vergeblichen Spannung Herr zu werden oder sie zu vergessen. Hauptmann Lenke, der die 5—6 Meilen hingeeilt war, um Erkundigungen einzuziehen, war noch nicht zurück. Eine neue Depesche wurde von Minute zu Minute erwartet, und mit jeder wuchs die peinigende Erregung der Versammlung. Auf tausend Fragen und Vermuthungen hatte doch Niemand den rechten, alle Zweifel lösenden Bescheid. Die Schlacht soll bei Gorze geschlagen werden, sei von Moltke und dem Könige selbst noch gestern Nacht im Kriegsrath beschlossen worden, um das Gros der feindlichen Armee von Paris abzudrängen, also um eine Vollendung der Steinmetz'schen Arbeit vom Tage zuvor zu versuchen. Die I. und II. Armee müßten daran betheiligt sein. Aber kein Courier und keine Depesche. Und dazu spielten die Baiern so hübsch und schwungvoll draußen zum großen Vergnügen der Einwohner, welche den Kronprinzen, der im Kreise plaudernd und rauchend auf und ab ging, mit den Blicken verschlangen, spielten die wohlbekannten Weisen der »schönen blauen Donau« und des Hochzeitsmarsches aus dem Lohengrin, Märsche, Tänze, Offenbach'sche Quadrillen; und all das klang so seltsam in unsere Stimmung immer wachsender Erwartung hinein!

Wir harrten und harrten. Umsonst. Endlich zog sich der Kronprinz zurück. Wir gingen unbefriedigt auseinander.

Nancy, den 19. Abends.

Mit derselben, ja mit noch größerer Spannung wie am Abend des 16., standen wir gestern (18.), während der letzten Tagesstunden, unter dem Thorwege des Hôtel de France.

Draußen klang heute keine Musik. Die Baiern waren fort. Die wenigen preußischen Compagnieen, die bis zum Eintreffen des VI. Corps Nancy besetzt hielten, hatten keine Musiker. Die Stimmung war ernst, das

Gespräch fragmentarisch und leise geführt, wie an einem Krankenbette während einer großen Krise. Wir trennten uns, ohne daß weder Major Hahnke,
noch der Feldjäger, noch Hauptmann Lenke zurückgekehrt wären von Pont
à Mousson, in Ungewißheit der Geschicke des gestrigen Tages.

Heute früh 7 Uhr waren die Wagen gepackt, die Stabswache setzte
sich in Bewegung gegen Colombey zu, südwestlich des unpassirbaren Toul.
Da plötzlich Contreordre. Die in der Nacht vom Schlachtfeld eingetroffenen
Nachrichten besagten, daß wir bei Metz im Vorrücken seien, daß aber
am gestrigen Abend (18.) noch nichts entschieden gewesen. Also noch ein
zweiter Tag der Rast, oder vielmehr des quälenden Wartens und Harrens,
Stunden, die in diesem Augenblick glücklicherweise hinter uns liegen.

Die Wirkung dieses Abpackens, Ausspannens, Heimreitens auf die
Bevölkerung, welche in allen Straßen, auf allen Plätzen in gedrängten
Gruppen umherstand, war unmittelbar und keineswegs erfreulich für uns.
Jeder Nancyer fand natürlich darin nur die schlagende Bestätigung all' der
schönen und authentischen Nachrichten von den Schlachtfeldern, welche den
»cercle de fer«, von dem die Stadt umgeben ist, durchdrungen haben
sollen. Die Phantasie der Besiegten und nach Trost Dürstenden ist lebhaft.
Prinz Albrecht von einer Granate bei Toul in zwei Hälften zerrissen; ein
ganzes Armee-Corps vernichtet; bei einem Sturm auf Metz 40,000 Preußen
mit dem unterminirten Fort in die Luft gesprengt — unter dem thun es
die patriotischen Nancyer nicht. Die versöhnliche französische Proklamation
des Kronprinzen, welche ihnen seitens der Armee und in Bezug auf deren
Verpflegung die größten Rücksichten verspricht, der Erlaß der Anfangs aus-
geschriebenen Contribution von 50,000 Frcs. imponirt ihnen weder, noch
versöhnt es sie; beides scheint ihnen eher ein Zeichen der Schwäche. Daß sie
Quartiere geben, Brod, Pferde, Wein und Wagen liefern müssen, ist schon
»pillage« für sie. Man faßt die reiche Stadt milde, mit Sammethandschuhen
an; und sie und ihre Zeitung, die ungehindert mit den gehässigsten Schmäh-
und Hetzartikeln gegen Preußen, und kolossalen Siegesnachrichten der Franzosen erscheint und ausliegt, schreien über den unerhörten Frevel, daß notre
belle place Stanislas est changée dans l'écurie d'Augias, daß des
officiers prussiens sont installés dans nos salons; nennen uns Räuber
und Mordbrenner und jubeln an jeder Ecke über unsere geträumten Niederlagen. Das Volk appellirt an den Krieg und nun entsetzt es sich und schreit
Zeter, da es den Krieg hat; — freilich nicht, wie es gehofft, in unseren,
sondern in seinen Grenzen. Wir wollten nur einmal eine französische Armee
unter dem ehrlichen Bazaine, dem uneigennützigen Palikao heut in Köln,
Frankfurt oder Cassel sehen, — die würden uns zeigen, was væ victis
eigentlich heißt!

Oft genug wird die Haltung der Gruppen an den Ecken geradezu
bedrohlich. Die vielen unbeschäftigten Arbeiter (heute, den 19., sind fast alle
Läden und Werkstätten geschlossen) stehen häufig zusammengedrängt und
sehen jeden, den sie als Deutschen erkennen, mit einem wilden, höhnischen
Ausdruck an, der fast einen Ausbruch der Leidenschaften besorgen läßt.
Um das Hôtel des Kronprinzen sind die stärksten Zusammenrottungen. Wie
ich höre, hat der Haufen im Laufe des Tages bereits den Versuch eines
Anlaufs darauf gemacht. Als wir um 7 Uhr dort im Saal des Erdgeschosses
an seiner Tafel speisen, schallt das Stimmengebrause der Menge draußen
bald dumpf, bald gellend herein. Und noch keine Nachricht von Metz? —
»Keine . . . . . .«

Nach aufgehobener Tafel tritt man wieder rauchend, plaudernd, er-
wartend in den Hof und Thorweg. Alle Blicke sind nach der Straße gerichtet, wo die Posten Mühe haben, das Trottoir frei zu halten. Plötzlich
tritt, vom Pferde abgestiegen, ein junger wohlbekannter Offizier von dort
her in die Pforte; mit heißem Gesicht, erregt wie von langem Ritt, der
Mantel hängt ihm von der Schulter. Alles drängt sich ihm entgegen; es
ist Hauptmann Lenke, der um 12 Uhr von Pont à Mousson abritt, und
die draußen müssen etwas von der Bedeutung dieser Minute ahnen: sie stoßen
Lachen und Lustgeschrei aus, einer fiedelt sogar auf der Geige. Um den
Hauptmann nur zu hören, müssen die Thorflügel von innen geschlossen
werden, was unter neuem Geschrei auf der Straße geschieht. Der Kron-
prinz hatte die Pfeife aus der Hand gelegt. »Wie stehts beim Könige?« —
»Es steht gut; heut ist keine Schlacht gewesen. Noch gestern, nach Abgang
des letzten Boten, sind dem Feinde die von ihm so furchtbar vertheidigten
Höhen vor Metz genommen, er ist zurückgeworfen bis in die Enceinte der
Festung gegen die Mosel hin, und jede Verbindung seiner Hauptarmee mit
Paris und dem Innern Frankreichs ist unbedingt abgeschnitten, wie das
Telegramm Sr. Majestät, das ich Ew. Königlichen Hoheit überreiche, besagt.
Der Feind war am 19. nicht mehr zu fassen; hätten wir am 18. Abends
eine Stunde lang die Macht Josuas gehabt, die Sonne still stehen zu heißen,
so wäre er gänzlich verloren gewesen. Aber die Dunkelheit war schon zu
groß, so daß zuletzt Preußen auf Preußen schossen.

Nie vergesse ich das einfache und doch ergreifende Bild dieser geschichtlichen Scene. Der junge Hauptmann stand unter der Lampe des Hausflurs
auf der untersten niedern Treppenstufe zum Parterresaal, vor ihm der
Kronprinz, neben diesem General v. Blumenthal's kleine feine Gestalt, die
Cigarre zwischen den Fingern, und dann und wann einen Zug thuend.
Ringsum mit vorgeneigtem Kopf, besorgt, ein Wort zu verlieren, drängten
sich die Andern, die Prinzen und Offiziere, die ganze Gruppe von der einen

Lampen-Glaskugel von oben her scharf und effektvoll beleuchtet, vor dem dunkeln Hof dahinter. Was der Erzähler aus seinem Taschenbuch ablas, mit seiner ruhigen, gleichmäßigen Stimme, war, beginnend vom Tage von Vionville, eine lange, traurige Liste; und fast bei jedem Namen antwortete von vielen Lippen ein schmerzlicher Laut des Bedauerns. Hier hatte der Kugelhagel gerade einmal unter jener ritterlichen Blüthe gemäht, welcher sich diese Hörer doch am nächsten und innigsten verwandt fühlen; und die Elite des preußischen Adels hat vielleicht nie so reichlich wie an jenem mörderischen Tage ihren Blutzins an das Vaterland gezahlt: Graf Finkenstein todt, Graf Westarp todt, Baron Hinnenburg todt, Graf Wesdehlen todt, Prinz Salm todt. Er, der in Mexiko so schönen Ruhm erworben durch seine hingebenden Bemühungen, das Leben Maximilians zu retten, hatte es sich besonders ausgesucht und gewünscht, gegen Bazaine zu stehen und lachend gehofft, er werde ihn fangen! Graf Kleist todt! Also war die eigenthümliche tiefe Melancholie dieser, so viele Herzen bezaubernden träumerischen Augen, doch etwas wie eine Vorahnung oder Vorherverkündigung seines Schicksals?! — So ging es fort, Namen auf Namen. Vom 2. GardeDragoner-Regiment blieben alle Rittmeister, der »geistreichste« desselben Regiments mag, trotzdem das Leben süß ist, das Commando verwünschen, das ihn von solchem Ehrentage fern, aus »Depot« in Berlin gebannt hielt. Denn ein Ehrentag ist es gewesen, wie ihn unsere Cavallerie längst ersehnt hat, wenn sie von der Infanterie ein überflüssiges, theures Spielwerk genannt und ihrer Wirksamkeit gespottet wurde, wie wir es eben so oft gehört. Nun hat sie doch einmal das Schicksal eines großen Tags entschieden und diese furchtbare französische Infanterie niedergeritten, die ihn uns bestritt. Dann folgten die weitern summarischen Verlustangaben von beiden Tagen. Ich gebe keine Zahlen, da sie Ihnen aus direkterer Quelle zugegangen sein werden, eh diese Zeilen bei Ihnen eintreffen.

Die Situation bei Gravelotte scheint wieder eine sehr ähnliche gewesen zu sein wie die bei Wörth; furchtbar und planmäßig besetzte Höhen waren von den Unsern zu stürmen. Daher die enormen Verluste, die bei einigen Corps, wie beispielsweise bei der Garde, an die Tage von Zorndorf und Torgau erinnern.

Der Kronprinz hat sich entschlossen, morgen (den 20.), nach Pont à Mousson ins Große Hauptquartier zu eilen, um den, trotz des Sieges, über die Größe des Siegespreises tief erschütterten Königlichen Vater zu sehen und zu grüßen.

Die III. und IV. (Maas-) Armee
vom 20. bis 25. August.

$\mathfrak{V}$om 20. ab sehen wir nicht mehr eine, sondern zwei kronprinzliche Armeen sich westwärts bewegen:

Die III. Armee, die Armee des Kronprinzen von Preußen, setzt am genannten Tage (20.) ihren, um der großen Kämpfe vor Metz willen, auf dem Terrain zwischen Mosel und Maas unterbrochenen Vormarsch weiter fort;

die neugebildete IV. Armee (vgl. S. 366), die Armee des Kronprinzen von Sachsen, schließt sich dieser Vorwärtsbewegung an, und begleitet den Marsch der III. Armee als deren rechter Flügel.

Es wird unsere Aufgabe in diesem Kapitel sein, beiden kronprinzlichen Armeen, die zusammen die große Offensiv-Armee unter dem Oberbefehl des Königs bildeten, auf ihrem immer in gleicher Linie sich haltenden Vormarsch gegen Westen zu folgen. Das ist durch sechs Tage hin, vom 20. bis zum 25. August Abends.

Der 25. führte zu neuen Entschlüssen und Bewegungen, die den Inhalt des nächsten Kapitels, beziehungsweise des nächsten Abschnitts, bilden werden.

Die III. Armee
vom 20. bis 25. August.

Kronprinzliche Hauptquartiere.

Am 20. nach Vaucouleurs.
Am 21. und 22. in Vaucouleurs.

Am 23. nach Ligny.

Am 24. und 25. in Ligny.*)

Die III. Armee, die seit dem Tage von Wörth die badische Division (zur Belagerung von Straßburg kommandirt) abgegeben, dafür aber das aus der Heimath anrückende VI. Corps, v. Tümpling, an sich gezogen hatte, dirigirte sich am 19. wie folgt. Erste Linie: Das II. baierische Corps (rechter Flügel) von Chaudeney bis Lay St. Remy; das V. Corps (Centrum), gefolgt von der würtembergischen Division, von Blenod les Toul bis Vaucouleurs; XI. Corps (linker Flügel) von Colombey bis Pagny la Blanche. Zweite Linie: Das I. baierische Corps von Maizières nach Colombey; das VI. Corps von Bayon nach Bezelize. Von den zwei Cavallerie-Divisionen der III. Armee befand sich die 4. an diesem Tage (den 19.) hinter dem V. Corps, die 2. am äußersten linken Flügel bei Vaudemont.

Aus diesen Stellungen brachen die Truppen weiter westwärts auf. Und zwar wie folgt:

Am 20.

Erste Linie:

II. baierisches Corps (rechter Flügel) nach Menil la Horgue.

V. Corps und die Würtemberger (Centrum) nach Treveray.

XI. Corps (linker Flügel) nach Gondrecourt.

4. Cavallerie-Division nach St. Dizier.

Zweite Linie:

I. baierisches Corps nach Void.

VI. Corps nach Pagny la Blanche.

Die 2. Cavallerie-Division nach Martigny, Greux, Coussey.

Diesem Marschtage folgten abermals zwei Ruhetage, am 21. und 22. Der Grund für diese erneute Unterbrechung der Offensive gegen Chalons, beziehungsweise gegen Paris, lag diesmal darin, daß die IV. (Maas-) Armee, mit der man von jetzt ab gemeinschaftlich zu operiren hatte, noch um zwei Tagemärsche zurück war. Es war die Ueberschreitung der Maas seitens der Maas-Armee erst abzuwarten, bevor auch der linke Flügel (die III. Armee) gegen den nächsten großen Terrain-Abschnitt: die Marne, sich in Marsch setzen konnte.

Am 22. Abends endlich befanden sich beide Armeen in gleicher Höhe; die Maas-Armee hatte die Maas, wenn auch noch nicht überschritten, so doch mit ihren vordersten Divisionen erreicht; am andern Morgen nahm auch die linke Flügel-Armee die Offensive wieder auf.

---

*) Am 26. früh wurde das Kronprinzliche Hauptquartier nach Revigny aus Vaches verlegt.

396

Am 23.

Erste Linie:

    II. baierisches Corps bis Tronville.

    V. Corps und die Würtemberger bis Stainville.

    XI. Corps bis Moutiers sur Saulx.

    4. Cavallerie-Division bis gegen Vitry.

Zweite Linie:

    I. baierisches Corps folgte dem II. baierischen Corps.

    VI. Corps folgte dem XI. Corps.

    2. Cavallerie-Division bis Cirfontaines.

Am 24.

Erste Linie:

    II. baierisches Corps bis Bar le Duc.

    V. Corps und die Würtemberger bis Robert Espagne.

    XI. Corps bis St. Dizier.

    4. Cavallerie-Division bis über den Marnekanal.

Zweite Linie:

    2. Cavallerie-Division bis Vassy.

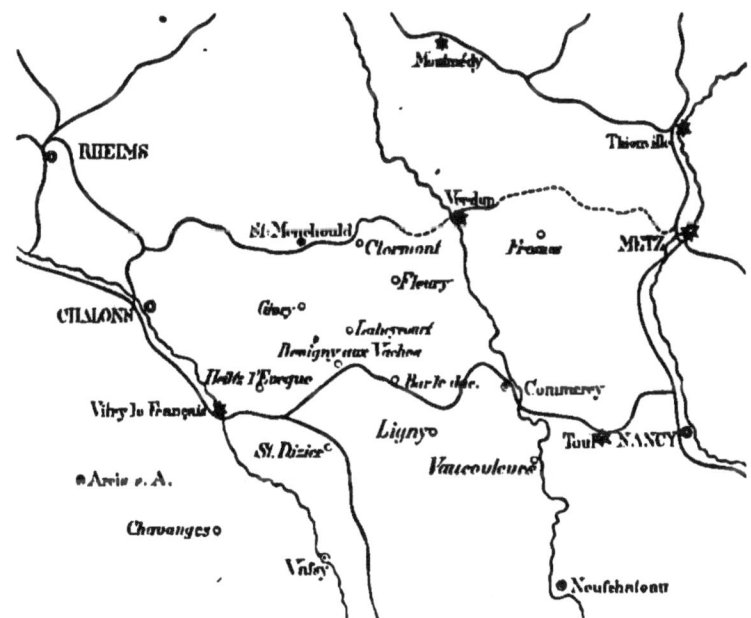

Am 25.

Erste Linie:

II. baierisches Corps bis Possesse und Charmont.

I. baierisches Corps (aus der zweiten in die erste Linie gezogen) bis St. Mard und Givry.

V. Corps und die Würtemberger bis Heiltz le Maurupt; die Avantgarde bis Vanault le Châtel.

XI. Corps bis Heiltz l'Evêque.

4. Cavallerie-Division über Vitry hinaus.

Zweite Linie:

VI. Corps bis Eclaron bei St. Dizier.

2. Cavallerie-Division bis Chavanges.

Auch hier wieder lassen wir Auszüge aus Briefen und Schilderungen folgen, die über diese Marschtage in voller Anschaulichkeit berichten.

Vaucouleurs, den 21. August.

Gestern Abend 10 Uhr kam der Kronprinz aus dem Großen Hauptquartier bei Metz (Pont à Mousson) hier an. Er war von Nancy gestern Morgen dorthin geeilt, den Vater und Königlichen Feldherrn zu begrüßen. Es war, wie man vernimmt, ein sehr bewegtes Wiedersehen ohne Zeugen. Der König sprach zuletzt seine Freude aus, daß er vor Allen dem Sohne das Eiserne Kreuz dieses Krieges verleihen konnte, zuerst die zweite, jetzt die erste Klasse; der Kronprinz antwortete dankend, daß er das Kreuz nicht tragen könne, wenn nicht dem General v. Blumenthal dieselbe Auszeichnung zu Theil werde. Dies geschah. Im Laufe des Nachmittags sprach der Kronprinz noch den Grafen Bismarck, fuhr dann über Nancy 9 Meilen bis hierher.

Etwa zur selben Stunde, wo der Kronprinz gestern früh seine Fahrt nach Pont à Mousson antrat, brach das kronprinzliche Hauptquartier auf, um Vaucouleurs direkt zu erreichen. Wenn man von »direkt« sprechen kann, wo ein bedeutender Umweg gemacht werden mußte. Der nächste Weg nämlich geht über Toul; da dieser indessen außer Betracht liegt, so lange sich die obengenannte Festung noch in den Händen des Feindes befindet, so sah sich die Wagencolonne des Hauptquartiers gezwungen, den fast um das Doppelte weiteren Weg über Colombey zu wählen, um an den Bestimmungsort zu gelangen. Es war die größte Tour, welche wir bis jetzt an Einem Tage zurückgelegt haben: ein Marsch von beinahe 8 Meilen, der die Zeit von 6 Uhr Morgens bis gegen 9 Uhr Abends in Anspruch nahm. Von der Stelle an, wo der Train des Hauptlagers die Mosel überschritt (in der

Nähe von Bainville), hatte er sich mühsam durch die ungeheuren Transporte von Munitions- und Proviantwagen hindurchzuwinden. So weit von dem hügeligen Terrain der lothringischen Hochebene, die gleich hinter Nancy aufsteigt, das Auge blicken kann, auf all den mannigfach verzweigten Haupt- straßen und Vicinalwegen des Departements be la Meurthe, sieht man oft in zwei-, selbst dreifachen Reihen die deutschen Colonnen ziehen. Sie haben die Bestimmung, den rasch nach Westen vordringenden Truppen zu folgen.

Vaucouleurs selbst, das wir bei der Dunkelheit erreichten, ist ein kleines Städtchen von wenig über 2000 Einwohnern, und verdient den be- rühmten Namen kaum, den ihm die Schiller'sche »Jungfrau von Orleans« zu verleihen wußte.*) Der Ort liegt am Fuße eines kleinen Wiesenhügels,

*) Die Stadt selbst ist unbedeutend und zählt zu den ärmeren, hat aber, wie nahezu alle französischen Ortschaften, eine reichgeschmückte, im Rundbogenstyl erbaute Kirche. Die Bögen schimmern in lebhaftem Farbenschmuck und die vier Kappen jedes Gewölbes enthalten ebensoviel Gemälde, Scenen aus den Evangelien darstellend. Alle Fenster, ohne Ausnahme, zeigen gesättigte Farben und die Wandpfeiler sind mit Staffeleibildern überdeckt. Fresco-, Glas- und Oelmalereien wechseln untereinander ab. Die Gewölbe über dem Altar sind blau mit Goldsternen. Im Ganzen vermißt man einen edleren Geschmack; alles mehr bunt als schön. Die Inschrift über dem Hauptportal lautet: Deo optimo, maximo et trinuni. Darüber ein Wappen: Burgthurm mit drei Lilien. Die Kirche ist verhältnißmäßig ein Neubau (voriges Jahrhundert) und enthält nichts, auch in seinem Bilderschmucke nicht, was an Jeanne d'Arc erinnerte.

Die Erinnerungen an diese (Jeanne d'Arc) beginnen erst, wenn wir den Hügel hinan- steigen, an dessen Fuße Vaucouleurs gelegen ist. Etwa in halber Höhe des Abhanges liegt die Burgkapelle, in der das »Mädchen« — »la Pucelle« wie sie in ganz Frankreich schlechtweg genannt wird — vor ihrem Aufbruch von Vaucouleurs sich und ihr Schwert der heiligen Jungfrau weihte. Aeußeres und Inneres der Kapelle ist wenig im Einklang damit. Von außen her unterscheidet sie sich in nichts von den Winzer- und Tagelöhner-Häusern, die hier, aus Quadern aufgeführt, nebeneinander stehen und eine malerische, aber im Uebrigen unansehnliche Bergstraße bilden. Eintretend nimmt man allerdings auf der Stelle wahr, daß man sich in einer alten Kapelle befindet. Acht, halb in der Wand steckende Pfeiler und eine Mittelsäule tragen das Gewölbe. Im vorigen Jahrhundert war diese Oertlichkeit, nachdem sie längst zuvor aufgehört hatte als Kapelle zu dienen, wenigstens noch bewohnt; die schlichten viereckigen Fensterchen und ein alter Kamin deuten darauf hin. Damals war es auch, daß der ganze innere Raum aufgeschüttet wurde, um ihn minder hoch und dadurch heizbarer zu machen. Er ist jetzt so niedrig, daß der Schaft der Mittelsäule nur etwa 4 Fuß hoch aus der Erde ragt. Der Raum selbst ist mittlerweile zu einer Remise herabgesunken, in der sich Kiepen und Fässer, Weinpresse und Gährbottich, und in buntem Durcheinander Latten, Bretter und Kartoffelsäcke befinden. — Mehr aufwärts, auf dem First des Hügels, stehen die Ueberbleibsel der alten Burg, die Ritter Baudricourt in den Tagen der »Pucelle« bewohnte. Das muthmaßlich beste und charak- teristischste des Baues ist erhalten geblieben: der Thurm mit dem Burgthor. Ueber der Rundung des Portals erkennt man noch die Stelle, wo das Wappen eingemauert war. Das Ganze klein, ärmlich, aber von einem unbeschreiblichen Reiz, zu dem übrigens Schiller und die »Jungfrau«, wenigstens für deutsche Herzen, höchst wahrscheinlich mehr beisteuern, als der Bau selber. Sehr schön ist der Blick vom Burghof, durch das Portal hindurch, auf die unten liegende Stadt. Der Rundbogen wird zum Rahmen eines lieblichen Landschaftsbildes. Hiermit sind die roman- tischen Zauber von Vaucouleurs erschöpft.

an den die letzten Häuserreihen angebaut sind. Die Straßen aber sind eng und schmutzig, das Aeußere zeugt von wenig Behaglichkeit und geringem Wohlstand. Eines der wenigen stattlicheren Gebäude ist das Haus des Pfarrers, in welchem der Kronprinz sein Quartier aufgeschlagen hat. Doch sind die Räume, selbst für die einfachen Bedürfnisse des Feldlagers, so wenig zureichend, daß die Küche auf dem Hofe eingerichtet werden mußte. Die Einwohner behaupten, mit Ausnahme von vier Offizieren, während der ganzen Dauer des Krieges nicht einen einzigen französischen Soldaten gesehen zu haben. Ein neuer Beweis für die Uebereilung, mit welcher die französischen Corps bei Metz und Toul zusammengezogen werden mußten, ist der, daß man die ganze etwa 7 Meilen lange Straße zwischen Toul und Colombey über Vaucouleurs, obgleich sie an zwei Stellen die Maas durchkreuzt, unberücksichtigt ließ. Zwar hatte der Präfect des Departements, auf höhere Weisung, die Vernichtung der Maasbrücke befohlen, die Einwohner aber waren dem mit energischen Protesten entgegengetreten. Nicht ohne Grund, denn der Wasserstand der Maas ist, wenigstens an diesem Theil ihres Laufes, ein so niedriger, daß kein Soldatenheer, und am wenigsten ein deutsches, sich scheuen würde, ihr Flußbett zu durchwaten.

Vaucouleurs, den 22. August.

Die Tage hier zählen nicht zu den interessantesten; vielleicht sind sie nicht anders denn andere, aber wir hatten in einem gewissen Schillergefühl (uns mehr oder minder klar) den Anspruch erhoben, in Vaucouleurs einen Rest von Romantik sich vor uns aufthun, und um alles Weibliche einen leisen Jeanne d'Arc-Schimmer ausgegossen zu sehen. Darin haben wir uns nun völlig getäuscht.

Der Kronprinz hat heute Truppen des VI. Corps, Bataillone vom 18. und 51. Regiment, dazu ein schlesisches Dragoner-Regiment besichtigt, und eine Anzahl höherer Offiziere zum Empfang der nächsten nöthigen Dispositionen um sich versammelt. Alles deutet darauf hin, daß wir in den nächsten Tagen ernste Arbeit, vielleicht die Entscheidung des Krieges haben werden. Die Truppen ziehen morgen wieder vorwärts auf Chalons zu, wo der Kaiser, Mac Mahon und de Failly bemüht sind, aus zusammengezogenen Mobilgarden, Marinetruppen, Garnisonen des Südens und dem Zuzug aus Rom und Algier ein neues Heer zu formiren. Man spricht von 140,000 Mann. Es ist dies wohl die letzte Anstrengung des Kaiserreichs. Ihr entgegenzutreten ist unsere III. Armee bestimmt. Wie sie den Feldzug eröffnete, so soll sie auch jetzt die letzten entscheidenden Schläge thun. Sie ist zu diesem Zweck durch einige Corps der II. Armee, die auf unserem rechten Flügel operiren werden (Maas-Armee), verstärkt worden.

Dem Vernehmen nach wird das Große Hauptquartier, das bis jetzt bei der 1. und II. Armee war, von jetzt ab der III. und IV. (Maas-) Armee folgen.

Ligny, den 23. August Abends.

Nach einem Marsche von 4½ Meilen ist das Hauptquartier der III. Armee heute Mittag hier in Ligny eingetroffen. Wir waren um 6 Uhr früh von Vaucouleurs aufgebrochen, ein ungeheures Gebirge leerer Flaschen*) in diesem letztgenannten, ziemlich tristen Orte hinter uns lassend. Ein allgemeiner durchdringender Regen, »ein ganzer Himmel, der zu uns niederstieg«, gab uns das Geleite. Bald entzog er uns die nächste Aussicht über das abgeerntete Hügelland bis zu den wenig entlegenen waldigen Bergen. Der Anblick der Bivouacs und Colonnen war ganz geeignet, dem Vorüberfahrenden höchst ketzerische Vorstellungen beizubringen »von der Lust, Soldat zu sein«.

Auf der Mitte des Weges rastete der Kronprinz kurze Zeit, von der Suite umgeben, in einer Scheune. Vor Ligny selbst neigt sich die Straße zu einem Wiesengrunde hinab, in dem, von Weinbergen eingeschlossen, das Städtchen liegt. Es hat etwas über 4000 Einwohner, und macht mit seinen breiten Straßen und größtentheils neuen Häusern einen angenehmen Eindruck, der gegen die sonstige Dürftigkeit der kleinen Ortschaften in dem

---

*) Die Langeweile, die während unserer zwei Vaucouleurtage über dem ganzen Hauptquartier gelagert lag, kam Niemandem besser zu statten, als dem glücklichen Besitzer des »Hôtel de la Providence«. Sein Vertrauen in letztere, welches ihn zur Wahl dieses Namens veranlaßt haben mochte, hat sich inmitten des allgemeinen Elends glänzend belohnt. Ich hätte nie geglaubt, daß die deutschen Fürsten ihre altberühmten Tugenden sich auch in diesem Jahrhundert der Uebercultur so rein zu erhalten vermocht haben, wie es sich hier erwies. Mit den Offizieren, Aerzten und uns Civilmenschen des Hauptquartiers bunt gemischt, vereinigte sich an jener gastlichen Tafel früh und spät das ganze hier versammelte Fürsten-Collegium im engen Raum eines bescheidenen landstädtischen Speisezimmers, und der beglückte Wirth gestand offen, daß in zehn Jahren, während welcher er das Hotel halte, nicht so viel zusammengetrunken worden sei, als in diesen 2 Tagen. Da er nur Burgunder und Champagner führte, und man sich, selbstverständlich, der Anwendung des Requisitionsrechts auf diese schätz- und kostbaren Objekte enthielt, so wird der Mann der »Providence« wahrscheinlich auch in jenen 10 Jahren kaum so viel verdient haben, als in diesen Tagen. Unser begleitendes Fürsten- oder Thronfolger-Collegium setzt sich zusammen aus dem Erbprinzen von Würtemberg, dem von Sachsen-Weimar, dem von Mecklenburg-Strelitz, Herzog Ernst von Coburg, dem ritterlichen Onkel des erstgenannten Herzogs: Eugen von Würtemberg, dem Prinzen Leopold von Hohenzollern, dem Fürsten zu Putbus, möglich, daß noch einer ungenannt blieb. Seit wenig Tagen ist auch der Herzog Friedrich von Augustenburg in baierischer Generalsuniform eingetroffen.

weſtlichen Theile Lothringens wohlthuend abſticht. Uebrigens wird der
Mangel an Lebensmitteln in dieſen Gegenden mit jedem Tage fühlbarer.
An ſich wenig ergiebig, beſonders auch an Getreide, ſind die Bewohner in
dieſem Jahre, bei dem ſchlechten Ausfall der Ernte, ganz auf die Zufuhr
aus dem übrigen Frankreich und aus Deutſchland angewieſen. Für die Ver-
proviantirung unſerer Armeen wird es daher von größter Wichtigkeit ſein, daß
man Toul zur Uebergabe zwingt. Als Knotenpunkt der Eiſenbahnen und
der hauptſächlichſten Waſſerſtraßen (Moſel- und Marne-Canal) iſt dieſe
Feſtung, wäre es auch nur als Depotplaß, unentbehrlich. Die Kanonade
auf ihre Werke wird denn auch heute eingeleitet werden. [Auch dieſer Verſuch
am 23. Auguſt ſcheiterte, wie der ſeitens des IV. Armee-Corps (Brigade
Zychlinski) bereits am 16. unternommene. Toul fiel erſt am 23. September.
Wir kommen an anderer Stelle auf dieſe drei Angriffe gegen die Feſtung
zurück.]

Unmittelbar nach unſerem Eintreffen hier wurde die Standarte des
Kronprinzen aufgezogen. Sie weht vom Dach eines architektoniſch ſehr
intereſſanten Gebäudes der zum Weſtthore führenden Straße, eines ſicher
dem 16. oder 17. Jahrhundert entſtammenden Privathauſes, mit beſonders
reich gegliederten und geſchmückten, von alten Bäumen beſchatteten Hof-
façaden.

Ligny, den 24. Auguſt.

Wieder iſt mir das Glück eines, was Lage, Einrichtung, Wirths-
familie angeht, wahrhaft idealen Quartiers zu Theil geworden, eines ſchönen
Salons in der Bel-Etage des Eckhauſes am Markt. An ſeinem Fenſter ſitze
ich wie in der beſten Loge, jenem unvergleichlich intereſſanten Schauſpiel
gegenüber, das tauſendgeſtaltig und ewig wechſelnd unten auf dem Plaß und
in den nächſten angrenzenden Straßen vom Morgen bis in die Nacht hinein
nicht endet. Und dazu »nos amis les ennemis« meine Quartiergeber: ein
alter hagerer kleiner Rentier, ſeine gute dicke gaſtliche Frau, ſein geſcheidter
junger Sohn, Clerc bei einem Notar, alle eifrig bemüht, mir alles Liebe und
Freundliche zu erweiſen, was ſie wiſſen, und alles Beſte für den Gaſt hervor-
zuſuchen, was ihre, wie es ſcheint, noch keineswegs gründlich ausrequirirte
Küche, Kammer und Keller enthalten, um mir den behaglichen Aufenthalt
noch immer behaglicher zu machen.

Von dem Fenſter meines Eckhauſes aus hatte ich ſeit heute früh
8 Uhr das impoſante Schauſpiel maſſenhaft vorüberziehender Truppen.
Vom Süden her und von Oſten, von wo wir gekommen waren, zugleich;
Regiment auf Regiment mit allem Train und allen Colonnen, und Batterie
auf Batterie. Wenn dieſe über den Markt heranraſſelten, ſperrte ihnen ge-

wöhnlich ein die anstoßende Querstraße heraufmarschirendes Bataillon oder
Reiter-Regiment, Chevauxlegers oder Cürassiere, den Weg. Dann entstand
auf dem Platz ein unbeschreibliches und malerisch reizendes Durcheinander,
an dessen lebendiger zeichnerischer Wiedergabe, wie Hand und Auge auch
eilen, ich schließlich doch verzweifeln möchte. Kaum, daß die Klänge des einen
Musikcorps im Westen verhallt sind, schallen nah und immer näher von
drüben her die des folgenden, um dann vor dem Quartier des Obercommandos zu den prächtigsten Salut-Akkorden anzuschwellen, während die
Cavallerie dort die Säbel schwingend mit lautem Hurrahruf vorbeisprengt.
Die Einwohner Ligny's wissen nicht mehr, wie ihnen geschieht. Sie haben
hier eine Besatzung gehabt, doch während des Krieges und kurz vor demselben
keinen französischen Soldaten gesehen. Und nun diese Massen ohne Aufhören, ohne Rast, mit all dem ungeheuren »Drum und Dran«, was jeder
kleine Truppentheil schon im Kriege mit sich zu schleppen hat und von allen
deutschen Regimentern hier in bewundernswerther Vollständigkeit, Ordnung
und Zweckmäßigkeit im Gefolge mitgeführt wird. Wenn sie dann aber
hören, daß all dies doch nur une toute petite partie de l'une des nos
trois armées sei, so bleiben sie stumm, und die Krone Seiner Kaiserlichen
Majestät scheint ihnen keinen Sou mehr werth.

Nachmittags gegen 2 Uhr indeß sollte den Bewohnern dieses
Städtchens und uns Allen erst noch der größte unter diesen historischen
Schauspielakten bereitet sein. Wir hatten es schon Morgens im Obercommando gehört, daß das von Pont à Mousson nach Nancy verlegte Königliche Hauptquartier heute, an dem unseren vorbei und darüber hinaus,
auf der Straße nach Bar le Duc vorgeschoben werden solle. Schon von
12 Uhr ab kündeten einzelne Vorboten das baldige Eintreffen an. Eine aus
Infanterie der verschiedensten preußischen Garde- und Linien-Regimenter
formirte Compagnie, welche sicher den fürchterlichen Tag von Metz mit ausgehalten und durchgefochten hat, marschirte mit klingendem Spiel durch
unsere Straße zum Nordwestthor hin. Dann Wagen, Equipagen, Fourgeons
aller Art, Reiter, Stallknechte, Trainsoldaten mit Hand- und Packpferden
zur Seite, die ganze bunt gemischte complicirte Masse, welche sich unter dem
Titel eines Hauptquartiers vereinigt. In einer offenen Kalesche erkannte ich
im grauen Mantel General v. Moltke — seit dem 15. Juli hatte ich ihn nicht
mehr gesehen. Nun war in der Hauptsache ja alles Planen erfüllt und
realisirt, das er damals hinter seiner hohen Stirn und seinen hellen schwei-
genden Augen getragen. Aber er sah nicht erregter aus als damals, blickte
ruhig, nur vielleicht etwas freundlicher grüßend, umher im Dahinfahren.
Nicht lange nach ihm, unter dem Hurrahrufen der Soldaten, im offenen
Wagen der König, dann Prinz Karl, der Herzog von Weimar und Graf

Bismarck, das ganze Gefolge von Adjutanten, Kammerherren, hohen Offizieren, Räthen, Hof-, Kriegs-, Generalstabs-, Reisebeamten zu Wagen und
zu Pferde mit ihnen. Vor der Thür des kronprinzlichen Quartiers hielt
der glänzende Zug, erwartet vom Kronprinzen, General v. Blumenthal,
den »Fürsten« und allen übrigen Hauptquartiers- und III. Armee-Ober-
commandos-Genossen. Es wurde wenig gesprochen, aber es war an »Idee«
und Erscheinung ein historisches Bild ersten Ranges, das kann ich versichern.
Der weißbärtige Königliche Vater (er trug die Militairmütze und den
schwarzen Offizier-Ueberrock) drückte dem blonden Sohn mit kurzem Gruß
nur die Hand, richtete dann hier und da einige herzliche Worte an
einzelne der Nächstumstehenden, die Prinzen und Offiziere. Von den ungeheuern Ereignissen, die das Zusammentreffen tief in Frankreich, in Ligny's
Straßen, herbeigeführt und ermöglicht hatten, schien kaum die Rede. Aber
diese standen doch vor unserm Bewußtsein in ihrer ganzen Macht da und
gaben den Hintergrund, von welchem aus über die scheinbar so einfache Be-
grüßungsscene einer Gruppe von hohen Offizieren auf der Gasse einer Landstadt, zwischen Wagen und Pferden, ein Schimmer von Größe hinstrahlte,
daß sie auf uns, die wir so glücklich waren, ihr beizuwohnen, mit der vollen
Wucht einer ewig denkwürdigen, geschichtlichen Stunde wirkte. Seinen guten
Antheil daran hatte, neben des Königs und des Kronprinzen Gestalt, sicher
vor Allen Graf Bismarck's Erscheinung. Wie ist der »kranke Mann«, der
melancholisch grollende Cincinnatus von Varzin verwandelt, seit er wieder
in der vollen historischen Arbeit ist, bei »Kanonengebrüll und wiehernder
Rosse Getrabe«. Sein Gesicht, unter der beschattenden weißen gelbgerän-
derten Cürassiermütze, strahlte von vergnüglichem Behagen, die grauen Augen
blitzten noch feuriger und munterer als sonst unter den buschigen Brauen
hervor, wie er dastand im Geplauder mit den Heroen von der III. Armee,
in seinen derben Reiterstiefeln, beide Hände auf den schweren Korb seines
Pallasch stützend... »Voilà Bismarck! c'est lui! Où donc! Là! Ah
Bismarck!« — so summte es in den dicht gedrängten Gruppen der guten
Lignyer, die uns umstanden: die Kinder auf dem Arm der weißmützigen
Weiber wurden höher gehoben und sahen verwundert »mit Erstaunen und
mit Grauen« den leibhaftig vor sich, mit dessen Namen man sie in den letzten
drei Wochen so oft »zu Bett gejagt« hatte.

Der Besuch seitens des Großen Hauptquartiers dauerte kaum eine
halbe Stunde. Der König war mit den Prinzen und einigen Größen der
III. Armee für einige Minuten ins Hôtel des Sohnes getreten. Bald kamen
sie wieder zurück, stiegen in die wartenden Equipagen, schwangen sich in die
Sättel — und fort rollte und trabte der Zug zum Nord-Westthor hin, ihm
nach das übrige Wagen- und Reitergefolge.

Im Dunkel der laternenlosen Gasse vor dem Hôtel, wo wir später noch beisammen standen, war eine Ordonnanz und ein Offizier an den Kronprinzen herangetreten, und hatten ihm nach einigen Mittheilungen ein Papier überreicht. Das Papier enthielt die vom Pfalzburger Commandanten gewünschten Bedingungen für — eine Capitulation. Also doch nicht gefallen »sur le dernier de ses canons!«

Ein Glück für uns, und welches Glück erst für das arme, gänzlich verbrannte Pfalzburg! Ich kann die Vorstellung davon und die Trauer darum nicht los werden. Ich sehe wieder, daß das menschliche Mitgefühl noch eine ganz andere Stärke durch das poetische erhält! Ich meine: wie es den Deutschen sein müßte, wenn in irgend einem unglücklichen Kriege, welcher den Feind bis in die glücklichen Lande jenseit des Müritz-Sees führte, Fritz Reuters »Vaterstadt Stavenhagen« bombardirt und verbrannt würde, um deren bescheidene Häuser und Scheunen sein Genie allen Duft der freundlich traulichen, idyllischen Poesie gewoben hat! so muß es jetzt den Elsassern und Lothringern sein, wenn sie von der Vernichtung von Erckmann-Chattrian's Pfalzburg*) hören. — Und darin bin ich Elsasser!

*) Diese Zeilen wurden damals unter der Einwirkung eines falschen Gerüchtes geschrieben, das im kronprinzlichen Hauptquartier curfirte. In Wahrheit fiel Pfalzburg erst mehr als viertehalb Monat später, am 12. Dezember. Sein Commandant, Major Taillant, hatte die Vertheidigung mit großer Energie geleitet. Die erste Beschießung der Festung fand am 10. August seitens einiger Batterieen des XI., das zweite (viel stärkere) Bombardement am 14. August seitens der Corpsartillerie des VI. Corps statt. Beide Male wurde, als das Feuer schwieg, der Commandant zur Uebergabe aufgefordert, lehnte aber beide Male ab. In Folge des zweiten Bombardements waren in der Stadt 57 Häuser abgebrannt. Unsererseits wurde nunmehr Cernirung der Festung beschlossen, zu der bis zum 19. August zwei Bataillone vom 51. Regiment und nach Abmarsch dieser das Besatzungs-Bataillon Erfurt, sowie die Landwehr-Bataillone Sondershausen und Sangerhausen verwandt wurden. Diese drei Bataillone hatten zeitweilig einen sehr schweren Stand, namentlich nachdem sie im Oktober, durch Krankheiten und Detachirungen, auf 1700 Mann zusammengeschmolzen waren. Sie hatten nicht nur mehrfach wiederholte und mit Nachdruck unternommene Ausfälle zurückgeschlagen, sondern auch den »kleinen Krieg« gegen die Vogesen-Franctireurs zu führen, die die Etappenlinie, sowie den Rücken der Einschließungstruppen beständig bedrohten. So kam der November. Gegen Ende dieses Monats machte sich der Mangel an Lebensmitteln in der Festung derartig fühlbar, daß der Commandant am 30. die Capitulation anbot, freilich unter der Bedingung freien Abzugs der Garnison mit Waffen nach dem südlichen Frankreich. Dem konnte nicht nachgegeben werden. Endlich am 12. Dezember erzwang Hunger die Uebergabe. Der tapfre Commandant schrieb: »Die Thore von Pfalzburg stehen offen; man wird die Vertheidiger entwaffnet, aber nicht besiegt finden.« Am 14. Dezember wurde die Festung von den preußischen und baierischen Einschließungstruppen (es waren im Laufe der Zeit auch Artillerie- und Cavallerie-Abtheilungen, darunter das 6. baierische Chevauxlegers-Regiment, hinzugekommen) besetzt, nachdem Major Taillant noch kurz vorher sämmtliche Pulver- und Munitions-Vorräthe hatte zerstören, 1200 Gewehre zerschlagen und sämmtliche 65 Geschütze vernageln lassen. Die Besatzung selbst bestand aus 1 Bataillon des 63. Linien-Regiments, 1 Bataillon Mobilgarden, 100 Artilleristen und etwa 500 Versprengte: Turcos, Zuaven und Linien-Infanterie. Zusammen 3000 Mann. Unsererseits war

General v. Blumenthal theilt mit, daß die zweite französische Armee nun auch Chalons geräumt habe und abgezogen sei, man wisse nicht wohin, ja daß Prinz Albrechts Cavallerie-Division schon jenseits des Lagers und der Stadt angelangt wäre. »Mais cela devient une guerre pour rire!« sagt mein alter Franzose.

Vielleicht hat er nicht Unrecht.

Die IV. (Maas-) Armee
vom 20. bis 25. August.

Die IV. Armee — vergl. S. 366 — war am 19. gebildet und unter den Oberbefehl des Kronprinzen von Sachsen gestellt worden. Noch am Abend des obengenannten Tages schob sie ihre Cavallerie-Divisionen in westlicher Richtung vor; die Stellung der gesammten Maas-Armee war am 19. Abends die folgende:

5. Cavallerie-Division (rechter Flügel) bei Briey;

XII. Armee-Corps (Centrum) zwischen Hatrize und Conflans;

12. Cavallerie-Division, in Front des XII. Corps, bis Jean de Lize vorgeschoben;

6. Cavallerie-Division (linkes Centrum) bei Ville sur Iron;

Garde-Corps (linker Flügel) bei Hannonville.

Sechs Meilen entfernt, weit nach links hin, — mehr im Verbande mit der III. als mit der Maas-Armee — stand das IV. Armee-Corps. Es hatte am 19. bereits Commercy erreicht.

Am 20. verblieb die Maas-Armee in den vorgenannten Cantonnements, einestheils um sich zu erholen, andererseits um die Trains heranzuziehen, und die Verpflegung beim weitern Vormarsch gegen die Maas sicher zu stellen.

Am 21. wurde dieser Vormarsch angetreten; die 5. Cavallerie-Division erreichte Etain, die 12. Cavallerie-Division Hennemont, die 6. kam

die Einschließung durch Major Giese geleitet worden. [Mit den fünf Vogesen-Festungen — wie hier theils recapitulirend, theils vorgreifend bemerkt werden mag — stellten sich also die Dinge wie folgt: Lützelstein — (Petite Pierre) wurde am 9. August ohne Widerstand besetzt; Lichtenberg (Siehe S. 371) capitulirte, nach zweitägiger Beschießung, am 10., Marsal (Siehe S. 383) am 14. August. Pfalzburg folgte erst am 12. Dezember. Bitsch blieb unerobert und kam erst durch den Friedensschluß in unsern Besitz.]

bis Fresnes. Zwei Tage später (am 23.) wurde die Maas theils erreicht, theils nördlich und südlich von Verdun überschritten.

Diese Festung (Verdun) in unsern Besitz zu bringen wurde am 24. wenigstens ein Versuch unternommen. Die 23. Infanterie-Division ging auf der Straße Etain-Verdun, die 24. Infanterie-Division und die Corps-Artillerie auf der Straße Fresnes-Verdun gegen die Festung vor. Die Avantgarde der 23. Division, das Schützen-Regiment Nr. 108, setzte sich mit großer Bravour in Besitz des Faubourg-le-Pavé, und hielt dasselbe trotz des Feuers aus den Festungswerken besetzt, während die Batterieen des Corps Festungswerke und Stadt lebhaft beschossen. Im Ganzen wurden in anderthalb Stunden 626 Granaten und 20 Brandgranaten auf die Festung verfeuert. Die Voraussetzung, daß man durch diese Maßregel einen bedeutenden moralischen Eindruck erzielt haben, und die Stadt zur Capitulation vermögen würde, erwies sich inzwischen als unrichtig. Die Uebergabe wurde vielmehr auf das Entschiedenste verweigert, und hatte der Kampf nur festgestellt, daß Verdun sturmfrei, vertheidigungsfähig, hinlänglich besetzt und ausreichend mit schweren Kalibern armirt war. Das XII. Armee-Corps gab deshalb den Angriff, welcher eben nur als ein überraschender Aussicht auf Erfolg hatte, auf und überschritt die Maas ober- und unterhalb Verdun, vor letzterem Orte, übrigens nur bis zum nächsten Tage, die 47. Infanterie-Brigade zur Beobachtung zurücklassend.

Der Versuch gegen Verdun hatte am 24. stattgefunden; am selben Tage streiften die Spitzen der drei vorgeschobenen Cavallerie-Divisionen schon bis an den Argonner-Wald. Das Gros der 5. Cavallerie-Division stand zwischen Esnes und Jouy, das der 12. Cavallerie-Division bei Nixeville, das der 6. bei Souilly.

Am 25. wurde der Vormarsch fortgesetzt. Er ging durch die Argonnen. Diese, — mehr in Folge dichter Waldungen, als durch eigentliche Gebirgsnatur ein Hinderniß für die freiere Bewegung großer Truppenmassen bietend, — wurden ohne besondere Schwierigkeiten passirt. Wir leisten darauf Verzicht, über diese Marschtage in ähnlicher Ausführlichkeit zu berichten, wie über die Marschtage der III. Armee.

Die 5. Cavallerie-Division erreichte St. Menehould am westlichen Ausgang der Argonnen;

die 12. Cavallerie-Division kam bis Clermont en Argonne;

die 6. Cavallerie-Division — ganz nach Süden zu die Verbindung mit der III. Armee herstellend — besetzte Rettancourt. In Nähe dieses Orts (bei Laheycourt) stand auch das IV. Corps. Die beiden andern Corps, das XII. und die Garden, waren noch um zwei, drei Meilen zurück.

Hauptquartier der Maas-Armee, am 25., Fleury.

An eben diesem Tage war es, wo, wie mehrfach hervorgehoben, im Großen Hauptquartier Meldungen eingingen, die den bis dahin nach Westen zu ausgeführten Vormarsch unterbrachen. Eine Rechtsschwenkung wurde ausgeführt. Es ging nordwärts.

Wir wenden uns, eh wir derselben folgen, den Vorgängen im Großen Hauptquartiere zu.

Das große Hauptquartier

am 25. August.

Wir verließen — wenn wir von einzelnen Briefauszügen absehen, wie wir sie namentlich S. 403 gegeben — den König am Abend des 18. Er verbrachte die Nacht in Rezonville und kehrte am 19. nach Pont à Mousson zurück, wo sich das Große Hauptquartier seit dem 16. befand*) und bis zum 22. verblieb. Am 23. brach es nach Commercy auf, am 24. nach Bar le Duc.

Auch am 25. befand es sich an letztgenanntem Orte (Bar le Duc).

An eben diesem Tage (25.) ging die Bestätigung einer Meldung ein, die seitens einer vorpoussirten Spitze der 4. Cavallerie-Division schon am Tage vorher gemacht worden war. Diese Spitze — zwei Escadrons vom 5. Dragoner-Regiment — hatte sich, von Vitry aus, nördlich gegen Chalons und über dieses hinaus bis nach dem Lager bei Mourmelon gewandt,**) das sie, zu nicht geringer Ueberraschung, vom Feinde

---

*) Die Großen Hauptquartiere vorher waren die folgenden: Bis zum 6. in Mainz; am 7. nach Homburg (Rheinpfalz); am 8. ebendaselbst; am 9. nach Saarbrücken; am 10. ebendaselbst; am 11. nach St. Avold; am 12. ebendaselbst; am 13. nach Faulquemont; am 14. nach Herny; am 15. ebendaselbst; am 16. nach Pont à Mousson.

**) Die 4. Cavallerie-Division, Prinz Albrecht von Preußen, entfaltete in diesen Tagen eine ganz besondere Rührigkeit. Es scheint, daß die genannte Division mit verschiedenen Abtheilungen gleichzeitig gegen Vitry, Chalons und die zwischen diesen beiden Orten gelegene Wegstrecke (3 Meilen) operirte. Wir finden am 24. einzelne Escadrons des 5. Dragoner-Regiments theils vor Vitry, theils im Lager von Chalons; jedenfalls wurde das letztere (Chalons) eher erreicht, als Vitry, das zwar näher gelegen war, aber unseren Cavallerie-Abtheilungen einen kurzen Widerstand leistete. Die Capitulation dieser kleinen Festung erfolgte am 25. früh. Eine Dragoner-Escadron rückte ein. Man fand, außer zahlreichem Material, noch 500 Mann nicht eingekleidete Mobilgarden, die ohne Weiteres das Gewehr streckten. Einige Abtheilungen hatten schon vorher die Festung verlassen und befanden sich auf dem Wege nach Chalons — wo sie noch die Mac Mahonsche Armee zu treffen erwarteten — als sie von anderen Escadrons unserer

völlig geräumt vorgefunden hatte. Mac Mahon, so hieß es, sei in nordwestlicher Richtung, auf Reims abgezogen.

Wenn die Thatsache des geräumten Lagers die Dragoner-Spitze
überrascht hatte, so überraschte die Meldung davon das Große Hauptquartier
nicht minder.

Was bedeutete dies Aufgeben von Chalons und dies nordwestliche
Ausbiegen auf Reims zu? Ein Abzug nach Westen wäre ein einfacher
Rückzug gewesen und hätte geheißen: »wir ziehen es vor, uns unter den
Mauern von Paris zu schlagen;« aber Reims lag nicht blos westlich, es
lag nord-westlich. Wohin zielt diese nördliche Abweichung von der einfach
vorgezeichneten westlichen Rückzugslinie?

Der strategische Blick des Großen Hauptquartiers erkannte, bei aller
noch vorhandenen Ungewißheit, sofort das Richtige: Dieser Rückzug auf

an den verschiedensten Punkten auftauchenden 4. Cavallerie-Division angegriffen wurden. Es
waren zwei Schwadronen vom 15. Ulanen-Regiment unter Major v. Friesen, die diesen
Angriff machten. Die Mobilgarden gedachten sich zu ergeben; in völliger Unvertrautheit aber mit
den entsprechenden Formalitäten, gaben sie eine Salve, statt ohne Weiteres die Waffen zu strecken.
Unter den Wenigen, die unsererseits getroffen waren, befand sich Major v. Friesen; er erlag
seiner Wunde. Die Mobilen wurden in Stärke von 17 Offizieren und 850 Mann gefangen
genommen, die meisten blutjunge Leute.

Der erste Besuch im »Lager von Chalons«, wie ich nur wiederholen kann, war all
diesen Dingen, sowohl der Einnahme Vitrys, wie auch der Gefangennehmung der auf Chalons
abziehenden Mobilgarden-Colonne, vorausgegangen. Zwei Escadrons des 5. Dragoner-Regiments durchflogen bereits am 24. das »Lager«. Es war aber, bei der Recognoscirungsaufgabe,
die vorlag, in der That nur ein Durchfliegen. Erst in den unmittelbar folgenden Tagen wurde
die seinerzeit so viel genannte Oertlichkeit näher durchforscht. Es liegt uns ein Bericht vor, dem
wir folgendes entnehmen: »Das Uebungsterrain des Lagers umfaßt mehrere Quadratmeilen und
ist auf stark kalkhaltigem, schlecht cultivirbarem Boden durch Kaiserliche, mit Luxus und Geschmack
erbaute Farmen zu landwirthschaftlichen Zwecken ausgenutzt. Wir erreichten gegen Mittag den
Kaiserlichen Palast und somit das Centrum des »Mourmelon«. Das große Lager gewährt einen
imposanten Anblick; in weitem Halbkreis ziehen sich tausende von Zelten, jedes zur Aufnahme von
18 Mann bestimmt, anlehnend an ein hübsches Städtchen und eine sanft ansteigende Höhe,
die gekrönt ist durch eine Parkanlage. Diese enthält in ihren einzelnen Theilen, in sehr symme-
trischer Ordnung, den Kaiserlichen Palast, das Tafelhaus, das Concerthaus, ferner ungefähr
100 Villen und Verwaltungshäuser. Die Häusergruppen sind auf das Comfortabelste eingerichtet,
und überraschen einen Preußen, der diese üppige Ausstattung der Zimmer und Betten eines
Kaiserlich französischen Offiziercorps in Augenschein nimmt. Viel ist dagegen gesagt worden,
andererseits muß zugestanden werden, daß der Luxus mit seltenem Geschmack vereint ist, und
in den Einrichtungen des Kaisers eine Uebereinstimmung herrscht, die selbst dem gefallen muß,
der den Luxus bei einer Armee als eine gefährliche Zuthat erkennt. Der Ort Mourmelon
mußte für unsere Mannschaften ein reichliches Mahl auf Requisition schaffen. Unmittelbar am
Park empfingen unsere Pferde, die uns über 12 Stunden getragen hatten, in herrlichen, mit
reichem Futter versehenen Ställen, den wohlverdienten Lohn. [Nach französischen Berichten war,
gleich nach Abzug der Mac Mahon'schen Armee, das Lager zerstört worden, sei es auf Befehl,
sei es durch umherziehende Banden. Diese Zerstörung kann sich aber nur auf einen kleinen
Theil erstreckt haben.]

Reims zu war kein Rückzug; in der nordwestlich eingeschlagenen Abzugslinie lag alle Bedeutung in der ersten Sylbe »nord«, nicht in dem zweiten Worte »westlich«; die Armee von Chalons hatte Chalons aufgegeben, nicht um Paris zu vertheidigen, sondern um Metz zu entsetzen, Mac Mahon intendirte, von Reims aus ein offensives Kehrt zu machen und, unbemerkt von uns, zwischen den Maasfestungen hindurch, ostwärts bis wieder zurück an die Mosel zu marschiren, während wir unseren Vormarsch in westlicher Richtung fortsetzten.

So glaubte man im Großen Hauptquartier den nordwestlichen Abzug auf Reims deuten zu müssen. Und — man hatte sich nicht getäuscht. Neben uns hin, auf dem schmalen Raume zwischen unserer rechten Flanke und der belgischen Grenze, gedachte Mac Mahon sich vorsichtig zurückzuführen, um, im rechten Momente rasch vorbrechend, die eingeschlossene »Armee von Metz« aus der Umklammerung unserer I. und II. Armee befreien zu können.

Dem vorzubeugen wurden noch im Laufe des 25. jene Entschlüsse gefaßt, deren letztes Resultat, genau eine Woche später, die »Capitulation von Sedan« war.

Am Abend des 25. erließ das Große Hauptquartier die entsprechenden Befehle an die Obercommandos der III. und IV. (Maas-) Armee. Oberst-Lieutenant v. Verdy wurde nach Fleury in das Hauptquartier des Kronprinzen von Sachsen, Oberst-Lieutenant Bronsart v. Schellendorf nach Ligny oder Revigny aux Vaches in das Hauptquartier des Kronprinzen von Preußen abgesandt, um die Intentionen des Großen Hauptquartiers bestimmter darzulegen.

Schon in der Nacht vom 25. auf den 26. konnten die veränderten Marschbefehle an alle Truppentheile beider Armeen erlassen werden. Es ging nicht mehr westwärts, es ging nach Norden. Eine große Rechts-schwenkung war auszuführen. Entwickelten sich die Dinge so, wie man annehmen zu können glaubte, so mußte man die Mac Mahon'sche, zum Entsatz von Bazaine heranziehende Armee, spätestens drei Tagemärsche vor Metz (etwa bei Damvillers), sehr wahrscheinlich aber schon erheblich vorher, auf dem zwischen den Maasfestungen gelegenen Terrain erreichen.

Und so geschah es.

Darüber im nächsten Abschnitt.

·Der

Vormarsch der III. und IV. Armee

in nördlicher Richtung (auf Sedan).

.

Bis zum 30. August Abends.

·

Die Rechtsschwenkung.

Am 25. Abends — wobei wir schon Gegebenes recapituliren — war die Stellung der III. und IV. Armee die folgende:

III. Armee.

I. baierisches Corps mit seiner Spitze in St. Mard und Givry.

II. baierisches Corps in Charmont (Spitze in Possesse).

V. Corps in Heilz le Maurupt (Spitze in Vanault le Châtel).

XI. Corps in Heilz l'Evêque (Spitze in St. Amand).

VI. Corps (etwas zurück) zwischen St. Dizier und Vassy.

4. Cavallerie-Division mit seiner Spitze im Lager von Chalons.

2. Cavallerie-Division am äußersten linken Flügel in Chavanges.

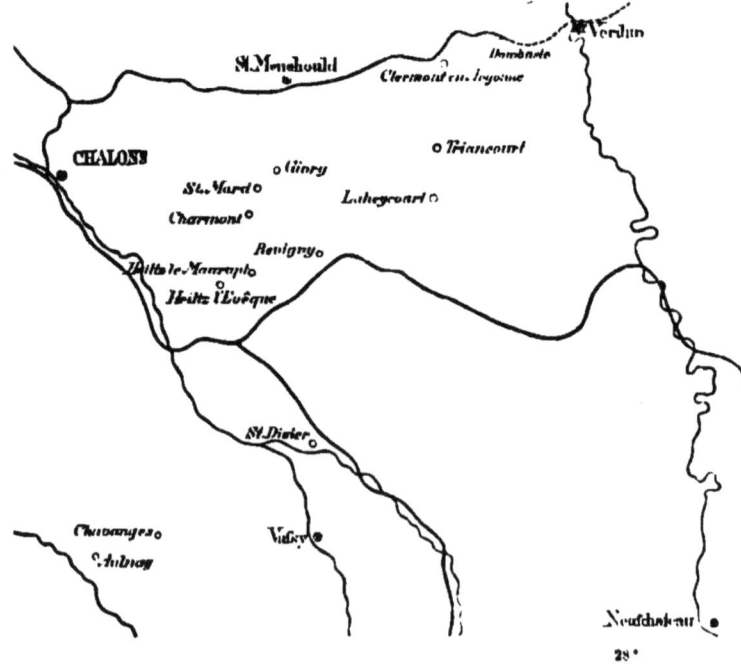

IV. (Maas-) Armee.

5. Cavallerie-Division in St. Menehould.

12. Cavallerie-Division in Clermont en Argonne.

XII. Corps mit der 23. Division in Dombasle, mit der 24. Division in Lempire.

Garde-Corps in Triancourt.

IV. Corps in Laheycourt.

6. Cavallerie-Division, am linken Flügel, bis Revigny aux vaches.

So die Stellung beider Armeen.

Versucht man, dieselbe — von kleineren Abweichungen absehend — auf zwei Linien zurückzuführen, dabei zugleich der französischen Armee den bis kurz zuvor innegehabten Punkt Chalons anweisend, so ergiebt sich folgendes Bild:

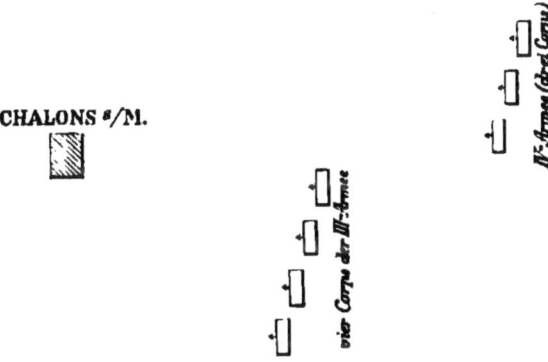

CHALONS s/M.

IV^{te} Armee (drei Corps)

vier Corps der III^{ten} Armee

Wenn dieses Bild den thatsächlichen Verhältnissen entsprechend und der Feind, standhaltend, im Lager von Chalons verblieb, so mußten unsere beiden Armeen, unter einfacher Fortsetzung ihres westlichen Vormarsches, etwa am 28. ihn treffen, ihn muthmaßlich schlagen und auf die Hauptstadt zurückdrängen; hielt er nicht Stand, wich er aus, um erst unter den Mauern von Paris die Entscheidungsschlacht zu wagen, so folgten wir ihm, unter Weiterführung der bis dahin innegehaltenen westlichen Richtung.

Auf diese Alternative war man gefaßt. Der Feind indeß, wie wir gezeigt haben, that ein Drittes. Er hielt nicht Stand, er wich auch nicht in westlicher Richtung aus, er hielt sich vielmehr nordwestlich, aller Wahrscheinlichkeit nach nur, um sich bereits im Laufe der nächsten Tage norböſtlich zu halten. Geſchah dies letztere und ließen wir es geſchehen, ohne unſererſeits Marſchänderungen einzuleiten, ſo mußte das Geſammtbild am 27. oder 28. nothwendig das folgende ſein.

Er war uns dann entſchlüpft, hatte ſich auf dem ſchmalen Raume zwiſchen der belgiſchen Grenze und unſerem rechten Flügel geſchickt durchgewunden, und hatte es in der Hand, ſeinen Marſch auf Metz zu zur Befreiung Bazaine's fortzuſetzen.

Dies durfte nicht ſein; Dem mußte unſererſeits begegnet werden. Der gegneriſche Plan, wie wir ihn vorher ſkizzirt haben, war noch nicht Gewißheit, aber er war, nach den Meldungen die eingegangen, mindeſtens wahrſcheinlich, und auf dieſe bloße Wahrſcheinlichkeit hin mußten unſererſeits Schritte eingeleitet werden, die, wenn ſie auch den Feind an einer partiellen Ausführung ſeines Planes vielleicht nicht zu hindern vermochten, wenigſtens die völlige Durchführung dieſes Planes hintertreiben konnten. Irgendwo auf ſeinem gewagten Flankenmarſche mußte man ihn zu treffen ſuchen und eine Barrière aufrichten zwiſchen ihm und dem zu entſetzenden Metz.

Das Mittel, um an der einen oder andern Stelle einen ſolchen Riegel vorſchieben zu können, hieß: Umwandlung des Vormarſches gegen Weſten in einen Vormarſch gegen Norden, alſo Rechtsſchwenkung. Dieſe erfolgte. Das Bild nahm dadurch nachſtehende Geſtalt an:

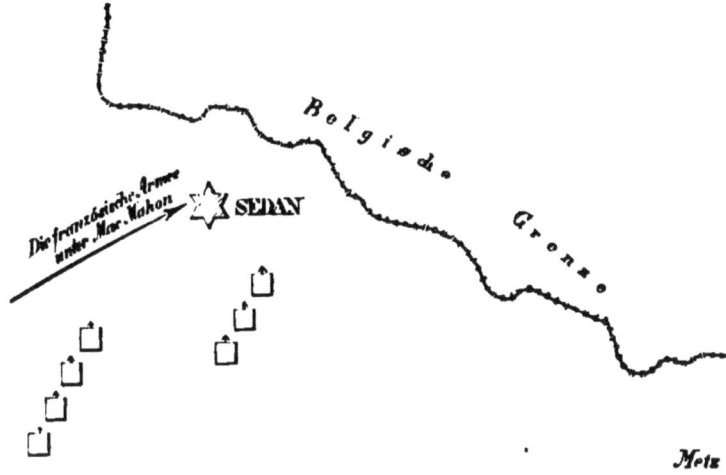

Die Maas-Armee, wie diese Zeichnung andeutet, stand so, daß sie unter allen Umständen im Stande war, den Weg zwischen Sedan und Metz an der einen oder andern Stelle zu sperren. War aber der Feind säumig, so mußte es muthmaßlich glücken, ihn bereits an der Maas festzuhalten, und dadurch der aus größerer Tiefe heraufsteigenden III. Armee Zeit zu einer Umfassung von Rücken und linker Flanke her zu geben. In diesem Falle war er eingeschlossen, gefangen. Die Partie also stand in Folge unserer am 25. angeordneten Rechtsschwenkung von Anfang an so,

daß im ungünstigsten Falle wenigstens der Marsch auf Metz gehindert,

daß im etwas günstigeren Falle der Uebertritt auf die belgische Grenze erzwungen,

daß endlich im günstigsten Falle die ganze französische Armee umfaßt und zur Capitulation gezwungen werden würde.

Wir wissen jetzt, daß das Dritte, Günstigste, sich vollzog.

Der Marsch gegen Norden.

Die Rechtsschwenkung, am 25. geplant, trat am 26. ins Werk. Unsere beiden Armeen, ihre Cavallerie-Divisionen vorauf, begannen am obengenannten Tage ihren Marsch gegen Norden. Die III. Armee zweigte die beiden baierischen Corps v. d. Tann und v. Hartmann von sich ab und durch diese Abzweigung, wenigstens zeitweilig, einen speziell baierischen Armee-Körper herstellend, rückte jetzt unsere gesammte, für den West-Marsch auf Chalons-Paris bestimmte Offensiv-Armee, in drei großen Colonnen nordwärts, von denen jede einzelne Colonne wieder aus mehreren Armee-Corps bestand.

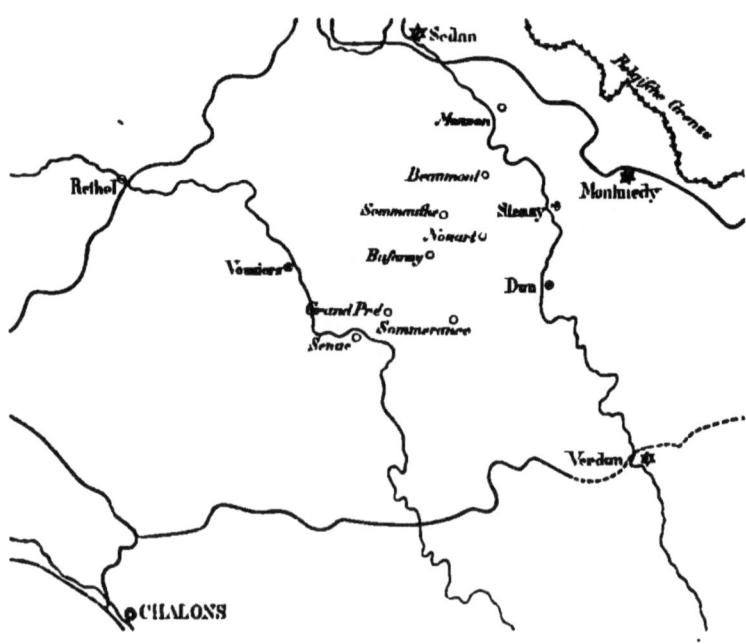

Die Maas-Armee, drei Armee-Corps und zwei Cavallerie-Divisionen stark, hatte den rechten Flügel;

die baierische Armee, zwei Armee-Corps stark, marschirte im Centrum;

die III. Armee, — nach Abzweigung der Baiern nur noch aus drei und einem halben Armee-Corps und zwei Cavallerie-Divisionen bestehend — bildete den linken Flügel.

Die Marschrichtung der Maas-Armee ging im Wesentlichen auf Damervile, die der baierischen Armee auf Clermont, die der III. Armee auf St. Menehould. Der linke Flügel hatte die weitesten Märsche, der rechte (Maas-Armee) war der nächste am Feinde.

Schon am 26. plänkelten Abtheilungen unserer 5. Cavallerie-Division bei Grand Pré*) mit dem feindlichen VII. Corps (Douay), während unser XII. Corps seinen rechten Flügel bis an die Maaslinie zwischen Dun und Stenay ausdehnte; am 27. warf die sächsische Cavallerie-Division den Feind bei Busancy;**) am 28. fanden auf der Linie Busancy-Nouart erneute, aber unerhebliche Begegnungen statt; endlich am 29. gestalteten sich diese flüchtigen Rencontres zu einem ernsteren Gefecht, dem

Recognoscirungs-Gefecht bei Nouart.

Die 46. Brigade, Regimenter 102 und 103, bildete an diesem Tage die Avantgarde des XII. Corps; das 1. Reiter-Regiment, eine schwere und

---

*) Uns gegenüber stand hier das 4. Husaren-Regiment vom Corps Douay. Es kam zu verschiedenen Scharmützeln, theils unmittelbar bei Grand Pré, theils links und rechts daneben, an denen unsererseits, außer vorgeschobenen Spitzen der 5. Cavallerie-Division, auch sächsische Ulanen theilnahmen. Alle diese Rencontres waren an sich unbedeutend, stellten aber fest, daß man den Feind, in ohngefährer Stärke von zwei Armee-Corps, unmittelbar vor sich habe.

**) Die Avantgarden-Escadron der Brigade Senfft-Pilsach (3. Reiter- und 18. Ulanen-Regiment) erhielt, als sie sich Busancy näherte, Morgens gegen 9 Uhr auf 1200 Schritt Feuer von den an der Lisière des Dorfes postirten Abtheilungen des 12. Chasseur-Regiments. Einige andere feindliche Escadrons zeigten sich seitwärts. Die sächsische Avantgarden-Schwadron, durch Detachirungen auf die Hälfte ihrer Stärke reducirt, zögerte dennoch nicht die französische Cavallerie anzugreifen. Dieser Angriff, durch eine andere sächsische Schwadron unterstützt — gelang vollkommen. Nach einem heftigen Handgemenge, in welchem die Franzosen sich auf den Stich, die Sachsen auf den Hieb verließen, wurden die beiden französischen Chasseur-Escadrons auf das Dorf zurückgeworfen, hinter welchem sie von einer bereit stehenden Lancier-Brigade aufgenommen wurden. Einige Schüsse der sächsischen reitenden Batterie säuberten Busancy vom Feinde. Zur Unterstützung der im Gefecht gewesenen 1½ sächsischen Escadrons eilte das 18. Ulanen-Regiment herbei, worauf sich die gesammte französische Cavallerie, drei Regimenter der Division Brahaut, in nördlicher Richtung langsam zurückzog, von der durch Busancy defilirenden Brigade Senfft-Pilsach gefolgt. Das Handgemenge mit den Chasseurs hatte seine Opfer gefordert; sächsischerseits waren 9 Mann todt, 21 verwundet, darunter 2 Offiziere. Auf Seiten der Franzosen war Oberst de la Porte, Commandeur des Chasseur-Regiments, verwundet worden. Er gerieth in Gefangenschaft.

eine leichte Batterie, waren ihr beigegeben. Das Commando führte Oberst
v. Seiblitz-Gerstenberg. Dieser, nachdem sich herausgestellt, daß der Feind
die Ortschaften Grand- und Petit-Champy, so wie das dahinter gelegene
Bois des Dames besetzt halte, gab Befehl, den von Barricourt bis zum
Bois de Nonart laufenden Höhenzug zu besetzen, und aus beiden Batterieen
das Feuer gegen die vorgenannten Punkte zu eröffnen. Der Feind zeigte
zunächst nur zwei Bataillone. Um ihn zu weiterer Entwickelung seiner
Kräfte zu zwingen, wurde das Regiment Nr. 103 bis auf Gewehrschußweite
vorgeschickt. Bald ließ sich erkennen, daß sich die Unsern mindestens einer
feindlichen Division gegenüber befanden. Es war die Division Lespart vom
V. Corps. Gegen dieselbe vorzugehen erschien unthunlich, auch nachdem
diesseits bedeutende Verstärkungen (45. und 47. Brigade) eingetroffen waren,
da der klar zu überblickende Marsch starker feindlicher Colonnen nicht anders
gedeutet werden konnte, als daß der Gegner entschlossen sei, unsere rechte
Flanke zu umfassen. So begnügte man sich diesseits mit einer energisch geführten Kanonade, im Uebrigen nur das 17. Ulanen-Regiment und das
Regiment Nr. 103 in Front, und zugleich in lebhaftem, von nicht unerheblichen Verlusten begleitetem Gefecht mit dem Feinde belassend. Diese
Verluste, wie die Wahrnehmung, daß der Feind keinesweges zur Offensive
überzugehen gedenke, bestimmten das Obercommando, das Gefecht an dieser
Stelle abzubrechen und das Regiment Nr. 103 bis Nonart, das 17. Ulanen-
Regiment, sammt der übrigen Cavallerie, bis Barricourt zurückzunehmen.
Das Regiment Nr. 102 wurde auf den Höhen nordwestlich von Nonart
aufgestellt; die 45. Brigade erhielt Befehl, zur Sicherung der rechten Flanke
auf Halles und Beauclair zu marschiren. Die Sicherung dieser Flanke, sowie
die Verbindung mit Stenay, das, als Uebergang über die Maas, schon vorher
vom 2. Reiter-Regiment besetzt worden war, wurden, als der Feind von
Champy und dem Bois des Dames aus nichts Ernstliches unternahm, als
die Hauptaufgaben des Tages erkannt.

Das Gefecht bei Nonart war mit Rücksicht darauf, daß es nur
Fühlung mit dem Feinde unterhalten hatte, verhältnißmäßig opferreich verlaufen. Es kostete dem XII. Corps 12 Offiziere und 355 Mann, wovon
wohl der größte Theil auf das Regiment Nr. 103 entfiel. Die großen
Vorgänge der drei folgenden Tage haben dies Vorspiel und das Interesse
daran herabgedrückt.

Das XII. Armee-Corps bivouakirte südlich von Nonart und setzte
Vorposten sowohl nördlich gegen Champy, als nordöstlich bei Beauclair aus;
das Garde-Corps stand bei Busancy, die sächsische Cavallerie-Division südlich

von Barancourt. Das Hauptquartier des Kronprinzen von Sachsen kam nach Bayonville. Fortgesetzte Recognoscirungen der Cavallerie hatten Früheres bestätigt und nunmehr Gewißheit gegeben, daß der Maas-Armee zwei feindliche Armee-Corps gegenüberstanden: das V. (Failly) bei Bois des Dames, das VII. (Felix Douay) bei St. Pierremont und Oches.

Von den beiden wie wir wissen im Centrum vorgehenden baierischen Corps marschirte das I. von Varennes über Fléville nach Sommerance, das II. von Vienne durch die Argonnen über Cornay nach St. Juvin, so daß diese beiden Corps den linken Flügel der Maas-Armee und zugleich die Verbindung mit der III. Armee bildeten.

Ueber die Stellung dieser (der III. Armee) berichten wir in der Folge.

In Betreff unserer kleinen Karten heben wir an dieser Stelle noch für die Folge hervor, daß die Angabe aller im Text genannten Oertlichkeiten auf der unmittelbar vor- oder nachstehenden Karte oft unmöglich war und daß es sich deshalb empfiehlt, in solchen Fällen zwei, drei unserer Karten, die denselben Terrainabschnitt behandeln, zu befragen. Der Leser, der sich dieser Mühe unterzieht, wird wichtigere Punkte nur selten vermissen.

Die Stellungen am 29. Abends.

Deutsche Stellung.

Während der rechte Flügel unserer Gesammt-Heeresmasse, speziell das den äußersten rechten Flügel bildende XII. Corps, die im vorigen Kapitel geschilderten Gefechte bei Busancy und Nouart gehabt hatte, waren — wie in der Kürze bereits hervorgehoben — Centrum und linker Flügel gefolgt. Im Centrum die Baiern, am linken Flügel die III. Armee. Beide hielten im Wesentlichen Linie mit dem zunächst am Feinde stehenden rechten Flügel (Maas-Armee).

Unsere Stellung am 29. Abends, wobei wir auf die umstehende Karte hinweisen, war die folgende:

Maas-Armee
- XII. Corps bei Nouart.
- IV. Corps bei Remonville.
- Garde-Corps bei Busancy.

Baiern
- I. baierisches Corps (hinter dem IV. Corps) bei Sommerance.
- II. baierisches Corps (hinter dem Garde-Corps) bei St. Juvin.

III. Armee
- V. Corps bei Grand-Pré.
- XI. Corps (noch jenseits der Aisne) bei Monthois.
- VI. Corps (noch weit zurück) bei Varennes.

Die Cavallerie-Divisionen standen wie folgt: 5. Cavallerie-Division bei Attigny, 4. und 6. bei Vouziers, 2. Cavallerie-Division bei Secault.

Das Hauptquartier der IV. (Maas-) Armee befand sich, wie schon S. 420 hervorgehoben, in Bayonville, das der III. Armee in Senuc.

Französische Stellung.

Die französische Armee, auf ihrem Vormarsche gegen die Maas, hatte am 29. Abends mit drei Corps den Fluß nahezu erreicht, mit einem Corps (dem XII.) ihn bereits überschritten. Man stand feindlicherseits in

zwei Linien, jede zwei Armee-Corps stark, von denen sich die eine, die nördlichere, mit ihrem linken Flügel an Mouzon, die andere, die südlichere, mit ihrem linken Flügel bis dicht an Stenay lehnte. Diese südlichere Linie stand uns zunächst gegenüber; die Entfernung zwischen uns und ihr betrug wenig mehr als eine Meile. Geben wir die Punkte der Aufstellung:

Erste Linie.

V. Corps, de Failly, bei Beaumont; großentheils erst in der Nacht und am andern Morgen daselbst eintreffend.

VII. Corps, Felix Douay, bei Oches und Pierremont.

Zweite Linie.

XII. Corps, Lebrun, bei Mouzon, großentheils schon jenseits der Maas.

I. Corps, Ducrot, bei Raucourt, anderthalb Meilen südlich von Sedan.

Unfer für den 30. geplanter Angriff auf die Linie Beaumont-Le Chêne mußte, nach dem was man über die feindliche Stellung wußte, auf das V. und VII. französische Corps stoßen. Und so geschah es.

Die für den genannten Tag (30.) diesseitig ausgegebenen Gesammt-Dispositionen waren die folgenden:

Maas-Armee. (Rechter Flügel.)

Das XII. und IV. Corps dirigiren sich in vier Colonnen auf Beaumont. Das Garde-Corps folgt in Reserve.

Die Baiern. (Centrum.)

Das I. und II. baierische Corps nehmen, von Sommerauce und St. Juvin aus, die Richtung auf Sommanthe.

III. Armee. (Linker Flügel.)

Das V. Corps marschirt über Briquenay und Anthe auf St. Pierremont und Oches; das XI. Corps über Vouziers auf Le Chêne. — Das zurückstehende VI. Armee-Corps dirigirt sich auf Vouziers zur Deckung der linken Flanke der Armee.

Wie schon hervorgehoben, der Hauptkampf lag am rechten Flügel: XII. und IV. Corps. Wir wenden uns zunächst diesem zu, die Schilderung der nur begleitenden Vorgänge im Centrum und am linken Flügel für ein nachfolgendes Kapitel aussparend.

Die Schlacht bei Beaumont.

30. August.

An der großen Straße, die, in östlicher Richtung, von Rethel nach dem Maas-Uebergange bei Stenay und von hier nach Festung Montmedy führt, liegt Beaumont, zum Unterschiede von zahlreichen anderen Ortschaften dieses Namens »Beaumont en Argonne« geheißen, — ein Flecken, dessen saubere, weißgetünchte Häuser sich um einen großen quadratischen Platz gruppiren, aus dessen Mitte die Kirche aufragt. Diese, mit Hülfe ihres Thurmes, ist von allen Seiten her sichtbar, während die sonstigen Baulichkeiten (so weit sie nicht am jenseitigen Abhange kleben) sich dem Auge des von Nord oder Süd Herankommenden in einer Plateau-Senkung entziehen. Beaumont selbst, an und für sich unbedeutend, hatte in jenen Tagen die eine Bedeutung für uns, daß es — zwischen Mouzon und Stenay gelegen — diese beiden östlichen Maas-Uebergänge nahezu beherrschte und dadurch den Feind zwang, wenn er sich uns entziehen wollte, die mehr nördlichen Maas-Uebergänge zu benutzen. Ihn von seiner östlichen Marschlinie, die direkt auf Metz führte, abzudrängen, war aber unser nächstliegendes Ziel.

Das V. Corps de Failly bei Beaumont.

Das V. Corps de Failly*) hatte sich am 29. Abends, nach dem Gefecht bei Nouart (siehe S. 418) nördlich, auf Beaumont zu, zurückgezogen.

*) General de Failly wurde 1808 geboren und trat 1826 in die Schule zu St. Cyr; zwei Jahre darauf (1828) Unter-Lieutenant, war er bereits 1851 bis zum Oberst avancirt. 1854, kurz vor Beginn des Krimkrieges erhielt er eine Brigade, und machte die Kämpfe jenes Feldzuges mit. 1859 während des italienischen Krieges kommandirte er eine Division im IV. Corps, nachdem er schon vorher zum kaiserlichen Adjutanten ernannt worden war. In den Tuilerien, insonderheit bei der Kaiserin, war er wohlgelitten. Er galt, ähnlich wie Bourbaki, für einen »bel homme« und perfekten Cavalier. Später führte er die zur Unterstützung des

Dies war nicht weit genug. Wollte man die Maas im Rücken haben, um dann in zwei oder drei Gewaltmärschen Metz zu erreichen, so durfte mit nichts gesäumt werden und das Corps mußte, statt Beaumont, Mouzon zu erreichen suchen, an welcher Stelle das XII. Corps, Lebrun, bereits am 29. Abends eingetroffen war. Auch das I. Corps, das bei Raucourt stand, war in der Nähe. Man konnte am 30. früh drei Corps auf den jenseitigen Maashöhen bei Mouzon concentrirt haben. Die Entscheidung wäre dann nicht bei Sedan, sondern auf dem Terrain östlich davon, zwischen Sedan und Metz gefallen, und selbst eine Niederlage hätte schwerlich den Charakter einer Katastrophe angenommen.

Das V. Corps hielt also bei Beaumont; das VII. rechts neben ihm (westlich) bei Pierremont und Oches.

Papstes bestimmte Expedition und schlug die viel citirte »Schlacht von Mentana«, in der das Chassepotgewehr, wie es in dem Siegesberichte heißt, sich »admirabel bewährte«. Bei Wörth — gegen Mac Mahons Erwarten, der auf ihn gerechnet hatte — griff er nicht ein, doch stellten spätere Erörterungen seine Schuldlosigkeit heraus. Die Soldaten seines Corps indeß schienen anders darüber zu denken, und sangen bereits auf dem Rückmarsche von Bitsch nach Chalons:

De Failly
A failli
Être Maréchal.
S'il fut resté dans Rome.
On croit que ce bel homme,
Eut pu faire un caporal.

Also etwa:

Ho, Faillu,
Du hast faillirt.
»Marschall!« ja, das paßte Dir. —
Wärst Du blieben, schöner Mann,
Doch zu Rom im Vatikan,
Wärst Du heute — Unt'roffzier.

Erst am Morgen des 30., nach einem anstrengenden Nachtmarsch, hatten die Divisionen des V. Corps ihre Lager bezogen und zwar die Divisionen Lespart und L'Abadie (diese nur eine Brigade stark) auf dem Plateau nördlich, die Division Goze auf dem Plateau südlich der Stadt.

Den Lagerplatz dieser, die 12 Stunden später den Ueberfall auszuhalten hatten, suchen wir dem Leser anschaulich zu machen.

Südlich von Beaumont dehnt sich ein großes Plateau, das im Ganzen reich bewaldet ist und nach Quadratmeilen zählt. Diese schon zu Eingang des Capitels erwähnte Hochfläche gliedert sich aber, durch Einschnitte und Senkungen, wiederum in viele Theile und das unmittelbar an die Stadt sich heranschiebende Separatstück (etwa eine halbe Quadratmeile) ist beinah tennenartig, nur leise gewellt, dazu unbewaldet und nur im Halbkreis von bedeutenden Waldpartieen umgeben.

Ueber dieses Separat-Plateau hin ziehen sich sieben Wege, große und kleine, die alle radienartig von Beaumont auf den umfassenden Wald-Halbkreis zuführen. Drei dieser Wege laufen, namentlich Anfangs, beinah genau in der Richtung von Nord nach Süd, nebeneinander her und auf diesem schmalen, von zwei Weglinien begrenzten und von einer dritten Weglinie durchzogenen Terrain, befand sich das französische Lager. Die Tiefe des Lagers mochte 1500 Schritt, die Breite höchstens 600 Schritt betragen. Die vorderste Lagerreihe war keine 1000 Schritt vom Walde und keine 500 Schritt von einer vorgeschobenen Waldparzelle entfernt. Ebenfalls in Front des Lagers lagen einige Fermen und sonstige Baulichkeiten, und zwar derart, daß

an der ausbiegenden linken Straße die Ferme La Belle Tour,

an der die Mitte haltenden Straße die Gehöfte Petite Forét, La Tuilerie und Belle Volée,

an der rechten Straße das Rettungshaus La Maison Blanche und die Ferme Beau-Sejour*)

gelegen waren. Alle diese Punkte kommen später in Betracht. Die Truppenvertheilung war derart erfolgt, daß das 61. und 86. Regiment die vorderste Reihe hatten; hinter ihnen das 4. Chasseur-Bataillon; hinter diesem (keine 500 Schritt von Beaumont entfernt) das 11. und 46. Regiment. Die Aufstellung selbst war untadlig; sie wurde erst tabelnswerth durch die absolute Sorglosigkeit, der man sich hingab. Man schien einen Angriff für geradezu unmöglich zu halten. Der Divisions-General Goze, ebenso die meisten Regiments-Commandeure befanden sich in Beaumont; die Bespannung der

---

*) »Rechts« und »links« ist hier immer von Beaumont aus gesprochen. Für unsere Truppen, die auf Beaumont zu marschirten, stellten sich die Bezeichnungen gerade umgekehrt. Für sie lag La Belle Tour rechts und La Maison Blanche links.

Artillerie war zur Tränke geführt; die ausgestellten Posten kehrten dem Walde, von wo die Gefahr kam, den Rücken oder doch die Flanke zu. Wir kommen auf diese und ähnliche Einzelheiten an anderer Stelle zurück.

Der Anmarsch des XII. und IV. Corps.

Die General-Disposition für den 30., wie sie am Abend des 29. im Großen Hauptquartier zu Grand Pré ausgegeben worden war (siehe S. 423), hatte für die den rechten Flügel haltende Maas-Armee bestimmt:

um 10 Uhr früh (am 30.) über die Linie Beauclair-Fossé in der Richtung auf Beaumont vorzubringen.

Die Baiern, im Centrum, sollten diesen Angriff unterstützen; das V. und XI. Corps, am linken Flügel, die Richtung auf Le Chêne innehalten.

Wir folgen der Maas-Armee. Für den eigentlichen Angriff waren das IV.[*] und XII. Corps bestimmt, während das Garde-Corps eine Reservestellung bei Nouart einnehmen sollte. In vier großen Colonnen rückten die erstgenannten beiden Corps in nördlicher und nordwestlicher Richtung vor und zwar, vom äußersten rechten Flügel an gerechnet, wie folgt:

Die 1. sächsische Infanterie-Division Nr. 23, unter Oberst v. Montbé, von Beauclair auf der großen Chaussee über Laneuville,

die 2. sächsische Infanterie-Division Nr. 24, unter General-Major Nehrhoff v. Holderberg, von Nouart über Beaufort auf die Ferme Belle-Tour,

[*] Wir haben noch die Ordre de Bataille des IV. Corps nachzutragen, des Corps, das anfänglich zwischen der II. und III., dann, vom 20. ab, zwischen der III. und IV. (Maas-) Armee marschirend†), bis zum Tage von Beaumont — mit alleiniger Ausnahme eines Versuchs gegen Toul — nicht zur Action gekommen war.

Commandirender General: General der Infanterie v. Alvensleben I.

7. Division v. Schwarzhoff.	8. Division v. Schöler.
13. Brigade, General-Major v. Borries.	15. Brigade, General-Major v. Keßler.
26. Regiment, Oberst v. Schmeling.	31. Regiment, Oberst v. Bonin.
66. Regiment, Oberst-Lieutenant Graf v. Finckenstein.	71. Regiment, Oberst-Lieut. v. Kloeden.
14. Brigade, General-Major v. Zychlinski.	16. Brigade, General-Major v. Scheffler.
27. Regiment, Oberst v. Pressentin.	Schleswig-Holstein'sches Füsilier-Regt. Nr. 86, Oberst v. Horn.
93. Regiment (Anhalt) Oberst v. Krosigk.	96. Regiment (Altenburg, Reuß), Oberst-Lieutenant v. Redern.
4. Jäger-Bataillon, Major v. Lettow.	
7. Dragoner-Regiment, Oberst-Lieutenant v. Schleinitz.	12. (Thüringisches) Husaren-Regt., Oberst-Lieutenant v. Sudow.
4 Batterieen. — Pionier-Bataillon.	4 Batterieen.

Dazu Corps-Artillerie (36 Geschütze) unter Oberst Crusius und 1 Train-Bataillon.

†) Dieser Ausdruck ist freilich insofern nicht correct, als das IV. Corps nie als selbständiger Truppenkörper operirte, sondern bis zum 20. den linken Flügel der II., vom 20. ab den linken Flügel der IV. (Maas-) Armee bildete. Es war aber thatsächlich, im einen wie im andern Fall, das Bindeglied zweier Armeen und marschirte im Centrum.

die 7. Division, unter General-Lieutenant v. Schwarzhoff, von Nouart über Grand-Champy auf dieselbe Ferme (Belle-Tour),

die 8. Division, unter General-Lieutenant v. Schöler, von Fossé über Belval durch das Bois de St. Dieulet auf Belle-Volée und La Tuilerie.

Von Belle-Tour und Belle-Volée aus, zugleich auf dem zwischengelegenen Terrain sich entwickelnd, sollte dann der concentrische Vorstoß von etwa drei Divisionen auf Beaumont selbst erfolgen.

So die Aufgabe. Sie zu erfüllen, bot insoweit erhebliche Schwierigkeiten, als nur eine einzige, von Nouart über Stenay nach Beaumont führende Chaussee zur Verfügung stand. Diese wurde von der 23. Division als vorgeschriebene Marschlinie innegehalten. Alle übrigen Wege waren schlecht unterhaltene Waldwege. Zu der Schwierigkeit des Vormarsches gesellte sich noch eine mehr oder minder große Gefahr, indem das nach rechts und links hin unpassirbare Waldterrain eine Unterstützung der Colonnen unter einander ausschloß. Ein Angriff französischerseits, auch nur mit geringen Streitkräften unternommen, würde bei geschickter Leitung, eine nicht geringe Verwirrung in unseren Reihen geschaffen haben. Aber die Sorglosigkeit des Feindes, wie sie sich immer bewährte, bewährte sich nie glänzender als am Vormittage dieses 30. August. Es liegt uns ein Bericht von einem Offizier der 8. Division vor, der den Vormarsch dieser Division über Belval — dann, in die Waldestiefe niedersteigend, durch das Bois Dieulet hindurch — in sehr anschaulicher Weise schildert. Der Offizier schreibt:

»Das Rendezvous unserer 8. Division war bei Fossé befohlen. Wie spricht sich das so leicht aus! Der betreffende Punkt liegt hübsch klar auf der Karte; aber welche kolossale Anstrengung für Mann und Pferd, um auf kürzestem Wege dahin zu gelangen. Wir mußten von der Chaussee Busancy-Nouart links querfeldein abbiegen und geriethen in bergiges Terrain. Ach, und in welches? Aufgelöst tauchten die Colonnen in die Höhe, und verschwanden wieder; die Geschütze, mühevoll eines nach dem andern; aufgehauen auf die armen Gäule; bei den Fahrzeugen vorgelegt; »vorwärts in drei Teufels Namen! es ist gleich 10«. Und es ging. Das sind so die Stunden der Bewährung für unsre preußische Disciplin. Jeder Heerführer kann sich darauf verlassen, seine Truppen auf dem bezeichneten Rendezvous pünktlich zur Stelle zu haben. Also wir waren da.

Fossé; 10 Uhr.

Aber viel Zeit zum »Rendezvous machen« war nicht; so fährt unser Bericht fort. Der Divisions-Commandeur General v. Schöler trieb zur Eile, und die Queue kroch noch mühsam herauf, als die Avantgarde schon antreten mußte. Sie bestand aus

3 Escadrons Husaren-Regiments Nr. 12 (Merseburg-Weißenfels),

4. Jäger-Bataillon (Sangerhausen),

2 Batterieen,

3 Bataillons schleswig-holsteinischen Füsilier-Regiments Nr. 86,

2 Bataillons thüringischen Infanterie-Regts. Nr. 96 (Altenburg),

dazu eine Pionier-Compagnie, die braverweise »mit machte«, und ihren Pontontrain zurückließ.

Wir marschirten immer auf dem Plateau fort auf Belval zu. Unterwegs trafen wir die ersten Reste eines französischen Bivouacs. Das Corps Failly war Tags vorher, nach dem Gefechte bei Nouart, bis zu diesem Plateau, beziehungsweise bis zum Bois des Dames gelangt. In einer am Wege liegenden Hütte fand ich zwei unheimlich aussehende Gestalten; die befragt' ich und erhielt ohne Zögern die Antwort, daß die letzten französischen Truppen um Mitternacht auf dieser Straße passirt wären. Es war richtig. Die Franzosen waren die ganze Nacht zurückmarschirt und erst gegen Morgen bei Beaumont eingetroffen.

Von dem Plateau aus, auf dem wir jetzt in langer Colonne hinzogen, hatten wir eine schöne Aussicht. Zu Füßen, bei Belval beginnend, nichts als Wald! Ein Meer von grünen Bäumen, wie wenn man bei uns in der Mark, von den Müggel- oder Kranich-Bergen aus, die weitgedehnten Kiefernwälder überblickt. Wie die Bäume hin- und herrauschen! Jenseits des breiten Waldstreifens eine Ebene mit einem Städtchen von der Vormittagssonne hell beleuchtet. Es war Beaumont. Natürlich hatte alsbald Alles die Ferngläser vor Augen, schob, stellte, musterte, rieb mit dem Handschuh das Glas, musterte wieder, — richtig, oben und unten weiße Zeltdächer; in der Höhe viele, sehr viele, unten weniger. Sie dejeunirten. Wer ein gutes Glas hatte, sah ihnen in die Menagen hinein.

Unsre lange »Kriegsschlange« passirte ruhig das Plateau, was an anderthalb Stunden dauerte. Links, in gleicher Höhe mit uns, sahen wir andere Truppen ziehen. Das konnten nur die Baiern sein. Solch ein Anblick ist immer herzstärkend; »die kommen auch!« das hebt den Muth jedes Einzelnen. Auch die französischen Bivouacsreste, an denen uns der Weg vorüberführte, wurden genau beobachtet. Sie unterscheiden sich von den preußischen durch die kleinen Feuerstellen und durch umherliegende Hahnen- und Hennenköpfe. Auch Federn, wo gerupft worden war. Der Franzmann kann ohne sein poulet nicht leben. Hier und dort fand sich auch ein rothwollenes Epaulett; sie sind unvermeidlich auf jeder französischen Marschlinie.

Wir stiegen nun bei Belval, wo das Plateau sich senkt, den Abhang hinunter und dreist in den Wald hinein. Am Eingange traf ich eine sächsische Ulanenpatrouille, begrüßte den einzigen Bekannten, den ich in eben diesem

Regiment hatte und hier zufällig wiederfand, und erkundigte mich nach dem Feinde in der Front. »Sie sind noch da! Alles ruhig im Lager! Im Walde keine Patrouille zu sehen!« Unglaublich aber wahr.

So zogen wir denn auf schmaler Waldstraße weiter. »Wenn sie uns hier angreifen und zurückwerfen!« Dieser Gedanke mag wohl so ziemlich in Jedem von uns aufgestiegen sein. Wie hier herauskommen mit Train, Ge-schützen, Munitions-Colonnen? Aber nicht einmal ein Verhau war da. Im Walde wurd' es inzwischen immer stiller; keiner sprach mehr; jeder war mit sich beschäftigt. Alles drängte, von innerer Hast getrieben, vorwärts, nur um erst ins Freie zu kommen. Nun sind die ersten Husaren bis an den Rand gelangt. Ein vom General-Commando vorausgesandter Offizier (Hauptmann v. Stückrabt) hatte sich dort schon längere Zeit mit ein paar Mann Bedeckung aufgehalten. »Noch alles still,« so heißt es, »sie merken nichts.« Ein paar leise gesprochene Worte; der Divisions-Commandeur gab die letzten Anordnungen; die Husaren wurden zurückgenommen. Nun: los!«

So der Bericht, den wir an dieser Stelle unterbrechen, um hervor-zuheben, daß der Vormarsch der etwa 2000 Schritt weiter ö st lich eben dasselbe Plateau und dieselben Waldpartieen passirenden 7. Division, wie unter gleichen Verhältnissen, so auch unter gleichen Schwierigkeiten erfolgte. Den Rand des Bois de Dieulet erreichten beide Divisionen wahrscheinlich gleichzeitig.

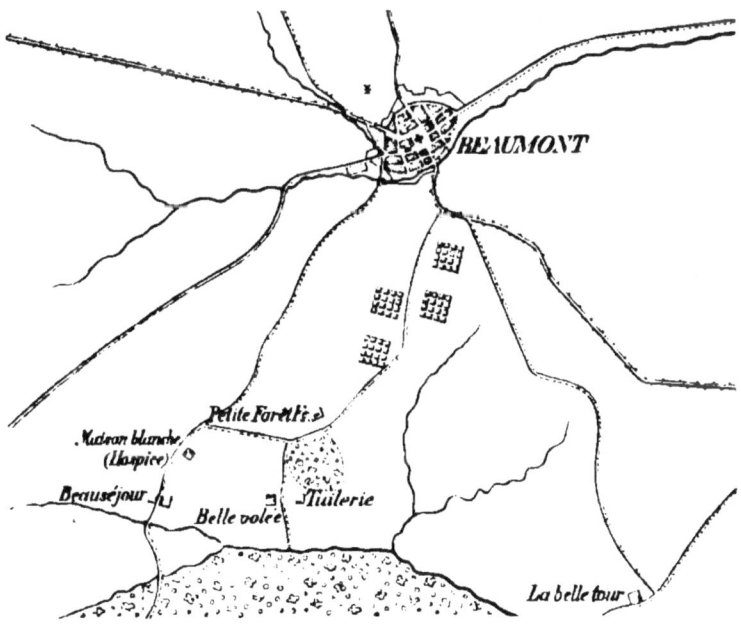

Beide hatten zunächst eine Senkung und einen leis ansteigenden Abhang vor sich; dahinter das Plateau von drei deutlich erkennbaren Linien durch- schnitten: die schon erwähnten Landstraßen, von denen zwei parallel liefen, während die dritte nach rechts hin ausbog. Zwischen den Linien die Lagerzelte und in der Front des Lagers einzelne Gehöfte. Die 8. Division in Büchsen- schuß-Entfernung von Belle-Volée und La Tuilerie, die 7. Division in gleicher Entfernung von Belle Tour.

Wenn die 7. Division bei dem Ueberfall der nächsten Stunde minder entscheidend eingriff, so lag es nicht daran, daß sie später am Waldrande eingetroffen wäre, sondern lediglich in dem Umstande, daß ihr für ihren Angriff ein Terrain-Abschnitt zugefallen war, auf dem sich das französische Lager verhältnißmäßig zurückgelegen befand, während die 8. Division auf den schmalen Streifen zwischen den beiden fast parallel laufenden Straßen stieß, auf dem die vorderste Lagerreihe des Feindes bis dicht an Petit Joret reichte. Das Betreten des Plateaus und das Erreichen dieser Lagerreihe waren nahezu zusammenfallende Momente. Sicherlich lagen nicht 10 Minuten dazwischen.

___

Der Ueberfall des französischen Lagers.
(Mittagskampf; 12—2.)

Ehe wir in Mittheilung unseres auf der vorstehenden Seite unter- brochenen Berichtes fortfahren, der mit gleicher Anschaulichkeit wie den »Anmarsch« der 8. Division, so auch den seitens dieser wenigstens in erster Reihe ausgeführten »Ueberfall«-schildert, schicken wir einige kurze Notizen voraus, die den Zweck haben, vor Eintritt in die Details der Schilderung, einen Gesammtüberblick über diese interessante Action zu geben.

Der Ueberfall des französischen Lagers bei Beaumont war recht eigentlich eine Action der 16. Brigade, v. Scheffler. Sie bildete die Avant- garde der Division. Ihre Zusammensetzung, auch die Reihenfolge, in der die einzelnen Truppentheile ihren Anmarsch bewirkten, haben wir bereits gegeben. Dieser Reihenfolge entsprechend, griffen sämmtliche Bataillone der Brigade innerhalb einer Stunde, vielleicht innerhalb einer halben Stunde, in den Kampf ein. Die beiden Batterieen wurden, außer der Reihe, gleich anfangs vorgenommen.

Der 16. Brigade, v. Scheffler, folgte die 15. Brigade, v. Keßler, (Regimenter 31 und 71). Das 31. hatte die Tête und kam rechts neben der 16. Brigade noch zu voller Action. Hatte auch erhebliche Verluste Das 71. Regiment blieb in Reserve.

Seitens der 7. Division, die, wie wir wissen, rechts neben der 8. ihren Vormarsch bewerkstelligt hatte, traten, was diesen Ueberfall des südlichen französischen Lagers angeht, zu dieser Tagesstunde nur die vordersten Batterieen und das an der Tête marschirende 66. Regiment in den Kampf ein. Es avancirte unmittelbar rechts neben den 31ern.

Wir lassen nun zunächst unsern mehrerwähnten Bericht (der über den Haupttheil des Kampfes handelt) weiter sprechen.

»Nun los!« so schlossen wir. »Im nächsten Moment schwärmen die 4. Jäger aus, erst niedersteigend, dann über die Senkung fort, dann die Schrägung des Abhangs hinauf; unsere beiden Avantgarden-Batterieen folgen, fahren auf und erhalten vom Major v. Gilsa ihre Direction. Alles ist in athemloser Spannung! Es war (kaum glaublich, aber wahr) ganz so, wie wenn beim Herbstmanöver »ein nächtlicher Ueberfall« ausgeführt wird. Man lächelt, macht es mit, weil befohlen, und hält es für »unnatürlich«. Hier kam es an hellem lichten Tage zur Geltung. Dazu welche Zwischenfälle! Die Batterieen sollten vorrücken; der Batteriechef will sein Commando schnarrend herauswettern, wie er sonst wohl sein »Batterie halb rechts« abgiebt; aber kaum hat er die erste Sylbe laut herausgebracht, als Alles über ihn herstürzt und zum leisen Commandiren anhält. Endlich steht Alles. Die Infanterie marschirt indessen hinter die Ziegelei auf; die Queue ist noch tief im Walde. Aber der Divisions-Commandeur will nicht länger warten und wird ungeduldig. Also: Feuer! Der erste Schuß kracht. Es war die 4. leichte Batterie, Hauptmann Wermelskirch, vom 4. Feld-Artillerie-Regiment. Ich sehe nach der Uhr; es war 12 Uhr 15 Minuten.

Das Lager, dessen vorderste Zeltenreihe wir auf kaum 500 Schritt vor uns hatten, konnte ich in diesem Momente von meinem Standpunkt aus nicht sehen; desto deutlicher sah ich das »große Lager«, das, anderthalb Divisionen stark, auf den Höhen nördlich der Stadt aufgeschlagen war und die ganze vorgelegene Ebene sammt dem »kleinen Lager« beherrschte. Von Beaumont selbst ließ sich nicht viel erkennen, nur die Kirche und einige rothe Dächer; es war wie angeklebt an dem dahinter liegenden Abhang.

Die Ebene zwischen dem Walde, aus dem wir eben herausgetreten waren, und dem Städtchen ist wellenförmig; man findet von Zeit zu Zeit Deckungen; aber Alles was nun kam, ging so rasch, daß wir garnicht Zeit hatten, sie zu benutzen.

Also der erste Schuß war gethan. Ich habe später gehört, er wäre zu kurz gegangen; der zweite soll im Lager gesessen und furchtbar gewirkt haben. Es heißt auch, ein Junge aus der Ziegelei sei noch kurz vor unserem Eintreffen ins Lager gelaufen und habe die Franzosen avertirt. Unbegreiflich

bleibt es, daß uns ihre grande-garde nicht gesehen hat; irgend eine Lagerwache müssen sie doch gehabt haben.

Mit welcher Spannung erwarteten wir die Wirkung der ersten Granaten! Sie ließ nicht lange auf sich warten. Mit unglaublicher Schnelligkeit
entwickelte sich rechts vom Lager (französischerseits rechts) eine lange,
lange Tirailleur-Linie; ich sehe die Bursche noch im Pulverdampf vor mir,
Mann an Mann, und beobachtete deutlich, daß sie die Kolben nicht an die
Backen brachten, sondern von der Hüfte aus die Gewehre abfeuerten.

Es kam eine böse Stunde. »Stunde« freilich ist hyperbolisch ausgedrückt; es wird eine halbe, eine Viertelstunde gewesen sein! Aber von solch
einem Gewehrfeuer hatten wir uns doch keinen Begriff gemacht; unser
IV. Corps war noch wenig, unsere 8. Division noch garnicht unter Chassepot-
feuer gewesen. Wie das sauste und prasselte und klatschte! Zuerst immer zu
hoch, daß die Aeste einem um die Ohren tanzten! Die 4. Jäger antworteten
fleißig; aber das Feuer dauerte in ungeminderter Stärke fort; dabei knallten
sie fortwährend in die beiden Batterieen hinein und tödteten Leute und
Pferde, so daß es bei der einen bereits an Bedienungsmannschaften zu fehlen
begann. Hauptmann Wermelskirch von der 4. leichten Batterie wurde bald
sehr schwer, der Major v. Lettow, der die Jäger führte, ebenfalls schwer
getroffen. General v. Scheffler, der in vorderster Gefechtsreihe neben der
Ferme La Tuilerie hielt, und seine Brigade im Schutz einer unmittelbar
vorgelegenen Waldparzelle für den Angriff zu sammeln trachtete, hatte das
1. Bataillon 86er bereits ins Feuer gezogen. Das 2. und Füsilier-Bataillon
selben Regiments folgten in kurzen Pausen. Der ganze Platz rechts neben der
Ferme war mit Todten und Verwundeten bedeckt. Die Verluste, die wir vor
Ablauf einer Viertelstunde erlitten hatten, waren enorm. Der Divisions-
Commandeur (General v. Schöler) verlor sofort sein Pferd unterm Leibe;
der Brigade-General (v. Scheffler) wurde verwundet und contusionirt; sein
Adjutant desgleichen, die Stabsordonnanz getödtet; Oberst v. Horn und
Oberstlieutenant Hasse, beide vom 86., waren gleich in den ersten Minuten
verwundet aus dem Gefecht getragen worden; Hauptmann Quadt vom 96. todt.
All das war geschehen, eh wir noch recht zu Besinnung und Ueberblick gekommen waren. Man hat keinen Begriff von der Wirkung dieses »zufälligen Feuers«, namentlich wenn es auf Colonnen abgegeben wird. Und
wir avancirten damals noch in geschlossenen Massen. Erst die enormen Verluste lehrten uns später, gleich aufgelöst von der Stelle aus vorzugehen.

Um diese Zeit etwa war es, daß die 15. Brigade (Regimenter 31
und 71), die, ziemlich dicht aufgeschlossen, unserer 16. Brigade gefolgt war,
ebenfalls aus der Waldestiefe debouchirte und im Geschwindschritt zu unserer
Unterstützung heranrückte. Das 31. Regiment hatte die Tête und wurde

fofort nach rechts dirigirt, wo es, durch die Schlucht gedeckt, dem feindlichen
Feuer einigermaßen entzogen war. Rechts neben den 31ern, auf dem
Terrain zwischen dem zweiten und dritten Wege, griffen jetzt auch, von Belle-
Tour her vorbrechend, die Têten der 7. Division in das Gefecht ein. Es
waren, wenn ich nicht irre, alle drei Bataillone vom 66. Regiment. Ich
sah deutlich wie die Franzosen diesen Angriff annahmen und aus den un-
mittelbar vor Beaumont befindlichen Lagerabtheilungen in breiten Tirailleur-
Linien avancirend, den Zusammenstoß mehr suchten als mieden. Auch die
Verluste an dieser Stelle des Schlachtfeldes, wie ich später erfahren habe,
waren sehr erheblich. (Vergl. die Schilderung auf S. 437.)

Die 16. Brigade, auf dem Terrain zwischen dem ersten und zweiten
Wege, sowie unmittelbar rechts neben dem letzteren, hatte mittlerweile die Lager-
Lisiere erreicht. Welcher Truppentheil zuerst in die Zeltenreihe einbrach, ist
nicht bestimmt festzustellen gewesen. Gleichviel, das »Aufrollen« begann.
Einzelne Abtheilungen leisteten tapferen und selbst verzweifelten Widerstand;
im Ganzen aber erfolgte ein fluchtartiger Rückzug auf Beaumont zu, von
dem Augenblick an, wo wir den Zwischenraum zwischen Wald und Lager
glücklich passirt und die vorderste Linie (etwa in Höhe von Petit Foret)
gewonnen hatten.

Wir waren nun also im Lager. Der Anblick, der sich uns bot
— trotz der viel-citirten sardines à l'huile-Büchsen, die (ich weiß nicht
warum) zu einem unerhörten Luxus, und dem entsprechend zu einer Art von
militairischem Verbrechen gestempelt worden sind — gereichte unserm Gegner
in mehr als einer Beziehung zur Ehre. Man sah deutlich, daß sie total
überrascht, aber nichtsdestoweniger keinen Augenblick in ihrer Action gelähmt
worden waren. Rasch hatten sie sich gefunden. Zum Umhängen des Gepäcks
war keine Zeit gewesen; nur die Waffen hatten sie ergriffen und nothdürftig
die Geschütze bespannt. So war man in den Kampf eingetreten; so hatte
man das Feld geräumt. Alles Uebrige: Fahrzeuge, Bagage, Gepäck, Zelte,
Kochgeschirr, war liegen geblieben. Pferde und Maulesel, mit einem Hinter-
fuß an Pflöcken gebunden, standen ruhig da; einige fraßen, andere ließen
den Kopf traurig hängen, oder zogen einen Fuß krampfhaft in die Höhe;
sie hatten eine Kugel im Leibe. Rings umher lagen verwundete und todte
Franzosen! Einzelne zeigten ein so verbissenes Gesicht, daß es ungerathen war,
sich ihnen anders als mit gespanntem Pistol zu nähern. Es kamen wirklich
Fälle vor, daß Sterbende — den sicheren Tod vor Augen — noch im
Tode sich rächen wollten.

Nun in diesem Lager hatten wir nicht Zeit, uns lange aufzuhalten;
Lager und Stadt wurden in einem Athem abgemacht und mit vier rasch
gesammelten Bataillonen, Beaumont hart rechts lassend und nur seine

äußerste westliche Spitze berührend, dirigirten wir uns jetzt auf das jenseit der Stadt gelegene »große Lager«. Dies war inzwischen fleißig gewesen. Man sah nach den ersten diesseitigen Schüssen, wie Alles lebendig wurde, und gar nicht lange, so feuerten sie herunter. Unsere 3. schwere Batterie hatte es hauptsächlich mit dieser Artillerie zu thun; später die Baiern, die wir jetzt links von uns erscheinen sahen. Hier knatterten auch die ersten Mitrailleusen gegen uns; wir hatten sie schon am Tage vorher von Weitem gehört, als die Sachsen sich dicht neben uns bei Nouart schlugen. Unsere Leute hielten sie für schlecht abgebrannte Gewehrsalven und machten ihre Witze darüber; heute horchten sie aufmerksamer und fanden bald die Unterschiede heraus.

Schweres Geschütz donnerte fortwährend auf uns hernieder; im Ganzen ohne viel Schaden anzurichten. Gott erhalte den Franzosen ihre bisherige Artillerie mit den Zeitzündern und den Shrapnels!*) Wir gingen meist unangefochten drunter weg, und die weißen Wölkchen waren so hoch in der Luft, wie ein nettes Feuerwerk. Dort platzten dann die Shrapnels (also viel zu früh) und man hatte seine Freude daran.

Unbequemer waren uns in diesem Augenblick einige Granaten unserer Corps-Artillerie und der Sachsen, die gerade dicht vor uns, also zu kurz, einschlugen. Das beschleunigte unser Hinaufklettern und ein paar Minuten später war die Tête im »großen Lager«. Rechts neben uns die 31er, die, durch die Stadt hindurch, avancirt waren.

Das »große Lager« sah nicht so »wüscht« aus wie das kleine. Hier hatten sie theilweise packen können; auch einige Zelte waren schon abgebrochen. Merkwürdigerweise aber hatten sie auch hier wieder eine große Anzahl Pferde stehen lassen! Sonst fanden wir hauptsächlich Weißbrod und gute Decken; dazu den unvermeidlichen französischen Schmutz. Es ist unglaublich, wie unsauber es in französischen Lagern und Casernen aussieht!«

So der Bericht eines Offiziers der 16. Brigade. Er wird vervollständigt durch Mittheilungen, die wir dem Briefe eines 86ers (welches Regiment den Hauptstoß ausführte und die größten Verluste hatte) entnehmen. Der Briefschreiber stand beim 2. Bataillon.

»Am 30. August früh wurde abgekocht, doch nur wenige konnten ihr Rindfleisch noch verzehren, der Aufbruch wurde plötzlich um eine Stunde früher befohlen. Noch glaubte keiner an einen Kampf (zu lange hatten wir vergeblich darauf gehofft), selbst da nicht, als es beim Rendezvous hieß: »der König hat den Angriff befohlen!« »An die Gewehre! Stille gestanden!

---

*) Freilich ein frommer Wunsch. Schon in der Orleans-Campagne haben sie mit Percussionszündern geschossen, und dabei wird es wohl bleiben. Wenn wir wieder mit ihnen zu thun bekommen, so müssen wir uns auf eine bessere feindliche Artillerie gefaßt machen.

Bataillon soll chargiren mit Patronen geladen!« tönte das Commando vom
1. Bataillon herüber und Hurrah! gab das zweite wieder. »Stille! Ruhe!«
und nun lud die ganze Division ¼11 Uhr Vormittags, und weiter ging der
Marsch. Nach einer halben Stunde trafen wir überall auf französische
Lagerplätze; die Straßen waren mit Kochgeschirren und anderen Geräthen,
die auf einem Lagerplatze zurückzubleiben pflegen, dünn überstreut.

Um 12 Uhr hörten wir in der Ferne Kanonendonner. »Da kommen
wir wieder nicht heran!« murrten die Füsiliere, als unerwartet Schlag auf
Schlag in nächster Nähe Kanonenschüsse fielen und fast gleichzeitig das heftigste
Kleingewehrfeuer sich hören ließ. Wir standen über einem Thal von mäßiger
Senkung, dessen Anblick durch leichten Baumwuchs dem Auge entzogen war.
Rechts und links wurde aufmarschirt; unser 4. Jäger-Bataillon war bereits
im Feuer. Das 31. Regiment rechts neben uns, brach jetzt die ganze
Brigade Scheffler: 3 Bataillone 86er und zwei Bataillone vom 96., zur
Unterstützung der Jäger vor.

Mein Bataillon ließ zuerst die 6. und 7. Compagnie tirailliren.
Obwohl zu letzter gehörig, mußte ich, weil ich der zum Schutz der Fahne
bestimmten Unteroffizier-Section zugetheilt war, bei der 5. und 8. Compagnie,
dem Soutien verbleiben, welches nach wenigen Minuten stürmend vorbrach.
Sobald wir an den Rand der Höhe vortraten, befanden wir uns in einem
Höllenfeuer. Oberst v. Horn, von einer Kugel getroffen, gab, stramm
weiter schreitend, mit ruhig fester Stimme den Befehl zur Attake, die
Hauptmann v. Lessel mit unvergleichlicher Kaltblütigkeit führte. Rechts und
links neben und vor uns stürzten Offiziere wie Gemeine.

Die in ihrer Mittagsruhe überraschten Franzosen verlassen die wenigen, am Rande des Lagers aufgefahrenen Geschütze, die zudem meist zu
hoch geschossen, und gehen langsam zurück. Die Kanonen werden genommen,
ebenso einige Fahnen, aber die Hälfte von uns liegt am Boden. Weiter!
der Fahnenträger ist durch den Unterleib geschossen, schon hält ein hinzu-
springender Sergeant auf's Neue das gesunkene Feldzeichen hoch. Wir sind
im Lager, die Franzosen schießen aus den Zelten. Wir sind mitten darin,
Waffen, Zucker, Fleisch, Zelte, Hemden liegen unter unsern Füßen. Von
den sechs Fahnen-Unteroffizieren sind nur noch zwei vorhanden. In hundert
Schritt Entfernung deckt sich der Feind hinter einem Grabenaufwurf. Trotz
Tornister und Mantel stürmen wir im Laufschritt vor; längst hat Hauptmann v. Lessel »Seitengewehr pflanzt auf!« commandirt und zeigt uns mit
unerschütterlicher Ruhe den Weg. Auf einer Höhe, 1000 bis 2000 Schritt
entfernt (schon nördlich von Beaumont), ist eine Mitrailleusen-Batterie aufgefahren; ihr verheerendes Feuer muß passirt werden. Zischend schnurren
die zwölf Schüsse in zwei Secunden hintereinander ab und dann giebt's kaum

eine Pause, also Lauffchritt. Reihenweise ftürzen die Unfern, doch wir find durch, und in wenigen Minuten ift die franzöfifche Divifion verfchwunden; wir find an der Chauffee, jenfeit derfelben übernehmen neue Regimenter, die eben durch das Lager vordringen, mit den Trümmern der Unfrigen die Blutarbeit. Denn Trümmer nur find übrig geblieben, faft alle Offiziere verwundet.«

Wie die 86er, am linken Flügel, von La Tuilerie aus, fo drangen die 66er, am rechten Flügel, von La Belle Tour aus, gegen das franzöfifche Lager vor. Zwifchen ihnen (im Centrum) das 31. Regiment. Auch über den Angriff der 66er liegt uns ein anziehender Bericht vor, dem wir das Folgende entnehmen:

»Am 30. früh 7 Uhr brach die 7. Divifion aus dem Bivouac auf und trat den Marfch nach dem Rendezvous bei Nouart an, von wo der Feind in der Nacht abgezogen war. Um 10 Uhr wurde durch den Divifions-Commandeur, General-Lieutenant v. Schwartzhoff, den Füfilieren des 66. Regiments mitgetheilt, daß fie die Ehre haben follten, an der Tête der Divifion zuerft dem Feinde entgegenzutreten.

In der Avantgarde der Divifion waren zwei Züge Dragoner, dann folgte die 10. Compagnie des Regiments, dann die 9., 11. und 12. Compagnie; diefen folgte eine Compagnie Pioniere, eine leichte Batterie und demnächft das 1. und 2. Bataillon. So marfchirten wir ohne Hinderniffe über Belval durch einen langen Wald auf fchmalem, fchlüpfrigem Wege in Sectionsbreite bis zur Ferme de Belle Tour, wo der Wald fein Ende erreichte. Die Eclaireurs der Dragoner waren bereits auf den vor uns liegenden Höhen, als plötzlich, es war 12 Uhr, gegen Beaumont zu mehrere Gewehrfchüffe fielen, welche die Lagerwache eines dicht vor uns befindlichen Lagers der Franzofen auf die Dragoner abfeuerte. Das Füfilier-Bataillon an der Tête marfchirte mit fliegender Fahne vorwärts Belle Tour, auf beiden Seiten der Straße nach Beaumont auf, die 10. und 11. Compagnie im erften, die 9. und 12. Compagnie im zweiten Treffen. Schützen wurden vorgenommen und ohne zu feuern der erfte Abfchnitt, eine fanft anfteigende Höhe befetzt. Hier erhielten wir den Befehl zu halten, bis das Regiment fich aus dem Walde entwickelt hätte.

Dies gefchah rafch. Am rechten Flügel der Füfiliere marfchirte das 1., am linken das 2. Bataillon auf, Schützen fchwärmten aus, Halb-Bataillone folgten als Soutien. Um dreiviertel 1 Uhr warfen fich unfere Compagnieen, im weiten Bogen die feindliche Stellung umfaffend, auf diefelbe; der Feind, ein Regiment im erften Treffen, eröffnete ein Schnellfeuer, wie wir es noch nie gehört hatten. Während deffen avancirte ein Regiment des feindlichen zweiten Treffens gegen unfere Compagnieen; beide Treffen wurden aber durch unser in Front und Flanke gerichtetes wohlgezieltes Feuer und die darauf folgende mit lautem Hurrah ausgeführte Attake aller Compagnieen geworfen. Hierbei gerieth das 2. Bataillon bis 50 Schritt an den Feind, trieb denselben durch sein Zeltlager hindurch und nahm ihm zwei Geschütze ab. Die feindlichen Bataillone eilten nun in wilder Flucht nach Beaumont zurück, und wir würden ihnen unaufhaltsam gefolgt sein, wenn nicht der wiederholte energische Befehl des General-Lieutenants v. Schwartzhoff uns Halt geboten hätte. Es mußte durchaus der Aufmarsch der Division abgewartet werden.

Das begreifliche Ungestüm und der Eifer des Gefechts hatte uns diesen Auftrag bis hierher vergessen lassen; Führer und Soldaten dachten nur an das Vorwärts, und es war geglückt.

Den Anleitungen unseres Commandeurs, Oberst-Lieutenants Graf Finck v. Finckenstein, hatten wir es dabei zu danken gehabt, daß die Verluste des Regiments nicht in so colossaler Höhe waren, wie dies, namentlich am 16. und 18. August, bei so vielen anderen Truppentheilen der Fall gewesen war; wir gingen nämlich sprungweise vor, d. h. immer 50 bis 100 Schritt im Laufschritt; dann warf sich Alles nieder; dies wiederholten wir auf das Avertissement: »Auf«, bis wir am Feinde waren, und zwar immer abwechselnd erst die Schützen, dann die Soutiens. Hierbei ist der Appell, welchen die Leute hatten, nicht genug hervorzuheben. Wie auf dem Exercirplatz wurden die Bewegungen ausgeführt; trotz des hagelbichten Kugelregens war nie ein Stutzen bemerkbar; jeder Wink, jedes Commando wurde pünktlich ausgeführt, jede Bewegung nach rechts, nach links ging rasch von Statten; es war mit einem Worte ein herrliches Gefecht.

Das fernere Vorgehen des Regiments gegen Beaumont und die nördlich davon gelegenen Höhen geschah, nachdem alsbald das ganze Armee-Corps (links von uns die 8. Division) in Thätigkeit getreten war.«

Auf diesen Nachmittags- und Abendkampf kommen wir an anderer Stelle zurück.

Der Ueberfall von Beaumont.
(Französischer Bericht.)*)

Der Terrainabschnitt, der ganz vorzugsweise von dem preußischen Ueberfall betroffen wurde, liegt zwischen dem Weiler Petite Foret, der Ziegelei

------

*) Dieser Bericht ist dem Buche: La Bataille de Beaumont, par M. Defourny, Bruxelles, V. Devaux et Cie., 1871, entnommen. Mr. Defourny ist der katholische Geistliche des Orts, der, durch die Ereignisse dazu aufgefordert, die Schlacht bei

unb dem Hospiz, das seit jenem Tage (weil von deutschen und franzöfischen Offizieren vielfach fo genannt) ben Namen führt: La Maison Blanche. Hier, unmittelbar rechts neben Maifon Blanche, war es, daß die Avantgarden-Batterie des Hauptmanns Wermelskirch auffuhr und etwa eine Viertelstunde lang das Gefecht einleitete. Dann erschienen andere Batterieen, und vor Ablauf von abermals fünf Minuten standen hier 24 Geschütze im Feuer. Eine gleiche Anzahl war mittlerweile am preußischen rechten Flügel, in Front von Belle Tour, aufgefahren und warf von dort her ihre Geschoffe in die Südhälfte unferes Lagers.

In diefem Lager stand die Division Goze: 61. und 86., 11. und 46. Regiment, zugleich mit dem 4. Jäger-Bataillon. Auch das 68. Linienregiment fammt dem 19. Jäger-Bataillon, beide von der Division Lespart, waren bis hieher vorgeschoben. Im Ganzen 5000 Mann. Fünftaufend Mann ohne General, ohne einheitliche Führung, die Geschütze unbespannt, die meisten Stabsoffiziere in der Stadt.

Mit Hauptmann v. Wermelskirch, der später drei Wochen lang in meinem Pfarrhaufe als Verwundeter lag, — so erzählt Mr. Defourny — habe ich über diese ersten Gefechtsmomente öfter gesprochen. Er fagte mir: »Als wir die absolute Sorglosigkeit, die im französischen Lager herrschte, wahrnahmen, widerstand es uns eigentlich, unfere Granaten fo ohne Weiteres ins feindliche Lager hinein zu schicken. In der That wurde die Proposition gemacht, zunächst einen bloßen Avis-Schuß abzufeuern. Aber von anderer Seite wurde hervorgehoben, daß im Kriege alle Vortheile genutzt werden müßten und fo commandirte ich denn »Feuer«. Es ist schwer und peinlich zugleich den Eindruck zu schilbern, den diefe erste Granate hervorbrachte. Ich wandte mich ab und ließ mein Pferd eine Volte machen. In diefem Augenblick erhielt ich eine Chaffepotkugel; gleich darauf wurde mein Pferd verwundet und schleuberte mich zehn Schritt weit fort! Ich erhob mich wieder und blieb im Commando; aber alsbald von einer zweiten und gleich darauf von einer dritten Kugel getroffen, stürzte ich nieder und das Bewußtfein schwand mir. »»Und wie lange hatte bis dahin diefe Kanonade gedauert?«« fo etwa fragte ich. »Eine Stunde.« »»Und Ihre Geschütze waren auf das nördliche Lager gerichtet, von wo man den Artilleriekampf aufzunehmen befliffen war?«« »Nein; meine Batterie, fo lange ich commandirte, richtete keinen Schuß auf

Beaumont zum Gegenstande eingehendster historischer Unterfuchung gemacht hat. Seine Angaben sind um fo zuverläffiger, als ihm nicht nur die Aussagen zahlreicher verwundeter Offiziere (französischer wie deutscher) zur Verfügung gestanden, sondern auch überschwängliche Vorstellungen von der Unbesieglichkeit oder der exceptionellen Größe Frankreichs fein Urtheil nirgends getrübt haben. Er hat scharf beobachtet und giebt feine Beobachtungen offen und rückhaltlos wieder. Seine Zahlenangaben behalte ich bei, wiewohl fie, was die Stärkeverhältniffe der Franzofen, namentlich der Division Goze angeht, wohl zu niedrig gegriffen sind.

das nördliche Lager; unser Feuer dirigirte sich gegen die Infanterie-Colonnen, die uns unmittelbar gegenüberstanden.«

So die Aussagen des Hauptmanns, die mir sehr wohl im Gedächtniß geblieben sind.

Einer der ersten Schüsse tödtete einen Corporal vom 11. Linien-Regiment. Er war ein Kind unserer Stadt, eines Korkmachers Sohn; auf der Stelle, wo er geboren, fiel er in sein Blut. Gleich nach ihm wurde der Commandeur seines Regiments, Oberst Béhagle, getroffen, der ventre à terre aus der Stadt herbei eilend, an Stelle des Generals Goze das Commando übernommen hatte. Eine Kugel durchbohrte ihm die Leber, eine Wunde, der er noch am andern Tage erlag.

Von da ab hörte jedes Commando auf; man focht in einzelnen Trupps, auch in den taktischen Manövern, die hier und da vorkamen, einem bloßen Instinkte des Kampfes nachgebend. Die Vordersten knieten nieder, oder suchten in Terrainwellen Deckung, um den aus der Tiefe heranrückenden Reserven wenigstens ein freies Schußfeld zu lassen.

Die den feindlichen Batterieen zunächst stehenden Truppentheile waren das 61. und 68. Regiment; unmittelbar hinter ihnen das 86. Diese drei faßte die eigentliche Ueberraschung. Dicht vor Beaumont lagerte die Brigade Saurin, Regimenter 11 und 46. Diese rückte, als die in Front stehende Brigade geworfen war, in dichten Schwärmen vor, um das Feld zu behaupten oder das schon verlorene Terrain wieder zu gewinnen. Nicht ganz ohne Erfolg. Einzelne drangen bis in die preußischen Linien vor, fielen hier und wurden andern Tags mit den gefallenen Feinden in gemeinschaftlichen Gräbern bestattet.

Von sämmtlichen Regiments-Commandeuren waren nur zwei zugegen. Nach der tödtlichen Verwundung des Obersten Béhagle wurde auch Oberst Berthe vom 86. getroffen; mit ihm gleichzeitig ein Bataillons-Commandeur vom 46. Regiment.

Am diesseitigen linken Flügel avancirte Capitain Le Pape vom 17. Linien-Regiment gegen die Ferme Belle Tour und unterhielt ein so heftiges Feuer, daß die Pachterfamilie, die sich in der nebengelegenen Scheune versteckt hatte, nicht anders glaubte, als ein Schlossen-Orkan sei losgebrochen, so lärmend und hageldicht fielen die Kugeln auf das Schieferdach des Hauses.

Das Feuer unserer drei in Front stehenden Regimenter (61., 68. und 86.) hatte sich, so lange sie dem Ansturm des Feindes widerstanden, vorzugsweise gegen das Hospiz von Beausejour gerichtet, weil hier die 4 Batterieen standen, die von Anfang an unserm Lager vorzugsweise gefährlich gewesen waren. Dazu kam, daß das Haus selbst (Maison Blanche) nicht nur von feinblichen Schützen, die aus den Fenstern feuerten, dicht besetzt worden war, sondern daß sich auch auf dem Dach des Hauses ein Observatorium befand, von dem aus der Kampf, so weit das unmittelbar vorgelegene Terrain in Betracht kam, mit vieler Geschicklichkeit geleitet wurde. All dies machte das weithin sichtbare »weiße Haus« zu einer Zielscheibe für die Unseren, Einzelschüsse und rollende Salven lösten einander ab, und nachdem auch das »große Lager«, nördlich Beaumont, allarmirt und in Mitleidenschaft gezogen war, kamen auch von dort her die Granaten herüber. Besonders war es auch die Batterie auf dem Windmühlenberg, die unserem Hospiz Verderben drohte. Freilich noch mehr der preußischen Artillerie, die, wie wir wissen, hier Stellung genommen hatte. Allein die Batterie Wermelskirch verlor 24 Pferde und 26 Mann von der Bedienung. Am Abend der Schlacht lagen in den vier Fermen: Beaulieu, Belle Tour, La Tuilerie und Maison Blanche 1100 preußische Verwundete. Der beste Beweis, wie heiß der Kampf und wie energisch der Widerstand war, den unsere total überraschten Bataillone dem vordringenden Feinde leisteten.

Dieser, trotz alledem, war an Zahl und Führung uns zu sehr überlegen, als daß der Widerstand einzelner tapferer Bataillone seinen Sieg hätte hindern können. Zwei Stunden, nach Beginn des Kampfes, stürmten bereits preußische Bataillone, in hitziger Verfolgung der Unseren, durch Beaumont hindurch, während die Hauptmassen ihres IV. Corps links und rechts von der Stadt die große Straße Le Chêne-Stenay passirten und gegen das »nördliche Lager«, in hitziger Verfolgung der Unseren, vorbrachen. Ihre gesammte Artillerie folgte, nahm noch einmal, hart am Abhange des Südplateaus, im Halbkreise um Beaumont her, eine Stellung, kanonirte eine Viertelstunde und ging dann im Galopp gegen die Nordhöhen vor. Am äußersten rechten und linken Flügel griffen sächsische und baierische Batterieen ein, die einen gegen Letanne, die andern gegen Harnoterie ihr Feuer richtend.

Bald nach 2 Uhr hielten vier Artillerie-Linien auf den Nordhöhen der Stadt, zum Theil an selber Stelle, wo sich noch eine Stunde zuvor unser »großes Lager« befunden hatte, und schickten unsern auf Mouzon und Rouffy abziehenden Bataillonen ihre Granaten nach.«

So der Bericht meines Pfarrers.

Der erste und wohl auch blutigste Act dieses Tages war vorüber. Am Nachmittag und Abend erfolgten noch ernste Kämpfe am Bois Givodeau, am Mont de Brune und am Faubourg von Mouzon.

Ehe ich zu diesen Vorgängen übergehe, sei nur noch erzählt, welche »Sorglosigkeiten«, um ein mildes Wort zu gebrauchen, nöthig waren, um einen »Ueberfall«, wie den vorstehend geschilderten, überhaupt möglich zu machen.

Ich folge auch hierbei den Aufzeichnungen meines Pfarrers von Beaumont.

Wie war der Ueberfall möglich?
(Nach Aufzeichnungen des Pfarrers von Beaumont.)

Viel ist darüber gesprochen worden, daß das »Lager bei Beaumont« nirgends Feldwachen und Vorposten gehabt habe, oder wenn doch, so nicht in rechter Zahl und noch weniger in zu fordernder Aufmerksamkeit. Daran hat sich dann bitterer Tadel geheftet, auch Spott, und beides mit Recht. Die Sorglosigkeit, mit der das V. Corps, de Failly, in den so verhäng- nißvollen 30. August eintrat, wäre unglaublich, wenn nicht Weißenburg, Spicheren, und später Sedan ähnliche Beispiele böten. Alle Generale und Stabsoffiziere, mit wenigen Ausnahmen, befanden sich in Beaumont, als der Ueberfall erfolgte; man schickte sich eben an, nach den Entbehrungen des Tages zuvor, zum Dejeuner zu schreiten. Große Trupps von Soldaten be- fanden sich auf dem Wege nach Letanne und Pouilly um Brod und sonstige Lebens- mittel zu requiriren; die Artilleriepferde waren zur Tränke geschickt; die Ge- schütze und Munitions-Colonnen standen in einer Terrainfalte dicht zu- sammengefahren.

Mittlerweile hatte es nicht an Gerüchten gefehlt, der Feind sei im Anzuge, und je näher dieser kam, besto bestimmter traten sie auf. Hierbei geziemt es sich, zu verweilen, weil nichts so sehr die Sorglosigkeit zeichnet, der man sich unsererseits glaubte hingeben zu dürfen.

Jurion, der Besitzer von Petite Foret, hatte in Beaumont zu thun. Als er die Stadt erreichte (es war 11¼ Uhr), sah er auf der Schwelle eines der ersten Häuser Aimée Burbo sitzen, die er sehr wohl kannte. Aimée Burbo war die Tochter der Wittwe Burbo, seiner Nachbarin, die das Ziegelei-Gehöft, das nur 300 Schritt hinter Petite Foret liegt, besaß. Aimée, erst seit wenig Wochen nach der Stadt hin verheirathet, war in Thränen. »Was weinst Du, Aimée?« »»Ich habe wohl Grund dazu; die Preußen sind im Walde dicht bei der Ziegelei.«« »Von wem hast Du die Nachricht?« »»Von meiner Schwester Constance; sie lief her, um es mir zu melden.««

Jurion, weiter in die Stadt hineinschreitend, begegnete einem General. »Mein General, die Preußen stehen dicht bei La Tuilerie.« »»Ihr seid ein Lügner««, antwortete der General und schritt seines Weges.

Aber die Meldung, die Aimée Burbo durch ihre Schwester Constance empfangen hatte, war nur zu richtig. Sehen wir, was sich mittlerweile, und schon in den voraufgehenden Stunden, in La Tuilerie zugetragen hatte.

Am frühen Morgen des 30. war einer unserer Chasseurs bei der Wittwe Burbo eingetreten und hatte sich als Schildwacht angemeldet. Als er nach zwei Stunden nicht abgelöst wurde, schöpfte die Besitzerin von La Tuilerie Verdacht und fragte: »warum er nicht abgelöst werde«? »»Weil ich mich freiwillig zu diesem Dienst erboten habe.«« Dies war in gewissem Sinne richtig. Er war ein Ausreißer, ein Feigling, der mit guter Manier loskommen wollte. Die Wittwe war aber ihrer Sache nicht völlig sicher und machte deshalb einen Pact mit ihm: sie werde jetzt gehen, um Brod zu backen und eine Suppe für ihn zu kochen, wogegen er die Verpflichtung übernehme, ihr die Preußen zu melden, sobald er ihrer ansichtig werde. Auch die Form der Anmeldung wurde verabredet; er sollte einfach sein Gewehr abfeuern.

Die Wittwe Burdo ging nun an den Ofen, um die Brode einzuschieben. Sie war unruhig in ihrem Gemüth. Schon nach wenig Minuten war es ihr, als höre sie ein Geräusch vom Walde her, Schritte, Commandoworte, Pferdegestampf. War es Einbildung? täuschte sie ihr Ohr? Sie gab ihren Platz im Hofe auf und stürzte wieder in die Front des Hauses. Ihr Auge richtete sich dem nahen Walde zu. Dichte, schwarze Colonnen zogen sich unter dem grünen Laube hin; jetzt traten sie hervor; die Sonne fiel auf Helme und Bajonete. »Unglücklicher, siehst Du nicht? Sie werden Dir die Hosen vom Leibe ziehen.« Der Chasseur antwortete nur durch ein Lächeln, und schritt auf den Hanger zu, wo sich auch der Ziegelofen befand. In diesem verbarg er sich während der nun kommenden Stunden. Hätte er nur den Muth gehabt, sein Gewehr abzufeuern, so wäre das Lager um eine Viertelstunde früher alarmirt gewesen.

Der Chasseur verbarg sich im Ziegelofen; nicht so die Wittwe Burdo. In fliegender Hast eilte sie ins Lager, zwischen den Zeltenreihen hin, in deren Front sie unsere Soldaten in aller Heiterkeit antraf, einige die Gewehre putzend, die meisten beim Kochen der »Popotte«. »Die Preußen kommen,« rief sie ihnen zu; nur Scherze und Lachen waren die Antwort. »Wir kochen ihnen schon die Suppe, Bonne Mère; Ihr solltet dasselbe thun.«

Während die »Bonne Mère« in das Lager lief, war ihr Sohn Jean Baptiste, ein Bruder von Aimée und Constance Burdo, in die Stadt gelaufen, um erneut die Meldung zu machen, die seine Schwester Constance schon eine halbe Stunde vorher dorthin getragen hatte. Im Hause des Maire fand er einen der Brigade-Generale; seinen Namen verschweige ich. »Mein General, die Preußen sind im Bois Dieulet, zwei Kilometer von hier; ich habe sie mit meinen Augen gesehen und hier bin ich, um es zu melden.« »»Mein Freund, Ihr irrt euch, es werden einige Ulanen gewesen sein.«« »Nein, mein General, es waren Massen, eine ganze Armee.« Eine Pause entstand. Dann fragte der General leichthin: »Wie weit ist es von hier bis Mouzon?« Er dachte also in diesem Augenblick bereits an Rückzug.

Im Pfarrhause, während sich dies in der Mairie ereignete, wurde an langer Tafel das Frühstück aufgetragen. Die Herren, die ich zu bewirthen die Ehre hatte, waren Militair-Aerzte, »Chirurgiens« aller Arten und Grade, einige mit dem Genferkreuz am Arm, dazu Zahlmeister und Intendantur-Beamte. Als wir uns eben setzen wollten, drangen einige flüchtige Einwohner von Sommanthe in's Eßzimmer und schrieen und jammerten, daß ihr Dorf vom Feinde geplündert werde. Also auch von dort her war der Feind im Anrücken und suchte uns zu umfassen.

Zum Trösten und Erwägen wurde die Zeit uns abgeschnitten, denn kaum daß wir die Meldung aus Sommanthe empfangen hatten, so erschien eine Frau, erhitzt und aufgeregt, in der Thür, und rief den Militair-Aerzten, die sie für Offiziere hielt, im Tone des Vorwurfs zu: »Ihr Herren, die Preußen sind über Euch her.« Es war die Vorsteherin des Hospizes von Beausejour, die Vorsteherin von Maison Blanche. Nach kurzer Pause nahm ich das Wort. »Madame, wollen Sie sich in die Mairie begeben. Dort sind die Generale versammelt, dort befindet sich auch der Chef des Stabes. Oeffnen Sie dort den Speisesaal, wie Sie hier gethan und rufen Sie mit derselben entrüsteten Stimme in den Saal hinein: »»Ihr Herren, die Preußen sind über Euch.««« Die Vorsteherin that, wie ich ihr gerathen. Sie eilte auf die Mairie. Als sie eindringen wollte, stellten sich ihr einige Ordonnanzen entgegen. Aber voll Energie wandte sie sich jetzt nach rechts hin und schlug gegen die Fensterkreuze des Speisesaals. Man ließ sie nun eintreten. Als sie auf den commandirenden General zueilen wollte, sprang ein Adjutant vor und war bemüht, sie wieder aus dem Saal zu schaffen, aber General de Failly rief: »Laßt sie«. Er fragte dann, wo sie wohne, wo das Hospiz sei, nahm eine Spezialkarte von der Wand und ließ sich den Ort zeigen, wo sie die Preußen gesehen haben wollte. Sie antwortete auf Alles, was der General fragte, verneigte sich und zog sich zurück.

Ob der General ihr Glauben schenkte oder nicht, stehe dahin; eine Viertelstunde später verbot sich jeder Zweifel. Der erste Schuß der Batterie Wernelskirch rollte, wie über das Lager, so auch über die Stadt hin. Dennoch (wenn auch nicht an der Tafel des Generals) gab es auch jetzt noch unverbesserlich Sorglose, die, während schon die Schüsse krachten, noch einen »Crème« bestellten, weil sie seit vier Tagen kein ordentliches Dessert gehabt hätten und weil das Schießen nichts Anderes sein könne, als ein »Uebungsschießen für neu eingetretene Artillerie-Mannschaften«.

Andere waren völlig apathisch. Es schien ihnen gleichgültig, wie sich die Dinge entwickelten, so oder so. »Ueberfall? Mag sein! Wenn man uns hängt, hängen andere mit.«

In Beaumont selbst, soweit seine eigenen Bewohner in Betracht kommen, begann jetzt ein großes Fliehen. Der Schrecken herrschte. Alles drängte auf Saint Remi, auf Villers sous Monzon und auf Remilly zu. Es konnte kaum anders sein; hatten ihnen doch einzelne unserer Offiziere zugerufen: »eilt Euch; man wird sich in den Straßen schlagen und Beaumont niederbrennen.« Die so sprachen, dachten freilich am wenigsten daran. Unsere »Marine-Brigade«, die zwei Tage später (in Bazeilles) eine solche Vertheidigung wirklich in Scene setzte, war kein Bestandtheil des V. Corps.

Viele der Flüchtigen, die Beaumont verließen, mußten an meiner Wohnung vorüber. Sie liegt an der Straße, die auf die nach Monzon führende Chaussee einmündet. Unter den Flüchtigen waren auch Alters-schwache, Kranke und Kinder. Ich rief sie zurück und beschwor sie, bei mir einzutreten. »Bleibt, und bittet Gott für Frankreich; die Flucht gefährdet Euch mehr als der Feind; ich bürge Euch dafür!« Dies »ich bürge Euch dafür« sprach ich mit voller Ueberzeugung aus, denn nach Allem, was ich in der letzten halben Stunde gehört und gesehen hatte, stand es fest bei mir: man wird sich in den Straßen Beaumonts nicht schlagen.

Die letzte Begegnung, ehe ich mich von dem Tohubohu, das nun mehr und mehr hereinbrach, entrüstet abwandte, hatte ich mit dem Brigade-Adjutanten Chabot, einem trefflichen Soldaten und liebenswürdigen Cavalier, der in den Morgenstunden des Tages mein Gast gewesen war. Er hielt jetzt vor meinem Nachbarhause, dem Hotel de Commerce. Als er meiner ansichtig wurde, wandte er sich zu mir und sprach, vom Sattel herab, schmerzlich lächelnd: »Ihr hattet Recht, mein theurer Pfarrer, es ist aus mit uns; wenigstens für heut.« »»Noch nicht, mein Capitain««, erwiderte ich in gehobener Stimmung und in einem Anfluge von Hoffnung, »»noch ist nicht alles verloren! Seht dort die Windmühle, 500 Schritt nach Norden zu; es ist der höchste Punkt hier herum; er beherrscht das Plateau und das südliche Lager. Dort eine Batterie hinauf und ihr bezwingt das feindliche Feuer, oder sichert unserer vorgeschobenen Division einen geordneten Rück-zug.«« Er nickte zustimmend und sagte dann, mit der Spitze des Degens auf einen 50 Schritt abwärts am Kirchplatze haltenden hohen Offizier deu-tend: »Das ist unser Artillerie-General; wiederholt ihm Eure Worte.« Ich that wie mir geboten. Der General nahm das Glas, musterte die Position und sagte dann: »»ich dank' Euch, mein Herr Pfarrer; ich werde die Befehle meines Commandirenden einholen.««

Vielleicht hatte er Recht, vielleicht war er gebunden, so zu sprechen und nicht anders. Mich verdroß aber die Ruhe. Von La Maison Blanche

30*

her donnerten die Batterieen immer lauter, und in diesem allerpressantesten Augenblick wollte ein Artillerie-General erst Befehle einholen, wo er seine Kanonen auffahren dürfe und wo nicht. Ich zog mich zurück, schloß die Thür meines Pfarrhauses und erging mich über die Machthaber und die durch sie verschuldete Lage meines theuren Vaterlandes in Worten, die ich vergessen habe und die Gott in Gnaden überhört haben möge.

Eine Stunde später stürmten die ersten Preußen (vom 31. Regiment) unter Trommelschlag und Hörnerklang durch die halbausgestorbene Stadt.«

Das Nachmittagsgefecht.
Von 3 bis 6.

Um 2 Uhr war Beaumont in den Händen unseres IV. Corps. Das Vordringen der Sachsen am rechten Flügel, andererseits die Wegnahme Warniforets (am linken Flügel) durch eine baierische Brigade, hatten diesen Erfolg im Centrum nicht unwesentlich unterstützt.

Die Stunde von 2 bis 3 — von kleineren und halb zufälligen Rencontres abgesehen, die mit zurückgebliebenen feindlichen Abtheilungen stattfanden — wurde durch eine bloße Kanonade zwischen den Artillerie-Linien hüben und drüben ausgefüllt. Die Franzosen, unter geschickter Ausnutzung ihrer dominirenden Position auf dem mehrgenannten Windmühlenberge (Moulin à vent), suchten sich anfänglich gegen unser superiores Feuer zu halten, mußten aber endlich zurück und wählten, mit noch intakten Bataillonen des V. Corps, eine mehr nördlich an der Straße von Monzon gelegene Position, während das Gros auf die Maas-Uebergänge zueilte.

Die Unsrigen, von 6stündigem Marsch und 2stündigem Kampf ermüdet, bedurften einer Rast; Cavallerie war nicht ausreichend vorhanden, um die Verfolgung einleiten zu können; so schien das Gefecht beendet. Aber es schien nur. Noch opferreiche Kämpfe standen bevor. Sie wurden im Laufe des Nachmittags vorzugsweise von der 7. Division geführt, wie der Mittagskampf vorzugsweise ein Kampf der 8. gewesen war. Die 13. Brigade hatte am rechten Flügel (Bois de Givodeau), die 14. Brigade im Centrum (Mont de Brune) ein hitziges Gefecht. Am linken Flügel griff die 16. Brigade, dieselbe, die Mittags den eigentlichen Ueberfall des Lagers ausgeführt und die Chaussee Stonne-Beaumont-Stenay wahrscheinlich früher als alle andern Abtheilungen des IV. Corps passirt hatte, am Joncq-Bache vordringend mit ein. Dem einen wie dem andern dieser Kämpfe wenden wir uns jetzt zu. Wir beginnen am rechten Flügel.

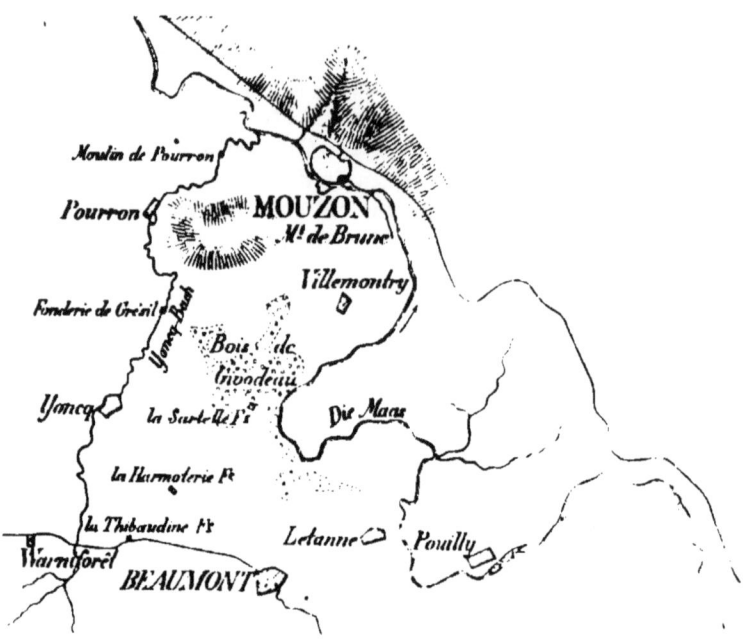

Die 13. Brigade im Bois de Givodean.

Gegen 4 Uhr, nachdem auch die Kanonade seit etwa einer Stunde schwieg, erhielt die 13. Brigade, die bis dahin unmittelbar rechts von Beaumont gerastet hatte, Befehl, zur Verfolgung des Feindes vorzugehen. Ob dabei die Meldung maßgebend war, daß der Feind Miene mache, sich eine halbe Meile nördlich von Beaumont am Bois de Givodean (auf der Linie Yoncq-la Sartelle) wieder zu setzen, oder ob es überhaupt im Plane lag den Maas-Uebergang bei Mouzon unter allen Umständen noch zu erreichen, stehe dahin.

Die 13. Brigade trat an. Das 26. Regiment nahm die Tête; das 66., das, wie wir wissen, schon Mittags scharf im Feuer gewesen war, folgte. Um 4½ Uhr hatte das Regiment Nr. 26 die Süblisière des Waldes erreicht und war in den südlichen Theil desselben eingedrungen. Das Gefecht machte indessen nur langsame Fortschritte, weshalb von rechts her auch die Avantgarde der 24. (sächsischen) Division herangezogen wurde. Es war dies das Schützen-Regiment Nr. 108. Gleichzeitig wurde von Letanne aus ein Bataillon des sächsischen Leib-Regiments im Thalgrunde der Maas zur Unterstützung des Waldgefechtes vorgeschoben; aber auch dieses Bataillon scheiterte in seinen Anstrengungen, da es, vom jenseitigen Maasufer her, von starken feindlichen Infanterie-Abtheilungen und Mitraillensen-Batterieen mit Feuer überschüttet wurde. Um 5¾ Uhr hatte sich das Infanterie-Regiment Nr. 26 nahezu verschossen und wurde, soweit es sich sammeln ließ, (nur 8 Compagnieen; die vier andern waren, in Gemeinschaft mit der Centrums-Colonne, weiter vorgedrungen) aus dem Walde zurückgezogen. An seine Stelle rückte das sächsische Regiment Nr. 101 in den Wald ein, ebenso das 66. Regiment,*) das bis dahin, wie es scheint, in einer Reserve-Stellung am Südrande des Waldes zurückbehalten worden war. Den vereinten Anstrengungen der beiden letztgenannten Regimenter, wie des sächsischen Schützen-Regiments Nr. 108, gelang es nach schweren Kämpfen, den Feind aus dem Walde gänzlich zu verdrängen und die nördliche Spitze desselben zu besetzen. Ein tiefer, vor dem linken Flügel gelegener Thalgrund, welchen der Feind noch mit Tirailleurs und Mitraillensen festhielt, sowie die Undurchdringlichkeit des dicht bestandenen Gehölzes hinderten längere Zeit das Hervorbrechen aus dem Walde auf die bis Mouzon sich ausdehnende freie Ebene.

Die Abtheilungen, denen dies später gelang, waren die im Waldgefechte abgekommenen, bereits erwähnten Theile des 26. Regiments, vier Compagnieen unter Major Fritsch. Wir begegnen ihnen später bei den Kämpfen der 14. Brigade im Centrum.

Die 14. Brigade am Mont de Brune.

Der Feind, als er sich am Bois de Givodeau setzte, hatte, wie es scheint, in einer Doppellinie an eben diesem Gehölze Stellung genommen. Die südlichere Linie reichte von Youcq bis La Sartelle, die nördlichere von Fonderie de Gresil bis Villemontry. Bei dem Gefechte, das die 13. Brigade am rechten Flügel im Walde führte, markirten sich diese beiden Linien sehr wenig, bei dem Gefecht im Centrum traten sie hervor.

---

*) Das 66. Regiment hatte Befehl erhalten, in der Richtung der Chaussee Beaumont-Mouzon zu marschiren. Das Füsilier-Bataillon mußte den rechten Flügel an die Maas lehnen und verlor in Folge davon in dem waldigen und überaus bergigen Terrain die Fühlung mit den andern Bataillonen der Brigade; es drang indessen bis an die Nordlisiere des Waldes von Givodeau vor, woselbst, neben mehreren anderen Verwundungen, auch noch der Führer, Major v. Thompson, eine Blessur erhielt. Die beiden Musketier-Bataillone, welche erst auf der Chaussee vorgegangen, dann von derselben rechts abgebogen waren, konnten keinen Durchgang durch den engbestandenen Wald finden, und das 1. Bataillon zog sich wieder an die Chaussee heran. Bei dieser Gelegenheit passirte das Bataillon, bei dem sich der Regiments-Commandeur Oberst-Lieutenant Graf Finck von Finckenstein aufhielt, die Feuerlinie einer mit einzelnen Theilen unsrer 10. Compagnie im Gefecht befindlichen feindlichen Abtheilung, und hier war es, wo dieser tapfere Offizier, der schon beim Ueberfall des Lagers erheblich verwundet worden war, durch eine feindliche Kugel tödtlich in den Kopf getroffen wurde.

Hier avancirte die 14. Brigade. Die Tête hatte das 93. (Anhal-
tinische) Regiment; in brillantem Angriff durchbrach es die erste feindliche
Position hart links neben der Chaussee und nahm mehrere Batterieen und
Mitrailleusen im Sturm. In Ausbeutung dieses Erfolges schoben sich das 2.
und Füsilier-Bataillon genannten Regiments nach links hinüber, geriethen
in das Actions-Terrain unserer 16. Brigade zu beiden Seiten des Yoncq-
Baches und betheiligten sich noch in später Stunde an dem Abendkampfe der
letztgenannten Brigade.

Das 1. Bataillon (Dessau) 93. Regiments hatte mittlerweile die
grade Straße inne gehalten und sah sich, nachdem es etwa 800 Schritt
weiter nördlich einen schmalen Ausläufer des Bois Givodeau passirt hatte,
einer zweiten feindlichen Linie, der Linie Gresil-Villemontry gegenüber, die,
das vorgelegene Terrain beherrschend, der Vertheidigung große Vortheile bot.
Der Hauptstützpunkt dieser Linie war der Mont de Brune. Ein brillanter
Angriff indeß, an dem Alles Theil nahm, was von der 14. Brigade noch zur
Stelle war,*) vertrieb den Feind auch aus dieser vorzüglich gewählten
Position und nahm abermals Batterieen im Feuer. Das 1. Bataillon
93er hatte bei diesem Angriff auf den Mont de Brune den rechten, das
Füsilier-Bataillon 27er den linken Flügel gehabt; im Centrum griff das
2. Bataillon letztgenannten Regiments mit ein. »Es war eine glänzende,
mit besonderer Bravour durchgeführte Action«, so heißt es in den zahlreichen
Briefen Derer, die von den benachbarten Höhenpositionen aus, diesem Angriff
wie einem kriegerischen Schauspiele beiwohnten. Besonders wird der aus
der linken Flanke her unternommene, die Richtung der alten Römerstraße innehaltende Vorstoß des Füsilier-Bataillons 27er als »mit beson-
derem Elan ausgeführt« hervorgehoben. Ueber das Vorgehen des 1. Bataillons 93er (Bataillon Dessau) liegt uns ein ziemlich eingehender
Bericht vor.

»Um 5 Uhr trat eine Pause ein; wir Schützen lagen an einem
Graben vor einer steilen vom Feinde besetzten Höhe, konnten aber nicht vorrücken, weil unsere eigene Artillerie über unsere Köpfe hinweg dieselbe mit
Bomben, Granaten und Shrapnels hageldicht bewarf. Wir benutzten die
Pause, um uns mit Brod aus den Tornistern der gefallenen Franzosen zu
versorgen und unsere Feldflaschen in einem Graben zu füllen. Dann sammelte der Lieutenant v. Madai die Schützen des 1. Bataillons und stürmte
mit Hurrah die gedachte Anhöhe (Mont de Brune). Unser Brigade-General

---

*) Es war nur der halbe Bestand derselben: das 2. und Füsilier-Bataillon vom
27. und das 1. Bataillon vom 93. Regiment. Das 2. und Füsilier-Bataillon letztgenannten
Regiments waren, wie im Text hervorgehoben, nach links hin abgezogen, das 1. Bataillon
27er war in Beaumont zurückgeblieben.

v. Zychlinski ritt sammt seinen Adjutanten immer vor unserer Front. Wir kämpften mit vollständigem Marschgepäck, vergaßen aber in der Aufregung des Kampfes unsere Todesmattigkeit. Das Feuer, dem wir hier ausgesetzt waren, war ein höllisches; Granaten platzten haufenweise um uns herum, die Mitrailleusen hagelten, die Chassepots schlugen von allen Seiten ein. Jetzt noch einmal 10 Minuten lang glatt auf den Boden geworfen, verschnauft, ein wirksames Schnellfeuer abgegeben, und zum letzten Male 600 Schritte mit Hurrah! vorwärts. Mabai und Bußsche-Lohe wiederum vor uns. Der Sturm gelingt, die französische Schützenlinie macht Kehrt und geht über die Chaussee bis rechts von dem Städtchen Mouzon zurück.«

Der Mont de Brune war nun unser. Da dieser Berg indeß die dominirende Position des gesammten Terrains bildete, so war man französischerseits nicht gewillt uns denselben ohne Weiteres zu lassen, um so weniger, als man in dem nahe gelegenen Mouzon und zwar dießseits und jenseits der Maas über ganz frische Truppen: das XII. Corps Lebrun, gebot. Eine Cavallerie- und Infanterie-Brigade dieses Corps erhielt Befehl, die eben verloren gegangene Position wieder zu nehmen. Die Infanterie-Brigade von der Marine-Division Vassoigues setzte sich gegen unsern rechten Flügel, die Cavallerie-Brigade Beville gegen unsern linken Flügel in Bewegung.

Am linken Flügel standen lediglich die Füsiliere vom 27. Regiment unter Oberstlieutenant Hildebrand, zunächst auf keine andere Unterstützung angewiesen als die, die ihm unsere zwischen Gresil und Bois Givodeau aufgefahrene Artillerie gewährte. Mit unerschütterlicher Ruhe empfing das Bataillon die heranstürmende Brigade und nahm sie unter ein vernichtendes Feuer. Und siehe da, dasselbe furchtbare Schicksal, das die Cürassier-Brigade Michel auf dem Terrain zwischen Fröschweiler und Elsaßhausen am 6. August betroffen hatte, es ereilte hier die Brigade Beville: 5. und 6. Cürassier-Regiment. Das 6. Cürassier-Regiment hatte die Tête, das 5. folgte. Unter dem soutenirenden Feuer einer Mitrailleusen-Batterie griff das Têten-Regiment an. Umsonst. Die Batterie wurde demontirt, das Regiment wich. Die nachfolgenden 5. Cürassiere rückten in die vorderste Linie ein und hielten unter starken Verlusten aus, um den Rückzug der weit über Wald und Feld hin zerstreuten Abtheilungen des V. Corps zu decken. Das letztgenannte Regiment verlor seinen Obersten, Colonel Contenson, und 9 Offiziere. Sechs andere hatten ihre Pferde verloren. 11 Unteroffiziere und 90 Mann waren außer Gefecht gesetzt.

Nicht glücklicher für den Feind verlief der Angriff der Marine-Brigade am dießseitigen rechten Flügel. Einen Augenblick unsererseits erschüttert, da wir dem Andringen von mindestens drei bis vier frischen Bataillonen nur das 1. Bataillon 93er und das 2. Bataillon 27er entgegensetzen konnten, änderte sich doch die Situation zu unsern Gunsten, als im allerbedrohtesten Moment die mehrerwähnten vier Compagnieen 26er unter Major Fritsch*) aus der Nordspitze des Bois Givodeau hervortraten und, die bedrohte Lage unserer zwei Bataillone erkennend, rasch in das rechte Flügel-Gefecht am Mont de Brune eingriffen.

Diese rechtzeitige Unterstützung entschied; was uns auch jetzt noch an numerischer Ueberlegenheit fehlen mochte, das wurde durch die Ueberlegenheit unserer Position mehr als ausgeglichen. Die Marine-Brigade ging auf Mouzon zurück. Ihre Verwendung war ein Fehler, weil eine halbe Maßregel. Sollte hier etwas geschehen, sollte der Mont de Brune uns wieder genommen und seitens des Feindes als eine Art Außenfort seiner Stellung an der Maas behauptet werden, so mußte das bereitstehende XII. Corps, Lebrun, seine ganze Kraft in die Waage werfen. Wir wären dann zu schwach, zu müde und zu zersplittert gewesen, um ihm, an diesem Tage noch, diese immerhin wichtige Position zu entreißen. Wichtig deshalb, weil Alles, was uns von den Maas-Uebergängen fernhielt, mehr oder weniger dahin wirkte, der Mac Mahonschen Armee immer noch eine gewisse Freiheit der Bewegung, und innerhalb dieser auch den Marsch auf Metz offen zu lassen.

Von dem Augenblick an wo wir den Mont de Brune hatten, hatten wir, mit großer Wahrscheinlichkeit, auch die Maas zwischen Mouzon und Rouffy, wenigstens das diesseitige Ufer.

In der That wurden beide Positionen, Mouzon und Rouffy, noch am selben Abend genommen. Ehe wir zur Schilderung der begleitenden Ereignisse übergehen, folgen wir zuvor noch der 16. Brigade auf ihrem Vormarsch am linken Flügel.

Die 16. Brigade am Yoncq-Bache.
(Von La Harnoterie bis zur Mühle nördlich Pourron.)

Die 16. Brigade, die wir (S. 435) nach dem glücklich durchgeführten Ueberfall des Südlagers verlassen hatten, hatte etwas später auch noch das

---

*) Major Fritsch führte ursprünglich das 1. Bataillon, hatte aber, nachdem Oberst v. Schmeling für den verwundeten Brigade-Commandeur (v. Borries) eingetreten war, den Befehl über das Regiment übernommen. In dem sich entspinnenden Waldgefechte wurden Ueberblick und Gesammtführung sofort zur Unmöglichkeit; die Compagnieen operirten selbstständig und die Züge und Halbzüge, die, aus der Nordlisière des Bois de Givodeau hervortretend, durch Major Fritsch gesammelt und behufs Unterstützung der drei im Text genannten Bataillone der 14. Brigade gegen den Mont de Brune geführt wurden, gehörten allen drei Bataillonen an. Im Wesentlichen waren es die 1. und 5. Compagnie (Halb-Bataillon Craser) und die 2. und 10. (Halb-Bataillon Kollas). Aber auch Trupps von anderen Compagnieen waren eingesprengt. Auch an der Erstürmung von Faubourg Mouzon nahm später dieses combinirte Bataillon hervorragenden Antheil. (Vgl. S. 435.)

im Westen von Beaumont gelegene Gehöft »La Harnoterie« genommen und glaubte seine Tagesarbeit gethan zu haben. Aber mit Nichten. Noch Vieles verblieb für den Nachmittag und Abend, wenn auch im Ganzen immer wieder hervorgehoben werden muß, daß, von etwa 4 Uhr an, die Hauptaction von der 8. Division auf die 7. überging.

»Wir hatten,« so fährt unser gern citirter Berichterstatter von der 16. Brigade fort, »nach Wegnahme von La Harnoterie*) die berechtigte Empfindung, daß es nun des »grausamen Spieles« genug gewesen sei. Nachmittag war's und genossen hatten wir noch nichts. Aber es sollte anders kommen. Wir erhielten den Befehl, hinter der Ferme eine Achtel-Schwenkung rechts zu machen und in nördlicher Richtung vorzugehen, »wir würden gleich auf frische französische Truppen stoßen«. Und so war es denn auch!

Wir waren nur noch drei Bataillone: zwei von den 96ern im ersten, eins vom 86. im zweiten Treffen. Die andern beiden Bataillone dieses Regiments waren zur Besetzung des Lagers zurückgelassen; eines (das 1.) hatte zudem die Hälfte seines Bestandes verloren und formirte nur noch zwei Compagnieen. Unsere Artillerie war fort, sie feuerte in der Richtung auf Doncq, wo die Franzosen sich zeigten. Die 12. Husaren waren mit den Dragonern der 7. Division in eine Brigade vereinigt und hielten gerade vor uns, in Front einer hohen Bergkante, auf welcher Artillerie und Mitrailleusen zu sehen waren. Gegen diese ging es jetzt vorwärts. Wir hatten auf den rechten feindlichen Flügel zu drücken und drangen unaufhaltsam längs des Doncq-Baches vor, wo wir, bei Anbruch der Nacht, mit der Tête an der Stelle ankamen, wo sich dieser Bach in die Maas ergießt. Von drüben her schossen die Franzosen ungefährdet in uns hinein; auf der zweiten Hälfte des Weges standen uns vorzugsweise Marine-Truppen gegenüber.

Dieser vielstündige Marsch, nach den Anstrengungen des Mittags-kampfes, war überaus beschwerlich; aber an einzelnen Stellen bot er Bilder, die mit diesen Anstrengungen versöhnen konnten. So war beispielsweise der Anblick, den wir von der Höhe in Nähe von Fouderie de Gresil hatten, unbeschreiblich! Die ganze Ebene, nach Mouzon zu, bedeckt mit Truppen; keine Colonnen mehr, sondern Alles in die Breite und Länge gegangen.

*) An dieser Wegnahme von La Harnoterie betheiligten sich auch Abtheilungen von der 2. baierischen Division Generalmajor Schumacher†) und zwar zwei Batterieen und das 7. Jäger-Bataillon. Diese Truppe wurde später, bei dem Vorgehen am Doncq-Bache hin, durch drei weitere Bataillone (zwei davon vom 12. Regiment) aus dem Gros der Division Schumacher verstärkt, so daß im Ganzen vier baierische Bataillone und zwei Batterieen in unmittelbarer Gemein-schaft mit unserm IV. Corps wirkten. Ihre Action fällt mit der der 16. Brigade zusammen. Sie bivouakirten auch gemeinschaftlich mit dieser.

†) Graf Bothmer, der (S. S. 137 die Ordre de Bataille der III. Armee) das Commando der 2. baierischen Division gehabt hatte, erkrankte gleich zu Beginn des Krieges; statt seiner übernahm Generalmajor Schumacher die Führung der Division.

Das »kribbelte und wibbelte« über Weg und Feld hin; keine Ordnung; kein Halten mehr; dazu der sonderbare Eindruck, den diese rothen Hosen unter den blauen Mänteln machten. Es sah wie ein großer Ameisenhaufen aus.

Ein anderes Bild hatten wir, als wir Pourron erreichten. Uns zur Rechten lag der Mont de Brune, mit Batterieen auf seiner Höhe besetzt.

Ich sehe noch mit Entzücken, wie Bataillone der 7. Division (27er und 93er) ihn angriffen und nahmen. Die Vertheidigung glänzend, der Angriff noch mehr. Und dann kamen die französischen Cürassiere aus Mouzon herausgepreßt und ließen sich todtschießen.

Im Allgemeinen war unser Vorgehen am Yoncq-Bache hin mehr eine Jagd als ein Kampf. Nur an einzelnen Stellen setzte sich der Feind.

Den ernstlichsten Widerstand fanden wir an der Mühle nördlich von Pourron, die gerade da liegt, wo der Weg, auf dem linken Maasufer von Mouzon nach Sedan, den Yoncq-Bach überschreitet. Dort verloren wir noch viele Leute, unter andern einen talentvollen Maler aus Weimar, der hier ein Bein einbüßte und daran starb. Andererseits war der Erfolg unserer Opfer werth. Die Maas war erreicht. Die ganze Bagage des Feindes, die sich von Mouzon nach Sedan auf dem linken Ufer flüchten wollte, durchstießen wir hier. Alle Bedeckung war geflohen; die Straße stand voller Wagen, theilweise umgestürzt und ihres Inhalts beraubt; die armen Pferde im dichtesten Kugelregen, angespannt und vielfach getroffen. Eines hatte sich losgerissen und rasend vor Schmerz in die Tiefe gestürzt, wo es ertrunken war und angeschirrt auf dem Grunde des Bachs lag. Die ganze Mühle steckte voll verwundeter Franzosen, wozu nun noch die unsrigen kamen. Es sah übel darin aus, nicht viel besser wie in einem Schlachthause. Einer der letzten Schüsse — wer weiß von welcher Seite — traf noch den Regiments-Adjutanten vom 96., gerade als wir schon die Gewehre zusammengesetzt hatten und uns endlich ausruhen wollten. Er wurde auch in diese gräuliche Blutmühle hineingetragen.

Links neben uns hatten die Baiern mit ihrem I. Corps, v. d. Tann, eingegriffen und bei La Besace und Raucourt nicht unerhebliche Gefechte gehabt. Es war ein difficiles, von Berg und Wald durchzogenes Terrain.

Unter den gefangenen Franzosen fragte ein Offizier (in der Mühle) ob wir denn glaubten, daß nun Alles für heute vorüber sei? Wir bejahten es. Et là bas? fuhr er lebhaft fort, indem er nach den Waldbergen wies. — Er wußte recht gut, daß dort das Corps Douay sein sollte. Es war aber nach Sedan abgewichen.

Nein! aus war es nun. Aber auch völlig Nacht. Und welche Nacht!

Die 8. Division blieb Avantgarde der IV. Armee und setzte Vorposten gegen die Maas hin aus; das Gros ging eine drittel Meile zurück und bivouakirte bei Pourron. Still war es geworden, ganz still; nur als wir über die Wiese, die vor der Mühle lag, zurückmarschirten, hörten wir das Stöhnen und Winseln der Blessirten; die Wiese war bedeckt von ihnen. Die armen Teufel riefen immer ihre Regimentsnummer, wenn sie Truppen von Weitem hörten, dabei hoffend, ihre Kameraden würden sie nicht liegen lassen. Wie oft rief ich ihnen zu, sich zu beruhigen; ich würde nach ihnen schicken und tröstete sie.

In Pourron angekommen, meldete sich bei uns eine Colonne französischer (vielleicht auch belgischer) freiwilliger Krankenpfleger, junge Männer, die den besten Eindruck machten. Sie waren, als Alles still geworden, aus dem Hospital im Schloß zu Autrecourt zu uns herübergekommen. Unser Brigade-General, der trotz seiner Verwundung bei uns geblieben war, dirigirte sie sofort auf das Schlachtfeld, wo sie hoffentlich Gutes gethan und so viel Hülfe gespendet haben, wie sich eben spenden ließ.«

Der Abendkampf am 30.

Die Wegnahme der S. 453 mehrerwähnten »Mühle« durch die 16. Brigade, der sich die abgekommenen Bataillone 93. Regiments (2. und Füsilier-Bataillon) bei ihrem letzten Vorgehen angeschlossen hatten, erfolgte

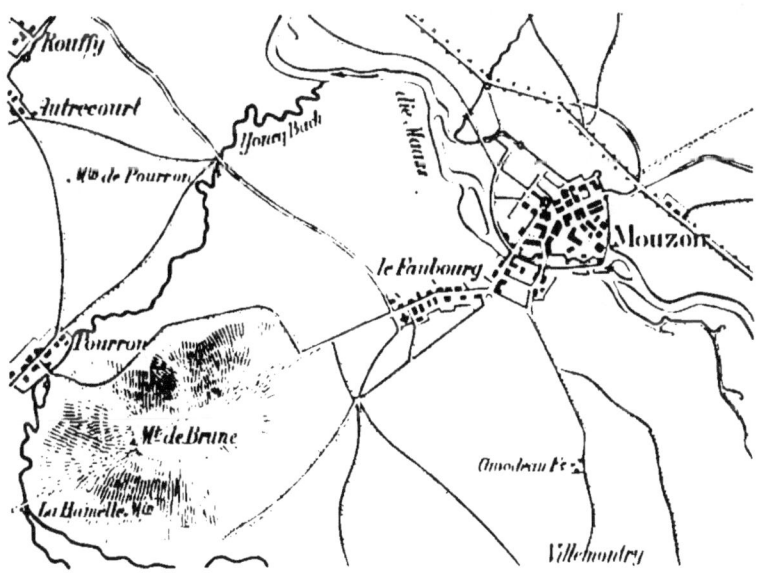

schon gegen Abend. Es war, wie wir gezeigt haben, ein ziemlich heftiges, mit nicht geringen Opfern geführtes Gefecht. Wahrscheinlich nur um ein Geringes später wurde rechts daneben die langgestreckte, aus Scheunen und Stallgebäuden bestehende Vorstadt von Mouzon durch unvermischte Truppentheile der 14. und 13. Brigade genommen.

Diesem Schlußact des Tages wenden wir uns nunmehr zu.

Nach Zurückweis des feindlichen Gegenstoßes (S. 450) den, schon bei sinkender Sonne, die Marine- und Cürassier-Brigade von Mouzon aus unternahmen, waren diejenigen unserer Truppentheile, die den Mont de Brune an seinen beiden Flügeln so glücklich gehalten hatten, dem weichenden Feinde ziemlich unmittelbar gefolgt. Eine halbe Stunde später hatte man, auf Weisung des Generals v. Zychlinski concentrisch vordringend, den Faubourg von Mouzon von zwei Seiten her erreicht:

die vier Compagnieen 26er unter Major Fritsch von Süden,*)

das 1. Bataillon 93er, sammt dem 2. und Füsilier-Bataillon 27er von Westen und Südwesten her.

---

*) Einem Bericht über das Vorgehen dieser vier Compagnieen 26er, erst gegen den Faubourg, dann gegen die Maasbrücken von Mouzon, entnehmen wir Folgendes: »Unser Halb-Bataillon Grafer (1. und 5. Compagnie) suchte nun, dem zurückgehenden Feinde folgend, den Faubourg von Mouzon im Laufschritt zu erreichen. Die Verluste waren trotz des heftigen Feuers nicht sehr bedeutend, da der Feind in der Aufregung zu hoch schoß. Selbst Major Fritsch, der zwischen den Compagnieen hin- und hersprengte, wurde nicht getroffen und doch schien ihn sein Schimmel zu einem Ziel für alle Schüsse zu machen. Als wir einige 30 Schritt von den Gartenhecken der Vorstadt-Lisière entfernt waren, verließ der Feind dieselben und setzte sich hinter der nächsten Parallelhecke. Wir nach. Erst die Lisière, dann die Hecke, dann eine zweite. So ging es, in kurzen Sammelpausen, von Garten zu Garten weiter, bis wir die Mitte des Faubourg erreicht hatten. Hier bemerkten wir plötzlich, in einem spitzen Winkel mit uns, das Halb-Bataillon Kollas (2. und 10. Compagnie) das, in einiger Entfernung von uns, ebenfalls in die Stadt-Lisière eingedrungen war. Einen Augenblick unterbrachen wir das Feuer, dann, in gemeinschaftlicher Action, wurden die einzelnen Häuser genommen, wobei besonders Vice-Feldwebel Peine durch Unerschrockenheit, immer gleiche Ruhe und selbstthätiges Eingreifen sich auszeichnete. So kamen wir bis an einen diesseitigen, mit der Maas parallel laufenden Wasserarm. Mittelst Umgehung wurde Terrain zu gewinnen gesucht, bis wir schließlich nicht nur die Brücke, sondern den diesseitigen Rand des Wasserarmes fast in voller Ausdehnung in Besitz hatten. Gewehr- und Geschützfeuer machten die Commandos unhörbar, dennoch glückte es, einen Vorstoß zu organisiren, der aber bei der bereits eingebrochenen Dunkelheit scheiterte. Bei diesem Vorstoß fiel Fähnrich Stierling. Ihn aus dem Bereiche des feindlichen Feuers zurückzuholen meldeten sich als Freiwillige: Musketier Brüggemann und Unteroffizier Schulenburg. Sie erlangten, vorschleichend, die sichere Ueberzeugung, daß der Fähnrich bereits todt sei, und kamen unverletzt zurück. Als soeben ein neuer Versuch zur Gewinnung des jenseitigen Ufers gemacht werden sollte, rückte von Westen her die Tête der 14. Brigade unter ihrem Commandeur, General v. Zychlinski, heran, mit dem Befehl, die 26er Compagnieen abzulösen. Diese marschirten nunmehr, ihre Gefangenen mitführend (unter ihnen ein Priester, der aus der Kirche geschossen haben sollte), durch das Dorf und auf der Chaussee eine große Strecke zurück. Dann abbiegend, erreichten sie den Sammelplatz des Regiments, südlich des Bois de Givodeau, zwischen diesem und der Maas.«

Beinah gleichzeitig trafen beide Colonnen an der westlicheren der beiden Brücken, die hier über die Maas führen, zusammen. Eine Train-abtheilung, die zunächst wagenburgartig vom Feinde vertheidigt, dann aber durch die Unseren genommen worden war, fiel uns hier in die Hände. Sie bildete wahrscheinlich die zweite, noch zurückstehende Hälfte jener Proviant-Colonne, deren andere Hälfte (S. 453) seitens der 16. Brigade erbeutet worden war. In allgemeiner und ersichtlicher Auflösung wichen die Reste des V. französischen Corps, untermischt mit Abtheilungen des XII., auf die eigentliche Stadt und das jenseitige Maasufer zurück.

Auch gegen dieses, nachdem die diesseitigen Brückenaufgänge besetzt worden waren, wurde noch gegen 9 Uhr Abends ein Vorstoß unternommen, der aber scheiterte.*) Der Feind am jenseitigen Ufer war zu stark, als daß ein solcher mit einzelnen Compagnieen unternommener Angriff irgendwie Aussicht auf Erfolg hätte haben können.

Die Corps-Artillerie des IV. Corps, die inzwischen auf dem Mont de Brune aufgefahren war, hatte, während dieser letzten Stunden des Gefechts, einen unausgesetzten Geschützkampf mit der auf dem jenseitigen Maas-ufer stehenden feindlichen Artillerie geführt.

Aus diesem Artilleriekampf, wie aus der hartnäckigen Vertheidigung der Stadt selbst, mußte der Schluß gezogen werden, daß der Feind gewillt war, diese Position zu halten.

Dies war in der That der Fall. Aber der Zweck dieser hartnäckigen Vertheidigung war nicht die Position selber, sondern nur der ungestörte Abmarsch der am jenseitigen Ufer versammelten Corps, nicht ostwärts auf Montmedy und Metz, sondern westwärts auf — Sedan.

Die Verluste hüben und drüben.

Das V. Corps, de Failly, hatte in den Kämpfen südlich und nördlich von Beaumont 1800 Mann an Todten und Verwundeten, und 3000 Mann an Gefangenen verloren. Dazu 19 Geschütze, 8 Mitrailleusen und zahlreiches Kriegsmaterial. Die Verluste des XII. Corps, Lebrun, und der Cürassier-Brigade Béville sind in die obigen Zahlen nicht mit ein-gerechnet, doch können dieselben höchstens 500 Mann betragen haben.

Es würde sich daraus ergeben, daß auch dieser Sieg wieder — wie

*) Die ganze Nacht verlief unruhig für unsere in Mouzon stehenden Truppen, namentlich für das an den Brückenaufgang gestellte Füsilier-Bataillon 27. Nicht nur drüben stand ein an Zahl weit überlegener Feind, auch diesseits wurden unsere Vorposten durch am linken Ufer befindliche Ab-theilungen, die sich durchzuschlagen und das andere Ufer zu gewinnen trachteten, beständig alarmirt. Diese Versuche kosteten uns manches Opfer. Noch um 4 Uhr Morgens fand ein solches Gefecht statt, bei dem der Hauptmann der 12. Compagnie 27. Regiments getödtet wurde.

alle, die wir bis dahin erfochten hatten (Sedan war die erste Ausnahme) — uns größere Opfer an Todten und Verwundeten auferlegte, als dem unterliegenden Feinde. Unser IV. Corps verlor an 3000 Mann, wovon 60 Unteroffiziere und 629 Mann allein auf das 66. Regiment entfielen. Die Verluste der 26er waren kaum geringer, die der 86er wahrscheinlich noch größer.

Die Resultate des 30. waren sehr bedeutend. Der Tag von Beaumont leitete den »Tag von Sedan« ein, wenngleich schon hier bemerkt werden mag, daß die Katastrophe vom 1. September nicht die natürliche und nothwendige Consequenz des 30. August, sondern erst die Folge von Fehlern war, die nachträglich und zu sehr erheblichem Grade unabhängig vom »Tage von Beaumont« begangen wurden. Wir kommen später darauf zurück.

———

Zum Schluß dieses Kapitels, wie dieses Tages (des 30.), werfen wir noch einmal einen Blick auf Beaumont selbst, das inzwischen aus einer Stadt der heitern Dejeuners, das es bis 12 Uhr Mittags gewesen war, sich in eine Hospital-Stadt, in eine düstere città dolente umgewandelt hatte. Jedes Haus ein Lazareth. Vor Allem die Kirche. Eine Schilderung davon ist uns aus jenen Tagen aufbewahrt geblieben.

Beaumont am Abend des 30.

»Die Stadt Beaumont, als wir am Abend einrückten, bot einen erschrecklichen Anblick dar. Man konnte sich nur mit Mühe durch die Straßen drängen, in denen Fuhrwerk an Fuhrwerk stand und Quartiere suchende Soldaten, sowie herrenlose Pferde umherirrten. Jedes Haus, jede Scheune, jeder Stall war, zum Ersticken voll, von Soldaten besetzt.

Die Verwundeten hatte man bestmöglich untergebracht. Aber es ging den Armen schlimm in dieser Nacht, wo für so Viele gesorgt werden mußte, und wo der größte Eifer der Aerzte und Gehülfen nicht genügte, um das Nothwendigste zu beschaffen. Auf dem Marktplatze standen, saßen und lagen mehrere Hundert französischer Gefangenen, von einer halben Compagnie unserer Infanterie bewacht. — Die Gefangenen gehörten den verschiedenartigsten Waffengattungen an. Einige sahen trotzig und ingrimmig aus; der allgemeine Ausdruck, der auf allen Gesichtern zu lesen war, war der gänzlicher Ermattung. Viele lagen auf dem kalten, harten Pflaster und waren dort eingeschlafen; die andern bewahrten anscheinend nur noch mit großer Mühe eine gewisse militairische Haltung. Wenn man an die leichtfüßigen, eleganten Zantassins dachte, die so übermüthig, siegesgewiß in den

Kampf gezogen waren, und die stolzen Cavallerie-Regimenter, die von allen bewundert auf den Champs de Mars zu paradiren pflegten, so konnte man sich eines gewissen Bedauerns nicht erwehren, während man diese elenden Reste jüngst vergangener Größe und Herrlichkeit betrachtete.

Vor der Kirche lagen Tausende von Chassepots und Patronentaschen aufgestapelt; daneben Bänke und Stühle, die man aus der Kirche geschafft hatte, um dort so viel wie möglich Platz für die Verwundeten zu gewinnen. Am schlimmsten sah es in der Kirche selbst aus. Der ganze Fußboden war mit Stroh bedeckt und bildete ein großes Schmerzenslager, auf dem Hunderte von Verwundeten, Deutsche und Franzosen stöhnten, jammerten, wimmerten, starben. Die Einen wanden sich in unerträglichen Schmerzen, Andere lagen steif und still, als wären sie schon aus diesem Leben geschieden; die leichter Verwundeten blickten, mit wilden, ängstlichen Augen nach Hülfe suchend, umher und einige, in blutbesudelte Mäntel gehüllt, krochen auf allen Vieren einher, um sich ein wärmeres oder weicheres Lager zu suchen, oder um einen Schluck Wasser aus der großen Kruke zu holen, die auf einem niedrigen Tische in der Mitte der Kirche stand. Ein halbes Dutzend großer Pech-fackeln, die an den Strebepfeilern befestigt waren, warfen ein dunkelrothes, unheimliches Licht auf das grausige Bild. Einige Aerzte, von Gehülfen begleitet, die im Zugwinde flackernde Kerzen trugen, eilten von Verwundeten zu Verwundeten, um ihnen die nothdürftigste Hülfe angedeihen zu lassen. Mehrere gefangene französische Aerzte und Krankenträger standen ihnen dabei treu zur Seite. In den schmalen Gängen, die zwischen den in langen Reihen systematisch nebeneinander gelegten Patienten gelassen waren, lagen blutige Verbände, zerrissene Kleidungsstücke und standen Stühle und kleine Tische, mit Medikamenten und chirurgischen Instrumenten bedeckt. Von Zeit zu Zeit hörte man den gellen, furchtbaren Schmerzensschrei eines Patienten, dessen Wunde der Arzt untersuchte. Dem Zuschauer trat der kalte Angst-schweiß auf die Stirn und er verließ den Ort des Jammers, um ihn nie wieder aus dem Gedächtniß zu verlieren.«

Das I. baierische Corps v. d. Tann gegen das VII. französische Corps Douay.

Warniforet, La Besace, Raucourt.

(30. August.)

Für den 30. August war von Seite des Armee-Obercommandos für das I. baierische Corps befohlen:

»Das Corps v. d. Tann marschirt früh 6 Uhr in zwei Colonnen über Bar und Busancy nach Sommauthe, von wo es in der Richtung der großen Straße gegen Beaumont vorgeht und den Feind zurückwirft.«

Früh 6 Uhr brach die 2. Infanterie-Division, General-Major Schumacher, aus ihrem Bivouac bei Sommerance auf und marschirte mit der 4. Brigade über Busancy, woselbst sie kurze Zeit rastete, nach Sommauthe. Die 1. Division, Stephan, welche zu gleicher Stunde von St. Juvin abmarschirt war, und die Reserve-Artillerie zwischen die 1. und 2. Brigade genommen hatte, rückte über Bar ebenfalls nach Sommauthe.

General v. d. Tann, welcher sich mit seinem Stabe an der Spitze des Gros der Avantgarde befand, erhielt um 11½ Uhr Vormittags die Meldung, daß Sommauthe und die diesseitige Lisière des südlich Beaumonts gelegenen Waldes vom Feinde frei sei, daß man aber westlich und östlich der Stadt Beaumont, sowie auf den Höhen nördlich derselben feindliche Lager bemerke.

Der commandirende General eilte an die Spitze der Avantgarde auf die Höhe nördlich von Sommauthe. Die soeben eingetroffene Meldung bestätigte sich vollkommen; man konnte deutlich vier feindliche Lager, jedes ungefähr für mehr als eine Brigade, erkennen, aber man bemerkte nicht den geringsten Sicherheitsdienst auf feindlicher Seite. Diese vollständige Vernachlässigung der gewöhnlichsten Vorsicht, in unmittelbarer Nähe eines großen,

jebe Umsicht hemmenden Waldes, ließ während einiger Zeit den General
v. d. Tann zweifeln, daß die Lager noch mit französischen Truppen besetzt seien.
Jeder Zweifel sollte indessen sehr bald schwinden. Gleich nach
12 Uhr sah man baierischerseits die Colonnen des preußischen IV. Corps
aus dem Bois Dieulet debouchiren und die ersten Kanonenschüsse fielen.
Eine große Verwirrung im Lager bei Beaumont wurde sichtbar.

Um die feindliche Rückzugslinie nachdrücklich zu bedrohen und vor
Allem, um den sich allmälig um Beaumont concentrirenden Widerstand des
Feindes gegen das IV. Corps zu brechen und dieses Corps kräftig zu unterstützen, befahl General v. d. Tann der 2. Infanterie-Division ihren Aufmarsch nördlich des Waldes mit Aufbietung aller Kräfte zu beeilen und in
nordwestlicher Richtung vorzubringen. Die an der Spitze befindliche 4. Infanterie-
Brigade debouchirte dann auch alsbald aus der Waldlisière, rückte, verdeckt
im wellenförmigen Terrain, links von ihren Batterieen vor und begann sodann den Aufmarsch, indem 3 Bataillone ins erste Treffen und 3 Bataillone
in das zweite Treffen kamen.

Die Division Schumacher bei Warniforet.

Unter Festhaltung seines Planes, den Feind von seiner Rückzugslinie
gegen Westen, falls er diese einzuschlagen gedenke, abzudrängen und ihn im
Vereine mit den aus südlicher und östlicher Richtung lebhaft vorrückenden IV.
und XII. Corps gegen Norden zu werfen, befahl General v. d. Tann der
3. Infanterie-Brigade, schleunigst der 4. Brigade zu folgen und links von
dieser in das Gefecht einzugreifen.

Noch ehe die 3. Brigade indeß vollständig debouchirt war, und bevor
sie ihren Aufmarsch begonnen hatte, machte sich gegen die linke Flanke der
unterdessen in nördlicher Richtung gegen die Straße Beaumont-Stonne vorgehenden 4. Infanterie-Brigade ein lebhafter feindlicher Gegenstoß fühlbar, der
aus der Richtung von Warniforet kam (2¼ Uhr). Diesem unerwarteten*) feindlichen
Angriff, den Abtheilungen des hier stehenden VII. Corps Douay unternahmen,
wurde von Seite der 4. Infanterie-Brigade sogleich entgegengetreten, indem
einige Bataillone links schwenkten, und das feindliche Vorrücken theils auf-
hielten, theils durch eigenes Vorgehen den Gegner zum Weichen brachten.

---

*) Die Aufgabe des I. baierischen Corps für den 30. bestand zunächst lediglich darin,
den Angriff unseres IV. Corps auf das Corps de Failly in der linken Flanke zu souteniren.
Vier Bataillone, von denen eins (siehe S. 452) bei La Harnoterie, nördlich Beaumont, mit
eingriff, kamen dieser ursprünglichen Aufgabe auch nach; alles Andere aber wurde einerseits
durch diesen französischen Vorstoß von Warniforet her, andererseits durch direkte abändernde
Ordres, von dem Vertikalmarsche gegen Norden nach links hinübergeschoben und kam in die
Lage, statt soutenirend gegen das V. Corps de Failly, selbstständig gegen das VII. Corps
Douay kämpfen zu müssen.

In demselben Augenblicke, als die 4. Brigade diesen mit überlegenen Kräften ausgeführten feindlichen Gegenstoß parirte, traf die 3. Brigade auf dem Kampfplatz ein. Von dieser wurde sogleich das 1. Jäger-
Bataillon, dann die beiden Bataillone des 3. Regiments zur Verstärkung
des linken Flügels der 4. Brigade beordert. Sobald diese Truppen in die
Gefechtslinie eingerückt waren, wurde von Seite des Commandos der 2. Infanterie-Division ein allgemeiner Angriff in der Richtung auf Warniforet
angeordnet. Die Bataillone drangen im ersten Anlauf, den Feind in Unordnung vor sich hertreibend, bis Warniforet, woselbst das 1. Jäger-
Bataillon im Verein mit Abtheilungen des 13. Regiments zwei bespannte
Geschütze, 1 Munitionswagen und gegen 100 Gefangene erbeutete.

Die Division Stephan bei La Besace und Raucourt.

Bald nachdem der obenerwähnte feindliche Vorstoß gegen die 4. Brigade dem Commandirenden gemeldet wurde, traf die Spitze der 1. Infanterie-
Division auf der Höhe nördlich von Sommauthe ein. Der Commandeur
dieser Division, General-Lieutenant v. Stephan, erhielt vom Corps-Com-
mandanten Befehl, durch den vorliegenden Wald in nordwestlicher Richtung
gegen Warniforet zu avanciren. Kaum indeß war dieser Befehl gegeben,
als von Seiten des Ober-Commandos der III. Armee die Weisung eintraf,
(2¼ Uhr), so stark wie möglich gegen La Besace vorzugehen. Es wurde
der 1. Division nunmehr statt Warniforet der letztgenannte Ort (La Besace)
als Object gegeben.

Die 1. Division, an deren Spitze die 2. Infanterie-Brigade mit
ihren 6 Bataillonen und dem einen ihr noch zugewiesenen Jäger-Bataillon
marschirte, rückte sogleich auf einem engen, schlechten Waldweg in nordwestlicher Richtung vor. (2¼ Uhr.)

Etwa um 5 Uhr hatte die Avantgarde der Division La Besace erreicht und besetzt. Alsbald lief beim Commandirenden v. d. Tann, der sich
auf dem Wege von Warniforet nach La Besace befand, die Meldung ein,
daß am Saume eines nördlich von La Besace gelegenen Waldes (Bois de
Raucourt) sich feindliche Truppen aller Waffen zeigten.

Der von La Besace nördlich gegen Raucourt und weiter gegen die
Maas ziehende Weg führt durch ein enges, von ziemlich bedeutenden, theilweise bewaldeten Höhen gebildetes Thal. Auf diesen Höhen entwickelte sich
die an der Tête der 1. Division marschirende 2. Brigade.

Ein Jäger-Bataillon hatte Befehl, links ausbiegend das Bois
de Raucourt zu durchsuchen, während endlich ein anderes, welches, ursprünglich
an der Spitze marschirend, La Besace abgesucht und einige 20 Gefangene

31*

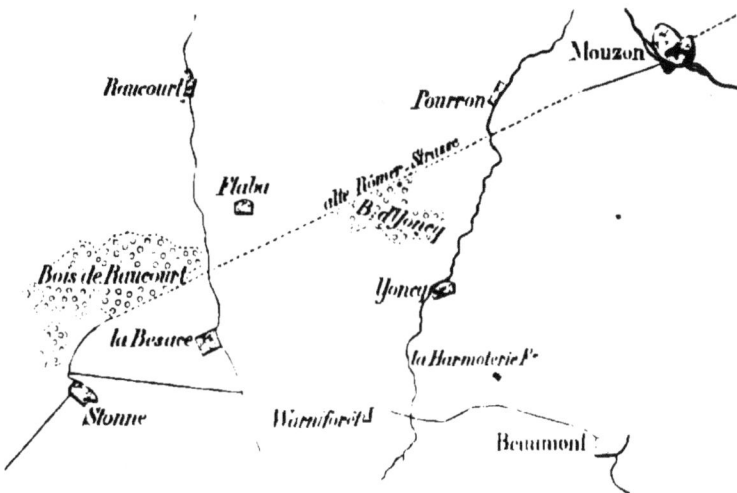

gemacht hatte, sich bei diesem Orte sammelte und später dem rechten Flügel der Brigade folgte. Die der 2. Brigade auf die Dauer der momentanen Gefechtslage zugewiesenen beiden 6pfündigen Batterieen der 1. Division nahmen Position südlich von Flaba.

Die 2. Brigade rückte nach vollzogenem Aufmarsch vor, während die 1. Brigade mit den vordersten Bataillonen aus La Besace debouchirte. Der Feind eröffnete, wie gewöhnlich, schon auf große Entfernung das Tirailleurfeuer, hielt aber nirgends gegen das stetige Vorrücken der diesseitigen Truppen Stand. Erst an dem Dorfe Raucourt und den nebenliegenden Höhen schien der Feind sich halten zu wollen. Um einen allenfalls stattfindenden hartnäckigen Widerstand an diesem Orte rasch zu brechen, wurden von der 2. Infanterie-Brigade, zu dem bereits auf den Höhen westlich der Straße vorrückenden Bataillone, noch die beiden Bataillone des 11. Regiments aus dem 2. Treffen herangezogen; außerdem wurde die Lisière des Ortes Raucourt aus einer günstigen Position westlich des Weges von einer 4pfündigen Batterie beschossen.

Die 1. Brigade war unterdessen ebenfalls in die Gefechtslinie eingerückt und schloß sich auf den Höhen östlich des Weges dem rechten Flügel der 2. Brigade an.

Die ganze 1. Division ging nunmehr concentrisch gegen den bei Raucourt haltenden Feind vor. Der Commandirende befahl dem 1. Infanterie-Regiment, diesen Angriff der beiden Flügel durch ein Vorgehen im Thalgrunde, längs des nach Raucourt führenden Weges zu unterstützen.

Der Feind wartete jedoch den Angriff nicht ab. Er zog sich, geschützt durch das inzwischen eingetretene Dunkel, in nördlicher Richtung zurück, verfolgt vom Geschützfeuer und dem noch über Raucourt hinaus vorgehenden 1. Infanterie-Regiment.

Erst um diese Zeit (½9 Uhr) verstummte das auf der ganzen Linie bis Mouzon hin mit Lebhaftigkeit geführte Gefecht. Der Feind war auf allen Punkten geschlagen und in nördlicher Richtung zurückgedrängt worden. Der 1. baierischen Division hatten die Divisionen Liébert und Dumont vom VII. französischen Corps gegenübergestanden. Sie zogen sich, wie die Divisionen des V. Corps auf Mouzon, so ihrerseits auf Remilly zurück.

In der Nacht vom 30. auf 31. August bivouakirte die 1. Division, die Cürassier-Brigade und die Artillerie-Reserve bei Raucourt, 7 Bataillone, 2 Batterieen und 2 Escadrons der 2. Division dahinter bei La Besace, die an das IV. Corps abgetretenen 4 Bataillone und 2 Batterieen von der 2. Division bei Pourron. Die Verluste an diesem Tage betrugen: 15 Offiziere und 422 Mann. Erbeutet wurden: 2 Feldgeschütze und gefangen genommen: 1 General und 38 Mann.

Der 31. August.

Am 30., 4 Uhr Nachmittags, war der Kaiser Napoleon in Carignan eingetroffen. Er fand hier bereits die Nachricht vor, daß das V. Corps bei
Beaumont überrascht und im Rückzuge auf Mouzon und die Maasübergänge
sei. Trotz dieser Nachricht ließ er an die Kaiserin nach Paris telegraphiren,
»daß nur ein Engagement ohne große Bedeutung statt gefunden habe«.

In gewissem Sinne hatte er Recht. Wenn er einerseits freilich nicht
in der Lage war, die Zertrümmerung oder doch mindestens die Desorganisation einer Division als etwas relativ Bedeutungsloses hinnehmen zu können,
so muß doch andererseits zugestanden werden, daß der Tag von Sedan dem Tage
von Beaumont weniger deshalb folgte, weil er durchaus folgen mußte,
sondern deshalb, weil die Franzosen ihn folgen ließen. Ihre Lage am
30. Abends war noch keineswegs eine verzweifelte. Sie hatten noch die Wahl ob
sie sich rechts oder links, östlich oder westlich, ob sie sich auf Montmedy und
Metz oder auf Sedan und Mezières wenden wollten. Das Mindeste zu sagen,
man hatte noch vollständige Freiheit das Feld zu bestimmen, auf dem man
sterben wollte. Aber mehr; mit der Möglichkeit einer zunächst noch unge-
hinderten Bewegung nach rechts oder links war auch die Möglichkeit des Entkommens überhaupt gegeben. Nur mußte man consequent sein
und keine Zeit verlieren. Ein 4 Stunden später aufgegebenes Telegramm Mac Mahon's an Palikao stellte, im Gegensatz zu dem Telegramm des
Kaisers an die Kaiserin, die Lage viel mißlicher dar, als sie war. »Ich bin
gezwungen, mich auf Sedan zu wenden,« so lautete die lakonische Meldung
an den Kriegsminister. Aber diesem zweiten Telegramm ist keine allzu große
Bedeutung beizulegen*).

---

*) Wir schließen dies aus den verschiedensten Gründen, namentlich aber auch aus Erklä-
rungen, die Mac Mahon später vor der »Untersuchungs-Commission« abgegeben hat. Aus

Wir kehren nach diesen die Gesammt-Situation des Gegners schildernden Bemerkungen zum Kaiser nach Carignan zurück. Alles war dahin vorbereitet, daß er mit seinem Hoflager die Nacht daselbst zubringen werde. Man erwartete also den Weitermarsch in östlicher Richtung. Statt dessen erging zwischen 8 und 9 Uhr Abends an alle zwischen Mouzon und Carignan lagernde Truppen der Befehl Mac Mahon's, die Lager aufzuheben und sich nach Sedan zu in Marsch zu setzen.

Der Marsch gegen Osten, den man nie hätte planen sollen, war aufgegeben. Daß er 36 Stunden später (vergl. die Anmerkung auf S. 519) noch einmal wieder aufgenommen wurde, war zu guter Hälfte ein coup de desperation. Freilich auch als solcher nicht der richtige.

In aller Dunkelheit brachen die Truppen auf; erst das V. Corps de Failly, dann das I. Corps Ducrot. Dem XII. (Lebrun) fiel die Aufgabe zu, diesen Flanken-Nachtmarsch zu decken. Es dirigirte sich von Mouzon auf Douzy. Das VII. Corps, das — vor dem I. baierischen Corps weichend — bei

diesen Erklärungen scheint hervorzugehen (denn Alles ist in absichtliches Dunkel gehüllt), daß Mac Mahon noch am 1. September zu dem Behufe bei Bazeilles durchbrechen wollte, um dann ostwärts auf Montmedy und Metz abzumarschiren. Wenn er dies noch am Morgen des 1. September, wo wir eine Fülle direkter Barrieren aufgerichtet hatten, für möglich hielt, um wie viel mehr mußte es möglich sein am 30. Abends, wo diese Barrieren vollständig fehlten. Der Weg auf Montmedy und Metz war am Abend des 30. noch eben so gut offen wie der auf Sedan und Mezières, — Mac Mahon hatte nur keine Lust ihn zu betreten. An dieser Lust hatte es ihm von Anfang an gefehlt und die Niederlage von Beaumont, traurig wie sie war, kam ihm doch insofern zu paß, als sie ihm einen plausiblen Vorwand gab, auf seinen ursprünglichen Plan: Marsch westwärts statt ostwärts, zurückzukommen. Und dieser Plan war in der That der bessere, auch jetzt noch, auch noch 36 Stunden später am Morgen des 1. September. Er scheiterte überhaupt nur in Folge beständiger Halbheiten und Unconsequenzen seitens unseres Gegners, nicht aber in Folge unserer Umstellungen, die — meisterhaft wie sie waren — sich nichtsdestoweniger mit einem halben, vielleicht mit einem Viertel-Erfolge würden haben begnügen müssen, wenn nicht der Feind selber das Verhängniß heraufbeschworen hätte. Er baute uns die letzten Brücken zu seiner Vernichtung, nicht wir. Sein Säumen und Schwanken that mehr als unsere Raschheit und Umsicht. Noch einmal also: seine Lage am 30. Abends war keine verzweifelte. Er hatte nach Osten hin wenigstens zunächst, nach Westen hin wahrscheinlich überhaupt freie Bewegung; nach Montmedy (östlich) konnte er, nach Mezières (westlich) mußte er entkommen, wenn er wollte. Der Marsch auf Sedan, wenn auch — im Gegensatz zu jenem Mac Mahon'schen Telegramm, — ungezwungen erfolgend, war von den beiden Wegen, die ihm zur Wahl standen, der bessere; er wäre absolut gut gewesen, wenn man es feindlicherseits bei einem **Marsch** auf Sedan hätte bewenden lassen, und dann drüber hinaus marschirt wäre, statt sich in Sedan festzusetzen. Man schlug sich unter den Mauern dieser Festung ohne Noth, wahrscheinlich weil man die ganze Situation verkannte. Wäre man am 31., nach erfolgter Sammlung der Armee auf dem vielgenannten »Plateau von Illy«, etwa um 4 Uhr Nachmittags nordwestwärts entwichen (was man konnte), so wäre die Katastrophe vermieden, mindestens vermindert worden.

Diese Katastrophe schufen sich die Franzosen selbst und zwar durch die Fehler, die sie, unabhängig von ihrer Niederlage bei Beaumont, noch **nachträglich** begingen.

Remilly über die Maas gegangen war, hatte den kürzesten Marsch und traf wahrscheinlich am frühsten in der ihm zugewiesenen Stellung ein.

Der Marsch aller Corps aber bewerkstelligte sich in finsterer Nacht. Die Colonnen und Trains kreuzten sich, so daß Stockungen, Wirrwarr und Unordnung unvermeidlich waren. Die Eigenmächtigkeit der Soldaten ging so weit, daß Einzelne Fackeln anzündeten, ohne daß man es ihnen zu wehren wagte, obschon sie dem Feinde dadurch die Marschrichtung verriethen.

Der Kaiser hatte um 8 Uhr Carignan verlassen; um 11 Uhr traf er in Sedan ein. Es wurde ihm der Vorschlag gemacht, sich unverweilt auf der Eisenbahn nach Mezières zu begeben, woselbst er das XIII. Corps Vinoy vorfände und mit diesem erforderlichenfalls nach Paris zurückkehren könnte. Der Kaiser ging aber hierauf nicht ein, da seine Abreise im Augenblick eines bevorstehenden Kampfes (der also, statt Fortsetzung des Marsches, um diese Stunde schon beabsichtigt gewesen zu sein scheint) die Armee entmuthigen könnte, und erklärte, die Gefahren und das Schicksal der Armee theilen zu wollen.

Andern Tages erließ er an dieselbe folgende, in Unsicherheiten und Widersprüchen sich bewegende Proclamation, die den Muth derer, an die sie sich richtete, schwerlich gehoben haben wird: »Soldaten! Der Beginn des Krieges ist nicht glücklich gewesen. Im Hinblick darauf und Abstand nehmend von jedem persönlichen Vorurtheil, entschloß ich mich, das Commando denjenigen Marschällen zu übergeben, welche die öffentliche Meinung vorzugsweise bezeichnete. Bisher hat der Erfolg eure Anstrengungen nicht gekrönt. Nichtsdestoweniger vernehme ich, daß die Armee des Marschalls Bazaine unter den Mauern von Metz sich wieder zu erholen vermochte, und daß die des Marschalls Mac Mahon am gestrigen Tage nur wenig gelitten hat. Es ist daher kein Grund zu eurer Entmuthigung vorhanden. Wir haben den Feind gehindert, bis zur Hauptstadt vorzudringen; und ganz Frankreich erhebt sich, um die Eindringlinge zurückzuwerfen.

Unter diesen schwierigen Verhältnissen habe ich, da die Kaiserin mich in Paris würdig vertritt, die Rolle des Soldaten der des Souverains vorgezogen. Kein Opfer soll mir zu schwer fallen, um unser Vaterland zu retten. Es schließt noch, Gott sei Dank, Männer von Muth in sich und wenn es Feiglinge geben sollte, so wird das Militairgesetz und die öffentliche Meinung Gerechtigkeit üben.

Soldaten, seid eures alten Ruhmes würdig! Gott wird unser Vaterland nicht verlassen, wenn ein Jeder seine Pflicht thut.«

Die Mac Mahon'sche Armee, an die sich diese Proclamation richtete, war inzwischen in ihre Positionen in und um Sedan eingerückt. Welches diese Positionen waren, davon im nächsten Capitel.

Deutscherseits.

Die Stellung der deutschen Armeen, nach den Kämpfen, die am 30. auf der ganzen Linie Le Chesne-Beaumont-Stenay stattgefunden hatten, war die folgende gewesen:

Das XII. Corps bei Letanne;

das IV. Corps nördlich von Beaumont (die 14. und 16. Brigade bis zum Bois Givodeau und Pourron am Yoncq-Bache vorgeschoben);

das Garde-Corps südlich von Beaumont;

das I. baierische Corps bei Besace;

das XI. Corps bei Stonne;

das V. Corps bei La Berlière.

In zweiter Linie, etwa eine Meile zurück, standen das II. baierische Corps und die würtembergische Division. Die beiden Cavallerie-Divisionen des äußersten linken Flügels (die 5. und 6.) und das dahinter bei Vouziers à portée gehaltene VI. Corps waren 3 Meilen von dem linken Flügel der Gesammt-Aufstellung entfernt.

So die Stellung am 30. Abends.

Am 31. früh trafen in den beiden Hauptquartieren der Maas- und III. Armee die Befehle aus dem großen Hauptquartier zur ungesäumten Fortsetzung der Offensive ein. Es wurde darin bestimmt, daß die Vorwärtsbewegung auf der ganzen, etwa 2 Meilen langen Linie fortgesetzt werden sollte. Zweck: Zusammendrängung des Feindes auf einen möglichst engen Raum zwischen der Maas und belgischen Grenze. Bemerkt mag auch hier wiederum werden (vergl. S. 465), daß die entsprechenden Schritte von Seiten des Feindes selbst genau um dieselbe Stunde unternommen wurden, wo wir diese »Zusammendrängung« planten. Er that freiwillig, wozu wir ihn zwingen wollten.

In Ausführung der für den folgenden Tag erlassenen Marschbefehle standen am Abend des 31. unsre sämmtlichen Corps wie folgt:

Erste Linie.

Das Garde-Corps zwischen Pourru St. Remy und Carignan (jenseit des Chiers);

das XII. Corps bei Douzy und östlich davon (jenseit des Chiers);*)

---

*) Die Cavallerie-Division des XII. Corps, die, voraufeilend, zuerst über die Maas ging, fand, im Laufe des Vormittags, Gelegenheit zu einigen glücklichen Unternehmungen. Sie stieß nämlich, als sie den Chiers-Fluß erreicht hatte, auf feindliche im Rückzuge auf Sedan begriffene Traincolonnen. Das Garde-Reiter-Regiment erhielt deshalb Befehl, bei Brevilly (eine halbe Stunde oberhalb Douzy) über den Chiers zu gehen und die Colonnen abzuschneiden. Das Regiment drang bis Pourru St. Remy vor, stieß hier aber auf so starke feindliche Infanteriemassen, daß es zurückgehen mußte. Gleichzeitig war das 17. Ulanen-Regiment im

das I. baierische Corps bei Remilly (Vorposten bis Bazeilles hin);*)
das XI. Corps bei Doncherh;
die würtembergische Division bei Boutencourt.

Zweite Linie.

Das IV. Corps westlich von Monzon;
das II. baierische Corps bei Raucourt;
das V. Corps bei Chemerh.

In dritter Linie stand das VI. Corps. Es hatte Befehl erhalten, von
Vouziers bis Attignh und Semuh vorzurücken.

Thale gegen Douzh vorgegangen, um hier den Chiers zu passiren und obigen Transport von
vorn anzugreifen. Der Versuch des Regiments, in den ersten Nachmittagsstunden in das von
abgesessenen französischen Chasseurs besetzte Dorf Douzh einzubringen, mißlang anfangs, glückte
aber, nachdem die sächsische reitende Batterie herangezogen war. Das 17. Ulanen-Regiment
debouchirte nun aus Douzh und nahm einen Transport von 40 Wagen mit Verpflegungs- und
Ambulance-Gegenständen. Die zwei Compagnieen starke feindliche Escorte wurde bis an die
Gehöfte von Fréschwal verfolgt.

*) Wie das XII. Corps bei Douzh, so hatte das I. baierische Corps bei Remilly an
eben diesem Tage (31.) ein Gefecht. Es war nicht unerheblich. Hauptactionsfeld waren die
Eisenbahnbrücke und die südöstliche Lisière von Bazeilles. Eine Darstellung dieses Gefechts
geben wir nachstehend im Auszuge. Etwa um 10 Uhr erhielt General v. d. Tann die Meldung, daß
sich jenseit der Maas, bei Bazeilles und Douzh, starke feindliche Colonnen zeigten. Es war
eine Division vom französischen XII. Corps. Baierischerseits wurden nunmehr Batterieen der
Divisions- und Reserve-Artillerie vorgezogen, die alsbald von den Höhen bei Remilly aus
einen Geschützkampf mit vier feindlichen Batterieen (darunter eine Mitrailleusen-Batterie) ein-
leiteten. Der Feind schoß mit großer Präcision, sich vorzugsweise der Shrapnels bedienend.
General v. d. Tann überzeugte sich alsbald, daß die Eisenbahnbrücke zwischen Remilly
und Bazeilles um jeden Preis genommen und behauptet auch, als passirbare Straße
auf das jenseitige Flußufer, erhalten bleiben müsse. Dies wurde ins Werk gesetzt. Um
12 Uhr Mittags drangen Infanterie-Abtheilungen der 2. Brigade über die Eisenbahnbrücke
vor und setzten sich an den zu beiden Seiten derselben gelegenen Flußdämmen fest. Der Feind
hatte dies Vorgehen durch Artillerie- und Mitrailleusen-Feuer vergeblich zu hindern gesucht.
Fast zu gleicher Zeit begann nordwestlich von Remilly, etwa 2000 Schritt oberhalb der Eisenbahnbrücke, ein Brückenschlag seitens der Pontonniere des I. baierischen Corps, behufs zweier
für alle Waffen gangbarer Uebergänge. Während dieses Brückenschlages waren das 4. und 9.
Jäger-Bataillon, von der Eisenbahnbrücke aus, gegen Bazeilles vorgegangen und in die Süd-
lisière des Dorfes eingedrungen. Hier hatten sie, überlegenen feindlichen Kräften gegenüber,
zwei Stunden lang einen schweren Stand gehabt. Bei der Unmöglichkeit, nach vorwärts Terrain
zu gewinnen, wurden sie gegen 6 bis an die Eisenbahnbrücke zurückgenommen. Mittlerweile
waren auch die Pontonbrücken hergestellt und die ganze 1. Division (Stephan), die Brigade
Dietl in Front, wurde an die nun gewonnenen drei Maas-Uebergänge herangezogen. 6½ Uhr
traf aus dem Hauptquartier die Meldung ein, daß für den 31. kein weiterer Angriff beabsichtigt
werde. Das I. baierische Corps bezog Bivonacs. Die Verluste dieses Tages, die zum größeren
Theil auf den Kampf der beiden Jäger-Bataillone in Bazeilles entfielen, betrugen 9 Offiziere
und 137 Mann.

Ein Blick auf die Karte zeigt, daß die von unsren sämmtlichen Corps am 31. Abends eingenommenen Positionen bereits einen von Süden her ein= schließenden Halbkreis um Sedan bildeten. Die Garden, das XII. und IV. Corps begannen von rechts her, das XI. und V. Corps, sammt der würtem= bergischen Division, von links her ihre Umklammerung. Von Süden her sperr= ten die beiden baierischen Corps den Weg. Die Katastrophe rückte immer näher. Wuchsen rechts und links unsre Colonnen nur noch anderthalb Mei= len weiter nördlich, so war der Kreis geschlossen. Wenn sich die französische Armee dieser Umklammerung entziehen wollte, so war es jetzt die letzte Minute, um den rettenden Schritt zu thun. Sie unterließ ihn. Doch greifen wir den Ereignissen nicht vor.

Das große Hauptquartier befand sich am 31. in Vendresse; das Hauptquartier des Kronprinzen von Preußen war in Chéméry, das des Kronprinzen von Sachsen in Mouzon.

Die ursprüngliche Absicht war dahin gegangen, den durch die Märsche und Kämpfe der letzten Woche stark in Anspruch genommenen Truppen einen Ruhetag zu gewähren und erst am 2. mit der gesammten Armee zur Ent= scheidungsschlacht vorzurücken. Die Erwägung indeß, daß ein Ruhetag dem Feinde mehr zu statten kommen würde als uns selbst, vor allem die Be= fürchtung, daß Mac Mahon den 1. September leicht möglicherweise benutzen werde, einer Schlacht bei Sedan auszuweichen, führte zu dem Entschlusse, schon am 1. September mit der ganzen Armee anzugreifen.

Der König erließ Abends aus seinem Hauptquartier Vendresse die entsprechenden Dispositionen. Wir geben dieselben auszugsweise, nur die großen Linien dabei im Auge behaltend.

Das XII. Corps marschirt von Douzy über Lamécourt und Moncelle gegen Sedan;

das Garde Corps (rechts von demselben) über Villers-Cernay und Givonne gegen Sedan;

das I. baierische Corps von Remilly gegen Bazeilles;

das IV. Corps auf Mairy und Bazeilles (die 8. Division als Unterstützung des I. baierischen Corps);

das II. baierische Corps von Raucourt auf Frenois und die Höhe von Doncherp;

das XI. Corps von Doncherp auf Brigne aux Bois;

das V. Corps (dem XI. folgend) ebenfalls auf Brigne aux Bois, eventuell bis St. Menges;

die würtembergische Division schlägt bei Dom le Mesnil eine Brücke, geht über die Maas, nimmt Stellung auf der Straße Sedan-Mezières und dient gleichzeitig als Reserve des XI. Corps.

So waren denn für den 1. September alle Anordnungen getroffen, um der französischen Armee we st lich den Abzug auf Mezières, östlich den Abzug auf Montmedy zu wehren. Ob mit ganzem, oder nur mit partiellem Erfolg, das stand dahin. Nur nach Norden, auf Belgien zu, war noch ein Schlupfloch zu entkommen, an der Grenze hin, oder aber diese Grenze zu überschreiten. Der nächste Tag mußte zeigen, ob man sich dieses Schlupfloches als eines letzten Rettungsmittels bedienen werde oder nicht. Es unterblieb. Die Katastrophe brach herein.

Sedan.

Sedan.

Unter den Festungen an der Maas und ihres Nebenflusses des Chiers, ist Sedan die bedeutendste, nicht in fortificatorischer aber doch in städtischer Beziehung. Es ist Hauptort des gleichnamigen Arrondissements im Ardennen-Departement, hat gegen 18,000 Einwohner und genießt eines hohen Ansehens durch seine Tuchfabriken. Ein Drittel seiner Bevölkerung ist in diesen Fabriken beschäftigt. Tuch und Kasimir, darunter die berühmten Sedantücher, werden hier zu einem jährlichen Betrage von 16 Millionen Franken producirt. Ebenso sind hier die Sedanchairs oder Porte-Chaisen zu Hause, die nur noch im Englischen ihren alten Namen, der auf ihren Entstehungsort hindeutet, behalten haben.

Seine Bedeutung als Festung hat Sedan, wie schon angedeutet, seit Einführung der gezogenen Geschütze mehr oder minder eingebüßt. Die einfassenden Höhen, namentlich von der Südseite her, gestatten einen Einblick und ein Bombardement.

Dieser Umstand, wie wir im Verlaufe dieses Abschnitts sehen werden, beschleunigte die Katastrophe. Die Anwesenheit von Magazinen und Waffenvorräthen vermochte wohl seine Bedeutung als Kriegsplatz ersten Ranges, aber nicht seine Festigkeit zu steigern.

Historisch bleibt zu erwähnen, daß Sedan bis in die Mitte des 17. Jahrhunderts hinein ein selbstständiges Fürstenthum an der Nordgrenze Frankreichs war. Mehrfach wechselte es seine Besitzer; 1588 kam es an Heinrich Herzog von Bouillon La Tour d'Auvergne, unter dessen ältestem Sohne es in ausbrechenden Fehden für immer an die Krone Frankreich gelangte (1642).

Der zweite Sohn des Herzogs von Bouillon war Henri de La Tour d'Auvergne Vicomte von Turenne, 1611 auf Schloß Sedan geboren. Er setzte eine größere Ehre darin Marschall von Frankreich als Fürst von Sedan zu sein.

Die Stadt, deren größter Sohn er ist, errichtete ihm 1823 ein bron-
zenes Standbild auf dem Platz vor dem Stadthause. Es trägt einfach die
Inschrift »Turenne«. Wenn man ihn so stehen sieht, begreift man kaum, daß
es in seinen Biographieen heißt: »er war bis in sein spätes Alter den Frauen
sehr ergeben«. Zwischen diesem Platze und der Citadelle läuft die Rue
de Commerce, die belebte mit alten und zum Theil pittoresken Häusern besetzte Hauptverkehrsstraße der Stadt. Anmuthig sind die Partieen am Flusse
hin, die einen prächtigen Blick auf das Panorama gestatten, das die Windungen der Maas, die einfassenden Hügel und endlich, diese überragend,
die dunklen Waldberge der Ardennen schaffen.

Dies führt uns auf das Terrain überhaupt. Um die Kämpfe, die sich
vorbereiteten, zu verstehen, ist es nöthig, bei diesem »Sedan-Panorama«
noch einen Augenblick zu verweilen.

Ein unter Spezialkarten großgezogener Generalstabsoffizier, der sich
mit Hülfe genauester Pläne ein Schlachtfeld so sicher aufbaut, wie ein die
Partitur lesender Musiker die ganze Oper bereits auf sich hereinbrausen fühlt,
ein solcher Generalstabsoffizier mag, wenn er, während der Kriegswochen,

von Sedan las, diese für alle Zeit berühmt gewordene Localität klar und plastisch und richtig vor seiner Seele gehabt haben; anders der gewöhnliche, mit der Plan- und Karten-Sprache unvertraute Leser, der mit seinem Verständniß auf den Zeitungsbericht und ein eingezeichnetes Drei-Linien-Croquis angewiesen war. Er wird sich (wie es uns selbst erging) die Gesammtlocalität von Sedan in Gestalt einer Tortenform gedacht haben, in deren Mitte unten die Franzosen standen, während die Deutschen oben auf dem Rande der Form erschienen. Diese begannen nun von allen Seiten her auf den unten in Massen stehenden Feind ein concentrisches Feuer zu richten, dem er schließlich erlag. Diese Vorstellung von Sedan ist auch keineswegs unrichtig, sie reicht nur einfach nicht aus. Die Localität ist um etwas complicirter. Sehen wir wie.

Der mit Küchenapparaten und Backgeräthschaften auch nur oberflächlich Vertraute wird wissen, daß die Tortenform — die wir nach wie vor im Dienste plastischer Ortsbeschreibung verwenden — ohne an ihrer Simplicität erhebliche Einbuße zu leiden, in allerhand Spielarten vorkommt, unter denen eine sich dadurch auszeichnet, daß aus dem Mittelpunkte der Vertiefung eine Art Bergkegel auftaucht, der nach phantastischer Klempnerlaune mal dicker, mal dünner, mal zugespitzt, mal plateauartig, mal in einfacher Rundung, mal in senkrecht gestellter Wellenlinie in die Erscheinung tritt. Hier haben wir die Sedanlocalität wie sie leibt und lebt. Auf diesem aus dem Mittelpunkt der Vertiefung auftauchenden, alle jene Formationen grotesk in sich vereinigenden Kegel,[*]) an dessen Fuße Sedan selbst gelegen ist, standen die Franzosen, die gegen den weitgespannten Tortenrand hin, ja bis auf diesen hinauf, einzelne Divisionen vorgeschoben hatten.

Diese Andeutungen mögen genügen. Weitere Ausführungen verwirren nur.

[*]) Nicht die plastische Anschaulichkeit, wohl aber die Correctheit des Bildes vermag ich durch ein Amendement des Vorstehenden noch um ein Weniges zu steigern. Dieser aus der Mitte aufwachsende, zerschlissene Kegel ist, auf seine Grundform zurückgeführt, weniger ein enggezogener Kreis als ein Dreieck. Der Fuß des Dreiecks — die Maas; der Bach von Floing die linke, der Bach von Bazeilles die rechte Seite. Will man das Dreieck nach Punkten bestimmen, so handelt es sich um Floing, Bazeilles und Jlly. Jlly oben an der Spitze, Floing-Bazeilles unten der Fuß. Innerhalb dieser drei Punkte, oder was dasselbe sagen will, innerhalb der drei genannten Wasserläufe, erhebt sich jene unregelmäßige, dreiseitige Kegelpyramide, auf der die Franzosen Stellung genommen hatten. Ein zurückgelegener Kranz bewaldeter Berge, wie schon im Texte angegeben, umspannt diese Position in meilenweitem Bogen. Die Angriffs-Linien gingen radienweise von diesem Bogen aus gegen die Mitte.

General von Wimpffen.

Wir haben in unserm vorigen Capitel ein Bild des Terrains zu geben versucht, auf dem die Schlacht geschlagen wurde; versuchen wir in diesem Capitel ein Bild des Mannes zu geben, der, die ersten Stunden des Tages abgerechnet, auf gegnerischer Seite die Action leitete. Es war der General von Wimpffen. Am 30. von Algerien her in Sedan eingetroffen, um an de Failly's Stelle das Commando des V. Corps zu übernehmen, sah er sich, kaum zwei Tage später, an die Spitze der ganzen Armee gestellt, die am dritten Tage kriegsgefangen war. Wie viel daran Verhängniß, wie viel Verschulden war, das soll uns in einem späteren Capitel beschäftigen. Hier nur eine biographische Skizze bis zum Tage von Sedan.

Emanuel Felix v. Wimpffen wurde am 13. September 1811 im französischen Departement Aisne, Hauptstadt Soissons, geboren. Er war Zögling der Schule zu St. Cyr, trat dann in die Infanterie ein, wurde 1840 Capitain, 1847 Bataillons-Chef in Algier und 1853 Regiments-Commandeur. Während des Krimkrieges wurde er Brigade-General (17. März 1855) und der kaiserlichen Garde attachirt; am italienischen Kriege nahm er mit Auszeichnung Theil, und noch während desselben wurde er zum Divisions-General ernannt, in welcher Eigenschaft er von 1860 ab in Lyon stand, bis bald darauf seine Ernennung zum Commandeur der Provinz Oran erfolgte. In dieser Stellung befand er sich noch bei Ausbruch des Krieges. An die Spitze eines Corps oder doch mindestens einer vor dem Feinde stehenden Division berufen zu werden, dahin ging von Anfang an sein Ehrgeiz. Mac Mahon indeß wußte ihn in Algerien zurückzuhalten. Was dabei maßgebend war, stehe dahin. Ob ihn der Marschall als einen Nebenbuhler fürchtete oder umgekehrt seiner Begabung mißtraute, ist bei der vornehm-reservirten Haltung, die der Herzog (Mac Mahon) auch später in all und jeden Aussagen und Schriften zu beobachten wußte, nicht klar hervorgetreten. Wimpffen selbst deutet an, daß Eifersüchtelei im Spiele war; uns

ist es wahrscheinlicher, daß ein von Eingeweihten schon damals erkanntes Miß-
verhältniß zwischen Anspruch und Begabung den Ausschlag gegeben habe.
Unter der Versicherung, daß Algerien »durchaus einen Mann von Kriegserfahrung und Charakter erheische«, hatte der Marschall wiederholentlich auf
die Dienste Wimpffen's verzichtet.

Aber diese Dienste waren nun doch einmal bestimmt, sich geltend
machen zu sollen. Nicht zum Heile Frankreichs.

Als die Niederlage von Wörth in Oran bekannt geworden war, bat
Wimpffen in einem Schreiben an den Kriegsminister Palikao erneut um
Verwendung vor dem Feinde. Das war am 11. oder 12. Am 22. erhielt
er ein Telegramm, worin er aufgefordert wurde, sofort sich nach Paris zu
begeben, wo er weitere Instructionen empfangen werde. Es handle sich
darum, den General de Failly im Commando des V. Corps zu ersetzen.

Am 24. brach General Wimpffen auf, war am 27. in Marseille,
am 28. in Paris. Hier begab er sich sofort zum Grafen Palikao, der die
Lage des Landes und der Armee rückhaltlos mit ihm besprach, auf die
Winkelzüge Mac Mahon's hindeutete und insonderheit beklagte, daß der
Marschall, so energisch er auf dem Schlachtfelde sei, sich im Uebrigen durch
den Kaiser und seine Umgebung allzu leicht bestimmen lasse. Diesen vertrau-
lichen Mittheilungen folgten weitere. Palikao richtete die Frage an Wimpffen,
ob er es nicht vorziehen würde, auf das Commando des V. Corps zu verzichten
und dafür den Befehl über das in der Bildung begriffene XIV. Corps zu
übernehmen. An die Spitze dieses XIV. Corps sollte Trochu treten; aber
dieser war eine Persönlichkeit, der seitens des kaiserlichen Hofes beständig
mißtraut wurde. »Il est possible qu'il devienne un homme embarras-
sant, so sagte Palikao; dans ce cas votre valeur nous permettrait de
vous confier sa place.« Wimpffen lehnte dies Anerbieten aber ab.

Am 29. früh brach er auf, um sich über Soissons nach Reims und
Rethel und von dort über Mezières nach Sedan zu begeben. Mit ihm waren
Lieutenant Daram vom 92. Regiment und Marquis de Laizer, ein junger Mobil-
garden-Offizier. Unmittelbar vor seiner Abreise war ihm folgendes dienstliches
Schreiben zugestellt worden: »Paris 29. August 1870. Mein theurer General.
Im Falle dem Marschall Mac Mahon ein Unglück zustoßen sollte, werden
Sie den Befehl über die dem Marschall unterstellten Truppen übernehmen.
Ich werde Ihnen ein dienstliches Schreiben zustellen, das diese Angelegenheit
regelt und von dem Sie nöthigenfalls Gebrauch machen werden. Empfangen
Sie ꝛc. Palikao.«

Er war hierdurch der für etwaige Eventualitäten ernannte Nachfolger
des Marschalls. Es traf sich außerdem, daß er, auch der Anciennetät nach,
der nächste im Commando war.

32*

In Soissons war ein viertelstündiger Aufenthalt. Wimpffen benutzte ihn, um an die Bewohner seiner speziellen Heimath (Departement Aisne) eine patriotische Proclamation zu erlassen; dann ging es weiter auf Reims. Hier, im Wirrsal eines Bahnhofstreibens während Kriegszeit, entdeckte er einen Cavallerie-Trupp, der bestimmt war, nach Paris zurückzukehren. Es waren 25 Mann vom 6. Husaren-Regiment unter Lieutenant Desgrandchamps. Mit jener raschen Entschlossenheit, die einen Hauptzug seines Charakters bildete, bemächtigte er sich dieses Husarentrupps, änderte die Marschroute desselben und befahl dem Lieutenant Desgrandchamps und seinen Leuten, ihm als Escorte zu folgen. Dies geschah. Wir werden sehen, daß er dadurch der Gefahr entging, noch am selben Tage durch preußische Ulanen gefangen genommen zu werden. Vor Allem aber glaubten wir dieses Vorganges auf dem Reimser Bahnhof (wie auch der zu Soissons im Nu abgefaßten Proclamation) um deshalb erwähnen zu müssen, weil sich hierin genau dasselbe Verfahren zu erkennen giebt, das er drei Tage später (am 1. September) auf dem Schlachtfelde von Sedan inne hielt. Ein ebenso dem Temperament wie der Gewohnheit entsprechendes, energisches Drunterfahren, das in kleinen Verhältnissen meist Wunder wirkt, aber freilich nicht ausreicht, eine mit 300,000 Soldaten gespielte Schachpartie zu gewinnen.

Von Reims nach Buzancourt; von Buzancourt nach Rethel. Hier war er kaum angekommen, als der seitdem so oft vernommene Schreckensschrei »Des Uhlans« durch die Straßen lief. In der That, preußische Ulanen waren da, eine schwache Patrouille, aber gerade stark genug, um den General v. Wimpffen gefangen zu nehmen, wenn dieser nicht vorsichtig genug gewesen wäre, sich in Reims des vorerwähnten Husarentrupps als einer persönlichen Escorte zu versichern.

Von Rethel aus wurde die Eisenbahnfahrt aufgegeben; die Fortsetzung der Reise ging zu Pferde. Man trat bereits in von preußischer Cavallerie durchschwärmte Gebiete ein, und die Abenteuer dieses Tages spannen sich in eigenthümlicher Weise fort. Diesmal sollte die Gefahr von französischer Seite kommen. General Wimpffen, eine Spitze von zwei oder drei Husaren vorauf, hatte eben einen Waldstreifen erreicht, der sich vor dem Dorfe Signy-l'Abbaye hinzieht, als einige Schüsse fielen und die Husarenspitze veranlaßten Kehrt zu machen. Hinter jedem Baum schien ein Preuße zu stehen. Der Rückprall war so heftig und so zügellos zugleich, daß General Wimpffen selber als Opfer fiel; einer der Husaren rannte gegen ihn an und schleuderte den General in den Graben. Endlich klärte sich's auf. Es waren Francti-reurs gewesen, die, im Dämmer des Abends, die Husarenspitze für preußische Cavallerie genommen hatten. Im Dorfe selbst gab sich der Maire, der schon die Invasion von 1814 und 1815 erlebt hatte, freimüthig als der zu erkennen,

ter das Freischützen-Corps gebildet und an die Waldecke postirt habe. Wimpffen, auch darin charakteristisch, schüttelte dem Alten die Hand und beglückwünschte ihn zu seinem patriotischen Eifer. Eine kleinlicher geartete, minder enthusiastische Natur würde außer Stande gewesen sein, den Zwischenfall, der halb unbequem, halb lächerlich war, so frank und frei und so mit Worten der Anerkennung zu behandeln.

Am 30. früh wurde Mezières erreicht. Hier gesellte sich zu den drei Offizieren (Lieutenant Daram, Marquis de Laizer, Lieutenant Desgrandchamps), die bis dahin den General begleitet hatten, noch ein vierter: Graf d'Ollone, Rittmeister im 12. Chasseurs à Cheval-Regiment, der am Tage vorher bei Busancy leicht verwundet worden war. Diese vier Offiziere bildeten später, am Schlachttage selbst, nahezu Alles, was ihm von Adjutantur und Ordonnanz zur Verfügung stand.

Von Mezières aus war es wieder möglich, sich der Eisenbahn zu bedienen. Gegen Mittag, trotz mannigfacher Zögerungen, war Sedan erreicht. Der Zug fuhr drüber hinaus und hielt erst bei Bazeilles. Hier stieg Wimpffen zu Pferde, beritt die Maas-Ufer hüben und drüben, kam bis Mairy, zuletzt bis Amblimont und wurde hier in den Nachmittagsstunden Augenzeuge des fluchtartigen Rückzuges, der, von Beaumont und Monzon her, auf Sedan zuging.

Wimpffen — auch darin wieder ganz er selbst — vermochte diesem tristen Schauspiel nicht anzuwohnen, ohne einzugreifen und die Fluth der Flüchtigen zurückzustauen. Binnen kürzester Frist hatte er mehrere Tausende, die den verschiedensten Corps angehörten, um sich versammelt, nahm mit ihnen eine starke Position in der Nähe von Mairy und schickte mehrfach schriftliche Meldung an den Marschall, worin er diesem anzeigte, daß er da sei, daß er mit einigen tausend Mann die Position zwischen Mairy und Amblimont halte und daß er um Befehle bitte. Endlich um 9 Uhr Abends kam Ordre: Rückzug auf Sedan.

Auch hier wieder hatte er sich bewährt und mit der ihm eigenen Impetuosität (wobei Anderer Anordnungen sehr oft gekreuzt wurden) gehandelt und durchgegriffen. In Allem spricht sich Eifer und Umsicht, patriotischer guter Wille und rasches Erkennen des local und momentan Nöthigen, aber doch zugleich auch ein Selbstvertrauen und befehlerischer Hang aus, der von den übrigen Generalen, und ganz besonders vom Marschall selbst, fast wie eine Beleidigung, gewiß wie eine Bedrückung empfunden werden mußte. Er war noch nicht eingeführt, war kaum etwas anderes als ein »General auf Reisen« und nahm aus dem Stegreif Allüren an, als sei er erschienen, um endlich nach dem Rechten zu sehen und den ewigen rückgängigen Bewegungen ein Ende zu machen. Es ist höchst wahrscheinlich, daß der

Marſchall die Dinge von dieſem Geſichtspunkte aus anſah und am Morgen des 1., als er, um ſeiner Verwundung willen, das Commando abgeben mußte, auch aus einem gewiſſen perſönlichen Antagonismus Wimpffen überging und Ducrot zum Nachfolger wählte.

Spät Abends (30.) traf Wimpffen in Sedan ein. Er fand in der überfüllten Stadt nur nach langem Suchen ein Unterkommen: für ſich und ſeine vier Ordonnanz-Offiziere ein einziges Zimmer im Croix d'or.

Am 31. früh 9 Uhr ſtellte er ſich dem Marſchall vor. »Er empfing mich ziemlich kalt.« Wimpffen bat, ihn dem V. Corps vorſtellen zu wollen, zu deſſen Commandeur er ernannt worden ſei. Mac Mahon verſprach es und ſtieg zu Pferde.

Als bis um 1 Uhr der Marſchall noch immer keine Schritte zu dieſem Behufe gethan hatte, ging Wimpffen ſelbſt in das vieux camp, den Lagerplatz des V. Corps, hinaus und gab ſich den Offizieren und Soldaten als ihr neuer Oberbefehlshaber zu erkennen. In eben dieſem Augenblicke erſchien General de Failly, der von ſeiner Abſetzung keine Ahnung, ſicherlich keine beſtimmte Stunde hatte. Eine peinliche Situation. Es kam zu bittern Worten, die ſich freilich zunächſt mehr gegen die Urheber der Maßregel, als gegen Wimpffen richteten, dieſen aber immerhin mittreffen mußten. De Failly hatte Recht; die Niederlage von Wörth, für die er auffkommen ſollte, war durch die Geſammt-Dispoſitionen, aber keineswegs durch ſeine und ſeines V. Corps Haltung verſchuldet worden.

Nach dieſer Begegnung kehrte Wimpffen in die Stadt zurück, um ſich dem Kaiſer vorzuſtellen. Dieſer nahm ihn bei der Hand und ſprach unter Thränen:

»Was iſt's, General, daß wir immer wieder geſchlagen werden? was hat nun wieder dieſe unglückliche Beaumont-Affaire herbeigeführt?«

»Sire, ich vermuthe, daß unſere Armee-Corps, in Nähe des Feindes, immer in zu großer Entfernung von einander ſtehen. Befehle ſind ſchlecht gegeben und ſchlecht ausgeführt worden.«

Danach fragte Wimpffen den Kaiſer, warum er (Wimpffen) ſo ſpät zur Uebernahme eines Commandos berufen worden ſei.

»Der Marſchall Mac Mahon,« erwiederte der Kaiſer, »beſtand darauf, daß Sie in Algerien belaſſen würden. Er hielt Ihre Anweſenheit daſelbſt nöthig für die Ruhe der Provinz.«

»Ich bedauere, Sire, erſt nach ſo ſchweren Mißgeſchicken eintreffen zu dürfen. Aber rechnen Sie auf meine Energie; ich werde Alles daran ſetzen, die Unfälle auszugleichen.«

»Ich weiß, daß ich darauf rechnen kann.«

So endete dieses Zwiegespräch. Der Ausgang, wie wir wissen, entsprach wenig den Erwartungen, die hier ausgesprochen worden waren. Es folgte noch eine kurze Begegnung mit dem Marschall, dann begab sich Wimpffen wieder in das vieux camp hinaus, um die letzten Stunden vor der Schlacht inmitten seines V. Corps zuzubringen. Einzelne Ordres wurden gegeben und ausgeführt; dann streckte sich der General auf den harten Boden nieder, um zu schlafen.

»Aber,« so schreibt er selbst, »der Schlaf floh meine Augen. Das unbequeme Lager, die Kälte, die Erregungen hielten mich wach. Die beiden Begegnungen, die ich mit dem Marschall gehabt hatte, seine mehr abgeneigte als wohlwollende Haltung gegen mich, beschäftigten mich. Kein Wort über das, was er vorhabe, war über seine Lippe gekommen. Und doch befanden wir uns in einer ähnlichen Lage, wie Mélas am Vorabend von Marengo. Was mich am meisten überrascht hatte, war die Ruhe, fast möcht' ich sagen die Genugthuung, die sich während unserer zwei kurzen Unterredungen in seinen Zügen ausgesprochen hatte ... Endlich stieg die Morgenröthe des 1. September herauf. Um 4 Uhr hört' ich lebhaftes Gewehrfeuer von Bazeilles her.

Die Schlacht hatte begonnen.«

Der 1. September früh.

Die französische Aufstellung. — Der Anmarsch der deutschen Armeen. —
Die Höhe von Doncherp und die Höhe von Fresnois.

Die französische Aufstellung.

Ein Nachtmarsch vom 30. auf den 31. hatte, wie wir S. 465 ausführlicher mitgetheilt haben, die französische Armee, unmittelbar nördlich von Sedan, in das Dreieck: Illy - Floing - Bazeilles geführt und zwar derart, daß die einzelnen Corps im Laufe des 31. folgende Stellung einnahmen:

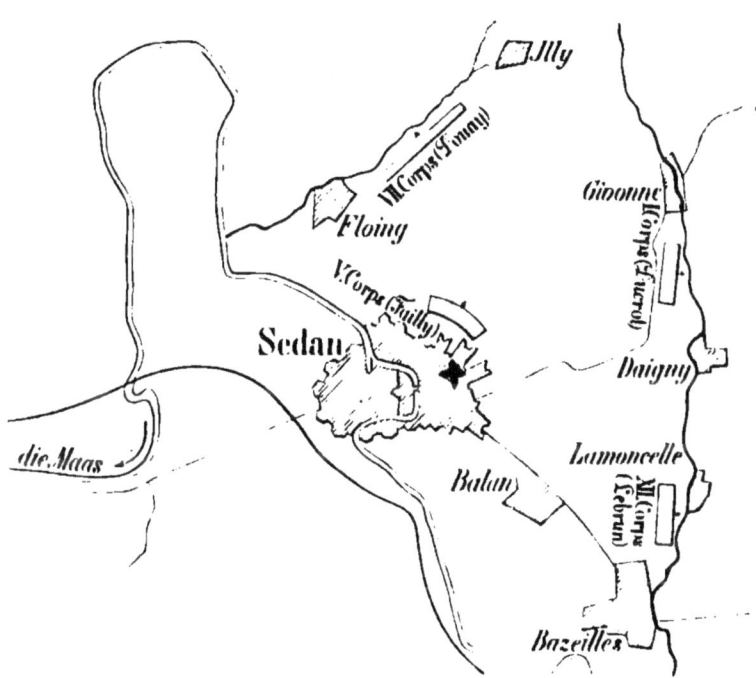

das XII. Corps Lebrun zwischen Bazeilles und Lamoncelle;

das I. Corps Ducrot zwischen Daigny und Givonne;

das VII. Corps Douay zwischen Floing und Jlly;

das V. Corps Failly (nunmehr Wimpffen) innerhalb des Dreiecks in Reserve-Stellung, um je nach Bedürfniß das eine oder andere der übrigen drei Corps unterstützen zu können.

Die vorstehende Karte soll nur das Allgemeine geben. Bei Schilderung der Corps-Gefechte, aus denen sich die Schlacht bei Sedan zusammensetzte, werden wir dann später versuchen, auf detaillirteren Karten auch den Divisionen und Brigaden die Stellung anzuweisen, die sie während des Kampfes einnahmen.

Der Anmarsch der deutschen Armeen.

Gegen diese Sedan-Position im weiteren Sinne rückten nun in der Nacht vom 31. August auf den 1. September (vgl. die Disposition auf S. 470) fünf unserer Corps in folgender Weise vor.

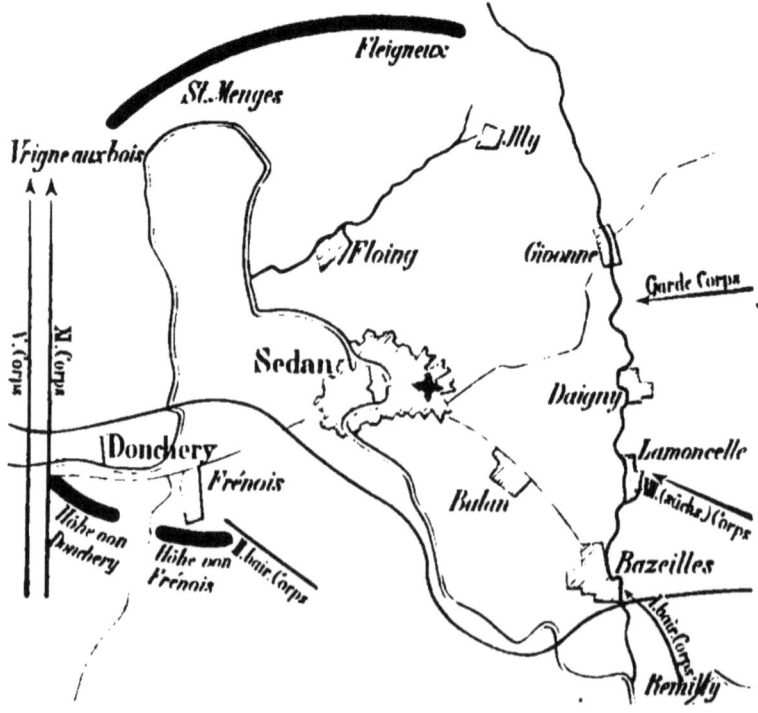

Auch hier behalten wir uns vor, die Details des Vormarsches an anderer Stelle zu geben. Nur ein Totalbild ist vorläufig bezweckt. Ebenso sei gleich hier bemerkt, daß die am 31. ausgegebenen Dispositionen, wie es auch die vorstehende Karte zeigt, dem XI. und V. Armee-Corps noch kein Rechtsschwenken, sondern einfach einen Gradaus-Marsch in nördlicher Richtung vorschrieben. War der Feind, was gefürchtet wurde, bereits im Abzuge nach Westen, so mußten die genannten beiden Corps, wenn sie nicht direkt in seine Flanke stießen, ihn durch Linksausbiegen zu fassen suchen; erst als das Eintreffen bei Brigne aux Bois später Gewißheit gab, daß der Feind in seiner Sedan-Stellung verblieben sei, erfolgte der Befehl zu jener Rechts-schwenkung, die, als wir Fleigneux und Illy erreichten, gleichbedeutend war mit Einschließung der feindlichen Armee.

Die Höhe von Donchery. Die Höhe von Fresnois.

Die einzelnen Corps, je nach der größeren oder geringeren Entfernung, in der sie sich von den ihnen angewiesenen Zielpunkten befanden, brachen entweder schon um Mitternacht oder um 4 Uhr Morgens aus ihren Bivouacs auf. Um 4 Uhr früh verließ auch der Kronprinz sein Hauptquartier Chemery und begab sich mit seinem Stabe*) nach der seit jenem Tage so viel genannten Höhe von Donchery, von wo aus der linke Flügel des Schlachtfeldes vorzüglich zu übersehen war, weshalb denn auch diese die Leitung der Operationen unseres XI. und V. Corps so überaus begünstigende Stellung vom Obercommando der III. Armee während des größten Theils des Tages beibehalten wurde. Aus einer Schilderung dieser »Höhe von Donchery« geben wir das Folgende. »Etwa 1500 Schritt südlich von Donchery selbst sich erhebend, ist diese Höhe der dominirende Punkt des Gesammt-terrains, von dem aus — namentlich wenn man den Hauptthurm des hier gelegenen Chateau Paret besteigt — mindestens zwei Drittel des weiten Bergbogens, der die Innenposition umspannt, überblickt werden können. Denn

---

*) Im kronprinzlichen Hauptquartier befanden sich außer den zum Generalstabe, zur Adjutantur und Stabswache gehörenden zahlreichen Offizieren, noch folgende Personen: Herzog Ernst von Coburg-Gotha, Herzog Eugen von Würtemberg, Prinz Wilhelm von Würtemberg, Erbgroßherzog von Sachsen, Erbgroßherzog von Mecklenburg-Strelitz, Erbprinz zu Hohenzollern-Sigmaringen, der k. baierische General-Major Graf v. Bothmer, der baierische Militair-Bevollmächtigte Major v. Freyberg-Eisenberg, der würtembergische Militair-Bevollmächtigte Oberstlieutenant v. Faber du Faur, General-Arzt Dr. Boeger. Von künstlerischen, wissenschaftlichen und journalistischen Notabilitäten, die zum kronprinzlichen Hauptquartier, sei es offiziell oder halb-offiziell, gehörten, nennen wir nur: Graf Harrach, Hofrath Gustav Freytag, Professor Bleibtreu, Ludwig Pietsch, Dr. Paul Hassel. Im Ganzen 68 Personen, dazu Stabswache, Feldgendarmerie und Ordonnanzen.

diese Innenposition, da sie klein ist, vermag nach hinten zu nur einen verhältnißmäßig geringen Theil des in ihrem Rücken gelegenen, durch eine Thal-
schlucht von ihr getrennten Waldkranzes zu verdecken, wodurch es möglich
wird, daß man bei Illy in gewissem Sinne um die Ecke sehen, das heißt
noch solcher Partieen des äußeren Waldkranzes ansichtig werden kann, die
bereits weit über Illy hinaus, in der rechten (östlichen) Flanke desselben
gelegen sind. Diese beinah panoramatische Allumfassenheit des Bildes, wie
sie die Donchery-Höhe gewährte, war es, die am Schlachttage selbst diesem
Punkte einen so besonderen Werth beilegte. Und zwar nicht nur in den Augen
der Oberleitung der III. Armee. Alles, was sich von fremder und einhei-
mischer, von civiler und militairischer Berichterstattung an diesem Tage im
Gefolge des Heeres befand, — es drängte hierher, weil sich, auch dem Laien,
beim Eintreten in das eigentliche Schlachten-Terrain dieser Punkt als hoch-
gelegenstes und deshalb begehrenswerthestes Ziel darstellte. Chateau Paret
hat nie größere und nie buntere Gesellschaft in seiner Umgebung gesehen.
Von hier aus ergingen die Befehle, die, die Rechtsschwenkung des XI. und
V. Corps anordnend, zur völligen Einschließung der feindlichen Armee
führten; hier war es auch, wo am Tage nach dem Siege König Wilhelm
seine Dankes-Ansprache an seine Verbündeten hielt.« Auf diesen historischen
Moment, der die Einheit Deutschlands besiegelte, kommen wir an anderer
Stelle zurück.

Wie der Kronprinz auf der Höhe von Donchery, so hatte König
Wilhelm seine Stellung auf der Höhe von Fresnois genommen. Die
Höhe von Fresnois ist erheblich niedriger als die Donchery-Höhe und
markirt sich ungleich weniger als diese, zum Theil schon deshalb, weil sie
kahl ist und weder Schloß noch bestimmt conturirte Bäume trägt. Der
König sammt seinem Stabe war aus dem Großen Hauptquartier Vendresse,
das er gegen 7 Uhr früh verlassen hatte, um etwa 8½ Uhr hier eingetroffen.
»Des Königs Gesicht« — so schreibt ein Augenzeuge — »war von hohem,
sicherem Vertrauen belebt und durchleuchtet. Die Trauer um die Opfer von
Mars la Tour und St. Privat, welche bisher schmerzlich auf ihm gelastet
hatte, mochte durch die Sieges-Hoffnung, die zugleich die Ueberzeugung ein-
schloß, daß dieser Tag die letzten Opfer fordern würde, verdrängt worden
sein. Nur die Hälfte davon sollte sich erfüllen. In Keinem von uns lebte
auch nur ein Gedanke daran, daß wir uns erst am Anfang unserer Siege,
aber auch — unserer Einsätze an Gut und Blut befänden.« Die Höhe von
Fresnois lag centraler als die einen äußersten linken Flügelpunkt bildende
Höhe von Donchery und war deshalb für den König, der sowohl rechts der
IV. wie links der III. Armee in ihren Bewegungen zu folgen hatte, der
geeignetere Punkt. Sedan selbst, wenigstens seine diesseits der Maas

gelegene Vorstadt Grand Torcy, dehnte sich fast zu Füßen der Fresnois-Höhe, und Balan und Bazeilles (an welchem letzteren Punkte der Kampf bereits seit drei Stunden auf's heftigste entbrannt war) lagen ebenso nah und ebenso übersichtlich nach rechts hin, wie Vrigne aux Bois halblinks, oder St. Menges gradeaus. Unmittelbar in Front, am nördlichen Abhang der Fresnois-Höhe oder aber auf einer vorgelegenen Terrasse derselben, stand und feuerte bereits die große Baiern-Batterie, der wir noch zu verschiedenen Malen in unserer Schlachtbeschreibung wieder begegnen werden. Rechts und links derselben, ebenso zum Schutz beider Hauptquartiere wie der großen Batterie selbst, hielten die würtembergische Division und das II. baierische Corps. Das partielle Eingreifen des letzteren in den Kampf bei Bazeilles erfolgte zu späterer Stunde.

Diesem letzteren bereits mehr erwähnten Kampfe (bei Bazeilles) wenden wir uns nunmehr in unserer Darstellung zu. Er war es, der den »Tag von Sedan« eröffnete.

Die Schlacht bei Sedan.

Recapituliren wir noch einmal, vom linken Flügel beginnend, in möglichster Kürze die Corps mit denen wir vorgingen und die Ziel= resp. Angriffs= punkte eben dieser Corps.

V. Corps: Brigne aux Bois, (beziehungsweise St. Menges);

XI. Corps: ebenso;

Garden: Givonne;

XII. Corps: Daigny=Lamoucelle;

1. baierisches Corps: Bazeilles;

2. baierisches Corps: Fresnois;

IV. Corps und würtembergische Division in Reserve=Stellung;

VI. Corps in Flankenstellung bei Ottigny.

Das 1. baierische Corps v. d. Tann eröffnete, wie schon am Schlusse des vorigen Capitels hervorgehoben, an unserem rechten Flügel den Kampf.

———·———

Bazeilles=Balan.

Die Baiern: 1., 2. und 3. Division von 4 Uhr früh bis 12 Uhr Mittags.

Die Dispositionen für das 1. baierische Corps v. d. Tann (das von 10 Uhr ab, wie gleich hier bemerkt werden mag, durch eine Division des 2. baierischen Corps v. Hartmann unterstützt wurde) lauteten ursprünglich dahin:

»Das 1. baierische Corps verbleibt in seiner Stellung bei Remilly und greift nach Maßgabe des Vorrückens der IV., unter dem Commando des Kronprinzen von Sachsen stehenden Armee, in die Schlacht ein.« Diesem schriftlichen Befehl wurde jedoch mündlich hinzugefügt: »daß es dem General

v. d. Tann überlassen bleibe auch früher anzugreifen, wenn dadurch der Feind in seiner Stellung festgehalten werden könne.«

Auf diese mündliche Weisung hin erfolgte »um den Feind festzuhalten« der Angriff auf Bazeilles.

Erster Theil des Kampfes um Bazeilles. Die 1. baierische Division (Stephan) von 4 bis 7.

Bazeilles liegt eine halbe Meile südöstlich von Sedan, am rechten Ufer eines Baches, der beinah senkrecht, von Norden gegen Süden fließend, einen Thalgrund schafft, an dem die vier Dörfer Givonne, Daigny, La-moncelle und Bazeilles gelegen sind. Tausend Schritt hinter Bazeilles fällt der Bach, der unter den verschiedensten Namen: Givonne-Bach, Mühl-Bach, Bach von Bazeilles, auftritt, in die Maas. (Givonne-Bach scheint die correcte Bezeichnung zu sein. Bazeilles selbst ist ein großes Dorf. Von seinen 2000 Einwohnern gehören viele nach Sedan hin, in dessen Fabriken sie arbeiten. Die Lage des Orts an Fluß, Chaussee und Eisenbahn, giebt ihm auch strategisch eine Bedeutung; es war wie ein Ausfallthor der Festung, das dem Feinde, so lange er über diesen Punkt verfügte, ein letztes Entkommen nach Südosten wo nicht sicherte, so doch bis zu einem gewissen Punkte der Linie Sedan-Metz hin nicht geradezu unmöglich machte. Dieses Thor zu schließen war die erste Aufgabe des 1. Septembers.*) Die Beschaffenheit Bazeilles, dazu der zufällige

---

*) Was die Ausführung dieser Aufgabe betrifft — so entnehmen wir dem Buche des Hauptmanns Helvig vom baierischen Generalstabe — so ist später mannigfach die Ansicht geändert worden, man hätte Bazeilles aus der beherrschenden Artillerie-Position westlich von Remilly in Brand schießen sollen; eine Ansicht, die man gelten lassen könnte, wenn es einerseits Morgens zwischen 3 und 4 Uhr nicht zu dunkel gewesen wäre, und wenn es sich andrerseits nur einfach darum gehandelt hätte, den Feind aus Bazeilles zu vertreiben, wie es später zwischen 6 und 9 Uhr der Fall war. Es bestand aber die Aufgabe des 1. baierischen Corps, neben der Wegnahme von Bazeilles, vor Allem darin, den Feind an dieser Stelle in einen Kampf zu verwickeln, ihn gleichsam festzubinden. Hätte unsere Artillerie um 3 Uhr Morgens ihr Feuer begonnen und der Feind hätte wirklich die Absicht gehabt, vor Tages-anbruch abzumarschiren, so hätte dieses Artilleriefeuer gewiß seinen Abmarsch nur beschleunigt, also genau dasjenige erreicht, was man verhindern wollte; lag es aber nicht in dem Plan der feindlichen Armeeleitung, abzumarschiren, so war das mächtige Artilleriefeuer nur dazu geeignet, den Gegner auf unsere Absicht aufmerksam zu machen. Er hätte dann Bazeilles wahrscheinlich geräumt und wir den Ort in Schutt geschossen, aber der Feind konnte ruhig außerhalb unserer Geschützwirkung auf den Höhen östlich von La Moncelle seine Kräfte concen-triren. Später dann, beim Hellwerden des Tages, würde das 1. Corps allerdings nicht mehr nöthig gehabt haben, Bazeilles zu stürmen, allein es hätte, wenn es überhaupt mit dem Corps des Kronprinzen von Sachsen cooperiren wollte, die Maas und den breiten, von der feindlichen Artillerie vollkommen beherrschten Maasgrund unter den ungünstigsten Umständen überschreiten müssen. Ob dies mit weniger Verlusten geschehen konnte, als die Wegnahme von Bazeilles, ist zu bezweifeln.

Umstand, daß es durch die besten Truppen des Feindes vertheidigt wurde, gestaltete diesen ersten Act zugleich zu dem blutigsten des Tages. Alle Häuser, besonders an den Straßenkreuzungen, waren mit starken Abtheilungen Marine-Infanterie belegt; noch stärkere Abtheilungen hatten sich in den beiden Schlössern des Dorfes, in Chateau Dorival und Chateau Montvillers, sowie in der die Hauptstraße beherrschenden »Villa Beurmann« festgesetzt. Chateau Dorival, an der südöstlichen Seite des Dorfes (von woher der Anmarsch der Baiern erfolgte) gelegen, konnte sich — weil von jeder Unterstützung mehr oder weniger abgeschnitten — gegen den Ansturm der Division Stephan, die hier den Kampf eröffnete, nicht halten; einen

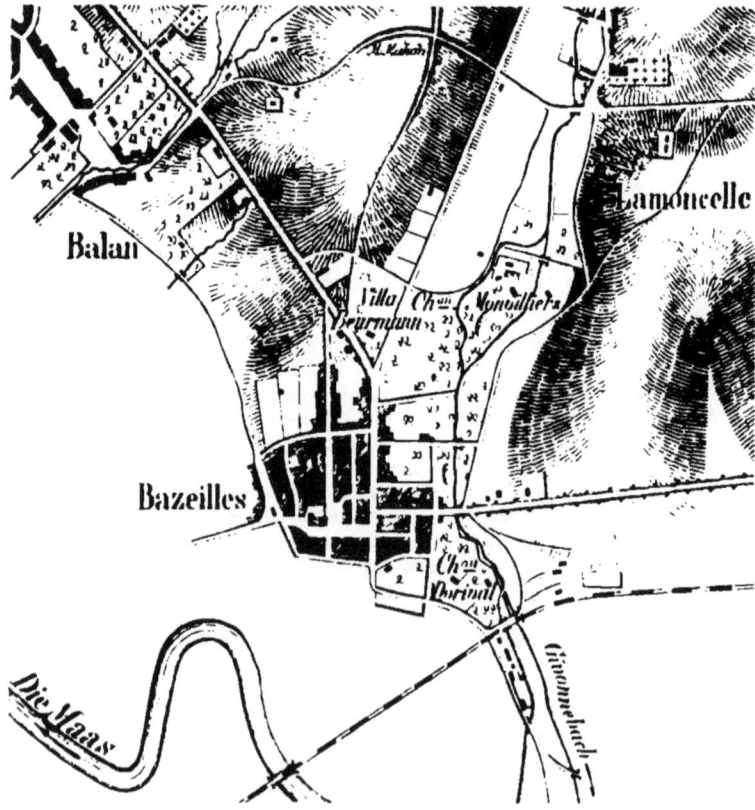

um so energischeren Widerstand leistete das nördlich gelegene Chateau Montvillers, das nicht nur mit Hülfe seiner alten Parkbäume, seiner mannigfachen Park- und Gartenmauern einen zur Vertheidigung vorzüglich geeigneten

Punkt bot, sondern auch — sowie die in gleicher Höhe, aber weiter westlich gelegene Villa Beurmann — aus den gut aufgestellten Reserven des XII. Corps Lebrun jederzeit neue Kräfte heranziehen konnte.

Die Zusammensetzung dieses Corps (des XII.) war die folgende:

Division Grandchamp (von der spanischen Grenze herangezogen).

    Brigade Cambriels: 22. und 34. Linien-Regiment; 1. Chasseur-Marschbataillon.

    Brigade Villeneuve: 58. und 79. Linien-Regiment.

Division Lacretelle.

    Brigade Bernier: 14., 20. und 31. Linien-Regiment (drei Regimenter, die ursprünglich zur Division Bisson des VI. Corps gehörten. Vgl. S. 261).

    Brigade Marquisan: 3. und 4. Marsch-Regiment.

Division Vassoigne (die Marine-Division).

    Brigade Reboul: 1. und 2. Marine-Infanterie-Regiment.

    Brigade Martin de Paillières: 3. und 4. Marine-Infanterie-Regiment.

Ferner gehörte zum XII. Corps die Cavallerie-Division Salignac-Fénelon, die aus der Lanciers-Brigade Savaresse und der Cürassier-Brigade Beville bestand. Die letztere hatte am 30. am Mont de Brune

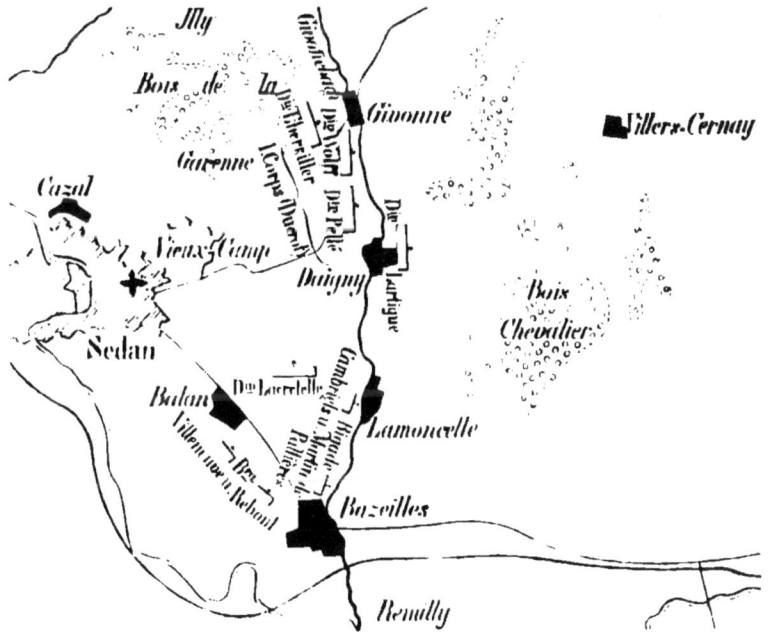

(vgl. S. 450) bereits eine arge Niederlage erlitten; der ersteren stand an dem Schlachttage, dem man jetzt entgegenging, ein gleiches Verhängniß bevor.

Von all diesen Truppentheilen, so weit sich die Dinge bis jetzt überblicken lassen, standen nur zwei Brigaden in Front:

bie Brigade Villeneuve oder Cambriels in Lamoncelle,
bie Marine-Brigade Martin de Paillières in Bazeilles.

Alles andre stand weiter rückwärts in dem Dreieck Bazeilles-Balan-Lamoncelle und griff erst allmälig, im Laufe eines beinah zehnstündigen Kampfes, in diesen ein.

Wir folgen nun dem Vorgehen des 1. baierischen Corps gegen Bazeilles.

Die Colonnen setzten sich zwischen 1 und 2 von Remilly aus in Marsch. General v. d. Tann begab sich nach Allicourt, um den Uebergang seines Corps über die Maas persönlich zu leiten. Dieser Uebergang sollte gleichzeitig auf der Eisenbahnbrücke und auf den am 31. Nachmittags geschlagenen Pontonbrücken erfolgen. (Vgl. die Anmerkung S. 468.) Im Thalgrunde der Maas lag ein undurchbringlicher, jede Aussicht hemmender Nebel; drüben, am andern Ufer, herrschte vollkommene Stille. Kurz vor 4 Uhr waren die 1. Brigade Dietl und die 2. Brigade Orff, die den Kampf eröffnen sollten, heran und der Uebergang über die Brücken erfolgte in folgender Vertheilung der Streitkräfte:

Ueber die Eisenbahnbrücke:

1. und 3. Bataillon } 2. Brigade (Orff).
2. Regiments

(Das 1. und 2. Bataillon 11. Regiments und das 9. Jäger-Bataillon, ebenfalls zur 2. Brigade Orff gehörend, erhielten Befehl, an der Eisenbahnbrücke zu verbleiben und diese unter allen Umständen zu halten.)

Ueber die Pontonbrücken:

2. Jäger-Bataillon, }
1. Regiment, } 1. Brigade (Dietl);
Leib-Regiment }

ferner:

4. Jäger-Bataillon, }
2. Bataillon 2. Regiments, } 2. Brigade (Orff).
1 4pfündige Batterie }

Die Vertheilung war also derart erfolgt, daß die ganze 1. Brigade Dietl über die Pontonbrücken ging, während die 2. Brigade Orff sich in drei Theile theilte, von denen

zwei Bataillone die Eisenbahnbrücke,

zwei Bataillone (sammt einer Batterie) eine der Pontonbrücken passirten, während

brei Bataillone zum Schutz der Eisenbahnbrücke zurückblieben.

Ziemlich gleichzeitig wurden die Brücken überschritten; unmittelbar jenseits lag Bazeilles; das 1. und 3. Bataillon 2. Regiments erreichten zuerst die Dorflisière; wenige Minuten später griff das 2. Jäger-Bataillon (die Téte der Brigade Dietl) in das Gefecht ein. Der Feind, wie immer sorglos, hatte nur wenige Posten aufgestellt und wurde im vollsten Sinne des Wortes durch das Anklopfen der Baiern aus dem Schlafe geweckt. Einmal wach fanden sie sich mit eben so viel Raschheit wie Entschlossenheit in die ihnen bereitete Ueberraschung. Aus Front, Flanke, Rücken empfing die eingedrungenen Abtheilungen alsbald ein mörderisches Feuer.

»Den nun folgenden beinah sechsstündigen Ortskampf schildern zu wollen (so schreibt Hauptmann Helvig vom baierischen Generalstab), wäre ein vergeblicher Versuch; wir können nur am Rande dieses Kraters stehen bleiben und annähernd darstellen, wo und wann immer wieder frische Kräfte zur Bewältigung desselben eindrangen.«

Wir folgen zunächst dem 1. und 3. Bataillon 2. Regiments, die, wie schon hervorgehoben, die Dorflisière — und zwar die südliche — am ehesten erreichten. Diese zwei Bataillone, da sie den Feind völlig überraschten, hatten in der ersten halben Stunde verhältnißmäßig leichtes Spiel; Major Sauer, der das 1. Bataillon genannten Regiments kommandirte, umging eine Barrikade, erreichte, durch kleine Seitengassen vordringend, erst die westliche, dann sogar die nördliche Lisière des Dorfes und setzte sich hier in Besitz eines durch seine Lage wichtigen Eckhauses. Mit ihm waren zwei Offiziere und nur wenige Mannschaften. Gleich darauf wandte sich das Blatt. Die ersten feindlichen Verstärkungen rückten in Bazeilles ein, griffen das eben erst besetzte Eckhaus von allen Seiten an und zwangen den Major, nachdem er sich fast ½ Stunden auf diesem vollständig isolirten Posten gehalten hatte, sich mit seinen Mannschaften zu ergeben.*) Der Verlust dieses Punktes war zu bedauern. Wäre es umgekehrt möglich gewesen, ihn mit Hülfe rasch eintreffender Unterstützungen zu halten, so wäre der Kampf um den Besitz

---

*) Major Sauer wurde nach Sedan abgeführt und sah auf dem Wege dahin das XII. französische Corps in seiner Aufstellung auf den Höhen nordwestlich von Bazeilles. In der Nähe von Balan begegnete er dem eben von Sedan kommenden Kaiser Napoleon mit seinem Gefolge. (Etwa 7 Uhr, kurz vor der Verwundung Mac Mahon's.) Die Behandlung, die Major Sauer von Seiten der feindlichen Offiziere erfuhr, entsprach den militairischen Gebräuchen, dagegen zeigte die Bevölkerung von Sedan bei dem ungewohnten Anblick der deutschen Gefangenen einen Fanatismus, dessen sich der die Escorte commandirende französische Offizier nicht umhin konnte zu schämen. (Major Sauer wurde auf seine kategorische Forderung am 2. September Nachmittags mit sämmtlichen deutschen Gefangenen, etwa 200, entlassen.)

von Bazeilles bedeutend erleichtert worden, denn das fragliche Eckhaus lag am äußersten nordwestlichen Ausgang des Dorfes und wäre, so es in unsern Händen blieb, wahrscheinlich im Stande gewesen, das Eindringen frischer französischer Truppentheile zu hindern, oder doch zu erschweren.

Während die über die Eisenbahnbrücke avancirte Colonne (1. und 3. Bataillon 2. Regiments) an der westlichen und nordwestlichen Lisière des Dorfes einen so schweren Stand hatte und, von allen Seiten gedrängt, schließlich von Abschnitt zu Abschnitt weichen mußte, suchte die über die Pontonbrücken vorgedrungene große Colonne (Brigade Dietl) das ihrerseits im ersten Ansturm genommene Terrain: Bahnhof und östliche Dorfhälfte, zu behaupten. Aber auch dies erwies sich als mindestens schwierig, und zwar um so mehr, als von den sechs Bataillonen der Brigade nur zwei Drittel für das Dorfgefecht verwendet werden konnten. Das 1. Bataillon 1. Regiments wurde zu östlicher Flankirung des Ortes am Bazeilles-Bache vorgeschoben und gelangte schließlich bis Lamoncelle; das 2. Bataillon eben desselben Regiments mußte zur Besetzung des Bahnhofes zurückbehalten werden. Dadurch schmolz die Brigade auf vier Bataillone: Leib-Regiment und 2. Jäger-Bataillon, zusammen, und diese waren es, die das eigentliche Straßengefecht, so recht inmitten des Dorfes, zu führen hatten. Der Brigade Dietl (vgl. S. 491) waren noch zwei Bataillone der Brigade Orff über eine der Pontonbrücken gefolgt. Nach kurzer Rast am südöstlichen Ausgange von Bazeilles wurden diese frischen Bataillone zur Unterstützung des im Centrum des Dorfes fechtenden Leib-Regiments, bez. des 2. Jäger-Bataillons vorgeschoben. Aber der Feind, begünstigt durch den Nebel, wußte durch unbemerktes Vorschieben immer neuer Reserven unsere Anstrengungen zu paralysiren.

So kam 7 Uhr heran. Bereits seit drittehalb Stunden tobte jetzt der Kampf. Die ganze 1. baierische Division, mit Ausnahme der drei zum Schutz der Eisenbahnbrücke zurückverbliebenen Bataillone (vgl. S. 492), stand theils inmitten des Dorfes, theils an der Parkmauer und dem Bazeilles-Bache hin in heißem Gefecht. Nur der südöstliche Theil des Dorfes, darunter der Bahnhof und Chateau Dorival, befanden sich in diesseitigem unangefochtenem Besitz; um alles andere wurde gestritten und nicht immer zu Ungunsten des Gegners. Mit Einsetzung letzter Kräfte gelang es dem Leib-Regiment, dem 2. Jäger-Bataillon und dem 2. Bataillon 2. Regiments sich an der Kirche und den nächsten Häusern zu halten.

Zweiter Theil des Kampfes um Bazeilles. Das Eingreifen der 2. baierischen Division. 7 bis 10.

Etwa um 7 Uhr begann der Nebel sich zu lichten. Der Artillerie-Reserve ging nunmehr der Befehl zu, ihr Feuer gegen die sich nördlich und

33*

selbst schon nordöstlich von Bazeilles zeigenden feindlichen Colonnen zu eröffnen. Die 6pfündige Batterie Ulrich v. Hutten stand schon seit einiger Zeit südlich von Lamoncelle im Feuer.*)

Um dieselbe Zeit hatte auch die 2. baierische Division, Generalmajor Schumacher, die Maas überschritten und war mit der die Tête bildenden 3. Brigade, Oberst Schuch, auf dem Kampfplatze eingetroffen. Die 4. Brigade, Generalmajor v. d. Tann (Bruder des commandirenden Generals) hielt noch an den beiden Brücken.

Der 3. Brigade ging der Befehl zu, von Osten und Nordosten her in den Park einzurücken und das Straßengefecht, das nicht von der Stelle wollte, durch diese Flankenbewegung zu unterstützen. Die östliche Parkmauer wurde auch alsbald in Ausführung dieses Befehles erreicht; hier sah sich der größte Theil der Brigade, noch ehe er in den Park eindringen konnte, von frischen feindlichen Abtheilungen angegriffen und in ein Gefecht verwickelt, das sich, am Bazeilles-Bache hin, mehr und mehr nordwärts bis La Moncelle und über dieses hinaus bis Petite Moncelle zog. Nur etwa anderthalb Bataillonen der 3. Brigade gelang es, die vorgeschriebene Richtung einzuhalten und durch Vorgehen im Park die inmitten des Dorfes sich abringende 1. Division zu souteniren.

Dies war um 8 Uhr. Um eben diese Stunde begann Bazeilles zu brennen. Der Brand verbreitete sich rasch und die Flammen zwangen die feindlichen Truppen die Häuser zu verlassen, wobei viele Gefangene gemacht wurden. Aber die Flammen waren nicht blos im Bunde mit uns; sie richteten sich auch gegen uns und Hitze und Qualm machten es unseren Soldaten in mehreren Straßen unmöglich, den Kampf fortzusetzen. Nur sehr langsam gewannen wir Terrain. Um eines der am hartnäckigsten vertheidigten Häuser zu nehmen, ließ General-Major v. Orff zwei 4pfünder Geschütze in eine Dorfstraße bringen und das betreffende Haus auf nächste Distance beschießen. Dies half; 10 Minuten später konnte mit Erfolg zum Sturm geschritten werden. Als aber dieselben zwei Geschütze in die Hauptstraße vorgingen, um nun ihr Feuer gegen die öfters erwähnte, fast genau

---

*) Die Artillerie-Positionen, wie gleich hier bemerkt werden mag, und zwar ganz speziell die baierischen, wechselten im Lauf des Tages sehr erheblich. Mehrere Batterieen, die anfangs, vom Rande des Bois Chevalier aus, mit Front gegen Westen feuerten, feuerten später, nachdem Bazeilles genommen war, auf der Linie Balan-Lamoncelle gegen Norden. Die Batterieen, von denen oben im Text die Rede ist, standen übrigens — mit Ausnahme der Batterie v. Hutten — sehr wahrscheinlich jenseit der Maas, westlich von Remilly. Siehe die Karte auf S. 529. Einer der ersten Schüsse, den eben diese Batterieen (von der Artillerie-Reserve) abgaben, soll die Verwundung des Marschalls Mac Mahon herbeigeführt haben; nach anderen Berichten war es die Granate einer sächsischen Batterie und zwar der 4. leichten Batterie, Premierlieutenant Kreder. Wir halten, in Erwägung der Stelle [800 Schritt westlich von Lamoncelle] wo die Verwundung des Marschalls stattfand, die letztere Version für die wahrscheinlichere.

nördlich gelegene und die ganze Straße beherrschende Villa Beurmann zu
richten, war in wenigen Augenblicken die Hälfte der Bedienungsmannschaft
verwundet oder getödtet und die Geschütze mußten wieder zurückgenommen
werden.

Zu standen die Dinge, als 8¼ Uhr der commandirende General
v. d. Tann von Allicourt her bei Bazeilles eintraf. Die Meldungen, die
eingingen, ließen keinen Zweifel darüber, daß man bei einer bedrohlichen
Krisis angekommen sei. Diese Krisis dauerte eine volle Stunde. Sie lag nicht
innerhalb des Dorfes, sondern außerhalb desselben. In Bazeilles selbst stand
das Gefecht, oder machte auch wohl langsame Fortschritte wenigstens von dem
Augenblick an, wo die Flankenbewegung jener obenerwähnten 1¼ Bataillone
(je ein Halbbataillon vom 3. und 12. Regiment und 1½ Compagnieen vom
1. Jäger-Bataillon) wirksam geworden war; unmittelbar nördlich vom Dorfe
aber, auf dem zwischen dem Park und Lamoncelle gelegenen, vom Bazeilles-
Bache durchströmten Wiesenterrain, nahmen die Dinge von Minute zu Minute eine immer bedrohlichere Gestalt an. Hier an dieser Stelle, die in den
Schlachtbeschreibungen des 1. September die »große Lücke« genannt wird,
weil erst wieder um Lamoncelle herum und nördlich jenseits desselben ge-
schlossene Massen der Unserigen sichtbar wurden, — hier, an dieser Stelle,
lag die Gefahr. Hier, auf die »große Lücke« zu, drängten immer frische
feindliche Colonnen, denen wir, — von einigen Abtheilungen der 48. (sächsischen) Brigade abgesehen, die an dieser Stelle mit ins Gefecht eingriffen, —
nichts entgegenzusetzen hatten, als jene vier Bataillone der 3. baierischen
Brigade, die sich, statt in den Park westwärts einzudringen, nordwärts am
Bazeilles-Bache hin gezogen hatten. In eine einzige Plänklerkette aufgelöst,
suchten sie das Vordringen des Feindes zu hindern, dessen Plan unverkennbar
darauf gerichtet war, hier durchzubrechen und unsere in Front des Bois
de Chevalier haltende Artillerie-Linie von links her zu fassen und zum Abfahren zu zwingen. Dieser Plan, bei der großen numerischen Ueberlegenheit,
die der Feind an dieser Stelle zeigte, mußte gelingen, wenn es nicht glückte,
der Plänklerkette einige frische Bataillone als Soutien zu geben. Meldungen
von der 3. Brigade gingen ein: »sie könne sich nicht länger halten, wenn
sie nicht verstärkt würde«. Zum Ueberfluß hatten sich einige Compagnieen
total verschossen und fristeten das Feuer mit Patronen, die sie den Todten
und Verwundeten abnahmen.

In diesem kritischen Moment erschien die 4. Brigade, Generalmajor
v. d. Tann, an der Südostecke von Bazeilles. In zwei Colonnen hatten
sechs Bataillone der Brigade die Maas überschritten, drei unter Benutzung
der einen Ponton-, die drei anderen unter Benutzung der Eisenbahnbrücke.

Ueber die Pontonbrücke.

1. Bataillon 10. Regiments,
2. Bataillon 10. Regiments,
7. Jäger-Bataillon,
2 Batterieen.

Ueber die Eisenbahnbrücke.

3. Bataillon 10. Regiments,
1. Bataillon 13. Regiments,
2. Bataillon 13. Regiments,
1 Batterie.

Ueber beide Colonnen sofort Verfügung treffend, hatte der Commandirende

die über die Pontonbrücke herangekommenen Bataillone zur Unterstützung der 3. Brigade an die »große Lücke«,

die über die Eisenbahnbrücke avancirten Bataillone aber zur Unterstützung der 1. und 2. Brigade in das Dorf selbst dirigirt.

9¼ Uhr griffen sie an beiden Stellen ein.

Die erste Colonne (1. und 2. Bataillon 10. Regiments), gleichzeitig mit einer neuen sächsischen Brigade auf dem gefährdeten Raum zwischen Bazeilles und Lamoncelle eintreffend, stellte das Gefecht an dieser Stelle fast schon durch ihr bloßes Erscheinen wieder her;

die zweite Colonne (3. Bataillon 10. und 1. und 2. Bataillon 13. Regiments), auf der Hauptstraße des Dorfes vordringend, brach hier den letzten Widerstand des durch sechsstündigen Kampf mürbe gemachten, aber bis zuletzt mit der höchsten Erbitterung fechtenden Feindes. »Ein Marinesoldat — so erzählt ein Augenzeuge — lag schwerverwundet mit zerschmettertem Bein auf der Straße von Bazeilles, in seinem Schmerze fast verschmachtend. Ich bot ihm einen Trunk Wasser und Wein, aber er wies ihn zurück, knirschte mit den Zähnen und lästerte Gott.« Das 3. Bataillon 10. Regiments stürmte endlich die oft genannte Villa Beurmann am nördlichen Ausgange von Bazeilles und machte die Besatzung derselben zu Gefangenen.

Dies war um 10 Uhr. Ein Doppel-Resultat war erreicht: der Durchbrechungsversuch des Feindes war vereitelt; Bazeilles selbst in unserem Besitz.

Dritter Theil des Kampfes. Vorgehen gegen Balan. Die 3. baierische Division von 10 bis 12.

Um 10 Uhr war Bazeilles in vollständigem Besitz des 1. baierischen Corps; das Erscheinen und rasche Eingreifen der 4. Brigade, Regimenter 10 und 13, hatte den Ausschlag gegeben.

Kurz vorher, also zu einem Zeitpunkt wo sich die Dinge innerhalb des Dorfes noch nicht voll zu unseren Gunsten entschieden hatten, war dem General v. d. Tann, seitens des Obercommandos der III. Armee, eine weitere Division und zwar die Division Walther vom II. baierischen Corps zur Verfügung gestellt worden. Hocherwünscht kam eine solche Unterstützung. War auch, als dieselbe um etwa 10½ Uhr an der Eisenbahnbrücke eintraf, zu einer Betheiligung am Kampfe in und um Bazeilles keine Gelegenheit mehr gegeben, so fehlte es doch keineswegs an einem Angriffsobjekt. Das nahegelegene Balan bot ein solches. General v. d. Tann ertheilte der 3. Division Befehl, im Thalgrunde vorzugehen und den bereits eine Vor-stadt von Sedan bildenden Ort zu nehmen. Der Commandirende verfolgte dabei die Absicht, einerseits die in der Front (von Ost nach West) schwer angreifbaren und theilweise bewaldeten Höhen, auf denen jetzt das XII. Corps Lebrun hielt, an ihrem Fuße, also südlich, zu umgehen, andrerseits den Kreis, in welchen die französische Armee eingeschlossen werden sollte, möglichst zu verengen. Glückte es nämlich, den Feind zur Räumung Balan's und der anliegenden Höhen zu zwingen, so blieb ihm nichts übrig, als sich innerhalb der Mauern von Sedan zurückzuziehen, wodurch ihm mit dem Raum auch nahezu die Möglichkeit verloren ging, bedeutendere Kräfte zu einem nochmaligen Angriff zu formiren. General v. d. Tann schützte also Bazeilles durch Weg-nahme von Balan und schnitt durch eigne Offensive eine feindliche Offensive ab.

Die 5. Brigade, Generalmajor Schleich, hatte die Tête. Sie bestand aus dem 6. Regiment, aus dem 2. und 3. Bataillon 7. Regiments und dem 8. Jäger-Bataillon. Zwei Batterieen, die Batterieen Bauer und Hofmeister, waren ihr beigegeben. In zwei Treffen formirt rückte die Bri-gade gegen Balan vor. An der Spitze marschirte das 8. Jäger-Bataillon, rechts rückwärts das 2., links rückwärts das 1. Bataillon 6. Regiments. In zweiter Linie folgten das 2. und 3. Bataillon vom 7. Regiment.

Von den Vorgängen der nächsten Stunde, also von 11 bis 12, ein klares Bild zu gewinnen, ist schwer, wo nicht unmöglich. Die Relationen widersprechen sich untereinander, ja jeder einzelne Bericht geräth mit sich selber in Widerstreit. Da heißt es: »daß das schwachbesetzte Balan genommen und der am westlichen Ende des Ortes gelegene Park vom 8. Jäger-Bataillon und dem 1. Bataillon 6. Regiments erobert worden sei«, aber dieser Mittheilung folgt zwanzig Zeilen später die Versicherung, »daß der Feind ansehnliche Streitkräfte entwickelte und den tapfersten Widerstand leistete«. »Besonders rühmlich (so heißt es weiter) thaten sich auch hier die Marine-Infanterie-Regimenter hervor. Balan war vollständig zur Vertheidigung eingerichtet, seine Lage und Bauart begünstigte eine solche. Die Häuser solid, überall doppelte und dreifache Hecken. Die Gartenmauern waren mit Schießlöchern verſehen, die Gärten unter ſich verbunden und die Häuſer- und Gartenfronten gegen die Straßenſeite feſt verſchloſſen.« In der Verlegenheit, die dieſe gegenüberſtehenden Ausſagen uns ſchaffen, finden wir einigermaßen Rath und Hülfe in dem mehrcitirten Hauptmann Helvigſchen Werke: »Das I. baieriſche Armee-Corps 1870 und 71«, in dem es wörtlich heißt: »Die 5. Brigade, Generalmajor Schleich, ging durch Balan hindurch und beſetzte einen nordweſtlich dieſes Ortes in der Richtung auf Fond de Givonne gelegenen Höhenkamm. Daſelbſt entſpann ſich nun der heftigſte Kampf.« Es ſcheint hiernach, daß es ſich — übrigens in vollkommener Uebereinſtimmung mit den bereits hervorgehobenen Abſichten des Commandirenden — mehr um eine Umgehung Balans, als um eine Beſetzung deſſelben gehandelt habe und daß, während die 5. Brigade, und bald auch die 6., einen erbitterten Kampf auf dem Höhenterrain zwiſchen Balan und Sedan führten, Balan ſelbſt, wenigſtens zu erheblichem Theile, immer noch in Händen des Feindes war.*)

Wie immer dem ſein möge, um 12 Uhr ſtand die 5. baieriſche Brigade nordweſtlich von Balan und ſchützte, wie ein vorgeſchobener Poſten, in opferreichem Kampfe die Hauptſtellung bei Bazeilles.

Ein großer Erfolg war errungen, und baieriſche Bataillone hielten bereits vor den Thoren Sedans, als auf andern Stellen des großen Schlachtfeldes (im Norden und Nordweſten) die ernſteren Begegnungen erſt begannen.

Im Laufe des Nachmittags, kurz vor dem Erlöſchen des Kampfes, flackerte auch bei Balan das Feuer noch einmal wieder auf. Sogar in geſteigerter Heftigkeit. Es war der letzte Vorſtoß des Feindes, ein Durchbrechungsverſuch zu ſeiner Rettung. Auf kurze Augenblicke lächelte ihm ein trügeriſcher Schimmer. Dann war es vorbei.

Auf dieſen Schlußakt des Kampfes bei Balan-Bazeilles kommen wir an anderer Stelle zurück.

Die Einäſcherung von Bazeilles.
Eine Anklage und Rechtfertigung.

Ehe wir in unſerer Darſtellung der großen Schlacht fortfahren, ſei es uns geſtattet, auf eine Controverſe einzugehen, die ſich über den Baiern-

---

*) Daß einzelne Häuſer in Balan all die Zeit über vom Feinde beſetzt blieben, iſt unzweifelhaft; andrerſeits ſpricht wiederum manches gegen die im Text vertretene Anſicht. So heißt es beiſpielsweiſe an einer ſpäteren Stelle des Helvigſchen Buches: »Da traf die Meldung ein, daß die 3. Diviſion gezwungen ſei, Balan zu räumen.« Wenn Balan geräumt werden konnte, ſo mußte es vorher beſetzt worden ſein. Es iſt deshalb allerdings möglich, daß ſich die oben im Text hervorgehobenen Widerſprüche dahin erklären, daß all' die »trefflich zur Defenſive eingerichteten« und in der That höchſt tapfer vertheidigten Häuſergruppen nicht eigentlich zu Balan, ſondern zu einem mit Häuſern überdeckten Terrainabſchnitt gehörten, der bereits zwiſchen Balan und Sedan gelegen iſt.

kampf bei Bazeilles erhoben hat. Weiterhin erst auf diesen Gegenstand zurückzukommen, verbietet sich in dem vorliegenden Falle, da wir am Schluß dieses
Capitels Größeres zu behandeln haben werden: Die Capitulation von Sedan
und die Gefangennahme des Kaisers.

Der Baiernkampf in Bazeilles, die Art, wie das Straßengefecht
geführt worden war, wurde sehr bald zum Gegenstand heftiger Angriffe in
der europäischen Presse. Man sprach von Grausamkeiten, von begangenen
Cannibalismen, die als ein Hohn auf unser culturstolzes Jahrhundert da-
ständen. Baierischerseits ist später officiös und officiell darauf geantwortet
worden.

Der Hauptankläger — auch dadurch der bedeutendste, daß ihm, wenigstens scheinbar, eine gewisse Unparteilichkeit zur Seite stand — war der Herzog
von Fitz-James, der in einer aus Paris vom 12. September datirten Zu-
schrift an die Times seiner Entrüstung über die Gräuelthaten Ausdruck gab,
die seitens der Baiern in Bazeilles begangen wären und ihren Namen auf
ewige Zeit beschimpft hätten. Unter diesen Gräuelthaten führt er dann an:
Beschießung, Einäscherung, Füsiladen und vor Allem das Zurücktreiben, beziehungsweise das Hineinwerfen fliehender Einwohner in ihre in Flammen
stehenden Häuser.

Auf alle diese Anklagen wurde zunächst, unterm 18. September, durch
Hermann Voget geantwortet, der als Specialkorrespondent das I. baierische
Corps begleitete. Wir geben nachstehend den wesentlichen Inhalt dieser
Entgegnung.

»Der Herzog von Fitz-James (so heißt es in Voget's Bericht) behauptet: Die Baiern hätten Bazeilles aus keinem andern Grunde in Brand
gesteckt, als weil seine Einwohner in der Uniform der Nationalgarden
an der Vertheidigung ihres Dorfes Theil genommen. Das ist einfach
eine Fälschung der Wahrheit, gegen welche nicht entschieden genug protestirt
werden kann. Bazeilles ist niedergebrannt, das ist wahr; Männer und Frauen
sind dabei getödtet worden, das ist nicht minder wahr. Aber die Einäscherung
des Dorfes, wie die Tödtung einzelner seiner Einwohner war kein Akt niedriger Rache, sondern eine Handlung der Nothwehr, in einzelnen wenigen
Fällen eine gerechte Strafe. Wenn bei dem Brand auch Unschuldige ihren
Tod gefunden, so ist das ein Unglück, kein Verbrechen, welches die deutschen
Krieger belasten könnte. Der Herzog sagt, daß er mit seinen eigenen Augen
die Ruinen des unglücklichen Dorfes und die verkohlten Leichname der
Einwohner auf ihren Thürschwellen gesehen habe, aber er gesteht selbst,
daß er nicht Zeuge der Gräuel gewesen, welche der Einäscherung des Dorfes
vorhergingen; er giebt selbst als Quelle seiner Erzählung die mehr als zweifel-
haften Berichte der geflüchteten Einwohner an. Ich aber war Zeuge dieser

Gräuel, war Zeuge der Unthaten, welche Veranlassung waren, daß der Feuerbrand in die Häuser geworfen wurde. Ich bin wie der Herr Herzog durch die rauchenden Trümmer des Dorfes gegangen, auch ich sah verkohlte Leichname auf den Ruinen der Häuser liegen. In den wenigsten Fällen konnte ich noch unterscheiden, ob hier ein Deutscher oder Franzose sein Leben ausgehaucht; doch mehr als einmal erkannte ich die letzten Fetzen der baierischen Uniform. Ich habe aber auch mit meinen eigenen Augen gesehen, wie ein Einwohner des Orts mit Hülfe eines Weibes einen verwundeten Baiern von der Straße in ein brennendes Haus zu schleifen suchte; ich habe gesehen, wie diese beiden Frevler von den herzueilenden Kameraden des Verwundeten niedergehauen und ihre Leichname in dieselben Flammen geworfen wurden, in welchen sie dem zum Tode verwundeten Baiern ein Grab bereiten wollten.

Ich wiederhole: die Einäscherung von Bazeilles war ein Akt der Nothwehr, keine Handlung der Rache. Und zum Beweise mögen folgende Thatsachen dienen. Schon am 31. August, noch ehe man von der Theilnahme der Nationalgarde am Kampfe eine Ahnung hatte, wurden die der Maas zunächst gelegenen Häuser des Dorfes vom anderen Ufer aus durch baierische Artillerie in Brand geschossen, und zwar deshalb, weil diese Häuser den Franzosen, welche die Uebergänge der Maas vertheidigten, zur Schutzwehr dienten. Ihre Zerstörung war einfach eine strategische Nothwendigkeit. Am anderen Tage eröffneten baierische Jäger und Infanterie den Kampf um das Dorf. Die sehr festen Häuser des Orts dienten den Franzosen abermals als Schutzwehr. Besonders war dies mit einem Gebäude der Fall, welches zwei Straßen beherrschte. Schon waren vor demselben Hunderte von Baiern todt und verwundet niedergestürzt, als befohlen wurde, es in Brand zu stecken. Pioniere führten diesen Befehl aus, indem sie das Haus umgingen, die Hinterwand einschlugen und durch die Bresche Feuerbrände hineinwarfen.

Nach mehrstündigem blutigem Kampfe hatten endlich die Baiern die französische Marine-Infanterie, welche das Dorf mit großem Heldenmuth vertheidigte, zurückgetrieben. In den Straßen, den Häusern und Gärten lagen noch zahlreiche Verwundete, welche zu suchen und zum Verbandplatz zu bringen Sache der durch das Genfer Kreuz kenntlichen Blessirtenträger war. Doch die in den Häusern zurückgebliebenen Bewohner respectirten nicht das rothe Kreuz, sie schossen aus dem Hinterhalt auf die Krankenträger. In Zeit einer halben Stunde erschienen sechs verwundete Blessirtenträger auf dem Verbandplatz. Eine militairische Durchsuchung der Häuser wurde jetzt befohlen. Männer und Frauen mit den Waffen in der Hand wurden hervorgeholt. Wer sich vertheidigte, wurde sofort erschossen. Die Uebrigen wurden gefangen fortgeführt. Doch diese Razzia half wenig. Die Häuser schienen sich aus unsichtbaren Schlupfwinkeln neu zu bevölkern. Immer auf's Neue wurde aus den Häusern gefeuert, und zwar ganz besonders auf die Krankenträger. Nachdem gewiß an fünfzig unserer Leute den aus dem Hinterhalt gesandten Kugeln zum Opfer gefallen waren, wurde endlich der Befehl ertheilt, die Schlupfwinkel der Meuchelmörder durch Feuer zu zerstören. Wer dabei in den Flammen seinen Tod gefunden hat, weiß ich nicht. Daß die Baiern ganze Familien in die Flammen gestoßen und Frauen, die sich flüchten wollten, getödtet haben, ist einfach eine Unwahrheit, im günstigsten Falle eine Ausgeburt der erregten Phantasie der Geflüchteten. Ich selbst habe gesehen, wie ein baierischer Soldat eine alte Frau, die in der brennenden Straße vor Mattigkeit zusammenbrach, durch einen Trunk aus seiner Feldflasche erquickte, und ihr dann half, das Bündel mit ihren Habseligkeiten auf den Rücken zu heben.

Schreckliches ist zu Bazeilles geschehen; aber es waren die Bewohner dieses Orts, welche durch ihre, allem Völkerrecht hohnsprechende Theilnahme an dem Kampfe, die Leidenschaften entfesselten, welche selbst die Schuld tragen, wenn ihr Heimathsdorf heute nur noch ein Schutthaufen ist. Nicht weil sie als Nationalgardisten Theil nahmen an der Vertheidigung ihres Vaterlandes, nein, weil sie als Meuchelmörder aus sicherem Versteck auf Diejenigen schossen, deren Aufgabe es ist, den Verwundeten Linderung ihrer Schmerzen zu bringen, wurden ihre Häuser, welche Schlupfwinkel von Mördern geworden, den Flammen übergeben.«

Trotz dieser Erklärung blieb allerorten, wo man der deutschen Sache nicht allzu günstig gesonnen war, also namentlich im Lager der »Neutralen«, an den Baiern etwas hängen. Den Ungrund der sich in Kurs erhaltenden Gerüchte mit amtlicher Autorität (und zwar gestützt auf eingehende Untersuchungen an Ort und Stelle) darzuthun, verbot sich, so lange der Krieg dauerte, der, wie bekannt, das I. baierische Corps an die Loire führte. Sehr bald nach erfolgtem Frieden aber ließ es sich General v. d. Tann, als Commandeur des I. baierischen Corps, angelegen sein, die Streitfrage zu erforschen und die Gerüchte auf ihr richtiges Maß zurückzuführen. Am 29. Juni 1871 war der Commandirende in der Lage, von Rauch aus folgende Erklärung abgeben zu können:

»Den Truppen des I. baierischen Armee-Corps, sowie der königlich preußischen 8. Infanterie-Division wurde in Journalen — namentlich in der Times vom 15. September v. J. — durch Veröffentlichung eines Schreibens des Herzogs von Fitz-James, d. d. Paris 12. September, der Vorwurf gemacht, im Kampfe um Bazeilles am 1. September v. J. mit ungerechtfertigter Grausamkeit gegen die Bewohner des genannten Ortes gehandelt zu haben.

Baiern und Preußen sollen, um die Einwohner für ihre Theilnahme an der Vertheidigung zu strafen, das Dorf angezündet haben. Die Nationalgarbe sei größtentheils geblieben, die Einwohnerschaft hätte sich in die Keller geflüchtet gehabt; Weiber, Kinder, Alle wären verbrannt worden. Von 2000 Einwohnern wären kaum 300 übrig geblieben, welche erzählten, die Baiern hätten ganze Familien in die Flammen zurückgestoßen und die Frauen erschossen, welche entfliehen wollten.

Um nicht bloße Behauptungen diesen Anklagen entgegenzustellen, und um die Unwahrheit derselben aktenmäßig beweisen zu können, habe ich während des Krieges nicht geantwortet, nach Abschluß des Friedens aber, durch die gefällige Vermittelung des deutschen Civil-Commissairs, von den französischen Behörden, namentlich dem Herrn Bellemont, Maire von Bazeilles, einen erschöpfenden Bericht über alle während des Kampfes vom 31. August und 1. September verunglückten Einwohner erholt.

Nach diesem offiziellen Rapport beträgt die Gesammtzahl der Todten, Verwundeten und Vermißten der Einwohnerschaft neun und dreißig. Darunter:

Verbrannt oder erstickt:
zwei bettlägerige Frauen,
drei Männer,
drei Kinder.

Getödtet, verwundet, vermißt während des zweitägigen Kampfes:
eine Frau,
dreißig Männer. — Summa 39.

Der größte Theil des Dorfes wurde ein Raub der Flammen durch die zweitägige gegenseitige Beschießung und den sechsstündigen mörderischen Straßen- und Häuser-Kampf gegen das XII. französische Corps, namentlich gegen die Division der Marine-Infanterie, wobei mein Corps 2000 Mann an Todten und Verwundeten verlor.

Wenn Ziffern reden, kann ich die Worte der Rechtfertigung sparen und mit dem Wunsche schließen, daß alle Diejenigen, welche sich durch die im ersten Schrecken erklärbaren Uebertreibungen zu ungerechten Anklagen verleiten ließen, ihre Sympathie den unglücklichen Einwohnern hinfort durch reichliche Unterstützungen beweisen werden; denn der Maire Bellemont fügt dem Rapport bei, daß seit der Schlacht, von den 2048 Einwohnern 140 bis 150 durch Krankheiten in Folge von Mangel und Elend verstorben seien.

gez. Freiherr v. d. Tann,
Commandirender des I. baierischen Armee-Corps.

Unter den dreißig Männern, die als getödtet, verwundet und vermißt aufgeführt werden, befinden sich die, die kampfbetheiligt oder bei Racheakten ertappt, von den bis zur äußersten Wuth aufgestachelten Baiern aus freier Hand oder standrechtlich niedergeschossen wurden. Denn der Zweck obiger

Erklärung, wenn er auch einerseits dahin abzielte, die Erzählung des Ge-
schehenen auf ein richtiges Maß zurückzuführen, ging doch anderseits nicht
dahin, den furchtbaren Ernst dieses Kampfes, die Schrecken von Bazeilles
leugnen oder abschwächen zu wollen. Der baierische Löwe hatte hier seine
Tatze eingeschlagen, tiefer, blutiger, als an irgend einer andern Stelle dieses
Krieges. Deß durften wir selber noch Zeuge sein.

Acht Monate nach der Schlacht, an einem blühenden Maitage, kamen
wir von Sedan her des Weges. Das ganze Dorf war noch ein ungeheurer
Ruinenhaufen. Bitsch, Straßburg, Mezières, alles was wir von eingeäscher-
ten Städten oder Städtetheilen gesehen hatten, verschwand neben dem Anblick,
der sich hier bot. Wir begannen zu zählen. Achtzig Häuser lagen in Trümmern, nicht Hütten, nicht Lehmkathen, sondern zweistöckige Quaderbauten, aus
jenem Sandstein aufgeführt, der überall in Lothringen und an der belgischen
Grenze hin als Baumaterial dient. Erst ein einziges Haus, ein Gasthaus,
war wieder aufgerichtet. Es trug die Inschrift: Aux Ruines de Bazeilles.

Der Anblick dieser Inschrift vermochte ein Lächeln zu wecken; nicht so
der Anblick eines hohen, mächtigen Fabrikschornsteins, der, unmittelbar vor
Ausbruch des Krieges fertig geworden, Granatenhagel und Feuersbrunst
gleichmäßig überdauert hatte und unversehrt inmitten dieses Chaos aufragte.
Er trug in Mittelhöhe, in weißer Steinmosaik, die Jahreszahl 1870. Diese
Zahl, sie sollte einfach angeben, wann diese hohe, im Dienste des Friedens
stehende Säule, eine ächte Friedenscolonne, errichtet worden sei; nun stand
sie da, und wird dastehen, als ein Erinnerungsmonument an den 1. September 1870.

Lamoncelle-Monvillers.
Die 23. (sächsische) Division bis 12 Uhr.

Die Erstürmung Bazeilles' war Baiernsache; unmittelbar zur Seite
des Dorfes aber, am Bazeilles-Bache hin, auf dem Terrain der vielgenannten »großen Lücke« fochten Baiern und Sachsen vereint, ja den letzteren,
wie sie die größere Zahl an dieser Stelle bildeten, fiel auch der größere Antheil am endlichen Erfolge zu. Was sächsischerseits hier eingriff, war die
23. Division, Generalmajor v. Montbé.*) Wir folgen dem Vorgehen dieser

*) Der ursprünglichen Ordre de Bataille des XII. (sächsischen) Armee-Corps zufolge
kommandirte Prinz Georg von Sachsen die 23. Division und Oberst v. Montbé die 46. Brigade.
Nachdem indessen Prinz Georg zum Corps-Commandeur aufgerückt war, erhielt v. Montbé die
23. Division. Wahrscheinlich avancirte er gleichzeitig oder bald darauf zum Generalmajor.
In den Berichten wird er abwechselnd als Oberst, Generalmajor und selbst als Generallieutenant

504

Division, die sich, wie recapitulirend hervorgehoben werden mag, aus den Grenadier-Regimentern 100 und 101, sammt dem Schützen-Regiment 108 (45. Brigade) wie aus den Infanterie-Regimentern 102 und 103 (46. Brigade) zusammensetzte.

Die Generalorbre für den 1. September hatte hinsichtlich des XII. Armee-Corps festgesetzt, daß sich beide Divisionen desselben von ihren Bivouacplätzen aus, über La Rulle, Lamecourt und Lamoncelle auf Sedan zu zu dirigiren hätten.

Dieser Ordre war pünktlich nachgekommen worden; die 24. Division, der wir in dem nächsten Abschnitt dieses Capitels auf einem angrenzenden Terrain begegnen werden, war von Donzy aus, die 23. Division, die eine Meile weiter zurück lag, aus ihren Bivouacs bei Tetaigne und Euilly aufgebrochen. Beide Divisionen gleichzeitig (5 Uhr). Der 23. Division hatte, nach ursprünglicher Weisung, obgelegen, der 24. einfach zu folgen; als indessen die erstgenannte Division (die 23.) La Rulle erreichte, das von der Schwesterdivision in Folge des viel kürzeren Weges fast schon um drei Stunden früher passirt worden war, ging der 23. der Befehl zu, nicht rechts ausbiegend über Lamecourt auf Lamoncelle und Daigny zu folgen, sondern, in grader Linie vorrückend, unmittelbar nördlich von Bazeilles auf dem »Lücken-Terrain« zwischen Schloß Monvillers und Lamoncelle einzugreifen. Ein Ansuchen, das von General v. d. Tann mit Rücksicht auf seinen äußerst gefährdeten rechten Flügel gestellt worden war, hatte zu dieser Abweichung von dem ursprünglichen Befehle geführt.

Die 46. Brigade, Oberst v. Seydlitz, hatte die Tête. Um 9 Uhr an der Nordostecke von Bazeilles eintreffend, fand sie hier die Baiern, namentlich Abtheilungen der 3. Brigade (vgl. S. 495) in arger Bedrängniß, und sofort warfen sich zwei Bataillone vom Regiment 102 in die vielerwähnte »Lücke«. Eine halbe Stunde später, nachdem inzwischen weitere Abtheilungen der Brigade Seydlitz, und zwar zwei Bataillone vom 103. Regiment, auf dem rechten Flügel der Gefechtslinie eingetroffen waren, hatte sich der Kampf auf dieser Stelle des Schlachtfeldes entschieden. Die Gemüse- und Obstgärten von Schloß Monvillers, die der Feind mit großer Zähigkeit festzuhalten getrachtet hatte, waren ihm entrissen worden. Die Truppen, die den Sachsen und Baiern hier gegenüberstanden, gehörten der 1. und 3. Division des Lebrun'schen Corps an; es war Linien-Infanterie vom 22. und Marine-Infanterie vom 1. Regiment. Zweihundertfunfzig Schritt rückwärts, auf einem

aufgeführt. Uebrigens sei an dieser Stelle gleich noch auf unsere Karte S. 490 hingewiesen, die, wie die französische Aufstellung in dem Dreieck: Bazeilles, Balan, Lamoncelle, so auch die Aufstellung des 1. Corps Ducrot zwischen Daigny und Givonne enthält. Diese Karte wird das Verständniß der Kämpfe der 23. und 24. Division, namentlich der letzteren, sehr erleichtern.

mit dichten Hecken umgebenen Gartenterrain, setzten sie sich inzwischen zu neuem Widerstande fest. Ja mehr, unter Heranziehung frischer Bataillone wurde noch einmal ein Uebergehen in die Offensive versucht. Mit vielem Elan drangen diese Abtheilungen vor, schoben unsere Schützenschwärme rückwärts und seitwärts und schickten sich an, den linken Flügel unserer in langer Linie auf den Höhen von Lamoncelle haltenden Artillerie zu gewinnen. Der Vorstoß war so gut geleitet und mit solcher Raschheit ausgeführt, daß sich zwei Batterieen (baierische) des äußersten linken Flügels zu einer rückgängigen Bewegung gezwungen sahen, während die zunächst stehende sächsische Batterie zu ihrer Selbstvertheidigung mit Kartätschen feuern mußte. Der feindliche Angriff scheiterte zuletzt an dem konzentrirten Feuer der benachbarten Batterieen und der in Wirksamkeit tretenden Infanterie-Bedeckung: die 1. Bataillone der Regimenter 102 und 103. Der Commandeur der 23. Division, General v. Montbé, ordnete nunmehr an, daß diese beiden Bataillone dem weichenden Feinde unmittelbar folgen und ihn aus seinem zu Vertheidigung und Angriff gleich günstigen Hecken- und Gartenterrain vertreiben sollten. Dies geschah (10 Uhr).

Von da ab schwieg der Kampf an dieser Stelle. Die 3. baierische Division, indem sie gegen Balan vorging, sicherte uns durch dieses Vorgehen den Besitz von Bazeilles und Lamoncelle. Dennoch war es gerathen, diese Sicherheit nicht zu überschätzen. Ein erneuter Vorstoß — den bis Balan vorgeschobenen Schirm durchbrechend — konnte die dahinter gelegene, mit so viel Opfern erkämpfte Linie (Bazeilles-Lamoncelle) immer aufs neue bedrohen und selbst unsere östlich des Bazeilles-Baches, zwischen diesem und dem Bois de Chevalier sich erstreckende Artillerie-Position in immer neue Gefahr bringen. Niemand erkannte dies klarer, als General v. d. Tann. Er ermaß daher die ganze Tragweite eines zwischen 10 und 11 bei General v. Montbé eintreffenden Befehls, dahin gehend, mit der 23. Division unverzüglich nordwärts bis auf Daigny eventuell bis auf Givonne zu rücken. Kam die 23. Division diesem Befehle nach, ehe unserseits das an diesem Tage in Reserve stehende IV. Corps heran war, so war abermals die »große Lücke« geschaffen und die rechte Flanke der Bazeilles-Stellung völlig freigegeben. General v. d. Tann stellte darauf hin das Ansuchen an General v. Montbé, nicht eher seine gegenwärtige für den Schutz Bazeilles unerläßliche Position aufzugeben, als die Spitze des IV. Armee-Corps eingetroffen sein würde. General v. Montbé willfahrte diesem Ansuchen, von dessen Berechtigtheit er selbst, als Mitcommandirender an dieser Stelle, die vollste Einsicht hatte. Er hielt bis nach 12 Uhr an dieser Stelle aus. Erst als die Têten-Division (die 8.) des IV. Armee-Corps sichtbar wurde, trat er seinen Marsch auf Daigny und Givonne an.

Hier werden wir ihm und seiner 23. Division zu einer späteren Stunde des Tages, und zwar in dem die letzte Entscheidung bringenden Momente, noch einmal begegnen.

Lamoncelle·Daigny.

Die 24. (sächsische) Division bis 12 Uhr.

Früher als die 23. Division, die, wie wir S. 504 bereits hervorgehoben haben, der voraufmarschirenden 24. Division einfach folgen sollte, war diese letztere (die 24.) auf dem Terrain zwischen Bazeilles und Lamoncelle eingetroffen und hatte sich, der Generalordre gemäß, mit halb rechts gegen Lamoncelle gewandt, das auch im ersten Anlauf — wir kommen darauf zurück — genommen wurde.

Die Stellung der beiden sächsischen Divisionen zu einander war nach Eintreffen der 23. Division (ein Zeitpunkt, der, wie wir wissen, freilich um drei Stunden später lag) die folgende:

Die 23. Division bildete den linken Flügel der sächsischen Gesammtaufstellung, focht südlich von Lamoncelle und füllte, untermischt mit baierischen Bataillonen, die vielgenannte »große Lücke«;

die 24. Division bildete den rechten Flügel, focht nördlich von Lamoncelle und dehnte sich, in Front des Bois de Chevalier, bis Daigny aus.

Lamoncelle also war der Berührungspunkt für beide Divisionen, an den sich die südlich stehende 23. Division mit ihrem rechten, die nördlich stehende 24. mit ihrem linken Flügel lehnte. Diese letztere (die 24.) hielt auch das Dorf besetzt.

Nachdem wir hierdurch, so weit das Kampfesterrain des XII. Armee-Corps in Betracht kommt, unsern Lesern ein Gesammtbild gegeben zu haben glauben, gehen wir nunmehr zu einer Darstellung des speziellen Kampfes der 24. Division auf eben diesem Terrain über.

Die aus Regimentern beider Brigaden, der 47. und 48., gemischte Avantgarde unter Generalmajor v. Schulz war um 5 Uhr aus ihrem Bivouac in Front von Douzy aufgebrochen. Sie bestand aus folgenden Truppentheilen:

    1. und 3. Bataillon Regiment 107,

    1., 2. und 3. Bataillon Regiment 105,

    13. Jäger·Bataillon,

    1 Escadron vom 2. Reiter·Regiment,

    1 Vierpfünder·Batterie (Premierlieutenant v. Krecker).

Um den Marsch zu erleichtern und zu beschleunigen, war an sämmt-
liche Fußtruppen der Befehl ergangen, die Tornister abzulegen. Die sächsische
Avantgarde verfolgte die Chaussee bis La Rulle, schwenkte rechts ab nach
Lamecourt und wandte sich dann gegen das im Grunde, hart am Bazeilles-
Bache gelegene Lamoncelle. Die Spitze der Avantgarde, die beiden vorgenannten Bataillone vom Regiment 107, traf um 6¼ Uhr an der Lisière des
Dorfes ein. Dieses war durch Abtheilungen der Division Grandchamp besetzt,
wurde aber nur schwach vertheidigt und nach kurzem Widerstande von drei
sächsischen Compagnieen genommen. Dabei gelang es zweien dieser Compagnieen, der 11. und 12. vom Regiment Nr. 107, die Brücke über den
Bazeilles-Bach zu überschreiten und sich gegen 7 Uhr in den Besitz einiger
jenseits der Brücke gelegenen Häuser zu setzen, — eine gleichsam als Brücken-
kopf vorgeschobene Position, welche diese beiden Compagnieen unter den
schwierigsten Verhältnissen drei Stunden lang gegen die sich immer wieder
erneuernden Angriffe des Feindes behaupteten.

Gleichzeitig mit dem Eindringen in Lamoncelle fuhr auf der Höhe
des östlichen Thalrandes die 4pfündige Avantgarden-Batterie v. Krecker auf
und eröffnete ihr Feuer gegen die auf den Anhöhen westlich des Grundes be-
merkbaren langen Linien des Feindes.*)

Dieser, im ersten Moment sichtlich überrascht, erholte sich bald von
dieser Ueberraschung und ließ, der sächsischen Batterie gegenüber, auf 1800
Schritt Entfernung fünf Batterieen auffahren, in deren heftigem Feuer die
sächsische Batterie jedoch über eine halbe Stunde unerschrocken aushielt, bis
um 6⅔ Uhr die drei anderen Batterieen der Divisions-Artillerie herbeikamen,
um die genommene Position zu behaupten.

Inzwischen trafen auch die anderen Avantgarden-Bataillone der
24. Division vor Lamoncelle ein und wurden zur Deckung der rechten Flanke
gegen Daigny verwandt. Bei diesem Sichausdehnen auf Daigny zu, das zum
Theil unter Benutzung des Bois de Chevalier geschah, kam es alsbald zu nicht
unerheblichen Rencontres mit Zuaven und Turcos. Es waren dies Truppen
vom I. französischen Corps. General Ducrot hatte, muthmaßlich in derselben
Viertelstunde, in der wir, unbeobachtet von ihm, die Südwestspitze des Bois
de Chevalier erreichten, der Division Lartigue die Weisung zugehen lassen,
über den Grund von Daigny vorzugehen und das ebengenannte Wäldchen
als eine Art Außenwerk seiner eigentlichen Stellung zu besetzen. Als die
Spitzen dieser Division an der Lisière des Dorfes anlangten, fanden sie
dieselbe von vorgeschobenen sächsischen Abtheilungen bereits erreicht und es
entspann sich nunmehr auf dem zwischen dem »Wäldchen« und dem Grunde

*) Vgl. den Schluß der Anmerkung auf S. 494, die Verwundung Mac Mahons
betreffend.

von Daigny ausgestreckten Raum ein hitziges Gefecht, das unsrerseits vorzugsweise vom Regiment Nr. 107 (soweit seine Compagnieen nicht jenseit Lamoncelle standen, vgl. S. 507), französischerseits vorzugsweise von der Brigade
Fraboulet: 3. Zuaven- und 56. Linien-Regiment, geführt wurde. Dem
ersten Zusammenstoß an der Lisière des »Wäldchens«, der mit dem Zurückwerfen der vorgeschobenen feindlichen Abtheilungen über den Grund von
Daigny endigte, folgten in den Stunden von 7 bis 10 noch wiederholte
Offensivstöße der ebengenannten Brigade, die aber sämmtlich an dem vernichtenden diesseitigen Feuer scheiterten.

Die Hauptaction fiel auf diesem Theile des großen Schlachtfeldes,
wie auf jedem andern, unsern Batterieen zu. Die Infanteriegefechte, oft
blutig und von beiden Seiten mit großer Energie geführt, traten doch allerorten nur episodenhaft, nur als Einschiebsel auf. Die östlich von Lamoncelle aufgefahrenen vier Batterieen der 24. Division wurden um 7⅓ Uhr von
den vordersten Abtheilungen der sächsischen Corps-Artillerie — drei Batterieen — auf dem rechten Flügel und etwas später durch zwei baierische
Batterieen auf dem linken Flügel verstärkt. Dem Feuer dieser neun Batterieen
gelang es um 8¼ Uhr die gegenüberstehende Artillerie zu einer rückgängigen
Bewegung zu veranlassen. Als aus dieser 300 Schritt zurückgelegenen Position das feindliche Feuer mit erneuter Heftigkeit losbrach, wurden diesseits
auch die letzten vier Batterieen der sächsischen Corps-Artillerie in die Gefechtslinie gezogen. Später kamen an eben dieser Stelle — zwischen dem linken
Flügel der sächsischen und dem rechten Flügel der baierischen Geschützlinie —
noch zwei Batterieen der 23. Division zu Verwendung, so daß hier im Ganzen 13 sächsische und 2 baierische Batterieen feuerten. So viel über den
Artilleriekampf.

Nachdem zwischen 8 und 9 auch das vorletzte Regiment des Gros
der 24. Division — das letzte (das 106.) traf in Folge eines Irrthums in der
Befehlsertheilung erst um 10½ Uhr auf dem Schlachtfelde ein — auf dem
rechten Flügel der Artillerielinie Stellung genommen hatte, fühlte man sich
stark genug, zur Offensive gegen Daigny überzugehen. Unter Führung
des Obersten v. Elterlein, Commandeur des Regiments Nr. 104, drang
die vorderste, aus drei Infanterie-Bataillonen und einem Jäger-Bataillon
bestehende Linie langsam aber stetig gegen den Thalrand von Daigny vor,
während vier Infanterie-Bataillone und ein Jäger-Bataillon zur Reserve
am Bois de Chevalier stehen blieben. Nachdem bei diesem Vorgehen dem Feinde
drei Geschütze und drei Mitrailleusen genommen worden waren, wurde nach
halbstündigem Dorfgefecht, wobei 200 Zuaven und Turcos in Gefangenschaft
fielen, Daigny der Brigade Fraboulet resp. der Division Lartigue entrissen.
Dies war 9½. (Vgl. die Karte auf S. 490.)

Ein erhebliches Vordringen weiter westwärts, einerseits über Lamoncelle, anderseits über Daigny hinaus, wollte sich um diese Stunde des
Tages noch nicht erzwingen lassen, um so weniger, als die im Feuer stehenden
sächsischen Truppen ihre Munition nahezu verbrancht hatten. Einige Vorstöße
wurden noch im Verein mit einzelnen Garde-Abtheilungen (vgl. S. 510)
ausgeführt, doch führten sie, eine Anzahl von Gefangenen abgerechnet, zu
keinem eigentlichen Resultat.

Es trat nun eine mehrstündige, bis über 12 Uhr hinausgehende Ge-
fechtspause auch an dieser Stelle des Schlachtfeldes ein. Wie Bazeilles durch
die Baiern, so wurden Lamoncelle und Daigny durch die Sachsen gehalten.
Versuche des Feindes, an diesen drei Punkten durchzubrechen, wurden im
Laufe des Vormittags nicht wieder gemacht.

Die Linie Bazeilles-Lamoncelle-Daigny war unser.

Auf den letzten, schon in den Nachmittag fallenden Vorstoß gegen diese
Linie, kommen wir, wie auch hier wieder bemerkt werden mag, in der zweiten
Hälfte des »Tages von Sedan« zurück.

Daigny-Givonne.
Die Garden bis 12 Uhr.

Das Garde-Corps hatte am 31. August in einem bis in die Nacht
hinein andauernden, überaus anstrengenden Marsch mit den Avantgarden
seiner beiden Infanterie-Divisionen die Gegend von Pourn St. Remy und
Pourn aux Bois erreicht, während das Gros derselben bei Carignan und
nördlich davon Halt gemacht hatte.

In Folge des am frühen Morgen des 1. September im Hauptquartier
Carignan eintreffenden Befehls zum Vormarsch, trat das Garde-Corps densel-
ben um 5 Uhr an und zwar in zwei getrennten Divisionscolonnen. Die rechte
Colonne, die 1. Garde-Division, gefolgt von der Corps-Artillerie und der
Garde-Cavallerie-Division, wurde auf Villers Cernay, die linke, die
2. Garde-Infanterie-Division, auf das 2000 Schritt links daneben gelegene
Francheval dirigirt.

In der Höhe von Francheval wurde ein kurzer Halt gemacht und beschloß hier der commandirende General, Prinz August von Würtemberg,
nach Lage der obwaltenden Verhältnisse die Umgehung noch weiter rechts
als bis auf den vorgeschriebenen Punkt Givonne auszudehnen. Nach Erreichung dieses Punktes (Givonne) sollte die 2. Garde-Division ebendenselben
festhalten, die 1. Garde-Division aber, durch weiteres Ausholen nach rechts

34*

hin, Fleigneux — wo man von links her das Eintreffen der III. Armee erwarten durfte — zu erreichen suchen.

So der Plan. Gleich hier mag bemerkt werden, daß derselbe nur
sehr annäherungsweise zur Ausführung kam. Vielmehr wiederholte sich mit
den Garde-Divisionen, bei ihrem Eintreffen in Givonne, genau dasselbe,
was bei Eintreffen der beiden sächsischen Divisionen in Lamoncelle stattgefunden hatte. Sie schieden sich weiter von einander als geplant und, statt
im Corpsverbande zu einer immerhin gemeinschaftlichen Action zu gelangen,
gerieth, in einen wie im andern Falle, die den linken Flügel und zugleich
auch die Queue bildende Division auf das Actionsfeld einer neben ihr fechtenden, einem andern Armee-Corps angehörigen Truppe. So bei der Garde
wie bei den Sachsen. Die 23. (sächsische) Division, ursprünglich als zweites
Treffen für die 24. bestimmt, griff auf das Gefechtsfeld der bedrängten Baiern
bis nach Bazeilles, und die 2. Garde-Division, ursprünglich nur als Soutenirung resp. Ablösung der 1. Garde-Division beordert, auf das Gefechtsfeld
der 24. Division bis nach Daigny hinüber.

Nach dieser die Gesammt-Situation charakterisirenden Einleitung
kehren wir zu dem Vormarsch, beziehungsweise zu den Einzel-Actionen beider
Garde-Divisionen zurück. (S. auch hier unsre Karte auf S. 490.)

Die 1. Garde-Division, v. Pape, hatte die Tête, so hatte sie auch
das erste Zusammentreffen mit dem Feinde. Es fand bei Villers-Cernay
statt. Dort vertrieb die Avantgarde der genannten Division (Oberstlieutenant v. Papstein) die französischen Tirailleurs aus dem vorgelegenen Gehölze
und erklomm schnell und resolut die steilen Höhen zwischen Villers-Cernay
und Givonne. Das Gros der Division folgte bald; unter dem Schutze
der Avantgarde gelang es der Divisions-Artillerie, Givonne gegenüber auf-
zufahren. Gleich darauf erschien dort auch die Corps-Artillerie. Trotz des
in diesem Moment überlegenen feindlichen Feuers fuhren die Batterieen auf
und griffen sofort energisch in das Gefecht ein. Oberst v. Scherbening, der
hier die Corps-Artillerie commandirte, fand bei dieser Gelegenheit den Heldentod. Ein feindliches Geschoß zerriß ihm die Brust im Augenblick, wo er den
Befehl zum Abprotzen gab. Die Armee verlor in ihm einen tapferen, umsich-
tigen und geliebten Offizier. Seine ruhige Freundlichkeit, die ihn vor St. Privat
während der langen Stunden tödtlicher Gefahr nie einen Augenblick verlassen
hatte, hatte ihn der Corps-Artillerie ganz besonders werth gemacht und schweren
Herzens sahen die Kanoniere die Leiche des Commandeurs davontragen.

Die 2. Garde-Division, v. Budritzki, hatte mittlerweile die Höhen
östlich von Givonne erstiegen.

Um halb zehn Uhr nahmen Infanterie-Abtheilungen der Avantgarde
der 1. Division (unter Führung des Majors v. Buddenbrock) das Dorf Gi-

vonne, behaupteten sich dort trotz des heftigsten Feuers und eroberten mit stürmender Hand eine feindliche Batterie von sieben Geschützen und drei Mitrailleusen, deren Bedienungs-Mannschaften theils gefangen, theils niedergemacht wurden. Die Franzosen zeigten indeß noch keine Spur von Entmuthigung, und obgleich von den schwersten Verlusten durch unser Artilleriefeuer heimgesucht, stellten sie sich uns doch überall brav und trotzig entgegen. Sie waren aus Givonne vertrieben; aber ihre Waffenbrüder fochten um diese Stunde bei Daigny noch mit verzweifeltem Muth gegen die 24. sächsische Division. Die französische Artillerie besonders entwickelte dort ein mörderisches Feuer. Der commandirende General, Prinz August von Würtemberg, hielt es demnach für gerathen, an dieser Stelle mit einzugreifen, und die 2. Garde-Infanterie-Division, v. Budritzki, die mittlerweile ebenfalls die in Front von Givonne gelegenen Höhen erstiegen hatte, erhielt Befehl, zur Unterstützung des XII. Armee-Corps, beziehungsweise der speziell hier fechtenden 24. Division, auf Daigny vorzugehen, während vier Bataillone der Brigade Medem (2. Garde-Infanterie-Brigade) als Reserve an der südlichen Spitze des von der 1. Infanterie-Division besetzten Gehölzes aufgestellt werden sollten.

General v. Budritzki nahm zunächst seine Divisions-Artillerie vor. Dieselbe fuhr sofort bis in den Bereich der Chassepots hinein und eröffnete ein wirksames Feuer auf Daigny selbst und auf die dahinter placirte feindliche Artillerie. Hier fiel Hauptmann v. Roon, Chef der 5. schweren Batterie, in treuer Erfüllung seiner Pflicht. Er sank, tödtlich verwundet, um bald darauf sein junges Leben in den Armen seines herbeigeeilten Bruders auszuathmen. Die an der Tête der 2. Garde-Division befindliche Brigade (v. Berger) ging unterdessen entschlossen gegen die vor Daigny befindliche Schlucht vor und behauptete sich dort in heftigem feindlichen Infanteriefeuer, während das Kaiser Franz-Regiment, vom Major v. Dereuthall geführt, noch über Daigny hinaus vorbrang und dort, im Verein mit sächsischen Truppen, viele Gefangene machte. Die 3. Garde-Infanterie-Brigade (Linsingen) wurde vorläufig intakt zurückbehalten.

Um 11 Uhr fühlte Jedermann, daß die Entscheidung nahe. Aus der Ferne, der Garde-Aufstellung gegenüber, hörte man dumpfen, ununterbrochenen Kanonendonner; die Garde-Cavallerie-Division setzte sich sofort in Bewegung um den Kampfgenossen nach rechts hin, auf Fleigneux zu, die Hand zu reichen und dadurch den Ring zu schließen.

Der commandirende General des Garde-Corps befand sich in diesem Augenblick auf einer Anhöhe, von der aus das ganze Schlachtfeld übersehen werden konnte. Es war ein großartiges Bild, wie es wohl kaum einem menschlichen Auge je geboten worden ist. In einem verhältnißmäßig kleinen Raume kämpften an 300,000 Mann. Ueber diesem Ring kämpfender Massen lag eine weiße Wolke, aus der es unaufhörlich blitzte und donnerte. Fürchterlich war die Verwüstung, welche unsere Artillerie anrichtete. Einem umstellten Löwen gleich versuchte der Feind bald hier, bald dort einen Vorstoß zu machen; aber überall brachen sich seine decimirten Colonnen gegen unsere Truppen, die sich ihm auf allen Wegen entgegenstellten und ihn in den Kessel zurücktrieben, in welchem Tod und Verwüstung unbarmherzig wütheten. Die Garde-Artillerie unter Führung des Prinzen Hohenlohe, der, von Batterie zu Batterie eilend, einer jeden ihr fortwährend wechselndes Zielobjekt bezeichnete, wirkte Erstaunliches. Die Granaten flogen mit der Präzision einer von einem guten Schützen abgesandten Büchsenkugel. Vereinzelte Tirailleurschwärme wurden durch sie auf Distancen von 2500—3000 Schritt erreicht und zum Umkehren gezwungen; größere Massen zerstoben vor ihnen, wie hülflose Heerden, von Wölfen angegriffen.

Die feindlichen Batterieen verstummten mehr und mehr. Das unheimliche Knattern der Mitrailleusen, welches zu Anfang des Gefechtes trotz allem Schlachtenlärm vernehmlich gewesen war, ließ sich nur noch in langen Zwischenräumen hören; und da die Zielobjekte für die südlich des Gehölzes placirten Batterieen der Garde mehr und mehr schwanden, befahl der commandirende General, elf Batterieen östlich von Givonne am Abhange der dort gelegenen Höhen zu vereinigen. Die Artillerie beherrschte von diesem Punkte aus das Bois de la Garenne und ganz besonders eine ungefähr 200 Schritt breite Lichtung, auf der zu einer späteren Stunde viele Franzosen ihren Tod finden sollten.

Um 12 Uhr war also die ganze Linie am Bazeilles- oder Givonne-Bache hin in unsren Händen:

Bazeilles war von dem I. baierischen Corps,

Lamoncelle und Daigny vom XII. Corps,

Givonne von dem Garde-Corps

besetzt; auf den Höhen, unmittelbar östlich des Baches, standen unsre Artillerie-Linien:

15 sächsisch-baierische Batterieen in Front von Lamoncelle, mit ihren Flügeln bis Bazeilles und Daigny sich dehnend,

11 Garde-Batterieen in Front von Givonne, mit dem linken Flügel Daigny, mit dem rechten nahezu Illy erreichend.

Auf Stunden hin tobte der Geschützkampf. Erst zwischen 2 und 3 wurde der Infanteriekampf an dieser Stelle wieder aufgenommen. Wir kommen darauf zurück.

Zunächst wenden wir uns den Vorgängen an unsrem linken Flügel, wo das XI. und V. Corps mehr und mehr in Action traten, zu.

Floing · Illy.
Das XI. und V. Corps bis 12 Uhr.

Das XI. Corps — seit Wörth, wo General v. Bose verwundet wurde, unter dem Befehl des Generallieutenants v. Gersdorff stehend — hatte am 31. Nachmittags Bivouacs bei Chevenge,[*] eine drittel Meile südlich von Donchery, bezogen. Hinter ihm lagerte das V. Corps. Das Pionier-Bataillon Nr. 11, mit Rücksicht auf die bevorstehende Ueberschreitung der Maas, schritt sofort dazu, in der Nähe von Donchery (wo sich eine stehende Brücke befand) noch eine zweite Brücke herzustellen. Dies war 1000 Schritt westlich der Stadt, bei Auberge de Condé.

Der Befehl zum Aufbruch traf um Mitternacht ein. Um 5½ Uhr standen beide Divisionen, die 21., Generallieutenant v. Schachtmeyer, und die 22., Generalmajor v. Schkopp, jenseits der Maas, bereit, den so berühmt gewordenen Umgehungsmarsch der feindlichen Stellung auszuführen.

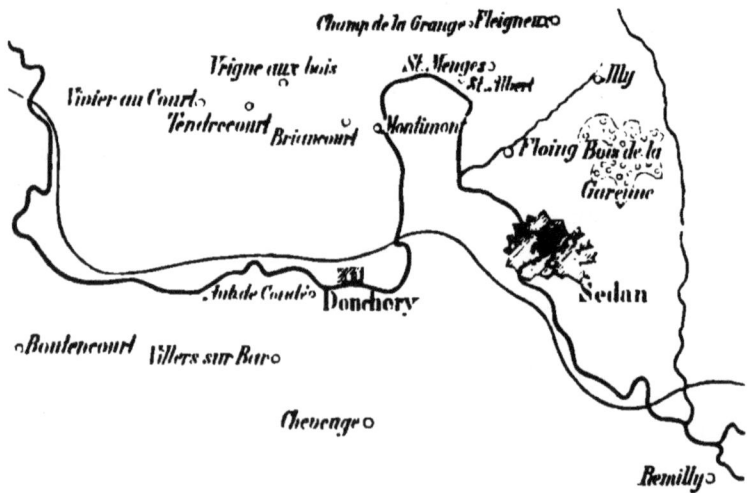

Man marschirte in vier Brigade-Colonnen:

Die 41. Brigade (Regimenter 80 und 87) am rechten Flügel, hart an der Maas hin, auf Montimont;

*) Dies ist wieder ein Musterbeispiel für die beständig sich darbietende Schwierigkeit der Rechtschreibung von Ortsnamen. Stieler v. Heydelampf schreibt Chevenges, Vorbstädt schreibt Chavenges, meine Spezialkarte schreibt Chevenge und Ritters geographisches Lexikon, das überhaupt als Nachschlagebuch für die in diesem Kriege vorkommenden französischen Dorfnamen eine traurige Rolle spielt, schreibt gar nichts.

die 42. Brigade (Regimenter 82 und 88) links daneben auf Briancourt;

die 43. Brigade (Regimenter 32 und 95) links daneben auf Brigne
aux bois;

die 44. Brigade (Regimenter 83 und 94), der 42. folgend, ebenfalls
auf Briancourt.

Der Marsch ging zunächst in grader Linie nordwärts, da man
nicht sicher war, ob der Feind nicht vielleicht, um der Umgarnung zu entschlüpfen, in der Nacht vom 31. auf den 1. westwärts ausgewichen sei;
um 7 Uhr aber — die Spitzen der Brigaden hatten Montimont und Briancourt erreicht — traf Befehl ein, rechts zu schwenken und die Maasschleife
zu umbiegen, da der Feind seine Sedan-Stellung nicht aufgegeben habe
und bereit scheine, uns in dieser zu erwarten.

Die Rechtsschwenkung erfolgte sofort; die Brigaden nahmen ihre
Richtung auf St. Menges (das von vorgeschobenen Abtheilungen des VII.
Corps, Douay, ohne Widerstand geräumt wurde), besetzten dieses Dorf, passirten das sich südwestlich bis an die Maas hinanziehende Defilee von St. Albert und theilten sich nun — wobei wir von Hin- und Herschiebungen, Ver-
spätungen und sonstigen Detailabweichungen absehen — im Wesentlichen derart, daß

die 41. und 42. Brigade auf Floigneux zu, seitwärts dieses Dorfes,

die 43. und 44. Brigade auf Floing zu, in Front dieses Dorfes
ihre Aufstellung nahmen.

Zwischen diesen Infanterie-Stellungen fuhr abtheilungsweise die Artillerie auf, mit ihrem rechten Flügel sich an St. Menges lehnend. Die
Artillerie, bald nach 10 Uhr in Position gebracht, begann um eben diese Zeit
ihr Feuer; die Infanterie — wenn wir kleinere Rencontres außer Acht
lassen — trat erst um 12 Uhr ins Gefecht. Wir kommen weiterhin darauf
zurück.

Das V. Corps, Generallieutenant v. Kirchbach, hatte, ebenfalls am
am 31. Nachmittags, zwischen Bulson und Cheveuge, etwa eine drittel Meile
rückwärts vom XI. Corps, Bivouacs bezogen. Die Befehle, die hier beim
Corps-Commando eintrafen, waren im Wesentlichen dieselben, wie die dem
XI. Corps zugegangenen. Das V. Corps sollte etwas später aufbrechen und
in der linken Flanke des XI. marschiren.

Der Vormarsch wurde um 2½ Uhr angetreten. Zeit zum Abkochen
war nicht gewesen. Mit leerem Magen ging es in Nacht und Nebel hinein.
General v. Kirchbach befand sich bei der Avantgarde. Um 4 Uhr langte
diese, noch bei völliger Dunkelheit, am Maasufer an. Das Gros folgte
unmittelbar und marschirte nördlich Villers sur Bar in Rendezvous-Stellung

auf. Der leichte Feldbrückentrain, der hinter der Avantgarde marschirte, wurde sofort vorgezogen, um unter Leitung des Hauptmann Pirscher den Brückenschlag ins Werk zu setzen. Die Brücke wurde etwa 50 Schritt westlich der des XI. Corps gebaut. Um 4¼ Uhr wurde sie begonnen, nach 40 Minuten war sie fertig, so daß um 5½ Uhr die Tête der Avantgarde die Maas überschreiten konnte. Die Brücke, zum größten Theil auf Böcken ruhend, nur in der Mitte des Flusses von zwei Pontons getragen, bestand aus acht Strecken. Während des Baues wurden jenseits am Eisenbahndamme Rampen zum Ueberschreiten desselben hergestellt.

Ohne Unterbrechung wurde der Flußübergang des Armee-Corps fortgesetzt; zum Theil auch über die Brücke des XI. Corps, sobald dieselbe momentan nicht von den Truppen desselben benutzt wurde.

Als die Avantgarde um 7½ Uhr in Vivier au Court, 2000 Schritt links (westlich) von Vrigne aux bois, eingetroffen war, wurde dem General v. Kirchbach durch den Major v. Hahnke der kronprinzliche Befehl überbracht,

mit dem V. Armee-Corps über Vrigne aux bois dem XI. Corps zu folgen und sich hinter demselben, links debouchirend, zu formiren.

Das V. Corps setzte demzufolge, rechtsschwenkend, seinen Marsch über Tendrecourt und Vrigne aux bois fort, bei welcher Gelegenheit die Artillerie alsbald in die Front genommen und nach Erreichung des Höhenzuges zwischen Floing und Fleigneux der bereits im Feuer stehenden Artillerie-Linie des XI. Corps als linker Flügel angehängt wurde. Dies war etwa 10½ Uhr. Achtzig Geschütze des XI. und sechszig Geschütze des V. Corps bildeten um diese Stunde eine formidable Batterie, deren rechter Flügel auf der Höhe südlich von St. Menges, der linke an einem Wäldchen nordöstlich Illy stand. Also schon etwas über Fleigneux hinaus. Die ganze Strecke betrug 4000 Schritt und rechtfertigt den plastischen Ausdruck eines französischen Offiziers »fünf Kilometer Artillerie«. Die linke Flügel-Batterie des XI. Corps, die reitende Batterie Normann, war von den übrigen Batterieen ihres Regiments durch das tiefe sich von Fleigneux nach Floing ausdehnende Thal getrennt.

Der Artillerie des Corps folgte die Infanterie. Als diese eintraf, stand auch der linke Flügel der großen Gesammt-Batterie (eben die sechszig Geschütze des V. Corps) bereits seit einer halben Stunde im Feuer. Ueber die vier Infanterie-Brigaden wurde nunmehr wie folgt verfügt:

Die 17. Brigade nimmt Stellung in Front von St. Menges, unmittelbar rechts rückwärts der Batterieen des XI. Corps;

die 20. Brigade rückt rechts neben Fleigneux ein und schützt die Batterieen des V. Corps;

die 18. Brigade wird an der Ferme Champ de la Grange als Reserve zurückbehalten;

die 19. Brigade (Regimenter 6 und 46), sowie das 5. Jäger-
Bataillon, rücken in die Front zur Unterstützung des bereits engagirten
XI. Corps.

Im Einklange hiermit verlief der Kampf, der sich nun, auf drei
Stunden hin, von der Linie St. Menges-Fleigneux aus, gegen die Linie
Floing-Illy entspann. Das XI. Corps focht mit der 22. Division von St.
Menges aus gegen Floing und die dahinter gelegenen Höhen, mit der 21.
Division von Fleigneux aus gegen Illy und das Bois de Garenne. Das
V. Corps soutenirte dieses Vorgehen mit seiner 19. Brigade, während die drei
anderen Brigaden theils als allgemeine Reserve theils zum Schutz der großen
Artillerie-Linie zurückbehalten wurden. Die 19. Brigade rückte in das Terrain zwischen Floing und Illy, oder was dasselbe sagen will, in die zwischen
den beiden Divisionen des XI. Corps belassene Lücke ein. Hier stand sie im Centrum dieses Theils des Schlachtfeldes. Aber nur mit vier Bataillonen:
dem Grenadier-Regiment Nr. 6 und dem Füsilier-Bataillon 46. beharrte sie
in dieser ihrer Centrumsstellung, während die drei anderen Bataillone: das
1. und 2. vom 46. Regiment und das 5. Jäger-Bataillon, zur Unterstützung
der am rechten Flügel (Floing) fechtenden 22. Division herangezogen wurden.

Alle sieben Bataillone der 19. Brigade fochten hier besonders ruhmreich. Der Haupttheil ihrer Kämpfe fällt jedoch in die Stunden zwischen 12
und 3, über die wir weiterhin erst berichten. Dem Vormittags- resp. Mit-
tags-Gefecht gehört nur die Wegnahme von Floing an. Sie fällt in die 12.
Stunde; vielleicht wenige Minuten später. Ueber die Wegnahme des Dorfes
finden wir die folgende Schilderung, die in ihrer Einleitung um etwa eine
halbe Stunde zurückgreift.

»11¼ Uhr hatte General v. Gersdorff Befehl gegeben, aus dem Defilee
von St. Albert debouchirend, gegen Floing vorzugehen und das Dorf zu
nehmen. Um diese Stunde standen ihm, da die 43. Brigade noch zurück und
die 44. erst mit einem einzigen Regimente (dem 83.) zur Stelle war, nur drei
Bataillone zur Verfügung, die alsbald bei ihrem Vorgehen die erheblichsten
Verluste erlitten und in Bedrängniß geriethen. General v. Gersdorff stellte
deshalb bei dem Commandirenden des V. Corps, General v. Kirchbach, die
Bitte um Unterstützung. Diese wurde gewährt. Die beiden Musketier-Bataillone 46. Regiments und das 5. Jäger-Bataillon erhielten Weisung, den
Angriff der 83er zu soutenieren. Den Befehl über dies combinirte Detache-
ment führte Oberst v. Eberhardt, Commandeur des 46. Regiments.

Der Vormarsch der beiden Musketier-Bataillone, die etwa eine halbe
Stunde früher bei St. Menges eingetroffen waren, mußte des heftigen Gra-

natfeuers wegen im Lauffchritt und in Compagnieen auseinandergezogen aus-
geführt werden. Während das Bataillon Gallwitz gegen den weftlichen Theil
des Dorfes vorging, war das Bataillon Maliczewsti gegen die Mitte deffel-
ben und fpeziell die 8. Compagnie (Premierlieutenant Krusta) gegen den
Kirchhof am Oftende von Floing durch Oberft v. Eberhardt dirigirt worden.
Die Compagnieen diefes Bataillons doublirten zum größten Theil in die
Reihen der hier in heißem Gefecht ftehenden 83er ein. Von allen Seiten mit
Energie angegriffen, gab nun der Feind fehr bald die nördliche Lifière auf.
Sofort drang unfre Infanterie in Floing felber ein und warf die Weichenden
tambour battant und unter Hurrah aus dem Dorfe hinaus. Das 5. Jäger-
Bataillon erhielt jetzt die Weifung, auf dem linken Flügel der 46er in das
Feuergefecht, das fich gegen die Höhe füdlich von Floing zu entfpinnen begann,
einzugreifen.

Zu wiederholten Malen verfuchte der Feind, die verlorene, wichtige
Pofition zurückzuerobern und namentlich beim Kirchhofe wieder in das Dorf
einzubringen. Diefe Verfuche wurden jedoch vom Premierlieutenant Krusta,
deffen Compagnie fich durch Musketiere vom 83. Regiment, fowie durch Mann-
fchaften vom 5. und 11. Jäger-Bataillon verftärkt hatte, abgewiefen.«

Dies war um 12 oder doch nicht viel fpäter. Etwa um diefelbe
Zeit wurde General v. Gersdorff am rechten Flügel unfrer Artillerie-Linie
fchwer verwundet und General v. Kirchbach übernahm das Commando über
beide Corps.

Der Haupttheil des Kampfes ftand an diefer Stelle des Schlachtfeldes
noch bevor. Wir kommen darauf zurück.

Ehe wir fortfahren, werfen wir einen Blick auf die Morgen- und
Vormittags-Vorgänge beim Feinde.

Die Vorgänge beim Feinde

bis 12 Uhr.

Um 4 Uhr begann die Schlacht; um 6 Uhr kämpften Baiern und Sachsen auf der Linie Bazeilles-Lamoncelle-Daigny; die Garden standen in Front von Givonne; unser XI. und V. Corps hatte die Maas auf drei Brücken überschritten.

Der Feind hielt die Stellungen, in denen wir ihn, innerhalb des Dreiecks Floing-Illy-Bazeilles (vgl. S. 483) bereits sahen: das XII. Corps, Lebrun, zwischen Bazeilles-Lamoncelle, das I. Corps, Ducrot, zwischen Daigny-Givonne, das VII. Corps, Douay, zwischen Floing-Illy. Das V., Wimpffen, stand innerhalb dieses Dreiecks in Reserve, bereit an dieser oder jener bedrohten Stelle einzugreifen. Innerhalb dieses Dreiecks standen auch die Cavallerie-Divisionen.

Der Kampf tobte schon seit zwei Stunden, als Mac Mahon in der Nähe von Bazeilles inmitten des XII. Corps erschien. Sein Plan — wie seitdem aus seinen eigenen Aussagen vor der Kommission vom 4. September bekannt geworden ist — ging dahin: Bei Bazeilles durchzubrechen, die Baiern in die Maas zu werfen und dann Carignan, Mont-medy, Metz zu erreichen. *)

*) Mac Mahon tritt mit dem Moment seiner Verwundung vom Schauplatz ab; mit in die Capitulation eingeschlossen, würde der »Tag von Sedan« ohnehin der letzte Tag seiner Oberbefehlshaberschaft gewesen sein. Es ist deshalb hier vielleicht die Stelle, wo wir, Abschied nehmend von ihm, seiner Führung der Armee vom Tage von Beaumont an noch einmal gedenken, um sie, nach dem Maß unserer Einsicht, zu beurtheilen. Alles handelte sich seit dem letztgenannten Tage (30.) um die Frage des Entkommens. Nach unserm Dafürhalten stellt sich dieselbe so:

    1) Am 30. August Abends war nicht nur das vorläufige Entkommen überhaupt möglich, Mac Mahon hatte an diesem Tage sogar noch die Wahl wohin. Er konnte sich rechts und links, östlich und westlich halten. Er wählte das Richtigere und dirigirte die Armee westwärts. Nach Osten hin wäre er muthmaßlich nur bis Montmedy gekommen und

Das Ausweichen westlich über Mezières hatte sich ihm, wie wir glauben mit Unrecht, als unausführbar herausgestellt; ein Rettungsversuch durch Ueberschreiten der belgischen Grenze widerstritt seiner (Mac Mahon's) militairischen Ehre.

So des Marschalls eigene Aussagen.

Ein Zwischenfall trat ein, der die Ausführung des Planes — wenn dieser überhaupt bestimmt und klar existirte — auf etwa drei Stunden unterbrach. Als er von anderer Hand wieder aufgenommen wurde, waren inzwischen auch die letzten schwachen Möglichkeiten des Gelingens verloren gegangen.

Dieser Zwischenfall war die Verwundung Mac Mahon's; 6¼ Uhr bereits war er durch einen Bombensplitter getroffen worden. Von welcher Batterie (siehe die Anmerkung auf S. 494) der Schuß gefeuert wurde, ist nicht mit Bestimmtheit zu ermitteln gewesen. Der Marschall glaubte zunächst, er sei nur leicht getroffen. Kaum aber war er vom Pferde gestiegen, so befiel ihn eine Ohnmacht. Ein Arzt ging an die Operation, vielleicht nur an Untersuchung der Wunde, wobei der Marschall nochmals die Besinnung verlor.

Zu sich gekommen, suchte er, wem er den Oberbefehl übertragen solle. Er hatte die Wahl zwischen den Generalen Wimpffen und Ducrot. Sollte einfach nach der Anciennetät entschieden werden, so mußte das Commando, wie bereits S. 477 hervorgehoben, an Wimpffen fallen; er war der ältere. Aber Wimpffen war erst am 30. bei der Armee eingetroffen; er kannte weder das Terrain, noch die Lage der Dinge, noch die Stellung der Truppen. Diese Gründe, die durch mangelnde persönliche Sympathie unter-

hätte zwischen Montmedy und Metz eine Niederlage erlitten. Nach Westen hin hatte er völlig freie Hand und so gewiß er Sedan erreichte, so gewiß hätte er auch Mezières und — Paris erreichen können.

2) Der Marsch von Mouzon-Carignan nach Sedan war also richtig. Aber in unglaublicher Verblendung setzte er sich hier fest, statt am 31. Mittags, oder doch spätestens am 1. September bei Tagesanbruch den Weitermarsch gegen Westen anzutreten.

3) Er ging (wenn wir seine eigenen Aussagen als Fundament nehmen) noch weiter und nahm nun, am 1. September früh, den 36 Stunden vorher mit Recht aufgegebenen Plan einer Bewegung gegen Osten wieder auf.

4) Wenn er zur Entschuldigung anführen will, daß er sich erst am 1. früh, und zwar in Folge guter Manöver von Seiten seines Gegners, von der Unmöglichkeit eines Entkommens nach Westen überzeugt und deshalb einen Durchbruch nach Osten versucht habe, so ist darauf zu erwidern:

a) daß (am 1. früh) ein Entkommen nach Westen, trotz aller sich darbietenden Schwierigkeiten, doch immer noch eher möglich war als ein Durchbruch nach Osten, und

b) daß unter allen Umständen er allein, durch unerklärliche Säumniß am 31., seinen eigenen, richtigen Plan (Bewegung nach Westen) gefährdet, resp. vernichtet habe.

5) Ging aber, wie aus der Proklamation des Kaisers hervorzugehen scheint, sein Plan, als er die Bewegung auf Sedan antrat, von Anfang an dahin, bei Sedan zu schlagen, so trifft ihn der Vorwurf, über die Stärkeverhältnisse seines Gegners höchst mangelhaft unterrichtet gewesen zu sein.

stützt werden mochten, bestimmten den Marschall, den Oberbefehl dem zweit-
ältesten General, dem General Ducrot, zu geben, den er seit langer Zeit
kannte und schätzte. Der Chef des großen Generalstabes, General Faure,
wurde demgemäß beauftragt, den General Ducrot aufzusuchen, der sich weiter
nordwärts bei seinem Corps (dem I.) befand. Erst nach Ablauf einer halben Stunde traf der Generalstabschef den General auf dem Terrain zwischen
Daigny und Givonne und machte ihm Mittheilung von dem Vorgefallenen.
General Ducrot nahm an.

Ducrot, Oberbefehlshaber von 7 bis 8½.

Dies war nun 7 Uhr.

Die Ersetzung Mac Mahon's durch Ducrot, wie die Dinge sich nachträglich unserem Blicke darstellen, war, vom französischen Standpunkte
aus angesehen, mehr ein Glück als ein Unglück. Sie wurde erst dadurch zu
einem Unglück, daß Ducrot in seinem Commando nicht verblieb, vielmehr,
nach einem nur fünfviertelstündigen Oberbefehl abermals einem Nachfolger
Platz zu machen hatte. Nicht sein Eintritt **in** das Commando, sondern sein
Austritt **aus** demselben schuf die Katastrophe, die nur er, weil sein Plan
der einzig richtige war, muthmaßlich im Stande gewesen wäre, partiell ab-
zuwenden.

Der Plan Mac Mahon's war dahin gegangen: Durchbruch bei
Bazeilles, Abzug auf Carignan.

Der Plan, den General Ducrot sofort zu verwirklichen trachtete, lautete: Abzug über Illy (die einzige Stelle, wo die Mausefalle noch -offen
war) und Flankenmarsch westlich auf Meziéres.

Darauf hin traf er seine Vorkehrungen, erließ er seine Befehle.
Diese gingen dahin, daß
von den vier Divisionen des I. Corps die in zweiter Linie stehenden
Divisionen L'Herillier und Pellé,
von den drei Divisionen des XII. Corps die bereits im Gefecht stehenden Divisionen Grandchamp und Vassoignes
in Brigade-Echelons auf Illy abrücken, die Divisionen Wolff, Lartigue
und Lacretelle aber, unter vorläufiger Festhaltung von Givonne, Daigny
und Bazeilles, die Sicherung dieses Abzuges übernehmen sollten. Das VII.
und V. Corps, die sich zu dieser Tagesstunde noch keinem Feinde gegenüber-
sahen, vermochten unschwer dieser Bewegung zu folgen.

So die Befehle General Ducrot's. Er sah eben die Gesammt-Situation
mit anderen Augen an wie Mac Mahon, und, wie wir bereits angedeutet
haben, mit richtigeren.

Seinen Weisungen wurde beim I. Corps, das also bis zum Momente seiner Ernennung sein Corps gewesen war, unverzüglich gehorsamt. Die Divisionen L'Herillier und Pellé schwenkten links und schickten sich an, ihren Abmarsch auf Illy anzutreten. Als aber der entsprechende Befehl an den General Lebrun gelangte, der mit seinem XII. Corps, ganz speziell mit seiner Marine-Division Vassoigne unter ziemlich günstigen Verhältnissen focht, wollte dieser die errungenen Vortheile nicht gern aufgeben, fürchtete auch, durch eine Rückzugsbewegung mitten im Gefecht, deprimirend auf seine bis dahin mit großer Bravour sich schlagende Truppe einzuwirken. Die Abzugs-Bewegung auf Illy gerieth dadurch ins Stocken. General Ducrot eilte zu Lebrun, setzte ihm die gebieterische Nothwendigkeit der schnellen Ausführung des Rückmarsches auseinander und befahl schließlich, denselben sofort anzutreten. General Lebrun unterwarf sich nunmehr und erließ Ordres an die Division Grandchamp, sich staffelweis aus der Bazeilles-Stellung zurückzuziehen.

Der Kaiser, der, um etwa 7 Uhr auf dem Schlachtfelde eintreffend, bis auf die Höhe von Lamoncelle vorgeritten war und die dortige Stellung im heftigsten Feuer besichtigt hatte,*) kehrte von dort (8 Uhr) auf kurze Zeit in die näheren Umgebungen der Stadt, wahrscheinlich nach Balan zurück. Von hier aus bemerkte er zu seinem Erstaunen den plötzlichen Abzug von Truppen, die er vor einer Viertelstunde noch unerschüttert und in starken Stellungen gesehen hatte. Er ließ daher bei dem General Ducrot — zu dessen Einsicht er im Uebrigen Vertrauen hegte — nach der Ursache dieser Maßregel fragen. Die Antwort lautete dahin: »Der Feind amüsirt uns nur

---

*) Der Kaiser, wie General Pajol berichtet, hielt hier eine Stunde lang bei den Batterieen des Commandanten St. Aulaire. Mit ihm waren Dr. Corvisart und einige Personen des Stabes. Ordonnanzoffizier Capitain d'Hendecourt wurde hier an der Seite des Kaisers getödtet. Die Haltung des Letzteren war all die Zeit über soldatisch-ruhig und bezeugte genugsam seine persönliche Bravour. Andernseits muß bemerkt werden, daß von einem »sich an die Spitze stellen«, von einem »Vorführen kleiner oder größerer Abtheilungen« weder zu dieser noch zu einer späteren Stunde des Tages irgend etwas berichtet werden kann. Aus allerhand mißverstandenen Notizen und Redewendungen ist diese irrthümliche Annahme erwachsen. Man kann ziemlich genau verfolgen wie. In der Mittagsstunde (wir kommen an späterer Stelle im Text darauf zurück) trafen in Sedan einige Zeilen Wimpffen's ein, worin dieser dem Kaiser proponirte, sich mit ihm (Wimpffen) an der Spitze einer Colonne alter Soldaten durchzuschlagen. Der Kaiser lehnte ab. Es scheint jedoch, als ob das, was Wimpffen lediglich vorschlug, und noch dazu erfolglos vorschlug, dem Kaiser nachträglich als etwas durch ihn persönlich Geschehenes und thatsächlich Ausgeführtes angerechnet worden sei, wozu die bekannte Anfangszeile des an König Wilhelm gerichteten kaiserlichen Handschreibens: »N'ayant pu mourir au milieu de mes troupes« das übrige beigetragen haben mag. Wir können nur wiederholen, die Haltung des Kaisers war ausreichend, ja mehr als das, aber eine Scene, die an den berühmten Water-loo-Moment des ersten Napoleons inmitten seiner zum letzten Sturm vorrückenden Garden hätte erinnern können, ist nicht vorgekommen.

bei Bazeilles; er gedenkt uns von Norden her zu umfassen, um uns bei Jlly die eigentliche Schlacht zu bieten. Ich lasse deshalb die Rückzugsbewegung in voller Ordnung antreten, um die Armee zu concentriren.« Er hoffte, wie bereits S. 520 hervorgehoben, noch nord- und westwärts entschlüpfen zu können. Der Kaiser ließ sich an dieser Antwort genügen; zum Mindesten blieb er seinem Grundsatze der Nicht-Einmischung getreu und verzichtete auf jede Durchkreuzung des Ducrot'schen Planes.

Wimpffen übernimmt das Commando 8½ Uhr.

Der Kaiser verzichtete auf jede Durchkreuzung des Ducrot'schen Planes, — nicht so General v. Wimpffen. Dieser war nicht blos der älteste commandirende General (woraus sich immer nur Ansprüche von ziemlich zweifelhaftem Werth hätten herleiten lassen), er war vor allem auch, wie wir wissen, mit einer eventuellen, vom Kriegsminister Grafen Palikao her-rührenden Ernennung eingetroffen, die für den Fall eines Unglücks, wie es nun wirklich eingetreten war, ihn autorisirte, sich an die Spitze der Armee zu stellen. General v. Wimpffen, bei seinem Eintreffen in Sedan, hatte den Fehler begangen, von dieser Ernennung Niemandem Kenntniß zu geben, weder dem Kaiser noch Mac Mahon.*) Auch die Ernennung Ducrot's zum Com-mandirenden, von der er, gleichzeitig mit der Nachricht von der Verwundung Mac Mahon's, um 7½ Uhr Kenntniß erhielt, hatte ihn zunächst nicht be-stimmt, seine Ansprüche geltend zu machen. Erst als er Ordres gegeben und ausgeführt sah, die er nach Lage der Sache (wie ihm sich dieselbe darstellte) theils für unnöthig, theils für grad zu unheilvoll ansah, erachtete er es für eine patriotische Pflicht, seine Ernennung zur Kenntniß zu bringen und Be-wegungen zu hindern, die ihm gleichbedeutend mit Aufopferung einer in jenem

---

*) In diesem Schweigen über seine eventuelle Ernennung hatte er freilich, alles wohl erwogen, nur allzu guten Grund gehabt. Wie S. 476 bereits hervorgehoben, traf er in Se-dan ein, um de Failly im Commando des V. Corps zu ersetzen. Dies gab ihm schon keine angenehme Position. de Failly war tief verletzt. Der Ungrund der unmittelbar nach Wörth gegen ihn erhobenen Anklagen hatte sich mittlerweile herausgestellt; nun sollte er doch zurück-treten, blos weil die pariser Gamins in ihrer Kenntniß der Thatsachen noch um drei Wochen zurück waren. Wimpffen wurde also von einem ganz erheblichen Bruchtheil der Armee, auch Generale mit eingeschlossen, von Anfang an wie eine Art Eindringling angesehen. Dies mußte er nothwendig empfinden und empfand es. Sollte er nun diese ohnehin schwierige Lage gleich im ersten Moment seines Auftretens dadurch noch schwieriger machen, daß er Mac Mahon erklärte:... »und auch Sie, Herr Marschall, habe ich Auftrag, im Commando zu ersetzen, so-bald Ihnen etwas Menschliches zustößt.« Solcher Aufträge sich zu entledigen, ist selbst für eine resolute Natur nicht immer leicht. Namentlich auch nicht immer klug. Es hätte in diesem Falle nur Eifersüchtelei geschaffen und aller Wahrscheinlichkeit nach um nichts, denn wer konnte am Abend des 31. annehmen, daß eine der ersten Granaten des folgenden Tages den Commandirenden der Armee treffen würde.

Augenblick eher günstig als ungünstig stehenden Sache schienen. Es macht
den Eindruck, daß er nur das Allernächste im Auge hatte (bei Bazeilles standen
die Sachen leidlich),*) daß er aber völlig blind war für das, was sich in
großartigen Zügen um ihn her vorbereitete, und sicher und unerbittlich wie
das Verhängniß, ihn mit eisernen Armen zu umspannen begann. In gutem
Glauben, eine voreilige, durch nichts motivirte Rückwärtsbewegung vor sich
zu sehen, warf er sich den aus ihrer Bazeilles-Position eben abziehenden
Regimentern der Division Grandchamp entgegen, legitimirte sich ihnen als
ernannter Oberfeldherr »der Armee von Chalons« und gab sofort Befehl, in
die alten, eben aufgegebenen Stellungen zurückzukehren. Dies war um 8¾
oder doch nur wenig später.

General Ducrot, der persönlich beim I. Corps, also etwa in Höhe
von Givonne verblieben war, sah mittlerweile nach rechts, von woher er das
brigadenweise Abziehen des XII. Corps mit Spannung erwartete. Statt
dessen traf überraschend eine schriftliche Meldung des Generals Wimpffen bei
ihm ein, worin dieser ihm mittheilte, daß er (Wimpffen) seitens des Kriegsministers Palikao zur Uebernahme des Commandos, für den Fall, daß Marschall Mac Mahon von einem Unfall betroffen werde, autorisirt worden sei.
Indem er es sich vorbehalte, nach der Schlacht mit dem General noch weitere
mündliche Rücksprache zu nehmen, bemerke er doch schon jetzt, daß er das
Aufgeben der Stellung Bazeilles-Givonne in einem Augenblick, wo der Feind
hier keine Fortschritte mache, nicht gutheißen könne. Er habe daher ab-
ziehende Regimenter des XII. Corps in ihre alten Positionen zurückbeordert.
Unter schmeichelhaften Ausdrücken über die Kriegserfahrung des General

---

*) Dies »leidlich stehen der Sachen in Bazeilles« wurde verhängnißvoll für Wimpffen
und die Armee. Wimpffen soll nämlich im ersten Moment, als er von Ducrot's Ernennung hörte (und zwar in einem Moment, wo die Dinge in Bazeilles noch nicht so gut standen, wie eine Stunde später) die Aeußerung gethan haben: »Ich habe zwar einen Dienst-
brief, aber ich habe Lust, es Ducrot zu überlassen sich herauszubeißen.«
Das war um 7 Uhr. Um 8 fing die Marine-Division an zwischen Bazeilles und Lamoncelle
Terrain zu gewinnen, und auf diese Wahrnehmung hin, so wird erzählt, habe Wimpffen seine
Absicht geändert und den Entschluß gefaßt, nun doch das Obercommando zu übernehmen. Er
wollte seinen Namen an keine Niederlage, aber desto lieber an einen Sieg heften. Wie viel
an diesen Dingen Wahrheit ist, stehe dahin. Mac Mahon selbst hat vor der Untersuchungs-
Commission dieser umlaufenden Gerüchte erwähnt. Uns erscheinen sie nur partiell glaubhaft. Daß
Wimpffen den obigen Ausspruch gethan, ist eher anzunehmen, als nicht. Er wollte es wirklich dem General Ducrot überlassen. So weit gehen wir mit; aber wir glauben nicht an das
kleinlich-persönliche Motiv, das den General Wimpffen bestimmt haben soll, seinen ursprünglichen Entschluß zu ändern. Nicht eitler Siegeswahn, den er allerdings eine Stunde später
zur Schau stellte, leitete ihn dabei, sondern die ehrliche, wenn auch grundfalsche Ansicht, daß
der Ducrot'sche Plan zum Verderben führen müsse. Der Ducrot'sche Plan, wie wir verschie-
dentlich hervorgehoben, war die Rettung. Dies nicht erkannt zu haben, war Wimpffen's
Fehler, aber kein moralischer Fehler, sondern Mangel an Einsicht.

Ducrot schloß das Schreiben mit der Aufforderung, das I. Corps in der ihm zugewiesenen Gefechtslinie bei Givonne zu belassen und das rechts neben ihm fechtende XII. Corps lebhaft zu unterstützen. Dieser Brief Wimpffen's, um etwa 8¼ Uhr geschrieben, kam ohngefähr um 8¾ zu Händen Ducrot's.

General Ducrot begab sich nach Empfang dieses unerwarteten Schreibens sofort zu dem General v. Wimpffen. Er erklärte demselben, daß er sich seinem Befehle unterstellen wolle, bemerkte aber zugleich, daß er den Feind und dessen Absichten besser zu kennen glaube und beschwor ihn um des Wohles der Armee willen, die Rückzugsbewegung auf Illy weiter fort- setzen zu lassen, da bereits nach zwei Stunden dies nicht mehr möglich sein würde. Zur Bestätigung seiner Befürchtung, daß das I. Corps auf seinem linken Flügel bald umgangen sein werde, theilte er dem General ein Schreiben des Maires von Villers-Cernay mit, worin ihm dieser den Durchmarsch starker feindlicher Massen meldete. Alles umsonst. Der neue Oberbefehlshaber beharrte bei seiner entgegengesetzten Ansicht. Er sähe — so etwa replicirte er — die Nothwendigkeit eines Rückzuges nicht ein; dem VII. Corps stehe nur feindliche Cavallerie gegenüber (was zu der Stunde des Tages freilich noch richtig war) und das XII. und I. Corps seien stark genug, um Alles ecrasiren zu können, was der Feind ihnen entgegenstelle.*) General Lebrun, der diesem Zwiegespräch beiwohnte, trat, in ausschließlicher Erwägung der kleinen Vortheile, die sein Corps errungen hatte, mehr auf die Seite Wimpffen's als Ducrot's, so daß dieser, schließlich sich unterordnend, mit der Zusage zu seinem I. Corps zurückkehrte, die bereits abgerückten Divi- sionen L'Herillier und Pellé in ihre alten Stellungen zurückbeordern zu wollen.

Dies war um etwa 9 Uhr oder wenig später. In gewissem Sinne war das Einrücken Wimpffen's in das Obercommando nichts anderes, als die Wiederaufnahme des Mac Mahon'schen Plans, der durch die fünf- viertelstündige oder ausgedehntesten Falls durch die zweistündige »Episode Du- crot« blos unterbrochen worden war. Wimpffen erwies sich nur um eben

---

*) Ducrot, in seinem Buche »La Journée de Sedan« giebt die Unterredung, die er mit Wimpffen führte, wie eine dramatische Scene. Der Schluß ist der folgende: Wimpffen: Fassen wir all unsere Anstrengungen zusammen, um Alles zu ecrasiren, was Lebrun vor sich hat. Ducrot: Aber diese feindliche Infanterie, die seit frühem Morgen Francheval und Villers-Cernay passirt, wohin marschirt sie, wenn nicht nach Illy? Wimpffen: Illy? Was ist Illy? Ducrot: Ah, Sie wissen nicht, was Illy ist. Nun sehen Sie hier. (Er entfaltet eine Karte.) Hier ist die Maasschleife, die, gegen Norden ausbiegend, nur einen schmalen Raum zwischen dem Fluß und der belgischen Grenze läßt. Nur an einem Punkt können wir durch, — das ist Illy. Wenn der Feind ihn schließt, sind wir verloren. Wimpffen (kaum einen Blick auf die Karte werfend): Gut, gut; aber im Augenblick ist Lebrun im Vortheil und wir müssen davon Nutzen ziehen. Was uns Noth thut, ist nicht ein Rückzug, sondern ein Sieg. Ducrot: Ein Sieg! Nun, seien wir froh, wenn wir am Abend noch einen Rückzug haben.

so viel zuversichtlicher, als er unvertrauter mit der thatsächlichen Lage und mit der doppelt überlegenen Kraft des ihm gegenüberstehenden Feindes war. Mac Mahon hatte bei Bazeilles nur siegen wollen, um seiner Armee an dieser Stelle den Durchbruch zu ermöglichen; Wimpffen gab sich, wenigstens auf kurze Zeit, dem Wahne hin, auf der Linie Bazeilles-Givonne über-haupt einen Sieg erringen zu können. Er wollte den Sieg nicht um des Rückzugs, er wollte den Sieg um des Sieges willen.

Uebrigens muß auch hier wieder, wie mit Rücksicht auf so viele an-dere Vorgänge, bemerkt werden, daß die Stimmungen beständig wechselten und daß der Leser an Inconsequenzen keinen Anstoß nehmen muß. Wir sehen dabei ganz ab von dem Widerspruchsvollen der Berichte sich gegenüber-stehender Parteien und Persönlichkeiten; nein, auch die einzelnen Bericht-erstatter widersprechen sich beständig in Bezug auf ihre eigenen Angaben. Wimpffen namentlich wechselte von Stunde zu Stunde. Während er (wir legen seine eigenen Worte zu Grunde) am Vorabend der Schlacht an Mélas und Marengo dachte und die Ruhe und Sicherheit Mac Mahon's nicht be-greifen konnte, rechnete er um 8 Uhr früh selber auf Sieg und verwarf jeden Gedanken an Rückzug. Ebenso widerspruchsvoll verhielt er sich mit Rücksicht auf den linken Flügel der Armee (Douay), und während er sein Buch zum großen Theile geschrieben hat, um der Welt zu beweisen, daß ein Abzug über Illy von 5 Uhr früh, jedenfalls aber von 8 Uhr an nicht mehr mög-lich war, betonte er noch um 9 Uhr, daß dem Corps Douay nur feindliche Cavallerie gegenüberstehe. Diese Widersprüche erschweren die Behandlung dieser Dinge außerordentlich, und verstimmen nicht nur den Leser, sondern auch namentlich den Darsteller, der zu allem Uebrigen noch sehr wohl weiß, daß diese Inconsequenzen nicht den handelnden Personen, sondern ihm angerechnet werden.

Der Kaiser war nicht zugegen, als die vorstehend mitgetheilte Unter-redung zwischen Wimpffen und Ducrot statthatte. Er ließ, als er Kunde davon erhielt, abermals alles geschehen, ohne seine muthmaßlich bessere Ein-sicht zur Geltung zu bringen. Wenn er im ersten Augenblick die Maßnahmen Ducrot's, die sich in Widerstreit mit Mac Mahon setzten, mit einem gewissen Mißtrauen betrachtet hatte, so mißtraute er dem, was sich nun zu vollziehen begann (trotzdem es, wenigstens äußerlich, eine Wiederaufnahme der Mac Mahon'schen Action war) doch noch in weit höherem Grade. Denn mit vollem Rechte sah er in dem beständigen Hin und Her der obersten Befehls-gebung nicht nur an und für sich ein schweres Unglück, eine Zerbröckelung der Kraft, eine Lockerung der Disciplin — er mochte auch über diese Allge-mein-Erwägungen hinaus innerhalb der letzten zwei Stunden erkannt haben, daß das von Ducrot Gewollte das allein Richtige war. Er fand

35*

noch) Gelegenheit, dem neuen Oberfeldherrn (Wimpffen) diese Anschauung wenigstens zu erkennen zu geben. Das war zwischen 9 und 10.

Um diese Stunde beritt der Kaiser abermals das Schlachtfeld. Auf dem Terrain westlich von Daigny traf er den General Wimpffen, der eben von Balan kam. »Wie steht die Schlacht?« fragte der Kaiser. Der General antwortete: »Sire, die Dinge gehen so gut wie irgend möglich und wir gewinnen an Terrain.« Auf die nun folgende Bemerkung des Kaisers, daß Meldung eingegangen sei, ein starkes feindliches Corps umgehe bereits die französische Linke, erwiderte Wimpffen, ohne in seiner Zuversicht erschüttert zu werden: »Gut! desto besser; man muß sie gewähren lassen; wir werden sie in die Maas werfen und die Schlacht gewinnen.« Auch in diesem Satze wieder — wir verweisen dabei auf unsere auf der vorstehenden Seite gemachte Bemerkung — muß man nicht nach Logik forschen wollen. Es wurde gesprochen, um überhaupt etwas gesagt zu haben; ein Schuß ins Blaue; in Form einer Antwort die Vermeidung einer Antwort.*) Die Correctheit der Worte wird uns durch eine Gesammt-Erklärung der Generaladjutanten des Kaisers verbürgt. Die Erklärung trägt die Unterschriften: Fürst de la Moskwa, Castelnau, de Vaubert, Graf Reille, Vicomte Pajol.

Eine zweite Begegnung zwischen dem Kaiser und General Wimpffen fand auf dem Schlachtfelde nicht statt. Der Kaiser nahm aber noch einmal Gelegenheit, seine immer wachsenden Bedenken dem Commandirenden wenigstens durch eine Meldung zur Kenntniß zu bringen. Dies geschah in Folge einer Scene, über die General Pajol wie folgt berichtet. »Wir waren eben, in Nähe des Bois de la Garenne, eine Höhe hinangeritten, um einen Ueberblick zu gewinnen, als ein Chasseur-Offizier von der Division des Generals Goze aus den Reihen trat und zum Kaiser sagte: »»Sire, ich bin hier zu Hause und kenne die Gegend vollkommen; wenn der Wald von La Garenne umgangen ist, ist die Armee eingeschlossen und wir befinden uns in der bedenklichsten Lage.«« Diese Worte, fährt General Pajol fort, verfehlten nicht ihres Eindruckes auf uns Alle. Der Kaiser ließ dem General Wimpffen sofort Mittheilung davon machen. Aber dieser, voll derselben Zuversicht, die er eine halbe Stunde vorher im Gespräch mit dem Kaiser gezeigt hatte, antwortete dem Ordonnanz-Offizier: »»Sagen sie dem Kaiser, er möge beruhigt sein; in zwei Stunden habe ich sie in die Maas geworfen.«« General Castelnau, so schließt Pajol seine Mittheilung, drückte mir, als der Ordonnanz-Offizier diese Antwort Wimpffen's

---

*) Wimpffen selbst giebt in seinem Buche, das natürlich manches model und variirt, die Antwort anders: »Nous allons d'abord nous occuper de jeter les Bavarois à la Meuse, puis avec toutes nos troupes, nous serons face à notre nouvel ennemi.« In dieser Fassung ist die Antwort wenigstens zu verstehen, überhaupt erst eine wirkliche Antwort.

überbrachte, die Hand und sagte: »Gott gebe, daß wir nicht hineingeworfen werden.«

Bald nach dieser Scene wandte der Kaiser sein Pferd, um, nach etwa dreistündigem Aufenthalt auf dem Schlachtfelde, nach Sedan zurückzukehren. Auf dem Wege dahin wurden bereits Unordnungen sichtbar; einzelne Abtheilungen, die einem dreifachen Artilleriefeuer von Nordwest, Ost und Süd her ausgesetzt gewesen waren, drängten links und rechts neben der kaiserlichen Suite der Festung zu. Es mochte jetzt 11 Uhr sein oder vielleicht erst zwischen 10 und 11. Das Artilleriefeuer wuchs von Minute zu Minute. Als der Kaiser den Turenne-Platz erreichte, schlug in Nähe desselben eine Granate ein, deren einer Splitter den General de Courson de Villeneuve vom Pferde warf, während ein anderer den Prinzen von der Moskwa leicht verwundete. Einzelne Fuhrwerke gingen durch und vermehrten die Verwirrung.

Der Kaiser hielt ruhig zu Pferde, ruhig, — fast apathisch. Er war körperlich und geistig erschöpft. In seiner Seele mochte er lesen: Des Kaiserreiches letzter Tag!

Der Gang der Schlacht
von 12 bis 6 Uhr.

Wir schreiten nun zur Darstellung der zweiten Hälfte der Schlacht.

Um 12 Uhr war der Kreis geschlossen, ein Entkommen nicht mehr möglich; im günstigsten Falle konnte es kleineren Abtheilungen gelingen, an dieser oder jener Stelle bei Illy, Givonne oder Bazeilles sich durchzuwinden oder durchzuschlagen. Ersteres glückte auch; gegen 5000 Mann entkamen nordwärts und überschritten größtentheils die belgische Grenze.

Der Kreis war geschlossen, so sagten wir; es war ein Feuerkreis: mehr als 500 Geschütze überschütteten ein Terrain von kaum einer halben Quadratmeile mit ihren Geschossen.*)

Die Artillerie-Aufstellung war um 12 Uhr und in den Nachmittagsstunden die folgende:

Zwischen Balan und Lamoncelle, Front gegen Norden, 6 baierische und 4 preußische Batterieen, zusammen 60 Geschütze; (in zweiter Reihe dahinter 6 baierische Batterieen, die aber nicht mehr in Action traten).

Bei Lamoncelle, Front gegen Westen, 2 baierische und 13 sächsische Batterieen, zusammen 90 Geschütze.

Bei Givonne, Front gegen Westen, 4 und 11 Garde-Batterieen, zusammen 90 Geschütze.

*) Allein die Batterieen des 2. baierischen Corps (des einzigen, von dem uns bestimmte Angaben vorliegen) verfeuerten an diesem Tage zwischen 4 und 5000 Granaten. Wenn wir — wahrscheinlich viel zu gering — jedes andere Corps mit nur 3000 Schuß berechnen, so fielen in einem Zeitraum von zwölf Stunden über 20,000 Granaten auf das »Plateau von Illy« und ganz besonders auf das Bois de la Garenne und seine unmittelbare Umgebung nieder. Das ganze »Plateau von Illy« ist ein gleichschenkliges Dreieck, von dessen drei Seiten jede 5000 Schritt lang ist, also etwa ein Terrain wie unser Thiergarten bis zum Hippodrom, die Linie vom Hamburger bis zum Anhalter Bahnhof als Sohle des Dreiecks. Man denke sich ein solches mit 80,000 Mann besetztes Plateau durch 20,000 Granaten gefegt.

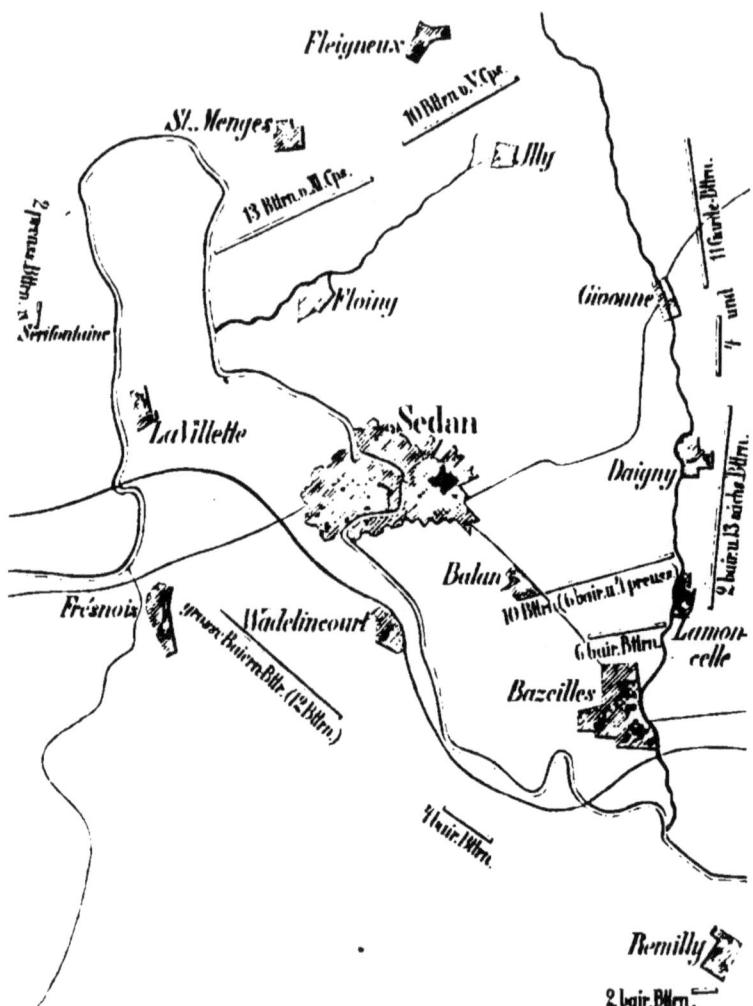

Bei St. Menges und Fleigneur, Front gegen Süden, 13 Batterieen vom XI. und 10 Batterieen vom V. Corps, zusammen 138 Geschütze.

Bei Serifontaine (außerhalb der Maasschleife) Front gegen Osten, 2 Batterieen der 4. Cavallerie-Division, zusammen 12 Geschütze.

Bei Fresnois, Front gegen Norden, die »große Baiern-Batterie« vom 2. baierischen Corps, 12 Batterieen, zusammen 72 Geschütze.

Bei Remilly, südlich und westlich des Dorfes, Front gegen Norden, 6 baierische Batterieen, zusammen 36 Geschütze.

Total (unter Ausschluß der 6 baierischen Batterieen, die, in zweiter Reihe bei Balan stehend, nicht zum Feuern kamen) 498 Geschütze.[*]

Diese nahezu 500 Geschütze feuerten. Sedan, wie es eine Um-gehungs-Schlacht war, war auch eine Artillerie-Schlacht. Beides im größten Styl. Die Infanterie-Vorstöße erfolgten, um der Sache ein Ende zu machen. Sie geschahen vorzugsweise durch

die 23. (sächsische) Division;

die 1. Garde-Division;

die 22. Division vom XI. und

die 19. Brigade vom V. Corps.

Wir wenden uns diesen Actionen zu.

Die 23. (sächsische) Division
von Lamoncelle bis Givonne.

Gleich nach 12, als die Spitzen des IV. Armee-Corps zwischen Ba-zeilles und Lamoncelle sichtbar wurden, trat die 23. Division, die bis dahin bei Lamoncelle die rechte Flanke des I. baierischen Corps gedeckt hatte, den ihr seitens des Generalkommandos aufgegebenen Abmarsch gegen Norden an. (Vgl. S. 505.) Sie marschirte in zwei Colonnen:

Die 45. Brigade, Grenadier-Regimenter 100 und 101, in einem tiefen, bewaldeten Thalgrunde am westlichen Ufer des Givonne-Baches;

die 46. Brigade, Regimenter 102 und 103, am östlichen Ufer des Baches, in der linken Flanke durch das Schützenregiment (108) und zwei Batterieen gedeckt.

Nur noch die 45. Brigade trat in ziemlich erhebliche Kämpfe ein. Sie erreichte um 1 Uhr Daigny, das, wie wir wissen, bereits am Morgen von Abtheilungen der 24. Division genommen und besetzt worden war. In Nähe von Daigny stand auch der linke Flügel der 2. Garde-Division, wahr-scheinlich Regimenter Franz und Elisabeth. Daigny selbst war nur Etappe für die 45. Brigade; sie hatte weiter aufwärts bis Givonne zu rücken. Auf

*) Im Wesentlichen werden diese Angaben richtig sein. Sie sind den mehrcitirten Werken: Helvig (1. baierisches Corps), Heilmann (2. baierisches Corps), Stieler von Heydekampf (V. Corps), R. Lindau (Garde-Corps) und Borbstädt (Krieg von 1870) entnommen. Die Schwierigkeit einer ganz bestimmten Festellung sowohl der Zahlen wie der Positionen entsteht daraus, daß die Batterieen ihre Stellung oft wechselten, namentlich die baierischen, denen man — ein Beweis ihrer besonderen Rührigkeit und trefflichsten Verwendung — an den verschiedensten Orten begegnet. In Folge davon mögen sich in die vorstehenden An-gaben einige Irrthümer eingeschlichen haben, doch sind sie sicherlich nur gering und gehen schwerlich über 2, höchstens 4 Batterieen hinaus.

diesem Marsche stieß die Tête der Brigade auf starke Haufen versprengter feindlicher Infanterie, die hier namentlich den westlichen Rand des Thal-weges besetzt hielten. Das Flankenfeuer dieser versprengten Abtheilungen war so unbequem, daß die Hälfte der Brigade schließlich rechts ausbiegen mußte, um sich vor nutzlosen Verlusten zu schützen, während die andere Hälfte links schwenkte, um die dicht besetzten Abhänge zu stürmen. Nach verzweifeltem Widerstande wurde der Feind (namentlich Zuaven vom 3. Regiment) aus den Büschen heraus und die Höhe hinauf getrieben, wo er dem Feuer unsrer Garde-Artillerie zum Opfer fiel. Dem 1. Bataillon vom sächsischen Leib-grenadier-Regiment hatten sich schon vorher, bei dem Erstürmen der Höhe, zwei französische Bataillone gefangen gegeben.

Die 45. Brigade trat nach diesem Zwischenfall ihren weiteren Vor-marsch in nördlicher Richtung an und erreichte um etwa 2¼ Uhr Givonne, wo ihr der Befehl zuging, die Sicherung des gleichnamigen Defilées (von Givonne) zu übernehmen. Sie nahm demgemäß auf dem westlichen Höhen-rand ihre Stellung, während die 46. Brigade und die ebenfalls bis Givonne gefolgte 24. Division auf der östlichen Seite des Defilées verblieben.*)

Es kam an dieser Stelle des Schlachtfeldes zu keinen ernstlicheren Kämpfen mehr, einen einzigen feindlichen Vorstoß, bald nach 3 Uhr, abge-rechnet, den die 45. Brigade in brillanter Haltung abwies und auf den wir weiterhin, bei Schilderung der letzten Momente der Schlacht, zurückkommen.

Die erste Garde-Division
von Givonne bis in das Bois de la Garenne.

Wir verließen die Garden um 12 Uhr, in eben dem Moment, wo Prinz August von Würtemberg den Befehl gegeben hatte, östlich von Gi-vonne, am Abhange der dort gelegenen Höhen, 11 Batterieen in eine große Batterie zu vereinigen und das von feindlicher Infanterie besetzte Bois de la Garenne, so wie die lichten Stellen, die sich in dasselbe einschieben, zum Zielpunkt zu nehmen. [Der Leser wolle die Karten auf S. 483, S. 490 und S. 529 benutzen.]

Auf diesen lichten Stellen des Plateaus erschienen eben jetzt tiefe feindliche Colonnen, die, von Floing und Illy her, vor dem Ansturm unseres

---

*) An dieser Stelle hielt auch der Kronprinz von Sachsen, Commandirender der Maas-Armee. An seiner Seite fiel (entweder hier, oder schon vorher auf dem Terrain zwischen Lamoncelle und Daigny) Oberstlieutenant Pemberton von der schottischen Füsilier-Garde, als Times-Berichterstatter dem Hauptquartiere des Kronprinzen von Sachsen attachirt.

XI. und V. Corps weichend, unter geschickter Ausnutzung des kahlen aber coupirten Terrains Schutz suchten. Umsonst.

»Ein verheerender Regen von Geschossen« — so schreibt ein Augenzeuge — »empfing sie und trieb sie in das Gehölz. Aber auch dort war keine Sicherheit für sie. Ueberall erreichten sie die Granaten der Garde-Artillerie und jagten sie aus dem Wald auf die »lichten Stellen« und von den lichten Stellen in den Wald zurück. Jetzt erschien auf diesem Punkte auch Infanterie, ungeduldig, am Gefecht theilzunehmen und den Sieg vollständig zu machen. Es war die 1. Garde-Division. Die Bataillone der Avantgarde erklommen von Givonne aus die von den feindlichen Truppen noch besetzten Höhen; Abtheilungen der Garde-Jäger gelang es, sich den Franzosen bis auf kurze Entfernung ungesehen zu nähern. Diese, als fühlten sie sich durch den Anblick eines sichtbaren Feindes ermuthigt, — gegen die Artillerie, von der sie so lange und schwer gelitten, waren sie ohnmächtig gewesen — stürzten der Infanterie wüthend entgegen. Aber wenige Minuten genügten, um zu zeigen, was die feste Ruhe unserer Schützen vermag. Wie hingemäht sanken die Franzosen unter ihrem mörderischen Feuer. Die Ueberlebenden verschwanden wieder im Dunkel des Bois de la Garenne und das Gefecht durfte auf diesem Punkte als beendet betrachtet werden.

Es war 2¼ Uhr als der commandirende General, Prinz August von Würtemberg, ein allgemeines Vorrücken anordnete. Zweck dieser Bewegung war, den Feind aus seinem letzten Halt, dem Bois de la Garenne, zu vertreiben. Den commandirenden General mit lautem Hurrah begrüßend, bereitete sich die Garde-Artillerie, die an diesem Tage so Bedeutendes gewirkt, zum Vormarsch vor. Aber schon auf halbem Wege wurde es klar, daß das Werk des Tages vollendet sei. In dem Thal zwischen dem Bois de la Garenne und den soeben von der Garde verlassenen Positionen wimmelte es von französischen Uniformen; aber wir fanden nicht mehr gefechtsfähige Männer, wie sie uns seit frühem Morgen gegenübergestanden hatten; es waren arme, kampfesmüde, entwaffnete Gefangene. Der Premierlieutenant von Trotha, der sie führte, stellte sie dem commandirenden General vor. An der Spitze des unübersehbar langen Zuges standen die Offiziere, darunter viele hohen Ranges. Es war ein ergreifender Anblick, die tapferen Männer so gänzlich niedergeschlagen und elend zu sehen. Der Prinz August richtete einige Worte des Trostes an sie, wie sie der Moment seinem edlen Herzen eingab; dann ritt er grüßend an den Besiegten vorüber. Die Anzahl der an dieser einen Stelle von der Garde Gefangenen wurde auf 4000 geschätzt. Sie hielten den ganzen Weg besetzt und der Stab des commandirenden Generals mußte sich buchstäblich an den spalierbildenden Feinden vorbeidrängen, um zu den Höhen zu gelangen, auf denen sich einzelne Divisionen des I. französischen

Corps bis zum letzten Augenblick gehalten hatten. Dort sah es entsetzlich aus: Todte und Verwundete bedeckten das weite Feld und zeugten furchtbar für die Macht unserer Waffen. Elend ringsum.

Welch anderes Bild boten dem gegenüber die Unseren! Die Truppen bestaubt, erhitzt, die Helme zerschlagen, die Uniformen zerrissen, zogen mit klingendem Spiel leichten schnellen Schrittes vorüber, als gälte es, das blutige Werk des Tages, das sie vollbracht, erst zu beginnen. Beim Anblick des commandirenden Generals, der, am Wege stehend, die defilirenden Bataillone begrüßte, brachen sie in einen Jubel aus, der den Kanonendonner, das Flintenfeuer und die Musik übertönte und der erst mit dem letzten vorbeigehenden Soldaten endete. Dann folgten von Neuem lange Züge von Gefangenen. Die Garde-Füsiliere*) brachten dort mehrere Tausend ein. Einer der preußischen Soldaten trug die eroberte Fahne des 17. französischen Linienregiments. Auf der gelben Seide standen die Namen von Austerlitz, Jena und Borodino.

---

*) Die Garde-Füsiliere hatten bei dem Vorgehen an dieser Stelle die Tête gehabt und die Mühen und Opfer des Kampfes, so weit die Garde (mit Ausschluß der Artillerie) in Betracht kommt, waren ihnen beinahe ausschließlich zugefallen. Diese Mühen und Opfer waren nicht gering, obschon die Dauer des eigentlichen Kampfes (größtentheils Mann gegen Mann) nicht viel über eine Viertelstunde hinausgehen mochte. Es war dies das Zusammentreffen mit dem Feinde im Bois de la Garenne, vielleicht eines der größten und zugleich blutigsten Pêle-Mêle-Gefechte, die je geführt worden sind. In den anderthalb Stunden von 1 bis 2½ drängte französischerseits Alles in diesen Wald hinein, um vor unseren von drei, zuletzt sogar von vier Seiten her feuernden Batterieen Rettung zu suchen; es waren Abtheilungen aller drei Corps, die bis dahin auf dem Terrain zwischen Illy, Floing und Givonne gestanden und gefochten hatten, also vom I., V. und VII.; Linie, Chasseurs, Turcos, Zuaven, alles bunt durcheinander. Die Unseren, nachdem sie von drei Seiten her die Höhen erstiegen, drängten nach und Züge und Halbzüge vom 32., 83. und 87. Regiment, vom 6. und 46. (19. Brigade), von den Garde-Jägern und Garde-Füsilieren, führten hier truppweise, mit den aus Löchern und Schlupfwinkeln hervorkommenden, bald fliehenden, bald sich wieder setzenden Feinden ein wirr-chaotisches Gefecht. Vielfach ein bloßes Kesseltreiben, an anderen Stellen aber verzweifelte Gegenwehr und blutiges Raufen. Und in dieses Chaos hinein feuerte unsere Artillerie, ohne Wissen, daß der Wald eben so voll von den Unsrigen, als voller Feinde stecke. Die Geschosse fielen so dicht, daß Freund und Feind, einem gleichen Triebe folgend, hinter den dicksten Stämmen Queue machten, um sich einigermaßen zu schützen. Man denke sich Jäger, Musketiere und Garde-Füsiliere in bunter Reihe mit Zuaven und Chasseurs. Aber nicht überall war das sich darbietende Bild ein gleich versöhnliches und fast erheiterndes, am wenigsten da, wo nach Unterwerfung und Waffenstreckung des Feindes der Kampf plötzlich wieder auflebte. Ein Freiwilliger vom 3. Bataillon des Garde-Füsilier-Regiments schreibt über einen solchen Kampfesmoment sehr anschaulich das Folgende: »Um 2½ Uhr erhielt unser Bataillon Befehl, einen Wald, der von unserer Artillerie beschossen worden war, abzusuchen. Wir gingen ruhig vor, nichts Schlimmes ahnend, und machten Tausende von Gefangenen. Diese reichten uns die Hand, waren kriechend freundlich, nannten uns bon ami, bon camarade und baten um ein Stückchen Brod. Wir gaben ihnen denn auch gutmüthig, was wir hatten, jedoch sollte

Das XI. Corps und die 19. Brigade

nehmen die Linie Floing-Jllh.

Wie die Garden von rechts her in das Bois de la Garenne eingedrungen waren, so das XI. Corps und die 19. Brigade von links.
Diesem die letzte Entscheidung gebenden Eindringen in den Wald waren aber
am linken Flügel, also auf der Linie Floing-Jllh, ernsthaftere Kämpfe
vorausgegangen als am rechten (Givonne-Jllh).

Diesen ernsthafteren Kämpfen, wie sie namentlich zwischen 12 und 2
das XI. Corps und die 19. Brigade führten, wenden wir uns jetzt zu.

Wir verließen unsren linken Flügel um 12 oder 12¼, unmittelbar
nach Wegnahme Floings einerseits durch 83er, andererseits durch die beiden
Musketier-Bataillone Gallwitz und Maliczewski vom 46. Regiment. Das
Dorf, so etwa schlossen wir, wurde genommen und behauptet. Die Kirch-
hofsposition, gegen die sich vorzugsweise die Wiedereroberungsversuche des
Feindes richteten, hielt Premierlieutenant Kruskra mit der 8. Compagnie
vom 46. Regiment, der sich Züge und Halbzüge vom 5. und 11. Jäger-
Bataillon, wie vom Regiment Nr. 83 angeschlossen hatten.

Floing also war unser, aber weder genügte diese Position, noch
vermochten wir uns auf die Dauer in ihr zu halten, wenn es uns nicht
glückte, die unmittelbar hinter Floing aufsteigende, bis Jllh sich hinziehende
und an namentlich einer Stelle bastionsartig vorspringende Höhenlinie zu
nehmen. Diese Höhenlinie entsprach einer natürlichen Festung, baute sich in

uns unsere Güte schlecht belohnt werden. Im Weitergehen gelangten wir auf einen freien
Platz im Walde, von wo uns ein ganzes Regiment Franzosen mit furchtbarem Schnellfeuer
begrüßte. Der Angriff war unerwartet und deshalb um so vernichtender. Die Gefangenen,
deren ein jeder von uns an 40—50 mit sich führte, rafften die am Boden liegenden Waffen
auf, um sie mit dem Rufe: »Husse, vive la France, vive l'Empereur« an uns zu probiren.
Ich sah nur noch ein Paar der Unsrigen sich gegen einen zahllosen Feind wehren. Unser Hauptmann kam auf den Platz gesprengt, um schon im nächsten Augenblick schwer verwundet vom
Pferde zu sinken. Ich schlug beinahe ohne Besinnung wie ein Rasender mit meinem Gewehr
um mich, schon mit dem zweiten, denn das erste war bereits zertrümmert. Unteroffizier Alber
von meiner Kompagnie kam mir zu Hülfe, — wir wollten uns zu unserm verwundeten Hauptmann durchschlagen; die Kugeln zischten zu Dutzenden um unsere Köpfe. Ich blieb unversehrt,
Alber aber fiel schon beim zweiten Schritt vorwärts. Ich wollte nun diesen ins Gebüsch ziehen,
da kam ein Schuft von Turcos, zog dem Unglücklichen das Seitengewehr aus der Scheide und
stieß es ihm bis ans Heft in den Leib. Ich mußte mich nach der anderen Seite hin vertheidigen; nur mit der größten Anstrengung gelang es mir, alle nach mir gezielten Kolbenschläge
zu pariren. Jener Turcos zückte auch nach mir den Säbel; eine Kugel durch den Kopf streckte
denselben nieder, ehe er den Stoß führen konnte. Ich wurde jetzt ins Gebüsch gedrängt, wo
ich, vielleicht zu meinem Glücke, stürzte und in demselben Augenblick einen heftigen Kolbenschlag
auf meinen Fuß fühlte. Ich empfand noch, daß einige Körper mich im Fallen bedeckten.
Kräftige deutsche Hurrahs weckten mich wenige Minuten später; ich wurde von meiner unfreiwilligen Bürde befreit und sah, daß der Feind umgangen, und wir gerettet waren.«

Etagen auf und war vom Feinde, unter geschickter Ausnutzung des Terrains, mit dichten Truppenmassen besetzt. Hier standen noch die besten Regimenter des VII. Corps (andere hatten sich schon flüchtig nach Sedan hineingezogen), ferner die Brigade Saurin vom V. Corps und die zur Unterstützung dieses Flügels eben eintreffenden Brigaden*) vom I. Corps. Immerhin noch eine imposante Macht — muthmaßlich 15 bis 20,000 Mann — und nur partiell in ihrem Gefüge erschüttert.

Diese mit so erheblichen Kräften vertheidigte Linie Floing-Illy war noch seitens unseres XI. und V. Corps zu nehmen. Der Angriff geschah in drei Colonnen, die am rechten und linken Flügel dieser Position, wie auch im Centrum, gleichzeitig oder doch fast gleichzeitig zum Sturme schritten. Wir betrachten zunächst die Zusammensetzung jeder einzelnen Colonne.

[Die rechte Flügel-Colonne] bestand, nachdem noch die rück-ständigen, auf dem Marsch verzögerten Regimenter eingetroffen waren, aus

der 43. Brigade, Regimenter 32 und 95,

der 44. Brigade, Regimenter 83 und 94,

und den beiden Musketier-Bataillonen 46. Regiments, den bereits, bei der Wegnahme von Floing, mehrgenannten Bataillonen Gallwitz und Maliczewski.

[Die Centrums-Colonne] war die schwächste und musterte nur die nach Abzweigung der beiden Musketier-Bataillone 46. Regiments übrig gebliebenen vier Bataillone der 19. Brigade: das Grenadier-Regiment Nr. 6 (drei Bataillone) und das Füsilier-Bataillon 46.. Regiments unter Major Campe. Diese Centrums-Colonne hatte den schwersten Stand.

[Die linke Flügel-Colonne] bestand, alles in allem gerechnet, aus der gesammten 21. Division, die in und um Fleigneux ihre Stellung genommen hatte; doch scheint es, daß zum Angriff gegen die hier vor-gelegene »Höhe von Illy« nur wenige Bataillone zur Verwendung kamen,

---

*) Es waren dies die Brigaden Gandil und Lefebvre, jene von der Division Pellé, diese von der Division L'Hérillier des I. Corps. Die Brigade Lefebvre, was gleich hier bemerkt werden mag, kam zu keiner eigentlichen Action, sondern wurde, noch eh sie aufmarschiren konnte, durch flüchtige französische Cavallerie-Regimenter (vgl. S. 537 u. 538) niedergeritten und zerstreut. Desto energischer scheint der Widerstand der Brigade Gandil: 1. Turco- und 78. Linien-Regiment, gewesen zu sein. In die Flucht der Cavallerie nicht mit hineingerissen, hielten diese beiden Regimenter, die schon bei Weißenburg den Hauptkampf bestanden und sehr gelitten hatten, aus bis zum letzten Moment, und das innerhalb des Bois de la Garenne gegen unsre Garde-Füsiliere geführte, erbitterte Waldgefecht — siehe die Anmerkung auf S. 533 u. 534 — ist sehr wahrscheinlich eben dieser Brigade (Gandil) zuzuschreiben. Wenn noch andre Truppentheile mit eingriffen, so können es nur Regimenter der Division Wolff und der Brigade Montmarie, beide vom I. Corps, gewesen sein, die, wie die Brigade Gandil am West-Rande des Bois de la Garenne, so ihrerseits am Ost-Rande des Wäldchens bis zuletzt aushielten und endlich ihren Rückzug antretend, auf diesem Rückzuge vielleicht an dem Wald-gefechte theilnahmen.

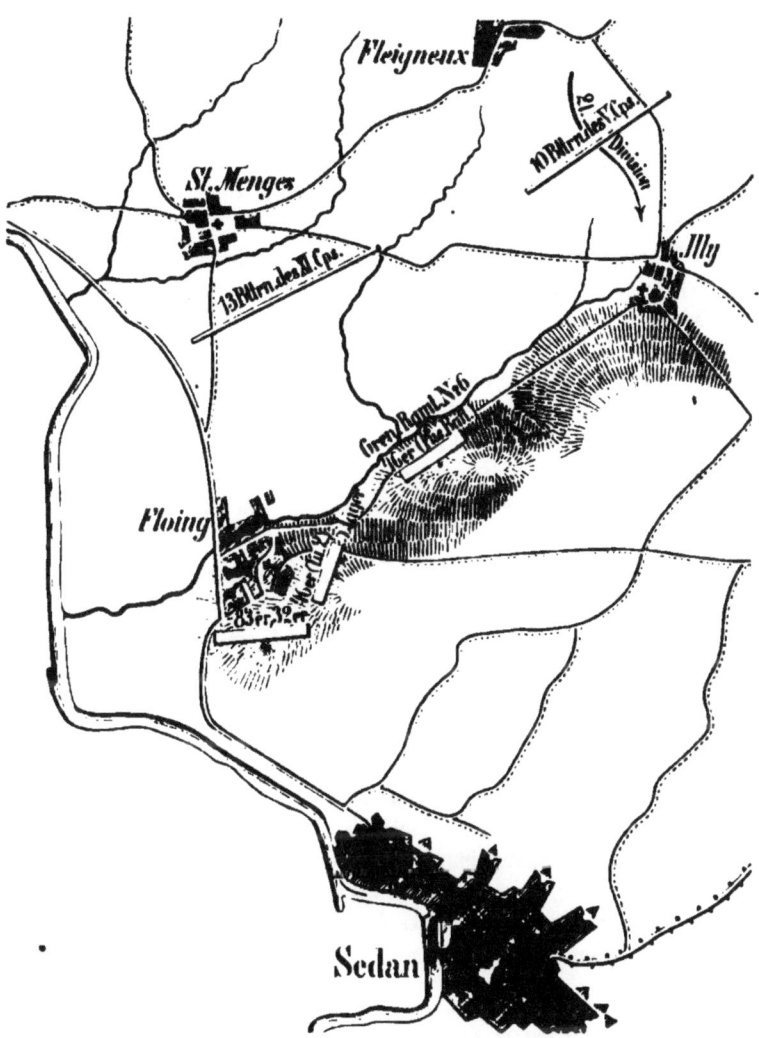

wahrscheinlich vom 87. Regiment. Die Vorgänge an dieser Stelle des Schlachtfeldes sind bis zur Stunde die am wenigsten aufgeklärten.

Wir schreiten nun zu den Einzelnheiten.

Die rechte Flügel-Colonne (bei Floing).

Die rechte Flügel-Colonne theilte sich ihrerseits abermals in drei kleinere Colonnen, dadurch in sich selbst wieder zwei Flügel und ein

Centrum herstellend. Am rechten Flügel von Floing, erst südlich dann östlich sich haltend, avancirte die 43., im Centrum, aus dem Dorfe debouchirend, die 44. Brigade, am linken Flügel gingen die Bataillone Gallwitz und Maliczewski, sammt dem 5. Jäger-Bataillon gegen die Höhe vor.

Die erste Terrasse wurde genommen; als die drei Colonnen sich aber anschickten, die Höhe weiter zu ersteigen, erfolgten jene berühmt gewordenen Cavallerie-Angriffe, die mit der Niederlage der Reserve-Cavallerie-Divisionen Margueritte und Bonnemain, so wie der Cavallerie-Division Salignac-Fenelon (vom XII. Corps) endigten. Ducrot — der auf diesem Theil des Schlachtfeldes das Commando führte — hatte diese Angriffe angeordnet, theils um seine in eben diesem Augenblicke hartbedrängten, unmittelbar nördlich von Floing (auf Illy zu) stehenden Bataillone direkt zu souteniren, theils um zur Heranziehung frischer Brigaden Zeit zu gewinnen. Es gebührt ihm für diesen Versuch, so vollkommen er auch scheiterte, nicht der geringste Vorwurf. Wir thaten bei Bionville dasselbe. Es waren vier Angriffe, die unternommen wurden. Sie folgten in Pausen von einer Viertelstunde bis 20 Minuten.

[Erster Cavallerie-Angriff. Lancier-Attake gegen anderthalb Bataillone 46er und zwei Jäger-Compagnieen.]

Unter heftigem Feuergefecht hatten die 5. und 7. Compagnie kaum die Mitte des Abhanges und die Compagnieen des 1. Bataillons eben den Fuß desselben erreicht, als plötzlich feindliche Cavallerie hervorbrach. Es waren zwei Escadrons Lanciers, von denen sich die eine gegen die 5. und 7. Compagnie, die andere gegen das 1. Bataillon wandte. Die Attake brandete gegen die heftig feuernde Schützenlinie, in der sich auch Tirailleure des XI. Corps befanden, bog aus, jagte die Schützenlinie entlang und stürzte theilweise den Steilabhang hinunter, theilweise durch das Dorf Floing. *) Hier waren eben die 2. und 3. Compagnie vom 5. Jäger-Bataillon in der Nähe der Kirche angekommen; beide Compagnieen warfen sich sofort in die Gehöfte und Nebenstraßen und beschossen die vorbeirasende Cavallerie auf das

---

*) Ein anderer Bericht, von einem Offizier des 2. Bataillons (v. Maliczewski) herrührend, schildert diese Lancier-Attake wie folgt. »Da auf einmal erbebte der Boden unter den Hufen der heranbrausenden feindlichen Cavallerie, und wie meist bei jungen Truppen, prägte der erste Schrecken durch den Ruf: Cavallerie, Cavallerie! sich aus. »Ja, ja (rief Major v. Maliczewski), laßt sie nur kommen, uns werden sie nichts thun«; — und in der That, kaum waren diese Worte gesprochen, so raste die wilde Jagd der Lanciers an uns vorüber, während wir selbst, die kühnen Reiter ruhig aufs Korn nehmend, sie großen Theils durch unsere Kugeln, kleineren Theils durch die Unzugänglichkeit des Terrains stürzen sahen. Nur wenige vermochten sich nach Floing hinein zu retten, wo sie jedoch von unseren in der Dorfstraße kämpfenden Kameraden empfangen wurden. Unser Regiments-Commandeur, Oberst v. Eberhardt, hieb in persönlicher Gegenwehr zwei Reiter vom Pferde.«

vernichtendſte. Ein Theil der flüchtigen Lanciers mußte noch durch das Feuer der Vertheidiger des Kirchhofes (8. Compagnie vom Regiment 46) hindurch.

Unſere Compagnieen ſetzten nach dieſem erſten Zwiſchenfall ihr Vor-dringen gegen die Höhe fort.

[**Zweiter Cavallerie-Angriff. Cüraſſier-Attaſe gegen drei Compagnieen 46er.**] Als unſere Infanterie auf nahezu allen Punkten die Höhe erklommen hatte und im Begriff ſtand, den letzten feind-lichen Schützengraben zu beſetzen, galoppirten franzöſiſche Cüraſſier-Schwa-dronen heran. Sie waren auf Schimmelhengſten beritten und attakirten mit Entſchloſſenheit die 2., 3. und 5. Compagnie 46. Regiments. Letztere (die 5.), ſchon geſchloſſen, empfing ſie mit runden Salven, die beiden andern, noch theilweiſe aufgelöſt, mit Schnellfeuer auf kurze Diſtance. Vor dieſem vernichtenden Feuer ſank das vordere Glied der Cüraſſiere in ſich zuſammen; die übrigen jagten, furchtbar gelichtet, zurück; einige Reiter ſtürzten durch die Infanterielinie hindurch.

[**Dritter Cavallerie-Angriff. Chaſſeurs à cheval-Attaſe gegen drei Jäger-Compagnieen.**]

Die 1., 2. und 3. Compagnie vom 5. (Görlitzer) Jäger-Bataillon waren mittlerweile über die Infanterie-Compagnieen hinaus avancirt, wobei ſich die 3. Jäger-Compagnie zwiſchen dem 1. und 2. Bataillon 46er durchgezogen hatte. Dieſe Jäger-Compagnie wurde auch ſogleich das Objekt einer Attaſe zweier Escadrons Chaſſeurs à cheval. Beide Escadrons überritten die vorgeſchobene Schützenlinie, prallten gegen die Soutiens an (vor deren Feuer ſie ausbogen) und ſtießen von rechts rückwärts auf die 2. Jäger-Compagnie, die aber Carrée formirt hatte und ſie mit einem wohlgezielten Schnellfeuer abwies. Die 3. Jäger-Compagnie hatte gleich darauf Gelegenheit, ein Halbbataillon des 32. Regiments (am rechten Flügel, wo die 43. Brigade avancirte) bei dem Abſchlagen einer Cavallerie-Attaſe zu unterſtützen. Die Jäger-Compagnie gab ihr Feuer auf 500 Schritte ab.

[**Vierter Cavallerie-Angriff. Huſaren und Chaſſeurs à cheval gegen zwei Compagnieen 46er und drei Jäger-Com-pagnieen.**]

Die Jäger-Compagnieen formirten ſich wieder, nachdem die Chaſſeurs à cheval abgeſchlagen waren, und wollten eben das Avanciren fortſetzen, als mehrere Escadrons Huſaren gegen die 1. und 5. Compagnie vom 46. und gegen die 3. Jäger-Compagnie anſprengten. Ihre Attaſe war aber ſchon im Anrücken etwas lahm. Die Compagnieen ließen ſie nahe herankommen und gaben ihre Salven ab, wobei die Huſaren theilweiſe Kehrt machten, theils nach rechts hin ausbogen. Bei dieſem Rechts-ausbiegen kamen ſie in den Rücken der 1. und 2. Jäger-Compagnie, die nun ihre Front verändern mußten, um die Husaren mit Feuer empfangen zu können. Diesen Moment benutzten zwei Escabrons Chasseurs à cheval, um gegen die 1. Jäger-Compagnie zu attakiren, aber schon das Feuer der Tirailleurlinie genügte, sie in die Flucht zu jagen.

Diese vierte Cavallerie-Attake war auch die letzte. Die Angriffe der französischen Reiterei, wie schon hervorgehoben, waren in Intervallen von einer Viertelstunde oder wenig mehr, auf einander gefolgt. Sie waren, zumal wenn wir von den in anderer Richtung gehenden Attaken absehen, die beispielsweise südlich von Floing auf das 2. und Füsilier-Bataillon 32. Regiments*) trafen, vorzugsweise gegen die 1. und 5. Compagnie 46er und die 1., 2. und 3. Compagnie vom 5. Jäger-Bataillon gerichtet gewesen. Die größten Erfolge hatte das präcise Feuer der 5. Compagnie (Hauptmann Steinbrunn) vom 46. Regiment errungen. Auf 140 und dann auf 80 Schritt abgegebene Salven hatten ganze Reihen der Cürassier-Schwadronen niedergestreckt.

Die Verluste des Feindes bei diesen wiederholten Angriffen waren außerordentlich groß. General Margueritte, Commandeur der 4. Reserve-

---

*) Das 2. und Füsilier-Bataillon 32. Regiments hatten hier am rechten Flügel der Rechten-Flügel-Colonne ähnliche Angriffe zu bestehen, wie die im Text geschilderten Attaken gegen die Görlitzer Jäger und die 46er Musketiere (linker Flügel der Rechten-Flügel-Colonne). Ob diese Angriffe gegen die 32er selbstständig unternommen, oder aber nur die Ausläufer jener gegen den linken Flügel gerichteten Attaken waren, stehe dahin. Es liegen uns zwei kurze Berichte von 32ern vor, denen wir die folgenden Sätze entnehmen. Ein Offizier vom 2. Bataillon schreibt: »An einem Steilrand, der den sanften Berghang unterbricht, wurde Athem geschöpft. Da jagten französische Reiter heran, Chasseurs d'Afrique; — Hurrah, Schnellfeuer — kein Mensch denkt an das beliebte Carrée — weg sind sie. Nun kamen Husaren (ein Escabron, noch eine und noch eine dritte; diese letztere jagte gerade an unsere 7. Compagnie, der Rittmeister mit hochgeschwungenem Säbel weit voraus, — aber Husaren und Rittmeister lagen alsbald am Boden, und der Rest suchte das Weite Noch schlimmer erging's einer Escabron Cüraffiere, die, geworfen von anderer Seite, an uns vorbeifegte; sie fiel unsern wackeren 13. Husaren zur Beute.« Aehnlich lauten Mittheilungen vom Füsilier-Bataillon 32. »Mein Halbbataillon, bestehend aus meiner 9. und der 11. Compagnie, befand sich an der Tête und dirigirte sich unter heftigstem Gewehrfeuer auf einen jenseit Floing aufsteigenden hohen Bergrücken, wobei auch ein tiefer Wassergraben überschritten werden mußte. Kaum hatte ich die beiden Compagnieen auseinandergezogen und Schützen vorgenommen, so erhielt ich auch schon den Angriff eines halben Regiments Chasseurs d'Afrique (Jäger zu Pferde auf Berber-Hengsten). Dasselbe erhielt ein mörderisches Feuer, so daß wohl die Hälfte liegen blieb. Nachdem dieser Angriff abgeschlagen, löste ich eine Compagnie als Schützen auf und nun ging es mit » Hurrah « die ziemlich steile Anhöhe hinauf, Alles zurückwerfend, was sich uns entgegenstellte. Ehe wir indessen die (auf dem Plateau) uns nahegelegenen Gärten von Cazal erreichen konnten, hatten wir noch drei Cavallerie-Attaken unter auch unserseits schweren Verlusten zurückzuweisen. Zweimal waren die Chasseurs d'Afrique in und hinter meinen Schützenlinien und da wir keine Unterstützung hatten, die Fahne meines Bataillons aber mit in meiner Tirailleurkette sich befand, so konnte uns dieselbe leicht genommen werden, zumal drei Fahnenträger gefallen und die Fahne selbst gänzlich zerschossen war. Dies war während des ganzen Gefechtes meine einzige Sorge.«

Cavallerie-Division, einer der besten Reitergenerale Frankreichs, fiel als erstes Opfer; Marquis von Gallifet übernahm das Commando.*) Selbst diejenigen Abtheilungen, die sich durch unsere Feuerlinie am Abhange der Floing-Höhe glücklich durchgeschlagen hatten, wurden auf ihrer Flucht über das Plateau hin, die einen hier, die anderen dort, dem Tod in die Arme getrieben. Zwei Cürassier-Schwadronen, welche sich auf weiten Umwegen nach Sedan retten wollten, langten bei Balan an, welchen Ort sie von den Baiern bereits besetzt fanden. Der Commandeur d'Alincourt formirte beide Escadrons in Zugcolonnen und warf im Galopp Alles nieder, was sich ihm in den Weg stellte. Er gelangte auch — trotzdem aus den Häusern heftig auf seine Reiterschaar geschossen wurde — mit dem Rest derselben bis an das Ende der Straße. Hier aber wurde der tapferen Schaar ein Ziel gesetzt, da die Baiern durch umgeworfene Wagen den Weg verbarrikadirt hatten. Der kühne Commandeur, die Barrikade übersetzend, wurde verwundet und gefangen, der Rest der Cürassiere, bei dem Versuche die Barrikade zu übersteigen, niedergestreckt. Von beiden Escadrons kamen nur drei Offiziere unverwundet davon und geriethen in Gefangenschaft.

———

Diese Cavallerie-Angriffe waren auch, wie ein großartig in Scene gehendes Schauspiel, von der Höhe von Frénois aus, wo König Wilhelm hielt, beobachtet worden. Ein Augenzeuge (englischer Offizier, Correspondent der Pall-Mall-Gazette) giebt folgende Beschreibung von den Vorgängen bei Floing, die sich ihm, auf Entfernung von mehr als einer halben Meile, lediglich wie große, wechselnde Tableaux darstellten.

»Um 12 Uhr 55 Minuten eröffneten die französischen Batterieen am Saume des Holzes von La Garenne ein kräftiges Feuer auf die vorrückenden Preußen (XI. und V. Corps), deren Absicht es war, den Hügel nordwestlich von La Garenne zu stürmen.

Gleich darauf sahen wir preußische Tirailleurs den Abhang erklettern. Sie schienen nicht stark genug und General Sheridan, der neben mir stand, rief: »Ach, die armen Teufel, sie sind zu schwach, sie können niemals diese Position gegen alle die Franzosen halten!« Dies bestätigte sich bald, denn die Preußen wurden genöthigt, den Hügel hinab zu retiriren, um Verstärkung

———

*) Von der Cavallerie-Division Margueritte fielen außerdem: General Tillard, Oberst Cliquot vom 1. und Oberstlieutenant de Linières vom 3. Chasseurs d'Afrique-Regiment (alle drei todt); Oberstlieutenant Ramond schwer verwundet. Vor allen, scheint es, hatte das 1. Husaren-Regiment gelitten: Oberst Bauffremont verlor zwei Pferde unter dem Leibe, 14 Offiziere waren verwundet, 8 todt, unter diesen Oberstlieutenant Gantès. — Nahezu eben so erheblich waren die Verluste der Division Salignac-Fénelon.

zu suchen, da die vorrückenden Franzosen wenigstens sechs gegen einen waren. Aber in fünf Minuten kehrten jene zurück, dieses Mal stärker, doch immer noch in bedenklicher Minderzahl gegen die mächtigen französischen Colonnen. »Hilf Himmel,« sagte General Sheridan, »die französischen Cüraffiere werden jetzt gegen sie anstürmen!« Und wirklich formirte sich ein Regiment französischer Cüraffiere. Helme und Cüraffe im Sonnenscheine funkelnd, in Schwadronssection stürmten sie den Abhang hinunter gegen die preußischen Tirailleurs. Ohne erst Linie zu bilden, empfing die Infanterie die Cüraffiere mit einem überaus fürchterlichen Schnellfeuer auf etwa 150 Schritte, so schnell als möglich ladend und in die dichten Massen hinein feuernd. Zu Hunderten fielen Roß und Mann und das Regiment ging viel schneller zurück, als es gekommen war. Im Augenblicke, als die Cüraffiere umwandten, gingen ihnen die Preußen in heißer Verfolgung nach, ihre Schritte verdoppelnd. So etwas ist nicht oft in den Annalen der Kriegsgeschichte erzählt. Dann ging die französische Infanterie vor und griff die Preußen an, die ruhig unter einem höchst raschen Feuer der Chaffepots warteten, bis der Feind auf etwa 150 Schritte herangekommen war und ihm dann eine solche Ladung Blei zuschickten, daß die Infanterie bald der Cavallerie folgte und hinging, wo sie hergekommen war, das heißt hinter einen Höhezug, etwa 600 Schritte auf Sedan zu, wo die Tirailleurs sie nicht treffen konnten.

Um halb zwei Uhr machte ein neues Regiment französischer Cavallerie, dieses Mal, wie mir schien, Chaffeurs, einen anderen Versuch, die Preußen zu vertreiben, die jede Minute verstärkt wurden. Aber sie erlitten dasselbe Schicksal, wie ihre Genossen in den Stahljacken und wurden mit großem Verluste zurückgejagt, während die Preußen die Gelegenheit benutzten, um ihre Linie um einige hundert Schritte der französischen Infanterie näher zu bringen. Plötzlich theilte sie sich in zwei Hälften, indem sie zwischen sich eine Bresche von etwa 100 Schritten in ihrer Linie ließen. Wir warteten nicht lange, bis wir die Absicht dieser Bewegung erkannten, denn die kleinen weißen Dampfwolken von der Höhe hinter den Tirailleurs und die darauf folgende Bewegung in den dichten französischen Massen zeigte uns, daß »ces diables de Prussiens« es, Gott weiß wie, zu Stande gebracht hatten, ein Paar Vierpfünder den steilen Abhang hinauf zu schaffen und Feuer auf die Franzosen zu geben.

In diesem Augenblicke muß bei der französischen Infanterie irgend etwas nicht in Ordnung gewesen sein, denn anstatt die Preußen anzugreifen, denen sie wenigstens immer noch um das Doppelte überlegen waren, blieben sie in Colonnen auf der Höhe und sahen die Hoffnung, den Tag wieder zu gewinnen, vor ihren Augen schwinden. Dann versuchte die Cavallerie nochmals eine Art von Balaklawa-Arbeit zu machen, aber ohne den Erfolg jener unvergeßlichen Sechshundert. Nochmals kamen die Cüraffiere herunter, diesmal gerade auf die beiden Feldgeschütze los. Aber ehe sie auf dreihundert Schritte an die Kanonen herangekommen waren, bildeten die Preußen Linie wie auf der Parade, warteten bis sie auf kaum hundert Schritte heran waren und gaben ihnen dann eine Ladung, die uns die ganze führende Schwadron niederzuwerfen schien, so daß sie buchstäblich den Weg zu den Kanonen für die Nachfolgenden hinderte.

Nach diesem letzten Angriffe, der vollständig mißlang (obgleich höchst tapfer gedacht und ausgeführt, wie auch die beiden vorhergehenden), ging die Infanterie schnell auf Sedan zurück, und in einem Augenblicke schwärmte der ganze Hügel von preußischen Tirailleurs, die aus der Erde hervor- zuwachsen schienen. Nach dem letzten verzweifelten Angriffe der französischen Cavallerie sagte mir General Sheridan: »Ich sah niemals etwas so Ver- zweifeltes, so durchaus Thörichtes; es ist der reine Mord.«

(Dem General Sheridan, der die Situation nur sehr unvollkommen kannte, mochten diese Cavallerie-Angriffe damals so erscheinen. Hinterher wird er anders darüber geurtheilt haben. Diese Angriffe waren »verzweifelt«, aber nicht »thöricht«. Der Mißerfolg kann nicht als Zeuge gegen die Be- rechtigung derselben angerufen werden.)

***

Die Centrums-Colonne (zwischen Floing und Illy).

Die Centrums-Colonne, die sich links neben den Görlitzer Jägern und den beiden Musketier-Bataillonen vom 46. Regiment, gegen den zwischen Floing und Illy gelegenen Höhen-Abschnitt richtete, bestand, wie bereits S. 535 hervorgehoben, aus dem Grenadier-Regiment Nr. 6 und dem Füsilier- Bataillon vom 46. unter Major Campe. Oberst v. Henning, Commandeur der 19. Brigade, führte diese Centrums-Colonne. Er formirte zwei Treffen:

Erstes Treffen: Füsilier-Bataillon und 1. Bataillon vom Grena- dier-Regiment Nr. 6;

Zweites Treffen: Füsilier-Bataillon vom 46. und 2. Bataillon vom 6. Regiment

und führte beide Treffen gegen die Höhe.

Das erste Treffen zog sich während des Vormarsches in Compagnie- Colonnen auseinander. Der Vormarsch ging zunächst in der vom Dorfe Fleigneux nach Südwest sich hinziehenden breiten Schlucht fort und kam sehr bald in ein heftiges Artillerie-, Mitrailleusen- und Gewehr- feuer, welches von den Höhen nördlich Sedan den gegen Süden gerichteten Theil der Schlucht mit großer Sicherheit beherrschte und der Brigade schon empfindliche Verluste zufügte. Die Schlucht wurde zum größten Theil im Laufschritt passirt. Die Verluste vermehrten sich noch, als die Bataillone in dem sich zwischen Illy und Floing ausdehnenden Thal den breiten Bach und die große Straße überschreiten mußten. Der Führer des Regiments Nr. 6, Oberstlieutenant v. Webern, die stellvertretenden Bataillons-Commandeure, Hauptleute v. Thadden und v. Gößnitz, Major Campe des Regiments Nr. 46, viele Offiziere und Mannschaften wurden hier schon verwundet oder fielen unter dem mörderischen Feuer des Feindes. Von diesem Bache aus gingen die Bataillone nach einem kurzen Feuergefecht zum Angriff auf die gegenüberliegende mit Gebüsch und einem Gehöft ge- krönte steile Anhöhe vor. Das zweite Treffen setzte sich, dem Befehl des Brigade-Commandeurs gemäß, auf den rechten Flügel des ersten Treffens, so daß das Füsilier-Bataillon des Regiments Nr. 46 vom Nordwesten her die Höhe erstieg, links neben ihm das zweite, demnächst das Füsilier- und erste Bataillon des Regiments Nr. 6. Dieser Angriff wurde durch das sichere Feuer von einem Theil der großen Batterie zwischen St. Menges und Fleigneux unterstützt.

Im ersten Anlauf wurde der Fuß des Berges, der unmittelbar jenseits der großen Straße von einer hohen Terrasse gebildet wird, genommen. Das erste Bataillon des Regiments Nr. 6 wurde hier durch den Brigade-Com- mandeur v. Henning als Reserve zurückgehalten. Das Füsilier-Bataillon Nr. 46, unter Führung seines verwundeten Bataillons-Commandeurs Major Campe, das zweite und Füsilier-Bataillon Grenadier-Regiments Nr. 6, ge- führt vom Major Bauer, gingen nun vor, um die Franzosen aus ihren bei- den Stellungen, welche sie auf dem Abhang des Berges stark besetzt hatten und unter Beistand einer Mitrailleusen-Batterie vertheidigten, zu vertreiben.

Durch Angriffe in den Flanken und in der Front suchte der Feind verschiedene Male den Sturm aufzuhalten, trotzdem drangen die preußischen Grenadiere und Füsiliere von Terrasse zu Terrasse, von Hecke zu Hecke, wenn auch mühsam, den steilen Abhang hinauf und durch einen Hagel aller Arten von Projektilen hindurch; ihre Führer gaben ihnen glänzende Beispiele der Bravour. Die Verluste waren unendlich groß, Viele erlagen den Kugeln, Andre den Anstrengungen *). Major Bauer wurde ebenfalls verwundet

---

*) Die Erstürmung dieses Ravelins bei Floing war einer der glänzendsten Bravour- acte des Krieges, ähnlich wie der Sturm auf Fröschweiler, Spicheren und St. Privat. Ein 46er, der bei Erkletterung jenes Ravelins schwer verwundet worden war, lag später in einem Berliner Lazareth und hier entspann sich folgendes Gespräch: Alter Herr. Konntet ihr denn aber nicht lieber noch warten bis mehr Regimenter heran waren in Front oder Flanke? Verwundeter. Lieber Herr, das verstehen Sie nicht. Wenn wir unten sind und der Feind steht oben, so muß er 'runter. Und wenn der König selber sagt: »wartet doch noch«, es hilft nichts, er muß 'runter.

und war schließlich genöthigt, die Truppe zu verlassen; sämmtliche Stabs-offiziere, Hauptleute und der größte Theil der Offiziere waren außer Gefecht gesetzt worden; die vorgeschobenen Bataillone des 6. Regiments wurden schließlich durch die Premierlieutenants Kaempf und v. Chapuis, das in Re-serve stehende erste Bataillon dieses Regiments durch den Premierlieutenant v. Elpons geführt.

Von der zweiten Position aus, welche den Franzosen abgenommen worden war, entspann sich nun gegen den Kamm der Höhe ein lang an-haltendes Feuergefecht.

Zur Unterstützung der vorn kämpfenden Bataillone wurde jetzt durch den Oberst v. Henning das erste Bataillon Regiments Nr. 6, unter Premier-lieutenant v. Elpons, auf den linken Flügel vorbeordert; auch dieses mußte im heftigsten Feuer den Abhang ersteigen, ehe es in der vorderen Gefechts-linie anlangte.

Auf dem rechten Flügel dirigirte der Major Campe die 10. Com-pagnie seines Bataillons (Secondelieutenant Larisch) derart, daß sie die linke Flanke der französischen Infanterie zu umfassen suchen und sich in Besitz des dicht unter der Kuppe gelegenen grauen Hauses setzen sollte, welches schon vom Obersten v. Henning dem Bataillon als point de vue bezeichnet worden war. Wie diese Compagnie gegen das Haus stürmte, ging auch fast gleich-zeitig die übrige Linie im allgemeinen Anlauf gegen den Kamm der Höhe vor und warf den Feind von demselben herunter. In dem grauen Hause wurden von der 10. Compagnie des Regiments Nr. 46 3 Offiziere und 40 Mann zu Gefangenen gemacht. Wesentlich wurde dieser Angriff unter-stützt durch das gut geleitete Feuer der Avantgarden-Batterieen Schmiedes (6. schwere) und Caspari (6. leichte), welche auf dem rechten Flügel der großen Artillerie-Aufstellung des Armee-Corps standen.

In der Front geworfen und in der Flanke durch den über Floing immer mehr vorschreitenden Angriff ernstlich bedroht, gab der Feind der 19. Infanterie-Brigade gegenüber die Höhe ganz auf und zog sich auf die südlich gelegenen Höhen zurück. Auf der eroberten Höhe formirten sich die Bataillone der 19. Infanterie-Brigade wieder und verfolgten den ab-ziehenden Feind zunächst mit Gewehrfeuer theils in das Bois de la Garenne, theils auf Sedan zu.

Linke-Flügel-Colonne (gegen Illy).

Die Rechte-Flügel- und die Centrums-Colonne waren in ernste Gefechte verwickelt worden, die bei jener vorzugsweise in Abweisung von vier Cavallerie-Angriffen, bei dieser in Erstürmung einer festen, von überlegenen Kräften vertheidigten Höhenposition bestanden hatte. Besonders die Centrums-Colonne hatte ihren Erfolg (eine der glänzendsten Actionen des Tages) mit großen Opfern erkaufen müssen.*)

Anders verliefen die Dinge am linken Flügel. Sei es, daß der Feind an dieser Stelle überhaupt einen geringeren Widerstand leistete, oder sei es, daß das bei Illy sich geltend machende Zusammenwirken des Garde-Corps von rechts, des XI. Corps von links her, den sich darbietenden Widerstand mit leichterer Mühe brach, — gleichviel, es scheint an dieser Spitze des vielgenannten Dreiecks Bazeilles-Floing-Illy zu keinen sehr erheblichen Kämpfen gekommen zu sein. Die vorgeschobenen Abtheilungen der 21. Division warfen den Feind aus seinen zwischen Fleigneux und Illy gelegenen Positionen, und endlich aus Illy selbst auf das Bois de la Garenne zurück. Das Regiment Nr. 87, das, nach den uns vorliegenden, lückenhaften Berichten, die Tête hatte, nahm bei diesem Vorgehen 8 Geschütze. Der Feind zog sich fluchtartig auf Sedan selbst zurück; nur zerstreute Gruppen, übrigens zahlreich, fochten noch im »Bois« oder suchten sich innerhalb desselben zu bergen. Ein Kesseltreiben begann, an dem, wie mehrfach hervorgehoben, von rechts her die Garden, von links her die 22. Division und die 19. Brigade, von Norden her die 87er, als Avantgarde der 21. Division, theilnahmen. Etwa um 3 Uhr trafen die Unseren von drei Seiten her im Bois de la Garenne zusammen. Tausende von Gefangenen waren gemacht und mehrten sich mit jeder Minute.

Der Kampf schien vorüber und war es auch im Wesentlichen. Was nach 3 Uhr noch folgte war entweder ein bloßes Ausbrennen des Feuers oder ein gelegentlicher Versuch es neu zu beleben. Diese Versuche, zwei an der Zahl, gingen vom General Wimpffen allerpersönlichst aus, scheiterten aber in demselben Momente fast, in dem sie unternommen wurden. Der Schluß des folgenden Capitels wird uns auf diese gescheiterten Versuche zurückführen.

---

*) Das Grenadier-Regiment Nr. 6 verlor 18 Offiziere (7 todt) und 458 Mann, das Regiment Nr. 46 15 Offiziere (7 todt) und 230 Mann, von denen die meisten auf das Füsilier-Bataillon, Major Campe, das in der Centrums-Colonne focht, entfielen. Den relativ größten Verlust hatte das 5. Jäger-Bataillon: 8 Offiziere (4 todt) und 173 Mann. [In Betreff dieses Jäger-Bataillons, der sogenannten »Görlitzer Jäger«, mag übrigens noch rückblickend bemerkt werden, daß es nicht etwa laut Ordre de Bataille zur 19. Brigade gehörte, sondern an diesem Tage nur in engster Verbindung mit dieser Brigade focht.]

Die Vorgänge beim Feinde

von 12 bis 6 Uhr.

Um 12 Uhr war der Ring geschlossen und dadurch im Wesentlichen der Tag entschieden. Es konnte nur noch die Frage sein, mit wie viel oder wie wenig Truppen es dem Feinde glücken werde, an der einen oder andern Stelle den Ring zu durchbrechen. Darauf waren denn auch — wenn man von dem in unserem letzten Capitel geschilderten Widerstande absieht, den auf der Linie Floing-Jlly, zwischen 12 und 2, die buntgemischten Bataillone des 7., 5. und 1. Corps leisteten — alle Anstrengungen des Feindes gerichtet. Sie gingen zum Theil nördlich, auf Fleigneux zu, wo sie nicht ganz erfolglos blieben; andere nahmen die Richtung auf Givonne, die meisten aber dirigirten sich gegen Balan-Lamoncelle oder Lamoncelle-Daigny, um irgendwo nach Osten oder Südosten zu einen Ausgang zu finden. In allen diesen Kämpfen war ein bestimmter Plan, der über den bloßen Rettungs-drang hinausgegangen wäre, nicht mehr zu erkennen. Alles verlief chaotisch und bis zur Stunde noch (drittehalb Jahre nach) jenen Kämpfen) ist es nicht möglich, Widerspruchsvolleres zu lesen, als die Relationen darüber. Nichts stimmt, weder nach Zeit noch Ort. Angriffe, die der eine sich gegen Givonne richten läßt, richten sich, nach Angabe eines zweiten und dritten, gegen Balan und Bazeilles, und Zusammenstöße, die Kaiserliche Generaladjutanten um 1 oder 2 ansetzen, lassen Ducrotsche oder Wimpffensche Berichte vielleicht um 3 oder 3½ Uhr in Scene gehen. Vormittag und Nachmittag werden verwechselt, durcheinander geschoben und das Alles, wie schon angedeutet, keineswegs von solchen, die nur nach Hörensagen urtheilen, sondern recht eigentlich von denen, die im Mittelpunkt des Kampfes standen und ihn leiteten, so lange überhaupt noch etwas zu leiten war. Die künftige Geschichtschreibung wird mit Hülfe des Mittelkurs und Ausgleichungsprinzips leicht möglicherweise Uebersichtlichkeit in dies wirre Durcheinander bringen, ob diese Ueberſichtlichkeit aber zugleich auch die Wahrheit ſein wird, möchten wir vorweg bezweifeln. Es giebt ein Wirrſal, dem gegenüber es am beſten iſt, auf volle Klarlegung zu verzichten. [Einen nicht geringen Schuldantheil an dieſer unleugbar vorhandenen Verwirrung hat, was hier angefügt werden mag, der Umſtand, daß Givonne und Fond de Givonne — zwei gleich wichtige und gleich vielgenannte Oertlichkeiten — grundverſchiedene Dinge ſind. Givonne iſt ein Dorf ¾ Meilen von Sedan, Fond de Givonne iſt eine in einem tiefen Terraineinſchnitt gelegene Vorſtadt der Feſtung ſelbſt, ſo daß die Entfernung von dem einen zum andern mehr als eine halbe Meile beträgt. Sie bildeten zwei ganz verſchiedene Actionsfelder; bei Givonne ſtand das 1. Corps Ducrot, bei Fond de Givonne das 5. und 12. Corps. Werden nun beide verwechſelt, ſo iſt die Verwirrung unſagbar.]

Um 1¼ Uhr bereits, zu demſelben Zeitpunkt alſo, wo bei Floing die durch Ducrot angeordneten großen Cavallerie-Angriffe ſtattfanden, hatte General v. Wimpffen eine volle Erkenntniß davon, daß er eingeſchloſſen und die Armee verloren ſei.*) Er ſchickte deshalb, und zwar in einem Duplikat, durch die Generalſtabscapitaine de Saint Haouen und de Lanouvelle ein Billet an den Kaiſer nach Sedan hinein, das wie folgt lautete:

»Sire, ich gebe dem General Lebrun den Befehl, einen Durchbruch in der Richtung von Carignan zu verſuchen, und ich laſſe ihm alle verfüg-baren Truppen folgen. Ich befehle dem General Ducrot, dieſe Bewegung zu unterſtützen und dem General Douay den Rückzug zu decken. Möge Euer

---

*) Dieſe Erkenntniß, erſt leiſe, dann immer wachſend, war ihm ſchon ſeit 11 Uhr gekommen, um welche Stunde er ſich zum 7. Corps Douay begeben hatte. Bis dahin immer nur voll Aufmerkſamkeit für die Vorgänge am rechten Flügel (Bazeilles), hatte er Alles, was ſich nach links hin, in Front des 7. Corps zutrug, vernachläſſigt. Davon ausgehend — und zwar erheblich früher als nöthig — daß der Weg nach Mezières verlegt ſei, ſchien er doch dem Gedanken nicht Raum geben zu wollen, daß von da her, wo die Gefahr ſtand, die Gefahr auch kommen könne. Erſt der Augenſchein belehrte ihn. Unmittelbar nach ſeinem Eintreffen beim 7. Corps ſagte ihm General Douay: »Wir ſchlagen uns nur noch für die Ehre unſerer Waffen. Folgen Sie mir, General, es wird leicht ſein, Sie davon zu überzeugen.« Wimpffen ſelbſt berichtet nun über ſeine Anweſenheit an dieſer Stelle (Linie zwiſchen Floing und Illy) im Weſentlichen Folgendes: »Wir ritten nun an den Höhenrand. Drüben feindliche Maſſen und zwiſchen St. Menges und Fleigneux Batterieen, die mit erſtaunlicher Präciſion ihre Projektile in die Reihen unſerer Truppen warfen. General Douay war vor Allem um das Bois de la Garenne in Sorge. Mit Recht. Ich hatte es von Anfang an als den Punkt erkannt, gegen den ſich der Angriff des Feindes richten würde. Ich verſprach ihm, ihn durch Abtheilungen vom linken Flügel des 1. Corps, durch eine neue Brigade vom 5. Corps und durch einige Batterieen an dieſer Stelle zu unterſtützen. Dann ritt ich weiter vor, ſprach zu den Truppen, ließ die Cavallerie, die vor dem Feuer ſich etwas zurückgezogen hatte, wieder concentriren, überblickte noch einmal die Stellung hüben und drüben, ſah mehr und mehr, daß es unſerer Artillerie unmöglich ſein würde, ſich gegen die feindliche zu behaupten, und verließ dann mit blutendem Herzen (avec un coeur navré) das 7. Corps, um mich nach dem »vieux camp«, dieſem Centralpunkt unſerer Stellung zurückzubegeben.«

Majestät in die Mitte Ihrer Truppen kommen; sie werden es sich zur Ehre
anrechnen, Ihnen einen Durchweg zu öffnen.«*)

1¼ Uhr.   v. Wimpffen.«

Es war 1½ Uhr als das Billet zu Händen des Kaisers kam. Das
Bild, das sich dem Letztern in seiner unmittelbaren Umgebung bot, war
nicht geeignet, ihn mit Vertrauen zu einem Schritte zu erfüllen, wie ihn
General Wimpffen vorschlug. Die Zustände innerhalb Sedan waren bereits
seit 12 Uhr aller und jeder Ordnung entkleidet. Ein französischer Offizier
hat folgende Schilderung davon gegeben: »Es mochte gegen Mittag sein, als
ich von Balan her nach der Stadt zurückkehrte. Der Weg war bereits mit
Flüchtlingen überdeckt. Schon zerdrückten Soldaten einander, indem sie sich
abmühten, in die Stadt hinein zu gelangen. Abgesessene Cavalleristen versuchten
sogar über die Wälle zu klettern, nachdem sie die Contrescarpe hinabgesprun-
gen. Andere bahnten sich einen Weg durch die Seitenthore. Von den
Wällen herab sah ich, wie Cürassiere mit Pferd und Allem in den Festungsgraben sprangen, wobei die Pferde Beine und Rippen brachen. Soldaten
kletterten über einander weg; Offiziere aller Grade, Obersten und Generale,
die an den Uniformen leicht erkennbar waren, befanden sich mitten in diesem
schmachvollen Getümmel. Dahinter kamen Kanonen mit ihren schweren La-
fetten und starken Pferden, jagten in das Gedränge hinein und verstümmelten
und zermalmten die Flüchtlinge zu Fuß. Um die Verwirrung noch zu er-
höhen, waren die preußischen Batterieen jetzt auf Schußweite vorgerückt, und
die preußischen Granaten begannen mitten unter die ringenden Menschenmassen einzuschlagen. Es war eine Scene, schrecklich genug, selbst für die
Phantasie eines Gustav Doré. Ich konnte mir nur die eine Vorstellung von
unserer unglücklichen Armee machen — daß sie sich auf dem Boden eines
siedenden Kessels befinde. In mein Hotel zurück eilend, suchte ich die engen
Straßen auf, wo ich vor den Granaten einigermaßen sicher sein konnte.
Wo ein freier Platz war, stieß ich auf die Körper von Pferden und Men-
schen, die todt waren, oder, von platzenden Granaten zerrissen, noch zuckten.
Als ich mein Hotel erreichte, fand ich die Straße wie die übrigen mit Wagen,
Kanonen, Pferden und Soldaten völlig versperrt. Inzwischen begannen die
Granaten in der Richtung unserer Straße und unseres Hotels zu fallen.
Wir standen alle unter dem gewölbten Thorwege als dem sichersten Zuflucht-

---

*) Dieser Brief, und die Aufforderung, die er enthält, sind damals und später mit
mehr oder weniger Recht ridiculisirt worden. Darauf hin schreibt Wimpffen in seinem Buch:
»Meine Angreifer und Verleumder, wie sie besonders in der Umgebung des Kaisers waren,
haben ein nobles Unternehmen, wie ich es vorhatte, zu einer Thorheit stempeln wollen.
Nichtsdestoweniger bin ich auch jetzt noch überzeugt, daß ein mit 15- oder 20,000 Mann
unternommener Angriff auf die feindliche Linie von Erfolg gekrönt gewesen wäre.« (Unsere Ansicht in dieser Streitfrage geben wir an anderer Stelle; vergl. S. 541 oben.)

orte, den wir finden konnten. Ich zitterte für die Pulverwagen, die noch in der Straße standen und sie der ganzen Länge nach einnahmen.

Erschütternde Scenen folgten. Ein Knabe, der Sohn eines Handwerkers in der nächsten Straße, kam weinend herbeigelaufen und suchte einen Arzt. Seinem Vater war das Bein abgeschossen. Eine Frau vor dem Hause hatte dasselbe Schicksal. Der Arzt, welcher zu dem Manne gegangen war, fand ihn schon todt; bei seiner Rückkehr versuchte er die Frau fortzuschaffen. Er hatte kaum einen Schritt gethan, so wurde sie durch eine Kugel getödtet. Ich übergehe Einzelheiten. Ich könnte tapfere Generale nennen, die sich nicht fürchteten zu gestehen, daß sie vor dem Anblicke dessen, was jetzt ein bloßes Gemetzel geworden, zurückgebebt seien.«

Wie diese Generale, von denen der Bericht spricht, empfand auch, wie schon angedeutet, der Kaiser. Er schob deshalb, da er ein einfaches »Nein« nicht unmittelbar aussprechen wollte, eine bestimmte ablehnende Erklärung wenigstens hinaus.

Wimpffen wartete mittlerweile auf Antwort. Sie kam nicht. Es war bereits 2¼ Uhr. Wir lassen in allem Folgenden (auszugsweise und ohne den Wortlaut genau festzuhalten) den General selber sprechen.

»Es war die höchste Zeit; es mußte etwas geschehen. Der Durchbrechungsversuch, wenn er nicht all und jede Chance verlieren sollte, durfte nicht länger hinausgeschoben werden. Die Gegenwart des Kaisers würde Wunder gewirkt, meine Autorität gestärkt, die Widerwilligen mit fortgerissen haben; da sie nicht zu erzwingen war, so mußte es ohne ihn versucht werden. Ich begab mich nach dem vieux camp, fand daselbst in guter Haltung

die Marine-Division Vassoigues,

einige Zuaven-Bataillone und

das 47. Linien-Regiment

und gab Ordre zum Avanciren. Sofort setzten sich diese braven Truppen, 5 bis 6000 Mann, in Bewegung, gingen in südöstlicher Richtung über den Fond de Givonne hinaus und besetzten die jenseitigen Höhen, von wo aus sie Lamoncelle, Balan und Bazeilles beherrschten. Hier nahmen sie Stand. Es war 2¼ oder 3 Uhr.

Als diese Höhenposition genommen war, war ich überrascht, weder hier noch auf dem Terrain, das wir passirt hatten, den übrigen Theilen des 12. Corps, sowie der Division Goze vom 5. Corps begegnet zu sein.*) Ich

*) Die Divisionen Goze und Grandchamp, jene vom 5. diese vom 12. Corps, standen um diese Zeit — wie General Wimpffen dem aus allerhand Brigade- und Divisions-Berichten bestehenden Anhange seines eigenen Buches hatte entnehmen können — der Linie Lamoncelle-Daigny gegenüber, fochten also auf demselben Plateau auf dem Wimpffen seine 6000 Mann vorgeführt hatte, nur freilich tausend Schritt weiter östlich und in rechtwinkliger Stellung zu dem rasch zusammen gerafften Wimpffen'schen Schlachthaufen. Die Front

schloß daraus, daß sie in Balan sein würden, und begab mich dorthin, um sie heran zu holen. Als ich daselbst eintraf, fand ich das auf Sedan zu führende Thor weit offen, alle Truppen waren zurückgegangen, in die Festung hinein; mit ihnen General Lebrun.

War die Hülfe in Balan nicht zu finden, so doch vielleicht in Sedan selbst. Ich rechnete immer noch auf den Kaiser. So begab ich mich auf die Festung zu.

Eine Stunde mochte inzwischen vergangen sein. Als ich das Thor von Sedan erreichte, traf ich auf Herrn Pierron, einen Beamten des Hofes, der mir nunmehr (4 Uhr) einen Brief des Kaisers überreichte und mir zugleich mittheilte, daß die weiße Fahne auf den Wällen bereits aufgezogen, ich selber aber dazu ersehen sei, mit dem Feinde zu parlamentiren.

Ich hatte immer noch, bis zuletzt, auf den Kaiser gerechnet, ihn mit fieberhafter Ungeduld erwartet. Ich war jetzt wie vom Donner gerührt. Dann antwortete ich: »ich nehme keine Kenntniß von diesem Briefe; ich unterhandle nicht.«*)

Herr Pierron beschwor mich, den Brief zu empfangen und zu lesen.

dieses letzteren richtete sich nämlich gegen Süden, während die Front der Divisionen Goze und Grandchamp gegen Osten gerichtet war. Hier hielten sie stundenlang die mehr genannte Linie Daigny-Lamoncelle.

(Diese Angaben werden durch Gefechtsberichte und briefliche Mittheilungen, die sich, wie in dem Wimpffen'schen so auch in dem Ducrot'schen Buche vorfinden, bestätigt. Um 3 Uhr wurde nur noch an drei Stellen ernsthaft gekämpft:

1. im Bois de la Garenne,
2. auf der Linie Daigny-Lamoncelle und
3. auf dem Terrain zwischen Balan und Sedan.

Im Bois de la Garenne fochten außer Trümmern des VII. Corps, vorzugsweise Abtheilungen vom I. Corps, darunter in erster Reihe die Brigade Gandil (siehe die Anmerkung auf S. 535); zwischen Daigny und Lamoncelle standen ruhmreich die Divisionen Goze und Grandchamp; endlich um Balan her suchten bunt durcheinander gewürfelte Massen die der Stadt zueilten, das gleichzeitige Vordringen der Baiern zu hindern. Die »Wimpffen'schen 6000«, die um eben diese Zeit zwischen Balan und Lamoncelle ihre Stellung nahmen, werden in den Berichten des Ducrot'schen Buches kaum genannt, sicher ist, daß sie nirgends mehr zu eigentlicher Action gelangten und darauf verzichteten oder verzichten mußten: de tenter une trouée sur Carignan. Ueberhaupt Alles, was Wimpffen um diese Stunde des Tages so zu sagen mit eigener Hand unternahm, verlief ziemlich trübselig im Sande und das Aufflackern des Kampfes, wie es beispielsweise im Bois de la Garenne stattfand, und S. 532 bis 534 von uns beschrieben worden ist, stand in gar keiner Beziehung zu diesen Anstrengungen des immer wieder persönlich, aber weder nachhaltig noch erfolgreich eingreifenden Generals en chef.)

*) An dieser Stelle war es auch wohl, daß dem General Wimpffen und seinem Ordonnanzoffizier Graf d'Ollone der General Lebrun begegnete, Letzterer von einem Manne begleitet, der eine Parlamentairfahne trug. Graf d'Ollone entriß sie dem Letzteren und warf sie zur Erde. Dies blieb nicht ohne Einfluß auf die Haltung General Lebruns, der sich von da ab wieder den Versuchen Wimpffens anschloß, trotzdem er sie, worüber seine eigenen Aussagen vorliegen, für völlig hoffnungslos, ja für weniger als das, ansah.

Ich nahm ihn endlich, hielt ihn in Händen, ohne ihn geöffnet zu haben und in die Stadt reitend, rief ich einzelnen Trupps zu mir zu folgen und einen letzten Versuch zu wagen. So kam ich bis zum Turenne-Platz. Offiziere und Soldaten wiesen größtentheils auf die weiße Fahne, von der sie wußten, daß sie auf Befehl des Kaisers aufgehißt worden sei; andere aber folgten freudig und guten Muthes, so daß ich im Stande war mit 2000 Mann und zwei Kanonen wieder vorzugehen. Diese Truppen waren von allen Corps. General Lebrun, der eben noch (siehe die Anmerkung) mit der Capitulations- fahne erschienen war, war jetzt mit mir an der Spitze dieser tapfern 2000. So drangen wir bis über die Kirche von Balan hinaus vor. (5 Uhr.)

Der Feind stand uns an dieser Stelle, nach Osten und Südosten zu, nirgends in geschlossenen Massen gegenüber. Ich ritt bis an die Maas vor, und überzeugte mich, daß nichts da war, was im Stande gewesen wäre, einem mit vollem Ernst unternommenen Angriff zu widerstehen; aber in der Umgebung des Kaisers hatte man seit drei Stunden bereits jeden Gedanken an Widerstand aufgegeben. Kein Zuzug, keine Hülfe kam. Als ich in Nähe der Kirche von Balan wieder eintraf, hatten sich die 2000 Mann, die Lebrun und ich gemeinschaftlich bis hierher vorgeführt hatten, bereits sehr verringert. Einzelne todt und verwundet, die meisten zerstreut. So gingen auch wir zurück. Lebrun und ich waren die Letzten.

Es war jetzt gegen 6 Uhr.

Die Höhe von Frénois.

Der König, wie bereits S. 485 hervorgehoben, befand sich seit 8¼ Uhr früh auf der Höhe von Frénois. Am Abhange des Hügels zog sich die große Baiern-Batterie; rechts brannte Bazeilles (nur dann und wann züngelte die Flamme aus Qualm und Rauch hervor); links, in Entfernung einer Viertelmeile, hob sich die Höhe von Donchery. In vollem Sonnenschein lag sie da. Auf ihr der Kronprinz sammt seinem Stabe.

Um den König her befanden sich Bismarck, Moltke, Roon, der ganzen Suite von Fürsten und Adjutanten zu geschweigen. Sie folgten, von dem Höhenpunkte aus, den sie einnahmen (Höhe von Frénois), dem Gange der Schlacht. Das Bild, Landschafts- und Schlachtenbild zugleich, das durch viele Stunden hin vor ihnen lag, ist in manchem Briefe jener Tage anschaulich geschildert worden. In keinem glänzender als in dem folgenden:

„... Als wir die Höhe erreicht hatten, sahen wir vor uns, von den Pferden abgesessen, den König, Graf Bismarck, den Kriegsminister, Graf Moltke und das ganze Gefolge, und unter uns im zauberisch schönen, milden Morgenlicht das riesige Panorama der Schlacht von Sedan! Die kahle Höhe, auf der wir uns befanden, geht östlich leise niedersteigend in dichten Buchenwald über, und senkt sich gerade vor uns in sanfter Neigung bis zu einer etwas niedrigeren Höhe, deren Abfall zur Ebene etwa eine halbe Stunde von unserm Standpunkt beginnt. Dort in der Tiefe fließt die Maas. Im Norden vor uns durch den Vorsprung jenes Hügels dem Auge verdeckt, zeigt sich desto deutlicher zur Rechten und Linken ihr vielgewundenes klares Gewässer. Dort im Westen ragen die Trümmer der Pfeiler jener einen vom Feinde bei seinem Uebergang vorgestern gesprengten Brücke daraus hervor. Gerade nördlich vor uns am jenseitigen Ufer erhebt sich die Stadt Sedan mit sauberen, hübschen Häusern, malerisch am Berge hinauf gruppirt, zwei gothischen Kirchen von sehr neuem Aussehen, ausgedehnten Magazinen und Kasernen. Dahinter steigen die Wälle und Bastionen der Citadelle auf, und hoch über dieser das wellige Hügelland. Genau in der Mitte dieses Bildes ist die Höhe mit Wald bedeckt, dem Bois de la Garenne, in dem sich eine breite, im Zickzack zur Stadt niedersteigende Lichtung scharf abzeichnet. Kahler Hügelabhang trennt den Waldsaum vorwärts von der Festung und nach Westen hin von einer baumreichen, buschigen Schlucht, zwischen deren dichtem Grün die Villen einer hübschen Vorstadt schimmern: Cazale. Jenseits derselben, weiter nach Westen zu, markirt sich ein lang hin gestreckter, kahler Höhenrücken, der sich oben durch eine alleinstehende besenförmige Pappel, unten an seinem letzten Abfall zur Landstraße durch einen gelben Steinbruch charakteristisch dem Auge einprägt. Im Nordwesten davon macht sich eine, durch ein breites Thal von ihm geschieden, zweite einzelne Höhe bemerkbar, mit dichtem Gehölz und hoch darüber hervorstehenden Pappeln besetzt. Weite kahle Ebenen, Stoppelfelder und Wiesen, dehnen sich zwischen ihm und den Wäldern des fernen Hintergrundes, wie andererseits zwischen ihm und der Maas. Zur Rechten unterhalb des Bois de la Garenne ein vielfach wechselndes Terrain, Gärten, Hecken, Villen, kleine Wäldchen, dann nach Osten hin wieder breite kahle Hochebene und Hügel von Wald begrenzt, eine Folge, die sich jenseits desselben nach Osten zu wiederholt, bis die fernen Berge und Waldungen auch hier wie überall den Halbkreis um Sedan abschließen.

Es ist von dieser Höhe aus betrachtet eins der reizvollsten Landschafts-bilder, die ich kenne. Freilich that das Stück Weltgeschichte, das in diesem Augenblick sich darauf abspielte, der ruhigen Hingabe an dessen Schönheit bedeutenden Eintrag. Ueberall wohin ich blicke, nah und fern steigen die Rauchwolken auf; lauter und dumpfer donnern die Salven der Batterieen, in denen sich das kurze schnarrende Rollen der Mitrailleusen durch alles Getöse hindurch immer wieder hörbar macht. Am lautesten freilich lärmen die auf dem nächsten Abhangrande vor uns postirten baierischen Batterieen und die über ihnen in der Luft platzenden Granaten, mit welchen der Feind von drüben, von den Höhen hinter der Stadt, deren Grüße pünktlich beantwortet. Ein eigenthümlicher Ton so in der Nähe gehört. Ein zischendes Sausen und nach einer gewissen Dauer in dem über uns schwebenden weißen Wölkchen ein starker Knall: das Platzen des feindlichen Geschosses.

So verging eine Stunde und mehr. Aus der Stadt schlug bereits wiederholt die rothe Flamme und der Qualm der Brände auf. Aber die französischen Batterieen, besonders die bei der »einsamen Pappel«, wie jener kahle Hügel im Westen der Stadt heißen möge, und die im Osten unterhalb des Waldes, die wir nach dem hellrothen neuen Dach eines dort aus dem Grün blickenden Hauses nach jenem benannten, arbeiteten tapfer und unaufhörlich). Auch mit meinem ziemlich scharfen Glase war es auf diese Entfernung hin nicht möglich, die auf den kahlen Hügelrücken in Reihen und großen Massen versammelten französischen Truppen im Einzelnen zu erkennen. Nur das Blitzen der Waffen und die weißen Mäntel der Reiter wurden deutlich bemerkbar, und ob eine Colonne in geschlossener Ordnung oder in Verwirrung aufgelöst davon zog. Letzteres schien bei der einsamen Pappel ziemlich bald einzutreten; es war jetzt Mittag. Die Colonnen, welche den andern Hügel östlich der Schlucht von Cazale bedeckten, hatten sich allmälig ganz in den Wald dahinter gezogen. Das Artilleriefeuer der Unseren aber rückte allseitig immer näher und näher, während aus den umliegenden Dörfern und Gehöften die hohen Rauchsäulen der Brände immer zahlreicher aufstiegen.

Zu dem Kreise von Offizieren und Aerzten des großen Hauptquartiers, zwischen denen wir am Boden lagerten, hatte sich inzwischen Herr v. Roon gesellt. Wir konnten uns keinen besseren Interpreten dessen, was dort drüben und unten vorging, wünschen, als diesen Mitarbeiter am Plan und am »Instrument«. Mit großer Ruhe beobachtete er durch sein Glas die Entwickelung, die sich auf die Minute so vollzog, wie sie geplant war. Dort auf der äußersten Linken rückte das V. Armee-Corps unterhalb seiner Batterieen vor gegen die Reiterschaaren »des einsamen Pappelhügels«, die sich wiederholt in der Nähe des gelben Steinbruchs auf unsre Infanterie zu stürzen schienen und jedesmal aufgelöst zur Höhe zurückkehrten. Weiter nach Nordwest zog sich bereits eine lange Feuerlinie vom letzten fernen Walde her vorrückend und immer näher zur Höhe heran: das XI. Corps, das von dort her auf die westliche Curve der feindlichen Stellung stieß. Weit noch im Osten, aber doch schon deutlich erkennbar, drang eine lange Linie von Batterieen vor: der Kronprinz von Sachsen mit dem XII. Corps und den Garden. Plötzlich kündete eine hohe Rauchsäule und ein wüthendes Geschützfeuer, die von jenseit des mittlern Waldes, des Bois de la Garenne, kamen, auch dort im Rücken der französischen Stellung den auf's Heftigste entbrannten Kampf an: »So,« sagte Herr v. Roon, »nun ist der Kessel geschlossen.«

Wer je in fröhlichen Jagdtagen ein Kesseltreiben mitgemacht, konnte das Treffende dieses Wortes erkennen. Freilich, noch hielten sich die in diesem fürchterlichen Halbkreis eingeschlossenen Franzosen, und das manchörliche Rollen des Chassepot- und Mitrailleusenfeuers bewies die wüthende Energie ihres Widerstandes. Von Batterieen schienen nur noch die westliche an der einsamen Pappel und die östliche vom rothen Dach Stand zu halten; die baierischen bekamen nur noch spärliche Antworten. Mittlerweile schlugen die Granaten vom XI. und XII. Corps immer häufiger ein, jene auf den Hügel, diese in den Wald. Nicht weniger als fünf Mal dort

in feindliche Protzkäſten, die dann mit einer hohen, pinienförmig ſich ausbrei-
tenden, lange in dieſer Form verharrenden Rauchſäule in die Luft flogen.
Die Phantaſie mochte ſich die Wirkung im Detail ausmalen. Um 1 Uhr
ungefähr wurde es am Waldſaum wieder plötzlich außerordentlich lebendig.
Rieſige Staubwolken ſtiegen auf, aus denen einzelne Blitze die Waffen der
dort den ganzen Hügelrücken abwärts jagenden Schaaren verriethen. Dieſe
Maſſen, von verſchiedenſten Truppengattungen, Infanterie und Kavallerie in
buntem Gemiſch, ergoſſen ſich wie ein breiter Strom oder wimmelnd wie
ein verſtörter Ameiſenhaufen hernieder zur Schlucht von Cazale. Und
gleichzeitig verſtummten die Batterieen an der Pappel, und auch über dieſe
Höhe hin ſtürzte es dunkel wimmelnd dort hinunter zur buſchigen Schlucht.
Waren es die Fliehenden oder die Preußen hinter ihnen her? Unheimlich
ſeltſam war mir beſonders ein Eindruck. Am ganzen ſüdlichen Abhang nach
dem Steinbruch zu, wo es zwiſchen 10 und 12 Uhr ſo lebendig zugegangen,
ſah man den Boden zwar immer noch von dichten, bunt ſcheinenden Maſſen
bedeckt; — aber dieſe Maſſen regten ſich nicht; Granate und Zündnadel
hatten ſie ſtill und ſtarr dorthin gebettet.

Unſern baieriſchen Batterieen war ſicher die Bewegung nach Cazale
hin nicht entgangen, oder ein Ordonnanz-Offizier war zu ihnen geritten, ſie
darauf aufmerkſam zu machen. Bald ſah ich ſie die Geſchütze von der am
meiſten rechts poſtirten Batterie zurücknehmen, ſchnell nach links ſchwenkend,
näher und direkter der Schlucht gegenüber auf dem Abhange auffahren, abprotzen und in wenigen Minuten Schuß auf Schuß dort hinüberſenden.
Gegen 2 Uhr ſchien der Artilleriekampf bedeutend zu ermatten. Der König,
den Helm auf, im Ueberrock, trat mit dem Lächeln freudiger Genugthuung
an Herrn v. Bismarck heran, der während der ganzen Action, wie am 30.
dort auf der Höhe über Sommanthe, geſtanden hatte, den Stecher vor
den Augen, und ſprach zu ihm und den verſammelten Offizieren. General
v. Moltke war allein weit vorgegangen und ſtand einſam dort auf einem
Höhenvorſprung. Von der Nachmittagsſonne getroffen, zeichnete ſich die
feine, ſchlichte Geſtalt ſcharf vor dem paſſendſten Hintergrunde, der vom
Pulverdampf verhüllten Ferne, ab. — Statt des Donners der Batterieen
rollte bald nach dieſer Pauſe mit verdoppelter Energie das Kleingewehrfeuer
zu uns herüber; es mußte am ſüdlichen Ausgang der Feſtung und unten
in allen Hecken, Gärten und Thälern der Stadt ein Kampf der Verzweiflung
geſchlagen werden. (Es waren dies muthmaßlich die Kämpfe, die die 3. baieriſche
Diviſion theils in Balan ſelbſt, theils in der Umgebung deſſelben führte.)

In unſerer unmittelbaren Nähe war es inzwiſchen ſtiller geworden,
nur die baieriſchen Batterieen am Abhange des Plateaus feuerten einförmig
fort in die Tiefe, ohne daß ſich das Ziel ihrer Kugeln erkennen ließ. Jetzt

aber machte sich die Debandade der Franzosen bemerklich. In Massen, aufgelöst, ohne Ordnung, kamen sie von den Höhen herab nach der Stadt
Sedan. Deutlich konnte man sie auf den sandigen Abhängen erkennen.
Die Entscheidung war offenbar schon da, aber es mochte sich darum handeln,
sie rasch und vollständig herbeizuführen. Die baierischen Batterieen erhielten
also Befehl, die Stadt, welche bisher geschont worden war, zu beschießen.
Zehn Minuten lang bemerkte man keine Wirkung. Aber plötzlich stieg links
der Kirche eine tintenschwarze Wolke auf und wenige Sekunden später leckte
unter ihr die rothe Gluth hervor. Langsam stieg die Wolke, unten schwarz
oben weißlich grau, sich oben weit ausbreitend, wie eine Baumkrone. Fast
in demselben Augenblicke war Alles still geworden, bis auf das entfernte
Grollen einiger Geschütze, und kein Maler konnte ein schöneres Bild träumen,
als die Wolke in der Mitte dieser sonnigen Landschaft, die Berg und Fluß,
Wald und Acker, Stadt und Dörfer in anmuthigster Abwechselung vereinigte.

In diesem Moment war es, wo sich plötzlich die Nachricht verbreitete,
daß die Franzosen die Capitulation anböten. Sie hatten darüber zuerst mit
den den Thoren am nächsten stehenden baierischen Generalen Maillinger und
Bothmer verhandelt.*) Als nun dem Könige die Meldung gemacht wurde,

---

*) Das Vorgehen der Baiern gegen das Thor von Sedan erfolgte in Gemeinschaft
mit unserm 71. Regiment, das hier (wie auch das 4. Jägerbataillon) noch energisch mit eingriff. Andere Theile des IV. Armee-Corps kamen an diesem Tage nicht ins Gefecht. Dem
Berichte eines Offiziers vom 71. Regiment entnehmen wir über diese letzten Vorgänge des
Tages das Folgende:
»Die Baiern hatten bereits enorm gelitten. Zu ihrer Unterstützung, bez. Ablösung,
wurde das 71. Regiment vorgezogen, zunächst das zweite Bataillon. Mein Bataillon (I.) und
die Füsiliere folgten. Das 2. Bataillon erlitt sehr bedeutende Verluste, namentlich auch an
Offizieren. Während es sich wieder sammelte, avancirten wir bis hinter die erste Geschützlinie,
um den erwarteten Offensivstoß der Franzosen aufnehmen zu können. Bald geriethen
wir in ein kolossales Gewehrfeuer, das eigentlich der vor uns stehenden Artillerie galt, aber
auch unter uns Schaden anrichtete. Eine kleine Terrainwelle schützte uns vor bedeutenderem
Verluste. Ehe wir noch dieselbe erreichten, erhielt ich meinen Schuß in die linke Hand. Im
Anfang glaubte ich, daß die Kugel durchgegangen sei, aber nachdem der blutige Handschuh
entfernt war, zeigte es sich, daß die jedenfalls schon sehr matte Kugel nur eine Fleischwunde
verursacht hatte. Die Hand wurde sofort verbunden, die unbedeutenden Schmerzen sehr bald
vergessen: denn vorwärts ging es wieder, einem Angriff der Franzosen entgegen. Vor uns
lag ein langes Dorf, Balan, gegen dessen rechte Flanke ich meinen Zug führte. Unterstützt
durch einige baierische Abtheilungen (rechts) und einen Zug unserer 4. Compagnie (links), gewannen wir ziemlich Terrain bis zu einem kleinen Wäldchen, wo wir von allen vier Seiten
Feuer erhielten, von hinten wahrscheinlich von einzelnen Theilen unserer Jäger, die nicht
wußten, daß schon Truppen vor ihnen standen. Wir zogen uns etwas links nach Balan hin,
in das Dorf hinein, und gelangten auf die durch dasselbe führende Chaussee und an das Ende
des Dorfes, wo größere Abtheilungen Baiern eben im Zurückgehen begriffen waren. Sie
theilten uns mit, daß sie die Lisière des Dorfes besetzen sollten und nochmals mit uns vorgehen
wollten, wenn wir vorgingen. Unter Hurrah der Baiern setzten wir uns an die Tête (mein
Zug hatte noch 17 Mann, der Zug der 4. Compagnie einige 20 Mann und eben so viel

erklärte er, daß der Parlamentair sich zu ihm zu begeben habe. Es waren Augenblicke der größten Spannung. Noch mag es ungewiß gewesen sein, wer in der Stadt war, denn man hatte einige Stunden vorher eine Reiter- kolonne durchbrechen sehen, in der sich möglicherweise der Kaiser befunden haben konnte. Durch ein großes auf dem Platze befindliches Fernrohr war es indessen möglich geworden, aufs Genaueste die in der Stadt zusammengehäuften Truppen zu sehen. Man konnte die einzelnen Gestalten erkennen. Die Leute lagen massenweise da und ruhten sich aus. Endlich traf der Oberstlieutenant Bronsart v. Schellendorf ein, der nach der Stadt gesendet worden war und meldete, daß der Kaiser Napoleon dort sei und daß ein Parlamentair alsbald kommen werde. Der König in tiefster Ergriffenheit schüttelte dem zwischen 1 und 2 von der Doncherh-Höhe herüber gekommenen Kronprinzen, dem General v. Moltke, dem General v. Podbielski, dem Grafen Bismarck und dem Kriegsminister (der bereits die Nachricht von der schweren Verwun- dung seines Sohnes erhalten hatte) die Hand.

Es war 6 Uhr und fing schon an zu dunkeln, denn die Sonne war hinter schwarzem Gewölk untergetaucht. Die Umrisse der Gegenstände im Thal, der Stadt selbst, wurden undeutlicher. An zwei Stellen brannte es. Jetzt sah man von der Stadt auf dem geradesten Wege herauf die Par- lamentairflagge und 3 Personen zu Pferde sich nähern. Es waren der fran- zösische General Reille, der Hauptmann vom Generalstabe v. Winterfeld und der Ulanentrompeter mit der Parlamentairflagge. Der König trat etwas vor, seine ganze Umgebung zog sich einige Schritte zurück. Die Stabswache, welche bis dahin abgesessen hinter der Crête gehalten hatte, war kurz vorher heran- kommandirt worden und stand aufmarschirt hinter dem Gefolge. Ungefähr 80 Schritt vor dem König stiegen die Reiter ab. Der General Reille, ein stattlicher Mann, der auf der Brust die Krim- und die Solferinomedaille trug und sich auf einen Stock stützte, näherte sich dem Könige bis auf etwa 20 Schritt, dann nahm er sein Käppi ab und ging mit entblößtem Haupte auf den König zu, dem er ein Schreiben überreichte — ein Schreiben des Kaisers Napoleon. Der König, der den General erst gegrüßt hatte, nahm das Schreiben, zerriß das Couvert, las das Schreiben, sprach noch ein paar Worte zu dem Gesandten, der sich wieder zurückzog, und trat

Jäger — alles Andere war abhanden gekommen) und gingen auf der Chaussee vor. Schon nach einigen Minuten entdeckten wir zu unserem nicht geringen Erstaunen, daß wir uns un- mittelbar vor der Festung Sedan befanden, deren Thor und Wälle dicht mit Franzosen gespickt waren. Das Wäldchen, in welchem wir uns vorher herumgeschossen hatten, war das Glacis der Festung gewesen. Als wir eben vorgingen, um gegen das Thor zu donnern, erschien über demselben die weiße Fahne, das Zeichen der Capitulation. Unmittelbar vor dem Palli- sadenthor setzen wir unsere Gewehre zusammen.«

37*

dann zurück, um in einer Gruppe, bestehend aus dem Kronprinzen und dem Prinzen Karl, dem Großherzog von Weimar und dem Herzog von Koburg, dem Grafen Bismarck und dem General v. Moltke, den Brief zu verlesen, dessen Inhalt sich wie ein Lauffeuer bald auch außerhalb dieses Kreises verbreitete: daß der Kaiser, da es ihm nicht gestattet gewesen, an der Spitze seiner braven Armee zu sterben, dem Könige seinen Degen überreiche. (»N'ayant pu mourir au milieu de mes troupes, il ne me reste qu'à remettre mon épée entre les mains de Votre Majesté.«)

Die Besprechungen dauerten ziemlich lange Zeit, während dessen nach einander die Generale v. Boyen und v. Tresckow, später der Kronprinz, General v. Moltke und Graf Bismarck mit dem Gesandten des Kaisers sich unterhielten. Der König war allmälig ganz nach dem Hintergrunde zu getreten. Dort saß er auf einem Stuhl, während der zweite Stuhl, den Major v. Alten in die Höhe hielt, ihm als Schreibtisch diente; Graf Hatzfeld stand zur Seite. So schrieb der König die Antwort auf den Brief des Kaisers.

Etwa zu gleicher Zeit ließ der General v. Moltke die Generalstabsoffiziere zu sich rufen, hielt eine kurze Anrede, in der er ihnen seinen Dank aussprach, und schüttelte dann Jedem die Hand. Der Major v. Alten überbrachte dann das Schreiben des Königs dem General Reille, der es wieder entblößten Hauptes entgegennahm. Nachdem er dasselbe in Empfang genommen, trat General v. Moltke noch einmal zu ihm, später der König und der Kronprinz, welche ihm die Hand reichten. Der General stieg zu Pferde und begab sich unter Begleitung des Herrn v. Winterfeld und zweier Ordonnanzen in die Stadt zurück. Noch ehe er fort war, fing das Hurrahrufen der Truppen, welche die freudige Botschaft erhalten hatten, an und pflanzte sich von dem linken Flügel an fort in einer Stärke, daß es meilenweit vernehmbar gewesen sein muß.

Unterdessen brannten einige Häuser der Stadt und neun oder zehn Dörfer mit furchtbar prächtiger Gluth. Noch einen Augenblick hielt der König an und schrieb stehend und schon fast in der Dunkelheit etwas, ohne Zweifel das Telegramm, welches am andern Tag Berlin in einen Taumel des Entzückens versetzte.«

Die Vorgänge beim Feinde.

Festung Sedan von 6 bis 9.

General Wimpffen (vergl. S. 551) war um 6 Uhr, als der letzte — der fast nur noch in Person das Schlachtfeld zu behaupten getrachtet hatte — in Sedan eingetroffen. Was er sah, war Chaos*), was er hörte nur zwei Wörter: Capitulation und Verrath. Auch in der Art, wie fordernd und anklagend zugleich, diese beiden Wörter gesprochen wurden, gab sich die gänzliche Verwirrung der Gemüther kund. Man war des Massacres müde und erkannte instinktmäßig, daß nur in unbedingter Unterwerfung, also in Capitulation, die Rettung zu finden sei, dennoch schrieen Tausende »Verrath«, als sich die Schritte vorzubereiten begannen, die die natürliche Consequenz von dem Verlangen jedes Einzelnen, auch des Tapfersten waren.

General Wimpffen begab sich in sein Hôtel (Croix d'or). Er mißbilligte auch jetzt noch, so scheint es, die aufgehißte weiße Flagge, das Zeichen der Ergebung. Vor seiner besseren militairischen Einsicht konnte diese Mißbilligung unmöglich bestehen, aber er wurde menschlich von zwei Empfindungen beherrscht, die sein Urtheil allerdings trüben durften. In Stunden, wo er sich noch, immer wieder seine Person einsetzend, für die Ehre des Landes geschlagen hatte, war über ihn hinweg, in völliger Mißachtung der Thatsache, daß er der Oberkommandirende sei, die weiße Fahne aufgesteckt und ein Parlamentair abgesandt worden. Das war eine tiefe Kränkung. Aber Schlimmeres stand bevor. Er erkannte klar, daß

---

*) Der Anblick, den die Stadt um diese Stunde bot, war entsetzlich. Ein französischer Offizier schreibt: Ueberall lagen Todte umher, Bürger und Soldaten. In einer Vorstadt zählte ich mehr als fünfzig Leichen von Landleuten und Städtern, einige Frauen darunter und ein Kind. Die Erde war mit Granatsplittern förmlich übersäet. Hungernde Soldaten zerschnitten die todten Pferde, um sie zu kochen und zu essen, denn es hatte wieder an Lebensmitteln gefehlt.

nach Lage der Sache, wie zu Spott und Hohn für seinen bis zuletzt bewahrten Widerstandsmuth, i h m die trostlose Aufgabe zufallen würde, die
Capitulationsverhandlungen zu führen und die Unterwerfung zu besiegeln.

Menschlich verzeihlich war es, daß er, was immer seine feldherr-
liche Verschuldung sein mochte, diesem Aeußersten wenigstens zu entgehen
beflissen war. Er richtete deshalb, vom Croix d'Or aus, folgendes Ent-
lassungsgesuch an den Kaiser:

»Sire! Ich werde niemals die Beweise von Wohlwollen vergessen,
welche Sie mir gewährt haben, und ich würde sowohl im Hinblick auf Frankreich wie auf Sie glücklich gewesen sein, wenn ich den heutigen Tag mit
einem glorreichen Erfolge hätte beenden können. Ich habe dieses Resultat
nicht erlangen können und ich glaube, einem Anderen die Sorge, unsere
Armee zu führen, überlassen zu müssen. Ich glaube zugleich in dieser Lage
genöthigt zu sein, meine Entlassung als Obergeneral zu nehmen und meine
Pensionirung zu verlangen. Ich bin 2c. General v. Wimpffen.«

Diese Zeilen wurden um 7¼ Uhr geschrieben. Um 8 Uhr antwortete
der Kaiser:

»General! Sie können nicht Ihren Abschied nehmen, wenn es sich
noch darum handelt, die Armee durch eine ehrenvolle Capitulation zu retten.
Ich nehme Ihre Demission nicht an. Sie haben den ganzen Tag hindurch
Ihre Schuldigkeit gethan. Thun Sie es ferner. Es ist dies ein Dienst,
den Sie dem Lande leisten werden. Der König von Preußen hat einen
Waffenstillstand angenommen. Ich erwarte seine Vorschläge. Zweifeln
Sie nicht an meiner Freundschaft. Napoleon.«

General v. Wimpffen, nach Empfang dieser Zeilen, schwankte eine
kurze Weile, dann siegte seine Liebe zu Armee und Vaterland über seine
Selbstliebe und er beschloß das Opfer zu bringen. Die Offiziere seiner Umgebung: Graf d'Ollone, Marquis de Laizer, Lieutenant Daram und Lieutenant Desgrandschamps stimmten ihm zu; — so begab er sich zum Kaiser.
8½ Uhr.

Eintretend in das Schloß, in dem der Letztere Wohnung genommen
hatte, traf er in den Vorgemächern eine große Anzahl von Personen, die
zum napoleonischen Haushalt gehörten. Man verweigerte ihm den Eintritt
beim Kaiser, da derselbe »eine Conferenz mit dem Kaiserlichen
Prinzen habe«. Wimpffen war empört; abgesehen von der Wichtigkeit
der Angelegenheit, deren Träger er war, wußte er, daß sich der Kaiserliche
Prinz seit zwei Tagen in Mezières befand. Er gab seinem Unmuth Ausdruck; Graf d'Ollone und Marquis de Laizer, die ihn begleitet hatten,
stimmten laut mit ein. Diese Sprache wirkte. Der General wurde nunmehr in das Cabinet des Kaisers geführt.

Hier befanden sich General Castelnau und verschiedene andere General-
adjutanten. Sie beriethen. Als General Wimpffen eintrat, verließen alle
das Zimmer; nur General Ducrot blieb und rief dem Eintretenden in großer
Erregung zu: »General, da Ihr Ehrgeiz Sie dazu stachelte, mich der Ehre
des Commandos zu entheben, so möge Ihnen auch die Schmach der Capitulation zufallen.«

Wimpffen antwortete: »Ich nahm das Commando, um eine Niederlage zu vermeiden, die Ihre angeordneten Bewegungen unfehlbar herbeigeführt
hätten. Was ich zu erreichen gedachte, habe ich nicht erreicht; aber alle
meine Anstrengungen gehören auch in diesem Augenblicke noch der Armee.
Im Uebrigen, General, bin ich nicht an dieser Stelle erschienen, um mit
Ihnen zu verhandeln. Lassen Sie uns.«*)

Nach diesem Zwischenfall verließ General Ducrot das Zimmer und
Wimpffen erklärte nunmehr dem Kaiser, daß er entschlossen sei, die unglück-
selige Rolle, die ihm zugefallen, auch zu Ende zu führen. Der Kaiser zeigte
sich bewegt. Pferde wurden beordert und vorgeführt; zu seiner Legitimation
empfing der General folgendes Kaiserliche Handschreiben:

»Der Kaiser Napoleon III., nachdem in Folge der Verwundung des
Marschalls Mac Mahon der General v. Wimpffen zum Ober-Commandanten
durch ihn ernannt worden war, hat dem General v. Wimpffen Vollmacht
ertheilt, über die Bedingungen für eine Armee zu unterhandeln, von der der
König anerkannt hat, daß sie sich tapfer geschlagen habe.«

---

*) Ducrot selbst schildert diese Begegnung etwas abweichend und beruft sich — im
Gegensatz zu Wimpffen, der (siehe oben den Text) hervorhebt, daß die Umgebung des Kaisers
vor Beginn der Unterredung das Zimmer verlassen habe — auf das Zeugniß derer, die dieser
Scene beiwohnten. Den Chef des Generalstabes, General Faure, macht er eigens namhaft.
Ducrot berichtet wie folgt: »Etwas nach 8 Uhr erschien General Wimpffen. Er trat hastig in
das Zimmer, hob die Arme gen Himmel und rief aus: »Sire, wenn ich die Schlacht verloren
habe, wenn ich besiegt worden bin, dann liegt es einzig und allein daran, daß meine Befehle
nicht ausgeführt wurden, daß Ihre Generale mir nicht gehorchen wollten.«
— Bei diesen Worten sprang der General Ducrot auf und stellte sich mit einem Sprunge
vor den General Wimpffen: »Was sagen Sie«, rief er aus, »wer hat Ihnen nicht gehorchen
wollen? Auf wen spielen Sie an? Etwa auf mich? Ihre Befehle sind leider nur zu gut
ausgeführt worden. Ihrer tollen Anmaßlichkeit haben wir unsere furchtbare Niederlage zuzuschreiben. Sie allein haben sie zu verantworten, denn wenn Sie die Rückzugsbewegung nicht
aufgehalten hätten, trotz meiner Gegenvorstellungen, so wären wir jetzt in Sicherheit zu Mezières.«
Etwas überrascht und außer Fassung gebracht durch diese Abfertigung, erwiderte General
Wimpffen: »Wohlan, wenn ich unfähig bin, so ist dies ein neuer Grund, auf das Commando
zu verzichten.« †) — Ducrot: »Sie haben sich heute Morgen des Commandos bemächtigt, als
Sie dachten, daß es Ehre und Nutzen bringen würde; ich habe es Ihnen nicht streitig gemacht,
obgleich es vielleicht bestreitbar war. Zur Stunde können Sie sich nicht zurückziehen. Sie
allein haben die Schande der Capitulation auf sich geladen. . . .«

†) Diese Aeußerung wenigstens kann Wimpffen nicht wohl gemacht haben, da er schon vorher entschlossen war,
im Commando zu bleiben, um die Capitulation und dadurch die Rettung der Armee zu ermöglichen.

Die Abfassung des Briefes war nicht ganz correct. Wimpffen hatte
den Oberbefehl nicht aus der Hand des Kaisers empfangen, sondern sich
desselben (gestützt auf das dienstliche Schreiben Palikao's) bemächtigt; der
General glaubte indeß über diesen Punkt hinweggehen zu dürfen und stieg
zu Pferde, um sich nach Donchery zum General v. Moltke zu begeben.
Mit ihm war General Castelnau. Diesem, bei den sich vorbereitenden
Unterhandlungen, lag ob, die Interessen des Kaisers wahrzunehmen, Wimpffen
die der Armee.

Die Capitulationsverhandlungen zwischen General v. Moltke und General v. Wimpffen.

(Donchery in der Nacht vom 1. zum 2. September.)

Etwa um 10 Uhr trafen General v. Wimpffen, General Faure (Generalstabschef der Armee) und General Castelnau in Donchery ein. Sie wurden in einen Conferenzsaal geführt, in dem sie verschiedene preußische Offiziere bereits vorfanden. General Wimpffen, seinem eigenen, ihn ehrenden Zeugniß nach, trat mit einer gewissen Befangenheit in die sich vorbereitenden Unterhandlungen ein. »Ich legte mir,« so schreibt er, »die Frage vor, ob es gerathen sei, in Gegenwart so vieler Personen mit dem General v. Moltke und dem Grafen Bismarck, also mit den beiden bedeutendsten Männern der Gegenwart (jeder auf seinem Gebiet) zu discutiren. Aber nur einen Augenblick beschlich mich dieser Zweifel, den ich alsbald, als meiner unwürdig, zurückdrängte. Dann war ich entschlossen die Debatte zu führen.«

Die Herren v. Moltke und v. Bismarck traten ein. Nach kurzer Begrüßung überreichte General v. Wimpffen das im vorigen Kapitel mitgetheilte Beglaubigungsschreiben und fügte alsbald hinzu, daß er persönlich gewillt gewesen sei, den Kampf fortzusetzen, daß er indessen den entgegenstehenden Beschlüssen seines Souverains nachgegeben habe. Er hoffe nunmehr auf ehrenvolle Bedingungen: Abzug der ganzen Armee mit Waffen und Gepäck unter allen Ehrenbezeugungen, wie sie einer tapfern Truppe zu Theil zu werden pflegten. Diese verpflichte sich dagegen, während der Dauer dieses Krieges gegen die deutschen Armeen nicht zu fechten.

Hierauf antwortete Graf Bismarck: »Kein Zweifel, daß der tapfere Widerstand, den Ihre Armee geleistet hat, die ehrenvollsten Bedingungen verdient, denn Sie haben mit 70,000 Mann gegen 220,000 Mann gefochten. Wir lassen der energischen Führung wie der Bravheit Ihrer Soldaten, die

den Kampf einen ganzen Tag lang hinzuziehen wußten, volle Gerechtigkeit
widerfahren, — aber Frankreich ist es, das uns den Krieg erklärt hat.
Deutschland verlangt die schnelle Wiederherstellung des Friedens; wir dürfen
deshalb kein Mittel vernachlässigen, was im Stande ist, die Dauer des
Kampfes abzukürzen. Eins der wirksamsten Mittel zu diesem Behufe ist es,
Frankreich einer Armee zu berauben, die nicht nur in sich selber von Wichtigkeit ist, sondern insonderheit auch dadurch eine Bedeutung hat, daß sie die
Cadres für neu zu bildende Armeen abzugeben vermag. Wir haben uns
deshalb dahin entschieden: Ihre Armee legt die Waffen nieder und
wird kriegsgefangen nach Deutschland geführt«.

General v. Wimpffen erwiderte, daß diese Bedingungen unannehm-
bar seien; es wäre nicht gut, die französische Armee für niedergeschlagener
anzusehen, als sie in Wahrheit sei; er, für sein Theil, sei entschlossen,
noch einmal an die Entscheidung der Waffen zu appelliren.

»Jeder Widerstand von Ihrer Seite ist vergeblich;« so nahm jetzt
General v. Moltke das Wort. »Sie haben keine Lebensmittel; die Munition
ist erschöpft, die Armee dezimirt. Zudem umfaßt unsere Artillerie die Stadt
von allen Seiten. Sie vernichtet ihre Truppen, noch ehe Sie fähig gewesen
sind, auch nur eine einzige Bewegung mit ihnen auszuführen.«

General von Moltke fügte hinzu, daß ein französischer Offizier, den
General v. Wimpffen wählen möge, sich von der Wahrheit der seinerseits
gemachten Angaben überzeugen könne und schloß damit, daß, wenn die Uebergabe nicht erfolge, das Bombardement bei Beginn des Tages wieder aufgenommen werden würde.

v. Wimpffen suchte auch jetzt noch unsere Forderungen zu bekämpfen.
Er berief sich auf frühere Capitulationen, auf Mainz, Genua, Ulm und
fragte, ob uns die Zusage, während der Dauer des Krieges gegen Deutschland nicht zu dienen, nicht als genugsame Garantie erscheine?

»Vielleicht,« so nahm Graf Bismarck abermals das Wort, »würde
sich auf dieser oder einer ähnlichen Basis discutiren lassen, wenn Sie ein
dauerbares und fest etablirtes Gouvernement besäßen. Aber sind Sie sicher,
morgen noch dasselbe zu haben wie heute? Und können Sie gut sagen, daß
das eine die Abmachungen des andern ratificiren wird? Sie können es
nicht, und das ist der Grund, warum wir uns nach anderen Sicherheiten
umthun müssen.«

Wimpffen erwiderte, daß keine Macht in Frankreich stark genug sein
würde, die Offiziere zu Brechung ihres Ehrenwortes zu veranlassen.

»Wir vertrauen dem Ehrenworte Ihrer Offiziere, antwortete Graf
Bismarck, und vielleicht wird es möglich sein, gegen die Zusage: nicht gegen
uns dienen zu wollen, Ihren Offizieren gewisse Vortheile zu gewähren; aber

dies kann sich nicht auf die Soldaten erstrecken. Im Uebrigen wird bei den Formalitäten, wenigstens nach Möglichkeit, Alles vermieden werden, was die Empfindlichkeit Ihrer Truppe schwer verletzen könnte.« Graf Bismarck schloß dann, auf das politische Gebiet übergehend, damit, daß, außer einer Geldentschädigung von vier Milliarden, nur in Abtretung von Elsaß und Lothringen eine wirkliche Friedensgarantie gegen das uns beständig bedrohende Frankreich zu finden sei.

Wimpffen erwiderte, der Geldpunkt werde muthmaßlich keine Schwierigkeit schaffen, aber Elsaß und Lothringen nie. Gingen sie dennoch verloren, so würden sie einen beständigen Streitpunkt zwischen Deutschland und Frankreich bilden.

»Frankreich,« so fuhr Graf Bismarck fort, »konnte uns Sadowa nicht vergeben; um wie viel weniger wird es geneigt sein, uns den Sieg zu verzeihen, den wir nun über es selbst errungen haben. Es wird immer Revanche fordern und weil wir dies wissen, eben deshalb liegt uns daran, so praktische Garantieen wie Straßburg und Metz in Händen zu haben.«

Wimpffen versuchte die beständigen Kriegsgelüste Frankreichs zu bestreiten, wies auf den industriellen Aufschwung des Landes, auf seine Vorliebe für die Künste hin und betonte, daß nur in dem Verzicht auf jede Territorialabtretung eine wirkliche Friedensgarantie zu finden sei. Graf Bismarck drang noch einmal auf materielle Sicherheiten und unter diesen als erste und nächstliegende: die Entwaffnung der Armee von Chalons und ihre Abführung in die Kriegsgefangenschaft. »Oder wir nehmen in aller Tagesfrühe das Bombardement der Stadt wieder auf,« — fügte General von Moltke hinzu.

Hierauf erbat sich v. Wimpffen Bedenkzeit. Er gedenke, die ihm und der Armee gestellten Bedingungen zuvor einem Kriegsrath französischer Generale vorzulegen. Bis 9 Uhr früh solle der Entscheid in Händen des Generals v. Moltke sein. Dieser drang zunächst auf sofortige Entschließung; erst auf eine Erklärung des Grafen Bismarck hin, willigte er in die begehrte Frist bis 9 Uhr früh.

Hiermit schloß diese denkwürdige Unterredung. General Wimpffen kehrte nach Sedan zurück. Um 1 Uhr hielt er vor dem Schloß. Der Kaiser schlief bereits, wurde geweckt, Wimpffen trat ein. »Sire, man legt uns harte Bedingungen auf; ich habe vergeblich bessere zu erringen getrachtet, nur Euer Majestät können uns möglicherweise aus dieser Situation befreien.«

»General,« antwortete der Kaiser, »um 5 Uhr früh begebe ich mich in das deutsche Hauptquartier und werde sehen, ob der König uns günstiger gesonnen ist.«

Wimpffen verabschiedete sich beim Kaiser und suchte sein Hôtel auf. Aber er vermochte nicht zu schlafen. Ruhelos durchlief er die Stadt und wachte den Morgen heran.

Um 7 Uhr trat der Kriegsrath zusammen, um die endgültigen Beschlüsse zu fassen.

Ein zweiter Bericht über die Verhandlungen in Donchery.
(Aufzeichnungen des Rittmeisters d'Orcet vom IV. Cüraffier-Regiment.)

»... Wir wurden in ein Zimmer im Erdgeschoß geführt, wo wir 10 Minuten zu warten hatten, bevor General v. Moltke, Graf Bismarck, General v. Blumenthal und einige andere preußische Offiziere eintraten. Nach einer kurzen Begrüßung stellte General v. Wimpffen die ihn begleitenden beiden Generale (Faure und Castelnau) dem General v. Moltke vor. Auf die Frage des Letzteren, in welcher Eigenschaft die beiden Herren zugegen wären, antwortete zunächst General Faure, daß er als Chef des General-stabes der ehemalig Mac Mahon'schen Armee den General v. Wimpffen, jedoch ohne jeden officiellen Charakter, begleitet habe. General Castelnau bemerkte, daß er eine mündliche, halbofficielle Mittheilung seitens des Kai-sers zu machen wünsche, daß diese Mittheilung indeß erst am Schluß der Verhandlungen, an denen er sonst in keiner Weise betheiligt sei, von Nutzen sein werde. General v. Moltke nannte darauf, sie mit der Hand bezeichnend, dem General v. Wimpffen den Grafen Bismarck und den General Blumen-thal, worauf man sich setzte.

Das Arrangement war das folgende. Inmitten des Zimmers stand ein viereckiger Tisch mit rother Decke; an der einen Seite saß General v. Moltke, links den Grafen Bismarck, rechts den General v. Blumenthal neben sich; ihm gegenüber General v. Wimpffen und neben diesem — etwas rückwärts und fast im Schatten schon — die Generale Castelnau und Faure, sammt den sie begleitenden Adjutanten. Von preußischen Offizieren waren noch sieben oder acht zugegen, deren einer, auf einen Wink des Ge-nerals v. Blumenthal, sich neben den Kamin stellte, um, auf die Krönung desselben gestützt, eine Art Protocoll zu führen.

Ein momentanes Schweigen trat ein. Man fühlte, daß General v. Wimpffen in Verlegenheit war, wie er das Gespräch einleiten solle; aber General v. Moltke blieb unbeweglich und war entschlossen, seinem Gegner das erste Wort zu überlassen.

Es würde mir lieb sein, begann v. Wimpffen endlich, die Bedingun-gen kennen zu lernen, die Se. Majestät der König von Preußen gewillt ist, uns zu bewilligen.

Sie sind einfach genug, erwiderte General v. Moltke. Die Armee ist kriegsgefangen mit Waffen und Gepäck; man wird den Offizieren, in Anerkennung ihrer tapfern Haltung, den Degen lassen, aber sie sind kriegsgefangen wie die Truppen.

Diese Bedingungen sind hart, entgegnete General v. Wimpffen; die Haltung der französischen Armee hätte vielleicht bessere verdient. Wäre nicht eine Capitulation auf folgende Abmachungen hin einzuleiten: Der Platz und seine Artillerie wird übergeben; die Armee behält ihre Waffen, Fahnen, Gepäck, unter der Zusage in diesem Kriege nicht ferner gegen Preußen zu dienen; der Kaiser und die Generale verpflichten sich für die Armee, die Offiziere für sich selbst; Preußen bestimmt den Theil Frankreichs (wenn nicht Algier vorgezogen wird), wohin sich die Armee bis zum Friedensschlusse zurückzuziehen hat.

v. Wimpffen fügte noch einiges Weitere hinzu; als er inzwischen wahrnahm, daß sein Gegner unerbittlich blieb, versuchte er die Sympathieen desselben durch einen Hinweis auf seine (Wimpffens) persönliche Lage zu erwecken. »Vor zwei Tagen treff' ich von Afrika hier ein, ein untadliger militairischer Ruf begleitet mich, mitten in der Schlacht übernehm' ich den Oberbefehl und nun soll ich meinen Namen an eine Capitulation setzen, die das Resultat eines Kampfes ist, der von mir weder geplant noch eingeleitet wurde. Sie, der Sie selbst General sind, werden das Bittere meiner Lage besser empfinden, als irgend wer.«

General v. Wimpffen versuchte näher auf diese Dinge einzugehen und ein Bild der besonderen Vorkommnisse und Verlegenheiten zu entrollen, die ihn in das Oberkommando einführten und während desselben begleiteten, alsbald indessen wahrnehmend, daß dieser Appell an die menschliche Theilnahme des Gegners wirkungslos blieb, nahm er einen lebhafteren Ton an und erklärte: »Im Uebrigen, General, wenn keine anderen Zugeständnisse gemacht werden können, so sehe ich mich außer Stande, Ihre Bedingungen anzunehmen. Ich werde an meine Armee und das Glück der Schlachten noch einmal appelliren, und entweder mich durchzuschlagen oder in Sedan mich zu vertheidigen wissen.«

Hier unterbrach ihn General v. Moltke: »Ich bin voll großer und besonderer Hochachtung vor Ihrer Person, ich würdige die Schwierigkeiten Ihrer Lage und ich bedauere, Ihren Forderungen nicht nachkommen zu können; was aber einen erneuten Durchbruchsversuch oder Ihren Entschluß angeht, sich in Sedan zu vertheidigen, so muß ich Ihnen bemerken, daß das eine so unmöglich ist, wie das andere. Gewiß, Sie haben noch immer über Bruchtheile einer ausgezeichneten Armee Verfügung, Ihre Elite-Truppen sind ersten Ranges, aber ein großer Theil Ihrer Infanterie ist demoralisirt,

denn wir haben heut, im Laufe des Tages, über 20,000 unverwundete Gefangene gemacht. Sie haben noch 80,000 Mann; wir stehen Ihnen mit
240,000 Mann und 500 Geschützen gegenüber; bestimmen Sie einen Ihrer
Offiziere, der sich von der Genauigkeit meiner Angaben überzeugen mag.
Sie können nicht durch und können sich eben so wenig in Sedan halten,
denn Sie haben keine Munition mehr und nur Lebensmittel auf 48 Stunden.«

General v. Wimpffen, als er seinen Gegner so wohl unterrichtet sah,
suchte ihm von anderer Seite her beizukommen. »Ich möchte doch glauben,
so etwa fuhr er fort, daß es auch, vom politischen Standpunkte aus angesehen, sich empfehlen würde, der mir unterstellten Armee ehrenvollere Bedingungen zu gewähren. Sie wünschen den Frieden, und über kurz oder
lang werden Sie ihn haben. Was die französische Nation vor Allem kenn-
zeichnet, ist ihre hochherzige und ritterliche Gesinnung; eine solche Gesinnung
aber ist allemal erkenntlich für Akte des Edelmuths, denen sie begegnet.
Verfahren Sie umgekehrt, schreiten Sie zu den härtesten Maßregeln, so
wecken sie Zorn und Haß in den Herzen aller unserer Soldaten und verletzen die Eigenliebe der Nation aufs Empfindlichste. All die alten Leidenschaften und Gegensätze werden wieder wachgerufen und Sie gerathen in
Gefahr, einen nicht enden wollenden Krieg zwischen Preußen und Frankreich
entbrennen zu sehen.«

Hier fiel Graf Bismarck ein: »Ihre Argumentation, Herr Ge-
neral, scheint beim ersten Anblick ernstlich zu sein, aber sie scheint es nur und
ist im Grunde unhaltbar. Man muß im Allgemeinen sehr wenig an die
Dankbarkeit glauben, und am allerwenigsten an die Dankbarkeit eines Volkes.
Man kann zur Noth an die wohlwollenden Gesinnungen eines Souverains
und seiner Familie glauben, ja man kann ihnen unter Umständen ein vollkom-
menes Vertrauen schenken; aber, ich wiederhole es, von der Dankbarkeit einer
Nation ist nichts zu erwarten. Wenn das französische Volk ein Volk wie
ein anderes wäre, wenn es dauerhafte Einrichtungen hätte, wenn es, wie
das unsrige, Verehrung und Achtung vor seiner Regierungsform und einem
Souverain hätte, welcher fest auf seinem Throne sitzt, so könnten wir an die
Dankbarkeit des Kaisers und seines Sohnes glauben und auf diese Dankbarkeit Werth legen; aber in Frankreich sind seit 80 Jahren die Regierungs-
formen so wenig dauerhaft gewesen, sie haben mit einer so seltsamen Raschheit gewechselt, daß es von Seiten einer benachbarten Nation Unverstand sein
würde, Hoffnungen auf die Freundschaft eines französischen Souverains zu
bauen. Ueberhaupt aber würde es Thorheit sein, sich einzubilden, daß Frankreich uns unsere Erfolge verzeihen könnte. Sie sind ein über die Maßen
eifersüchtiges, reizbares und hochmüthiges Volk. Seit zwei Jahrhunderten
hat Frankreich dreißig Mal Deutschland den Krieg erklärt, und diesmal,

wie immer, aus Eiferfucht, weil man uns unferen Sieg von Sadowa nicht
verzeihen konnte, obgleich diefer Sieg Frankreich und feinem Ruhme keinen
Eintrag gethan hatte. Aber es fcheint, daß der Sieg eine dem franzöfifchen
Volke allein vorbehaltene Apanage, daß er ein Monopol für daffelbe ift.
Man konnte uns Sadowa nicht verzeihen, und man würde uns Sedan verzeihen? Nimmermehr! Wenn wir jetzt den Frieden fchlöffen, in fünf Jahren,
in zehn Jahren, fobald Frankreich es vermöchte, würde es den Krieg wieder
anfangen. Das ift die Dankbarkeit, die wir von der franzöfifchen Nation
zu erwarten haben. Wir find im Gegenfatz dazu eine friedliebende Nation,
welche in Ruhe zu leben wünfcht und leben würde, wenn man uns nicht
fortwährend reizte. Heute ift es genug. Frankreich muß für feinen eroberungs-
luftigen und ehrgeizigen Charakter gezüchtigt werden; wir wollen ausruhen,
wir wollen die Sicherheit unferer Kinder wahren, und dazu ift es nöthig,
daß wir zwifchen Frankreich und uns ein Glacis, ein Territorium, Feftungen
und Grenzen haben, die uns für immer gegen einen Angriff fchützen.«

General v. Wimpffen fuchte hierauf geltend zu machen, daß Graf
Bismarck ein früheres Frankreich, etwa das Frankreich von 1815, gefchildert
habe. Alle diefe Dinge hätten feitdem eine große Wandlung erfahren; Jeder
ftrebe nach Wohlleben, nicht nach Ruhm und Krieg, und der Wunfch der
Nation ginge in der That dahin, eine Verbrüderung der Völker zu procla-
miren. Ein Blick auf England beweife am beften, wie fehr das gegenwärtige
Frankreich von dem vergangenen verfchieden fei. Die Engländer feien jetzt
die beften Freunde der Franzofen. So würde fich auch das Verhältniß
zwifchen Frankreich und Deutfchland geftalten, wenn Deutfchland verftände,
edelmüthig zu fein.

An diefer Stelle ergriff Graf Bismarck, nachdem er fchon vorher
durch Mienen und Bewegungen feine Zweifel an den Auslaffungen General
v. Wimpffen's ausgedrückt hatte, abermals das Wort. »Ich kann nicht zugeben, General, daß fich diefe Dinge bei Ihnen zum Befferen geändert
hätten. Es war auch diesmal wieder Frankreich, welches den Krieg wollte;
lediglich um der Ruhmesmanie der Nation zu fchmeicheln und dadurch
mittelbar die erfchütterte Dynaftie zu befeftigen, lediglich aus diefem Grunde
wurden wir durch den Kaifer provocirt. Wir wiffen fehr wohl, daß ein
vernünftiger, in feinem Kerne gefunder Bruchtheil Ihres Volkes diefen Krieg
nicht wollte; aber auch diefe ruhigeren Elemente gaben fchließlich ohne
fonderliches Widerftreben nach. Wir wiffen auch, daß es nicht die Armee
war, die vor Allem zum Kriege drängte, es war vielmehr die Partei, die
in Ihrem Lande die Regierungen macht und ftürzt. Das Straßenvolk und
die Journaliften (und dies letztere Wort betonte er), die find es, denen wir
eine Lektion ertheilen müffen. Und deffentwegen müffen wir nach Paris.

Wer will denn vorausbestimmen, wie sich die Dinge bei Ihnen entwickeln werden? Vielleicht bildet sich eine jener Regierungen, die ihre Aufgabe darin setzen, nichts zu respektiren; vielleicht wächst über Nacht ein Gouvernement auf, das willkürlich Gesetze macht und streicht, das die zwischen uns fest-gestellte Capitulation nicht anerkennt und die Offiziere zwingt oder doch zu zwingen trachtet, ihr uns gegebenes Wort zu brechen. Dies ist von Wichtig-keit. Ein solches Gouvernement wird zum Aeußersten schreiten, auch in seinem Widerstande gegen uns. Man wird neue Armeen herzustellen beflissen sein und junge Soldaten aufzubringen, das wird gelingen; aber was nicht gelingen wird, das ist, so lange die alte Armee kriegsgefangen bleibt, die Herstellung eines Offiziercorps. Wir wollen den Frieden, einen dauerhaften Frieden; um ihn zu erlangen, ist es nöthig, Frankreich in die Unmöglichkeit ferneren Widerstandes zu versetzen. Das Glück der Schlachten hat uns die besten Soldaten, die besten Offiziere der französischen Armee überliefert; sie in Freiheit setzen, um sie aufs Neue gegen uns marschiren zu sehen, wäre Wahnsinn. Es würde den Krieg verlängern und dem Interesse beider Völker widersprechen. Nein, General, alle Theilnahme die uns Ihre per-sönliche Lage einflößt, alle gute Meinung, die wir von Ihrer Armee hegen, — beides darf uns nicht bestimmen von den Bedingungen zurückzutreten, die wir gestellt haben.«

»Wohlan denn«, erwiderte General v. Wimpffen, »da es mir in gleicher Weise unmöglich ist, diese Bedingungen zu acceptiren, so möge der Kampf aufs Neue beginnen.«

An dieser Stelle nahm General v. Castelnau das Wort. Er bemerkte mit zögernder Stimme: »Ich halte den Augenblick für gekommen, mich meines Auftrages zu entledigen. Der Kaiser hat mich beauftragt, Sr. Ma-jestät dem König Wilhelm zu bemerken, daß er ihm seinen Degen ohne Be-dingung geschickt und sich durchaus persönlich Ihm ergeben habe, aber nur in der Hoffnung, daß dies den König bewegen werde, der französischen Armee eine ehrenhaftere Capitulation zu bewilligen.«

»Ist das Alles?« fragte Herr v. Bismarck.

»Ja.«

»Aber welcher Degen ist es, den der Kaiser überreicht hat? Ist es der Degen Frankreichs oder sein Degen? In dem ersteren Falle könnten die Bedingungen bedeutend verringert werden und Ihre Sendung würde von der größten Wichtigkeit sein!«

»Es ist einfach der Degen des Kaisers.«

»In diesem Falle«, bemerkte rasch und fast mit Freudigkeit General v. Moltke, »ändert es nichts an den Bedingungen.« Und er fügte hinzu:

»Der Kaiser wird für seine Person Alles erhalten, was ihm belieben wird zu verlangen.«*)

Auf diese Worte General v. Moltke's wiederholte v. Wimpffen nur: »So werden wir denn die Schlacht wieder aufnehmen.«

»Um 4 Uhr früh läuft der Waffenstillstand ab. Ich werde um diese Stunde das Feuer auf die Stadt eröffnen lassen.«

Die Unterhandlungen waren am Ende; Alles schien gescheitert; die Pferde wurden befohlen. Niemand sprach; es war ein eisiges Schweigen.

In diesem Augenblick nahm Graf Bismarck noch einmal das Wort: »Ja, General, Sie verfügen über tapfere Soldaten und Ihre erneuten Anstrengungen werden uns neue, herbe Verluste verursachen; aber wozu kann es dienen? Morgen Abend werden Sie nicht weiter sein wie heute und nur das Bewußtsein wird Sie begleiten, das Blut Ihrer und unserer Soldaten nutzlos vergossen zu haben. Soll eine momentane Verstimmung über das Schicksal dieser Conferenz entscheiden! General v. Moltke wird Ihnen, wie ich hoffe, den Beweis führen, daß jeder Widerstand von Ihrer Seite vergeblich ist.«

Man setzte sich wieder. General v. Moltke nahm das Wort: »Ich bestätige aufs Neue, daß ein Durchbrechungsversuch nie und nimmer gelingen kann; denn abgesehen von unserer großen Ueberlegenheit an Truppen und Artillerie, verfügen wir auch über Positionen, von denen aus wir im Stande sind, Sedan in zwei Stunden in Brand zu schießen.«

»Oh, diese Positionen sind nicht so stark, wie Sie sie schildern,« unterbrach v. Wimpffen.

»Sie kennen nicht die Topographie der Umgebungen von Sedan,« fuhr General v. Moltke fort, »und hier ist so recht ein Fall gegeben, um die Einbildungen Ihrer Nation an einem Musterbeispiel zu zeigen. Bei Beginn des Feldzuges sind Karten von Deutschland an alle Offiziere der französischen Armee vertheilt worden und so haben sie sich selber des Mittels beraubt, in entscheidenden Momenten sich im eigenen Lande zurechtfinden zu können. Es ist, wie ich gesagt habe: unsere Positionen sind nicht nur sehr stark, sie sind unangreifbar.«

General v. Wimpffen fand keine Antwort; er fühlte zu sehr die Wahrheit dessen, was gesagt worden war. Nach einer Pause bemerkte er: »Ich würde gern von dem Anerbieten Nutzen ziehen, das Sie mir, General,

*) Capitain d'Orcet macht hier eine Anmerkung, in der es heißt: »Es schien mir eine gewisse Meinungsverschiedenheit (une secrète divergence d'opinion) zwischen Graf Bismarck und General v. Moltke obzuwalten, die dahin ging, daß jenem eine Beendigung des Krieges nicht ungelegen gewesen wäre, während dieser (Moltke) die Fortsetzung des Kampfes wünschte.«

bei Beginn unserer Unterredung gemacht haben; gestatten Sie mir, zur Kenntnißnahme Ihrer Positionen einen meiner Offiziere absenden zu dürfen. Nach seiner Rückkehr will ich meine Entscheidung treffen.«

»Schicken Sie Niemanden, es ist nutzlos,« erwiderte General v. Moltke trocken, »Sie können mir glauben. Ueberdies bleibt nicht viel Zeit mehr zu Ueberlegungen. Es ist Mitternacht; um 4 Uhr früh läuft der Waffenstillstand ab und ich kann Ihnen keine längere Frist bewilligen.«

»Unter allen Umständen kann ich eine so wichtige Entscheidung nicht allein treffen,« replicirte Wimpffen, »ich muß meine Generale zu Rathe ziehen. Wo soll ich sie zu dieser Stunde in Sedan finden; eine bestimmte Antwort bis um 4 Uhr zu geben, ist unmöglich; eine kurze Verlängerung des Waffenstillstandes scheint mir unerläßlich zu sein.«

Als General v. Moltke dies verweigerte, neigte sich Graf Bismarck etwas nach rechts und flüsterte ihm einige Worte zu, die wahrscheinlich darauf hinwiesen, daß der König erst um 9 Uhr einträfe, und daß es nöthig sein werde, dies Eintreffen abzuwarten. Gleichviel, General v. Moltke wandte sich nach diesem kurzen, in gedämpfter Stimme geführten Zwiegespräch an v. Wimpffen, um ihm mitzutheilen, daß der Waffenstillstand bis 9 Uhr verlängert werden solle.

Hiernach war die Conferenz im Wesentlichen beendet; was noch gesprochen wurde, betraf einige Details, für den Fall eines Zustandekommens der Capitulation. Im Prinzip (diesen Eindruck gewann ich) war, als die Unterredung schloß, die Capitulation Seitens des Generals v. Wimpffen angenommen. Daß er den sofortigen Abschluß vermied, geschah einerseits um den Schein zu retten, andererseits um die Verantwortlichkeit dadurch nach Möglichkeit zu verringern, daß er die übrigen Generale zu Mitträgern dieser erdrückenden Last machte.

Dies der Bericht Capitain d'Orcets vom 4. französischen Cürassier-Regiment. Er wurde in den Wintermonaten 1870—71 in Stettin abgefaßt und später dem General Ducrot zur Verfügung gestellt, der ihn veröffentlicht hat. Im Ganzen genommen decken sich diese Aufzeichnungen vorzüglich mit der Darstellung, die Wimpffen selbst von dieser denkwürdigen »Conferenz von Donchery« gegeben hat.

Am 2. September, 7 Uhr früh, war der Kriegsrath versammelt, der über Annahme oder Verwerfung unserer Bedingungen entscheiden sollte. Er bestand aus den Corps-Commandeuren, den Divisionsgeneralen und den Commandeuren vom Artillerie- und Genie-Corps.

General v. Wimpffen theilte mit, daß der Inhalt der stattgehabten Unterhandlung sich dahin zusammenfassen lasse, daß deutscherseits die tapfere

Haltung der Armee anerkannt und darauf hin eine ehrenvolle Behandlung zugestanden worden sei, daß indessen — so habe sich General v. Moltke geäußert — die Forderungen der Politik nicht außer Acht gelassen werden könnten, Forderungen, die gebieterisch erheischten, daß die französische Armee capitulire. Sie werde kriegsgefangen nach Deutschland geführt werden. Die Offiziere sollten ihren Degen und ihre Equipirung behalten, die Soldaten ihre Waffen in den Magazinen der Stadt niederlegen.

Man kam nach kurzer Debatte überein, mit Rücksicht darauf, daß es absolut an Munition und Lebensmitteln gebräche, daß alle Communication gehemmt, die Stadt überfüllt und von der gesammten feindlichen Artillerie (die im Falle weiteren Widerstandes ein ebenso furchtbares wie nutzloses Blutbad herbeiführen werde) umstellt sei, die Bedingungen des Feindes anzunehmen und gab diese Entschließung wie auch die Motive zu Protokoll. Dann wurde das betreffende Schriftstück von den Generalen Wimpffen, Ducrot, Lebrun, Douay, Fargeot und Dejean unterzeichnet.[*]

Noch vor 9 Uhr hatte man im deutschen Hauptquartier Kenntniß von der Annahme der gestellten Bedingungen; so unterblieb der Wiederbeginn des Bombardements. Nur die Einzelnheiten waren noch zu regeln. Dies geschah zu späterer Stunde.

---

[*] Zwei von den Divisions-Generalen, die Generale Pellé und Carré de Bellemare, fanden die Bedingungen entehrend und stimmten für Ablehnung, also für Fortsetzung des Kampfes. General Ducrot, in seiner Schrift »La Journée de Sedan« hebt zwar hervor, daß beide Generale schließlich ihren Widerstand aufgegeben und der Ansicht der Mehrheit sich angeschlossen hätten, doch scheint dies nach einem am 3. September geschriebenen Briefe des Generals Pellé nicht der Fall gewesen zu sein. Dieser Brief lautet: »Sedan, 3. September. Ich bin Kriegsgefangener mit der ganzen Armee. Niemals ist einem Volke eine solche Beleidigung zugefügt worden. Sage Deinem Bruder, daß, wenn das Kriegsgericht zusammenberufen wird, um über die Uebergabe der Armee abzuurtheilen, so wird er hören, daß zwei Generale die Ansicht, zu capituliren, nicht theilten; man hat sie nicht genannt. Sage ihm, daß er schreibe, und daß alle Welt wisse, daß die zwei Generale, die ihre Zustimmung nicht gaben, der General Pellé und der General Carré de Bellemare waren. Der Divisionsgeneral Pellé.« — Bewundern können wir solch Schriftstück nicht. An der Einsicht, daß fortgesetzter Widerstand die Stadt und die Armee innerhalb zweier Stunden vernichtet haben würde, konnte es beiden Herren unmöglich gebrechen, so war ihre Abstimmung, deren Ungefährlichkeit ihnen einleuchtete, nichts besseres als bequeme Popularitätshascherei. In solchen Momenten muß man darauf verzichten können, eine Sonderstellung einnehmen oder etwas Apartes sein zu wollen. So haben auch die französischen Generale die Sache aufgefaßt und (wie wir nachträglich erfahren) dem General Pellé eine ernste Reprimande ertheilt. General Faure, Generalstabschef der Armee von Chalons, schrieb darüber das Folgende an General v. Wimpffen: »Le Général Pellé. qui n'a pas craint de traiter la capitulation de honteuse et de protester dans une lettre écrite à sa famille et publiée dans les journaux. a été mandé à Coblentz devant une réunion de généraux. Le Général Douay l'a très-vertement traité et lui a reproché. avec raison. de vouloir se poser sur un piédestal et faire blanc de son épée aux dépens de ses camarades.«

38 *

Um 10 Uhr begab sich v. Wimpffen zu den preußischen Generalen zurück, mit denen er in der Nacht vorher unterhandelt hatte. Sie befanden sich nicht mehr in Donchery, sondern etwas näher nach Sedan zu, in dem bei Frénois gelegenen Schloß Bellevue. Hier war es, wo der Wortlaut der Capitulation festgesetzt, die Einzelnheiten der Uebergabe geregelt wurden. Wir kommen darauf zurück. Vorauf ging das Folgende.

v. Wimpffen, als er, um etwa 10½, die Höhe von Frénois erreicht hatte, begegnete daselbst dem Kaiser, der vergeblich bemüht gewesen war, den König zu sehen, statt dessen aber in aller Morgenfrühe (vergl. S. 583) ein eingehendes Gespräch mit dem Grafen Bismarck gehabt hatte. Der König hatte bestimmt erklärt, erst nach Abschluß der Capitulation mit dem Kaiser sprechen zu wollen.

Wimpffen, als er neben dem Wagen des Kaisers hielt, fragte: »Was haben Ew. Majestät erhalten?«

Nichts. Ich habe den König noch nicht gesehen.

»Dann bleibt es also bei den alten Bedingungen. Sie werden die Basis der Capitulation bilden.«

Nach diesem Gespräch bog General v. Wimpffen rechts ab, um sich nach Schloß Bellevue zu begeben. Er fand hier den Grafen Bismarck, verschiedene Generalstabsoffiziere, bald auch den General v. Moltke, der nun eben diese Stunde dem Könige den Capitulations-Entwurf vorlegte.

Der König billigte denselben. Um 12 Uhr war Alles geregelt, die Capitulation abgeschlossen und unterzeichnet.

Wir geben den Wortlaut derselben an anderer Stelle (S. 587). Ebenso eine Schilderung der Ereignisse, sowohl auf der Höhe von Donchery wie in Schloß Bellevue, die der Unterzeichnung der Capitulation unmittelbar folgten.

Zuvor nehmen wir in unserem nächstfolgenden Kapitel Abschied vom General v. Wimpffen, dessen Name und Thun mit dem Tage von Sedan so eng verknüpft worden ist.

General v. Wimpffen's Abschied.
Wimpffen und Ducrot.

General v. Wimpffen kehrte, nach Abschluß und Unterzeichnung der Capitulation in Schloß Bellevue, nach Sedan zurück. Er fand die Dinge hier,
wenn man lediglich seinen Aufzeichnungen folgt, nicht allzu schlimm.
»Die Offiziere gaben ihren Soldaten das Beispiel ruhiger Ergebung, wie sie
ihnen bis dahin ein Vorbild des Muthes und der Aufopferung gewesen
waren. Ich hörte kein bitteres Wort; im Gegentheil, man erwies mir einen
besonderen Respekt, wie um mir zu zeigen, daß man das Opfer zu würdigen
wisse, das ich, mit Hintansetzung meiner Person, um der Armee willen gebracht
habe.« Möglich, daß sich dem General die Dinge so günstig darstellten, in Wahrheit lagen sie anders. Wir geben S. 593 eine Darstellung der Zustände, wie sie
am 2. September in Sedan die herrschenden waren. Auch die anderen Generale, so weit sie sich über die Schlacht und ihre unmittelbaren Folgen geäußert haben, sprechen von einer »völligen Desorganisation der Armee«.
Alle Disciplin war aufgelöst. General Faure, aufgefordert über die Verluste zu berichten, erwiderte: daß es kaum möglich sein werde, sie auch nur
annähernd zu bestimmen, da alle Truppentheile aus dem Zusammenhang
gekommen seien. Dies war das Richtige.

Im Laufe des Nachmittags erließ General v. Wimpffen nachstehende
Proclamation an die Armee. Es war zugleich ein Abschiednehmen von ihr.

Proclamation.

»Soldaten! Gegen sehr überlegene Kräfte habt Ihr Euch gestern geschlagen. Von frühem Morgen an bis in die Nacht habt Ihr dem Feinde
mit größtem Muthe Widerstand geleistet und Eure letzte Patrone verschossen.
Erschöpft vom Kampfe, habt Ihr der Aufforderung Eurer Generale und
Offiziere, Euch bis Montmedy durchzuschlagen und dem General Bazaine die

Hand zu reichen, nicht nachkommen können. Zweitausend nur sammelten sich, um einen letzten Versuch zu wagen. Sie konnten über Balan nicht hinaus und kehrten nach Sedan zurück, wo Euer General mit Schmerz sich überzeugen mußte, daß weder Magazine noch Munition vorhanden seien.

Man konnte nicht daran denken, einen Platz zu vertheidigen, dessen ganze Lage ihn unfähig machte, einer zahlreichen und gewaltigen feindlichen Artillerie zu widerstehen.

Die innerhalb der Mauern der Festung vereinigte Armee vermochte diese weder zu verlassen, noch sie zu vertheidigen; ohne Lebensmittel, sei es für die Bevölkerung, sei es für die Truppen, mußte ich den traurigen Entschluß fassen, mit dem Feinde zu unterhandeln.

Mit Vollmachten seitens des Kaisers ins feindliche Hauptquartier geschickt, konnte ich mich nicht sofort entschließen, die mir gestellten Bedingungen anzunehmen. Diesen Morgen erst, durch ein Bombardement bedroht, auf das wir außer Stande gewesen wären zu antworten, entschloß ich mich zu neuen Schritten und habe Bedingungen erhalten, in denen nach Möglichkeit jene verletzenden Formalitäten vermieden sind, die, nach Kriegsbrauch, bei ähnlichen Gelegenheiten dem Besiegten auferlegt werden.

Es bleibt uns, Offizieren wie Soldaten, nichts anderes übrig, als uns mit Ergebung in Dinge zu finden, gegen die ein Ankämpfen unmöglich ist, da wir, um es zu wiederholen, ohne Munition und ohne Lebensmittel sind.

Mir verbleibt allein der Trost, ein unnützes Massacre vermieden und dem Vaterlande Soldaten erhalten zu haben, von denen es in Zukunft noch gute und glänzende Dienste gewärtigen mag.

Sedan, den 2. September 1870.

Der General en Chef

v. Wimpffen.«

So die Proclamation. Als sie angeschlagen wurde, hatten bereits, wie oben erwähnt, Zustände Platz gegriffen, die einem die Annahme nahe legen, daß sie nur von Wenigen gelesen worden sei.

Am 3. richtete General v. Wimpffen folgendes Schreiben an den General v. Moltke:

»Ich habe die Ehre zu Ihrer Kenntniß zu bringen, daß ich als General en Chef einer kriegsgefangenen Armee die Pflicht zu haben glaube, das Schicksal dieser Armee zu theilen. So bitte ich denn Ew. Excellenz, mich als Kriegsgefangenen ansehen und den Ort bestimmen zu wollen, wohin ich mich in Deutschland zu begeben habe. Wenn wir über die verschiedenen deutschen Staaten vertheilt werden sollten, so würde ich es als eine Vergünstigung ansehen, nach dem Königreich Würtemberg geschickt zu werden.

Ich hoffe, daß Sie vier Offizieren, die meiner Person attachirt sind, gestatten werden, die Gefährten meines Unglücks zu sein. Es sind:

Graf d'Ollone, Capitain im 12. Jäger-Bataillon;

Daram, Lieutenant im 92. Linien-Regiment;

Desgrandchamps, Lieutenant im 6. Husaren-Regiment;

Marquis de Laizer, Offizier der Mobilgarde, Auditeur im Staatsrath.

Jeder dieser Offiziere würde von einem Diener begleitet sein; ich selbst habe einen Secretair und eine Ordonnanz.

Ich bitte Ew. Excellenz, mich alle Maßnahmen in Betreff meiner Reise, sowie in Betreff der Reise meines Gefolges, wissen lassen zu wollen. Die Convention hat mit Rücksicht auf solche Offizierpferde, die Privateigenthum der betreffenden Offiziere sind, keine Festsetzung getroffen; ich glaube indessen, was mich persönlich angeht, zweier alter Pferde von mir Erwähnung thun zu dürfen, die alle Strapazen mit mir durchgemacht haben, in Italien und neuerdings noch in Afrika und Frankreich. Es sind dies alte Thiere, unfähig noch im Kriegsdienst verwandt zu werden, und so bitte ich denn, sie mir lassen zu wollen.*)

Ich habe die Ehre, Ihnen für die Wohlgewogenheit zu danken, die Sie nicht aufgehört haben, mir in den Beziehungen zwischen uns (schmerzlich wie dieselben für mich waren) zu bezeigen.

Sobald ich Ihre Entschließungen kenne, werde ich Alles thun, denselben zu entsprechen.

Empfangen Ew. Excellenz die Versicherung x.

v. Wimpffen,
Divisionsgeneral.«

Allen in dem vorstehenden Briefe ausgesprochenen Wünschen wurde noch am selben Tage (3.) seitens des Generals v. Moltke gewillfahrt. Am 4. verließ v. Wimpffen, in Begleitung der vorgenannten vier Offiziere, Sedan, übernachtete in dem belgischen Dorfe Fays-sur-Veneurs (wo er auch seinen ersten Bericht über die Schlacht abfaßte) und reiste dann über Aachen nach Stuttgart. Von hier aus sind viele jener Briefe und Berichte datirt, die später in seiner Rechtfertigungsschrift »Sedan« veröffentlicht wurden;

---

*) Ducrot, in seinem mehrcitirten Buche, ridikülisirt diesen Passus. Er hebt kurz hervor, daß Wimpffen »sans plus d'inquiéter de son armée« lieber für zwei alte Pferde »bêtes hors d'âge et incapables de faire un bon service de guerre« petitionirt habe. »Les generaux français,« so schließt Ducrot, »furent plus soucieux de leurs soldats.« Die Anklage, die in dieser Schlußbemerkung liegt, ist unverdient; andererseits muß zugegeben werden, daß die Petition selbst, die fast den halben Brief füllt, etwas den Spott Herausforderndes an sich trägt. Dergleichen wirkt gemütlich, aber doch zugleich auch klein.

von hier aus vertheidigte er sich gegen die Angriffe, die mannigfach, vor allem, wie wir wissen, von Seiten des Generals Ducrot, gegen ihn erhoben worden sind.

––––––––––

In diese Controverse treten wir jetzt ein. Es will uns scheinen, daß der Streitpunkt nie scharf präcisirt worden ist; nur hieraus konnte sich ein sonst schwer begreifliches Schwanken der Meinungen entwickeln.

Es hängt Alles davon ab, ob der Soldat oder der Feldherr, ob die Tapferkeit oder die Einsicht betont werden soll.

General v. Wimpffen war ein tapferer Soldat. Mehr denn das, er war ein guter Repräsentant militairischer Ehre und untadeliger Gesinnung. Seine Widersacher haben ihm auch das bestreiten wollen; gewiß mit Unrecht. Ducrot — persönlich erbittert und von jener Leidenschaftlichkeit des Charakters, der ein gerechtes Urtheil überhaupt schwer fällt — hat ihn unbedingt zu hart behandelt, als er ihm vorwarf, um 9 Uhr Vormittags, wo die Dinge in Bazeilles eher gut als schlecht standen, aus Eitelkeit und Großmannssucht das Commando an sich gerissen zu haben. Er glaubte momentan an die Möglichkeit eines Sieges; gewiß. Aber es lag ihm an diesem, nicht an der Identificirung seiner Person mit diesem Siege. Folgen wir ihm durch die letzten Augusttage.

Von dem Momente seines Eintreffens in Sedan, ja schon vorher, von der Stunde seiner Pariser Abreise an (vergl. S. 477), gab er die mannigfachsten Beweise physischen und moralischen Muthes, rascher Entschlußkraft, lebhaften Geistes, starken Vaterlandsgefühls. Im Fluge orientirte er sich, griff im Großen und Kleinen energisch ein, ermuthigte die Schwachen und bestärkte die Starken in ihrem Widerstande. Die Art, wie er sich in Reims (vergl. S. 478) des Husarendetachements versicherte, wie er den Maire von Signy-L'Abbaye belobte und persönlich erfahrene Unbequemlichkeit vergaß, wie er am 30. die Beaumont-Flüchtlinge sammelte, am 31. bei seinem Corps sich einführte, und die Nacht darauf, auf platter Erde schlafend, das Loos des einfachen Soldaten theilte, die Energie, mit der er im entscheidenden Moment das Commando ergriff, gegebene Befehle annullirte, Bedenken beschwichtigte, Widerspruch bekämpfte, um dann, in verzweifelten Kämpfen, erst mit Vielen, dann mit Wenigen den Durchbruch und dadurch die Rettung der Armee zu versuchen, endlich die Entsagung, die er übte, als er seinen Namen unter die Unterwerfungs-Urkunde setzte, — all das hat in unsern Augen Anspruch auf Achtung bei Freund und Feind. Er war charaktervoll, soldatisch-feurig, so lange es noch zu kämpfen gab, ehrenvoll und opferbereit, als das Unglück hereingebrochen, das Unvermeidliche an ihn herangetreten war; in diesem Sinne hat er Anspruch auf die Worte, die General v. Moltke und Graf Bismarck brieflich an ihn gerichtet haben:

»Im Augenblick, wo Ew. Excellenz den Oberbefehl übernahmen, wurde die Lage der Armee von Sedan, welche sich bis zum Schlusse tapfer geschlagen hat, von uns als eine vollständig verzweifelte betrachtet.*) Ew. Excellenz kann sich das Zeugniß ablegen, daß kein Oberbefehlshaber für seine Armee bessere Bedingungen erhalten hätte, als die, welche aus persönlichen Rücksichten für Ihre Person bewilligt wurden. Ich würdige mit Erkennt-lichkeit die wohlwollenden Ausdrücke, mit denen sich Ew. Excellenz betreffs meiner in Ihrer Veröffentlichung ausgedrückt haben.«

Aehnlich schrieb Graf Bismarck:

»Meine Sympathieen verbleiben immer einem General, der, nachdem er anderwärts seine Proben abgelegt, auf das Terrain erst im Augenblick berufen wurde, wo das Loos der Waffen bereits entschieden hatte.«

So viel über Wimpffen den tapfern Soldaten, den Mann von Ehre und Gesinnung.

Anders freilich stellt sich das Urtheil, wenn wir den Feldherrn Wimpffen ins Auge fassen und nach der Einsicht fragen, die er am Tage von Sedan zu erkennen gab. Hier erscheinen uns alle gegen ihn erhobenen Angriffe als berechtigt, und der Verurtheilung zustimmend, die er durch die verschiedensten Stimmen erfahren hat, finden wir es völlig unbegreiflich, daß er sich bei Bazeilles durchkämpfen wollte, während bei Illy noch ein freier Abzug in der Möglichkeit lag. Dies letztere hat Wimpffen freilich bestreiten wollen und sein mehr citirtes Buch ist vorwiegend zu dem Zwecke geschrieben worden, die Unmöglichkeit dieses Abzuges zu beweisen. Aber er ist mit dieser Beweisführung völlig gescheitert. Seine Zeitangaben sind sämmtlich falsch. Er läßt bereits um 5 Uhr früh unser XI. Corps bei Fleigneux und St. Menges, unser V. Corps bei Brigne aux Bois stehen, was entweder eine große Unkenntniß verräth oder einen nicht statuirbaren Hang bekundet, die Thatsachen nach persönlichem Bedürfniß zu modeln. Um 5 Uhr früh standen beide Corps bei Donchery noch am linken Ufer der Maas; erst um 6 Uhr waren die Brücken passirt; erst um 8 standen sie in Höhe von Brigne aux Bois, erst um 10 zwischen St. Menges und Fleigneux. Und zwar höchstens in Stärke von zwei Divisionen. Das ergiebt eine Diffe-renz von fünf Stunden. Mit Recht schreibt Oberst Vorbstädt: »Wäre der Feind zwischen 9 und 10 Uhr energisch vorgegangen, so wäre es viel-

*) Die Frage, ob ein Entschlüpfungsversuch über Illy nicht besser gewesen wäre, als ein Durchbrechungsversuch über Bazeilles, wird hier seitens Generals v. M. nicht berührt. Die Lage war um 8 Uhr verzweifelt, gewiß; aber der eine kommt aus verzweifelten Lagen besser heraus als der andre.

leicht möglich gewesen, die preußischen Tèten in das Defilée von St. Albert
zurückzuwerfen und das Abfahren der Artillerie-Linie zu erzwingen, was auf
den Gang der ganzen Schlacht und die Entwickelung der auf einer Straße
marschirenden preußischen Marschkolonnen von entschiedenem Einfluß gewesen sein würde.«

Es ist nachträglich für jeden, der sehen will, — also für jeden
mit alleiniger Ausnahme des Generals v. Wimpffen — ein unbestreitbares
Factum, daß um 9 Uhr ein Entkommen der Armee mindestens noch innerhalb der Möglichkeit lag, daß aber unter allen Umständen ein Abzugs-
versuch über Illy hinaus besser gewesen wäre, als ein Durchbrechungsversuch bei Bazeilles; — es fragt sich nur, ob General Wimpffen verpflichtet
war, schon damals, am Schlachttage selbst, eine Einsicht zu besitzen, über die
wir nachträglich Alle verfügen. Wir müssen auf diese Frage antworten:
ja, er war dazu verpflichtet. Er hatte sich am 30. mit eigenen Augen
davon überzeugt, daß von Süden und Südosten her unsererseits ganze
Armeen heranrückten, die stark genug gewesen waren das französische V. und
VII. Corps vor sich her zu treiben und unterstützende Brigaden des I. und
XII. Corps zu werfen. Meldungen hatten ihm inzwischen bestätigt, daß
die mannigfachen von Mouzon und Carrignan her auf Sedan führenden
Straßen von den Unseren überdeckt seien, er mußte also, nach Allem was er
gehört und gesehen, mit Sicherheit wissen, daß er in seiner Front (nach Osten
zu) feindliche Massen vor sich habe. Und trotz alledem hielt er an der Vorstellung fest, daß Alles damit gethan sein würde: die Baiern in die
Maas zu werfen. Diese Redewendung kehrt in seinen eigenen Aufzeichnungen beständig wieder. Er sah nicht über das Nächstliegende hinaus; sein
geistiges Auge reichte nicht weiter als sein physisches. Er sah immer nur die
Baiern und betrachtete die ganze Schlacht als eine Art Zweikampf zwischen
dem französischen Corps Lebrun und dem baierischen Corps v. d. Tann.
Er schlug nicht eine Schlacht bei Sedan, er schlug nur eine Schlacht bei
Bazeilles und hielt, bis es zu spät war, die Vorstellung aufrecht, daß
ein Sieg an letztgenanntem Orte (Bazeilles) überhaupt den Sieg bedeuten
werde. Er wollte nicht den Abzug über Illy; die Frage ob »ausführbar
oder nicht« lag damals seiner Seele noch völlig fern; er wollte einfach
siegen, und dieser Sieg, so vermeinte er, war da, wenn die Baiern in
die Maas geworfen würden. In diesem Allem sprach sich seine Beschränkt-
heit aus, seine Unfähigkeit, Großes zu umfassen; — die Schlacht war für
ihn jedesmal an der Stelle wo er persönlich stand. Er sah sich plötzlich in
Verhältnisse hineingestellt, die erheblich über sein geistiges Vermögen hin-
auslagen; er war ein Divisionsgeneral, kein Feldherr, der Riesenschlachten
schlägt. Kleine Anschauungen übertrug er auf große Dinge, afrikanische Er-

fahrungen auf europäische Verhältnisse. Zu verlangen war von ihm die Einsicht, daß mit dem »in die Maas werfen« des I. baierischen Corps ein Entkommen auf Montmedy auch noch nicht annähernd gesichert war, zu verlangen war die Einsicht, daß hinter und neben den Baiern andere und immer wieder andere standen, die, in Front und Flanke zufassend, von seinen Durchbruchskolonnen nicht viel übrig gelassen haben würden. Aber von diesen Erwägungen scheint ihm bis zu dem Momente, wo er die Dinge leibhaftig sah, auch nicht eine gekommen zu sein. Er tappte hinein, guten Glaubens, daß er ein Auserwählter sei und mußte sich 12 Stunden später davon überzeugen, daß er nur auserwählt worden sei, eine ungeheure Niederlage zu unterzeichnen. Mit gutem Willen und Feuereifer werden keine modernen Schlachten gewonnen. Sein Fehler war gewesen, daß er geglaubt hatte, mit Gaben zweiten Ranges da auskommen zu können, wo Gaben ersten Ranges nöthig waren. Er war energisch und decidirt; zwei militairische Tugenden, wie nicht bestritten werden soll. Aber unnuterstützt durch entsprechende Erkenntniß, können sie verhängnißvoll werden. An Warnungen hatte es nicht gefehlt. Um 9 Uhr ritt Ducrot an ihn heran: »Ich komme nicht, General, um Ihnen das Commando zu bestreiten; .... aber lassen Sie mich Ihnen bemerklich machen, daß ich mich seit fast anderthalb Monaten den Preußen gegenüber befinde, daß ich ihre Operationsart besser kenne, daß ich die Situation und das Terrain studirt habe und daß es mir nach Allem unzweifelhaft ist, daß der Feind Miene macht, uns einzuschließen.« So Ducrot. Jeder empfand ein Gleiches, nur Wimpffen nicht. So brach es denn herein.

Tapfer, patriotisch und ehrenhaft, und im Unglück sogar würdevoll und edel geartet, ist General Wimpffen nicht frei zu sprechen von dem Vorwurf, dies Unglück selbst zu größerem Theil herbeigeführt zu haben. Ein überraschender Mangel an Einsicht und ein eigensinniges Verharren im Irrthum, die beide seine Haltung am Tage von Sedan charakterisiren, haben die Katastrophe verschuldet oder doch wenigstens erst perfekt gemacht.

Der Kaiser und Graf Bismarck.

Der König auf der Höhe von Donchery. — Der Kaiser und der König.

Die Ereignisse des 2. (dem »französischen Kriegsrath« noch um eine Stunde vorauf; S. 572) begannen mit einer Begegnung zwischen dem Kaiser und Grafen Bismarck. Dies war bald nach 6 Uhr früh.

Begegnung zwischen dem Kaiser Napoleon und dem Grafen Bismarck.

Ueber diese Begegnung hat Graf Bismarck selbst am eingehendsten und anschaulichsten berichtet. Wir folgen in Nachstehendem seinem dem Könige darüber erstatteten Bericht und kehren damit nach längerem vorzugsweisen Verweilen auf französischer Seite wieder auf die deutsche Seite zurück. Freilich war Alles, was vom 2. ab geschah, ein persönliches Berühren zwischen hüben und drüben.

»Donchery, den 2. September 1870. Nachdem ich mich gestern Abend auf Ew. Königlichen Majestät Befehl hierher begeben hatte, um an den Verhandlungen über die Capitulation Theil zu nehmen, wurde letztere bis etwa 1 Uhr Nachts durch die Bewilligung einer Bedenkzeit unterbrochen, welche General Wimpffen erbeten, nachdem General v. Moltke bestimmt erklärt hatte, daß keine andere Bedingung als die Waffenstreckung bewilligt werden und das Bombardement um 9 Uhr Morgens wieder beginnen würde, wenn bis dahin die Capitulation nicht abgeschlossen wäre. Heute früh gegen 6 Uhr wurde mir der General Reille angemeldet, welcher mir mittheilte, daß der Kaiser mich zu sehen wünsche und sich bereits auf dem Wege von Sedan hierher befinde. Der General kehrte sofort zurück, um Sr. Majestät zu melden, daß ich ihm folgte, und ich befand mich kurz darauf, etwa auf

halbem Wege zwischen hier und Sedan, in der Nähe von Frénois, dem
Kaiser gegenüber. Se. Majestät befand sich in einem offenen Wagen mit
drei höheren Offizieren und eben so vielen zu Pferde daneben. Persönlich
bekannt waren mir von letzteren die Generale Castelnau, Reille, Mos-
kowa, der am Fuße verwundet schien, und Vaubert. Am Wagen angekommen, stieg ich vom Pferde, trat an der Seite des Kaisers an den Schlag
und fragte nach den Befehlen Sr. Majestät. Der Kaiser drückte zunächst
den Wunsch aus, Ew. Königliche Majestät zu sehen, anscheinend in der
Meinung, daß Allerhöchst dieselben sich ebenfalls in Donchery befänden.
Nachdem ich erwidert, daß Ew. Majestät Hauptquartier augenblicklich drei
Meilen entfernt, in Vendresse, sei, fragte der Kaiser, ob Ew. Majestät einen
Ort bestimmt hätten, wohin er sich zunächst begeben solle und eventuell,
welches meine Meinung darüber sei. Ich entgegnete ihm, daß ich in vollständiger Dunkelheit hierher gekommen und die Gegend mir deshalb unbekannt sei, und stellte ihm das in Donchery von mir bewohnte Haus zur
Verfügung, welches ich sofort räumen würde. Der Kaiser nahm dies an
und fuhr im Schritt gegen Donchery, hielt aber einige hundert Schritt von
der in die Stadt führende Maasbrücke vor einem einsam gelegenen Arbeiter-
hause an und fragte mich, ob er nicht dort absteigen könne. Ich ließ das
Haus durch den Legationsrath Grafen Bismarck-Bohlen, der mir inzwischen
gefolgt war, besichtigen; nachdem gemeldet, daß seine innere Beschaffenheit
sehr dürftig und eng, das Haus aber von Verwundeten frei sei, stieg der
Kaiser ab und forderte mich auf, ihm in das Innere zu folgen.
Hier hatte ich in einem sehr kleinen, einen Tisch und zwei
Stühle enthaltenden Zimmer eine Unterredung von etwa einer
Stunde mit dem Kaiser. Se. Majestät betonte vorzugsweise den
Wunsch, günstigere Capitulations-Bedingungen für die Armee zu erhalten. Ich lehnte von Hause aus ab, hierüber mit Sr. Majestät zu
unterhandeln, indem diese rein militairische Frage zwischen dem General
v. Moltke und dem General v. Wimpffen zu erledigen sei. Dagegen fragte
ich den Kaiser, ob Se. Majestät zu Friedensverhandlungen geneigt sei. Der
Kaiser erwiderte, daß er jetzt als Gefangener nicht in der Lage sei, und auf
mein weiteres Befragen, durch wen seiner Ansicht nach die Staatsgewalt
Frankreichs gegenwärtig vertreten werde, verwies mich Se. Majestät auf das
in Paris bestehende Gouvernement. Nach Aufklärung dieses aus dem gestrigen Schreiben des Kaisers an Ew. Majestät nicht mit Sicherheit zu beur-
theilenden Punktes erkannte ich und verschwieg dies auch dem Kaiser nicht,
daß die Situation noch heute wie gestern kein anderes praktisches Moment
als das militärische darbiete, und betonte die daraus für uns hervorgehende
Nothwendigkeit, durch die Capitulation Sedans vor allen Dingen ein mate-

rielles Pfand für die Befestigung der gewonnenen militairischen Resultate in die Hand zu bekommen. Ich hatte schon gestern Abend mit dem General v. Moltke nach allen Seiten hin die Frage erwogen: ob es möglich sein würde, ohne Schädigung der deutschen Interessen, dem militairischen Ehrgefühl einer Armee, die sich gut geschlagen hatte, günstigere Bedingungen als die festgestellten anzubieten. Nach pflichtmäßiger Erwägung mußten wir Beide in der Verneinung dieser Frage beharren. Wenn daher der General v. Moltke, der inzwischen aus der Stadt hinzugekommen war, sich zu Ew. Majestät begab, um Allerhöchstdenenselben die Wünsche des Kaisers vorzulegen, so geschah dies, wie Ew. Majestät bekannt, nicht in der Absicht, dieselben zu befürworten.

Der Kaiser begab sich demnächst ins Freie und lud mich ein, mich vor der Thür des Hauses neben ihn zu setzen. Se. Majestät stellte mir die Frage, ob es nicht thunlich sei, die französische Armee über die belgische Grenze gehen zu lassen, damit sie dort entwaffnet und internirt werde. Ich hatte auch diese Eventualität bereits am Abend zuvor mit General v. Moltke besprochen und ging, unter Anführung der oben bereits angedeuteten Motive, auch auf die Besprechung dieser Modalität nicht ein. In Berührung der politischen Situation nahm ich meinerseits keine Initiative, der Kaiser nur in soweit, daß er das Unglück des Krieges beklagte, und erklärte, daß er selbst den Krieg nicht gewollt habe, durch den Druck der öffentlichen Meinung Frankreichs aber dazu genöthigt worden sei.

Durch Erkundigungen in der Stadt und insbesondere durch Recognoscirungen der Offiziere vom Generalstabe, war inzwischen, etwa zwischen 9 und 10 Uhr, festgestellt worden, daß das Schloß Bellevue bei Frénois zur Aufnahme des Kaisers geeignet und auch noch nicht mit Verwundeten belegt sei. Ich meldete dies Sr. Majestät in der Form, daß ich Frénois als den Ort bezeichnete, den ich Ew. Majestät zur Zusammenkunft in Vorschlag bringen würde, und deshalb dem Kaiser anheimstellte, ob Se. Majestät sich gleich dahin begeben wolle, da der Aufenthalt innerhalb des kleinen Arbeiterhauses unbequem sei und der Kaiser vielleicht einiger Ruhe bedürfen würde. Se. Majestät ging hierauf bereitwillig ein, und geleitete ich den Kaiser, dem eine Ehren-Escorte von Ew. Majestät Leib-Cürassier-Regiment voranritt, nach dem Schlosse Bellevue, wo inzwischen das weitere Gefolge und die Equipagen des Kaisers, deren Ankunft aus der Stadt bis dahin für unsicher gehalten zu werden schien, von Sedan eingetroffen waren. Ebenso der General Wimpffen, mit welchem, in Erwartung der Rückkehr des Generals v. Moltke, die Besprechung der gestern abgebrochenen Capitulations-Verhandlungen durch den General v. Podbielski, im Beisein des Oberstlieutenants v. Verdy und des Stabschefs des Generals v. Wimpffen, welche

beiden Offiziere das Protokoll führten, wieder aufgenommen wurde. Ich
habe nur an der Einleitung derselben durch die Darlegung der politischen
und rechtlichen Situation nach Maßgabe der mir vom Kaiser selbst gewordenen Aufschlüsse Theil genommen, indem ich unmittelbar darauf durch den
Rittmeister Grafen v. Nostitz im Auftrage des Generals v. Moltke die Meldung erhielt, daß Ew. Majestät den Kaiser erst nach Abschluß der Capitulation der Armee sehen wollten — eine Meldung, nach welcher gegnerischer-
seits die Hoffnung, andere Bedingungen als die abgeschlossenen zu erhalten,
aufgegeben wurde. Ich ritt darauf, in der Absicht, Ew. Majestät die Lage
der Dinge zu melden, Allerhöchstdenenselben nach Chéhery entgegen, traf
unterwegs den General v. Moltke mit dem von Ew. Majestät genehmigten
Texte der Capitulation, welcher, nachdem wir mit ihm in Frénois eingetroffen, nunmehr ohne Widerspruch angenommen und unterzeichnet wurde.
Das Verhalten des Generals v. Wimpffen war, eben so wie das der übrigen
französischen Generale in der Nacht vorher, ein sehr würdiges und konnte
dieser tapfere Offizier sich nicht enthalten, mir gegenüber seinem tiefen
Schmerze darüber Ausdruck zu geben, daß gerade er berufen sein müsse,
achtundvierzig Stunden nach seiner Ankunft aus Afrika und einen halben
Tag nach seiner Uebernahme des Commandos seinen Namen unter eine für
die französischen Waffen so verhängnißvolle Capitulation zu setzen; indessen
der Mangel an Lebensmitteln und Munition und die absolute Unmöglichkeit
jeder weiteren Vertheidigung lege ihm als General die Pflicht auf, seine
persönlichen Gefühle schweigen zu lassen, da weiteres Blutvergießen in der
Situation nichts mehr ändern könne. Die Bewilligung der Entlassung der
Offiziere auf ihr Ehrenwort wurde mit lebhaftem Danke entgegengenommen,
als ein Ausdruck der Intentionen Ew. Majestät, den Gefühlen einer Truppe,
welche sich tapfer geschlagen hatte, nicht über die Linie hinaus zu nahe zu
treten, welche durch das Gebot unserer politisch-militairischen Interessen mit
Nothwendigkeit gezogen war. Diesem Gefühle hat der General v. Wimpffen
auch nachträglich in einem Schreiben Ausdruck gegeben, in welchem er dem
General v. Moltke seinen Dank für die rücksichtsvollen Formen ausdrückt,
in denen die Verhandlungen von Seiten desselben geführt worden sind.

Graf Bismarck.

Der König auf der Höhe von Donchery.

Den vorstehenden Bericht des Grafen Bismarck glaubten wir als ein
Ganzes geben zu müssen. Da er sich nicht auf eine Darstellung seiner

Morgenbegegnung mit dem Kaiser beschränkt, vielmehr auch einzelner Vorgänge des Tages, die bereits jenseits jener Begegnung lagen, Erwähnung
thut, so kann es nicht ausbleiben, daß wir in Nachstehendem Einzelnes namhaft machen werden, das bereits in dem Berichte des Grafen, wie auch in
den vorausgegangenen Kapiteln, hier und da eine kurze Erwähnung gefunden hat.

Die Ereignisse des Morgens, in denen die Person des Königs den
Mittelpunkt bildete, waren die folgenden:

Der König verließ sein Hauptquartier Vendresse*) um 8 Uhr,
um sich wieder auf die Höhe von Frénois oder einen anderen Punkt des
Schlachtfeldes zu begeben. Eine Wiederaufnahme des Kampfes lag mindestens
im Bereich der Möglichkeit. Hatten sich mittlerweile (worüber der König
noch ohne Meldung war) die Verhandlungen zwischen General Moltke und
General Wimpffen zerschlagen, so war man, wie wir S. 572 bereits hervorgehoben haben, gewillt, um 9 Uhr das Bombardement von Stadt und
Festung wieder aufzunehmen.

Es kam nicht dazu. Etwa um 9 Uhr traf General v. Moltke auf
der von Doncherry nach Vendresse führenden Chaussee den König und legte
ihm den Capitulationsentwurf zur Genehmigung vor. Diese wurde vom
Könige ertheilt. General v. Moltke kehrte darauf zum Abschluß der Verhandlungen zurück, aber nicht mehr nach Doncherry, sondern nach Schloß
Bellevue, wohin sich mittlerweile, wie wir wissen, nicht nur der Kaiser,
sondern auch General Wimpffen sammt den übrigen, bei den Verhandlungen
betheiligten, französischen und preußischen Offizieren begeben hatte. Der
König aber begab sich auf die Höhe von Doncherry, dieselbe auf der am
Tage vorher der Kronprinz seinen Stand gehabt hatte.

Dies war um 10 Uhr. Es vergingen zwei Stunden in gespannter
Erwartung. Um 12 Uhr endlich erschienen Graf Bismarck und General
v. Moltke, um dem Könige die nunmehr abgeschlossene Capitulation
vorzulegen. Der König befahl die Vorlesung derselben. Sie lautete.

*) An dieser Stelle mag in Kurzem ein Nachweis gegeben werden, wo die Haupt-
träger des Sedan-Dramas sich in der Nacht vom 1. zum 2. befanden. Diese Dinge (so sehr
jeder Einzelne geneigt ist, das Gegentheil anzunehmen) sind weder allgemein bekannt, noch ist
es leicht, sich mit Hülfe von Nachschlagebüchern über dieselben zu orientiren.

Der Kaiser Napoleon befand sich in Sedan;
König Wilhelm in Vendresse;
der Kronprinz von Preußen in Chehery;
der Kronprinz von Sachsen (wahrscheinlich) in Villers Cernay.

Die mit dem Abschluß einer Capitulation Beauftragten, also preußischerseits Moltke,
Bismarck, Podbielski, französischerseits Wimpffen, Faure, Castelnau, befanden sich (Wimpffen
bis 1 Uhr früh) in Doncherry. Hierüber haben wir in dem Capitel die »Capitulationsverhandlungen« S. 563 ꝛc. bereits ausführlich berichtet.

Protokoll.

Zwischen den Unterzeichneten, dem Generalstabschef des Königs Wilhelm von Preußen, Oberfeldherrn der deutschen Armeen, und dem General en Chef der französischen Armee, Beide mit Vollmachten von Ihren Majestäten, dem König Wilhelm und dem Kaiser Napoleon versehen, ist die nachstehende Convention abgeschlossen worden:

Art. 1. Die französische Armee, unter dem Oberbefehl des Generals v. Wimpffen, giebt sich, da sie gegenwärtig von überlegenen Truppen bei Sedan eingeschlossen ist, kriegsgefangen.

Art. 2. In Rücksicht auf die tapfere Vertheidigung dieser französischen Armee werden alle Generale, Offiziere und im Range von Offizieren stehenden Beamten hiervon ausgenommen, sobald dieselben ihr Ehrenwort schriftlich abgeben, bis zur Beendigung des gegenwärtigen Krieges die Waffen nicht wieder zu ergreifen und in keiner Weise den Interessen Deutschlands zuwider zu handeln. Die Offiziere und Beamten, welche diese Bedingungen annehmen, behalten ihre Waffen und ihre ihnen persönlich gehörigen Effecten.

Art. 3. Alle Waffen und Kriegsmaterial, bestehend in Fahnen, Adlern, Kanonen, Munition ꝛc., werden in Sedan einer von dem französischen General eingesetzten militairischen Commission übergeben, die sie sofort den deutschen Commissairen überantworten wird.

Protocole.

Entre les Soussignés, le chef de l'état-major de Sa Majesté le Roi Guillaume, commandant en chef des armées allemandes et le général commandant en chef de l'armée française, tous deux munis de pleins pouvoirs de Leurs Majestés le Roi Guillaume et l'Empereur Napoléon la convention suivante a été conclue.

Art. 1. L'armée française, placée sous les ordres du général de Wimpffen, se trouvant actuellement cernée par des forces supérieures autour de Sédan, est prisonnière de guerre.

Art. 2. Vue la défense valeureuse de cette armée il est fait exception pour tous les généraux et officiers, ainsi que pour les employés supérieurs ayant rang d'officiers, qui engageront leur parole d'honneur par écrit de ne pas porter les armes contre l'Allemagne et de n'agir d'aucune autre manière contre ses intérêts jusqu'à la fin de la guerre actuelle. Les officiers et employés, qui acceptent ces conditions, conserveront leurs armes, et les objets, qui leur appartiennent personnellement.

Art. 3. Toutes les autres armes, ainsi que tout le matériel de l'armée, consistant en drapeaux, aigles, canons, chevaux, caisses de guerre, équipages de l'armée, munitions etc. seront livrés à Sédan à une commission militaire instituée par le commandant en chef, pour être

Art. 4. Die Festung Sedan wird in ihrem gegenwärtigen Zustande und spätestens am 2. September Abends zur Disposition Sr. Majestät des Königs von Preußen gestellt.

Art. 5. Die Offiziere, welche nicht die im Art. 2. erwähnte Verpflichtung eingegangen sind, sowie die Truppen, werden entwaffnet und geordnet nach ihren Regimentern oder Corps in militairischer Ordnung übergeben. Diese Maßregel wird am 2. September anfangen und am 3. beendet sein. Es werden diese Detachements auf das Terrain geführt, welches durch die Maas bei Iges begrenzt ist, um den deutschen Commissairen durch die Offiziere übergeben zu werden, welche dann ihr Commando ihren Unteroffizieren abtreten.

Art. 6. Die Stabsärzte sollen ohne Ausnahme zur Pflege der Verwundeten zurückbleiben.

Gegeben zu Frésnois, am 2. September 1870.

v. Moltke.   v. Wimpffen.

Art. 4. La place de Sédan sera livrée ensuite dans son état actuel et au plus tard ·dans la soirée du 2 septembre à la disposition de Sa Majesté le Roi de Prusse.

Art. 5. Les officiers qui n'auront pas pris l'engagement mentionné à l'article 2me. ainsi que les troupes désarmées seront conduits rangés d'après leurs régiments en corps et en ordre militaire. Cette mesure commencera ce 2 septembre et sera terminée le 3. Ces détachements seront conduits, sur le terrain bordé par la Meuse près d'Iges, pour être remis aux commissaires allemands par leurs officiers, qui céderont alors le commandement à leurs sous-officiers.

Art. 6. Les médecins militaires sans exception resteront en arrière pour prendre soin des blessés.

Fait à Frésnoys, le 2 septembre 1870.

de Moltke.   de Wimpffen.

remis immédiatement au commissaire allemand.

Nach Vorlesung dieser Capitulations-Urkunde durch den General-Adjutanten v. Treskow, nahm König Wilhelm das Wort und richtete nachstehende Ansprache an die anwesenden Fürsten:

»Sie wissen nun, meine Herren, welch' großes geschichtliches Ereigniß sich zugetragen hat. Ich verdanke dieß den ausgezeichneten Thaten der vereinigten Armeen, denen Ich Mich gerade bei dieser Veranlassung gedrungen fühle, Meinen königlichen Dank auszusprechen, um so mehr, als diese großen Erfolge wohl geeignet sind, den Kitt noch fester zu gestalten, der die Fürsten des norddeutschen Bundes und Meine anderen Verbündeten — deren fürstliche Mitglieder Ich in diesem großen Momente zahlreich um Mich versammelt sehe — mit uns verbündet, so daß wir hoffen dürfen, einer glücklichen Zukunft entgegen zu gehen. Allerdings ist unsere Aufgabe mit dem, was sich unter unseren Augen vollzieht, noch nicht vollendet; denn wir wissen nicht, wie das übrige Frankreich es aufnehmen und beurtheilen wird. Darum müssen wir schlagfertig bleiben; aber schon jetzt meinen Dank Jedem, der ein Blatt zum Lorbeer- und Ruhmeskranze unseres Vaterlandes hinzugefügt.«

Die anwesenden Prinzen und Fürsten waren: Der Kronprinz, der Großherzog von Sachsen-Weimar, der Herzog von Coburg, der Prinz Luitpold von Baiern, der Prinz Wilhelm von Würtemberg, der Erbgroßherzog von Mecklenburg-Schwerin. Als der König seiner Verbündeten erwähnte, richtete er seine Augen besonders auf die Prinzen Luitpold von Baiern und Wilhelm von Würtemberg, denen er später auch noch die Hand reichte.

Der Kaiser und der König in Schloß Bellevue.

Diese Vorgänge mochten nahezu eine Stunde in Anspruch genommen haben. Um 1 Uhr begab sich der König von der Höhe von Doncherh aus nach Schloß Bellevue, um daselbst mit dem Kaiser zusammenzutreffen. Der Kaiser hätte dieses Zusammentreffen gern am frühen Morgen oder doch im Laufe des Vormittags stattfinden lassen, um durch Einflußgewinnen auf die Person des Königs, dessen immer zur Milde gestimmtes Herz er sehr wohl kannte, bessere Bedingungen durchzusetzen. Der König hatte ihn aber (vergl. S. 585 den Bismarckschen Bericht) wissen lassen, daß eine persönliche Begegnung zwischen ihnen erst nach vollzogener Capitulation stattfinden könne.

Die Capitulation war nun vollzogen; einer Begegnung stand nichts weiter im Wege.

Napoleon III. empfing den König an der Außenseite des Hauses vor der Treppe, zog seine Militairmütze ab als der Sieger sich ihm näherte und verbeugte sich mit tiefer Ehrerbietung. Dann begleitete er den König und den Kronprinzen in das Innere des Hauses, wo zwischen den beiden Souverainen eine halbstündige Unterredung stattfand. Der Kronprinz verweilte die Zeit über in einem angrenzenden Gartensalon. Vor diesem Gartensalon waren die andern Fürstlichkeiten verblieben. Es waren: die Prinzen Carl und Albrecht von Preußen, der Herzog von Coburg, Prinz Wilhelm von Würtemberg, der Landgraf von Hessen, der Herzog Eugen von Würtemberg und der Erbgroßherzog von Mecklenburg-Schwerin. Als die Zusammenkunft beendet war, verabschiedete sich der Kaiser von dem Könige und Kronprinzen in tiefer Bewegung. In seinen Augen standen Thränen, die er durch das

Taschentuch zu verbergen suchte. Der König beobachtete eine ernste aber nicht unfreundliche Haltung. Er selbst schrieb Tages darauf in seinem Briefe an die Königin: »Ich stieg vor dem Schlößchen ab, wo der Kaiser Mir entgegen kam. Der Besuch währte eine Viertelstunde; wir waren Beide sehr bewegt über dieses Wiedersehen. Was Ich Alles empfand, nachdem Ich noch vor drei Jahren Napoleon auf dem Gipfel seiner Macht gesehen hatte, kann Ich nicht beschreiben.«

Es erübrigt uns nur noch, eine kurze Schilderung der Localität zu geben, die durch diese Begegnung zwischen Kaiser und König so berühmt geworden und wenigstens während der ganzen Dauer des Krieges ein Wanderziel für Tausende gewesen ist. Wir folgen dabei einer Beschreibung, wie sie bereits am folgenden Tage (den 3.) von einem dem königlichen Hauptquartier attachirten Correspondenten gegeben wurde.

»Bellevue — so heißt es in diesem Berichte — ist eine chateauartige Villa, halben Weges zwischen Sedan und Donchery, kaum 500 Schritt rechts von der Chaussee. Es liegt auf einer mäßigen Anhöhe, der Art, daß die nach Sedan gewandte Front, welche allein vollständig sichtbar ist, höher steht, als die durch dichte Bäume ganz versteckte nach Donchery zugewandte Hinterfront. Vorn ist ein kleiner Vorgarten, der auf beiden Seiten Geraniumbouquets hat. Die Villa selbst besteht, so kann man wohl sagen, aus drei Thürmen, welche in ihrem unteren Theil als Wohngebäude dienen und mit einander durch zwei Glassalons verbunden sind, so daß sie ein Ganzes bilden. In den Glassalons führen vom Garten aus hübsche bunte Freitreppen. Der Mittelthurm, der eine Uhr trägt, springt etwas vor, wodurch in der glücklichsten Weise die fast unvermeidliche Monotonie vermieden wird. Man tritt zunächst durch einen die Glassalons gegen den Zutritt des Windes schützenden Vorflur (ebenfalls mit Glaswänden) in ein Empfangszimmer, das sehr einfach eingerichtet ist. Es befindet sich darin nichts als ein großer, ovaler Tisch und etwa ein Dutzend Rohrstühle. Von hier aus tritt man in einen Mittelsalon, der auch sehr einfach eingerichtet ist: ein Tisch, Lehnstühle und gewöhnliche Stühle zwei Buffets, ein großer Spiegel, ein hübscher Kamin. Die Stühle sind mit geblümtem Kattun überzogen. Daran stößt nach der einen Seite ein sehr elegantes Bibliothekzimmer mit einem schön gearbeiteten offenen Bücherschrank, in dem Büffon eine ganze Reihe einnimmt und fast alle französischen Klassiker vertreten sind, nach der hinteren Seite ein luxuriös eingerichtetes Schlafzimmer mit einem einzigen breiten Bett.*) In dem

*) In diesem Schlafsalon verbrachte Napoleon die Nacht vom 2. auf den 3. Das Bettgestelle, ebenso wie die Spiegelrahmen, die Toilette und das Nachttischchen sind von Ebenholz. Auf dem Nachttischchen stand ein Leuchter, in welchem das Licht bis zum Boden herabgebrannt war.

Mittelsalon hat die Unterredung zwischen dem König Wilhelm und dem Kaiser Napoleon stattgefunden, während selbst der Kronprinz in dem vordern Glassalon zurückblieb. In dem Glassalon zur Linken, der eben so einfach möblirt ist, wie der zur Rechten, lagen zwei Bogen einer illustrirten Ausgabe des Lebens Cäsars auf dem Tische. Der eine enthält Capitel VII. »Les Germains dans la Gaule«. Der Besitzer der Villa ist ein Herr Amour, ein Negociant, dessen Bild man, sammt den Portraits seiner Familie, in einem etwas weiter nach hinten liegenden Schlafzimmer sehen kann. Hier war noch Alles so, wie es die Familie verlassen hatte.«

In und um Sedan.

2. September Nachmittag.

Um 2½ verließ der König Schloß Bellevue; fünf Stunden lang (bis 7½) befuhr er das meilenweite Schlachtfeld. »Der Empfang der Truppen,« so schreibt er selbst, »das Wiedersehen des decimirten Garde-Corps, das Alles kann Ich Dir heute nicht beschreiben; Ich war tief ergriffen von so vielen Beweisen der Liebe und Hingebung.« Ein anderer Bericht sagt: »Der König erschien bei den Garden, als die Dämmerung bereits hereingebrochen war. Ein dumpfes Brausen, das mit jedem Augenblick lauter und deutlicher wurde, kündete sein Nahen an. Bald unterschied man das Hurrahrufen der Soldaten, und dann sah man eine Reitergruppe, die in scharfem Galopp querfeldein daher gesprengt kam; an ihrer Spitze König Wilhelm. Die Garden empfingen ihn mit unbeschreiblichem Jubel und des Königs Antlitz zeigte tiefe Rührung und innige Freude. Er umarmte den commandirenden General, Prinzen August von Würtemberg, und sprach in kurzen, bewegten Worten seine Anerkennung für die Dienste aus, die das Corps am glorreichen Tage von Sedan geleistet habe. Die Soldaten waren kaum in Reih und Glied zu halten, und viele drängten sich, die Helme schwenkend, vorwärts, um den greisen Feldherrn von Angesicht zu Angesicht zu sehen. Die Offiziere des königlichen Stabes unterhielten sich unterdessen mit den Offizieren des Garde-Corps und brachten ihnen die märchenhaft klingende Kunde von der Gefangennahme des Kaisers und seiner Armee; denn bei den Truppen selbst waren alle diese Dinge noch nicht bekannt geworden.«

Vom Schlachtfelde aus kehrte König Wilhelm nach Vendresse zurück.*) Er traf daselbst erst nach Mitternacht ein.

*) Hier wurden Tags darauf (am 3.; Ruhetag) alle höheren Offiziere des Hauptquartiers zur königlichen Tafel geladen, bei welcher die Regimentsmusik des Königs-Grenadier-Regiments Nr. 7. musicirte. Da die königliche Tafel während der Campagne immer sehr einfach

Etwa um dieselbe Zeit, wo König Wilhelm das weite Schlachtfeld zu befahren begann, rückten die ersten deutschen Truppen in Sedan ein. Schon vorher hatte sich innerhalb der Festung alle und jede Disciplin gelöst; sie wiederherzustellen war die Wimpffen'sche Proclamation, die wir auf S. 575 mitgetheilt haben, völlig außer Stande. Alles ging drunter und drüber. Ein französischer Offizier hat das wüste Schauspiel jener Stunden wie folgt geschildert:

»Viele Soldaten zerschlugen in ihrer Wuth die Gewehre, und die Straßen waren mit zerbrochenen Waffen aller Art übersäet. Zerbrochene Säbel, Flinten, Pistolen, Lanzen, Helme, Cürasse, selbst Mitrailleusen bedeckten den Boden, und an einer Stelle, wo die Maas durch die Stadt fließt, verstopften die Haufen solcher Trümmer den Strom. Der Schmutz in den Straßen war schwarz von Pulver. Die Pferde waren an die Häuser und an die Kanonen angebunden, aber Niemand dachte daran, ihnen Futter oder Wasser zu geben, und so rissen sie sich, vor Hunger und Durst wild geworden, los und rannten durch die Straßen. Wer da wollte, konnte ein Pferd bekommen; er mußte es sich nur einfangen.

Als die Preußen in die Stadt kamen, waren sie über den Anblick all dieser Zerstörung und Verschleuderung sehr aufgebracht. Verschleudert war auch die Kriegskasse. Sobald die Uebergabe beschlossen worden, hatte man nämlich den Offizieren gesagt, sie sollten möglichst hohe Rechnungen ausstellen, sie sofort einreichen und Zahlung empfangen. Natürlich reichten solche Rechnungen bald hin, den Schatz zu leeren. Ich kenne Offiziere, welche Zahlung für Pferde, die nicht getödtet worden, und für Gepäck, das sie nicht verloren hatten, forderten und erhielten. Demoralisation zeigte sich in jeder Weise. Selbst die Fahnen wurden verbrannt oder vergraben, ein Act der Treulosigkeit, der selbst durch den Schmerz und die Wuth einer geschlagenen Armee nicht beschönigt werden kann. Gegen Niemand war die Wuth größer als gegen General de Failly. Er hatte ein Zimmer in dem Hotel, wo ich logirte. Am Freitag versammelte sich eine große Menge Soldaten vor dem Hause, dessen Thüren geschlossen waren und verlangten mit solchen Rufen und Drohungen nach dem General, daß der Wirth es für räthlich hielt, ihn schleunigst durch ein nach hinten gehendes Fenster zu entfernen.«

ist und nur gewöhnlicher Tischwein getrunken werden darf, so befahl der König eigens, aus Veranlassung der glorreichen Erlebnisse, Champagner zu serviren und brachte die folgende Gesundheit aus: »Wir müssen heute aus Dankbarkeit auf das Wohl Meiner braven Armee trinken. Sie, Kriegsminister v. Roon, haben unser Schwert geschärft; Sie, General v. Moltke, haben es geleitet, und Sie, Graf v. Bismarck, haben seit Jahren durch die Leitung der Politik Preußen auf seinen jetzigen Höhepunkt gebracht. Lassen Sie uns also auf das Wohl der Armee, der drei von Mir Genannten und jedes Einzelnen unter den Anwesenden trinken, der nach seinen Kräften zu den bisherigen Erfolgen beigetragen hat.«

Einem deutschen Berichte entnehmen wir das Folgende:

»Vor dem Festungsthore traf ich gerade zum glücklichsten Moment ein. Oberst-Lieutenant v. Bronsart und ein baierischer Offizier hielten zu Pferde zwischen den beiden Außenthoren und unterhandelten mit einem sehr jungen blondbärtigen, ungemein prächtig ausstaffirten, hohen französischen Militair auf arabischem Schimmel, über die Paragraphen anscheinend eines Capitulationsentwurfs, den der erstgenannte in der Hand hielt. Während deß kam ein zweiter von der Brücke her herangeritten, begleitet von einem Husarentrompeter mit tief in die Brauen gedrückter Bärenmütze und einem Lancier ohne Czako, mit der weißen Fahne am Arm. Nach einigen Worten jagten die drei mit den Baiern die Chaussee hinauf, ersichtlich nach Bellevue hin, und Herr v. Bronsart hatte das triste Geschäft des stummen Harrens neben dem Franzosen bis zu ihrer Rückkehr. Endlich schienen die letzten Schwierigkeiten beseitigt zu sein. Herr v. Bronsart wies auf die Karte und dann mit der Hand den Weg draußen, um den Graben herum, nach der Maaswiese und dem Kanal hin, wo ein Spalier von Baiern der mit ihren Waffen abziehenden Truppen warten würde, um sie dort zu entwaffnen. Die Parlamentaire ritten hinein. Noch einmal kam ein junger kokett in Scene gesetzter Offizier in blauer, schwarzgestickter pelzbesetzter Blouse und rothen Hosen herauscourbettirt, von ein paar Kofferträgern begleitet, und schien um die Erlaubniß zu unterhandeln, geradeaus zum Kaiser reiten zu dürfen. Daß ich auf seiner Reisetasche den Namen »le Prince Achille Murat« las, erklärte mir unschwer die gewährte Erlaubniß. Dann eine Pause fast unheimlicher Spannung. Die Wälle hatten sich mit tausenden von lärmenden und schreienden französischen Soldaten bedeckt. Endlich öffneten sich alle Thore, und aus der dunklen Höhlung des innersten bewegte sich über die dunkle Brücke hin ein wunderbarer Zug: die zu ihrer Entwaffnung ausziehende Artillerie. Ein trauriges und erschütterndes Schauspiel! Man brauchte nur diese zu Skeletten abgemagerten Pferde, diese haltungslosen, hohläugigen, abgehetzten, hungrigen, theils düster verzweifelten, theils frech lustigen Reiter und Bedienungsmannschaften, dieses in völligen Verfall, in desolate Auflösung gebrachte Material der Wagen und Geräthschaften zu sehen, um die Unvermeidlichkeit des Schicksals einer vor wenig Wochen sich noch so unbesieglich dünkenden Armee zu begreifen. Der eine ritt, das Hemd über den Hosen, der eine in Strümpfen, der andere in gänzlich zersetzter Uniform, ohne Mütze, ein Tuch um den Kopf; sie hingen in den Sätteln und auf den Kanonen, wie es der Zufall gab. Ich dachte an Göthe's Schilderung des Auszugs der besiegten republikanischen Besatzung aus Mainz, »jeder Einzelne einem Don Quixote ähnlich, sahen sie doch im Ganzen höchst ehrwürdig aus«. Davon freilich war hier wenig zu spüren. Verfall und unhaltbares Vorkommen, das sein Schicksal erfüllen muß. Aber, wenn dem Franzosen nichts mehr bleibt — einen Theatereffekt muß er haben, um sich daran in allem Elend zu erquicken und aufzurichten. Von den Wällen her wurde das Geschrei immer lauter: »à l'eau, à l'eau!« das ich mir anfangs gar nicht zu erklären wußte. Das Räthsel löste sich bald. Ein Offizier der ausziehenden Truppen riß sein Portépée ab, brach seinen Degen über dem Knie und schleuderte Alles von der Brücke in den Stadtgraben. Ah bravo! bravo! von allen Wällen. Das fand Nachahmung. Ein Reiter nach dem andern riß den Säbel von der Seite, die Patronentasche von der Schulter, die Mütze vom Kopfe und warf sie wüthend herab.«

Wir beschließen dies Capitel mit einer Schilderung des Schlacht-feldes, wie es sich am 2. Nachmittags darstellte.

»Am Thore von Sedan waren wir abgewiesen worden; so mußten wir die Hoffnung aufgeben, auf kürzestem Wege, nämlich durch die Festung, zum jenseitigen Schlachtfelde zu gelangen. Sowohl die Pontonbrücke, als die ungesprengte Brücke über die Maas bei Donchery lagen zu weit ab, um auf ihnen den Uebergang zu suchen. In dieser Verlegenheit erfuhren wir, daß in nicht allzugroßer Entfernung eine Fähre sei, die uns hinüberfahren könne. Längs der Eisenbahn vorgehend, kamen wir nach einem halbstündigen Marsche in ein stilles Dorf, das von Granaten und Brand noch verschont geblieben war. Hier war auch ein altes Mütterchen, das die Fähre über die Maas lenkte.

Unmittelbar jenseits des Flusses auf der weiten Wiesenfläche, welche sich von ihr aus bis zur Straße am Fuß des Hügels mit der »einsamen Pappel« erstreckt, beginnen die Spuren des Kampfes. Man hatte in der Nacht zuvor und am Morgen zwar bereits bedeutend aufgeräumt. Aber es blieb noch immer genug an Pferdeleichen und besonders weggeworfenen feindlichen Cürassierwaffen und Rüstgegenständen, Panzern, Helmen, Palla-schen. Die Reiterleichen selbst aber, untermengt mit denen unserer Jäger und Infanteristen, besonders vom V. Corps, lagen vom beginnenden Hügel-abhang an bis zu dessen Kuppe hinauf in immer dichterer Menge. Dort hatten sich, nach 1 Uhr, am Tage zuvor jene Schwadronen von Chasseurs d'Afrique und Lanciers auf sie gestürzt mit ihrer ganzen zermalmenden Wucht, an ihrer Spitze General Margueritte, dann, nach dem Tode des Letztern, Marquis Gallifet, der Gemahl der berühmten rothblonden Marquise.

Am Hügelabhang war man in eifrigster Thätigkeit, die kaum zu bewälti-genden Massen der Todten wegzuräumen. Lange Gruben waren gegraben und an ihrem Rande die Körper zu Dutzenden zusammengetragen. Die todten Pferde wurden von ihren lebenden Verwandten, die davor gespannt waren, zur Gruft geschleift[*]). Von den Villen und Gehöften der Nachbarschaft wehten die Fahnen mit dem rothen Kreuz, und immer neue Bahren und Wagen voll aufgelesener Verwundeter entluden sich dort ihrer blutigen Last. Erst hier zeigte sich die ganze Furchtbarkeit der feindlichen Stellung. Der Abhang fällt terrassenförmig und kaum weniger steil ab, als die Weinberge von Wörth. Und es schien mir, als ob die Ernte des Todes, die ich auf diesen gesehen, nur gering gewesen wäre, gegen diese Massen der Opfer, welche allseitig am Hügelrücken nieder und über seine ganze breite ausgedehnte Kuppe hin verstreut lagen in unerschöpflicher Mannigfaltigkeit der Stellung und der Todesart. Die Vernichtung hat eine wahrhaft höllische Erfindungskraft darin. Alle menschliche Phantasie ist klein, arm und kindlich dagegen. Wenn es am südlichen und östlichen Abhang mehr Reiterleichen mit ihren Rossen waren, so lagen auf der höchsten Höhe selbst mehr der grauröckigen Jantassins. Wenn dort die Spitzkugeln, so hatten hier ersichtlich die Granaten gewirkt, jene Granaten, die wir gestern von unserer Höhe in ihrer mörderischen Thätigkeit hatten beobachten können. Es wäre unmöglich und überflüssig, die Schrecknisse im Einzelnen nach der Natur zu schildern, die sich allüberall am Boden zwischen diesen zerstampften Kartoffel-, Klee- und Stoppelfeldern bei jedem Schritt dem Auge zeigten.

An jenem scharfen westlichen Rande an der Pappel, wo die Batterie gestanden, sah man noch die tiefen Schützengräben in den Boden geschnitten,

---

[*]) Ein anderer Bericht schildert diesen Theil des Schlachtfeldes, wo die großen Cavallerie-Angriffe gegen unsere 46er, 32er, 82er und die Görlitzer Jäger stattfanden, wie folgt: Je weiter ich vorwärts schritt und je mehr ich mich der einsamen Pappel näherte, wo die französische Batterie gestanden, desto schreckenvoller waren die Spuren des Kampfes, der hier gewüthet. Gräßlich zerschmetterte Leichen deutscher und französischer Krieger, Pferde-Aeser, Cürassierhelme mit blinkenden Messingkämmen, rothen und schwarzen Pferdeschweifen, Pallasche, Tschakos, Brust- und Rückenharnische, Sättel, Hufeisen, Feldflaschen und Kochgeschirre rings über den Boden verstreut! Dazwischen unzählige Briefe und andere aus den Tornistern herausgeschleuderte Gegenstände. In der Nähe der Pappel und in der Schlucht von Cazal steigerte sich noch das Grausen des Anblicks. Pferde, die, vom Wall herabspringend, den Todesschuß empfangen, waren in nahezu unmöglichen Stellungen hingefallen; ein Pferd stand fast auf dem Kopfe, ein anderes streckte die Vorderbeine über den Wall, während es sphinxartig auf dem Bauche ruhte, und den wider einen Baumstamm gelehnten Kopf noch beinahe wie lebend aufrecht hielt. Ein Soldat stand aufrecht, am Walle kaum merklich nach rückwärts gelehnt, das Haupt von einer Kugel zerschmettert. Unweit des Dorfes Floing zeigte man mir die auf einer Anhöhe gelegene Bauernhütte, von wo aus Napoleon den Gang der Schlacht während einer halben Stunde überwacht hatte. In der Nähe stand ein blumengeschmückter Nischen-Altar, mit der Inschrift: »Notre Dame de Consolation«. Mancher arme Bursche mag inmitten des mörderischen Feuers hier seine Arme zur Muttergottes flehend emporgestreckt haben, und vielleicht nicht vergebens, so lange er in ihrem unmittelbaren Schutze stand, denn der Altar selbst war unverletzt von Kugeln und Granaten geblieben.

sah man auch die Unmöglichkeit, daß die hohl überhängende gewaltige Höhe durch die von hier etwa ankletternde Infanterie hätte genommen sein können. Die Granaten von drüben waren es, welche jene tapfere Batterie schließlich stumm gemacht hatten. Unten in der Tiefe und an der jenseitigen Höhe hinauf lagerten nun unsere Regimenter und zwischen ihnen Haufen von Hunderten französischer Gefangenen. Hier oben aber ganz nahe dem Standpunkte der Batterie sieht man zwei niedere kleine Häuschen, zerrissen an Dächern und Mauern von den Granaten, im Innern zermalmt mit Allem, was sie einst enthielten. Dort war, so heißt es, eine halbe Stunde lang das Quartier des Kaisers während der Schlacht; dort hielt er aus, bis Alles verloren war, und suchte buchstäblich den Tod, der ihn höhnisch mied, nur um ihn der schrecklicheren Stunde des nächsten Morgens aufzusparen. Wie die Gefangenen sagen, hat er geweint, als er, die Schlacht verloren gebend, nach Sedan hineinritt. [Der Kaiser kann nur — kurz vor seiner Rückkehr in die Festung — wenige Minuten an dieser Stelle gehalten haben. Sein Stand, während der ersten Morgenstunden, war eine halbe Meile weiter östlich, in Nähe von Lamoncelle. Vgl. auch S. 521 Anmerkung.]

Auf der Breite des Hügels kampiren und kochen nun unsere Regimenter, wo sie den Platz von den Todten gereinigt haben, zwischen denen sie ihre Kartoffeln für die Kochgeschirre gruben. Die Musikcorps intoniren eben: »Ein' feste Burg ist unser Gott«. Hinunter am östlichen Abhang, nach der Schlucht von Cazal hin, immer die gleichen Scenen in immer neuen Variationen. Gestürzte Ambulance- und Marketenderwagen. Hier sind die französischen Gefangenen zur Arbeit des Abräumens herangezogen und helfen fleißig ihre zerschmetterten Brüder zur Grube tragen. Jenseits der Schlucht war es schon etwas leerer geworden. Dafür gewährte jene zweite Höhe einen unschätzbaren Einblick in die außerordentlich pittoreske Stadt jenseits der Festungswerke, die sich hier unten zwischen der Maas, der Citadelle und den höheren Waldbergen gleichsam eingeklemmt findet. Auf allen zu ihr niedersteigenden und am Flusse hingehenden Wagen zahllose Gefangene, in Gruppen von 20—50 von wenigen Bewaffneten bewacht. Drüben auf der Höhe der Wälle wieder Alles roth von der Menge der bei einander stehenden Soldaten. Auf den großen weiten Plätzen innerhalb der Enceinte und auf den beiden inneren Brücken, welche sich dort unten über ein großes Wasserbassin spannen, ein ungeheures Gewirre von Menschen, Wagen, Rinderheerden, fahrenden oder sich in Reihen ordnenden Colonnen. Ein brausender fast elementarischer Lärm, wie aus hunderttausend Menschenstimmen, Viehbrüllen, Pferdewiehern, Räderrasseln, Signalhörnern, Trommelwirbeln gemischt, dringt von dort her zu mir herauf.

Ich prägte mir das wunderbare Bild ein und kehrte dann zum Fluß zurück, um an der alten Stelle meinen Uebergang zu suchen. Der Weg führte unten zu einem verlassenen, zerschossenen Gehöft mit großem alten Herrenhause. Die Todten von zwei Cürassier-Regimentern, die hier wieder, wie bei Gunstedt, von unsern hessischen (13er) Husaren, als man nach Westen hin durchzubrechen versuchte, zusammengehauen wurden, waren bereits entfernt. Pferde, Waffen, Sättel lagen noch überall umher. Bei dem einen lag, heulend und winselnd, ein großer schöner brauner Hühnerhund.

Pikets jener blauen Husaren schweiften auch jetzt noch hier auf der Stätte ihrer gestrigen Thaten umher, zwischen den Weiden und Erlen des traulichen Flußthals.«

Das Resultat der Schlacht. Trophäen. Verluste.

»Die Schlacht von Sedan wird für alle Zeiten eine hervorragende Stelle in der Kriegsgeschichte einnehmen, sowohl hinsichts ihrer meisterhaften strategischen Einleitung und energischen tactischen Durchführung Seitens der deutschen Heere, wie auch hinsichts der durch sie errungenen, beispiellos großartigen Resultate.« Diesem Urtheile haben wir nur zuzustimmen. Das beispiellos großartige Resultat war die Gefangennehmung einer Armee von 100,000 Mann*), sammt ihrem Kaiser, ihren beiden Oberfeldherren (Mac Mahon und Wimpffen) und sämmtlichen Generalen. Der Krieg schien hiernach beendet, da die Capitulationen von Straßburg und Metz, die noch ausstanden, nur als eine Frage der Zeit, und zwar der nächsten Zeit, angesehen werden konnten.

100,000 Mann, darunter 39 Generale, 230 Stabsoffiziere, 2095 Subalternoffiziere. Fünfhundert Offiziere waren auf Ehrenwort entlassen worden. Unter jenen 39 Generalen befanden sich sämmtliche Corpsführer und Divisionaire, weshalb es zwecklos ist, dieselben hier aufzuzählen; die an den verschiedensten Stellen unseres Buches mitgetheilten Ordres de Bataille der französischen Corps geben Aufschluß über diese Namen. Den Generalen Ducrot und Cambriels gelang es, sich während ihrer Reise nach Deutschland

---

*) Ueber die Zahl der am 1. und 2. September in Gefangenschaft gerathenen Franzosen zu voller Klarheit zu kommen, ist schwer, wo nicht bis zur Stunde unmöglich. Die Angaben schwanken zwischen 80- und 120,000 Mann. Die eine Zahl faßt nämlich nur die durch Capitulation, die andere die durch Capitulation und Kampf (während der Schlacht also) in Gefangenschaft Gerathenen ins Auge. Die Capitulation spricht von 83,000 Mann,†) darunter 14,000 Verwundete; im Laufe der Schlacht aber waren wenigstens 20,000 unverwundete Gefangene in unsere Hände gefallen. Das Garde- und XII. Corps allein trieben 11,000 zwischen Givonne und Illy und im Bois de la Garenne zusammen. Darauf hin habe ich oben im Texte die Gesammtzahl der Gefangenen auf 100,000 Mann angegeben.

†) Die einzelnen Corps participirten daran wie folgt: I. Corps 32,400 Mann, V. Corps 11,100 Mann, VII. Corps 15,810 Mann, XII. Corps 25,300 Mann.

zu befreien. Bei der ehrenhaften Gesinnung Beider muß man annehmen, daß sie dabei in gutem Glauben gehandelt und ihre Berechtigung zu einem solchen Schritte nicht bezweifelt haben.

Es fielen ferner 350 Feldgeschütze, 70 Mitrailleusen und 12,000 Pferde in unsere Hände; dazu überaus zahlreiches Armeematerial und 184 Positionsgeschütze der Festung selbst. Von den Feldzeichen waren viele vorher absichtlich zerstört worden, um sie nicht in unsere Hände übergehen zu sehen.

Unsere Verluste während der Schlacht stellten sich wie folgt:

Offiziere und Mannschaften.

I. baierisches Corps . . . . 2079.

II. baierisches Corps (fast sämmtlich von der 3. Division v. Walther) . . . . 1982.

XI. Corps . . . . 2078.

V. Corps (fast sämmtlich von der 19. Brigade) . 1001.

Garde-Corps (meist Artillerie und Garde-Füsiliere) 566.

XII. Corps . . . . 1363.

IV. Corps (meist 71er) . . . . 337.

Total . . 9406.

Dem ungeheueren Erfolge gegenüber erschien dieser Einsatz gering, trotzdem er größer war, als der bei Königgrätz. So wurde denn, unmittelbar nach der Schlacht, von »verhältnißmäßig unbedeutenden Verlusten« gesprochen; — ein Ausdruck, der übrigens eben so sehr mit Rücksicht auf die 40,000 Mann, die wir in den »drei Tagen« vor Metz gelassen hatten, als im Hinblick auf das colossale Sieges-Resultat dieses Sedan-Tages gewählt sein mochte.

Am meisten gelitten hatte die 19. Brigade (Regimenter 6. und 46.); demnächst die dritte baierische Division v. Walther. Die Verluste des I. baierischen Corps v. d. Tann und unseres XI. Corps halten sich genau die Wage.

Gefallen waren oder ihren Wunden erlegen: Generallieutenant von Gersdorff, der an Stelle des bei Wörth verwundeten Generals v. Bose das XI. Corps führte,*) Oberst v. Bessel vom 94., Oberstlieutenant v. Bassewitz vom 95. Regiment, Oberst v. Scherbening und Hauptmann v. Roon

*) Hermann Constantin v. Gersdorff wurde am 2. Dezember 1809 in Rietlingswalde bei Görlitz geboren. Im Cadettencorps zu Dresden erhielt er seine militairische Vorbildung. Die Lehrjahre gehörten dem 2. Garde-Regiment zu Fuß (in welches er 1827 eintrat), dem Garde-Reserve-Regiment und dem Garde-Schützen-Bataillon an. Die Wanderjahre führten ihn in die Schweiz — er war 1841 Werbe-Offizier in Neuschatel — und in den Kaukasus. Mit seinem 1866 gebliebenen Freunde Hiller v. Gärtringen und dem in diesem Feldzuge so berühmt gewordenen General v. Werder durfte er 1842 und 1843 an einem Feldzuge der russischen Truppen Theil nehmen. Seine im Jahre 1844 entstandene Schrift: »Patrouille

von der Garde-Artillerie. Oberst v. Henning auf Schönhoff, der aus dem Kampf seiner 19. Brigade, Regimenter 6. und 46., unversehrt hervorgegangen war, verlor auf anderen Theilen des Schlachtfeldes zwei seiner Söhne (oder Neffen); der eine fiel im 83., der andere im Garde-Füsilier-Regiment.

Oberst v. Scherbening, Commandeur der Corps-Artillerie der Garde, war gleich tödtlich getroffen worden, wie wir S. 510 erzählt haben. Er wurde andern Tages bestattet. Um 7 Uhr Morgens versammelten sich an der hinter Givonne sich erhebenden Anhöhe die Offiziere und ein großer Theil der Mannschaften der Garde-Artillerie um das Grab ihres Obersten. Die feierlichen Klänge des Chorals »Jesus meine Zuversicht« riefen aus den benachbarten Bivouaks der 1. Garde-Division viele Hunderte auch von anderen Truppentheilen herbei, und so gestaltete sich die Feier von selbst zu einer gemeinsamen Morgenandacht, zu der die Herzen ohnehin an diesem Tage mehr denn je gestimmt waren. »Es war mir unmöglich — so erzählt B. Rogge, Divisionsprediger der 1. Garde-Division — an diesem Grabe anders als im Tone des freudigsten Dankes für den so reichen Sieg zu reden. Die Klage um die Gefallenen, wie gerecht sie immer war, mußte hier zum Freudenpsalm werden im Hinblick auf die errungenen Erfolge, die der angebrochene Tag erst in ihrer ganzen Größe offenbar machen sollte. Standen wir doch an derselben Stelle, wo Tags zuvor die feindlichen Batterieen gefeuert hatten, die durch unsere Garde-Artillerie und die sächsischen Geschütze zum Schweigen gebracht worden waren.«*)

nach dem Kaukasus« enthält mancherlei feine Betrachtungen. 1848 commandirte er schleswig-holsteinische Truppen, an deren Organisation er mitgeholfen, bei Altenhofen, Schleswig, Haders-leben, 1849 bei Kolding. Bei seiner Rückkehr nach Preußen ward v. Gersdorff Hauptmann im 1. Jäger-Bataillon, dann im 21. Infanterie-Regiment; 1853—1856 Major im Generalstabe; 1860 Oberst; 1864 Generalmajor; 1866 führte er seine Brigade (die 11., Regimenter 35 u. 60) unter den Klängen des Hohenfriedberger Marsches über die böhmische Grenze. Bald nach dem Friedensschlusse erhielt er die 22. Division. Mit dieser war er bei Wörth. Mac Mahon selbst hat anerkannt, daß diese Division wesentlich zu seiner Niederlage beitrug. Ein schöner Soldatentod, wie der seines Freundes Hiller v. Gärtringen bei Königgrätz, war immer v. Gersdorff's Wunsch gewesen. Er sollte ihm werden. »Der Tag von Sedan brach an. Auf der Höhe von Floing hielt der zeitige Führer des 11. Corps, den Moment erspähend, wo er die Infanterie auf den Feind werfen sollte. Eben gab er den Befehl zum Vormarsch des 83. Regiments, da traf ihn die tödtliche Kugel in die Brust. Er wurde nach einer am Fuß der Höhe gelegenen Fabrik (St. Albert) getragen. Als gläubiger Christ hat er seinem Ende entgegengesehen, seinen Segen spendend den drei Töchtern, die er so sehr liebte. Auf dem Militairkirchhofe in Cassel ruht seine irdische Hülle.«

*) In der Nähe dieser Stelle, auf dem Gottesacker von Givonne, wurden am selben Vormittage Lieutenant v. Keudell von den Garde-Dragonern und drei Offiziere von den Garde-Füsilieren bestattet, unter diesen Lieutenant v. Kirchbach, Sohn des Generals v. Kirchbach, Commandirenden des V. Corps, der, ähnlich wie bei Wörth, (wo, nach Aller Zeugniß, ihm das Hauptverdienst des Sieges zufällt) auch wiederum bei Sedan in hervorragender Weise mitgewirkt hatte. Er führte hier, wie S. 517 hervorgehoben, von 12 Uhr ab

Eine besondere Theilnahme weckte der Tod des Hauptmann v. Roon, Sohn des Kriegsministers. Bald nach seinem Commandeur, Oberst v. Scherbening, war auch er, durch einen Schuß in den Unterleib, tödtlich getroffen worden. »Er wurde,« so schreibt Divisionsprediger Jordan, »in ein zum Lazareth eingerichtetes Schlößchen bei Lamoncelle gebracht, wo er zwei Tage darauf in freudigem Glauben an seinen Erlöser in den Armen seines Bruders, unter unseren gemeinsamen Gebeten sanft entschlief, nachdem er von seinem Vater, der ihn von Vendresse aus besuchte, Tags zuvor Abschied genommen hatte. Es war für mich eine schmerzliche Aufgabe, diesem die Trauerbotschaft nach Vendresse zu überbringen. Im ersten Augenblick tief erschüttert, fand er doch bald die ergebenste Fassung und den größten Trost in der Zuversicht, daß der Sohn in freudigem Glauben entschlafen sei. Der Beerdigung desselben (am 4.) konnte er nicht beiwohnen, da das Hauptquartier bereits im Aufbruch nach Rethel begriffen war. Baierische Soldaten, die in der Nähe lagen, hatten inzwischen in einem beim Schlosse gelegenen Garten, an einem ganz versteckten Platz, ein Grab gegraben, in das wir ihn, nach meiner Rückkehr von Vendresse, bestatteten. Sein Bruder, der in Folge eines Sturzes mit dem Pferde auch am Fuße verletzt war, wohnte, als nächster Leibtragender, der stillen Feier bei, an der sich, außer den Aerzten des Lazarethes, auch sämmtliche leicht verwundete Offiziere, darunter mehrere baierische, betheiligten. Es war eine stille, erhebende Abendandacht, die wir dort hielten. Ich knüpfte meine kurze Ansprache an dasselbe apostolische Wort an, an welchem der Vater bei der Todeskunde sich gestärkt und aufgerichtet hatte. Leider ist die von den Verwandten des Besitzers jenes Schlößchens damals gegebene Hoffnung, daß die Grabesstätte an dem stillen Platze gesichert bleiben solle, später nicht gehalten worden und die Leiche hat wieder ausgegraben werden müssen, um in die Heimath gebracht zu werden.«

Die Schlacht bei Sedan war eine Umschließungsschlacht, wie sie in so großem Maßstabe noch nicht vorgekommen ist. Wie sich diese Umschließung vollzog, wie jede Eventualität in Erwägung gezogen war, dies haben wir, an den verschiedensten Stellen bereits, hervorgehoben. Und wie eine Umschließungsschlacht, so war Sedan vor Allem auch eine Artillerieschlacht. Nur bei Bazeilles, Lamoncelle, Givonne und Floing (bei Erstürmung der Ravelinkuppe) kam es zu ernsten Infanteriegefechten; im Uebrigen gehörte unserer Artillerie der Tag. Bei Gravelotte, am 18. August,

das Gesammtcommando über das V. und XI. Corps. »Der Beerdigung seines Sohnes wohnte er jetzt mit einem großen Theile seines Stabes bei, und seine freudige und tapfere Ergebung war für alle Umstehenden eine wahre Erbauung.«

hatte sie bereits Erstaunliches geleistet, aber es war dem Feinde, der an diesem Tage in gedeckten, sorgfältig gewählten Stellungen focht, nicht so fühlbar geworden. Erst nach Sedan wurde unsere Superiorität, wenigstens nach dieser Seite hin, auch vom Gegner zugegeben. Ein französischer Offizier schrieb wenige Tage nach der Schlacht:

»Es ist zu beachten, daß, wenn unsere Artillerie in den bisher geschlagenen Schlachten der preußischen hätte Stand halten können, wir vielleicht keine Niederlagen erlebt haben würden. Unsere Hohlgeschosse explodiren bereits auf eine Distance von 2000 bis 2400 Metres, während die Preußen mit den ihrigen ein 1000 Metres weiter entferntes Ziel erreichen. Dazu kommt, daß ihre Artilleristen, stets ruhig und geschickt, ihr Feuer wie auf dem Schießplatze verbessern und leicht dahin kommen, unser Material zu vernichten. Es ist Thatsache, daß ich im Walde von Garenne 3 Geschütze gesehen habe, die der Obergeneral dahin gestellt hatte und sofort wieder zurückziehen ließ, weil er die Erfolglosigkeit ihres Feuers wahrnahm und sich selber sagen mußte, daß drei bis vier preußische Kanonenschüsse diese Geschütze demontiren würden, ohne daß die letzteren dem Feinde den geringsten Schaden zufügen könnten. Während wir vor dem Kriege von der Ueberlegenheit der preußischen Artillerie keine Ahnung hatten, (obwohl man sich leicht hätte unterrichten können, namentlich bei dem Umstande, daß wir einen ausgezeichneten Artillerie-Offizier als Kriegsminister besaßen), überschwemmten die Preußen im Bewußtsein ihrer artilleristischen Stärke ihre Armeen mit vorzüglichen Feld-Batterieen. Sie engagiren ihre Infanterie niemals, ohne vorher den Gegner mit einem Hagel von Geschossen überschüttet zu haben. Ihre Artilleristen machen es nicht wie die Mehrzahl der unseren, die sich zu sehr beeilen, und nur obenhin zielen. Sie belustigen sich nie damit, auf den Zufall hin einen ganz ungewissen Punkt aufs Korn zu nehmen, sondern sie schießen stets nur auf ein bestimmtes, genau erkanntes und festgesetztes Ziel. Auch hierin spricht sich ihr geordneteres Wesen, ihre größere Disciplin aus.«

———

Die Wirkung dieses »Tages von Sedan« war eine ungeheure. Nach Königgrätz hatte Cardinal Antonelli ausgerufen: »Die Welt stürzt zusammen«; aber es war bei diesem Ausruf geblieben; was zusammenstürzte war nur weltgeschichtlicher Kleinkram. Anders jetzt. Der Gefangennahme des Kaisers folgte die Flucht der Kaiserin, der Sturz der napoleonischen Herrschaft; in Europa wandelte sich die Abneigung in Bewunderung;[*] selbst in Frankreich

---

[*] Eine vielgelesene Zeitung in Oesterreich (dessen Presse übrigens, wenigstens der Mehrzahl nach, von Anfang an auf Seiten Deutschlands gestanden hatte) schrieb in jenen Tagen: »Wie wir aus Berlin erfahren, organisirt man weiter, trotzdem die eine Hälfte der

(wenigstens in Einzelfällen) mischte sich ein achtungsvolles Staunen in den Haß. Unmittelbar nach Gravelotte hatte Edmond About noch schreiben können: »Wir kannten unsere Feinde nicht, wir waren unschuldig genug, zu glauben, daß sie uns einigermaßen ähnlich wären. In der Trunkenheit des Erfolges haben sie die Maske abgenommen, jetzt können wir in ihrer Seele lesen. Es sind als Soldaten verkleidete Briganti, Tartuffes in Rüstung, Basilios in Reiterstiefeln. Lügen, Bestechen, Denunciren sind ihre Lieblingswaffen. Von der modernen Civilisation haben sie sich nichts angeeignet, als die in der Zerstörungskunst gemachten Verbesserungen; die niedrigen Instinkte und ungeregelten Begierden des Wilden haben sie behalten; Hingebung und Heldenmuth bestrafen sie als Verbrechen und beschimpfen den Muth im Unglück. Als Söhne der Gothen, die Europa im 4. Jahrhundert geplündert, haben sie alle Sitten der Barbaren bewahrt, mit Ausnahme des Ehrgefühls.«

Diese Sprache verstummte jetzt. Ein Correspondent der Independence Belge, geborner Franzose, schrieb von Givonne aus:

»Erst 24 Stunden waren vergangen und in der Haltung der deutschen Soldaten war nichts wahrzunehmen, was an die entsetzliche Partie, die hier gespielt wurde, hätte erinnern können. Sie stiegen zum nächsten Bach hinab, um Wasser für ihre Pferde zu schöpfen. Feuer waren angezündet, an denen bereits die Suppe kochte. Hier und da einige ruhige Gruppen, Grenadiere, die ihre Uniformen bürsteten, ihre Kleider ausbesserten und Knöpfe an dieselben annähten. Es ist wunderbar! Diese friedliche Sorge um Regelmäßigkeit und Nettigkeit, diese häuslichen Kleinigkeiten am Tage nach einem blutigen Drama, diese bürgerliche Ordnung nach der mörderischen Zügellosigkeit, dieses gute kleine Familienleben, das ohne Unterbrechung den entsetzlichen Schlägen des Krieges folgt, — dieser mächtige Gegensatz hat mich tief bewegt.

kaiserlichen Armee eingeschlossen und die andere Hälfte, sammt ihrem Kaiser, kriegsgefangen ist. Zwei deutsche Riesenheere stehen bereits in Frankreich und schon bildet man ein neues, drittes Heer, ohne Anstrengung, ohne Aufruf, ohne geräuschvolles Gebahren. Es ist eine Erscheinung, die Anderen märchenhaft vorkommen, jedem Deutschen aber ein Gefühl von Stolz und Staunen geben muß. Wir sehen Armeen wirklich aus dem Boden stampfen. Ein Befehl des einzigen Mannes, der solche Zaubermacht über Millionen hat, und — im Nu wird ihm gehorsamt. Man schlägt die Bücher auf, setzt die Namen auf die Briefe und schickt sie an ihre Adressen. Ein Tag, dann stellt der Bauer den Pflug bei Seite, der Kaufmann schließt seinen Laden, der Handwerker verabschiedet sich von seinem Meister, der Beamte macht seine Bücher zu. Wer Weib und Kind hat, giebt ihnen den Scheidekuß. Noch einen Tag, dann ist der Bauer, der Kaufmann, der Handwerker, der Beamte Soldat, fix und fertig neu equipirt, einer gleich dem anderen, ein Atom in dieser furchtbaren Heeresmacht, die auf ein Wort den Arm hebt, auf ein anderes ihn niederfallen läßt. Und nirgends Murren, Widerstand oder Trauer. Es muß eine sittliche Macht in diesem Aufgebot liegen, daß sie die Massen also zu bändigen, mit einem Geist zu erfüllen vermag, der sie mit Hurrah und mit Gesang in den Tod der Schlacht treibt. Nirgends in der Welt, wohl darf man es sagen, giebt es etwas Aehnliches an Großartigkeit der äußeren Erscheinung wie des inneren Gehaltes.«

Es ist thöricht, sich solchen Empfindungen verschließen zu wollen. Den Feind würdigen, heißt nicht auf seine Seite treten. Wie schildere ich Ihnen diese Preußen? Sie sind heldenmüthig, aber sie haben nicht die Leidenschaftlichkeit und die erregte Phantasie, die man bei diesem Heldenmuth voraussetzen könnte. Sie sind sehr stark und sehr gut verwaltet. Sie sind sehr muthig und sehr ruhig. Gut geordnet und methodisch aufgestellt, erfüllen sie ihre Aufgabe mit großer Umsicht, nachdem sie mit kaltem Blute ihr Leben in Gefahr gesetzt. Was das Poetisch-Malerische an der preußischen Armee betrifft, so finde ich dasselbe ergreifend genug in dieser Mischung von bürgerlicher Einfachheit und unbeugsamer Entschlossenheit. Stellen Sie sich Leonidas vor in braunem Ueberzieher und mit der Brille, das ist ungefähr die preußische Armee. Man könnte eine Bildsäule daraus machen. Diese Leute, sagte mir ein befreundeter Offizier, dem ich am Tage der Capitulation in den Straßen Sedans begegnete, haben eine Ruhe und ein Vertrauen, das nichts erschüttert. Man dächte, sie betrachteten sich als die Vollstrecker des göttlichen Willens. Man fühlt sich nicht erniedrigt, von einem solchen Volke besiegt zu werden.«

Hinter solchen Worten der Anerkennung, wie sie selbst der Gegner für uns hatte, blieb die Begeisterung der eigenen Heimath selbstverständlich nicht zurück. »Mit dem 2. September,« so schrieb Karl Frenzel in der National-Zeitung, »beginnt ein neues Zeitalter, die Hegemonie des germanischen Geistes auf Erden. In ein Symbol, das Jeder begreift, hat das Geschick diese Thatsache gekleidet. Der Anspruch der Franzosen auf die Weltherrschaft stützte sich einzig und allein noch auf ihre Legionen und deren Unbesieglichkeit.«[*]) Diese Legionen, sie haben jetzt unterlegen ... Selten hat die Sonne auf Erden einen schöneren Sieg des Rechts und der Wahrheit gesehen. An diesem Tage ist nicht zu mäkeln; nicht im Bündniß mit »Kosacken und Baschkiren«, nicht einmal in Waffenrüstung geeint mit unsern Brüdern in Oesterreich, allein haben wir ihn gewonnen; aber über uns in den Wolken stritten mit uns alle Ideale für den Frieden und die Freiheit der Welt: ein unvergängliches Ruhmesgedächtniß für den 2. September dieses Jahres. Als wir den Kaiser der Franzosen, seine Marschälle und Soldaten auf dem Schlachtfelde von

---

*) An diese »Unbesieglichkeit« und den krankhaften Glauben daran, knüpfte General Trochu später die beherzigenswerthen Worte: In einem gesunden, ordentlichen Volke muß die Idee Gottes von der Idee des Vaterlandes unzertrennlich sein. ... Jede Armee, welche eine »Legende« hat und cultivirt, geht an derselben unter. Die Legende von Louis XIV. wurde bei Roßbach, die von Friedrich II. bei Jena,†) die Napoleon's I. bei Sedan zerstört.

†) Unsere »Legende« hieß damals: »Die Welt ruht nicht sicherer auf den Schultern des Atlas, als der preußische Staat auf den Schultern seiner Armee.« Und doch! Zehn Jahre nach der Katastrophe hieß es dann, im Gegensatz dazu, trivial aber wahr:

Nicht Roß, nicht Reisige
Sichern die steile Höh' ꝛc.

Sedan gefangen nahmen, endete das Zeitalter französischer Gewaltthaten, französischer Halbbarbarei und begann die Periode des deutschen Friedens und der deutschen Bildung.«

Hundert Lieder frommen Dankes durchklangen alle Provinzen:

Nun laßt die Glocken von Thurm zu Thurm
Durch's Land frohlocken im Jubelsturm!
Des Flammenstoßes Geleucht facht an!
Der Herr hat Großes an uns gethan.
Ehre sei Gott in der Höhe!

Unter immer wechselnden Namen und Vergleichen wurde König Wilhelm gepriesen, als Erneuerer des deutschen Reiches, als Kaiser Weißbart, als »Schmied von Sedan«;

Der Schmied von Sedan, dem Keiner gleich,
Soll Kaiser sein im deutschen Reich.

Auf den Bergen Mitteldeutschlands lohten die Freudenfeuer; überall, wo es eine Pflege der Künste gab, füllten Vorstellungen die festlich geschmückten Häuser und patriotische Ansprachen erhoben noch das allgemeine Gefühl.

Schon stand das Korn zum Schnitt bereit, die Sonne brütete am Hang,
In's Lied der Mäher mischte sich der Sommervögel heller Sang,
Im sanften Lufthauch zitterten die tausend Blumen auf der Au,
Darüber wölbte friedlich sich der Himmel wolkenlos und blau.

Da warf verwegne Leidenschaft die glüh'nde Fackel ins Gefild,
Da wuchs die Flamme voller Gier bald riesengroß und ungestillt,
Da raste fränk'scher Uebermuth in wildem Toben zu uns her, —
Denn wen der Herr vernichten will, gerade Den verblendet Er.

Uns aber, aus dem Mittagstraum des Sommers jählings aufgeschreckt,
Uns hat des Feindes Feuerruf den rechten Brudersinn geweckt,
Rasch schlug der Baiern treuer Sinn die mächt'ge Brücke über'n Main,
Und in gewalt'gen Strömen drang Allbeutschland nun in Frankreich ein.

Vier Wochen kaum: Und Tag für Tag, wie Mähr' aus grauer Vorzeit rauscht
Die hellste Siegeskunde her, der athemlos der Erdkreis lauscht;
Hoch schwillt das Herz vom stolzen Klang glorreichen Ruhms, und zaubergleich
Erwacht das fast verschollne Lied, das alte Lied vom deutschen Reich.

Der Brief des Königs an die Königin.

Vendresse, südl. Sedan, 3. September.

Du kennst nun durch meine drei Telegramme den ganzen Umfang des großen geschichtlichen Ereignisses, das sich zugetragen hat! Es ist wie ein Traum, selbst wenn man es Stunde für Stunde hat abrollen sehen!

Wenn ich mir denke, daß nach einem großen glücklichen Kriege ich während meiner Regierung nichts Ruhmreicheres mehr erwarten konnte und ich nun diesen weltgeschichtlichen Akt erfolgt sehe, so beuge ich mich vor Gott, der allein mich, mein Heer und meine Mitverbündeten ausersehen hat, das Geschehene zu vollbringen, und uns zu Werkzeugen Seines Willen bestellt hat. Nur in diesem Sinne vermag ich das Werk aufzufassen, um in Demuth Gottes Führung und Seine Gnade zu preisen.

Nun folge ein Bild der Schlacht und deren Folge in gedrängter Kürze.

Die Armee war am Abend des 31. und am 1. früh in den vorgeschriebenen Stellungen angelangt, rund um Sedan. Die Baiern hatten den linken Flügel bei Bazeilles an der Maas, daneben die Sachsen gegen Moncelle und Daigny, die Garde gegen Givonne noch im Anmarsch, das V. und XI. Corps gegen St. Menges und Fleigneuy; da hier die Maas einen scharfen Bogen macht, so war von St. Menges bis Donchery kein Corps aufgestellt, in diesem Orte aber Würtemberger, die zugleich den Rücken gegen Ausfälle von Mézières deckten. Cavallerie-Division Graf Stolberg in der Ebene von Donchery als rechter Flügel. In der Front gegen Sedan der Rest der Baiern.

Der Kampf begann, trotz dichten Nebels, bei Bazeilles schon früh am Morgen, und es entspann sich nach und nach ein sehr heftiges Gefecht, wobei Haus für Haus genommen werden mußte, was fast den ganzen Tag dauerte, und in welches die Erfurter Division Schöler (aus der Reserve, IV. Corps) eingreifen mußte. Als ich um 8 Uhr auf der Front vor Sedan eintraf, begann die große Batterie gerade ihr Feuer gegen die Festungswerke. Auf allen Punkten entspann sich nun ein gewaltiger Geschützkampf, der stundenlang währte, und während dessen von unserer Seite nach und nach Terrain gewonnen wurde. Die genannten Dörfer wurden genommen.

Sehr tief eingeschnittene Schluchten mit Wäldern erschwerten das Vordringen der Infanterie und begünstigten die Vertheidigung. Die Dörfer Illy und Floing wurden genommen, und zog sich allmählich der Feuerkreis immer enger um Sedan zusammen. Es war ein grandioser Anblick von unserer Stellung auf einer dominirenden Höhe hinter jener genannten Batterie, rechts vom Dorfe Frénois vorwärts, oberhalb Petit Torcy. Der heftige Widerstand des Feindes fing allmälig an, nachzulassen, was wir an den aufgelösten Bataillonen erkennen konnten, die eiligst aus den Wäldern und Dörfern zurückliefen. Die Cavallerie suchte einige Bataillone unseres V. Corps anzugreifen, die vortreffliche Haltung bewahrten; die Cavallerie jagte durch die Bataillons-Intervallen durch, kehrte dann um, und auf demselben Wege zurück, was sich dreimal von verschiedenen Regimentern wiederholte, so daß das Feld mit Leichen und Pferden besäet war, was wir Alles von unserem Standpunkte genau mit ansehen konnten. Ich habe die Nummer dieses braven Regiments noch nicht erfahren können.

Da sich der Rückzug des Feindes auf vielen Stellen in Flucht auflöste und Alles, Infanterie, Cavallerie und Artillerie in die Stadt und nächste Umgebungen sich zusammendrängte, aber noch immer keine Andeutung sich zeigte, daß der Feind sich durch Capitulation aus dieser verzweifelten Lage zu ziehen beabsichtige, so blieb nichts übrig, als durch die genannte Batterie die Stadt bombardiren zu lassen; da es nach 20 Minuten ungefähr an mehreren Stellen bereits brannte, was mit den vielen brennenden Dörfern in dem ganzen Schlachtkreise einen erschütternden Eindruck machte — so ließ ich das Feuer schweigen und sendete den Oberstlieutenant v. Bronsart vom Generalstabe als Parlamentair mit weißer Fahne ab, der Armee und Festung die Capitulation antragend. Ihm begegnete bereits ein baierischer Offizier, der mir meldete, daß ein französischer Parlamentair mit weißer Fahne am Thore sich gemeldet habe. Der Oberstlieutenant v. Bronsart wurde eingelassen, und auf seine Frage nach dem General en Chef, ward er unerwartet vor den Kaiser geführt, der ihm sofort einen Brief an mich übergeben wollte. Da der Kaiser fragte, was für Aufträge er habe, und zur Antwort erhielt: »Armee und Festung zur Uebergabe aufzufordern«, erwiderte er, daß er sich dieserhalb an den General v. Wimpffen zu wenden habe, der für den blessirten Mac Mahon so eben das Kommando übernommen habe, und daß er nunmehr seinen General-Adjutanten Reille mit dem Briefe an mich absenden werde. Es war 7 Uhr, als Reille und Bronsart zu mir kamen; Letzterer kam etwas voraus, und durch ihn erfuhren wir erst mit Bestimmtheit, daß der Kaiser anwesend sei. Du kannst Dir den Eindruck denken, den es auf mich vor Allem und auf Alle machte! Reille sprang vom Pferde und übergab mir den Brief seines Kaisers, hinzufügend, daß er sonst keine Aufträge habe. Noch ehe ich den Brief öffnete, sagte ich ihm: »Aber ich verlange als erste Bedingung, daß die Armee die Waffen niederlege. Der Brief fängt so an: »N'ayant pas pu mourir à la tête de mes troupes je dépose mon épée à Votre Majesté,« alles Weitere mir anheimstellend.

Meine Antwort war, daß ich die Art unserer Begegnung beklage und um Sendung eines Bevollmächtigten ersuche, mit dem die Capitulation abzuschließen sei. Nachdem ich dem General Reille den Brief übergeben hatte, sprach ich einige Worte mit ihm als altem Bekannten, und so endigte dieser Act. — Ich bevollmächtigte Moltke zum Unterhändler und gab Bismarck auf, zurück zu bleiben, falls politische Fragen zur Sprache kämen, ritt dann zu meinem Wagen, und fuhr hierher, auf der Straße überall von stürmischen Hurrahs der heranziehenden Trains begrüßt, die überall die Volkshymne anstimmten. Es war ergreifend! Alles hatte Lichter angezündet, so daß man zeitweise in einer improvisirten Illumination fuhr. Um 11 Uhr war ich hier und trank mit meiner Umgebung auf das Wohl der Armee, die solches Ereigniß erkämpfte.

Da ich am Morgen des 2. noch keine Meldung von Moltke über die Capitulationsverhandlungen erhalten hatte, die in Donchery stattfinden sollten, so fuhr ich verabredetermaßen nach dem Schlachtfelde um 8 Uhr früh und begegnete Moltke, der mir entgegenkam, um meine Einwilligung zur vorgeschlagenen Capitulation zu erhalten, und mir zugleich anzeigte, daß der Kaiser früh 5 Uhr Sedan verlassen habe und auch nach Donchery gekommen sei. Da derselbe mich zu sprechen wünschte, und sich in der Nähe ein Schlößchen mit Park befand, so wählte ich dies zur Begegnung. Um 10 Uhr kam ich auf der Höhe vor Sedan an; um 12 Uhr erschienen Moltke und Bismarck mit der vollzogenen Capitulations-Urkunde; um 1 Uhr setzte ich mich mit Fritz in Bewegung, von der Cavallerie-Stabswache begleitet. Ich stieg vor dem Schlößchen ab, wo der Kaiser mir entgegen kam. Der Besuch währte eine Viertelstunde; wir waren Beide sehr bewegt über dieses Wiedersehen. — Was ich Alles empfand, nachdem ich noch vor 3 Jahren Napoleon auf dem Gipfel seiner Macht gesehen hatte, kann ich nicht beschreiben.

Nach dieser Begegnung beritt ich von 43 bis 48 Uhr die ganze Armee vor Sedan.

Der Empfang der Truppen, das Wiedersehen des decimirten Garde-Corps, das Alles kann ich Dir heute nicht beschreiben; ich war tief ergriffen von so vielen Beweisen der Liebe und Hingebung.

Nun lebe wohl. Mit bewegtem Herzen am Schlusse eines solchen Briefes   Wilhelm.«

Das Lager von Glaires.

Die französische Armee, welche am 3. September Morgens, nachdem sie in Sedan die Waffen niedergelegt, aus dieser Festung abzurücken begann, wurde auf einer Halbinsel vereinigt, die, nordwestlich von Sedan, durch eine starke Krümmung der Maas gebildet wird. Innerhalb dieser Halbinsel sind verschiedene Dörfer: Iges, La Villette, Glaires gelegen, nach denen nun dieselbe wechselnd und willkürlich genannt wird. (Karte S. 483 und 529.)

Seitens unseres Ober-Commandos waren am 2. schon das XI. und das I. baierische Corps, sowie die 4. Cavallerie-Division, dazu bestimmt worden, einerseits den Vollzug der Capitulation in ihrer ganzen Ausdehnung zu überwachen, andererseits den Transport der Kriegsgefangenen nach Deutschland durchzuführen. In Gemäßheit dieses Befehles rückten das XI. Corps und die 4. Cavallerie-Division auf die Höhen des rechten Maasufers (nördlich), während das I. baierische Corps die Halbinsel südlich, zwischen Glaires und Villette abzuschließen begann.

Es kamen nun, vom 3. bis 11. September, harte Tage für Freund und Feind. Wir folgen der Schilderung eines Augenzeugen: »Der Abmarsch der entwaffneten Truppen von Sedan zeigte viele Franzosen in einem höchst ungünstigen Lichte. Die Offiziere und mit ihnen ein nicht unbedeutender Theil der Mannschaften hatten eine würdige Haltung; sie waren ernst, niedergeschlagen und zogen gesenkten Hauptes ihrer Straße. Aber neben ihnen sah man Hunderte von Soldaten, die in einem Zustande bestialischer Trunkenheit dahintaumelten; andere fluchten oder rissen Zoten und erbärmliche, rohe Witze, welche die Schamröthe auf die Wangen ihrer Offiziere und besseren Kameraden trieben. Das Wetter, das während des Schlachttages hell und trocken gewesen, war nun trübe, kalt und regnerisch geworden. Die Wege, auf denen Geschütze, Munitionswagen und andere schwere Fuhrwerke hin und her fuhren, befanden sich in einem so schlechten Zustande, daß die Soldaten, sowohl die Gefangenen wie unsere escortirenden Mannschaften, an vielen Stellen buchstäblich knietief durch Koth und Schlamm zu waten hatten. Das Aussehen der Gefangenen, denen die Gelegenheit und wohl auch die Stimmung fehlte, sich sonderlich um ihre Toilette zu bekümmern, wurde nach wenigen Tagen ein geradezu abstoßendes. Die Intendantur hatte Schwierigkeiten zu bekämpfen, die fast unüberwindlich schienen. In einem bereits ausgesogenen Lande, weit von allen Proviant- und Requisitions-Magazinen, sollte sie über 300,000 Mann und 50,000 Pferde verpflegen. Es entstand eine wirkliche Noth. Nach Stroh beispielsweise war so große Nachfrage für die Pferde, daß die Mannschaften, Freund und Feind, nicht damit versorgt werden konnten. Die Gefangenen, die keine Decken oder Mäntel hatten, mußten auf der kalten, nassen Erde bivouakiren; ihr Schicksal war ein höchst trauriges und als wahre Jammergestalten überschritten sie endlich die deutsche Grenze.« °)

Und ein zweiter Bericht sagt: »Es waren furchtbare Tage, auch für uns, die wir doch einigermaßen im Stande waren, unsere Lage zu verbessern. In unsern Regenmänteln, die Kapuze überm Kopf, drückten wir uns, wie das Wild im Walde, knäuelweis zusammen, und ließen von dem grotesken Zeltdach, das durch unsere zusammengesteckten Köpfe gebildet wurde, den Regen niederströmen. Wir standen in einer Wasserlache; Niemand sprach; Minuten zählend, nur dann und wann aus der Cognacflasche nippend, so verbrachten wir die endlos langen Stunden. Stunden; aber Tage lang dauerte das Elend der hier zusammengepferchten Feinde und alle Sedan-Gefangenen, denen ich später in deutschen Festungen begegnet bin, sprachen noch mit Schaudern von dem »Lager von Glaires«.

Auch von deutsch-officieller Seite her ist das Furchtbare jener »Halbinsel-Woche bei Sedan« nie bestritten worden. Es war nur einfach nicht zu ändern. Hauptmann Helvig vom baierischen Generalstabe schreibt: »Gleich nach vollzogener Capitulation war eine der bringendsten Angelegenheiten die Sorge für die Verpflegung von beinahe 100,000 Kriegsgefangenen. Bei dem Mangel an allen Subsistenzmitteln in der Festung Sedan war die französische Armee, ohnehin durch die Kämpfe und starken Märsche erschöpft,

---

°) »Auch unsere Truppen«, so heißt es an anderer Stelle, »welche zum größten Theil in dem bald zu einem Sumpf gewordenen Maas-Grunde bivouakirten, außerdem durch den Bewachungsdienst, durch das Aufräumen des Schlachtfeldes und das Sammeln und Ordnen des Kriegsmaterials sehr angestrengt waren, litten durch das fortwährende Regenwetter sehr empfindlich. Dazu kam die Ausdünstung der vielen Leichen und Pferde-Cadaver, welche, nur ungenügend oder noch gar nicht verscharrt, die Luft mit einem widerlichen Geruch erfüllten und das durch Leichen und Unrath nahezu vergiftete Wasser, welches die Truppen zum Kochen 2c. benutzen mußten. Diese großen, aber leider nicht zu vermeidenden Nachtheile des Aufenthaltes vor Sedan, legten den Grund zu vielen Krankheiten (namentlich Typhus), die später auftraten.«

buchstäblich dem Verhungern ausgesetzt. Die eigenen Vorräthe reichten kaum hin, um unsere Truppen zu ernähren, solche aber aus dem occupirten Lande beizuschaffen, dazu fehlten vor allem die Transportmittel. Die Eisenbahn nach Montmedy war von den Franzosen zerstört worden und konnte daher auch nicht gleich zu diesem Zwecke benutzt werden. In der Nacht vom 3. auf den 4. September traf glücklicherweise der Adjutant des Commandanten von Mézières im Hauptquartier des Generals v. d. Tann zu Petit Torcy ein, um wegen der Verpflegung der Kriegsgefangenen zu unterhandeln. Der Commandant von Mézières verpflichtete sich, die nöthigen Lebensmittel zu unserer Verfügung zu stellen, wogegen zugesagt wurde, daß vorläufig keine Feindseligkeiten unternommen würden. Der französische Commandant entledigte sich seiner eingegangenen Verpflichtungen in loyalster Weise. Schon am nächsten Tage kam der erste Transport von 100,000 Portionen mittelst Eisenbahn bis an die gesprengte Brücke von Donchery, von wo dieselben zur Vertheilung auf die Halbinsel geschafft wurden.«*)

Regen und Hunger hatten mittlerweile den Transport der kriegsgefangenen Armee nicht zu unterbrechen vermocht. Alles nahm seinen ungestörten Fortgang. Es waren hierzu zwei Etappenlinien bestimmt: die eine über Busancy, Clermont, St. Mihiel, Pont à Mousson, die andere über Stenay, Damvilliers, Etain, Remilly. Die Ablösung der TransportCommandos an den Endpunkten Pont à Mousson und Remilly konnte nicht immer rechtzeitig bewerkstelligt werden, so daß manche dieser Escorten ihre Gefangenen-Abtheilung bis weit nach Deutschland zu begleiten hatten. Die Masse der Gefangenen, von denen täglich 10,000 abrückten, lichtete sich allmälig; von den erbeuteten Pferden wurden die brauchbaren ausgesucht, vertheilt und in größere Transporte vereinigt, die unbrauchbaren erschossen; das Kriegsmaterial endlich wurde gesammelt und geordnet, und somit nach

---

*) Diese hunderttausend Portionen waren wirklich eine Rettung. Die ganze Umgegend war ausgesogen. Alles hungerte. Wie auch die Unseren litten und fast verschmachteten, mag aus folgender Schilderung erhellen. »Am 3. kam ich Abends in eins der in Donchery improvisirten Lazarethe. Die Verwundeten, die man erst am 2. Mittags vom Schlachtfelde hereingebracht hatte, lagen da in erstickender Atmosphäre. Seitdem war kein Tropfen und kein Bissen über die Lippen der Meisten gekommen. Ein paar der leichter Verwundeten hatten sich hinausgeschleppt und einige Kartoffeln herausgegraben, die sie im Kamin gekocht und mit etwa acht ihrer Leidensgenossen getheilt hatten. Ein paar Andere hatten Abends einen Bissen Zwieback erhalten. Sonst nichts in drei Tagen. Auf Dr. Bögers Frage: »glaubt Ihr, daß Ihr's noch bis morgen früh aushaltet?« erscholl überall dieselbe Antwort: »Ja, bis morgen wohl noch, Herr Doctor!« Jede Spartanertugend, die man uns als hohes Muster erzählt und gepriesen hat, ist in unseres Volkes Jünglingen und Männern verwirklicht. Das Herz schwillt Einem vor Stolz und Lust und wird doch zugleich zerrissen von dem furchtbaren Jammer solcher Scenen.«

achttägiger Anstrengung die materielle Ernte des Sieges von Sedan gleichsam unter Dach gebracht.

Am 11. September Mittags verließen das XI. und das I. baierische
Corps die Halbinsel und ihre Umgebung. Die Corps waren sehr geschwächt,
theils durch Kämpfe und Krankheiten, noch mehr in Folge der schon erwähnten Transport-Commandos. Das I. baierische Corps musterte bei
seinem Abmarsch von Sedan nur 10 Bataillone, war also kaum 10,000
Mann stark.

Auch sie (ebenso wie die Bataillone des XI. Corps) waren froh,
der vielgenannten Maasschleife den Rücken kehren zu können; denn, wie
der Feind, so gedachten auch die Unsern mit Schrecken des »Lagers von
Glaires«.

Wilhelmshöhe.

Wilhelmshöhe.

Am 3., zu gleicher Stunde fast, wo die ersten entwaffneten Bataillone des Feindes das Thor von Sedan passirten, um das in unserem vorigen Capitel beschriebene »Lager von Glaires« zu beziehen, verließ der Kaiser das an der Südöffnung jener Maasschleife gelegene Schloß Bellevue, um als Gefangener nach Deutschland geführt zu werden. Die Fahrt ging über das Schlachtfeld hin, an unsern lagernden Truppen nahe vorüber. Ein Augenzeuge schreibt:

»Wir sollten schließlich auch den gefangenen Kaiser sehen.

Am 3. September auf dem Wege von Frèsnois über Givonne nach der belgischen Grenze (Bouillon) passirte er die Stellungen des Gardecorps in unbedeutender Entfernung. Mehrere Offiziere des General-Commandos, die sich zufälligerweise um eben diese Zeit auf der genannten Straße befanden, erblickten plötzlich einige Eclaireurs, dem 1. (Leib-) Husaren-Regimente angehörig, die ihnen entgegengesprengt kamen, und deren Führer sie ersuchte, die linke Seite des Weges frei zu lassen. Gleich darauf defilirte eine Schwadron Husaren, dann folgte ein kleiner geschlossener Wagen von sechs starken, schönen Pferden à la Daumont geschirrt, gezogen. Es war ein einfacher, schwarz-grüner Wagen, stark und doch von seltener Eleganz, jeder Pariser hätte ihn unter Hunderten als eine kaiserliche Equipage bezeichnet.

Oftmals, ja vor wenig Wochen noch, hatte man ähnliche Coupées die Champs-Elysées herunterrollen sehen; da ging es im langen Trab der berühmten braunen Hengste des kaiserlichen Marstalls; die fluthende Menge theilte sich vor dem Gespann; Wagen und Reiter flogen auseinander, um ihm Platz zu machen, und wie eine Vision von unbeschränkter, fast unheimlicher Macht und Größe, jagte es rasch und frei, kein Hinderniß kennend, vorbei; überall sah man ehrfurchtsvoll entblößte Häupter und die feierliche Stille, die ringsum herrschte, wurde nur durch das Rufen »Vive l'Empereur!« unterbrochen.

So war es achtzehn lange Jahre lang gewesen. Und heute? — Aus dem schwarzen, tiefhängenden Gewölk strömte der Regen. Die Pferde wateten mühsam in den durch die schweren Geschützwagen beinahe unfahrbar gemachten Wegen. Die Husaren, in lange, graue Mäntel gehüllt, die Köpfe gegen den Sturm gebengt, zogen finster und schweigsam die Straße entlang. In dem schwarz-grünen Coupée saßen zwei Männer in französischer Generaluniform. Der eine, den Niemand beachtete, war, so sagte man, der kaiserliche Adjutant General Reille. In dem andern erkannte Jeder, der ihn sah, Louis Napoleon Bonaparte. Die Offiziere des General-Commandos hatten Front gemacht und grüßten ehrerbietig. Der Kaiser dankte ernst und tief. Der Wagen fuhr langsamen Schrittes, so daß es leicht war, ohne ungebührliche Neugierde zu zeigen, den hohen Gefangenen zu betrachten. Er sah ermüdet und abgespannt, aber weder düster noch niedergeschlagen aus; jene undurchdringliche Gleichgültigkeit, die seine Physiognomie charakterisirt, die er seit zwanzig Jahren in allen Phasen seines bewegten Lebens zur Schau getragen, jene tiefe, unheimliche Ruhe, die ihn zum Räthsel der Neuzeit gemacht hat, lag auf seinen Zügen. Die furchtbare Tragik der Ereignisse war überwältigend. Da saß er ruhig und kalt, der finstere Held, für den Tausende und Abertausende geblutet hatten, Hunderttausende in unsägliches Elend und Verderben gestürzt waren. Noch gestern der mächtigste Monarch und — heute? Gefangen, ärmer, als der ärmste freie Mann!

Dem kaiserlichen Coupée folgten 12 einspännige Wagen mit dem Gefolge und Gepäck des Kaisers, dann kam eine lange Reihe schöner Handpferde; eine zweite Schwadron der Leibhusaren schloß den Zug. Langsam und feierlich wie ein Leichenbegängniß, ein Leichenbegängniß irdischer Macht und Größe, verschwand der Zug aus dem Gesichtskreise und von dem ungeheuren Leichenfelde, auf dem Deutschlands ruhmgekrönte Truppen kampfesmüde ruhten und auf dem Frankreichs Herrlichkeit verblutet war.«

———

Die Fahrt des Kaisers ging über Bouillon, Libramont, Verviers, Aachen, Cöln bis Caſſel und Wilhelmshöh. Dieses Schloß, das einst die Glanztage König Jeromes, seines Oheims, gesehen hatte, war jetzt dem Neffen zum Aufenthalt angewiesen worden, nachdem man das im ersten Moment gewählte »Schloß Brühl« wieder hatte fallen lassen. Die Reise — ehe wir bei den Details derselben verweilen — gliederte sich wie folgt:

3. September Nachmittags Abfahrt von Schloß Bellevue; Ankunft in Bouillon 5 Uhr. Nachtquartier.

4. September Mittags Abfahrt von Bouillon; Ankunft in Verviers 4½ Uhr. Nachtquartier.

5. September Vormittags (11 Uhr) Abfahrt von Verviers; Ankunft in Caffel 9 Uhr 50 Minuten.

Folgende Briefe berichten über Einzelheiten.

Verviers, 4. September Abends.

Der Kaiser, der gestern in Bouillon übernachtete, ist heute um 4¼ Uhr hier in Verviers eingetroffen. Er nahm eine Reihe von Zimmern im Hôtel du Chemin de Fer. Der heutige Reisetag führte ihn zunächst (von Bouillon aus) nach der an der luxemburgischen Linie gelegenen Station Libramont. Von hieraus konnte dem Kaiser der Salonwagen des Grafen von Flandern zur Verfügung gestellt werden, in welchem General Chazal und sein Adjutant (von Brüssel*) her) eingetroffen waren. Das Gerücht von

*) In Brüssel hatte man anfänglich geglaubt, die Reise des gefangenen Kaisers werde über die belgische Hauptstadt gehen. Eine Zeitungsnotiz, die man vielfach nicht verstand, weil man weder Caffel noch Wilhelmshöhe kannte, hatte dazu beigetragen, einen Bruchtheil des Publikums in diesem Irrthum zu bestärken. Es führte dies zu einer komischen Verwechselungsscene, über die ein Betheiligter (ein in Brüssel lebender Deutscher) wie folgt berichtete. »Ich befand mich mit dreien meiner Freunde auf der Place de la Monnaie, als die Abend-Journale folgende wörtliche Nachricht brachten: »Napoleon wird heute in Brüssel eintreffen und auf Ordre des Königs Wilhelm seinen Wohnsitz in der Nähe (dans les environs) von Caffel nehmen.« Die zahlreich versammelten Franzosen der hiesigen Colonie, welche alltäglich die Place de la Monnaie belagern, fanden den Sinn der Depesche Anfangs unverständlich. Caffel war für sie ein böhmisches Dorf wie Sadowa vor 1866. Endlich nach lebhafter Debatte wurde das Räthsel gelöst: Napoleon ist in Brüssel eingetroffen und bei Caffel (ein bedeutender hiesiger Bankier) abgestiegen!! Französische Sturmcolonnen wälzten sich hierauf gegen die von dem Herrn Caffel bewohnte, stille Festung. L'Empereur est là! so flog es blitzschnell durch die umliegenden Straßen, und im Nu waren Tausende von Menschen versammelt. Als sich nun gar noch an einem Fenster der ersten Etage des Caffel'schen Hauses ein erschreckt aussehendes, bleiches Männerantlitz zeigte, welches wirklich aus der Ferne eine gewisse Aehnlichkeit mit Napoleon hatte, war es richtig. Niemand zweifelte mehr an der Anwesenheit des modernen Cäsars, der Tumult gewann immer größere Ausdehnung und machtlos waren die Bemühungen der zur Ruhestiftung herbeigeeilten Polizeisergeanten. Endlich versuchte einer meiner Freunde, von uns Anderen lebhaft unterstützt, den andringenden Franzosen in möglichst ernsthafter Weise beizubringen, was Caffel ist und wo Caffel liegt! Was nun geschah, können Sie leicht errathen. Wüthende Ausrufe: les prussiens se moquent de nous, à bas les prussiens! und im Nu war mein Freund, unser rechter Flügel, angegriffen. Wir Anderen bildeten das Centrum und hatten Angesichts der colossalen Streitkräfte, die der Feind entwickelte, nichts Eiligeres zu thun, als uns mit Hinterlassung eines Hutes zurückzuziehen. So endigte die Schlacht bei Caffel, und leider diesmal mit einer Retraite der Deutschen! Zur Beglaubigung dieser Mittheilung lege ich ein von Herren Caffel u. Co. in mehreren hiesigen Journalen veröffentlichtes Schreiben bei, worin dieselben das Publikum höflichst ersuchen, Caffel in Brüssel nicht mit Kassel in Kurhessen zu verwechseln. Das Schreiben lautet: »M. H.! Seit die Journale angezeigt haben, daß der Exkaiser der Franzosen nach der Umgegend von Kassel gebracht werde, hörte ein bedeutende und beunruhigende Volksmenge nicht auf, vor meiner Thüre zu stationiren. Während der ganzen Nacht ist mein Schlaf häufig unterbrochen worden durch furchtbares Geschrei »l'Empereur! l'Empereur!« welches Leute mit finsteren Gesichtern ausstoßen. Das ist äußerst unangenehm. Ich würde Ihnen sehr verpflichtet sein, m. H., wenn Sie in Ihrem geschätzten Journal anzeigen wollten, daß ich durchaus nichts

der Durchreise des Kaisers hatte sich schnell auf allen Stationen verbreitet, und Tausende eilten herbei, um ihn hier oder dort zu begrüßen. In Jemelle hielt der Zug einige Minuten, um Wasser einzunehmen. Jemelle liegt bei Rochefort, wo Prinz Peter Napoleon sich gegenwärtig aufhält. Dieser erschien am Bahnhofe und hatte eine kurze Unterredung. »Wir werden uns in Kurzem wiedersehen,« sagte der Kaiser. Um 3¼ Uhr traf der Zug in Lüttich ein, bis wohin das Gerücht von der Durchreise des Kaisers noch nicht gedrungen war; nur wenige Personen waren anwesend, die stillschweigend grüßten. Auch hier (in Verviers) fehlte jeder laute Empfang. Der Gesundheitszustand des Kaisers soll nicht der beste sein. Er hat sich erkältet und ist heiser. Als er nach seiner Ankunft aus dem Wagen stieg, schien er sehr bewegt zu sein. Mehreren Herren, die zu ihm eilten, um mit ihm zu sprechen, sagte er nur einige Worte und legte dann seine Hand auf die Brust, als wolle er sagen: »ich kann nicht mehr sprechen«.

Verviers, 5. September Mittags.

Vor einer Stunde hat der Kaiser und sein Gefolge Verviers verlassen, um seine Weiterreise nach Cassel anzutreten. Schon von 7 Uhr an hatte sich eine große Menschenmenge um das Hôtel du Chemin de Fer versammelt. In der Nacht waren seitens unserer Arbeiterbevölkerung einige antikaiserliche Demonstrationen versucht worden. Der Bürgermeister redete jedoch den Leuten zu und stellte ihnen vor, daß man das Unglück, selbst wenn es ein verdientes sei, achten müsse. Von da an hörten die Demonstrationen auf. Der Kaiser soll hier im Ganzen genommen ziemlich ruhig gewesen sein, wie er denn, als er um 11 Uhr abfuhr, kalt blieb. Das Hôtel, wo er wohnte, befindet sich dicht neben dem Eisenbahnhofe. Man hatte es zudem so eingerichtet, daß man in dem zunächstgelegenen Theile des Eisenbahnhofes den Zug vorfahren ließ. Schlag 11 Uhr verließ der Kaiser das Hôtel. General Chazal hatte ihm den Arm gegeben und führte ihn bis zu dem Eisenbahnwagen. Die Offiziere folgten. Letztere sahen etwas sonnenverbrannt und düster aus. Die Dienerschaft hatte schon vorher in den Wagen Platz genommen. Bei dem Erscheinen des Kaisers brach die Menge in das verschiedenartigste Geschrei aus. Die Rufe: »Vive l'Empereur!« »A bas l'Empereur!« »Vive la République!« auch einige »Vive la Prusse!« wurden vernommen. Dazwischen wurde vielfach gepfiffen. Der Kaiser, der wahrscheinlich nur die ihm günstigen Rufe hörte, zog mehrere

gemein habe mit dem Kaffel, wovon in der Presse die Rede ist, und daß folglich die neugierigen Störenfriede, welche vor meinem Hause die Circulation hemmen, sehr unnützer Weise den Schlaf eines gerechten Mannes stören, der, wie ich zu sagen wage, am Platze von Brüssel vortheilhaft bekannt ist. Genehmigen Sie ꝛc.
G. Caffel u. Co.«

Male seine Militairmütze ab und grüßte. Das Ehrengeleite bildeten 8 Gendarmen zu Fuß und ungefähr 16 zu Pferde, welche von einem Offizier befehligt wurden. Sie begaben sich mit dem Kaiser auf den Bahnhof. Die Menge strömte nach und drängte sich ganz dicht an den kaiserlichen Wagen heran. Nachdem der Kaiser eingestiegen, nahm er vom General Chazal Abschied, dem er die Hand drückte. In die Nähe des Wagons hatten sich indeß hauptsächlich Franzosenfreunde herangedrängt, die ohne Unterlaß »Vive la France!« schrieen. Der Kaiser blieb am Wagenschlage stehen, grüßte mehrere Mal und zog, als der Zug sich in Bewegung setzte, nochmals seine Mütze. Nachdem der Zug abgefahren war, verlief sich die Menge schnell. Für die Bewohner von Verviers war der Aufenthalt des Kaisers in ihrer Stadt ein Ereigniß. Der Kaiser trug, wie auch die Offiziere, die Uniform, selbstverständlich ohne Degen. Seine Brust war mit einer Reihe von Orden geschmückt. Die Personen, welche mit dem Kaiser in Verviers eingetroffen, sind folgende: General v. Boyen und sein Adjutant, Fürst Lynar (Letzterer reiste bereits gestern Abend weiter), der belgische General Chazal und sein Adjutant Capitain Steráy; ferner an Franzosen: die Divisionsgenerale und Adjutanten Castelnau, Fürst de la Moscowa, die Brigadegenerale und Adjutanten Reille, Pajol und Vaubert de Genlis; die Ordonnanz-Offiziere Commandant Hepp, Hauptmann Graf Lauriston und Unterlieutenant Prinz Achille Murat; der erste Stallmeister Graf Davillier, der Stallmeister Raimbault; der Marechal de Logis Graf Lepin; die Doctoren Conneau und Corvisart, und Pietri, Privatsecretair des Kaisers.

Abends 9½ Uhr kam der Kaiser auf der Main-Weserbahn mittels Extrazuges von Gießen auf der Station Wilhelmshöhe an, begleitet von den ebenfalls kriegsgefangenen Generalen Felix Douay und Lebrun. Da nach den Weisungen des Königs der Kaiser als regierender Monarch angesehen werden sollte, so hatten sich die obersten Civil- und Militairbehörden in großer Uniform auf der Station eingefunden, wo zugleich eine Compagnie Infanterie als Ehrenwache und ein von einem Offizier befehligtes Detachement der Ersatzschwadron des zweiten hessischen Husaren-Regiments Nr. 14. aufgestellt waren, welches letztere den Zutritt des Publikums zur Station wehrte.

»Louis Napoleon — so entnehmen wir einem Bericht der Hessischen Morgen-Zeitung*) — befand sich mit den Generalen Douay und Lebrun,

*) Um diesen Bericht, der eine Kenntniß der Lokalität voraussetzt, zu verstehen, ist es nöthig Station Wilhelmshöhe und Schloß Wilhelmshöhe auseinander zu halten. Die Entfernung von jener zu diesem beträgt eine Viertelstunde. Es fand eine Art militairischer Doppel-Empfang statt, erst seitens der auf dem Perron, dann seitens der in Front des Schlosses aufgestellten Compagnie. Beide empfingen den Kaiser mit klingendem Spiel.

41*

sowie mit den Chefs seines Cabinets und Hofstaates in einem belgischen Gala-
wagen. Er war in voller Generalsuniform, aber ohne Degen, die Brust
mit Orden und das Haupt mit dem französischen Militairkäppi bedeckt.

Der Kaiser erwies sich von corpulenter Gestalt, mit grauem Haar
und langem gekrümmten Schnurrbart, dunkelbrauner Gesichtsfarbe und
durchbringendem Blicke. Als er aus dem Wagen stieg und das Perron
betrat, ward er durch einen von zwei Pfeifern und einem Trommler ausgeführten Marsch und durch Präsentiren des Gewehrs seitens der Ehrenwache empfangen. Es wurden ihm die anwesenden preußischen Behörden
vorgestellt, mit denen er sich meist in deutscher Sprache unterhielt.

Um 7 Uhr war eine von einem Hauptmann zu Pferde befehligte,
150 Mann starke Compagnie des gegenwärtig hier garnisonirenden Füsilier-
Regiments Nr. 80 zu Wilhelmshöhe angelangt und hatte sich auf dem
Platze hinter dem großen Gasthofe und um $7\frac{1}{2}$ Uhr vor dem mittleren
Hauptgebäude des Schlosses nächst dem Bowling-green aufgestellt. Alsbald
wurde das Schloß ringsum von vier Doppelposten und einem einfachen
Posten besetzt an denjenigen Stellen, wo Schnüre die Wege absperren.

Nach Ankunft des Kaisers auf der Station, sprengte der daselbst
befindliche Husaren-Offizier auf der sonst durch Barriéren geschlossenen, an
diesem Abend jedoch geöffneten mittleren sogenannten Fürstenchaussee nach
dem Schlosse, um dem die Füsilier-Abtheilung befehligenden Hauptmann die
Ankunft des Kaisers zu melden, worauf er wieder nach der Station zurückkehrte. Um 10 Uhr erschien er abermals, indem er einer zweispännigen ver-
deckten Chaise, in welcher der Kaiser und die bereits erwähnten Generale
saßen, voransritt. Der Wagen fuhr durch den großen gewölbten Bogen
zwischen dem Hauptgebäude und dem linken Flügel des Schlosses nach der
Rampe unter der Colonnade, wo der Kaiser abstieg, während die Füsilier-
Abtheilung unter klingendem Spiel das Gewehr präsentirte. Es folgten
sodann im Verlauf einer Viertelstunde noch elf zweispännige Wagen, in welchen
sich die Chefs des zahlreichen Militair- und Civil-Hofstaates befanden, die
meist die Gemächer im Hauptgebäude des Schlosses bezogen. Um $10\frac{1}{2}$ Uhr
marschirte die Füsilier-Abtheilung wieder auf den Platz hinter dem Gasthof,
nachdem sie zur Hauptwache 30 Mann gestellt, und um $11\frac{1}{2}$ Uhr verließ sie
Wilhelmshöhe und kehrte nach Cassel zurück.

Die militairischen Anordnungen zu Wilhelmshöhe waren mehr zum
Schutze, als zur Bewachung des Kaisers angeordnet, weil man glaubte, es
werde daselbst eine große Volksmenge die Ankunft desselben erwarten. Allein
das Gegentheil war der Fall. Auf der Station hatte sich eine nicht zu große
Zahl und am Schloß etwa 50 Personen versammelt, unter denen der größere
Theil Bewohner von Wilhelmshöhe, einige im Gasthofe logirende Fremde

und zwei Berliner waren, die aus der Hauptstadt eigens die Reise hierher gemacht, um den Einzug des Kaisers zu sehen. Das Schloß war außerhalb durch Laternen und im Innern bis in den vierten Stock beinahe vollständig erleuchtet; namentlich glänzten die Gemächer in der Bel-Etage auf der rechten Seite der vorderen Façade (nach der Stadt zu).

So hatte denn Louis Napoleon als Gefangener dasselbe deutsche Schloß bezogen, in welchem vor länger als einem halben Jahrhundert sein Oheim Jerome während seiner siebenjährigen Regierung die Sommermonate zuzubringen pflegte.«

———

Nur wenige Worte über den Charakter der Wilhelmshöhe-Tage, die nun folgten.

Der Kaiser war zu guter Stunde auf, hatte um 11 sein Dejeuner, um 5 oder 6 sein Diner. Sein Hofstaat bestand aus den Personen, die wir auf S. 621 genannt haben. Auch Prinz Napoleon erbot sich, in einem Schreiben aus Florenz, die Gefangenschaft auf Wilhelmshöhe mit dem »Haupte der Familie« zu theilen. Der Kaiser lehnte dies Anerbieten aber dankend ab.

Das Leben auf Wilhelmshöhe, wie es in einem engsten Cirkel sich bewegte, war auch zugleich ein sehr zurückgezogenes, sich absolut auf Schloß und Park beschränkendes. Der Kaiser ging, ritt, fuhr; — dies erhielt ihn körperlich frisch; an schlechtesten Tagen mußte die Billardtafel aushelfen. Im Uebrigen las und schrieb er; seine alten literarischen Gewohnheiten traten sofort wieder in den Vordergrund. Man darf füglich sagen, er hatte zu allen Zeiten etwas von einem vornehmen, eigene Wege gehenden, still-ehrgeizigen Publicisten und kehrte, wenn der Wandel des Geschicks es erheischte, jedesmal mit einer gewissen Vorliebe zu seinem »Rübenfeld« zurück. Ein gewisses Müdesein der Macht scheint neben all seinen Machtbestrebungen wie ein Schatten herzugehen.

Eine spätere Zeit wird Aufschluß über die Gesammtheit seiner politisch-literarischen Thätigkeit während der Tage auf Wilhelmshöhe, ganz besonders über seine Correspondenz innerhalb des genannten Zeitabschnittes geben. Bis zu dieser Stunde ist nur Einzelnes davon in die Oeffentlichkeit gedrungen. Erstens ein Brief, datirt Wilhelmshöhe, 26. September, den er nach Abbruch der Verhandlungen zwischen Graf Bismarck und Jules Favre, mit der Mahnung, Versöhnlichkeit walten zu lassen, ins preußische Hauptquartier schickte. Zweitens eine Proclamation an das französische Volk, datirt Wilhelmshöhe, 4. Februar, worin er sich, bevor nicht eine neue Volksabstimmung stattgefunden, als den wahrhaften Repräsentanten der Nation hinstellt; endlich drittens eine über die preußische Wehrverfassung abgefaßte

Brochüre (Wilhelmshöhe im Februar 1871), die den Titel führt: »Note sur l'organisation militaire de la confédération de l'Allemagne du Nord« und in der er mit vieler Wärme für die Principien dieser militairischen Organisation eintritt.*)

Besuche trafen nicht eben zahlreich in Schloß Wilhelmshöhe ein; der immerhin erschwerte Verkehr, vielleicht auch der ausgesprochene Wunsch des Kaisers, der sich von der Mehrzahl dieser Besuche wenig versprechen mochte, hielten davon ab. Das einzig große Besuchsereigniß war das Eintreffen der Kaiserin Eugenie. Sie blieb nur vierundzwanzig Stunden. Was zu dieser Winterreise von Chislehurst nach Wilhelmshöhe führte, ist noch nicht aufgeklärt.

Unter lästiger Neugier des Publikums hatte der Kaiser wenig zu leiden; er begegnete jener Rücksicht, der nichts so verwerflich erscheint, als Zudringlichkeit. Nur ein einziger Ausnahmefall ist festgestellt: ein siebzehnjähriger Heißsporn hatte sich eingefunden, um als zurückgebliebener Ober-

---

*) Unter den Veröffentlichungen, die von Wilhelmshöhe ausgingen, mag auch, als einer der interessantesten, ein Brief des Privatsecretairs des Kaisers (Pietri) an dieser Stelle Erwähnung und Mittheilung finden. Unterm 15. September schrieb Pietri an den Redacteur des »Journal de Bruxelles«: »Mein Herr! Seit den traurigen Ereignissen in Frankreich war der Kaiser Napoleon ohne Aufhören die Zielscheibe der heftigsten Angriffe und Verleumdungen aller Art, denen er ohne Zweifel nur Verachtung entgegenstellen wird. Wenn es aber seiner würdig ist, unter solchen Umständen das Stillschweigen zu bewahren, so ist es den Personen, welche ihn umgeben, nicht gestattet, gewisse Neuigkeiten, welche tagtäglich in den französischen und fremden Blättern über ihn erscheinen, veröffentlichen zu lassen, ohne sie zu widerlegen. Unter den gehässigsten muß man die eines englischen Blattes bezeichnen, welches sich nicht gescheut hat, die Ursachen des Krieges den Verlegenheiten der Civilliste und der Nothwendigkeit zuzuschreiben, die für den Kaiser daraus entstanden war, daß er die Spur der Anleihe von 50 Millionen Franken (welche er jedes Jahr bei dem Budget des Kriegsministeriums machte) tilgen mußte. Er habe gehofft, so deutet das Blatt an, sie in die Ausgaben eines großen Krieges miteinrechnen zu können. Eine so ungeheuerliche Beschuldigung beweist Seitens des Verfassers des Artikels eine vollständige Unkenntniß der Gesetze, welche das Finanzwesen in Frankreich regeln, oder eine unloyale Böswilligkeit. Die Veruntreuungen sind wenig möglich in Frankreich, denn die Comptabilität der Civilliste ist der Gegenstand einer strengen Prüfung und die des Staates ist der gestrengen Ueberwachung des gesetzgebenden Körpers und des Rechnungshofes unterworfen. Ein anderes Londoner Blatt versichert, daß alle Welt in Amsterdam wisse, der Kaiser Napoleon habe eine Summe von 10 Millionen Franken in holländischen Eisenbahnactien angelegt. Ich dementire auf das Bestimmteste diese Angabe, und bekräftige außerdem, daß der Kaiser keinen Centime in fremden Papieren angelegt hat. Endlich hat ein deutsches Blatt die Lage des Kaisers auf eine ganz andere Weise dargestellt und ihn der Art aller Hülfsquellen beraubt erklärt, daß der preußische Generalstab zu Sedan genöthigt gewesen wäre, ihm 2000 Thlr. vorzuschießen. Diese letztere Nachricht ist nicht richtiger als die anderen. Ich beschränke mich darauf, diese der Wahrheit so zuwiderlaufenden Behauptungen anzudeuten, nicht in der Hoffnung, den Angriffen ein Ziel zu setzen, welche gegen einen Souverain gerichtet sind, der vor denselben wegen des Unglücks, das ihn betroffen hat, bewahrt bleiben sollte, sondern nur um bekannt zu machen, wie wenig dieselben begründet und glaubenswürdig sind.«

quartauer, aber fortgeschrittener Patriot - Deutschland von seiner Geißel zu befreien«.

Am 19. März, nach einer Gefangenschaft von genau sechs und einem halben Monat, verließ der Kaiser Wilhelmshöhe: bis zuletzt wurden ihm alle einem Souverain zukommenden Ehren erwiesen; zwei Compagnien Dreiundachtziger bildeten bei seiner Abreise Spalier, General Graf Monts begleitete ihn bis zur belgischen Grenze.

Die Reise ging nach Chislehurst. Er verließ es nicht wieder. Am 9. Januar 1873 schied er aus dieser Zeitlichkeit In der Sanct Marien Kapelle des kleinen Ortes hat er vorläufig seine Ruhstatt gefunden.

————

Es geziemt sich an dieser Stelle ein Rückblick auf sein Leben, der Versuch einer Charakterzeichnung. Was war es mit ihm? Unterlag er einem herben, unverdienten Geschick? oder zog Gott, müde des Spiels, endlich die Summe aus einer langen Schuldenrechnung und warf den, der die Schuld contrahirt, zu den Todten? Soll er ein Vorbild sein, oder eine Warnung? Gewiß das Letztere; aber nicht in dem Sinne Derer, die nicht müde werden, ihn als den Erzfeind aller Menschheit, als den Fleischgewordenen Antichrist anzusehen und es als Gewissenssache betrachten, nun auch ihrerseits das bekannte Holzscheit heranzuschleppen.

Andere haben ihn, vor und nach seinem Sturz, als einen »Imbecile« bezeichnet. Aus der Fülle derartigen Materials seien nur einige wenige Stellen citirt. »Wer sich die Augen offen und das Herz gesund erhielt,« so schrieb die National-Zeitung bei Ausbruch des Krieges, »der konnte Louis Napoleon Bonaparte stets nur für einen Menschen ansehen, in welchem eine unbegrenzte Selbstsucht, ein thierischer Heißhunger, mit einem geringen Maße von Verstand verbunden war, das bei weitem nicht hinreichte, um jene Begierden zu tragen und zweckmäßig zu leiten. Männer von kaltem Urtheil haben ihn vor zwanzig Jahren, inmitten der fast allgemeinen Verblüfftheit Europa's, als eine schäbige Persönlichkeit erkannt und erklärt; haben in ihm einen von den Umständen begünstigten Possenreißer gesehen, den das von seinem Oheim aufgeführte Schauspiel zu tölpelhafter Nachahmung erhitzte. Dieser Oheim hatte selber schon, bei einer gewissen Größe, eine sehr einseitige und unvollständige Begabung besessen; schon in ihm hatte Selbstsucht den Verstand erdrückt, so daß er, wie ein Sturm über die Länder dahinfahrend, nichts Dauerhaftes ersann, nichts hinterließ; und zu welchem Ende mußte es vollends führen, wenn in seine Spuren ein dürftiger Kopf eintrat, der eben nur seine nackte, rohe Begierde und so gut wie nichts von seinen Verstandeskräften geerbt hatte? Dieser Nachtreter verdankte es den Umständen, daß er mit der mittelmäßigsten geistigen Anlage eine Rolle in Europa spielen konnte, und dabei Vielen eine Zeit lang bedeutend und klug erschien.«

Und einer anderen, ähnlichen Beurtheilung, wie sie laut wurde, als sich am 9. Januar in Chislehurst zugleich mit dem Auge des Kaisers auch die Kaiser-Episode abermals geschlossen hatte, entnehmen wir das Folgende:

»So trat Napoleon III. aus der Geschichte, in die er sich ohne eine andere Berechtigung als die eines Namens eingedrängt hatte. Hinter sich läßt er keine Thaten, keine Institutionen, die ihn bei der Nachwelt als den Neffen seines Onkels legitimiren. Nicht das Genie, sondern schleichende Berechnung hatte ihn gehoben, er stand nicht an der Spitze von Helden und Staatsmännern, sondern an der von Roués und der Demimonde. Er hat alle schlechten Eigenschaften der heutigen französischen Gesellschaft auf den Thron gehoben und sie in Europa Mode gemacht. Er hinterläßt Frankreich in Versunkenheit. Selbst die Belletristik, die wohlfeilste aller Künste, die Specialdomaine der Franzosen, ist unter dem zweiten Kaiserreich verkommen, in Poesie kann es sich nicht einer einzigen Größe rühmen, die Unsterblichen der Akademie verdanken ihre Sitze andern als wissenschaftlichen Verdiensten, sogar in den Realwissenschaften haben Franzosen die Ueberflügelung durch das Ausland anerkennen müssen. Kurz in allen Stücken hat Napoleon III. der Welt eine Regierung gezeigt, die nothwendigerweise zum Ruin und Untergang einer Nation führen mußte. In ihm waren Unsittlichkeit und Unfähigkeit auf das Engste vermählt — das ist die Grabschrift, welche die Geschichte Napoleon III. mitzugeben hat.«

Der Verfasser dieser »Grabschrift« scheint uns hier dem historischen Urtheil mit unruhigen Händen vorzugreifen. Seinen Beruf für die Geschichte bekundet man noch nicht dadurch, daß man die Belletristik als die »wohlfeilste aller Künste« bezeichnet. Die wirkliche Geschichtschreibung wird dem Träger des zweiten Kaiserreichs gerechter werden, indem sie mildere und anerkennendere Worte für ihn hat.

Am besten haben ihn Kinglake (in seinem ausgezeichneten Werke: The invasion of the Crimea) und neuerdings Ludwig Bamberger gezeichnet. Jener ist besonders glücklich in zergliedernder Darlegung eines Charakters, der einerseits Spielhang und Glauben an seine Mission, andererseits Kühnheit und Festigkeit in seinen Plänen mit einer gewissen, ihn plötzlich überkommenden Aktions-Unfähigkeit vereinigte. In der That, diese Gegensätze ziehen sich durch alle Phasen seines Lebens hindurch und kennzeichnen ihn in all' seinen historisch gewordenen Momenten. Ludwig Bambergers Schilderungen, wiewohl aphoristischer gehalten und von geringerer psychologischer Durchdringung des Charakters (sehr wahrscheinlich weil der

Verfaſſer gerade dies nicht wollte), haben vor Kinglakes biographiſchem Eſſay das voraus, daß ſie erſt nach dem Hinſcheiden des Kaiſers geſchrieben wurden, alſo ein abgeſchloſſenes Leben zum Gegenſtand der Unterſuchung machen konnten. Auch erwuchſen ſie, ſoweit wir die Verhältniſſe kennen, aus lebendigerer Anſchauung, aus unmittelbarerer Berührung mit dem zu ſchildernden Gegenſtande.

»Ein Mann iſt geſtorben« — ſo entnehmen wir, auszugsweiſe, dem Bamberger'ſchen Aufſaße — »auf den, ſo lange er an der Spiße der europäiſchen Politik ſtand, alſo durch zwanzig Jahre hin, Aller Augen gerichtet waren. Und dennoch, auf die Frage, ob Jemand bis heute in überzeugender und erſchöpfender Weiſe über das innere Leben, den Charakter, die Geiſtesanlagen dieſes Mannes Aufſchluß gegeben habe, muß die Antwort verneinend lauten. Bis heute läßt ſich darüber ſtreiten, ob er es geweſen, der den deutſchen Krieg gewollt. Wie überhaupt hat er ſeine Rolle aufgefaßt? Hat er an ſich geglaubt? In dieſem Augenblick, da ſich das Todtengericht niederſeßt, über den Mann, den, wenn nicht ſein Weſen, doch ſein Schickſal zu einem der merkwürdigſten unſerer Zeit gemacht hat, wiederholen Tauſende ohne Zweifel das Urtheil, das ſie ſchon oft vorher über ihn gefällt haben: ſie brechen den Stab über den Verbrecher, über ſein Regiment und ſein Angedenken. Dem iſt er ein gewöhnlicher Miſſethäter, Jenem ein Spieler, noch Andern ein Schwachkopf. Werden wir jemals reine Wahrheit über ihn erfahren? Schon daß er bis zuleßt geheimnißvoll bleiben konnte, muß als ein Zeichen gelten, daß er nicht der erſte beſte war.*)

*) Von der äußeren Erſcheinung des Kaiſers giebt L. Bamberger, an eben dieſer Stelle, folgendes ausgezeichnete Bild. »Die äußere Erſcheinung hatte etwas ſchwer zu firirendes, wie der innere Menſch ſelbſt. Man mochte ſich noch ſo ſehr in dieſes Geſicht einbohren, man drang nicht durch; um den unbeſtimmten, kurzen weichen Blick des kleinen. lang geſchlißten, gleichſam fließenden Auges von hellgrauer nichtsſagender Schattirung zu faſſen, hätte man ſich eine feine chirurgiſche Zange gewünſcht. Ich habe dieſes Geſicht wohl hundertmal ſcharf angeſehen und oftmals beliebig lange, ich habe es nie als Ganzes in meine Vorſtellung aufſaugen können. Etwas davon erfahren wir allerdings bei allen Geſichtern, mit denen wir bloß durch das Auge und nicht durch den mündlichen Gedankenaustauſch verkehren. Die Züge eines Menſchen werden uns aus der Bekanntſchaft mit ſeinem Weſen klar, nicht ſein Weſen aus der Anſchauung ſeiner Züge. Aber Alles in Allem trug unleugbar die äußere Erſcheinung das nämliche Gepräge, wie die geiſtigen Leiſtungen des Mannes, das vorherrſchende Gepräge nämlich einer ſtarken Trivialität, unter deren Oberfläche jedoch ein Quantum geheimnißvoller Beſonderheit leiſe dahin floß. Dieſes Geſicht konnte dem erſten beſten Lebemann angehören, der lackirte Schnauzbart, die ſtarken Backenfalten zu Seiten der ſchweren Naſe concentrirten den Eindruck im untern Theil der Phyſiognomie, und ließen eine ganz nichtsſagende von glatt geſchniegeltem Haar eingerahmte Stirn zurück, aus der keine Spur von Kraft des Denkens oder Erhabenheit des Wollens hervortrat. Der Blick, mehr nach innen als nach außen gerichtet, gab allein Zeugniß von einer Individualität, die nicht ohne Vorbehalt hingenommen werden durfte, die ein Eigenleben führte, welches ſie möglichſt zurückdrängte,

Er war, sagte mir eines Tages ein feiner Beobachter, wie ein Erfinder, der unabläſſig ſeinem Problem nachhängt. Und in der That, in
allen andern Dingen ließ er ſich gern von Andern leiten, vertraute ſich
ihnen an, nur in ſeinen beſonderen Gedanken war ihm die Oppoſition uner-
träglich, da ſuchte er nur Leute die ihm beiſtimmten und an der Ausführung mithelfen wollten. Er wollte keine Einwände, ſondern Rathſchläge.
Ging ihm etwas ſchief, ſo kam er eben deshalb leicht aus dem Gleichgewicht
und verlor den Faden. So weit war ſein Willensinſtrument ganz richtig
für ſeine Zwecke geſtimmt und hätte er nie die Maxime vergeſſen, die ihm
einer ſeiner Verehrer in den Mund legt, daß die Welt dem intelli-
genten Phlegma gehöre, ſo wäre er wohl in den Tuilerieen geſtorben.

Die Idee, daß er einſt Kaiſer werden müſſe, beherrſchte ihn von
dem erſten Erwachen ſeines Bewußtſeins an und blieb unerſchütterlich, trotz
der tiefen Demüthigungen, welche das klägliche Scheitern wiederholter Ver-
ſuche ihm bereiten mußte. Nicht Selbſtgewißheit, ſondern die Concentration
des Mühens und Denkens auf den einen Punkt hin, war ſeine Stärke. Als
er nach dem Putſch von Boulogne vor dem Pairshof ſtand, ſagte er in
einer Pauſe der Gerichtsverhandlungen zu ſeinem Advocaten, auf die Knöpfe
der vor ihm ſtehenden Gensdarmen zeigend: »Wenn ich Kaiſer ſein werde,
werde ich die abändern.« Dabei war ſein Auftreten nicht ruhmredig oder
dreiſt, ſondern das Gegentheil. Man erinnert ſich, wie ungeſchickt und verlegen er ſich als Mitglied der geſetzgebenden Verſammlung des Jahres 1848
ausnahm; ein blaſſer, befangener, ſchwerfälliger, ſtotternder, unanſehnlicher
Menſch, ſo ſchildern ihn die Leute, welche Zeuge ſeines erſten Redeverſuchs
waren. Zuſammengehalten mit den lächerlichen Anläufen von Straßburg
und Boulogne vereinigte ſich Alles, ihm den Schein eines unfähigen und
unſchädlichen Menſchen aufzudrücken. Es war keine Verſtellung dabei im
Spiel. Die Natur hatte ihn auf dieſe Brutus-Rolle von ſelbſt zugeſchnitten.

man wußte nicht, ob um ihre Schwäche oder um ihre Stärke zu verbergen. Schwer und phleg-
matiſch wie dieſes Geſicht, mit ſeinem tonloſen erdfahlen Colorit, war auch der Körper anzuſchauen.
Sah man zu Zeiten ſeiner höchſten Macht den kleinen dicken Mann mit dem weichen großen
Oberkörper, den Kopf zugleich nach vorn und nach rechts hängend, auf den Arm eines Getreuen
mit ſichtlichem Nachdruck geſtützt, am Rande des Teiches im Boulogner Gehölz einherſchleichen,
wie er mühſam die kurzen Beine vor- und nachſchob, ſo mußte man ſich fragen, ob dieſer ältliche,
ſanfte, ſchwerfällige Stutzer der abenteuerliche Menſch ſei, welcher ſich aus kümmerlichen Verhält-
niſſen und niedriger Geſellſchaft heraus, quer durch Gefängniß, Schulden und Verbannung, zum
ſtolzen Gebieter des großen Reichs emporgeſchwungen hatte, in deſſen glänzendem Mittelpunkt er ſich
da als Wahrer und Mehrer ſonnte und wiegte. Stand er auf eigenen Füßen, ſo ſah die Geſtalt
trivial aus bis zum Lächerlichen. Aber er gewann, wenn er zu Pferde ſaß, oder vom hohen
Wagenſitz herab die feurigen, wohl dreſſirten Roſſe lenkte. Doch ſelbſt dann brachte es die Erſcheinung nicht zum Bedeutenden. Schon der ſchief ſitzende Hut gab einen Anſtrich von Plattheit.
Die ſoldatiſche Uniform vollends, die er nur ausnahmsweiſe trug, paßte gar nicht zu ihm. Er
ſah darin aus wie ein Bürgergeneral oder mehr noch wie ein Bereiter des Circus.

Wer so fest an die Erreichung eines beinahe unerreichbaren Ziels glaubte, wird selten frei von Aberglauben sein. Ihm floß die Anlage dazu von allen Seiten zu. Seine Mutter, als die galante Tochter der Creolin Josephine, die stets bei der Wahrsagerin Mamsell Lenormand lag, mußte natürlich abergläubisch sein bis in die Fingerspitzen. Vom Oheim ging auch die Sage eines gewissen Fatalismus. Die Mischung von Freigeisterei und Furcht vor dämonischen Mächten ist in Frankreich stärker als irgendwo. So wunderlich es klingen mag, es wurde jederzeit behauptet: Eugenie sei weniger abergläubisch als ihr Mann. »Als ich noch in Spanien war,« so etwa sagte sie, »lehrte man mich an eine Masse Zeug (un tas de choses) glauben, an Reliquien und anderes; aber ich halte nichts mehr davon.« Sie bewahrte nur ihre strenge Frömmigkeit. Napoleon dagegen, der keine religiöse Ueberzeugung hatte, sagte eines Tages zu einem mit ihm vertrauten Gelehrten, indem er auf ein längliches vor ihm stehendes Kästchen deutete: »Sehen Sie, darüber ist nichts zu sagen; der, welcher über dieses Ding gebietet, ist der obersten Gewalt sicher.« Das Ding war das Reliquiarium Karls des Großen. So hielt er auch große Stücke auf den Geisterbeschwörer Home. Als dieser von einem der Hofgelehrten bespöttelt wurde, sagte er verstimmt: »Ich weiß schon, so seid ihr gelehrten Leute, was ihr nicht regelrecht beweisen könnt, daran erlaubt euch euer Stolz nicht zu glauben.«

Der Kaiser war ein sanfter, einsichtiger Mensch; aber sanft und einsichtig schritt er nichtsdestoweniger zu Gewaltthaten, wenn sie ihm dienlich schienen.

Er war kein Haushälter und kein Rechner. Darum saß Achille Fould als Finanzminister so fest bei ihm, der ihn der Mühen und der Langweile des ziffermäßigen Einsehens überhob. Er gab gern und leicht bis zur Schwäche, wie Jemand, dem Geld nur eine Nebensache ist, und der nie darum gearbeitet hat. Gegen seine Umgebung war er weich, liebenswürdig und anspruchslos; Jemanden aus seinem Dienst entlassen, war ihm entsetzlich unangenehm; er entschloß sich nur im unvermeidlichsten Falle dazu. Die Dienerschaft betete ihn an. Von Mocquard ließ er sich am meisten gefallen, manchmal wahre Unschicklichkeiten. Für geleistete Dienste blieb er lebhaft dankbar.

Zu Arenenberg, als er noch ein Knabe war, nannte ihn seine Mutter: mon doux entêté, mein sanfter Hartkopf. Menschenkenntniß hatte er wenig, Menschenverachtung ziemlich viel, aber vor Gelehrsamkeit und Kunst aufrichtigen Respect. Guten Geschmack, im höheren Sinne, gar nicht; für Musik totale Unempfindlichkeit.

Am militairischen Spiel hatte er niemals Freude; es fiel ihm durchaus lästig. Er war viel zu sehr moderner Weltmann und zu weich für die Caserne. Was er dennoch von Reiterstiefeln und Epauletten mitmachte, war bloße Berechnung. Er hielt — das hatte er dem Oheim abgelernt — sehr viel auf die Inscenirung, und behandelte sein militairisches Auftreten als eine unentbehrliche Anforderung der kaiserlichen Komödie für Armee und Volk.

Leute, die Vieles zugleich verstehen und zu expediren wissen, entsprachen am meisten seinen Bedürfnissen. Das Ideal eines solchen Menschen war Rouher; man nannte ihn den Vice-Kaiser.

Er war ein brillanter Zuhörer, aber kein geschickter Frager, und so wenig wie er zu fragen verstand, so wenig verstand er zu discutiren. Er hegte und pflegte seine Ideen im Stillen; dialektische Mittel hatte er nicht für sie übrig.

Er brauchte Leute, die für ihn arbeiteten und redeten, und besonders auch solche, die ihn mit ihrer Verantwortlichkeit deckten. Wohl führte er in Parade-Reden die Phrase von seiner alleinigen Verantwortlichkeit im Munde, aber in Wirklichkeit war er äußerst empfindlich für ein Mißlingen und sehr dankbar, wenn sich Jemand für ihn in die Bresche stellte.

Fremden Nationen gegenüber besaß er weder Haß noch Verachtung. Darin besaß er entschieden einen freieren Blick als seine Unterthanen, schon auf Grund des Vorzugs mit den Sprachen und dem Leben anderer Völker innig vertraut zu sein.

Die geschichtliche Kritik wird es sicherlich nicht übernehmen, den Rechtsbruch zu vertheidigen, durch den er sich des Thrones bemächtigt hat. Jede Erörterung seines Charakters als Mensch und Regent kann erst einsetzen an der Stelle, wo dieser Akt als ein Gegebenes angesehen und daran die Frage gereiht wird: ob er, von dem Fundament aus, auf dem er stand, sich schlimmer bewährt habe, als unvermeidlich war. Jede Regierung in Frankreich ist verurtheilt eine militirende Partei zu sein, und aller Kunstgriffe sich zu bedienen, mit denen ihr auch der Gegner zu Leibe geht.

In seinem Privatcharakter war Louis Napoleon sanfteren Regungen entschieden zugänglich: Rachsucht, Bosheit, Grausamkeit lagen seinem Wesen ganz ferne; gegen die, welche im Palast oder in den Staatsgeschäften mit ihm zu thun hatten, ließ er sich nie hartes oder übermüthiges Benehmen zu Schulden kommen. Mangel an moralischem Muth läuft bei solchem Verhalten allerdings nicht selten mit unter. Es giebt Menschen, die, ohne gütig zu sein, Niemandem etwas Unangenehmes ins Gesicht sagen können.

Das Schwierigste, was ihm gelungen, ist nicht sowohl der Staatsstreich, als die 15 Jahre machtvoller Herrschaft (bis 1866), welche darauf folgten. Endlich kam das Ereigniß, das ihn stürzen sollte: der Krieg mit Deutschland. Noch jüngst sagte ein deutscher Parlamentsredner, dieser Krieg sei seit 20 Jahren das Ziel gewesen, auf das Napoleon losging. Mit besserm Recht könnte man sagen: während 20 Jahren hat sich Louis Napoleon gegen die Versuchung dieses Krieges gewehrt, den ihm das Land in die Wiege gelegt hatte, und den ihm seine Umgebung unablässig in die Ohren schrie.

Er hatte seinen eigenen Willen verloren, als er sich endlich in diesen Krieg begab, und er ließ sich vom Thron gleiten in demselben träumerischen Fatalismus, mit dem er ihn erstrebt und behauptet hatte.

Nach abermals 20 Jahren wird die Zeit gekommen sein, die Rechnung Napoleons III. endgültig abzuschließen. So viel man vernehmen konnte, haben die bedeutenden Staatsmänner, welche ihn am Werk gesehen, Bismarck und Cavour inbegriffen, niemals so verächtlich über ihn abgeurtheilt, wie die grimmen Scharfrichter, die jetzt auf ihren Nekrologen seinen Leichnam zum Galgen schleifen.«

So weit Bamberger. Wir stimmen Allem zu, nur darin noch zu Gunsten des Vielgeschmähten abweichend, daß wir zu dem Staatsstreich (der sowohl von Bamberger wie von Kinglake einfach als ein Verbrechen angesehen wird) eine minder sittlich-rigoristische Stellung nehmen. War dieser Staatsstreich ein Abenteurer-Akt, so ist nicht nur der Akt, sondern vor Allem auch der Akteur in Grund und Boden zu verurtheilen, war es der politische Akt eines Mannes, der überhaupt eine Mission und als nächste die der Rettung der Gesellschaft zu haben glaubte, so zählt dieser Staatsstreich zu jenen vielen »Rubikon-Ueberschreitungen«, die nicht mit der gewöhnlichen Moral-Elle gemessen werden dürfen.

Für uns steht es fest, er war kein bloßer »Lügen-Louis«, kein »Soulouque der Größere«, er war eine bedeutende Natur, mit ganz entschiedenen Herrschergaben ausgerüstet. Und diese Ansicht beherrschte länger als ein Jahrzehnt alle Höfe. Das »rothe Gespenst« hatte er niedergeworfen. Wie? galt als gleichgültig. Man war den Schrecken los. Das war die Hauptsache. Ich entsinne mich der Tage und Wochen, in denen das regierende Europa, darunter der eiserne Czar Nikolaus, den »meineidigen Decemberblutmann« zu eben diesem blutigen December beglückwünschte, ich entsinne mich des Jubels und des Dankes von Seiten des gesammten Liberalismus, als der Fall Sebastopols der Präponderanz Rußlands ein Ende machte, ich entsinne mich des Erscheinens Louis Napoleons in Windsor-Castle, wo ihm zu Ehren die Bezeichnung »Waterloo-Saal«, wenigstens momentan geändert wurde, ich entsinne mich der Tuilerieen-Wallfahrten beinahe sämmtlicher Souveraine und so vieler anderer Huldigungen, die dem »Parvenu-Kaiser« im Laufe einer zwanzigjährigen Regierung, von nahezu allen Parteien, allen Nationen, allen Schichten der Gesellschaft dargebracht wurden. Wenn dies Alles eine Farce war, so trifft die sittliche Verantwortung für eine solche Komödie weit mehr Diejenigen, die dies Spiel spielten, als den, der sich dies Spiel gefallen ließ.

Aber es war keine Farce, es war die einer hervorragenden Kraft dargebrachte, namentlich im zweiten Jahrzehnt seiner Herrschaft, völlig unaffectirte Huldigung. Er war nicht nur de facto Kaiser, er war es auch in den Gemüthern, er war »stabilirt«, und wenn nichtsdestoweniger von den Gefahren gesprochen wurde, die ihn umdrohten, so geschah es nicht im Tone der Freude über eine langsam, aber sicher heranschreitende Nemesis, sondern im Tone der Klage. Er und seine Regierung galten im eigenen Lande als gleichbedeutend mit Vorwärtskommen und materieller Entwicklung, nach außen hin als gleichbedeutend mit siegreicher Bekämpfung der Revolution. Après lui le deluge. Mit Rücksicht auf alles dies entschied sich Frankreich in viermaliger Wahl für den Fortbestand seiner Herrschaft, und das übrige Europa, in Würdigung aller Schwierigkeiten, die seine Herrschaft umgaben, zollte ihm einen ungeheuchelten Respect. Was gegen ihn eiferte, waren, natürlich Hunderte von Ausnahmen, selbst von glänzenden Ausnahmen zugegeben, jene Eiferer von Fach, die noch jeder ordnungübenden Regierung die Ehre der Opposition angethan haben.

Das Land hing an ihm und das Ausland stand nicht gegen ihn. Selbst diejenigen Machthaber, die ihn beanstandeten, ließen ihn wohlweislich gelten »faute de mieux«. Und Land und Ausland hatten sie Unrecht? Haben die Tage, die seither seiner Herrschaft gefolgt sind, für ihn oder gegen ihn gezeugt? Was ist besser, wahrer, heiliger geworden? Hat das Gambetta-Regiment das seine in den Schatten gestellt? Haben die Massenfüsiladen, die Einkerkerungen und Transportationen, die dem rothen Aufstande folgten und vielleicht noch folgen werden, haben sie minder Blutiges gethan oder minder Hartes verhängt, als der 2. December? Nein, und abermals nein. Tollheitsausbrüche, sobald die Macht wieder Macht wird, sind immer in derselben Weise gezügelt worden. Und mit Recht.

Der geschmähte »Chevalier d'Industrie«, der »Baudenhauptmann« und sein »spanisches Weib« sie haben zwanzig Jahre lang regiert kraft ihrer Kraft, weil sie die Herrscherfähigsten waren, und nicht nach bloßer wüster Schicksalslaune. Ihr Hof, was immer seine Gebrechen sein mochten (welcher Hof wäre frei davon), kannte Treue, Anhänglichkeit, Pflichterfüllung, und Hunderte und Tausende der Allerbesten des Landes haben nicht liebedienerisch und nicht heuchlerisch, sondern in aller Aufrichtigkeit an dem Kaiser gehangen. Noch bei Sedan, trotzdem er das Commando nicht mehr führte, trotzdem seine Unausreichendheit in militairischen Dingen durch ihn selber zugestanden war, war er — jeglicher äußeren Macht entkleidet — kein bei Seite gesetzter, belächelter Schwächling, sondern nach wie vor der geistige Mittelpunkt des Ganzen und in den beständig auftauchenden Streitfragen die entscheidende Instanz. Inmitten der furchtbarsten, gegen ihn gerichteten Aufregung, habe ich doch, eingestreut in eine Fluth von Verwünschungen, immer wieder die Worte vernommen: »wir prosperirten unter ihm«, oder (von alten Soldaten) die halbscheue Versicherung: »gegen uns war er gut«.

Er hat — und dies vor Allem sei betont — Frankreich nicht degradirt, nicht in den Sumpf der Verderbniß gezogen; die Lüderlichkeit ist uralt in diesem Lande; die Anbetung des goldenen Kalbes aber ist Zeitkrankheit, die überall zu finden und in Frankreich schwerlich zuerst in ihren krassesten Formen aufgetreten ist. Die Decadence ist nicht seine That.

Er hat den Verfall nicht eingeleitet, aber (und hier blicken wir auf den Revers der Medaille) er hat ihn auch nicht gehemmt. Hier liegt das Maß seiner Schuld; aber ein begrenztes Maß. Nicht seine Untugenden klagen ihn an, sondern seine Schwächen; seine Fehler lagen mehr nach der negativen als nach der positiven Seite hin. Es fehlte ihm etwas, nicht weil es ihm an der Erkenntniß des Guten oder an dem aufrichtigen Willen dazu gebrochen hätte, sondern lediglich weil es ihm an der Kraft dazu gebrach. Diese Kraft fließt nur aus festen Ueberzeugungen, aus jener räthsel-vollen Tiefe, wo das Göttliche und der Glaube an das Göttliche ruhn. Wo dieser Glaube fehlt oder auch nur schwankt, wo das resignirte »wir wissen es nicht« an die Stelle des bestimmten »ich weiß« tritt, wo göttliche Welt-ordnung, Leben und Vergeltung nach dem Tode, alles »offne Fragen« sind (und sie mußten es bei ihm sein), da gebricht es selbstverständlich an der Kraft, in den Gemüthern Anderer das Leben aufzurichten, das dem eignen Gemüthe fehlt. Was dann, von Klugheitswegen, nach dieser Seite hin versucht wird, bleibt eben Versuch, der scheitern muß; ein tönendes Erz und eine klingende Schelle. Wie öde, wie alles innersten Lebens baar, klang es, wenn er, in seiner Februar-Proclamation sich vernehmen ließ: »..... aber, dessen seid gewiß, nur eine aus der Volks-Souverainetät entsprungene Regierung, welche sich über den Egoismus der Parteien zu erheben vermag, wird im Stande sein, Eure Wunden zu heilen, Eure Herzen der Hoffnung und die entweihten Kirchen Euren Gebeten wieder zu eröffnen.« Solche Phrasen konnten nicht verfangen und sie haben es nicht gethan.

So ist denn sein Leben und seine Regierung allerdings eine Warnung für uns, aber noch einmal, nicht in dem Sinne einer als Schreckgespenst aufgerichteten Unthat, sondern im Sinne einer still-ernsten Mahnung, das Diesseitige nach dem Jenseitigen zu gestalten.

Straßburg.

Straßburg.

Stadt und Festung. Armirung und Besatzung. General Uhrich.

Dem Siege von Wörth war der größere von Sedan gefolgt; die halbe kaiserliche Armee war kriegsgefangen auf dem Wege nach Deutschland und unsere 8½ Armeecorps starke große Offensiv-Armee setzte sich gegen die feindliche Hauptstadt in Marsch. Aber während wir im Vertrauen auf unser gutes Recht und unsere Ueberlegenheit diesen Vormarsch antraten, ließen wir eine große Anzahl uneroberter Festungen in Rücken und Flanke und innerhalb dieser Festungen eine feindliche Truppenmacht von über 200,000 Mann. Der Blick des deutschen Volkes hatte also guten Grund, seine Aufmerksamkeit nicht nur auf den Vormarsch unserer Offensiv-Armee beziehungsweise auf das Eintreffen derselben vor Paris, sondern ebenso auf die Vorgänge im Rücken dieser Offensiv-Armee zu richten. Die Vorgänge vor Straßburg, vor Toul, vor Metz traten mehr als einmal in den Vordergrund, ja vor Metz lag recht eigentlich die Entscheidung des Krieges.

Nicht von gleicher militairischer Bedeutung waren die Vorgänge vor Straßburg, aber was sie an militairischer Bedeutung entbehren mochten, das wogen sie an politischer auf. Zeigen wir wie. Nach Sedan betrachtete man den Krieg im Wesentlichen als beendigt und nur die Friedensbedingungen schienen noch einige Schwierigkeiten zu bieten. Unter diesen Bedingungen stand in Aller Augen diesseits des Rheines voran: Rückfall des Elsaß an Deutschland. Aber um diese Forderung nachdrücklich erheben zu können, mußte zuvor der ganze Elsaß thatsächlich in unseren Händen sein; nicht nur das offene Land, sondern auch seine Festungen, vor allem seine Hauptstadt: Straßburg. Seine Besitzergreifung zog sich länger hinaus, als wir bei Beginn des Krieges glaubten annehmen zu dürfen. Einschüchterungsversuche mißlangen. Eine ruhmreich geführte Vertheidigung forderte von uns große Opfer und noch größere Anstrengungen. Erst nach siebenwöchentlicher Belagerung fiel Straßburg.

42*

Wir gehen nunmehr zu den einzelnen Phasen dieser Belagerung über, unsere Aufmerksamkeit abwechselnd auf die Vorgänge innerhalb und außerhalb der Stadt, auf Belagerte und Belagerer richtend.

Zuvor noch ein Wort über Straßburg selbst, wie über die Mittel seiner Vertheidigung an Material und Mannschaft.

Straßburg (85,000 Einwohner), von der wasserreichen, schiffbaren, in fünf Arme getheilten Ill durchströmt und eine halbe Stunde vom Rhein entfernt, ist eine Festung ersten Ranges. Der Kern der Vertheidigungswerke liegt in der von Vauban 1685 erbauten Citadelle mit fünf bastionirten Fronten, welche durch zwei vorgeschobene Hornwerke und eine Anzahl kleinerer Werke nach dem Rheine zu verstärkt sind. Die Stadtumwallung besteht aus langgestreckten Courtinen und geräumigen Bastionen, die sich bei der Esplanade der Citadelle anfügen. Da wo diese Befestigungen das National- und Stein-thor treffen, springen sie weiter in das Feld vor, indem sie die einmündenden Straßen mittelst vorgeschobener Erdwerke decken, wozu unter andern die

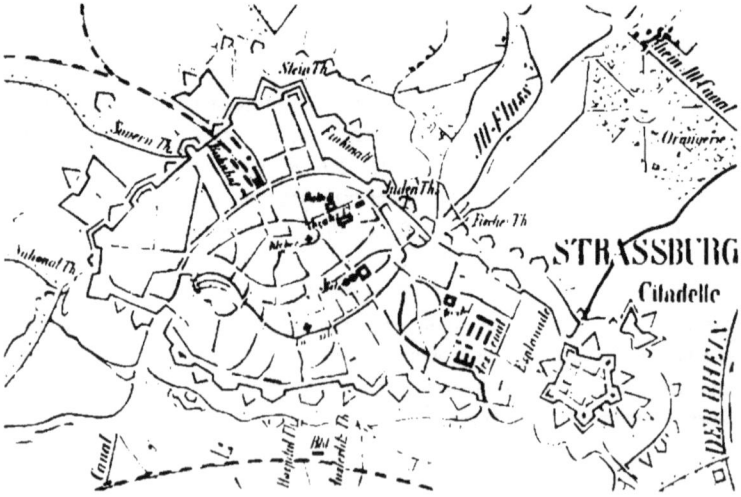

später oft zu nennenden Lünetten 52 und 53 gehören. Wer die alte Befestigung Magdeburgs kennt, wird sich ein ungefähres Bild von dem Voreinander von Ravelins, Contregarden, Conrefaren, Hornwerken, Lünetten machen können, welche auf dieser westlichen Seite Straßburgs den eigentlichen Hauptwall verdecken.

Ein außerordentliches Vertheidigungsmittel besitzt Straßburg in der Möglichkeit, die Ill zu einer zwar nur theilweisen, aber doch wirksamen Ueberschwemmung zu benutzen. Zu diesem Zwecke ist beim Eintritt der Ill in die

Stadt eine große Inundationsschleuse erbaut, die (wie noch andere demselben Zwecke dienende Schleusenwerke) eine derartig gedeckte Lage hat, daß sie aus der Ferne durch Feuer nicht leicht zerstört werden kann. Das im Süden der Festung gelegene Vorterrain umfaßt niedrige, von vielen Wasserläufen durchzogene Wiesen; es kann mittelst der Inundation auf weite Strecken hin unter Wasser gesetzt werden. Dies gilt auch von den niedriger gelegenen Terrainabschnitten der Nord- und Nordost-Front. Nur nach Westen und Nordwesten erhebt sich der Boden mit kaum merklicher Steigerung, aber doch bedeutend genug, um hier eine Ueberschwemmung unmöglich zu machen. Die Belagerer mußten also an dieser westlichen und nordwestlichen Stelle vorgehen, für die freilich wiederum, wie wir bereits vorstehend hervorgehoben haben, die eigentliche Befestigungskunst ein Aeußerstes gethan hatte. Nur eines hatte man vernachlässigt, und, den Fortschritten der Artillerie nicht Rechnung tragend, war es Seitens des Gouvernements versäumt worden, die Stadt durch Vorschieben eines Gürtels von detachirten Forts vor einem Bombardement zu sichern. Diese Vernachlässigung rächte sich später bitter an der Stadt.

Die Ausrüstung Straßburgs, das, wie eine Festung, so auch ein Depot- und Waffenplatz ersten Ranges war, ließ in allem, was Material angeht, nichts zu wünschen übrig. Man verfügte über 1200 Geschütze, Massen von Munition und große Pulvervorräthe. Dem Sieger fielen noch 3000 Centner davon in die Hände. Auch an Lebensmitteln war bis zuletzt kein eigentlicher Mangel.

Minder günstig stellte sich mit der lebenden Vertheidigung. Man verfügte über weniger reguläre und namentlich technische Truppen, als eine so bedeutende Festung erheischte. Die gesammte Garnison Straßburgs bestand, als die Einschließung begann, aus folgenden buntgemischten Theilen:

87. Linien-Regiment	2700 Mann
Depot-Bataillone vom 18. und 96. Regiment	1500 -
Versprengte (von Wörth her)	4500 -
Mobilgarde, vier Bataillone	3600 -
Artillerie	1200 -
Artillerie der Mobil- und National-Garde	1100 -
Poutonniere	1100 -
Marineurs (für die Rhein-Flottille bestimmt)	120 -
Genie-Truppe (4 Mineurs und 16 Sappeurs)	20 -
	15840 Mann.*)

*) Im Wesentlichen wird diese Zahl richtig sein. Die 3600 Mann starke Nationalgarde (mit Ausnahme von 300 Mann Artillerie) ist nicht mit eingerechnet. Ebenso fehlen

Eine große Schwierigkeit erwuchs der Vertheidigung, was gleich hier bemerkt werden mag, aus der geringen Anzahl von Genie-Truppen. 100 Mineurs und 400 Sappeurs sammt 30 Offizieren waren für den Kriegsfall vorgeschrieben. Statt dessen befanden sich am 6. August (Schlacht bei Wörth) nur 6 Ingenieur-Offiziere in der Festung und Genie-Truppen keine. Die 4 Mineurs und 16 Sappeurs, über die man später Verfügung hatte, waren Versprengte vom Wörther Schlachtfeld.

Festungs-Commandant, zugleich Commandeur der 6. Militair-Division war General Uhrich. Wir geben eine kurze biographische Notiz.

General Uhrich, 1802 zu Pfalzburg geboren, hatte seine Vorbildung auf der Schule von Saint Cyr genossen und war 1820 als Unterlieutenant in das 3. leichte Infanterie-Regiment getreten. Er machte seine Laufbahn beinah ausschließlich in diesem Regiment, zu dessen Oberst er im April 1848 ernannt wurde. 1852 Brigade-General; 1855 Divisionair. An der Krim-Campagne hatte er theilgenommen. Später Commandeur einer der in Paris stehenden Infanterie-Divisionen, machte er an der Spitze dieser Division, die einen Theil des V. Corps bildete, den italienischen Feldzug 1859 mit. 1867 hatte er seine Demission genommen und war erst kurz vor dem Kriege zu aktiver Dienstleistung wieder einberufen worden. Er galt für einen erfahrenen und energischen Offizier und hat sich — trotz allem Geschrei vom Gegentheil — dieses Rufes würdig erwiesen.*)

freiwillige Jäger-Compagnieen, Franctireurs, Douaniers und 800 Mann Cavallerie, letztere größtentheils von Wörth her versprengt. Die Versprengten der Infanterie, 4500 Mann, waren von zehn verschiedenen Regimentern.

*) Während der Belagerung gab man einer Allee der Stadt den Namen Uhrich-Allee und ernannte ihn selbst zum Ehrenbürger. Später, nach Uebergabe Straßburgs, wurde er der Gegenstand heftiger Angriffe. Von Basel aus antwortete er darauf in einem längeren Briefe vom 14. Oktober 1870.

»Ich weiß schon lange, daß von dem Capitol zu dem Tarpejischen Felsen nicht weit ist; jetzt mache ich die traurige Erfahrung davon an mir selber. Wenn man mich beschuldigte, daß ich meinem Posten nicht gewachsen war, so würde ich es begreifen, aber die Auflage des Verrathes, das ist infam . . . Der Weg nach Straßburg ist offen; man gehe doch hin und schaue sich seine zerstörte Citadelle, seine zerschossenen Wälle, seine vernichtete Artillerie, seine unhaltbaren vorgeschobenen Werke und seine zwei in Bresche geschossenen Bastionen an; vor den Ruinen seiner Monumente, vor denen seiner Häuser bleibe man stehen, gebe sich Rechenschaft über den Eisen-, Blei- und Feuerregen, der sein ganzes militairisches Terrain bedeckte; man prüfe diese mächtigen und bisher unbekannten Geschosse, die aus 200 Kanonen auf uns geschleudert wurden, und weit entfernt zu sagen, daß die Uebergabe der Stadt verfrüht war, wird man staunen müssen, daß er den Widerstand sich so in die Länge zog.« Diesen Worten Uhrichs ist im Wesentlichen nur zuzustimmen. Der »Untersuchungsrath« (Präsident Baraguay d'Hilliers) hat zwar später mannichfachen Tadel gegen ihn ausgesprochen, wir vermögen aber — von Bagatellen abgesehen — die Berechtigung dazu nicht zu erkennen. Die Thatsache bleibt, daß er sieben Wochen lang unter sehr schwierigen Verhältnissen, unter Opfern und

Ihm zur Seite, nicht offiziell aber thatsächlich, stand der Contre-Admiral Exelmans, der ursprünglich bestimmt war, die Rhein-Flottille zu commandiren. General Uhrich ließ ihm die Vertheidigung eines Festungs-abschnittes (neben Finkmatt), der Contades heißt.

Artillerie-General war der General Barral, der erst während der Cernirung, als Bauer verkleidet, in die Festung kam.

Als oberster Ingenieur-Offizier fungirte Oberst Sabatier; un-mittelbar unter ihm standen Oberstlieutenant Maritz und Major Ducrot (Letzterer — Bruder des vielgenannten Generals — war der eigentliche Vertheidiger der Citadelle, wo er den Geniedienst ganz allein leiten mußte. Er genoß des höchsten Ansehens. Zu allgemeinem Leidwesen der Belagerten wurde er am 20. September durch einen Granatsplitter in der Citadelle getödtet).

Platzcommandant war Oberst Ducasse.

Anstrengungen, ausgehalten hat. Es stand in seiner Hand, das Schicksal Straßburgs auf drei Tage hinauszuschieben, erst dem Sturme zu weichen. Aber welche neuen Opfer hätte ein solcher der Stadt und der Bevölkerung auferlegt! Derartige Erwägungen sollen nicht maß-gebend sein, wenn Größeres auf dem Spiele steht, aber solchen Erwägungen — dem alten Götzen todter militairischer Ehre zu Liebe — überhaupt nicht zugänglich zu sein, auch da nicht, wo nach menschlicher Voraussicht weiterer Widerstand nur kostet und nichts bringt, diese Art von Heroismus steht so niedrig wie Barbarei. Die lebendige militairische Ehre ist ein heiliges, die todte ein schlimmes Ding.

In Straßburg.

In der Belagerung von Straßburg haben wir drei Phasen bestimmt zu unterscheiden:

1. Einschließung und Bombardement der Stadt vom 8. bis 29. August.

2. Die Aushebung der Parallelen und des Couronnements vom 29. August bis zum 14. September.

3. Die Vorbereitungen zum Sturm (Brescheschießen) und — die Capitulation.

Wir werden jede dieser Belagerungsperioden in bestimmten Kapiteln zu behandeln haben.

Die drei Wochen vom 8. bis 29. August (von welchem Tage an die eigentliche Belagerung zu rechnen ist) waren Vorspielswochen. Man hoffte die Uebergabe der Festung durch Schreckschüsse erzwingen zu können, erst durch einige, dann durch viele. So entstand bis Ende des Monats eine ganze Reihenfolge von Beschießungen, erst halb aus dem Stegreif, dann systematisch und regelrecht, die sämmtlich den Zweck verfolgten, eine Pression zu üben und mit Hülfe der Einschüchterung auf kurzem Wege das zu erreichen, wozu eine Belagerung nur auf langem Wege führen konnte. Diese Versuche scheiterten, trotzdem die Schrecknisse, die diese Beschießungen mit sich führten, nicht geringe waren. Die schlimmsten Tage waren der 15. August und die drei Tage vom 24. bis 26. Aufzeichnungen, die einer der Belagerten während dieser Wochen machte, berichten darüber sehr anschaulich. Wir lassen in Nachstehendem Auszüge daraus folgen. Sie schildern am besten die Vorgänge innerhalb der Stadt während der ersten drei Wochen, auch die Aufregung, die der Einschließung — die eigentlich erst am 13. begann — vorausging.

7. August.

Am Morgen des 7., so heißt es in diesen Aufzeichnungen, die Fortsetzung des betrübenden Schauspiels, dessen erste Scenen wir schon gestern
Abend erlebten: ein großer Theil vom rechten Flügel des französischen
Heeres flüchtete sich in unsere Stadt. Zuerst kamen die Soldaten einzeln,
theils Versprengte, theils solche, die ihre letzten Kräfte aufrafften, um die
sichere Zufluchtsstätte zu erreichen; hierauf in Rotten von je zehn,
zwanzig oder dreißig Mann, viele von ihnen verwundet. Diese Verwundeten
stützten sich auf einen Stock oder eine zerbrochene Flinte, andere lagen
in den Wagen des Fuhrwesens. Die Cavalleristen, besonders die Cürassiere, hatten ihre Waffen und Helme verloren, waren mit Koth bedeckt,
müde und erschöpft; die Turcos, düster und schweigend, schleppten sich mühsam fort. Die Offiziere, die wir sahen, waren tief erschüttert. Eine zahlreiche Menschenmenge bildete in den Straßen Spalier und Blicke tiefen Mit-
leids folgten ihnen, als sie den Tag über bald hier, bald dort hin durch die
Stadt schlichen.

Hier eine Episode aus so vielen anderen dieser beiden denkwürdigen
Tage: Etwa vierzig Turcos, die Uniformen zerfetzt, schmutzig und mit Blut
bedeckt, kamen auf den Kleberplatz. Einer von ihnen trug die Fahne seines
Regiments und ein begeisterter Ruf erscholl aus Aller Mund. Vive la France!
schrieen Tausende, und der Jubel verdoppelte sich, als der Platzcommandant,
Oberst Ducasse, die Fahne ergriff und sie vom Balcon der Hauptwache
herab dem versammelten Volke zeigte.

8. August.

Die deutsche Armee rückt immer näher heran und zahlreiche Bewohner
der benachbarten Dörfer flüchten sich bereits in die Stadt, ihr Bettzeug,
einige Hausgeräthe und Kleider mit sich führend, zitternd vor Furcht und
allerlei Nachrichten erzählend, welche von Mund zu Mund gehen und wie
ein Schneeball im Laufe sich mehr und mehr vergrößern und Schrecken ver-
breiten ... Ein deutscher Offizier erschien heute mit der weißen Parlamentairfahne vor einem der Thore der Stadt und forderte den Commandanten zur
Uebergabe auf, widrigenfalls die Stadt beschossen werden würde. Der Commandant gab eine entschieden abschlägige Antwort und man ist gewärtig,
in dieser Nacht die Kanonen donnern zu hören.

9. August.

Das Erscheinen des Parlamentairs mußte die Bürgerschaft erschrecken,
da jedem Einzelnen nur zu wohl bekannt ist, wie unvorbereitet wir sind.
Ich selbst konnte mich heute früh davon überzeugen. An vielen Stellen waren

die Pallisaden noch nicht eingesetzt, kein einziger Baum an den Straßen gefällt, das Wasser in den Festungsgräben nicht gestaut; an den Wallgeschützen
standen keine Artilleristen. Es schien fast, als ob man, trotz Wörth und des
heranziehenden Feindes, einen Angriff auf Straßburg als unmöglich ansähe
und daß diejenigen, welche von der Wahrscheinlichkeit einer Belagerung, einer
Blokade, einer Beschießung sprachen, bloße Schwarzseher seien, welche, durch
Angst verwirrt, sich keinen klaren Begriff von der Lage machen könnten.
Von einer Angriffsbewegung gegen Straßburg, sagten die Vertrauensseligen,
könne keine Rede sein. Das Ziel Deutschlands sei die französische Hauptstadt
und die Deutschen könnten die zum Angriff gegen Straßburg nothwendigen
Truppen nicht von ihrem Heere trennen. Wenn Paris in die Gewalt des
Feindes geriethe, würde Straßburg von selbst in die Hände der Deutschen
fallen und es wäre daher unnöthig, hier Zeit und Soldaten zu verlieren.

10. August.

Eine Bekanntmachung des Generals Uhrich läßt vermuthen, daß die
Feindseligkeiten gegen die Stadt wahrscheinlich beginnen werden und daß
bedenkliche Ereignisse bevorstehen. Diese Bekanntmachung lautet:

An die Bewohner Straßburgs!

Beunruhigende, Schrecken erregende Gerüchte wurden dieser Tage absichtlich oder unabsichtlich in unserer Stadt verbreitet. Einige Individuen
haben den Gedanken kund zu geben gewagt, daß der Platz sich ohne Schwertstreich ergeben solle. Wir protestiren nachdrücklich, im Namen der muth-
vollen französischen Bevölkerung, gegen diese feige und verbrecherische Zaghaftig-
keit. Die Wälle sind mit 400 Kanonen armirt. Die Besatzung besteht aus
11,000 Mann, die Nationalgarde nicht mitgerechnet. Sollte Straßburg angegriffen werden, wird es sich vertheidigen, so lange ein Soldat, ein Zwieback,
eine Patrone übrig bleibt. Die Guten können sich beruhigen; was die Andern
betrifft, so mögen sie sich entfernen.

Straßburg, den 10. August 1870.

Der Divisionsgeneral, Oberbefehlshaber,

Uhrich.

Der Präfekt des Niederrheins,

Baron Pron.

Diese kräftige Erklärung des Generals Uhrich wies auf die übrigens
rasch vorübergehende Panique hin, die die Bevölkerung am 9. (Ankunft des
Parlamentairs) erfaßt zu haben schien. Man frug sich an diesem Tage in
der That, ob Straßburg mit den paar Tausend Mann, welche seine Besatzung bildeten, vertheidigungsfähig sei und ob es nicht Thorheit wäre,
Widerstand leisten zu wollen.

13. August.

Die deutschen Truppen wurden am 13. August von fast allen Punkten der Stadt signalisirt. Feindliche Abtheilungen hatten Schiltigheim, Bischheim, Oberhausbergen, Mittelhausbergen, Niederhausbergen, Eckbolsheim, Königshoffen durchzogen oder schon besetzt und der Verkehr zwischen diesen Gemeinden und der Stadt wurde mehr und mehr schwierig.

Nicht mehr bloße Patrouillen waren es, welche die Umgegend durchstreiften, sondern ganze Regimenter lagerten bereits rings um die Stadt.

Eine fieberhafte Thätigkeit fing an, in den Straßen zu herrschen und man arbeitete, so viel wie möglich alle Mängel auszugleichen, welche eine unglaubliche Sorglosigkeit verursacht hatte. Die Soldaten waren größtentheils voll Entschlossenheit und die Mobilgarde exercirte eifrig. Diese Mobilgarde, welcher man anfangs nicht viel zugetraut, hatte alsbald eingesehen, daß ihr eine schwere und große Aufgabe oblag und unterwarf sich schnell den Erfordernissen des militairischen Dienstes. Sie verbrachte die Nacht auf den Wällen, in den Vorwerken, an der Seite alter Troupiers, die die entschlossene Haltung ihrer jugendlichen und unerfahrenen Waffengefährten freudig bewunderten. Man beeilte sich, die Bäume auf den Chausseen zu fällen; zahlreiche Arbeiter traten jeden Morgen aus allen Thoren der Stadt und vollbrachten, durch Infanterie-Soldaten beschützt, rasch diese Arbeit, während welcher sie mehrmals das Feuer der feindlichen Plänkler aushalten mußten. Die Bäume wurden quer über die Straßen geworfen und in wenigen Tagen waren die schönen Alleen, welche von den Thoren zu den nächsten Dörfern führten, verschwunden.

Mehrere kleine Scharmützel hatten schon stattgefunden; am 13. August fiel der erste Kanonenschuß. Gegen 5 Uhr Abends schossen Badenser, die von Königshoffen heran kamen, auf die französischen Arbeiter, welche Bäume an den Straßen fällten. Man feuerte einige Kanonenschüsse auf die Angreifer und vertrieb sie.

Gegen halb 8 Uhr kam es zu einem etwas ernsteren Gefecht. Während des ganzen Tages hatten sich Patrouillen von 6, 8 oder 10 Mann des 2. badischen Infanterie-Regiments hinter dem Friedhof St. Helene, unweit Schiltigheim, postirt und feuerten von da auf die Vorwerke; andere stellten sich in den Hopfenfeldern längs der Eisenbahn auf und suchten zu plänkeln. Es kam indessen zu nichts. Erst am Abend zog ein größeres Detachement gegen den Friedhof. Es waren zwei Compagnieen vom 2. badischen Infanterie-Regiment. Eine derselben, die 9. Compagnie, faßte Posto vor dem Friedhof; die andere stellte sich in einiger Entfernung an den Mauern des Klosters St. Charles auf. Die Unseren gingen, nachdem einige Schüsse gewechselt waren, zurück und überließen dem Gegner das Terrain. Am Abend desselben Tages, gegen halb 11 Uhr, bemerkten die Posten auf den Wällen des Nationalthores in der Nähe der »Rotonden«- (Eisenbahngebäude) eine Feuersbrunst. Die Deutschen, so hieß es, hatten 24 Waggons in Brand gesteckt, um beim Scheine dieser Riesenfackeln ihre Erdarbeiten besser ausführen zu können.

14. August.

General Uhrich erließ folgende Bekanntmachung:

»Gerüchte, welche einen gewissen Bestand erlangt haben, scheinen anzudeuten, daß einige Personen eine feindselige Kundgebung für den 15. August (Napoleonstag) veranstalten. In den bedenklichen Umständen, worin wir uns befinden, kann man nur eines von beiden sein: entweder ein Freund oder ein Feind Frankreichs; alles Andere verschwindet. Der General-Oberbefehlshaber erachtet es für seine Pflicht, zu warnen, ehe er strenge Maßregeln ergreift. Er macht kund, daß Jeder, der die Ordnung zu stören versuchen würde, festgenommen und vor ein Kriegsgericht gestellt werden wird, welches sein Urtheil binnen 48 Stunden erlassen soll. Diese Warnung und die Vaterlandsliebe der übergroßen Mehrzahl der Straßburger Bevölkerung werden ohne Zweifel genügen, um eben so sträfliche wie wahnsinnige Projekte aufzugeben.«

Mit Staunen las man diese Mahnung, denn Niemand hatte erfahren, daß irgend eine Kundgebung stattfinden sollte.

Der 14. war durch ein Ereigniß bezeichnet, welches damals die ganze Stadt in Schrecken setzte. Aber ach, wie unbedeutend erschien es einige Tage später und wie schnell verwischte sich sogar die Erinnerung daran!

Schon Tags vorher war eine Granate in der Stadt niedergefallen, wo sie einen Giebel und ein Kamin durchbohrte und in der Küche eines Hauses im Grünen Bruch zerplatzte. Am 14. August, Morgens, drängte sich Alles an dieses Haus und staunte über die große Tragkraft des Geschützes, welches sein Sprenggeschoß von Hausbergen bis in die Stadt geschleudert hatte.

Am nämlichen Tage fielen mehrere Granaten in die Kronenburger Straße, auf den Johannisstaden, in die Gebäude des Leihhauses, in den Bahnhof, wo sie großen Schaden machten. Eines dieser Geschosse verursachte einen bedenklichen Unfall: Dasselbe traf eine Gaslaterne am Trottoir der Kronenburgerstraße, zertrümmerte diese Laterne und verwundete, als es zerplatzte, drei Personen, von denen eine, in Folge einer schweren Schenkelwunde, einige Tage später starb.

Dies war das erste Opfer. Wie viele andere sollten folgen!

Die ganze Stadt sprach voll Entsetzen von diesen Unglücksfällen und man meinte nicht, daß der Feind noch schrecklicher hausen könne. Diese Granaten seien gegen die Festungswerke gerichtet gewesen und einige darüber

weggeflogen, das sei Alles. Man gab keiner anderen Befürchtung Raum
als der einen, daß vielleicht noch das eine oder andere abweichende Geschoß
in diese oder jene Vorstadt fallen könne.

Die Straßen und Gassen hatten an diesem Abend ein seltsames Aussehen. Die Einwohner waren benachrichtigt worden, daß die Gasbehälter
geleert würden und von nun an Oellaternen für die Straßenbeleuchtung
bereit gehalten werden sollten. Am Abend des 14. wurde diese Maßregel
zum ersten Mal in Vollzug gesetzt. An der Front jedes Hauses war eine
Laterne angebracht und diese düstere Beleuchtung stimmte mit der Lage überein. Die Lichter, statt zu erhellen, ließen die Dunkelheit nur noch mehr hervortreten; dabei hatten alle diese Laternen so verschiedene Formen und Alter,
hingen in so verschiedenen Höhen (die einen im Bodengeschoß, die andern im
dritten Stock), und boten dadurch einen so wunderlichen Anblick, daß man
sich über das Einstellen der Gasbeleuchtung fast nicht beklagte. In den Gassen
der älteren Stadttheile glaubte man sich ins 15. Jahrhundert zurückversetzt,
als man diese alterthümlichen Häuser nothdürftig beschienen durch den röthlich
trüben Strahl der dampfenden Laternen sah.

15. August. (Erste Beschießung.)

Um 3 Uhr früh erdröhnte ein furchtbarer Knall von der Ruprechtsau
her: die schöne Säulenbrücke, welche über den Marne-Rhein-Canal führt,
war während der Nacht vom Feinde unterminirt und nun gesprengt worden.
Die direkte Verbindung mit Ruprechtsau war somit auch unterbrochen und
Gemüse, Milch und Vieh, welche von dorther täglich nach Straßburg gekommen waren, mangelten nun der Stadt.

Dieser 15. August hatte, wie leicht denkbar, nicht das Aussehen, wie
in früheren Jahren. So lange Napoleon III. Frankreich in Händen hielt,
mußte Straßburg, wie alle anderen Städte des Landes, an diesem Tage sich
festlich schmücken und verausgabte große Summen für Belustigungen, welche
die Leute von außen herbeilocken sollten. Trotz der gegenwärtigen Lage hatte
man den Muth, in das Münster zu gehen und noch ein Te Deum zu singen.

Nachmittags wogte die Bevölkerung in den sonnigen Straßen. Ein
Fremder, welcher, die Ereignisse nicht kennend, zufällig nach Straßburg
gekommen wäre, hätte wahrlich, nach der fast feierlichen Ruhe auf den Gesichtern, sich nicht versehen, daß die Stadt von feindlichen Truppen umgeben sei.

Der Tag verging ruhig und Straßburg schlief bereits, als plötzlich
um halb 12 Uhr ein Schuß es weckte. Eine Granate schlug ein, gleich darauf
eine zweite und dritte; ein halbstündiges Bombardement schloß sich an. Unsere
Artillerie von den Wällen antwortete; erst nach Mitternacht schwieg der

Lärm. Die Batterieen, welche die Stadt während dieser dreißig Minuten beschossen hatten, waren meistentheils fliegende Batterieen, das heißt bespannte Geschütze, welche, nachdem sie einige Schüsse abgefeuert hatten, an einen anderen Punkt geführt wurden, von wo sie abermals feuerten.

Großer Schrecken herrschte in der Stadt; Frauen und Kinder hatten sich in die Keller geflüchtet und die Männer wachten, bereit, die Brände zu löschen, welche etwa entstehen mochten.

16. August.

Am folgenden Morgen große Aufregung. In aller Frühe eilte man in den Straßen herum, die durch die feindlichen Granaten verursachten Verheerungen betrachtend, deren Einzelheiten bereits von Mund zu Mund gingen.

Eine der ersten Granaten war auf die französische Bank gefallen und hatte das Glasdach über dem Treppenhause zertrümmert, Balken waren durchgeschlagen, die Fensterscheiben in Splitter zermalmt und alle die Trümmer auf die Treppe geschleudert worden. Eine andere Granate war in das Café Bauzin gefahren, hatte die Mauer durchbrochen und das Glasgehäuse über der Terrasse dieses Etablissements beschädigt. Auch Häuser in der Münsterstraße und benachbarten Gassen waren getroffen worden. Eins der Geschosse zerstörte das Dach der israelitischen Gewerbschule in der Halbmondgasse und schleuderte die Trümmer in den Schlafsaal des zweiten Stockwerks, der zum Glück leer war, da die Zöglinge auf Befehl des Aufsehers in dieser Nacht im ersten Stockwerk geschlafen hatten.

In der Hellenlichtergasse war eine Granate durch die Vorderseite in ein Zimmer des vierten Stockes gedrungen und hatte furchtbare Verheerungen darin angerichtet. Ein Tambour der Nationalgarde, Namens Umhöfer, schlief in diesem Zimmer; die Granate fiel vor dem Bett nieder, platzte krachend und zerschlug das ganze Mobiliar in tausend Stücke; die Eheleute Umhöfer wurden beide verwundet und büßten all ihre Habe ein. Den ganzen Tag über kamen Leute, welche das verheerte Zimmer sehen wollten, und die Besucher legten in die Sparbüchse, die auf die Straße hingestellt war, ein Geldstück, um den armen Verunglückten beizustehen.

Auch Häuser auf dem Kleberplatze wurden durch das Bombardement beschädigt, das seine Verheerungen innerhalb einer Art von Halbzirkel bewerkstelligt hatte, der vom Broglieplatz ausging und bis zum Thomasplatz sich erstreckte.

Ich habe gesagt, daß die Einwohner der Stadt in großen Schrecken geriethen, als sie das unheilverkündende Pfeifen der Granaten vernahmen. Und doch hätte es gerade keine Ueberraschung für sie zu sein brauchen. Schon einige Tage zuvor hatte das Gerücht sich verbreitet, daß am 15. August die

Stadt bombardirt werden solle, badische Offiziere und Soldaten hatten es
den in die Stadt gehenden Bauern wie eine Art Meldung aufgegeben. In
der Stadt selbst aber sagte man halb im Spaß, halb im Ernst: »Wer weiß,
ob der Feind uns nicht ein kleines Fest auf den 15. August bereitet, ein
kleines Feuerwerk nach seiner Art.« Niemand glaubte, daß aus dem Scherz
bitterer Ernst werden würde.

17. August.

Die für die Vertheidigung des Platzes benöthigten Operationen waren
noch immer nicht beendigt, trotzdem der Feind bereits eine Woche lang vor
der Stadt lag. Dem mußte abgeholfen werden.

Schiltigheim, das erste Dorf, in welches man gelangt, wenn man
zum Steinstraßenthor hinausgeht, hatte sich seit einigen Jahren, Dank unserer
Straßburger Bierbrauer, die großartige Keller daselbst angelegt und Bauten
aufgeführt hatten, außerordentlich vergrößert. Große und schöne Etablissements waren rings um Schiltigheim entstanden, die zum Theil nur wenige
hundert Meter von den Festungswerken entfernt lagen. Diese starken Bauten
konnten dem Feinde als Obdach und Beobachtungsposten dienen, und man
mußte sie daher opfern. Detachements der Besatzung zogen aus, um die der
Zerstörung geweihten Gebäude in Brand zu stecken. Sie hatten aber gleich
Anfangs das Feuer des Feindes auszuhalten, der diese Operation nicht so
ruhig vollenden lassen wollte. Nichtsdestoweniger glückte es. Nach zwei
Stunden standen Brauereien, Mälzereien, hübsche Landhäuser, große geräumige Schuppen in Flammen, welche die Frucht jahrelanger Arbeit vernichteten.

Der nicht weit von Schiltigheim gelegene Friedhof St. Helene
mußte ebenfalls Verstümmelungen erleiden. Die Todten selbst wurden nicht
respektirt. Die düsteren Tannenalleen, die den Friedhof abtheilten, die Pappeln,
die ihn umringten, die großen Trauerweiden, die die Gräber beschatteten —
sie erlagen den Axthieben, und die Grabsteine standen nackt da, jenes ge-
heimnißvollen Dunkels beraubt, das die alten Bäume über sie breiteten. Der
alte Vater Geiß, der Todtengräber, kehrte traurig in die Stadt zurück, sein
Häuschen verlassend und nichts mitnehmend, als die Beerbigungsregister. Er
hatte vor seiner Wohnung ein Rebengeländer, das in Straßburg berühmt
geworden. Beinah jedes Jahr hing es voll von so vielen stattlichen Trauben,
daß Alles hinausströmte, um sie zu bewundern; und der greise Todtengräber,
ganz entzückt über diese Neugierde, erzählte Jedem, der sie hören wollte, die
Geschichte seiner Rebe. Dies Jahr zum ersten Mal hat Niemand die Trauben
des Vater Geiß besucht.

18. August. (Zweite Beschießung.)

Seit dem 15. August hatte der Feind keine Geschosse mehr in die
Stadt geschleudert, und man suchte sich zu überreden, das Bombardement sei

nur spöttisch, aus Anlaß des Napoleonsfestes, in Scene gesetzt worden und die Bevölkerung habe nichts mehr vom feindlichen Feuer zu befürchten. Ganz beruhigt fühlte man sich indessen nicht, denn unbestimmte Gerüchte sagten, der Feind habe die Stadt aufgefordert, sich zu ergeben und gedroht, das Bombardement fortzusetzen, wenn die Aufforderung zur Uebergabe erfolglos bleiben würde.

Den 18. August, 9 Uhr Abends, abermals eine »erste Granate«. Dann mehr und immer mehr. Die Geschosse zischten pfeifend durch die Luft und platzten über den Häusern, in den Höfen mit einem furchtbaren Knall, der schauerlich die Stille der Nacht unterbrach.

Um Mitternacht deckte ein greller Schein die Weißenthurmstraße: ein ungeheurer Brand war in der St. Aureliengasse ausgebrochen, veranlaßt durch ein Geschoß, das in eine mit Heu gefüllte Scheune gefallen war. Das Feuer griff rasch um sich, und in kurzer Zeit standen ungefähr zehn Gebäude in vollen Flammen.

Die ganze Nacht regnete es Granaten in die Stadt, und jeder Augenblick brachte ein neues Unglück.

In diesem Bombardement wirkten, außer den westlich und östlich der Stadt etablirten Geschützen, noch mehrere fliegende Batterieen mit. Ueberall schlug es ein; es würde ermüden, die zahllosen Fälle aufzuzählen. Nur die wichtigsten.

Große Unglücksfälle in der Nähe des Münsters; selbst dies herrliche Denkmal blieb nicht verschont: aus einer der Gallerieen der Hauptfaçade wurde ein Stück geschlagen. Eine Granate fiel auf ein Schiff, das am Leinpfad des Schiffleutstadens angebunden war, platzte mit furchtbarem Gekrach und durchlöcherte es, so daß es versank.

In der Regenbogengasse ereignete sich Folgendes. Eine Granate fiel auf ein von katholischen Schwestern geleitetes Pensionat; zwei junge Mädchen wurden auf der Stelle getödtet und fünf andere schwer verwundet nach dem im Kleinen Seminar errichteten Lazareth gebracht, wo vieren von diesen unglücklichen Kindern Fuß oder Schenkel abgenommen werden mußte.

In der Krautenau wurden siebenzehn Häuser beschädigt.

Eine in Kehl errichtete Batterie hatte die Citadelle zur Zielscheibe ihrer Schüsse erkoren. Da schien das Bombardement kein Ende nehmen zu wollen. Granaten fielen hageldicht. Einem Turco wurden die Beine fortgerissen; Soldaten aller Waffengattungen, Mobilgarden wurden durch Granatsplitter verwundet. Frauen, Kinder, Soldaten hatten sich in eine Casematte der Citadelle geflüchtet; die Frauen und die Kinder weinten und beteten, voll Angst am Boden kauernd; auch dieser unterirdische Raum bot keine Sicherheit, denn zwei Granaten drangen hinein. Plötzlich stürzte ein Artillerist in die Casematte mit dem Rufe: »Ihr befindet Euch unter einem Pulverthurm und der Feind scheint darauf zu zielen!« Der Pulverthurm war aber zum Glück gut geschützt. Welch eine Katastrophe, wenn eine Bombe hineingedrungen wäre! Die unglücklichen Flüchtlinge benutzten einen Augenblick, wo das Feuer nachließ, um einen anderen Schutzort aufzusuchen.

Der Kirchthurm in der Citadelle, das Gebäude der Stabsoffiziere, die Kaserne, das Arsenal wurden arg zugerichtet.

Eine Granate fiel in den Saal der Wilhelmerschule während der Schulzeit. Zum Glücke war die Schule Tags zuvor geschlossen worden, so daß kein Kind im Saale sich befand; nur die Pulte und Bänke flogen in Stücke. Wäre an diesem Tage noch Schule gehalten worden, so hätte man wahrscheinlich funfzig Opfer mehr zu beklagen gehabt. Eine Granate traf das Gebäude des kleinen Seminars, wo zahlreiche Verwundete lagen.

Kurz überall Verheerungen, Unfälle, Tod.

21. August.

Die von den Belagerern für den Angriff ausersehene nördliche Seite der Stadt ist durch zahlreiche, sich gegenseitig unterstützende und ziemlich weit hinaus sich dehnende Werke vertheidigt; aber sie wird zu gleicher Zeit von Hügeln und Bodenerhöhungen beherrscht, auf denen die vom Feinde besetzten Dörfer Schiltigheim und Hausbergen sich erheben. (Vergl. die Karte auf S. 663.) Der aus dieser Bodenungleichheit entstehende Nachtheil für die Stadt war seit lange von den sachkundigen Männern erkannt worden, und schon im Jahre 1866 hatte General Ducrot den Vorschlag gemacht, auf diesen Anhöhen Forts zu errichten. Dieser Plan wurde jedoch aufgegeben.

Auf der Südseite waren die Festungswerke einfacher; hier bedurfte man keiner Vorwerke, denn bis auf eine Stunde Weges hinaus konnte der Boden leicht unter Wasser gesetzt werden. Einigermaßen war die Südseite auch durch die Citadelle geschützt.

Jeden Tag zog der Feind neue Verstärkungen an sich, und jeden Tag schloß sich der Kreis um die Stadt enger. Ringsum arbeitete er thätig; schon begonnene Werke wurden vollendet und frische angefangen, und so sah sich der Maire den 21. August gezwungen die Bevölkerung zu benachrichtigen, daß die Beerdigungen nicht mehr außerhalb der Mauern stattfinden könnten und daß im Innern der Stadt ein Platz hierfür angewiesen sei. Mehrere Leichenzüge hatten, als sie kaum zum Thore hinaus waren, wieder umkehren müssen, weil feindliche Detachements ihnen den Weg versperrten oder das ganze Terrain unter dem Feuer des Feindes lag. Die erwähnte Benachrichtigung lautete: »In Anbetracht des Belagerungszustandes, zugleich erwägend, daß der St. Helenen-Friedhof von den Vertheidigern der Stadt besetzt ist;

daß der St. Gallen-Friedhof vom Feinde in Besitz genommen wurde, und daß der St. Urban-Friedhof, der großentheils unter Wasser steht und nur wenig Platz für neue Gräber bietet, auch vom Feinde bedroht ist, — ist beschlossen worden, daß bei so bewandten Umständen ausnahmsweise Maßregeln ergriffen werden und die Beerbigungen vorläufig im Innern der Stadt stattfinden müssen. Die Beerbigungen finden vorläufig im Botanischen Garten statt.«

Der Botanische Garten, von dem in diesem Beschlusse die Rede ist, liegt im östlichen Theile der Stadt, den Akademiegebäuden gegenüber. Da wurden nun große Gruben gegraben, und in diese versenkte man während der ganzen Dauer der Belagerung die Todten. Ein Sarg sank neben den anderen; da lagen Reiche und Arme, Greise und Kinder, Offiziere und gemeine Soldaten. Ein kleines Kreuz mit einem Namen darauf bezeichnete die Stelle eines jeden Sarges, und täglich mußten diese gemeinschaftlichen Gruben erweitert werden, um die stets zunehmende Zahl der Todten aufnehmen zu können.

Dies Todtenfeld enthält großentheils die Geschichte des heldenmüthigen Widerstandes der Stadt Straßburg. Da liegt ein Kind, das mitten in seinen harmlosen Spielen von einer Granate getroffen wurde; dort ein Vater, eine Mutter, aus dem Kreise der Ihrigen gerissen; hier ein Soldat, der auf Vorposten den Heldentod gefunden; nebenan ein Offizier, an der Spitze seiner Truppe weggerafft. Es giebt nicht wohl einen Straßburger, dem nicht ein Verwandter, ein Freund, ein theures Wesen hier begraben wurde; verging doch während dieser langen Wochen kein Tag, keine Stunde, die nicht ein Opfer gefordert hätte.

Scheiden wir jedoch von diesem Trauerorte; kommen wir doch ohnehin erst zu den schwersten und bängsten Tagen.

Von Zeit zu Zeit gelang es, einige Vorräthe, ein wenig Vieh in die Stadt zu schaffen; aber leider — Spekulanten scheuten sich nicht, die unglückliche Lage der Einwohner zu benutzen, um die Lebensmittel, die man Morgens in aller Frühe an den Thoren erstand, zu den übertriebensten Preisen zu verkaufen.

22. August.

In der Nacht vom 21. August und am Tage des 22. schwieg der Kanonendonner; blos die Vorposten und die feindlichen Patrouillen wechselten einige Flintenschüsse. Aber gegen Abend bemächtigte sich eine furchtbare Aufregung der Bevölkerung. Man hatte nämlich erfahren, daß der Commandant der Belagerungstruppen auf's Neue die Festung zur Uebergabe aufgefordert habe, mit dem Bemerken, er sei bereit, die Stadt regelmäßig zu belagern und zu bombardiren. Diese Nachricht war zwar der Bevölkerung nicht mitgetheilt worden, aber sie wurde dennoch ruchbar und verbreitete sich wie ein Lauffeuer.

Viele Personen begaben sich Abends in das Stadthaus, um etwas Näheres zu erfahren. Der Maire hatte mehreren Bürgern gesagt, sie könnten darauf zählen, daß die Nacht ruhig verlaufen würde; ein wenig später benachrichtigte er sie aber, daß im Gegentheil große Gefahren für die Nacht zu befürchten wären. Die Bürger, welche in das Stadthaus eilten, um zu fragen, was denn eigentlich vorgehe, trafen im Hofe desselben Herrn Baron Pron, Präfekten des Niederrheins, der ihre Fragen mit einem Witzwort beantwortete, das er persönlich vielleicht für geistreich hielt, allen anderen aber nicht recht passend erscheinen wollte. Herr Baron Pron war eben ein spaßiger Beamter.

Die Nacht verging ruhig; aber diese Ruhe flößte Befürchtungen ein. Es war die Stille, die dem Sturme vorangeht.

23. August. (Beginn des großen Bombardements.)

Am 23. August las man folgenden Maueranschlag:

»Bewohner Straßburgs! Die Stadt wird belagert und allen Gefahren des Krieges ausgesetzt werden. Wir machen einen Aufruf an Eure Vaterlandsliebe, Eure Energie zur Vertheidigung der Hauptstadt des Elsasses, dieser äußersten Grenzwache Frankreichs. Den vom Herrn Maire bezeichneten Bürgern werden Waffen ausgeliefert, auf daß sie zum Schutze unserer Wälle mitwirken.«

Demnach kein Zweifel mehr! »Der feierliche Augenblick ist da«, hatte der General gesagt. Und die angstvollen Tage, die man schon durchlebt, die Nächte vom 15. und 18. August, die so viele Opfer gekostet und so viele Verheerungen angerichtet, waren sie nicht auch »feierlich« gewesen? Standen also noch größere Gefahren bevor? War ärgeres Unglück zu befürchten? Aber der Tag verging ruhig. Ueber Mittag erheiterten sich alle Gesichter. Siegesnachrichten waren eingetroffen, ziemlich unverbürgt, aber alle Welt glaubte sie. Bald jedoch sollte dieses Gebäude voll Freude und Hoffnung über den Haufen geworfen werden.

Um dreiviertel auf 9 Uhr Abends vom 23. zum 24. begann die Beschießung, die der feindliche General angekündigt hatte. Von diesem Augenblick bis zum folgenden Morgen um 8 Uhr, länger als elf Stunden, dauerte das Feuer des Feindes ununterbrochen fort. Es war ein fortwährendes Donnergerolle, schauerliches Pfeifen und Zischen in der Luft, hierauf Gekrache der einstürzenden Kamine und Mauern und von Zeit zu Zeit Jammer und Angstgeschrei.

Die Nacht war sehr düster; es regnete, und auf den Wällen konnte man unmöglich die Position der feindlichen Batterieen unterscheiden, welche, hinter einigen Gebäuden oder hinter den Erddämmen der Eisenbahn geschützt, feuerten, ohne daß man ihnen Schaden zuzufügen im Stande war.

Es ist unmöglich, die Verheerungen zu berichten, welche die vom Feinde geschleuderten unzähligen Geschosse in dieser Nacht verursachten. Man müßte fast alle Straßen der Stadt und in gewissen Straßen fast alle Häuser anführen. Die Granaten kamen von allen Seiten und fielen auf die Kirchen, auf den Münster, die Lazarethe, die Spitäler.

In der Steinstraße und Kronenburgerstraße, in der Nationalvorstadt, in der Langstraße und den Nebengassen, auf dem Kleberplatz, in der Meisengasse, im Finckweiler, auf dem St. Thomas- und dem Mühlenplatz, auf dem alten Fischmarkt, in der Schwestern- und Bruderhofsgasse, auf den Staden, in der Rothhäusergasse, am St. Nikolausplatz, in der Neugasse am Fischerstaden und im Stadttheil des Arsenals wurden die Häuser von Granaten durchlöchert.

Sieben Geschosse fielen auf das Bürgerspital; zum Glück wurde Niemand verwundet. Eine Granate schlug in das Große Seminar ein, welches ein Lazareth enthielt; mehrere Granaten trafen das Kleine Seminar, wo man in aller Eile die Verwundeten, die daselbst verpflegt wurden, in die Keller brachte. Auch das protestantische Seminar, welches gleichfalls in ein Lazareth umgewandelt war, wurde beschädigt; im Lazareth der Petites-Soeurs, in der St. Louisgasse, tödtete ein Geschoß einen verwundeten Zuaven. In der Nationalvorstadt wurden einer Frau beide Arme weggerissen, in der Feggasse einer anderen die Schulter zerschmettert, in der Rothhäusergasse zwei Kinder erschlagen.

Die Nikolauskaserne wurde stark beschädigt, das Dach des Arsenals zertrümmert, die St. Thomaskirche, die Münze, die Neukirche getroffen.

Während die im Norden und Süden des Platzes errichteten Batterieen die Stadt selbst beschossen, wurde die Citadelle ihrerseits durch die schon erwähnten, ganz nahe am Rhein erbauten Kehler Batterieen bombardirt und mit Granaten überschüttet. Am folgenden Morgen brannte eines der Gebäude innerhalb der Mauern ab. Von diesem Tage an fiel so zu sagen ein unaufhörlicher Granatenregen bis zum Ende der Belagerung auf die Citadelle nieder. Die badische Artillerie feuerte Tag und Nacht aus 32 Kanonen und 8 Mörsern, dabei durch starke Erdwerke und Schanzkörbe geschützt, gegen welche unsere Kugeln ohnmächtig waren.

24. August.

Die Nacht vom 21. verlief wie die voraufgegangene, oder schlimmer noch. Das Bombardement begann gegen 8 Uhr und alle Feuerschlünde, welche der Feind rings um den Platz vereinigt hatte, schienen gleichzeitig ihren verderblichen Inhalt auszuspeien. Keinen Augenblick Rast, keinen Augenblick Stille! In den Kellern Weinen und Beten; die Männer schweigsam und niedergeschlagen. Am meisten litten die Kranken und Verwundeten unter dem furchtbaren Getöse.

Um 11 Uhr erschallten plötzlich zwischen dem Gekrache der Granaten Feuerrufe von den Wächtern des Münsterthurmes. Es brennt in der Neukirche! Ein wenig später schrieen sie: »Feuer in der Münstergasse!« Eine halbe Stunde darauf: Feuer am Broglie! Feuer in der Meisengasse! Feuer auf dem Kleberplatz! Feuer am Finkmattstaden! Feuer in der Schildsgasse! Die ganze Nacht ertönte dieser entsetzliche Nothschrei und ein ungeheurer rother Wiederschein beleuchtete schauerlich die ganze Stadt.

Wie viele Schätze wurden ein Raub der Flammen! Das Gemälde-Museum, die Neukirche, die Stadtbibliothek, die schönsten Häuser der reichsten Stadttheile, fast ganze Straßen nur noch Ruinen, Schutthaufen.

Die Gemäldesammlung war zwar keine sehr reiche, aber sie enthielt einige berühmte Gemälde. Werke von Correggio, Tintoretto, Guido, Paul Veronese, Schöngauer, Hans Hemling, Jakob Jordans, Philipp von Champagne, Arnauld von Gelbern, Adrian von Ostade (»der Streit in einer flämischen Kneipe«, eins der berühmtesten dieses Meisters); Gemälde von Claude-Lorrain, von Laurent de la Hire, Karl Le Brun, Jean Baptist Oudry, Brion; zwei Statuen von Ohmacht, zwei Statuen von Graß, worunter ein prächtiger »Icarus«; Zeichnungen, Kupferstiche und andere ähnliche Kunstwerke, alles dies wurde zu Asche verbrannt.

Die Bibliothek, — ein beklagenswerther, unersetzlicher Verlust für die ganze Welt! 2- bis 300,000 Bände, mehrere Tausend Manuscripte, Urkunden und Inkunable; ein Hortus deliciarum, von der Aebtissin Herrad von Landsberg, ein dicker Folioband, gegen 1280 geschrieben, mit hübschen Miniaturen geschmückt, wahrhafte Schätze für die Geschichte der Verzierungs- und Costümirungskunst; eine Sammlung der Kirchengesetze von Rachio Bischof von Straßburg, Anno 788; eine Sammlung Gebete in Gold- und Silberbuchstaben auf purpurrothem Velinpapier aus dem 8. Jahrhundert; ein Meßbuch mit dem Wappen Ludwigs XII., vom Bischof Franz von Lyon, aus dem sechszehnten Jahrhundert; die Constitutionen Straßburgs; die Acten des Prozesses Gutenbergs gegen die Erben seines Mitgenossen Dritzehn; eine Sammlung gallisch-römischer Alterthümer, Waffen, Urnen, Särge; ein im Jahre 1574 verfertigter Reliefplan der Stadt und ihrer Festungswerke; der eherne Kessel, worin die Züricher im Jahre 1574 heißen Hirsebrei von Zürich nach Straßburg brachten; die während der Schreckensherrschaft auf dem Münster aufgesteckte rothe Mütze; der Säbel Kleber's,*) die ganze Geschichte des Elsasses, Medaillen, Glasgemälde, Portraits, Sammlungen, wie es deren

*) Am 3. September, beim vorläufigen Wegräumen des Schuttes, fand man darin ein Stück von der Säbelscheide Klebers, die zu der historischen Sammlung aus den Zeiten der Republik gehörte. Dies Stück und einige kleine Medaillen waren so ziemlich alles, was von den ehemaligen Schätzen dieser Sammlung übrig blieb.

keine mehr auf Erden giebt und aus denen die Gelehrten Europa's oft sich Raths erholten. Nun war alles Asche.

Die Neukirche, — das größte protestantische Gotteshaus mit der berühmten Orgel von Andreas Silbermann, und eine der ältesten Kirchen der Stadt, welche im Jahre 1260 von den Dominikanern gebaut worden war, mit ihren schönen Grabdenkmälern, mit dem »Todtentanz«, einem merkwürdigen Freskogemälde, das einen Dominikaner auf der Kanzel und den Tod darstellte, wie er einen Papst und Kardinäle, einen Kaiser und eine Kaiserin, einen König und eine Königin, einen Bischof und Mönche an das Grab schleppt, — die Neukirche brannte von oben bis unten aus und ist nur noch ein Steingerippe.

In der Münstergasse die schönen Häuser Sütterlin, Laroche und Flach, die Hälfte der Neukirchgasse, am Broglie das herrliche Scheibeckersche Haus, das schönste der Stadt, welches prächtige Magazine enthielt, ganz von Quadersteinen gebaut, mit eleganten Altanen und mit geschmackvollen Bildhauereien verziert, — alles dies Ruinen, Trümmer, ein Stein- und Aschenhaufen zwischen wankenden Mauern!

Alles war fast in der nämlichen Stunde vom Feuer erfaßt worden; die Hitze, die sprühenden Funken, — eins steckte das andere an. Wie Hülfe leisten auf so verschiedenen Seiten? Man mußte das Zerstörungswerk sich vollenden lassen.

Aber die Beschießung dauerte fort, die Granaten fielen zu Hunderten auf die lodernden Gebäude, verwundeten oder tödteten Diejenigen, welche den Verwüstungen des Feuers Einhalt thun wollten, zündeten und zerschmetterten andere Bauten und platzten krachend inmitten des Knisterns und Prasselns der Flammen und des Einsturzes der Dächer und Mauern.

Der Boden zitterte und bis zum Himmel stiegen die Staub- und Rauchwolken, als die Aubette, die Neukirche, die Bibliothek und die anderen Gebäude nach einander zusammensanken. Und doch hatte man gerufen: Vive la guerre!

25. August.

Erst am folgenden Morgen konnte man das Unglück bemessen. Außer den Verwüstungen des Feuers hatten die Geschosse überall Schaden angerichtet; die Mairie war durchlöchert, der Boden mit Trümmern, Ziegeln, Glas bedeckt, — keine Straße war verschont geblieben.

Die Bevölkerung betrachtete diese Ruinen mit Entsetzen und stiller Wehmuth; von Schmerz überwältigt, stürzte man fort wie von einem Grabe, um nicht zu ersticken vor tiefem Herzeleid. Aber die Trübsalen waren noch nicht zu Ende.

Am Morgen des 25. brachen abermals Brände aus. Die Acht-

Räbermühle in der Nationalvorstadt am Wall, zunächst dem Thor, wurde durch Granaten angezündet. In dieser Mühle wurde das Getreide für die Besatzungsmannschaften gemahlen. Im Kagenecker Bruch brannten acht Häuser mit Scheunen und Stallungen nieder, in der Mollgasse wurden zwei Häuser ein Raub der Flammen. Während des ganzen Tages lagerte sich eine dichte Rauchwolke und mit ihr ein brenzlicher Geruch über die Stadt.

Unbeschreiblich war die Aufregung, welche an diesem 25. August in Straßburg herrschte; noch zwei oder drei Nächte wie diese, und die Hälfte der Stadt wäre zerstört gewesen; man fragte sich, ob es kein Mittel gäbe, neue Katastrophen zu vermeiden. Es gab ein einziges, nämlich sich zu ergeben; aber Niemand wollte jetzt davon wissen. Gruppen vereinigten sich auf dem Broglie, wie auf ein heimlich gegebenes Wort; Nationalgarden erklärten sich bereit, gegen die Belagerer zu marschiren und verlangten ihre Pistonflinten gegen Chassepots umzutauschen. Alsbald versammelte sich eine zahlreiche Menschenmenge vor der Mairie und vor dem Generalquartier, wohin mehrere Mitglieder des Municipalrathes und andere Bürger sich begeben hatten, um vom General Uhrich Aufschlüsse über die Lage zu empfangen. Man wollte wissen, ob die Garnison stark genug wäre, um die Belagerungstruppen zurückzuwerfen. Man wollte auch wissen, ob die Frauen, die Kinder und die Greise aus der Stadt treten dürften, falls das Bombardement fortdauern sollte.

Der General antwortete, er sei im Stande, den Platz zu vertheidigen und mehrere Monate zu halten; aber mit den ihm zur Verfügung stehenden wenigen Leuten sei es ihm unmöglich, einen ernsten Angriff gegen den Feind zu versuchen, dessen Uebermacht den größten Theil seiner schwachen Mannschaft mit einem Schlage vernichten könnte. Er wolle also seine Soldaten schonen und sich selber nicht der Gefahr aussetzen, seine Vertheidigungsmittel zu schwächen. Eben so wenig wolle er die Nationalgarde gefährden, deren Bewaffnung unzureichend sei, deren muthvolle Haltung er aber gern anerkenne. Herr Humann, damals Maire von Straßburg, theilte diese Erklärungen des Generals dem an der Vortreppe des Rathhauses versammelten Volke mit und fügte hinzu, daß die Befreiung vielleicht näher sei, als man denke. Aber ach, diese Befreiung war weder nah noch fern, sie sollte niemals kommen!

Der Bischof des Sprengels unternahm es am 25. August, sich für die unglückliche Stadt zu verwenden. Um 3 Uhr Nachmittags fuhr er aus der Stadt mit einem Parlamentair nach dem Hauptquartier der Belagerungsarmee, nach Holtzheim oder Mundolsheim, wo der Großherzog von Baden sich befinden sollte. Der Bischof kannte den Großherzog persönlich und konnte sich überdies auf seine alte Freundschaft mit dem Vater dieses Fürsten berufen, daher auf eine gute Aufnahme hoffen. Er wollte erbitten, daß man

658

das Bombardement gegen die Stadt selbst, gegen ihre harmlose Bevölkerung und deren Behausungen einstellen und die Feindseligkeiten nur
gegen die Festungswerke, die Wälle, die Citadelle und die Garnison
richten möchte. Aber der würdige Prälat kam nur bis zu den feindlichen
Vorposten, wo er benachrichtigt wurde, daß sein Schritt vergebens wäre.
Er kehrte traurig in die Stadt zurück.

Auf die vom General Uhrich an den General v. Werder, Oberbefehlshaber der Belagerungsarmee, gerichtete Frage, ob die Frauen, Kinder
und Greise die Stadt verlassen dürften, hatte der preußische General geantwortet, die Frauen, Kinder und Greise seien ein Element der Schwäche für
die Stadt, folglich ein Element der Kraft für ihn, er könne daher diesem
bedeutenden Vortheil nicht entsagen.

So kam der Abend des 25. und mit ihm neues Unheil. Schon um
7 Uhr begann die Beschießung wieder mit der nämlichen Wuth wie Tags
vorher. Furchtbares Gekrach der zerplatzenden Granaten, vermengt mit dem
Donner der Wallkanonen, welche der feindlichen Artillerie antworteten.

Wie viele Millionen wieder verschlungen! Auf allen Seiten loderten
die Flammen. In den Straßen das nämliche herzzerreißende Bild, wie am
Abend vorher; fliehende Familien, einige in der Eile zusammengeraffte Habseligkeiten mit fortnehmend, und einen letzten wehmüthigen Blick auf ihre
brennenden Häuser zurückwerfend! Ueberall Jammer und Tragbahren mit
Verwundeten; hier ein trostloser Vater neben der Bahre seines sterbenden
Sohnes, dort ein weinendes Kind, der Leiche seiner Mutter folgend, die getroffen wurde, als sie ihre Lieben retten wollte! Und die Andern kauerten
angstvoll in den Kellern; Jeder hatte einen Reisesack mit einigen Kleidungs-
stücken, ein Bündelchen bei der Hand, bereit dem Brand zu entfliehen, welcher
jeden Augenblick über ihm ausbrechen konnte.

Gegen Mitternacht bot sich den Blicken ein schrecklich großartiges
Schauspiel dar: das ehrwürdige Münster, auf dessen Plattform man unglücklicherweise einen Observationsposten aufgestellt hatte, wurde von Granaten durchlöchert und das Dach des großen Schiffes vom Feuer verzehrt.
Unbeschreiblich war der Anblick dieser von Flammen umgebenen unermeß-
lichen Steinmasse, dieser prachtvollen, schlank emporstrebenden Thurmspitze,
welche sonst nur von Freudenfeuern stolz erstrahlte, und nun im grellen Wiederschein einer ungeheuren Gluth gen Himmel ragte wie eine Trauerpyramide!

Auch der schöne Bahnhof war vom Feuer erfaßt; die Gebäude der
Citadelle standen in Flammen; das Gymnasium brannte zum zweiten Male.
Ueberall Feuer, Zerstörung, Bestürzung!

Die Vorderseite der Mairie war verstümmelt; die mit Glas gedeckten
Terrassen der beiden schönen Cafés am Broglie gänzlich zerschlagen.

Das Münster hatte, außer dem durch den Brand zerstörten Dache des Schiffes, großen Schaden gelitten. Bildhauereien, Säulen, Statuen waren verstümmelt, die Orgel von einer Granate durchlöchert, die gemalten Fenster zertrümmert. In- und außerhalb war der Boden mit Glasscherben bedeckt. Die astronomische Uhr, dieses Wunderwerk, war zum Glück nicht beschädigt worden.

26. August.

Am Abend dieses Tages war die Bevölkerung wie außer sich vor Freude. »Dies Mal, hieß es, ist die Sache gewiß; kein Zweifel mehr; man hat sie oben vom Münster herab gesehen und sie angekündigt. Es sind wenigstens 40,000 Mann. Endlich soll also doch noch unsere Befreiungsstunde schlagen!« Und, o Macht der Einbildungskraft — man glaubte wirklich in der Ferne Kanonendonner zu hören. »Die Belagerer sind handgemein mit dem Entsatzcorps; der Kanonendonner rückt näher, der Feind wird gegen die Stadt getrieben und befindet sich zwischen zwei Feuern. Victoria! wir sind gerettet!« Und man eilte freudestrahlend in die Gassen und Einer drängte sich zum Andern: »Wissen Sie schon die Neuigkeit?« — Ja. — »Ach es war Zeit, ich habe immer gesagt, daß sie kommen würden.« Und so ging es fort. Aber — sie kamen nicht.

Nur eine schlimme Nacht kam, schlimm wie die voraufgegangenen. Demjenigen, der von der Umgegend aus seinen Blick auf Straßburg richtete, mußte es vorkommen als ob der Feind seinem seit einigen Tagen begonnenen Zerstörungswerk durch eine letzte Anstrengung die Krone aufsetzen wolle, die Stadt mußte ihm wie ein einziger ungeheurer Feuerherd erscheinen.

Die schon so arg geprüfte Weißenthurmstraße gerieth von Neuem in Brand, und eine Seite derselben wurde zur Hälfte zerstört; von da theilte sich das Feuer den anstoßenden Gassen mit und der ganze Stadttheil stand bald in Flammen. Da wohnten die Ackergärtner, eine arbeitsame, wohlthätige, nützliche Bevölkerung; jede Familie hatte ein Haus inne, das wie ein Bauernhof mit Stallungen, Scheune, Vieh- und Hühnerhof sammt Garten versehen war. Die Kleine Renngasse, die Große Renngasse, die Seeblosgasse und noch andere brannten in dieser einzigen Nacht ab.

Man suchte, wie immer, zu retten, was zu retten war; aber die Versuche waren meistens vergeblich und sogar gefährlich, denn die Geschosse fielen zu Hunderten auf die brennenden Punkte der Stadt und tödteten, verwundeten, verstümmelten Unglückliche zu Dutzenden. Die von diesem ungeheuern Feuerherd ausströmende Hitze trocknete so zu sagen andere Gassen aus, so daß sie beim geringsten Funken Feuer fingen. Das Kageneder Bruch, ein volkreicher Stadttheil, von Arbeiterfamilien bewohnt, wurde, so weit es nicht schon vorher von den Flammen erfaßt worden war, beinahe ganz in einen Schutthaufen verwandelt. In der Steinstraße gleichfalls wurde eine lange Häuserreihe zerstört.

————————

Wir schließen hiermit die Auszüge aus dem Tagebuch eines Belagerten. Die Dinge wiederholen sich, das Interesse erlahmt; zudem muß festgehalten werden, daß die Tage vom 24. bis 26. August die eigentlichen Bombardementstage waren und blieben. Es wurde während der letzten Augusttage und dann den September hindurch freilich weiter kanonirt, immer gewaltiger, aus immer größeren Kalibern, aber dies furchtbare Feuer richtete sich, sobald es auftrat, in der ganzen Zeit vom 29. August bis 27. September doch beinah ausschließlich gegen die Festung als solche. Die Stadt blieb vergleichsweise verschont. Am 6. September begann die Demolirung der Steinstraße, in den nächstfolgenden Tagen wurde die Finkmatt-Kaserne,*) das Theater, die Artillerieschule zerstört, aber alle diese Gebäude fielen nicht in Folge eines gegen die Stadt gerichteten Bombardements, sondern weil sie in der großen Schußlinie lagen. Eine Ausnahme davon machte nur die Steinstraße; diese mußte auch unserm Plane nach nothwendig als Opfer fallen, weil es uns oblag, dem Feinde an dieser Stelle den Zugang zu seinen eigenen Werken — Lünette 53 und 52, Bastion 11 und 12, gegen die sich unser Angriff richtete — zu erschweren.

Was von Beschießung nach dem 26. resp. 29. noch geschah, gehörte nicht mehr der Epoche: Stadt-Bombardement, sondern der Epoche der eigentlichen Belagerung der Festung an.

Ehe wir in diese zweite Epoche eintreten, werfen wir noch einen Blick auf die Vorgänge vor der Festung vom 9. bis 29. August.

*) Diese große und schöne Kaserne war von 1746 bis 1756 gebaut worden. Auf dem Hofe dieser Kaserne wurde Louis Napoleon, bei Gelegenheit seines »Straßburger Abenteuers« am 30. Oktober 1836 von einem Tambour-Major gepackt und die erhoffte Militair-Revolte gleich im Keime erstickt.

Vor Straßburg.

Bis zum 29. August.

Unser voriges Kapitel gab eine Schilderung der ersten Belagerungswochen, wie sie den Belagerten verliefen. Es erübrigt uns nunmehr,
uns den Belagerern während eben dieses Zeitabschnittes zuzuwenden und
die Ereignisse außerhalb der Stadt kennen zu lernen, die wir in ihren Wirkungen innerhalb derselben bereits verfolgt haben.

Noch am Schlachttage von Wörth erhielt die badische Division — die
an eben diesem Tage bei Aschbach gestanden hatte — Befehl links zu
schwenken und sich gegen Straßburg zu wenden. Bereits am 8. und 9. trafen
die Vortruppen, am 12. die ganze Division vor Straßburg ein, und schon
am 13. war die Stadt vollständig cernirt und von jeder Communikation
abgeschnitten. Ohne Widerstand besetzten die Badenser die umliegenden
Ortschaften und beinah unmittelbar darauf kam es vor den Außenwerken zu
kleinen Plänkeleien zwischen den Belagerern und Belagerten.

Am 14. folgten der badischen Division, Generallieutenant v. Beyer,
zwei weitere Divisionen

die Garde-Landwehr-Division und
die 1. Reserve-Division,*)

*) Garde-Landwehr-Division.
Commandeur: Generallieutenant Freiherr v. Loën.
1. Garde-Landwehr-Brigade, Oberst Girobz v. Gaudi.
  1. Garde-Landwehr-Regiment, Oberst v. Plehwe.
  2. Garde-Landwehr-Regiment, Oberst v. Grawert.
2. Garde-Landwehr-Brigade, Oberst v. Roehl.
  1. Garde-Grenadier-Landwehr-Regiment, Oberstlieutenant v. Rauchhaupt.
  2. Garde-Grenadier-Landwehr-Regiment, Oberst v. Gliszczynski.
2. Reserve-Husaren-Regiment, Major Graf zu Dohna.
Combinirte Artillerie-Abtheilung, Major v. Schweizer.
1. Festungs-Pionier-Compagnie vom X. Corps, Hauptmann Perß.

eine im Ganzen 50- bis 60,000 Mann starke Belagerungs-Armee unter dem Befehle des Generallieutenant v. Werder. Alsbald gesellten sich dem Belagerungs-Corps 6- bis 7000 Mann Artillerie und 2200 Mann Pioniere, von denen jene (zu einem Artillerie-Regiment vereinigt) dem Oberst Meißner, diese dem Oberst Klotz unterstellt wurden. Es waren technische Truppen aus allen Theilen Deutschlands, aus Baiern und Würtemberg, und so weit Preußen in Betracht kam, vom IV., V., VI., VII., X. und dem Garde-Corps. Die Badenser, wie wir später zeigen werden, operirten artilleristisch als ein selbstständiger Truppenkörper.

Zum Commandeur der gesammten Belagerungs-Artillerie war Generallieutenant v. Decker (Chef des Stabes Oberstlieutenant v. Scheliha), zum Ingenieur en chef der Generalmajor v. Mertens (Chef des Stabes Oberstlieutenant v. Wangenheim), ernannt worden.

Das Hauptquartier kam nach Munolsheim, eine kleine Meile nördlich von Straßburg, ziemlich dicht an der nach Nancy und Paris füh-renden Eisenbahn gelegen.

Die Operationen, die erst nach Wochen (vom 29. ab) den Charakter einer regelrechten Belagerung annahmen, begannen

mit Cernirung des ganzen Umkreises der Festung, und

mit Annäherung auf dem Terrainabschnitt,

der überhaupt (weil nicht überschwemmt) der einzig zugängliche war. Wir wissen aus dem bereits S. 639 Gesagten, daß dieser Viertelskreis nach Nordwesten hin, und zwar zwischen der nördlich führenden Bischweiler- und der westlich führenden Wasselonner-Straße lag. Auf diesem Viertelskreis gingen wir von Anfang an vor, und die der Stadt zunächst gelegenen Dörfer: Wolfsheim, Oberhausbergen, Schiltigheim — in Front des letztern sogar der wichtige, nur 250 Schritt vom Glaciskamme belegene St. Heleuen-Kirchhof — wurden besetzt.

1. Reserve-Division.

Commandeur: Generalmajor v. Treskow.

3. Combinirte Infanterie-Brigade, Generalmajor v. Boswell.

30. Infanterie-Regiment, Oberst v. Koblinski.

34. (Pommersches Füsilier-) Regiment, Oberst Wahlert.

1. Pommersche Landwehr-Brigade, Oberst v. Bubbenbrock.

1. Combinirtes pommersches Landwehr-Regiment, Oberst v. Zitzewitz.

2. Combinirtes pommersches Landwehr-Regiment, Oberst v. Ostrowski.

2. Pommersche Landwehr-Brigade, Generalmajor v. Avemann.

3. Combinirtes pommersches Landwehr-Regiment, Oberstlieutenant v. Berger.

4. Combinirtes pommersches Landwehr-Regiment, Oberst Gericke.

1. Reserve-Cavallerie-Brigade, Generalmajor Krug v. Nidda.

Die Zusammensetzung der badischen Division haben wir schon im 1. Halbband S. 139 gegeben.

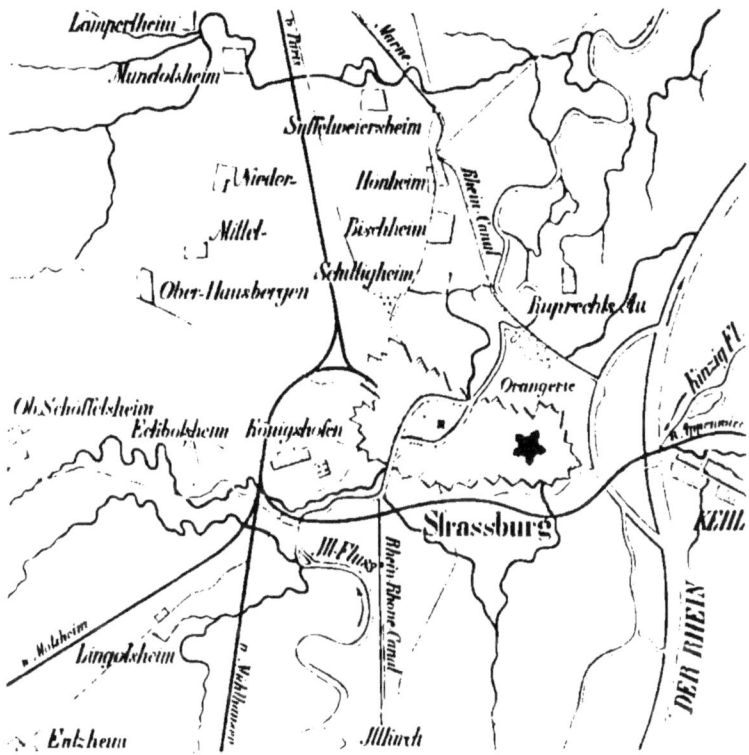

Dies Alles geschah bis zum 14. Am Abend des folgenden Tages (15.) erfolgte eine erste Beschießung der Stadt, am 18. die zweite, am 24. bis 26. die dritte.

Diese drei Beschießungen, die in den »Tagebuchblättern« unseres vorigen Kapitels mit- und untereinander eine gewisse Aehnlichkeit zeigen, weil sie die Herzen der Bewohner gleichmäßig erschreckten und erschrecken durften (denn 30 Granaten wecken dieselbe Furcht wie 300), diese drei Beschließungen waren in Wahrheit sehr von einander verschieden. Die erste war ein Versuch, ein Schreckschuß, die zweite ein partieller, die dritte ein voller Ernst. Am 15. wurde ausschließlich aus Feldgeschützen gefeuert, die sehr wahrscheinlich, um ihrerseits kein Zielobjekt zu bilden, ihre Positionen oft wechselten; am 18. war badische Festungs-Artillerie in Kehl eingetroffen und eröffnete von hier aus eine reelle Beschießung, das eigentliche Bombardement der Stadt indessen fand erst in den drei Nächten vom 24., 25. und 26. statt, nachdem inzwischen 200 gezogene Geschütze preußischen Systems und 100 glatte Mörser aus Berlin eingetroffen waren. Dies große dreitägige

Bombardement erfolgte in weitgespanntem Halbkreis von Südwesten, Westen und Nordwesten her auf einem Terrain, das nach rechts hin ohngefähr von Lingolsheim, nach links hin von Schiltigheim begrenzt wurde. Die Badenser nahmen, von Kehl aus, an dieser Beschießung Theil. Im Ganzen waren 18 Batterieen — 5 badische und 13 preußische — mit etwa 100 Geschützen thätig. Die Entfernung von den Befestigungswerken betrug gegen 1000, von der Stadt selbst 1800 bis 2000 Schritt.

Als auch dieses dreitägige Bombardement die Uebergabe der Festung nicht erzwang, gab man unsererseits den Plan auf, die Stadt auf diesem Wege in unsere Hand zu bringen, und der Beschluß wurde gefaßt, nunmehr eine regelrechte Belagerung eintreten zu lassen. Diese begann in der Nacht vom 29. zum 30. durch Aushebung der ersten Parallele. Wir kommen ausführlicher darauf zurück.

Hier nur noch eines. Das Bombardement vom 24. bis 26. ist nachmals von verschiedenen Seiten her getadelt worden, auch von solchen, die nicht zu den Feinden Preußens und seiner Kriegführung zählen. Diese Stimmen pflegen das Hauptgewicht darauf zu legen, daß die Uebergabe der Festung durch alle diese Schrecken nicht erreicht worden sei. Dem gegenüber darf wohl hervorgehoben werden, daß der Erfolg nicht als Maßstab für die Beurtheilung der Mittel zu nehmen ist, die sich einem Feldherrn bieten und unter denen zu wählen er die schwere Pflicht hat. Man mache sich klar, ob es gerechtfertigt ist, ein anerkannt erlaubtes Mittel der Kriegführung zu verschmähen, wenn dasselbe die Möglichkeit in sich schließt, in wenigen Tagen zu demselben Resultat zu gelangen, zu dem sonst ein Zeitaufwand von vielen Wochen erforderlich ist. 50,000 Mann der besten Truppen lagen vor Straßburg, die schnell für anderweitige Aufgaben (deren noch so viele vorlagen) disponibel zu machen nicht nur höchst wünschenswerth, sondern geradezu geboten erscheinen mußte. Es ist Recht des Krieges und wird es bleiben, mit wenigen, wenn auch noch so beklagenswerthen Opfern auf feindlicher Seite das zu erkaufen, was sonst mit unendlich vielen Opfern auf eigener Seite blutig erstritten werden muß. Und je mehr man in Straßburg eine große und reiche Stadt kannte, desto gerechtfertigter war die Annahme, daß die Bewohnerschaft einflußreich genug sein werde, auf die Entschließungen des Commandanten einen entscheidenden Druck auszuüben.

Daß dies unterblieb, gereicht der Einwohnerschaft zu hoher Ehre, aber es kann uns nicht zum Vorwurf angerechnet werden, diesen in der Geschichte der Belagerungen so oft vorkommenden Fall in Erwägung gezogen und danach gehandelt zu haben.

Die Aushebung der Parallelen und des Couronnements.

Vom 29./30. August bis zum 14. September.

Das Bombardement vom 24., 25. und 26. hatte, wie wir gesehen, die Uebergabe der Festung nicht erzwungen. Man beschloß zu einem förmlichen Angriff überzugehen. Die dazu erforderlichen materiellen und personellen Kräfte waren zur Hand; die Infanterie hatte Terrain gewonnen und den Zirkel um die Festung immer enger gezogen. Die nordwestliche Front, Bastion 11 und 12, zwischen denen hindurch das Steinthor läuft, wurde zum Angriff ausersehen. In Front von Bastion 11 liegen die Lünetten 52 und 53. Auf dem den genannten beiden Bastionen resp. Lünetten vorgelegenen Terrain schritt man zur Aushebung der Parallelen.

Die Aushebung der ersten Parallele.
(In der Nacht vom 29. zum 30.)

In der Nacht vom 29. zum 30. August wurde auf dem vorbezeichneten Terrain, also in Front, so wie rechts und links vom St. Helenen-Kirchhof, die erste Parallele ausgehoben. Die Artillerie baute und armirte in derselben Nacht 10 Batterieen für etwa 40 gezogene Zwölfpfünder. Am Morgen des 30. konnte bereits mit Hülfe dieser Batterieen das Feuer gegen die **Festungswerke** (nicht mehr gegen die Stadt) eröffnet werden. Der Feind, welcher die ganze gewaltige Arbeit der Nacht vom 29. zum 30. zugelassen hatte, schien völlig überrascht zu sein. Obgleich es ihm kaum verborgen geblieben sein konnte, daß sich unser Angriff gegen die Front zwischen Bastion 11 und 12 richten werde, so zeigten sich doch bei anbrechendem Tage auf den Werken dieser Front verhältnißmäßig nur wenig Geschütze. Um 6 Uhr begann der Feind nichtsdestoweniger ein lebhaftes Feuer; aber schon nach einem anderthalbstündigen Geschützkampfe schwieg dasselbe. Am Nachmittage wurde es wieder aufgenommen und so, in Pausen, am

31. August und 1. September. In keinem Falle jedoch vermochte es sich länger als einige Stunden gegen das überlegene Feuer unserer Batterieen zu halten. An Energie ließ es der Feind nicht fehlen; er entwickelte Nachts eine große Thätigkeit, reparirte den zugefügten Schaden und trat uns am andern Morgen mit neuen Geschützen entgegen. Aber jedesmal unterlag er bald unserer größeren Zahl und Treff. higkeit. So wie sich ein Geschütz sehen ließ, waren sofort unsere Zwölfpfünder darauf gerichtet, und in kurzer Zeit sah man das feindliche Geschütz quer gestellt, in die Höhe gerichtet, oder ganz und gar umgeworfen, zum Mindesten aber die Scharte auf das Gründlichste demontirt.

Die Aushebung der zweiten Parallele.
(In der Nacht vom 1. zum 2. September.)

Kaum waren die Arbeiten zur Erweiterung und zum Ausbau der ersten Parallele und der Communikationen nach rückwärts — Arbeiten von sehr bedeutendem Umfange — beendet, als auch schon der erste Spatenstich zum weiteren Vorgehen geschah.

In der Nacht vom 1. zum 2. September wurde mit zickzackförmig geführten Laufgräben an zwei Stellen weiter vorgegangen und die Anfänge der zweiten Parallele in zwei getrennten Stücken hergestellt. Die Verbindung dieser zwei Stücke wurde durch den mit großen Monumenten dicht besetzten St. Helenen-Kirchhof bedeutend erschwert. Im Dunkel der Nacht war einer der ausgehobenen Sappenschläge mit seiner Verlängerung zu nahe an einem bis dahin unbeachtet gebliebenen feindlichen Werke vorbeigeführt. Der Feind, der schon seit Beginn der Dämmerung mit Geschützen und Gewehren die frischen Erdarbeiten heftig beschoß, erkannte sofort den ihm dadurch gebotenen Vortheil und als die Arbeitercolonnen zur Erweiterung dieses Schlages einrückten, empfing er dieselben mit einem Hagel von Geschossen. Hier fanden an der Spitze dieser Colonnen, die Zurückweichenden wieder vorführend, Oberstlieutenant v. Gayl und Hauptmann Hertzberg, Beide vom preußischen Ingenieur-Corps, den Heldentod.

Erst in der Nacht vom 5. zum 6. September kam die zweite Parallele völlig zu Stande; es war also fünf Nächte lang an derselben gebaut und gegraben worden. Die Ursache dieser Verzögerung lag in erster Reihe in dem Regenwetter, das eingetreten war. Die Laufgräben mußten entwässert werden. Dazu kamen die Ausfälle des Feindes, gegen die man sich durch reichlichere Anlage von Ausfallstufen zu sichern hatte.

Unter diesen Ausfällen zählte der in der Nacht vom 2. zum 3. September unternommene zu den ernsteren. Zweimal ging der Feind in dieser Nacht zum Angriff vor, um Mitternacht und um 3½ Uhr früh.

Der Mitternachts-Ausfall richtete sich gegen den rechten Flügel unserer Parallele und nahm die Richtung auf Beudenheim. Zwischen einer die äußeren Bahnhofsgebäude besetzt haltenden Compagnie des 2. badischen Grenadier-Regiments »König von Preußen« und der feindlichen Augriffscolonne entspann sich ein heftiger Kampf, der unsere Position momentan in Gefahr brachte. Erst als Oberst v. Reuz mit dem auf Tranchéewache befindlichen 1. Bataillou ebengenannten Regiments herbei eilte, glückte es, den überlegenen Feind in die Festung zurückzuwerfen. Hauptmann Graeff war gefallen; mit ihm 50 Mann theils todt, theils verwundet. Ganz besonders hatte sich die 2. Compagnie des Grenadier-Regiments ausgezeichnet.

Der zweite Ausfall (3½ Uhr früh) richtete sich gegen den linken Flügel der Parallele und ging in drei Colonnen über die durch Anbau und Baumwuchs viel Deckung gewährenden Inseln Jars und Wacken, stieß hier auf das 2. Bataillon unseres 30. Regiments und wurde nach kurzem aber lebhaftem Kampfe zurückgeworfen. Unser Verlust betrug 30 Todte und Verwundete; unter diesen befand sich Lieutenant v. Versen, der in Gefangenschaft gerieth. Unsererseits wurden ein französischer Offizier und vier Chasseurs gefangen genommen.

Dieser zweite Ausfall war von einem formidablen Feuer aus den Festungswerken begleitet worden. Im Uebrigen sah sich unsere Infanterie nunmehr bereits in der Lage, bei Bekämpfung des auf den Wällen erscheinenden Gegners thätig mitwirken zu können. Namentlich geschah dies mit Wallbüchsen. Es war sowohl preußischerseits als auch durch die badische Division eine Anzahl derartiger Gewehre herbeigeschafft worden. Die besten Schützen wurden damit ausgerüstet und bildeten die Wallbüchsen-Detachements.*)

Iu der Nacht vom 3. zum 4., wie auch in den unmittelbar folgenden Nächten wurden mehrere neue Demontir-Batterieen gebaut, von denen zwei: eine 24-Pfünder- und eine Mörser-Batterie (beide mit neuconstruirten Geschützen armirt) sich alsbald glänzend bewähren sollten. Und zwar bei Beschießung resp. Zerstörung der Lünette 44.

---

*) Die günstigsten Punkte der am weitesten vorgetriebenen Laufgräben wurden, während aller Stadien der Belagerung, zu Stationen für die Wallbüchsen gewählt. Die badischen Schützen, welche diesen Dienst versahen, hatten ein Mittel erfunden, um sich dem Auge des Feindes zu entziehen. Sie kehrten das graue Unterfutter ihrer Mützen nach außen, so daß das, was in Wirklichkeit der Kopf eines wachsamen Schützen war, nur als ein Stück aufgeworfene Erde der Brustwehr erschien. Diese Wallbüchsen machten es dem Feinde unmöglich, seinerseits ein gut gezieltes Infanteriefeuer abzugeben, und indem derselbe, an Stelle dieses Hauptvertheidigungsmittels, ein massenhaftes Knallen mit hochangeschlagenem Gewehr setzte, forderte er gleichsam die Belagerungs-Artillerie auf, sich in die nächste Gewehrschußweite vorwärts zu begeben. So wurde die Artillerie durch die Wallbüchsen so zu sagen dahin mitgenommen, wo letztere sich einnisteten.

Diefe Lünette 44 (fiehe die vorftehende Zeichnung) hatte zu der eigentlichen Angriffsfront, alfo zu dem den Baftionen 11 und 12 vorgelegenen
Terrain, eine folche Lage, daß fie den Angriff durch ihr Flankenfeuer außerordentlich erfchwerte. Schon bei Anlage der erften Parallele war diefe
Lünette 44 unbequem geworden, beim Bau der zweiten Parallele wurde fie
es in noch höherem Maße, und es ließ fich nicht verkennen, daß, bevor aus
der zweiten Parallele weiter vorwärts gearbeitet werden konnte, zunächft
die Lünette 44 entweder genommen oder doch wenigftens dem Feinde die
fernere Befetzung derfelben unmöglich gemacht werden müßte. Für das Eine
fowohl wie für das Andere war es in hohem Grade wünfchenswerth, das
gemauerte Reduit im Innern der Lünette zu demoliren, überhaupt die Hohlräume in derfelben vertheidigungsunfähig zu machen. Diefe Aufgabe fiel
den genannten beiden Batterieen zu. Am 8. September erhielt die Lünette 44
von den vorgenannten kurzen 24-Pfündern und zugleich aus der gezogenen
Mörfer-Batterie (Meier) ein überwältigendes Feuer und wurde kurz darauf
als vom Feinde verlaffen recognoscirt.

Andere Batteriebauten, darunter eine rechts neben dem St. Helenen-Kirchhof, erfolgten in der Nacht vom 8. zum 9.

Die Aushebung der dritten Parallele.
(In der Nacht vom 9. zum 10. September.)

Bei den schnellen Fortschritten der Artillerie befand man sich bereits am 9. September in der Lage, aus der zweiten Parallele an drei Stellen mit den Laufgräben debouchiren zu können; aber noch mehr: in der Nacht vom 10. zum 11. konnten alle drei Sappentêten mit der »gemeinen Sappe« 300 Schritt lang hergestellt, in der folgenden Nacht sogar ein über 700 Schritt langes Stück der dritten Parallele mit der gemeinen Sappe vollendet werden. Dies Unternehmen steht in der Kriegs- und Belagerungsgeschichte ohne Beispiel da. Das Verdienst desselben gebührt dem Ingenieur en chef, Generalmajor v. Mertens. In wenigen Stunden gelang es mit Hülfe der gemeinen*) oder flüchtigen Sappe ebensoviel zu fördern, wie sonst (unter Anwendung der »völligen Sappe«) in einer Reihe von Tagen.

Etwa gleichzeitig mit Aushebung der dritten Parallele erfolgte auch eine Umgestaltung des artilleristischen Kampfes. Bis dahin war derselbe von hüben und drüben im Wesentlichen mit Rohrgeschützen geführt worden. Vom 9. ab gab der Feind, von Einzelfällen abgesehen, diese Kampfesweise auf und trat unseren Angriffsarbeiten nur noch mit Bomben aus schweren Mörsern entgegen. Es mußte nunmehr auch unsererseits Bedacht darauf genommen werden, den Mörsern, deren Aufstellung sich dem Auge gänzlich entzog, wiederum durch Mörserfeuer in genügender Menge

---

*) Man unterscheidet die gemeine Sappe, die flüchtige Sappe und die völlige Sappe. Die beiden letzteren Sappenarten unterscheiden sich von der ersteren dadurch, daß bei ihnen zur Herstellung der Deckung sogenannte Sappenkörbe aufgestellt werden, hinter welchen man sich eingräbt, indem man die erste gewonnene Erde zum Vollfüllen der Körbe benutzt. Man erhält auf solche Weise von vorn herein eine bessere Deckung, während bei der gemeinen Sappe die vorwärts geworfene Erde jedem einzelnen Manne erst allmälig Deckung gewährt. Die flüchtige Sappe ist insofern der gemeinen Sappe ähnlich, als auch bei ihr auf der ganzen herzustellenden Sappe gleichzeitig gearbeitet wird und daß Infanterie dabei angestellt werden kann. Die völlige Sappe ist diejenige langsame Form des Vorwärtsarbeitens, wobei sich die zu dieser Arbeit eingeübten Sappeurs auf eine künstliche, im Sappeur-Reglement genau vorgeschriebene Art maulwurfartig weiterwühlen. Die völlige Sappe charakterisirt sich dadurch, daß sie unter fortwährend vorzuwälzender Deckung vorschreitet. Bisher benutzte man hierzu in der Regel einen großen Korb, den sogenannten Wälzkorb. Neuerdings wälzt man nur die Erde vor sich her und nennt diese Sappenart die Erdwalze. Die Anwendbarkeit der einen oder andern dieser Sappenformen hängt von der geringeren oder größeren Nähe, in welcher feindliches Feuer zu erwarten ist, ab. Bisher nahm man allgemein an, daß schon die zweite Parallele nicht mehr mit der gemeinen, sondern wenigstens mit der flüchtigen Sappe gearbeitet werden müsse, für alle Arbeiten vorwärts der zweiten Parallele aber war die Nothwendigkeit des völligen Sappirens anerkannt.

44*

antworten zu können. Drei große Mörser-Batterieen traten alsbald in Thätigkeit:

Batterie Hüger von der Westphälischen Festungs-Artillerie, mit sechs 25pfündigen Mörsern,

Batterie Trüstedt, mit vier 50pfündigen Mörsern,

Batterie Meier vom Magdeburgischen Feld-Artillerie-Regiment (dieselbe die Lünette 44 zum Schweigen gebracht hatte), mit zwei gezogenen 21 Centimeter-Mörsern armirt.

Diese drei Batterieen richteten ihr Feuer gegen die eigentliche Angriffsfront: die Bastionen 11 und 12, und erzielten eine solche Wirkung, daß schon nach wenig Tagen beide Bastionen kaum noch einem für die Vertheidigung eingerichteten Festungswerke glichen.

Die Aushebung der vierten (Halb-) Parallele und des Couronnements.
(In der Nacht vom 12. zum 13. und vom 13. zum 14. September.)

Am Abend des 12. September war man bereits so weit, auch aus der dritten Parallele weiter vorgehen zu können. Vor Lünette 53 hatte man den Fuß des Glacis mit der dritten Parallele erreicht; dagegen war dieselbe vom Fuße des Glacis der etwas zurückspringenden Lünette 52 noch etwa 50 Schritt entfernt. Es wurde aus diesem Grunde die Anlage einer halben Parallele projektirt, welche das Glacis beider Lünetten berühren sollte. Vor der Spitze der Lünette 52 mußte daher zu dieser Halbparallele vorwärts sappirt werden.

Wenn man sich in so großer Nähe der Festungswerke befindet, können die Annäherungswege nicht mehr im Zickzack geführt, sondern müssen durch Traversen (Querwälle) defilirt werden. In der mondhellen Nacht vom 12. zum 13. war diese Traversensappe theilweise nicht anders als mit der Erdwalze herzustellen, wo es indessen irgend möglich war, arbeitete man flüchtig, so daß bereits in der Nacht vom 13. zum 14. September die Halbparallele zu Stande kam und sogar der Anfang zum Vorgehen aus der Halbparallele gemacht werden konnte. In dieser oder der folgenden Nacht glückte es vor jeder Face der Lünette 53 ein etwa funfzig Schritt langes Stück des »Couronnements« mittelst der flüchtigen Sappe zu Stande zu bringen. Man versteht unter »Couronnement« den letzten vor einem angegriffenen Werke anzulegenden Parallelen-Laufgraben, welcher auf dem höchsten Theile des Glacis liegt und daher auch Krönung des Glacis genannt wird.

Man befand sich also den beiden Lünetten 53 und 52 nunmehr bis auf 100 Schritt gegenüber. Dennoch verging noch eine volle Woche, ehe beide Lünetten in unsern Händen waren.

Das Brescheschießen

und die Wegnahme der Lünetten 53 und 52.

Von Erdarbeiten haben wir nun nicht weiter zu berichten. Was noch zu thun war, war Brescheschießen und — Sturm, zunächst der Lünetten, dann der Bastionen, dann der Stadt.

Bis zum 13. hatte der artilleristische Angriff einen so zu sagen regelrechten Verlauf genommen; von diesem Tage an überschritt die Artillerie mit kühnen Sprüngen die Grenzen der Regel.

Während man, selbst als es nur glatte Geschütze gab, die zweite Parallele im Allgemeinen als letzte Position betrachtete, über welche hinaus die Artillerie, wenigstens mit Rohrgeschützen, nicht nöthig habe weiter vorzubringen, und aus welcher hinaus nur in den letzten Stadien der Belagerung Rohrgeschütze vorgebracht zu werden brauchten, um die Breschbatterieen und die den Sturm der Bresche vorbereitenden Contre-Batterieen zu armiren, so war es, auch nach Einführung gezogener Geschütze, der preußischen Artillerie vorbehalten, vorwärts der zweiten Parallele mit Demontir-Batterieen aufzutreten.

Aber in noch anderer, wichtigerer, in gewissem Sinne dem Vorstehenden entgegengesetzter Beziehung bezeichneten diese Tage (vom 13. bis zum 17.)*) den Eintritt in eine neue Epoche des artilleristischen Angriffs. Der indirekte Brescheschuß, der, bis dahin nur theoretisch berechnet, noch keine Kriegsprobe bestanden hatte, kam zu voller Geltung. Zum ersten

---

*) In eben diesen Tagen waren innerhalb der Stadt, zu der ihnen der Zutritt gestattet worden war, die schweizer Delegirten thätig, eine Emigration von Frauen, Kindern und Altersschwachen ins Werk zu setzen. Am 15. September verließen 501, am 17. September 348 Personen die Stadt. Generallieutenant v. Werder hatte, im Gegensatz zu einer auf S. 658 erwähnten Aeußerung, dies Zugeständniß gemacht. Spätere Gesuche wurden abgelehnt.

Male seitdem es Belagerungen giebt, sah der Vertheidiger einer Festung die Mauern seiner Wälle durch Geschütze zertrümmert, welche 1000 Schritt entfernt an Punkten aufgestellt waren, von denen aus jene Mauern nicht einmal gesehen werden konnten.

Die Schwierigkeit des indirekten Bresche schießens wird um so größer, je näher die das Mauerwerk deckende Brustwehr vor demselben liegt und je tiefer der Graben ist, dessen Böschung die Mauer bekleidet. In beiden Beziehungen waren die Verhältnisse für das Breschiren der Escarpe der Lünette 53 möglichst ungünstig. Wenn nun trotzdem bereits nach dem ersten Schießtage die Ueberzeugung gewonnen wurde, daß eine gangbare Bresche zu Stande kommen werde, so konnte doch die Beobachtung der Wirkung durchaus nicht in solcher Weise erzielt werden, wie es zu wünschen gewesen wäre.

Aber vom 17. ab ermöglichte sich auch dies. Schon in der Woche, die dem eigentlichen Bresche schießen vorausging, hatte Hauptmann Ledebour vom Ingenieur-Corps, indem er sich in dem Graben vor der Spitze der Lünette 53 an Stricken niederließ, das Vorhandensein von Minengängen constatirt, deren Eingänge sich an der Contre-Escarpe dieses Grabens befanden. Es wurde demnächst versucht, diesen Minengängen mit einem Schleppschacht von der dritten Parallele aus entgegenzugehen. Am 14. früh fand man dieselben auf, und nachdem sie entladen und an den zerstörten Stellen gangbar gemacht waren, konnten diese Gänge dazu dienen, um gedeckt bis zum diesseitigen Rande desjenigen Grabens vorzudringen, dessen gegenüberstehende Mauer in Bresche gelegt wurde. Wie aus der Proseeniumsloge eines Theaters konnte von hier aus der ganze fernere Verlauf des Bresche schießens beobachtet werden. Hauptmann Müller vom Kriegsministerium, der seitens des Generallieutenants v. Decker mit der Leitung des Feuers in den Breschbatterieen beauftragt worden war, benutzte diese »Proseeniumsloge« sofort und konnte von hier aus am 17. die ganz bestimmte Ueberzeugung gewinnen, daß die Bresche ersteigbar sei.

Die Entscheidung rückte immer näher; es mußte auf einen Sturm Bedacht und daher der Bau von Contre-Batterieen in Angriff genommen werden. Zugleich hatten in der Nacht vom 18. zum 19. Pionier-Compagnieen vor den Lünetten 53 und 52 Graben-Descenten hergestellt. Diese beiden Lünetten fortzunehmen, um dann von hier aus gegen Bastion 11 und 12 vorzugehen, war unsere nächste Aufgabe.

Die Contre-Escarpe von Lünette 53 war weggesprengt; in der folgenden Nacht begann der mühsame Dammbau durch den Wassergraben vor

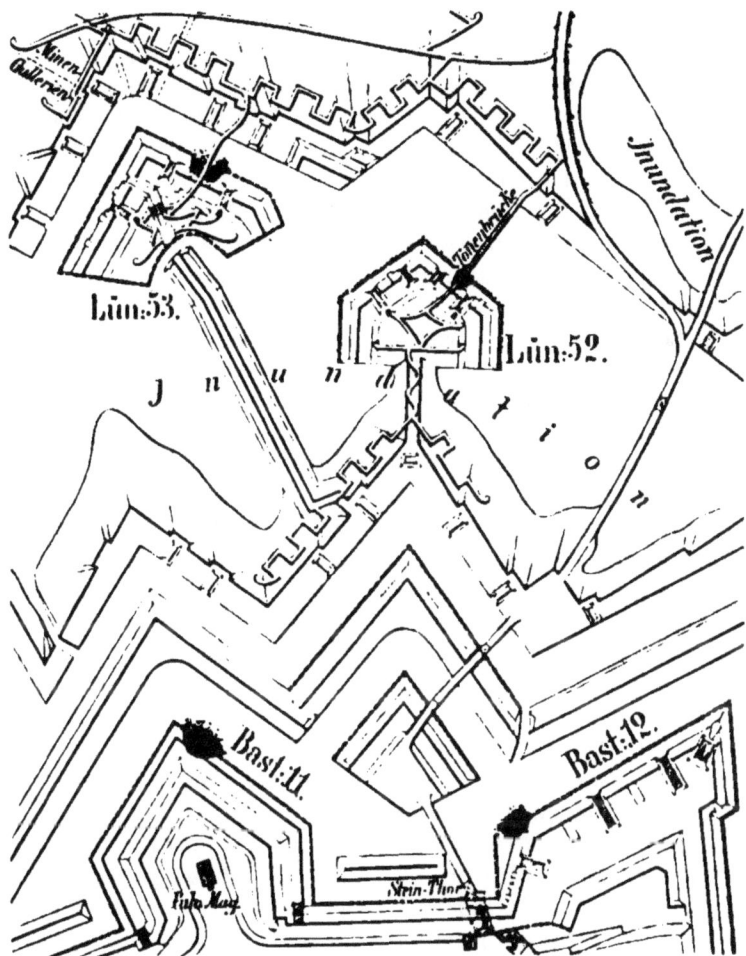

der Bresche im feindlichen Feuer. Der Dammbau glückte; die Lünette wurde
unter geringen diesseitigen Verlusten besetzt.

Der Bericht eines Betheiligten giebt die Vorgänge, die zu dieser
Besetzung führten, in sehr anschaulicher Weise.

Die Besetzung von Lünette 53.

(Vom 20. zum 21. September.)

»Unsere Mineurs waren seit dem 19. Abends an der Contre-Escarpe
thätig, hatten immer tiefer hineingearbeitet, dann geladen und verdämmt.

Um 4¾ Uhr Morgens, am 20. September, stürzte mit einem dumpfen Krach das Mauerwerk auf 12 Fuß Breite zusammen. Still und ruhig war es bis dahin, alle Mannschaften auf weite Entfernungen zurückgezogen, nur die Mineure, zwei, drei Mann, waren bis zuletzt beschäftigt. Auch sie waren im allerletzten Moment weggehuscht aus der gefährlichen Nähe der Mine.

Nun beginnt ein zwar möglichst leises, aber buntes geschäftiges Treiben. Die Pioniere suchen die eben gebrochene Bresche zu erweitern, die Infanterie-Arbeiter werden durch die Descente hindurch in mehreren Reihen nebeneinander bis hinter das Couronnement angestellt und kleine Körbe mit Erde gefüllt fliegen nun schnell von Hand zu Hand, voll hin, leer die andere Reihe zurück; über die Brustwehr weg aber schleppen die Pioniere Sappen-körbe und Faschinen, mit Sandsäcken und Steinen beschwert. Korb auf Korb, Faschine auf Faschine fliegt ins Wasser, und darauf Wurf auf Wurf von dem zugereichten Boden; unersättlich verschlingt im Anfange das Wasser alles Material, es hat in der Mitte eine Tiefe von 8 Fuß; aber langsam, Fuß für Fuß, rückt der Damm vor.

Der Tag bricht an; es darf nicht hindern; nur um so emsiger rühren sich die Hände und um so schneller folgt Korb auf Korb. Schon kann man beginnen auf dem festen Unterbau links eine Deckung herzustellen aus Sappenkörben, von oben mit Erde, so weit es geht, dann mit gefüllten Sandsäcken gefüllt. Es muß Sicherung gegen den Schuß von Nr. 52 geschaffen werden. Aber den ganzen Morgen läßt sich hier Niemand sehen, auch von dem vorliegenden Werke, von 53, fällt kein Schuß; freilich ist das Couronnement dicht mit Schützen besetzt, die nur warten, daß ein Kopf sich zeige. Eine Batterie von zwei 6-Pfündern steht zudem im Couronnement, um die links gelegenen Werke zu beschießen.

Man wird immer kühner; und da just ein Nachen herbeigeschafft worden ist, taucht der Gedanke auf, hinüber zur Bresche zu fahren; von zwei Seiten arbeitet's sich ja besser einander in die Hände. Kaum hat der Gedanke Worte gefunden, so wird er ausgeführt. Einige Pioniere passiren zuerst, dann Mannschaften vom 3. Bataillon 2. Garde-Landwehr-Regiments, mit Lieutenant v. Meyer an der Spitze. Um 1 Uhr Mittags klettern sie die Bresche in die Höhe und beginnen den Boden von hier ins Wasser zu werfen, zugleich dadurch die Bresche gangbarer machend.

Aber noch wagte Keiner über die Brustwehr sich hinweg, noch vollends war Keiner drin im Werke, von dem man nicht wußte, ob und wie stark es besetzt sei. Auch war in jedem Falle Gefahr genug damit verbunden, denn die Granaten unserer eigenen Geschütze sausten dicht über die Brustwehr der Lünette, schlugen sogar theilweise ein. Andererseits war es wiederum wichtig genug, genau das Innere der Lünette kennen zu lernen und besonders zu sehen, ob sie noch besetzt sei. Kaum hatten demnach die Arbeiter auf der Bresche ihr kühnes Werk begonnen, so kletterte der Ingenieur-Lieutenant Frobenius weiter hinauf, lugte erst hier und da hinein über die Brustwehr und — mit einigen Sprüngen war er drin. Er skizzirte schnell das Innere und kehrte unversehrt zurück. Das Werk war nicht besetzt.

Die Artillerie war indessen benachrichtigt und stellte ihr Feuer auf diese Stelle ein; so folgte dem Vorläufer nach einiger Zeit Dieser und Jener; man begann sich an der oberen Kante der Brustwehr festzusetzen und so ohne alle Ordre Besitz von dem Werke zu ergreifen.

Alsbald erschien auch der Oberstlieutenant v. Wangenheim, Chef des Ingenieurstabes des Belagerungscorps; er führte selbst Pioniere hinein, untersuchte die Hohlräume und nun begann man sich im Innern der Lünette zu verbauen.

Indessen war der Uebergangsdamm zu seinem Ende geführt worden, Abends 6 Uhr war er fertig.

Kurz vorher hatten uns einige Verluste betroffen. Auf der linken Face von 52 erschien plötzlich feindliche Infanterie, und ein starkes Gewehrfeuer gegen die Arbeiter beginnend, fielen einige unserer Pioniere todt und verwundet. Lange indeß konnte das Feuer nicht schaden, denn die Seitendeckung rückte mit dem Damme vorwärts und sicherte uns gegen die Lünette 52.

So war denn die Communication beendet und das erste Werk der Festung genommen, eigentlich durch eine kühne Recognoscirung.«

Die Besetzung der Lünette 52.
(In der Nacht vom 21. zum 22.)

»Blutiger als die Occupation der Lünette 53, so entnehmen wir demselben Bericht, sollte in der Nacht vom 21. zum 22. die Besitzergreifung der Lünette 52 vor sich gehen. Ueber den 180 Fuß breiten Wassergraben war bis 8 Uhr Abends noch keine Communication zu sehen, nur die Grabendescente war fertig und zwar in der Weise hergestellt, daß zwei Reihen Schanzkörbe übereinander die beiderseitigen Böschungen des Durchstichs bekleideten und die Decke durch Eisenbahnschienen gebildet wurde, welche durch besondere Unterstützungen auf beiden Seiten getragen wurden. Die Tête nach dem Wasser zu war mit einer Maske von Sappenkörben, Faschinen und Sandsäcken eng geschlossen, als um 8 Uhr die Compagnie Andreae (Pioniere) zum Brückenbau vorging. Das Gewehrfeuer der Festung, namentlich von den links flankirenden Linien und der Contregarde der Hauptenceinte, war ziemlich lebhaft, wie es den ganzen Tag über gewesen, aber hauptsächlich gegen Lünette 53 und das Couronnement gerichtet. Bald begann es aber hörbar in das Innere der Lünette 52 einzuschlagen und von Zeit zu Zeit sanfte ein Kartätschenhagel dahinein; ebenso gerade an der Stelle der Descente hinter dem Couronnement entlang (vom Hornwerk 47—49 aus), wo man also offenbar die Sturm-Colonnen erwartete.

Die Pioniere entfernten die Tétendeckung, trugen zuerst einige Nachen herbei und ließen sie geräuschlos ins Wasser gleiten; zwei Mann mit dem Ende eines Taues fuhren zum jenseitigen Ufer der Escarpe der Lünette hinüber, so daß das Tau sich quer über den Graben spannte. Große, leere Biertonnen wurden herbeigerollt, je zwei neben einander durch einen Rahmen von Balken derart verbunden, daß die gemeinsame Achse quer zur Brücken-richtung stand, vier Balken wurden auf dem Rahmen aufgelegt, an diesen das diesseitige Tauende befestigt und nun die Tonnen vorwärts gezogen, indem vom diesseitigen Ufer mit den Balken nachgeschoben wurde. Wieder wurde eine Unterstützung aus zwei Tonnen und einem Rahmen gebildet, wieder vier Balken aufgelegt, die erste, nun freischwimmende Strecke mit Brettern eingedeckt und abermals vorgeschoben. Auf diese Weise wurde vom diesseitigen Ufer aus ein Brückenglied nach dem andern angesetzt, und um eben so viel rückte die Brückentête dem jenseitigen Ufer, dirigirt von dem Leitseil, näher. (Vgl. unsere Karte auf S. 673, die bei Lünette 52 die Richtung der Tonnenbrücke, wie bei Lünette 53 die Richtung des geschütteten Erddammes giebt.)

Unter Leitung des Hauptmanns Andreae und Premierlieutenants v. Keiser II. schritt die Arbeit rasch und mit erstaunlicher Ruhe und Ge-räuschlosigkeit vorwärts. Um 10 Uhr gelangte die Brückentête an das jen-seitige Ufer und die Landflöße wurden gelegt, d. h. die bis jetzt frei schwimmende, nur an dem Tau drüben, an den vier Balken hüben dirigirte Brücke wurde an beiden Ufern festgelegt; eine Strohschüttung auf der ganzen Brückenbahn sollte das Geräusch beim Uebergange der Colonne dämpfen.

Um 10¼ Uhr war auch diese letzte Arbeit beendet; die Colonnen rückten an: die Pionier-Compagnie Roese, die Compagnie Denk (2. Com-pagnie 34. Infanterie-Regiments) und eine Abtheilung von 100 Mann der 12. Compagnie 1. Garde-Grenadier-Landwehr-Regiments unter Leitung des Ingenieur-Lieutenants v. Keiser I.

Mit zwölf Pionieren und zwei Unteroffizieren ging Hauptmann Roese zuerst über die Brücke bis auf die Brustwehr der Lünette vor; einer der Unteroffiziere (Mineur) untersuchte die Hohlräume des, wie zu erwarten, leer gefundenen Werkes auf Minen; die zwölf Mann suchten an der steilen Erdböschung der Escarpe Stufen für die nachfolgenden Colonnen herzustellen.

Nachdem der Mineur gemeldet, daß Alles in Ordnung, ging ein Zug Infanterie als Bedeckung über und placirte sich möglichst gedeckt im Innern des Werkes, ihnen auf dem Fuße folgten die Pionier-Compagnie und zwei Züge Infanterie; erstere fand gegen das Feuer des Hauptwalles eine willkommene Deckung in der Pallisadirung der Kehle des Werkes, wohinter sie beginnen konnte ohne Zögern den Graben auszuheben. Die zweite Aufgabe war dann, von dieser Position zum Uebergangspunkte hin eine gedeckte Communication herzustellen. Die Infanterie fand in den Hohlräumen meist Unterkommen bis zur Beendigung der Sappe.

Die ersten Züge der Colonnen waren mit möglichster Stille über die Brücke gelangt, als die zuletzt hinüberrückenden, beunruhigt durch die über ihren Köpfen pfeifenden Kugeln, in eine schnellere und damit geräuschvollere Bewegung verfielen. Dies mußte den Feind aufmerksam gemacht haben, und als die 100 Mann der Garde-Landwehr an der Escarpe ankamen, begann sich auf diesen Punkt ein mörderisches Feuer zu concentriren. Und gerade hier sollten die Leute placirt werden, um einen gedeckten Weg hinauf in das Innere auszuheben! Major v. Quitzow, vom Ingenieurcorps, war selbst an der Tête; die Leute warfen sich nieder, aber es half nichts; was nützte alle Arbeit im Innern, wenn sie keine gedeckte Communication nach der Brücke hatte?

Unter äußerster Anstrengung der Offiziere wurden die Mannschaften angestellt, überschüttet von Gewehr- und Kartätschenkugeln. Bald kam der erste Verwundete zurückgelaufen über die Brücke, Schuß in der Schulter; gleich darauf der zweite, Schuß im Arm, ein dritter wurde bereits herübergetragen, und die Krankenträger reichten bald nicht mehr aus, um die Gefallenen wegzutransportiren. Jetzt ein Offizier: Lieutenant v. Oppen, Schuß in der Seite. Und immer dichter hagelten die Schüsse nieder, immer wieder schlug ein Kartätschschuß ein; es war eine entsetzliche Nacht.

Endlich hört das Laufen auf der Brücke auf; man schien tief genug im Boden zu sein, schien Deckung zu haben. Mit nichten. Immer neue Meldungen von Verlusten trafen ein: Major v. Quitzow todt, der zweite Tranchéemajor todt, und hier lagen im Laufgraben noch 10 Todte und 38 Verwundete.

Aber das Werk war unser und wieder waren wir einen Schritt näher zum Ziele.«

Die letzten Tage.

Lünette 53 und 52 waren unser, aber ein Blick auf den Plan von Straßburg zeigt, daß damit erst der erste entscheidungbringende Schritt geschehen war. Hinter den genannten beiden Lünetten lagen, wie mehrfach hervorgehoben, die Bastionen 11 und 12 und gegen diese begann sich nun unser Angriff zu richten. Das Verfahren dabei war dasselbe: Brescheschießen, Uebergang, dann Sturm. Kam es zu einem solchen, so war vorauszusehen, daß derselbe erhebliche Opfer kosten werde.

Am 23. begann die Batterie von Gentzkow das Breschiren der Escarpe der rechten Face von Bastion 11, am 24. folgte die Batterie Mogilowski gegen die linke Face von Bastion 12. Jene war mit sechs, diese mit vier kurzen 24-Pfündern armirt. Beide indirekte Breschbatterieen brachten im Verlauf von drei Tagen (bis zum 26. resp. 27. früh) das Mauerwerk zum Sturz, so daß es nur noch einiger Schüsse gegen die Erd-wand bedurft hätte, um die Breschen völlig ersteigbar zu machen. Das feindliche Feuer, trotzdem es zum Theil mit großer Präcision abgegeben wurde, richtete in diesen letzten Tagen nur geringen Schaden an.

Inzwischen gingen auch die Sappenarbeiten ihren letzten Zielen ent-gegen. Vergeblich war der Kampf des Feindes gegen dieselben. Die lei-tenden Ingenieur-Offiziere förderten die gefahrvolle Arbeit, theilweise mit eigener Hand die Sappenkörbe setzend. Schon am Morgen des 23. Sep-tember war ein bedeutendes Stück der Traversensappe fertig, mit welcher aus Lünette 52 debouchirt wurde, und bald darauf begann man vor den Werken der Hauptumwallung das Glacis zu krönen. Leider empfing hierbei Hauptmann Ledebour eine Verwundung, die nach einigen Wochen seinen Tod zur Folge hatte. Dieser Offizier, welcher, wie S. 672 angeführt ist, die Minengänge vor Lünette 53 fand, hatte sich durch unermüdliche Thätigkeit beim Recognosciren der Festung unter fortwährender Exponirung seiner Person sehr verdient gemacht. Er hatte es unter Anderm unternommen, im Graben schwimmend, das Terrain hinter Lünette 52 zu recognosciren, ob es geräumig und trocken genug sei, um nach Erstürmung dieses Werkes darauf fortarbeiten zu können.

Diese Arbeit hinter Lünette 52 war nun ausgeführt. Das feindliche Feuer konnte in keiner Weise das weitere Vorschreiten lähmen und bis zum 26. früh kam das Couronnement vor der Contregarde der Bastion 11 und ein Logement vor dem Werke 54 zu Stande.

Grabenbescenten wurden vorbereitet.

Vergegenwärtigt man sich angesichts dieser Thatsachen die Lage des Vertheidigers, so muß dieselbe als gänzlich hoffnungslos bezeichnet werden.

Die Artillerie hatte sich der Festung gegenüber mit vielen Anstrengungen stets verbesserte Positionen geschaffen. Von den 69 Batterieen, welche sie gebaut hatte, hielt sie jetzt 40 besetzt; sie war im Stande — von den badischen Batterieen bei Kehl abgesehen — jeden Augenblick mit 180 Geschützen aufzutreten. Wenn von diesen Geschützen nur ein mäßiges Feuer unterhalten wurde, so erhielt die Festung in 24 Stunden 6000 Projectile, von denen jedes einzelne eine Sprengwirkung äußert.*)

An das Abschlagen eines Sturmes, der von solcher Artillerie vorbereitet werden konnte, war nicht zu denken. Genau genommen waren die Vertheidiger schon jetzt nicht mehr Herren ihrer Wälle oder, besser gesagt, eigentliche Wälle waren überhaupt nicht mehr vorhanden.

*) Einschließlich der badischen Artillerie feuerten während der Belagerung 241 Geschütze, wobei wohl auch Feldbatterieen, die anfänglich partiell zur Verwendung kamen, miteingerechnet sind. Von all diesen 241 Geschützen sind im Ganzen 193,722 Schuß und Wurf abgegeben worden, und zwar 162,600 von den 197 preußischen und 31,122 von den 44 badischen Geschützen. Es sind dies gewesen:

28,000 Granatschuß aus dem langen gezogenen 24-Pfünder,
45,000 Granatschuß aus dem gezogenen 12-Pfünder,
8,000 Granatschuß aus dem gezogenen 6-Pfünder,
5,000 Shrapnelschuß aus dem gezogenen 24-Pfünder,
11,000 Shrapnelschuß aus dem gezogenen 12-Pfünder,
4,000 Shrapnelschuß aus dem gezogenen 6-Pfünder,
3,000 Langgranatschuß aus den 15-Centimeter-Kanonen, .
600 Langgranatwurf aus 11-Centimeter-Mörsern,
15,000 50pfündige,
20,000 25pfündige,
23,000 7pfündige Bombenwürfe aus glatten Mörsern.

Diese Summen (Total: 193,722 Schuß und Wurf) ergeben als statistisches Resultat, daß in den 31 Tagen des förmlichen Angriffs auf Straßburg durchschnittlich an jedem Tage 6219, in jeder Stunde 269, in der Minute also fortlaufend 4—5 Schuß oder Wurf in die Festung gefeuert worden sind.

Bei dieser Gelegenheit ist noch zu erwähnen, daß das Gewicht der einzelnen Geschosse nicht nach deren Eisengewicht, sondern nach dem einer steinernen Kugel von gleicher Größe bestimmt wird, so daß beispielsweise das Gewicht der 7—50pfündigen Bomben im Verhältniß ihres Kalibers bis 180 Pfund steigt.

Wer nicht im Jahre 1870, in den letzten Tagen des September, auf den Wällen Straßburgs, in den Bastionen 11 und 12, gewesen ist, vermag sich keinen Begriff zu machen, in welchen Zustand unsere Artillerie dieselben versetzt hatte.

Selbst die dabei betheiligt gewesenen Artilleristen geriethen davon in Erstaunen, als sie später Gelegenheit hatten, die Wirkung der Beschießung in allen ihren Einzelnheiten zu sehen.

Aus dem ganzen künstlichen Bau der Brustwehren, der Wallgänge, Traversen und Hohlräume war ein formloser Erdhaufen geworden, verschüttet unter Trümmern lagen die Geschütze, demontirt, umgeworfen, unkenntlich. Kaum konnte man sich auf diesem einstmaligen Bollwerke noch bewegen, der Transport neuer Geschütze wäre nicht zu ermöglichen gewesen, am allerwenigsten aber gewährten diese Werke noch Deckung.

Dabei lag der ganze Stadttheil hinter der Angriffsfront in Trümmern, und es mußte sehr fraglich werden, ob man über diese Trümmerhaufen hinweg überhaupt noch Truppen zur Vertheidigung der Bresche vorführen könne.

Endlich aber, und dieser Umstand ist gewiß nicht gering zu veranschlagen, war hier bei Straßburg schon jetzt die Citadelle, sonst die letzte Zufluchtsstätte der Besatzung, in einer Weise verwüstet, wie man noch nie zuvor Aehnliches gesehn.

Die Batterieen auf dem rechten Rheinufer bei Kehl hatten diese Aufgabe unausgesetzt durchgeführt, und so gebührt der daselbst thätig gewesenen badischen Artillerie ein wesentlicher Antheil an der Bezwingung Straßburgs. Die Citadelle war nicht mehr im Stande eine Besatzung aufzunehmen.

Dennoch verging ein Tag nach dem andern, ohne daß der Vertheidiger, die Hoffnungslosigkeit eines längeren Widerstandes einsehend, den Weg der Unterhandlungen betreten hätte.

Die deutschen Truppen sahen daher gefaßten Muthes der Nothwendigkeit entgegen, den Preis ihrer fast übermenschlichen Anstrengungen und ihres pflichtgetreuen Ausharrens noch mit einem letzten blutigen Kampfe Mann gegen Mann erringen zu müssen.

So kam der 27. September.

Der Morgen brach trübe an; ein dichter Nebel verhüllte der Artillerie ihre Ziele, erst gegen 10 Uhr wurde es klar und sie begann ihr Feuer. Zu den 180 Feuerschlünden waren heute die gewaltigsten, die 21-Centimeter-Mörser (Batterie Meier) wieder hinzugetreten. Die Erde bebte auf viele Meilen hin. Da plötzlich schwieg das Feuer.

Alles horchte auf; die Stille überraschte mehr als das Gekrach. Was war geschehen?

Straßburg am 27. September.

Wir nehmen die Mittheilungen des Tagebuchs, die wir unserer Darstellung der ersten Wochen der Belagerung zu Grunde legten, an dieser Stelle wieder auf.

»So kam der 27. September, — so heißt es am Schluß jener Aufzeichnungen. Es war der sechsundvierzigste Tag. Fast 8000 Einwohner waren obdachlos, von milden Gaben lebend, geflüchtet in die Kirchen und Schulen, in Löcher am Fuß der Wälle, in Bretterhütten auf den Staben oder auf den Leinpfaden. Fünfhundert Häuser waren abgebrannt, eingestürzt, zerstört.

Die schönsten Straßen, die volkreichsten Stadttheile: Ruinen! Die Kunstschätze, die wissenschaftlichen Sammlungen, Meister- und Wunderwerke, was waren sie noch? Schutt- und Steinhaufen, verkohlte Balken, krumm-gebogenes Eisen, Trümmer, Splitter, Asche.

Vor der Stadt die Promenaden verwüstet, die Brücken abgebrochen, die Straßen aufgewühlt und kothig; überall Brandspuren; das Gras und die Blätter vergilbt, Baumstämme umgestürzt!

Die Garnison entschlossen, aber jeden Tag vermindert; nahe an siebenhundert Soldaten im Grabe nebeneinander!

In jeder Familie ein Verwandter, den man beweinte; in den Kellern Frauen und Kinder; Kranke, welche keinen Schlaf mehr fanden; andere, deren Verstand sich verwirrt hatte durch die Wirkung des Schreckens. Todte, die in die Grube geworfen wurden, ohne daß ein Freund sie begleitet; in der Luft ein furchtbares und endloses Tosen und Krachen; Angst- und Schmerzens-geschrei und — Verwüstung!

Die Mauern der alten Festung zerschossen; die Wälle durchfurcht, unförmliche Klumpen; Feuerschlünde zertrümmert und stumm, und darunter die eingestürzte Mauer.

Seit lange schlugen die Kirchenuhren nicht mehr und die Stunden und Tage schienen still zu stehen.

So kam der sechsundvierzigste Tag. Man hoffte nichts mehr, man
konnte sich keinen Täuschungen mehr hingeben und man fügte sich mit Ergebung dem unerbittlichen Schicksal.

Da gegen 5 Uhr wurde es in den Straßen plötzlich rege und belebt.
Man läuft, man bestürmt einander mit Fragen; alle Blicke wenden sich
auf einen einzigen Punkt: Eine weiße Fahne flattert auf dem
Münster!

Man traut seinen Augen nicht; man blickt wieder und wieder hinauf.
Nein, es ist keine Täuschung! Ungläubig sagt man, dies sei eine Fahne,
welche andeute, daß Kranke, Verwundete im Münster sich befinden, und den
Belagerern als Mahnung dienen solle, das Gebäude zu schonen. Aber
doch, wenn die Fahne diese Bedeutung hätte, so würde sie das rothe Kreuz in
der Mitte tragen, und — dieses Kreuz fehlt. Man hört auch keine Schüsse mehr.
Wär' es ein Waffenstillstand?«

Nein, es war die Capitulation.

Die Capitulation.

Es war die Capitulation. »Niemand der diesen 27. September vor Straßburg mit erlebt hat — so schreibt ein Offizier der Belagerungs-Armee — vermag sich einen Begriff von dem hellen Sonnenschein zu machen, der plötzlich unsere Herzen durchdrang, als der Donner der Geschütze verstummte und alle Augen gleichzeitig zu der weißen Fahne, welche auf dem Münsterthurm flatterte und — zu Gott aufblickten, der diese denkwürdige Arbeit deutscher Waffen endlich mit seinem Siege gekrönt hatte.

Es war als ob Alles aus einem schweren Traume erwacht sei. Auf einmal war Alles froh belebt, die Soldaten stiegen auf die Brustwehren der Laufgräben und Batterieen, ein endloses Hurrah erscholl aus tausend Kehlen, man drückte sich die Hände, man umarmte sich.«

Ein anderer, rein sachlich gehaltener Bericht schildert den Vorgang und was sich unmittelbar anschloß, wie folgt:

»Am 27. September, Nachmittags 5 Uhr, während noch von beiden Seiten gefeuert wurde, sahen wir plötzlich vom Münster, so wie von Bastion 11 und 12 weiße Fahnen wehen. In Folge dessen wurde das Feuern diesseits eingestellt. Ein Parlamentair brachte von dem Commandanten von Straßburg, General Uhrich, einen Brief, in welchem derselbe die Uebergabe der Stadt auf Gnade und Ungnade anzeigte. Zur Vereinbarung der näheren Verhandlungen wurden als Bevollmächtigte der Chef des Generalstabes, Oberstlieutenant v. Leszczynski, und Graf Henckel v. Donnersmarck nach Königshofen entsendet, woselbst Nachts 2 Uhr die Capitulation unterschrieben wurde, nach welcher 17,111 Mann, einschließlich der Nationalgarden, und 451 Offiziere die Waffen streckten. Zugleich fielen 1843 Pferde nebst sämmtlichem Material in unsere Hände.«

Der Wortlaut der Capitulation aber war der folgende:

Die Capitulation.

Der königlich preußische Generallieutenant v. Werder, Commandeur des Belagerungscorps vor Straßburg, aufgefordert vom französischen Generallieutenant Uhrich, Gouverneur von Straßburg, die Feindseligkeiten gegen die Festung einzustellen, ist mit demselben dahin übereingekommen, in Anbetracht der ehrenvollen und tapfern Vertheidigung dieses Platzes folgende Capitulation zu schließen:

Art. 1. Um 8 Uhr Morgens, den 28. September 1870, räumt Generallieutenant Uhrich die Citadelle, das Austerlitzer-, Fischer- und National-Thor. Zur gleichen Zeit werden die deutschen Truppen diese Punkte besetzen.

Art. 2. Um 11 Uhr desselben Tages verläßt die französische Besatzung incl. Mobil- und Nationalgarden durch das National-Thor die Festung, marschirt zwischen Lünette 44 und Reboute 37 auf und legt daselbst die Waffen nieder.

Art. 3. Die Linientruppen und Mobilgarden werden kriegsgefangen und marschiren mit ihrem Gepäck sofort ab.

Die Nationalgarde und Franctireurs sind frei gegen Revers und haben die Waffen bis um 11 Uhr früh auf der Mairie abzulegen. Die Listen der Offiziere dieser Truppen werden um diese Stunde dem General v. Werder übergeben.

Art. 4. Die Offiziere und die im Offiziersrang stehenden Beamten sämmtlicher Truppen der französischen Besatzung Straßburgs können nach einem von ihnen zu wählenden Aufenthaltsort abreisen, wenn sie einen Revers auf Ehrenwort ausstellen; das Formular desselben ist der Verhandlung beigeschlossen. Diejenigen Offiziere, welche diesen Reversschein nicht ausstellen, gehen mit der Besatzung als Kriegsgefangene nach Deutschland. Die sämmtlichen französischen Militairärzte verbleiben bis auf Weiteres in ihren Functionen.

Art. 5. Generallieutenant Uhrich verpflichtet sich, gleich nach vollzogener Niederlegung der Waffen sämmtliche militairischen Bestände und sämmtliche Staatskassen u. s. w. in ordnungsmäßiger Weise durch die entsprechenden Beamten den diesseitigen Organen zu übergeben. Die Offiziere und Beamten, welche hiermit von beiden Seiten beauftragt sind, finden sich am 28., 12 Uhr Mittags, auf dem Broglieplatz in Straßburg ein.

Gegenwärtige Capitulation wurde von nachbenannten Bevollmächtigten verfaßt und unterzeichnet: deutscherseits Oberstlieutenant Leszczynski, Stabschef der Belagerungsarmee; Hauptmann Graf Henckel v. Donnersmarck, Adjutant; französischerseits: Oberst Ducasse, Platzcommandant von Straßburg und Obristlieutenant Mangin, Unterdirektor der Artillerie.

Die Ausführung der Capitulation am 28. September.

Am folgenden Tage, 8 Uhr Morgens, besetzten unsere Truppen die Thore und die Citadelle. Um 11 Uhr war ein Halbkreis vor dem Glacis der Lünette 44 gebildet worden, Generallieutenant v. Werder mit sämmtlichen Generalen und Stäben in der Mitte.

Nachdem ein dreifaches Hoch auf König Wilhelm ausgebracht worden, begann das Defiliren der französischen Truppen. An der Spitze General U h r ich, Artillerie-General Baral, Admiral Exelmann und etwa 50 Offiziere der höheren Stäbe. Der Großherzog von Baden und Generallieutenant v. Werder stiegen vom Pferde und empfingen den General Uhrich, welcher eine würdige Haltung zeigte. Das Defiliren der Gefangenen begann bald darauf, Anfangs in leidlicher Ordnung, nach und nach in vollständiger Auflösung. Den Offizieren nicht mehr gehorchend, auch theils betrunken, zerschlugen sie die Waffen auf den Steinen. Erst gegen 3 Uhr gelang es unseren Truppen, welche die beste Disciplin bewahrten, die Besatzung aus der Stadt zu entfernen und leidliche Ordnung herzustellen.

Das Defiliren der Gefangenen war zunächst ein peinlicher, zuletzt ein unangenehmer Anblick. Dem Berichte eines Augenzeugen entnehmen wir das Folgende:

»Wie soll ich aber nun diese historisch ewig denkwürdige Stunde beschreiben. Bald nach 11 Uhr sahen wir in langsamer Bewegung aus dem Nationalthor die Besatzung herausziehen. Der Stab ging zu Fuß an der Spitze. Unmuth und Schmerz lagen in den Gesichtern der Offiziere. Manchem alten Helden standen die Thränen in den Augen, und gebeugt unter dem Bewußtsein dieser schweren Stunde, vermochte der Blick nicht, vom Boden sich zu erheben, der Fuß zögerte bei jedem Schritte, sich zu entfernen von der lange vertheidigten Stadt.

Die Offiziere des Stabes blieben auf dem Glacis stehen, und zwischen jenen und dem diesseitigen Stabe defilirte nun in langem Zuge die Garnison. Aber wie ganz anders, als man erwartet hatte, war der Anblick! Hatte man doch schon vor sechs Wochen von Aushungern gesprochen, vom Elend und der Verkommenheit der Besatzung; und nun zogen sie da vor unseren Augen vorbei, neu, ganz neu bekleidet vom Kopf bis zu Fuß, den Tornister mit Zeltstange und Lagerdecke, mit Mantel und Kochgeschirr bedeckt, Alles neu und complet, und — jeder Mann mit seinem Brod; die Trunkenheit vieler Leute bewies auch hinreichend, daß an geistigen Getränken kein Mangel gewesen war.

Was aber fehlte, fast bei allen Regimentern, das war Disciplin und Ordnung. Die da an uns vorbeizogen, waren noch die besten Truppen, und doch ging kaum eine Compagnie geschlossen und zusammen; andere

Waffengattungen mischten sich dazwischen, besonders Turcos und Zuaven. Die Leute blieben zurück, versuchten schon hier ihr Gepäck wegzuwerfen, äußerten aber hauptsächlich ihre Wuth über die Capitulation: »nous sommes vendus!« schrieen sie; »Uhrich est un coquin!« und schwangen die zerbrochenen Waffen, die sie noch bei sich trugen, um sie mit aller Kraft auf der Chaussee vollends zu zerstückeln. Die Säbelscheiden und Klingen verbogen und zerbrachen sie; die Gewehre hatten sie in der Stadt bereits an den Ecksteinen zerschlagen, theilweise in den Festungsgräben geschleudert, wo sie aus dem Wasser in Haufen heraussahen. Am besten sah die Artillerie aus, von welcher Waffe übrigens eine ungemein große Anzahl defilirte. Die Mobilgarde war ruhig und bescheiden; dann kamen Marketender-Wagen; die uniformirten Frauenzimmer ein widerlicher Anblick.

Und immer verwirrter und immer bunter zog die Masse vorüber, dann riß sie einmal ganz ab, dann drängte sich wieder ein Haufen schreiend nach. Es mußte eine Aufgabe gewesen sein, diese wüsten, ersichtlich zu jeder Auflehnung bereiten Elemente zusammenzuhalten!-

Der Einzug am 30. September.

Nachdem General v. Mertens die nothdürftigste Ordnung in der Stadt hergestellt hatte, hielt General v. Werber am 30. September, am Geburtstage der Königin und an dem Jahrestage, an welchem vor fast 200 Jahren Straßburg in französische Gewalt kam, an der Spitze seiner Truppen den Einzug in die Stadt und begab sich zunächst in die schöne und ganz erhalten gebliebene evangelische Kirche St. Thomas. Am Eingang derselben wurde er von dem ersten Geistlichen, Professor theol. Baum, an der Spitze der evangelischen Geistlichkeit, welcher sich der Maire und Magistratsbeamte freiwillig angeschlossen hatten, mit einer warmen Anrede begrüßt, in welcher die Stadt mit ihren milden Stiftungen und wissenschaftlichen Anstalten dem Schutze König Wilhelms empfohlen wurde. Nach der Erwiederung dieser Anrede, in welcher der commandirende General hervorhob, daß Alles geschehen werde, um die Wunden, welche der Stadt gezwungen geschlagen worden, baldmöglichst zu heilen, dagegen aber auch erwartet würde, daß die Bürgerschaft jedweder Unordnung der Bevölkerung ihr Ansehen entgegensetzen werde, trat der commandirende General, von der Geistlichkeit geführt, mit den Stäben in die von Deputationen der Truppentheile bereits gefüllte Kirche. Ein Gottesdienst begann. Der Divisionsprediger der Garde-Landwehr-Division, Frommel, wies in der Predigt auf die Bedeutung des Tages und auf unsere Siege, für welche wir Gott zu danken hätten, hin. Alles war ergriffen.

Nach beendetem Gottesdienste begab sich der Stab nach dem Münster, welcher übrigens durch das Bombardement nicht erheblich gelitten hatte.

Die Einwohner der Stadt, froh, endlich die Stellen, wohin sie sich während der Belagerung geflüchtet, verlassen zu können, zeigten sich friedfertig, einzelne entgegenkommend.

»Die Verheerung der Geschosse, so heißt es in einem Bericht vom selben Tage (30.), ist eine furchtbare gewesen; doch beschränkt sie sich im Wesentlichen auf die Citadelle und die Stadtviertel, welche unmittelbar vor der Angriffsfront gelegen waren.«

Und ein anderer Bericht, der den Schluß dieser Mittheilungen bilden mag, schließt wie folgt: »Unser erster Ritt war natürlich nach dem Münster. Wie viele verirrte Geschosse hatten ihn trotz alles Verbotes doch getroffen. Nichtsdestoweniger sah er besser aus, als man erwarten konnte. Aus den schlanken Säulen waren hier und da einzelne Steine herausgeschossen und der obere Theil derselben hing nun an seinem Capitäl; auch ein Rundfenster war ziemlich stark lädirt, das Maßwerk hatte gelitten. Aber im Allgemeinen wird es nicht vieler Reparaturen bedürfen. Der heiße Tag, der lange Ritt, der eingeschluckte Staub macht durstig und wir stiegen vor dem Hotel »Ville de Paris« ab; mit dem ersten Glase Wein in der eroberten Festung stießen wir an auf die deutsche Stadt Straßburg. Möge sie nun für ewig uns verbleiben, ein kräftiger Stützpunkt gegen unseren unruhigen Nachbar im Westen und möge sie nie, niemals wieder Parallelen und Batterieen vor ihren Mauern sehen!«

Straßburg war unser. Nicht ohne Opfer war es errungen; wir verloren (neben 90 demontirten Geschützen) 906 Mann an Todten und Verwundeten, darunter 43 Offiziere. Von diesen waren todt: Oberstlieutenant v. Gahl, Major v. Quitzow, Hauptmann Hertzberg, Hauptmann Lebebour, alle vier vom preußischen Ingenieurcorps; außerdem der badische Ingenieur-Hauptmann Kirchgäßner, die Hauptleute Graeff und Mai vom 2. und Secondelieutenant Damm vom 3. badischen Regiment, endlich Lieutenant v. Oppen von der Garde-Landwehr.

So schmerzlich diese Opfer waren, so gering waren sie doch dem hohen Siegespreise gegenüber. Elsaß und seine Hauptstadt nach zweihundertjähriger Trennung wieder Deutsch! Was Friedrich Rückert in seinem schönen Gedichte: »die Straßburger Tanne«, eben diese Tanne — die nicht nur für die Axt eines französischen Försters, sondern auch für den Bau einer »Präfektur« bereits ausersehen war — hatte prophezeihen lassen, es war schneller in Erfüllung gegangen, als der Dichter selbst gehofft haben mochte. Die Worte der alten Tanne aber klangen:

Ihr jüng'ren Waldgeschwister,
Ihr hauchet, frisch belaubt,
Theilnehmendes Geflüster
Um mein erstorb'nes Haupt;
Euch alle sterbend weih' ich
Zu schön'rer Zukunft ein,
Und also prophezeih' ich,
Wie fern die Zeit mag sein.

Einst einer von euch allen,
Wenn er so altersgrau,
Wird, wie ich falle, fallen,
Giebt Stoff zu anderm Bau,
Dann wohnen wird und wachen
Ein Fürst auf deutscher Flur,
Dann wird mein Holz noch krachen
Im Bau der »Präfectur.«

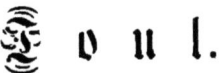

Foul.

Toul.

Geschichte. Stadt. Festung.

Am 27. September, wie im vorigen Abschnitt erzählt, fiel Straßburg; schon vier Tage vorher (am 23.), nachdem im August zwei rasch unternommene Versuche gescheitert waren, war auch Toul gefallen. Weit über die eigentliche, unmittelbare Bedeutung dieses Ortes hinaus, war dies ein Ereigniß von Wichtigkeit. Toul beherrschte die Eisenbahn Straßburg-Paris und unterbrach den direkten Verkehr mit unserer um die Mitte des Monats vor der französischen Hauptstadt eingetroffenen Offensiv-Armee; darin allein (wenigstens für uns) lag seine Bedeutung. — Dieser Verkehr mußte hergestellt werden. Bei der fortificatorischen Beschaffenheit Touls — nur eine Festung dritten Ranges — bedurfte es blos eines ernsten Wollens, um dies Wegehinderniß zu beseitigen und die Straße offen zu legen. In den nächsten Capiteln werden wir eine kurze Darstellung der gescheiterten Versuche vom 16. und 23. August, dann des erfolgreichen Angriffs vom 23. September geben. Hier zunächst Einiges über diesen zwar nur kleinen, aber in mehr als einer Beziehung interessanten Ort, über seine Geschichte, seine Kirchen, seine Befestigung.

Toul, das alte Tullum in Gallia Belgica, seit 410 Bischofssitz, gehörte später mit den Bisthümern Metz und Verdun zum Frankenreiche (Königreich Austrasien) und hatte dann eigene, unabhängige Grafen, nach deren Aussterben es an Lothringen fiel. 1552 wurde die Stadt vom französischen König Heinrich II., dem Bundesgenossen Moritz' von Sachsen gegen Karl V., ebenso wie Metz und Verdun besetzt und dann zugleich mit diesen beiden Bisthümern im Westphälischen Frieden an Frankreich abgetreten.

Landschaftlich ist Toul von großer Anmuth; es liegt eingebettet im fruchtbarsten Thal, umschlossen von Rebenhügeln von zum Theil beträcht-

licher Höhe. Neben einiger Fabrikthätigkeit bildet der Weinbau den Haupt-
nahrungszweig der Bewohner, etwa 8000. Berühmt vor allem sind seine
Kirchen: St. Etienne (die Cathedrale) und St. Gengoult.

Die Cathedrale gilt mit Recht als eine der großartigsten Schöpfungen
der gothischen Kunst. Die Thurmfaçade ist prächtig, verlengnet aber nicht
ihre spätgothische Entstehungszeit. Sie wurde, nach den Zeichnungen Tristan
v. Hattonville's, von 1460—1547 ausgeführt. In vier Etagen, die durch
zierlich durchbrochene Galerieen markirt sind, erhebt sich die 37 Meter breite
Façade mit drei prachtvollen Portalen, von ausgeschweiften Spitzbögen gekrönt; der des mittleren steigt bis zur dritten Etage. Die schweren acht-
eckigen Thürme, welche den Façadengiebel mit seinem ungemein zierlichen
Uhrthürmchen flankiren, sind durch Strebebögen mit seinen, in Filialen aus-
laufenden Seitenthürmchen verbunden und in einer Höhe von 76 Meter nicht
durch eine Pyramide, sondern durch eine Plattform abgeschlossen, welche
eine durchbrochene Galerie umgiebt. Von dem reichen Sculpturschmucke,
welcher ehemals diese Flächen und die Bogenwölbungen der Portale bedeckte
und auf ihren baldachingekrönten Consolen ruhte (man zählte außer einem
colossalen Christus 72 große Statuen und 67 kleinere Gruppen), haben die
Verwüstungen der ersten Revolution nicht eine Spur übrig gelassen. Das
Innere der Cathedrale zeigt einen breiten, hohen, dreischiffigen Bau, der
ersichtlich auf den Fundamenten der alten vollendeten und im 13. Jahrhundert dem gewandelten Kunstgeschmack geopferten romanischen Basilika des
heiligen Gérard errichtet wurde. Der hohe Chor zeigt noch die reine Gothik
jener Entstehungszeit der jetzigen Cathedrale. An den Pfeilern und Ge-
wölben der Schiffe des Lang- und Querhauses mag man die Spuren von
da bis 1460 verfolgen, in welchem Jahre, wie bereits oben hervorgehoben,
der Thurmbau, oder doch der der Thurmfaçade, begonnen wurde.

Von gleicher Schönheit, wenn auch einfacher als die Cathedrale, ist
die Kirche St. Gengoult. Dieser Heilige scheint ein Local-Heiliger gewesen zu sein, wie St. Epvre (vgl. S. 389), den wir in Nancy kennen
lernten. Das Innere von St. Gengoult, dessen Chor ebenfalls im 13. Jahrhundert angefangen und dessen Façade im 16. beendet wurde, verräth, wie
die Cathedrale, in seinem Grundplan die ältere romanische Anlage. Von
außen ist die Kirche durch daran geflickte Häuser und Baracken derartig ver-
baut, daß es unmöglich wird einen rechten Gesammteindruck zu erhalten. An
ihre Nordseite legt sich zudem noch ein alter Klosterhof der Benediktiner an,
mit Kreuzgängen von seltener Schönheit. Nichts gleicht der vollendeten
Grazie ihrer Kreuzgewölbe, deren Gurte sich aus den Capitälen der zierlichsten
Wandpilaster hinaufschwingen, als ob diese sie ausgestrahlt hätten; nichts
der reizenden Phantastik in den Gebilden jener Säulchencapitäle und dem

lecken, übermüthigen, bizarren Schwünge der offenen, pikant gebrochenen Bogenarme, welche sie aussenden.

Das Hôtel de Ville, ein stattlicher Schloßbau aus dem 17. Jahrhundert, war früher bischöfliches Palais.

Die Befestigung, zu der Vauban die Grundzüge entwarf, besteht aus einem bastionirten Neuneck nebst mehreren Ravelinen und umschließt fast

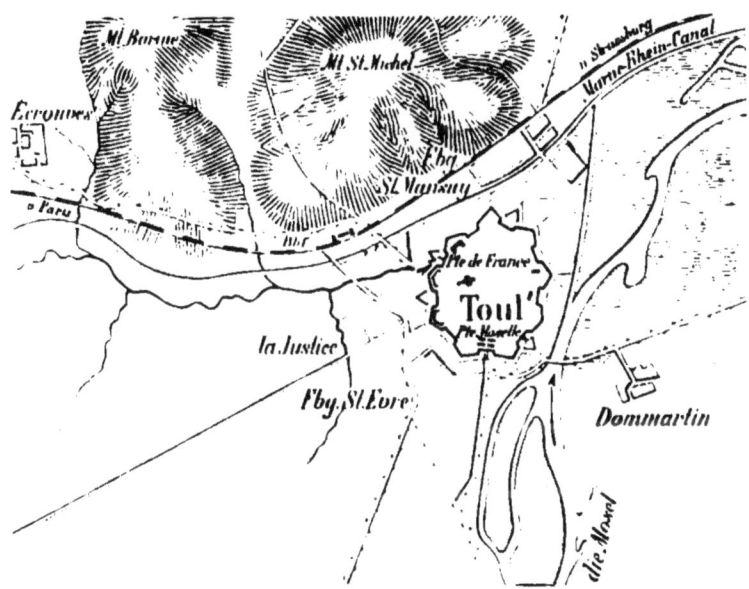

im vollen Zirkel die Stadt. Der Platz gehört zur zweiten Rangordnung und ist ohne casemattirte Räume angelegt. Er konnte, bei guter Verthei-digung, nur vor Einführung der gezogenen Geschütze eine gewisse Unein-nehmbarkeit behaupten. Nach Einführung derselben hatte man nur die Wahl die Festung eingehen zu lassen, oder den Mont St. Michel, der jetzt von Norden her die Stadt beherrscht, in ein Fort umzuwandeln. Dies letztere war in der That beabsichtigt, als der Krieg, ehe sich die Ausführung ermöglicht hatte, dazwischen trat. Nun gestaltete sich derselbe Punkt (Mont St. Michel), der sonst die Vertheidigung der Stadt übernommen haben würde, zum Hauptangriffspunkt gegen dieselbe. Von hier aus fanden die Be-schießungen statt, deren einer die Festung unterlag.

Die Besatzung, etwa 2300 Mann stark, bestand zu allergrößtem Theile aus Mobilgarden. Commandant: Capitain Huck.

Erste Beschießung.

16. August.

Versuch der Brigade Zychlinski und der baierischen Ulanen-Brigade Freiherr v. Mulzer gegen Toul, 16. August.

Schon am 11. August war die Spitze der Avantgarde der 4. Cavallerie-Division vor Toul erschienen, hatte mit der Besatzungs-Cavallerie (Cürassiere und Gensdarmen in geringer Zahl) geplänkelt und den Platz zur Uebergabe aufgefordert. Zu diesem Behufe wurde der Lieutenant Prinz zu Hohenlohe als Parlamentair an die Festung herangeschickt; es wurde auf ihn geschossen.

Am 16. gegen 1 Uhr Mittags traf die Avantgarde des IV. Armee-Corps unter Generalmajor v. Zychlinski vor der Festung ein. Man erfuhr, daß dieselbe nur schwach besetzt sei und das bei der Avantgarde befindliche Generalcommando des IV. Corps beschloß, einen Handstreich auf die Festung zu versuchen. Die Avantgarde bestand aus der

14. Brigade: Regimenter 27 und 93,

16 Geschützen (zwei schwere Batterieen und 4 Geschütze einer 4-Pfünder-Batterie) und

1 Pionier-Compagnie.

Wie am 14., so wurde auch an diesem Tage (16.) ein Parlamentair geschickt, um die Festung zur Uebergabe aufzufordern. Auch er erhielt Feuer. So beschloß der commandirende General v. Alvensleben, daß die Beschießung der Stadt von den dominirenden Höhen des linken Moselufers aus vorgenommen werden solle.

General Scherbening, Commandeur der 4. Artillerie-Brigade, sowie der erste Ingenieur-Offizier, Oberstlieutenant v. Eltester, ermittelten in einer Entfernung von 1200 Schritt links der Straße von Pont à Monsson resp. auf der halben Höhe des bereits genannten, die Festung völlig beherrschenden Mont St. Michel geeignete Geschütz-Emplacements. Später erfolgte die Placirung sämmtlicher Geschütze auf den letztgenannten Berg. Mit Genehmigung des commandirenden Generals wurden gleichzeitig die Vorbereitungen zum Sturm auf die Festung getroffen, bei welchem sich die Feld-Pionier-Compagnie unter Hauptmann v. Wasserschleben wesentlich betheiligte.

Die genannte Compagnie gelangte unter dem heftigsten Feuer in die Vorstadt St. Mausny, *) nördlich Toul, und erhielt hier von dem Brigadegeneral v. Zychlinski den Befehl, den nassen Graben der Festung zu über-

---

*) Den Namen dieser Vorstadt habe ich weder auf Karten noch in Büchern mit Bestimmtheit feststellen können; einige schreiben, wie oben im Text, »St. Mausny«, andere Mausny oder Mausan.

brücken und das Festungsthor zu forciren. Der Hauptmann v. Wasserschleben recognoscirte in Folge dieses Befehles den theilweise den Hauptgraben der Festung bildenden Rhein- und Marnekanal. Die Recognoscirung ergab, daß die bastionirte Enceinte breite, tiefe Wassergräben besäße. Das Glacis war mit Bäumen bestanden, am Fuße desselben führte ein von ziemlich tiefen Gräben und Hecken eingefaßter Weg. Um zu dem Festungsthore zu gelangen, mußte zunächst die von dem heftigsten Gewehrfeuer bestrichene Canalbrücke passirt werden, um sodann unter dem Feuer eines Bastions die rechte Face des Ravelins erreichen zu können. Vier sich freiwillig meldende Unteroffiziere und Pioniere liefen über die Canalbrücke und krochen das Glacis hinan bis zur Crête, woselbst sie sich gerade vor dem Ravelin befanden. Die Recognoscirung ergab, daß ein Eindringen durch das Festungsthor und über die gut vertheidigte Brücke unmöglich sei, indem verschiedene Abschnitte passirt werden müßten.

Auf die erhaltene Nachricht, daß sich etwa 500 Schritt weiter unterhalb eine zweite Kanalbrücke vorgefunden habe, beschloß der Hauptmann v. Wasserschleben diese zu passiren und sich der Festungsfront auf der Capitale des Ravelins zu nähern, um nicht längs der ganzen Festungsfront Spießruthen laufen zu müssen. Während die halbe Compagnie in der Vorstadt St. Mausny zurückblieb, überschritt der genannte Offizier diese Brücke und konnte von hier aus sich bis auf 300 Schritt vom Fuße des Glacis in Hopfengärten gedeckt nähern. Hier lag aber eine offene Wiese, die nach dem Canal zu durch eine Gartenmauer begrenzt war. Als die Pioniere in der Mitte der Wiese angelangt waren, conzentrirte sich auf dieselben ein solches Granat- und Gewehrfeuer, daß ein weiteres Vordringen als bis zum Fuß des Glacis nicht möglich war. Die Infanterie war inzwischen ausgeschwärmt und eröffnete ihr Feuer gegen die Vertheidiger des Hauptwalles. Das feindliche Feuer nahm an Intensität zu, während sich eine besondere Wirkung unserer Artillerie nicht bemerkbar machte. Nachdem die 16 Geschütze 750 Granaten in die Stadt geworfen hatten, außerdem das Feuer durch zwei Batterieen der III. Armee*) vom rechten Moselufer aus unterstützt worden war, wurde die Beschießung auf Befehl des commandirenden Generals eingestellt.

Nachmittags 4 Uhr zog sich das 93. Infanterie-Regiment langsam zurück. Der Rückzug der Pioniere, die ihre Verwundeten nicht im Stich lassen wollten, war sehr schwierig und konnte nur nach Durchbrechen von seitwärts gelegenen Gartenmauern geschehen, was erst nach großen Anstrengungen gelang.

---

*) Eine dieser zwei Batterieen der III. Armee war eine baierische und zwar die reitende Batterie Massenbach vom 2. baierischen Corps. Sie gehörte zur Ulanen-Brigade. Die Batterie verfeuerte 280 Granaten.

Der Verlust der Brigade betrug im Ganzen gegen 300 Mann.*) Derselbe würde noch viel bedeutender gewesen sein, wenn der Feind ruhiger geschossen hätte.

Zweite Beschießung.
23. August

Das IV. Armee-Corps setzte seinen Vormarsch fort. Indessen wurde Seitens des Commandos der III. (Kronprinzlichen) Armee eine weitere starke Cernirung durch die baierische Brigade Thiereck, sammt zwei Chevauxlegers-Escadrons und zwei Fußbatterieen befohlen.

Am 22. trat dies vorbenannte Cernirungs-Corps unter die Befehle des Generallieutenants v. Gordon, Commandeurs der 11. preußischen Division, der mit allen drei Bataillonen des 38. Regiments und der Corps-Artillerie des VI. Corps vor dem Platze eingetroffen war. General v. Gordon umschloß den Platz auf dem rechten, die Baiern auf dem linken Moselufer.

Der Platz sollte durch »beschleunigten Angriff« genommen werden.

Da man indessen diesseits entschlossen war, dem Feinde die mildesten Bedingungen zu gewähren, so wurden vor dem Beginn des Bombardements Capitulationsverhandlungen auf einer, für die französischen Truppen günstigen und ehrenvollen Grundlage, eingeleitet. Es sollte der Besatzung freier Abzug mit allen militairischen Ehren und Wahl ihres Aufenthaltes an jedem beliebigen Orte im Rücken unserer Armee zugesichert werden. Oberst Arnold vom 6. Feldartillerie-Regiment wurde als Parlamentair in die Stadt geschickt, um diese Bedingungen zu proponiren. Da in der französischen Armee die Sitte herrscht, daß der Festungs-Commandant mit den Parlamentairen

---

*) Diese Verluste entfielen zu größtem Theile auf das 93. (Anhaltische) Regiment, Oberst v. Krosigk, daneben auf das 2. Bataillon 27er unter Major Joffroy. Ein 27er, der erheblich verwundet wurde, schrieb über diesen Sturmversuch: »Die Aufgabe war zu schwer; wir hatten die Widerstandsfähigkeit der Festung oder den Muth ihres Commandanten unterschätzt. Ein furchtbarer Kugelregen empfing uns; alle Hecken und Pallisaden mußten erst durchhauen werden, und als wir endlich an den Festungswall heran waren, erblickten wir Niemand. Alle Franzosen lagen zwischen den Schießscharten; nur dann und wann sah man einen Kopf. Mich heranschleichend, befand ich mich mit unserem Fähnrich 30 Schritte vor einem Festungsgeschütz; hier beobachteten wir nur, wenn ein Geschoß herauskam, und wirklich, es gelang mir, zwei Kanoniere der Franzosen wegzuholen. Das Geschütz mußte längere Zeit schweigen; der Feind hatte mich inzwischen wahrscheinlicherweise bemerkt und nahm mich aufs Korn. So bekam ich meinen Schuß in den rechten Oberschenkel.« Ein anderer Briefschreiber bemerkt: »Die Kühnheit, mit der man den Versuch unternommen hatte, wurde in demselben Augenblick aufgegeben, wo ein rücksichtsloses Vorwärts wahrscheinlich zum Siege geführt und uns vielleicht keine größeren Opfer auferlegt hätte wie die waren, die wir ohnehin bringen mußten. Nur die Annäherung war gefährlich; mit jedem Schritt näher heran verbesserten wir unsere Lage, da wir den Gegner der meist aus Mobilgarden bestand, auf die Weise am besten decontenancirten.«

nicht in Verbindung treten darf, so wurde Oberst Arnold an den Kriegsrath gewiesen. Der Beschluß desselben ging dahin, daß man die Uebergabe der Stadt verweigere.

Darauf wurde um ½9 Uhr Morgens die Kanonade begonnen und das feindliche Feuer bald zum Schweigen gebracht. Es zeigte sich, daß die Franzosen zu einer planmäßigen Vertheidigung der Stadt fast alles versäumt hatten. Offenbar aus Mangel an Zeit hatte man die Glacis und die Promenaden in dem gewöhnlichen Zustand belassen; es war selbst nicht daran gedacht worden, die Bäume zu rasiren. Hinderte dies den Feind an jedem Ausfalle, so bot es doch auch dem Belagerer die Schwierigkeit dar, daß ihm der Blick in die Innenwerke der Festung nicht offenstand. Die deutsche Artillerie beschränkte sich vorläufig auf eine Beschießung der Wälle. Ohne selbst irgend einen Verlust zu erleiden, setzte sie zunächst bis 11 Uhr das Bombardement fort. Da bis zu dieser Stunde nichts von einer weißen Fahne sichtbar wurde, durch die der Feind seine Neigung zur Capitulation kundgegeben hätte, so wurde die Richtung der Geschütze dahin geändert, daß der Kugelregen die Stadt selber, mit Ausschluß jedoch des Doms und seiner Nachbarschaft, bestrich. Die ersten Würfe hatten die Casernen auszuhalten, von denen eine alsbald in Brand gerieth. Gegen 1 Uhr zündete das Feuer noch an einer zweiten Stelle, indem ein Fouragemagazin in Flammen aufging.

Man hielt diesen Augenblick für geeignet, um dem Commandanten noch einmal die ursprünglichen Anträge auf friedliche Uebergabe der Stadt zu unterbreiten. Es schlossen sich bei dieser zweiten Sendung der Pfarrer des Dorfes Dommartin und ein dortiger Schloßbesitzer dem preußischen Parlamentair (jetzt Oberstlieutenant v. Hartmann von der Artillerie) an, um ihren Einfluß zu einem Vergleich aufzubieten. Commandant Huck berief sich von Neuem auf den Kriegsrath, der nicht weniger als zwei Stunden für seine Debatte bedurfte, jedenfalls also in sich getheilt war, schließlich aber doch für den Widerstand entschied.

Als Antwort auf die abgeschlagene Capitulation nahmen unsere Geschütze das Feuer wieder auf und setzten es noch eine Stunde lang fort. Hiernach jedoch mußte für diesmal die Beschießung aufgehoben werden, da die preußischen Truppen, die an diesem Tage vor Toul zur Verwendung gekommen, vom Obercommando den Befehl erhalten hatten, bereits am folgenden Tage dem Vormarsch der III. Armee auf Chalons zu folgen.

Nur ein Cernirungs-Detachement blieb zurück: drei Bataillone von der Brigade Thiereck (die mit ihren übrigen Bataillonen sich dem Vormarsche anschloß), 1 Escadron und 1 Batterie. Dieses Detachement, so scheint es, wurde indeß nach der Schlacht bei Sedan ebenfalls abgelöst und durch ein preußisches Landwehr-Regiment unter Oberst Hippel ersetzt.

Die bis jetzt vorliegenden Berichte über diese zweite Beschießung Touls variiren sehr untereinander. Oberst v. Tiedemann, in seinem Werke »Der Festungskrieg im Feldzuge gegen Frankreich 1870 und 71« spricht von 2500 Schuß, die von den preußischen und 600 Schuß, die von den baierischen Batterieen abgegeben worden seien; nach anderen Relationen stellen sich die Zahlen anders, etwa 1200 Schuß preußischer- und 900 Schuß baierischerseits.*) Die Preußen traten mit sechs, die Baiern mit nur zwei Batterieen in Action, scheinen aber verhältnißmäßig ein viel lebhafteres Feuer unterhalten zu haben.

Einem baierischen Bericht, der sich durch Anschaulichkeit auszeichnet, entnehmen wir über das Bombardement vom Mont St. Michel aus, das Folgende:

»Am südöstlichen Moselufer, auf dem niedrigen Hügelrücken zwischen Dommartin und Chaudenay, waren sechs preußische Feldbatterieen aufgestellt, die ein lebhaftes und wohlgezieltes Feuer unterhielten. Denselben gegenüber, auf dem Gipfel des Mont St. Michel, standen zwei baierische Feld-batterieen, jede von 6 Geschützen; die eine, westlich, eine 6-Pfünder-Batterie, unter dem Commando des Hauptmanns Herold, die andere, östlich, eine 4-Pfünder-Batterie, unter Hauptmann Kirchhoffer, die schon bei der Er-stürmung Weißenburgs am 4. August in Action gewesen war.

Meine Uhr zeigte genau 8¾ als das Bombardement begann, das Anfangs besonders von den baierischen Batterieen in ungewöhnlich rascher Aufeinanderfolge der Schüsse unterhalten ward. Die von Norden und Süden in die Stadt geworfenen Granaten zündeten rasch an mehreren Stellen; ein von halb 10 bis 11 Uhr ununterbrochen herabströmender Sturz-regen löschte jedoch bald die entstandenen Brände.

Um einen besseren Aussichtspunkt zu gewinnen, beschloß ich zu den baierischen Batterieen auf dem Mont St. Michel hinaufzugehen. Gegen 11½ Uhr Vormittags erreichte ich dieselben. Es bot sich mir ein unbe-schreiblich schöner und schrecklicher Anblick dar. Gerade zu meinen Füßen lag unter mir die brennende Stadt, aus welcher sich dichte Rauchwolken emporwälzten und vom Wind ostwärts getrieben wurden. Die herrliche Cathedrale war oftmals so vollständig von Rauch umhüllt, daß nur die Thürme sichtbar blieben. Die Entfernung von den Batterieen bis zur vorderen Linie der Festungswälle betrug 1400, die Entfernung bis zum Südende der Stadt vielleicht 2300 Schritt. Der Regen hatte seit einer halben Stunde gänzlich aufgehört, und es war nun an kein Löschen mehr der durch die späteren

---

*) Oberstlieutenant Heilmann, in seinem mehrcitirten Buche: »Antheil des II. baierischen Armee-Corps an dem Feldzuge 1870—71«, giebt an, daß die Batterie Kirch-hoffer 370, die Batterie Herold 577 Schuß abgegeben habe, im Ganzen also 947.

Granaten entzündeten Häuſer zu denken. Am ſüdweſtlichen Ende der Stadt brannte ein großes Heu- und Strohmagazin mit hochaufſchlagender Flamme und bläulichem Rauche bis zur Erde herab. Dicht daneben ſtanden zwei ähnliche große mit Schiefer gedeckte Magazine, welche vom Feuer verſchont blieben. Vielleicht vermied man es abſichtlich, auf dieſelben zu ſchießen, weil unmittelbar neben ihnen ein durch drei weiße rothgekreuzte Fahnen als Lazareth kenntlich gemachtes Gebäude ſtand. Außerdem waren noch vier andere Häuſer durch ſolche Fahnen als Spitäler bezeichnet. Eines derſelben ſoll leider bei dem Brand einer großen, auf der Nordſeite der Stadt ge- legenen Militair-Caſerne mit von den Flammen ergriffen worden ſein. Die Caſerne, welche aus vier quadratförmig zuſammengebauten Häuſern beſtand, brannte mit langſam ſchwelender Flamme und gelblichem Rauche bis ſpät in die Nacht hinein. Es ſcheint, daß dort große Tabacksvorräthe oder andere ſtark qualmende Gegenſtände in dicht zuſammengepackter Maſſe aufgeſpeichert waren. Der links von der Cathedrale auf der Südoſtſeite der Stadt erbaute frühere biſchöfliche Palaſt, welcher jetzt als Mairie-Gebäude dient, wider- ſtand mit ſeinen aus Felsquadern errichteten Mauern dem Anprall der Gra- naten; doch wurden viele der Fenſter zertrümmert. Auch auf die Thürme der Cathedrale mußten drei Schüſſe abgegeben werden, weil erſtere vom Feind als Obſervatorium benutzt wurden. Alle drei Schüſſe trafen die Plattformen und zerſplitterten einige der feinen Säulenzierrathen, ohne ſonſt das ſchöne Bauwerk des Mittelalters erheblich zu beſchädigen. Da die Herren mit den Fernröhren ſich von da ab nicht mehr auf den Thürmen blicken ließen, ſahen unſere Artilleriſten ſich zu ihrer Freude der Nothwen- digkeit enthoben, ferner dieſelben zur Zielſcheibe ihrer Geſchütze zu wählen.

Die Franzoſen hatten Anfangs das Feuer ziemlich lebhaft erwidert; ſie ſchoſſen mit 24-Pfündern, kleineren Vollkugeln, Granaten und Shrap- nels, ſogar mit Chaſſepotgewehren, deren Kugeln mehrmals bis dicht an die Batterie hinaufflogen. Kein einziges der feindlichen Geſchoſſe richtete Schaden an; die meiſten ſchlugen unter uns in die Bergwand; andere crepirten in der Luft oder flogen in weitem Bogen über den Berg hinab. Es war daher auch nutzlos für die Franzoſen, daß namentlich eines ihrer Geſchütze vor- trefflich Richtung hielt; daſſelbe ward vor Ablauf der erſten drei Viertel- ſtunden demontirt und als bald darauf auch zwei andere zum Schweigen gebracht waren, ſtellten ſie das Erwidern unſeres Feuers faſt gänzlich ein. Von jedem Geſchütz der baieriſchen Batterieen wurden in der Zeit von 8½ Uhr Morgens bis 1¼ Uhr Nachmittags durchſchnittlich 70 Schüſſe, von den Geſchützen der preußiſchen Batterieen zum Mindeſten je 30 Schüſſe abgefeuert.

Um 1¼ Uhr wurde im Bombardement eine Pauſe gemacht, und wir ſahen einen Parlamentair auf dem Wege von Dommartin nach der Feſtung reiten. So deutlich konnten wir von unferem hohen Standpunkte aus die ganze Stadt überfehen, daß wir nicht allein die Fenster und Thüren der einzelnen Häufer, die Stuccaturarbeiten an den Kirchthürmen und die Zickzacklinien der Feftungswälle mit den davorliegenden Waffergräben unterfchieden, fondern daß wir durch die guten Stecher und Fernröhre der baierifchen Feldartillerie fogar gewahrten, wie in der eingetretenen Ruhepaufe die Frauen und Mägde auf die Wallbrücke und die Bruftwehren hinauskamen und fich mit ihrem Strickftrumpf oder ihrer Näharbeit zu den Soldaten fetzten. Unter den auf dem St. Michel anwefenden baierifchen Offizieren herrfchte, trotz des anftrengenden Dienftes, den fie während des Feldzuges gehabt, die fröhlichfte Stimmung.

Der Verwüftungen ungeachtet, welche das Bombardement angerichtet, weigerte fich der Commandant von Toul die Feftung zu übergeben. In der Hoffnung, ihn durch eine erneuerte Befchießung der Stadt vielleicht zu einer Aenderung feines Entfchluffes zu beftimmen, wurde das Bombardement um 5½ Uhr Nachmittags abermals mit Heftigkeit eröffnet, und der Donner der Kanonen rollte wieder den Berg hinab. Nach einer guten halben Stunde ftellten jedoch die preußifchen und die baierifchen Batterieen das Schießen ein, und da mit den hier vorhandenen leichten Feldgefchützen eine Sturmbrefche doch nicht gefchoffen werden konnte, entfchloß man fich dieffeits zur Schonung der Stadt mit dem Bombardement fo lange zu paufiren, bis fchwereres Belagerungsgefchütz herbeigefchafft fein werde.«

Dritte Befchießung von Toul.
23. September.

Nach dem Bombardement vom 23. Auguft verging noch ein voller Monat, ehe die Operationen gegen Toul in entfcheidender Weife aufgenommen werden konnten; aber die dazwifchen liegenden Wochen waren keineswegs Wochen unbedingter Ruhe. Selbft zu Befchießungen (denen man indeß nur eine mäßige Ausdehnung zu geben befliffen war) war es mittlerweile, und zwar am 9. und 10. September, gekommen.

Wir verweilen in Kürze bei den Ereigniffen, die zwifchen dem Bombardement vom 23. Auguft und dem vom 23. September mitteninne liegen.

Der Platz, wie S. 697 bereits hervorgehoben, war nach Abmarfch der baierifchen Bataillone durch ein Landwehr-Regiment aus der Provinz Sachfen und zwar unter Commando des Oberften v. Hippel cernirt worden. Der Feind überfchätzte offenbar unfere Truppenmacht, er würde fonft — bei der Energie, die der Commandant Huck in allem Uebrigen an den Tag legte — nicht gefäumt haben, Ausfälle zu machen.

Am 9. September erfolgte (wohl zum Theil in der Absicht den
Gegner über unsere Machtverhältnisse zu täuschen) eine abermalige Aufforderung zur Capitulation und als diese, wie jede frühere, abgelehnt worden
war, schritt man diesseits zu einer Art Interims-Beschießung, der
einen vollen Nachdruck zu geben auch jetzt noch unmöglich war, da es uns
immer noch an dem ausreichenden Artilleriematerial,[*]) gewiß aber an der
nöthigen Infanteriemacht gebrach, um einen artilleristischen Erfolg auch
auszunutzen.

Diese Interims-Beschießung fand am 9. und 10. September statt
und währte am letztgenannten Tage 9 Stunden. Man warf 1000 Projectile
in die Stadt; aber wiederum vergeblich. Der angerichtete Schaden scheint
verhältnißmäßig gering gewesen zu sein.

Endlich, vom 13. September ab, ging man energisch vor, um die
Uebergabe der Festung zu erzwingen.

An ebengenanntem Tage (13. September) löste die 17. mecklen-
burgisch-hanseatische Division, unter Commando des Generallieutenants
v. Schimmelmann, die Landwehrtruppen unter Oberst v. Hippel ab, und
poussirte die Vorposten bedeutend näher an die Festung, um dieselbe mehr
und mehr auf sich selbst zu beschränken und den Verkehr mit den Vorstädten
möglichst zu hindern. Es war diese Operation nicht ohne Verluste zu erreichen, da der Feind sich namentlich durch ein wohlgezieltes Wallbüchsenfeuer
der Angreifer zu erwehren suchte. Im Uebrigen schritt man, wie bei allen
früheren Beschießungen, dazu, den Mont St. Michel zu armiren und zwar
diesmal mit schweren Feldbatterieen, eine Arbeit, die, so mühevoll sie auch
war, von der Artillerie in einer Nacht geleistet wurde, so daß diese Geschütze
am andern Morgen bereits ihr Feuer eröffnen konnten. Dasselbe richtete sich
zunächst gegen die militairischen Etablissements der bedeckten Geschützstände
und gegen den auf der Cathedrale aufgestellten Beobachtungsposten. Es
war hierbei interessant, zu beobachten, mit welcher Präcision die Artillerie
schoß, obgleich die Entfernung 1900 Schritt betrug. Die zweite Granate
traf richtig die Plattform der prächtigen Kirche und trieb den unbequemen
Posten von seiner Stelle.

Am 16. September wurde dem Cernirungscorps wieder die Hälfte
seiner Stärke entzogen und zwar die hanseatische Brigade (Regimenter 75
und 76), so daß vor Toul nur die Mecklenburger verblieben. Es waren
folgende Truppentheile:

*) Von Marsal her waren — unter großen Schwierigkeiten — einige glatte
(französische) Festungsgeschütze herbeigeschafft worden, die man innerhalb dieses Platzes vorgefunden hatte.

Mecklenburgisches Grenadier-Regiment Nr. 89, Oberst v. Kleist,

Mecklenburgisches Füsilier-Regiment Nr. 90, Oberstlieutenant Deja-nicz v. Gliszczinski,

Mecklenburgisches Jäger-Bataillon Nr. 14, Major v. Gaza,

Mecklenburgisches Dragoner-Regiment Nr. 18, Oberstlieutenant v. Rathenow,

3 schwere und 1 reitende Batterie.

Commandeur dieser mecklenburgischen Brigade war Oberst v. Man-teuffel.

Die Cernirung der Festung mußte bei so geschwächten Kräften mit doppelter Vorsicht aufrecht erhalten werden; der Vorpostendienst der Truppen wurde dadurch mit großen Anstrengungen verbunden. Dieselben mehrten sich noch bedeutend, als die Belagerungs-Artillerie mit dem gesammten Belage-rungstrain unter dem Commando des Obersten Bartsch vor Toul eintraf und nunmehr auf Grund der vorhandenen Mittel zur Etablirung der Depots und Anlage der Batterieen geschritten werden konnte.

Desgleichen bedurften die unter Leitung des Majors Schumann vom Ingenieurcorps vorgenommenen Vorbereitungen für den Ingenieur-angriff nicht unerhebliche Kräfte an Mannschaften. Der genannte Stabs-Offizier war vor Toul bereits längere Zeit anwesend und hatte die ein-gehendsten Recognoscirungen unternommen. Als unzweifelhaften Angriffs-punkt hatte er die Bastion 2 erkannt und in Berücksichtigung der Eingangs erwähnten Einfachheit des Profils und der im Laufe der Cernirung bemerkbar gewordenen, immerhin schwachen Artillerie-Vertheidigung, einen abgekürzten förmlichen Angriff vorgeschlagen, d. h. er beabsichtigte von einer etwa noch 500 Schritt von der Festung zu eröffnenden Parallele aus (nur wo es nothwendig wäre, durch gedeckte Communication geschützt) direkt nach der durch indirekten Schuß zu erzielenden Bresche zu approchiren. Das Wasser des Festungsgrabens hoffte er durch Sprengung einiger Schleusen, so wie durch Breschiren eines mit vieler Mühe entdeckten Batard'eau zu entfernen. Nach seiner Anleitung hatte der Oberlieutenant Ströbel, von der als Etappen-besetzung in Ecrouves befindlichen baierischen Pionier-Compagnie, mit großem Geschick die Sprengung einer Schleuse bewerkstelligt. Für die Angriffsfront indeß war diese Sprengung noch nicht von dem gewünschten Erfolg begleitet. Um die folgenden Arbeiten zu sichern, wurden die Vorposten bis auf die möglichste Nähe der Wälle vorgeschoben und sämmtliche Vorstädte in Besitz ge-nommen. Das Einlogiren daselbst wurde, wie zu erwarten stand, vom Feinde durch Geschützfeuer beunruhigt; derselbe schoß dieselben theilweise in Brand und brachte den Truppen namhafte Verluste bei. Am 21. Abends wurden die Zwischendepots zum Batteriebau in ziemlicher Nähe der anzulegenden Batterieen etablirt. Der Feind störte diese Arbeit nicht, und es konnten am 22. Abends zehn Batterieen mit schwerem Geschütz erbaut werden.

Am 23. sollte das Feuer eröffnet werden.

In der Nacht vom 22. zum 23. traf der inzwischen zum Commandirenden des XIII. Armee-Corps ernannte Großherzog von Mecklenburg vor Toul ein, und nahm am 23. früh auf dem neben dem Mont St. Michel gelegenen Mont Barine seinen Stand. Mit ihm General v. Schimmelmann und der Stab.

Die Batterieen verfolgten den Morgen über ihre bestimmten Ziele; die Breschbatterie wirkte zunächst als Demontir-Batterie, indem sie sich in der Verfolgung ihres eigentlichen Zweckes durch eine Baum- und Häuserparcelle behindert sah. Der Feind erwiderte das Feuer namentlich durch Mörser, indem das Feuer der Wallgeschütze stets zum Schweigen gebracht wurde. Mehrere militairische Etablissements und Magazine gingen in Feuer auf; auch konnte man bemerken, von welch großem Erfolge das Feuer gegen die Porte de France war. Alle Maßregeln waren getroffen, um mit Hülfe aller nur disponiblen Mannschaften in der Nacht zum 24. die durch Ingenieur-Offiziere ihrer Lage nach bereits festgestellten Parallelen auszuheben, als Nachmittags 4 Uhr die Meldung einging, daß auf der Cathedrale die weiße Flagge wehe.

Die Fahne war nur klein und man konnte daher nicht mit Bestimmtheit ermitteln, ob sich nicht in derselben ein rothes Kreuz befinde; in letzter Zeit nämlich hatte der Feind öfter das Aufstecken einer solchen Fahne in der Nähe des Walles benutzt, um irgend einen Schaden an den Geschützen zu repariren. Das Wehen der weißen Flagge auf der Cathedrale war indeß als ein Zeichen verabredet worden, daß der Commandant gewillt sei, Unterhandlungen einzugehen.

Das Feuer unserer Batterieen wurde eingestellt; bald darauf erschien ein französischer Stabsoffizier, der ein Schreiben des Commandanten überbrachte, worin dieser seine Absicht kundgab, unterhandeln zu wollen.

Oberst v. Krenski, Chef des Generalstabes des XIII. Armee-Corps, wurde in Folge dessen an den Commandanten der Festung Toul abgesandt, und auf dem Glacis daselbst kamen die Verhandlungen über die Capitulation, auf der Grundlage der Bedingungen von Sedan, zu Stande.*) Die franzö-

---

*) Nur der 6. Artikel der Capitulation mag hier im Wortlaute mitgetheilt werden. Er lautete: »Mit Rücksicht auf den bedauerlichen Vorfall (accident facheux), welcher sich bei Gelegenheit der Capitulation von Laon ereignet, wird bestimmt, daß, wenn Aehnliches beim Einzuge der deutschen Truppen in die Festung Toul vorkommen sollte, mit der ganzen Garnison nach dem Belieben (à la merci) Sr. Königlichen Hoheit des Großherzogs von Mecklenburg verfahren werden wird.«

fische Besatzung, etwa 2300 Mann, wenig Linie, meistens Mobilgarde, 130 Cürassiere, defilirte aus der Festung auf das Glacis, während die Truppen der mecklenburgischen Brigade, so weit dieselben versammelt werden konnten, unter großem Jubel in die Festung und die Stadt einzogen.

Die Gefangenen wurden nach einem Bivouac in der Nähe der Festung gebracht, die 109 Offiziere, soweit sie ihr Ehrenwort gegeben hatten, nicht mehr gegen Preußen dienen zu wollen, entlassen, die übrigen, unter Garantie des Commandanten, in der Festung internirt. Der Gewinn an Kriegs-material war bedeutend: 30,000 Gewehre, 120 Geschütze, 150,000 Patronen.

Als das Wichtigste dürfte aber gelten, daß die Eisenbahnlinie bis Paris — vor dessen Mauern unsere große Offensiv-Armee am 19. September eingetroffen war -- nunmehr offen lag.

Wir lassen noch Auszüge aus einem Briefe folgen, der am 24., also am Tage nach der Capitulation, resp. des Einzuges, geschrieben wurde.

»Die Locomotive läuft pfeifend hin und her, über den Bahnhof fort, der gestern noch demolirt war. Unsere Eisenbahnabtheilung stellte ihn innerhalb weniger Stunden wieder her. Morgen schon gehen die Züge bis über Chalons hinaus. Alles rüstet sich zum Abmarsch; nur ein kleiner Truppentheil verbleibt in der Festung. Heute allerdings ist die Besatzung noch von beträchtlicher Stärke und lagert zum Theil auf dem freien Platze vor den freundlichen Casernen, welche an den Hauptwall sich anlehnen. Welche schnelle Wandlung! Die gestern um diese Zeit diese Casernen inne hatten, sind heute als Gefangene mir auf dem Wege von Gondreville hierher be-gegnet, und wo gestern auf jenem Wallgange ein Gascogner als Schildwache auf- und abging, thut dasselbe jetzt ein Rostocker.

Toul hat, von Mecklenburgern, Preußen, Baiern eng eingeschlossen, doch noch das republikanische Stadium durchgemacht. Beweis: die hier an den Straßenecken angeklebten Proclamationen der republikanischen Regierung und andere offizielle Bekanntmachungen aus Paris, die dem Datum nach sogar bis vorgestern reichen. Wie sind sie in die Stadt gelangt? durch unsere Piquets, Feldwachen und Vorposten hindurch? Man sieht, was selbst in einer belagerten Festung noch möglich ist.

Ich habe von schnellen Wandlungen gesprochen. Ich glaube ver-sichern zu können, daß die überraschendste die Umstimmung der Bewohner ist. Mir erscheint die Stadt wie im Jubel, die Gesichter strahlen überall vor Freundlichkeit; die bis gestern so geängstigten Gemüther athmen heute frei und froh: das ist unverkennbar. Wurfbatterieen, die Mörser und Hau-bitzen, haben unter anderem den Zweck, direkt auf die Einwohner zu wirken, und dadurch auch auf die Garnison. Nun weiß ich freilich nicht, wie viel sie dieses Mal, mit Hülfe der erschreckten Bevölkerung, den Commandanten Huck zu beeinflussen wußten; jedenfalls müssen sie und die zusammenkrachenden Häuser ein Entsetzen unter den Bewohnern von Toul verbreitet haben, dessen Größe allein den heutigen Jubel erklärt.

Als gestern Abend um 6 Uhr die Thore geöffnet wurden, um die deutschen Truppen aufzunehmen, stürzten gleichzeitig Hunderte von Bewohnern zur Stadt hinein, wie umgekehrt andere Hunderte, welche aus der Umgegend in die Festung sich geflüchtet hatten, heraus, umarmten die Deutschen als ihre Befreier und küßten sie. Noch mehr, die französische Besatzung, welche entwaffnet auf dem Glacis stand, begrüßte freudig die Kameraden; deutschredende Rothhosen drängten sich heran, sahen sich aber freilich bald auf Gesten beschränkt, als Elsässisch und Plattdeutsch aufeinander stieß. Festtägliche Stimmung und festtägliches Treiben bemerkte ich schon auf meinem Wege von Gondreville nach Toul. Freigelassene Offiziere aller Grade kamen lustig, zum Theil ausgelassen, in Chaisen, Phaetons, Gigs und Broughams mir entgegen, mit Damen, Verwandten, Freunden, die sie von Toul begleiteten oder von dort abgeholt hatten.

Die eilig angebotene Capitulation ist unzweifelhaft als das Resultat des gestrigen Bombardements anzusehen, das gleichwohl nur ein schwaches Vorspiel dessen war, was für die Nacht bevorstand. Die Absicht war, unter Mitwirkung der gesammten Artillerie des Belagerungscorps (also der Feld- und Festungs-Artillerie) einen abgekürzten förmlichen Angriff einzuleiten. Es sollte nur eine Parallele gebaut werden und zwar auf 500 Schritt von der Enceinte der Festung. Da bei dieser kurzen Entfernung der Bau der Parallele im Bereiche des wirksamsten Kleingewehrfeuers (Chassepots und Wallbüchsen) stattzufinden hatte, so war es Aufgabe der Artillerie, die Werke der Angriffsfront zu beschießen und so die feindliche Artillerie zu beschäftigen, damit die Sappeure möglichst geschützt unterdeß ihr Werk verrichteten. Es waren drei Breschbatterieen, drei Demontirungs-Batterieen, zwei Wurfbatterieen in Thätigkeit; dieses Feuer war, wie gesagt, nur die Einleitung zu dem Bombardement, das in der Nacht, wo die Parallele auszuheben war, stattfinden sollte. Herr Huck kam durch Capitulation der Ausführung dieses Planes zuvor. Ich bemerke noch, daß außer brandenburgischer, magdeburger, pommerscher Festungs-Artillerie auch baierische, mecklenburgische, preußische Feld-Artillerie vor Toul lag oder noch liegt.

Die gefangenen Truppen machten einen guten Eindruck in Erscheinung wie Haltung. Wenn die 300 Mann, die mir als mobile Garde gezeigt wurden, dies wirklich waren, so bitte ich, in Deutschland die Geringschätzung vor dieser Truppe fallen zu lassen.«

Einem zweiten Briefe, aus anderer Feder, der 14 Tage nach der Capitulation geschrieben wurde, entnehmen wir nur das, was sich auf das Maß der angerichteten Zerstörung bezieht. »Im Allgemeinen — so heißt es in diesem Briefe — glich die Wirklichkeit nur wenig dem traurigen Bilde, das ich zu finden gefürchtet hatte, trotzdem, selbstverständlich, der Zerstörung und des Jammers genug angerichtet worden ist. Nur beim Eintritt durch die Porte de France traten mir die Wirkungen der Beschießung gleich ziemlich ein-dringlich entgegen: Eine lange Häuserreihe, dem Wall dort parallel, ist völlig ausgebrannt, und das rechtwinklig darauf stoßende, von einem schindelgedeckten Thürmchen gekrönte Hospital zeigt Bombenlöcher von Scheunenthorgröße.«[*] Dort sind dadurch denn auch einige Kranke und wie ich höre auch verwundete Gefangene (vom ersten deutschen Angriff, 16. August her) getödtet worden. Und bei der besten Meinung von der Größe ihres Patriotismus, zweifle ich doch, daß diese Aermsten die den nahen Sieg ihrer mecklenburgischen Brüder verkündenden Bombengrüße besonders willkommen geheißen haben sollten. Gänzlich ausgebrannt sind ferner längs der südöstlichen Wälle einige Regierungsgebäude für Militairzwecke, besonders ein weites Fourage-Magazin, dessen kahle rauchgeschwärzte Mauern hohläugig und unheimlich genug dreinschauen. An den großen Casernen und nahegelegenen Wohnhäusern sind die Dächer wie durchgesiebt, die Wände von Kugelspuren gezeichnet, theilweise auch durchgeschlagen; verbrannt nur Weniges. Das ihnen gegenüber an dem schönen Lindenumgang gelegene Hotel der »recettes de finances«, nahe der Apsis der Cathedrale, ist ebenso von den Flammen wie von den Kugeln vernichtet.

In den Straßen und engen vielgewundenen Gäßchen hat der Granathagel und haben besonders die zurückschlagenden »Splitter« der platzenden Geschosse ebenso launisch und unbegreiflich gewirkt, wie dort draußen in den Gärten; hie und da ist ein armes Bürgerhäuschen vom Dach zum Erdgeschoß völlig zertrümmert; dicht daneben beim Nachbar kaum eine Scheibe zersprungen. In einzelnen Gäßchen halten sich die Häuserruinen noch wie durch zwischen sie gestemmte Stützen; andern ist wohl mal ein hübscher Renaissance-Thürgiebel weggerissen, ein Dachstuhl zerschmettert, eine Wand hier faust- dort thürgroß durchlöchert oder sämmtliche Fenster geraubt. Aber, wie schon erwähnt, die eigentlichen großen Trümmerhaufen sind doch verhältnißmäßig selten. Ebenso haben die beiden schönen Kirchen, die »Cathedrale« und die Kirche St. Gengoult (vgl. S. 692) nicht erheblich gelitten. Ver-

---

[*] Die Zerstörung dieses Hospitals erfolgte sehr wahrscheinlich (s. S. 680) schon am 23. August in Folge des zweiten Bombardements. Ueberhaupt ist bei der im Text gegebenen Schilderung zwischen erster, zweiter und dritter Beschießung nicht unterschieden; der Briefschreiber giebt nur eben ein Bild der Stadt, wie sich diese ihm am 6. Oktober darstellte.

glichen mit den Verwüstungen, die die große Revolution an dem äußeren und inneren Bilderschmuck der Cathedrale anrichtete, ist all das, was die Bomben der »modernen Vandalen« geschädigt haben, ein bloßes Nichts. Die obere Thurmgalerie ist am Nordthurm (St. Gérard), wie am Südthurm (St. Etienne) stellenweise durchbrochen. Die übrigen Schädigungen haben sich fast ausschließlich auf die Façade des nördlichen Thurmes beschränkt, unter denen die schlimmste das vollständige Herausschlagen des mächtigen Thurmfensters der zweiten Etage mit all seinem steinernen Maßwerk ist. Man blickt nun in das hohle gewölbte Innere des Thurmes wie durch ein weites finsteres Loch hinein. Die Portale selbst hatte man so hoch hinauf als möglich — wohl 80 Fuß hoch und mehr — durch Anhäufung von Mist zu schützen gesucht. Diese wenig einladende Zugabe fand ich bei meinem ersten Besuche noch unabgeräumt, und mußte meinen Weg in das schöne Innere des Domes erst durch einen in die braune Masse gebrochenen Tunnel suchen.

Im Innern fand ich nichts Nennenswerthes zerstört, kaum einige Wandstücke der einen rundbogigen Kapelle an der Südseite des Langschiffes herabgeschlagen, kaum einige Scheiben zersplittert.

Mehrfach, seit diesem ersten Besuche, bin ich in der schönen Cathedrale gewesen. Ich liebe es, hier zu beobachten. Manche Frauengestalt in tiefer Trauer kam schon, um vor einem der Altäre knieend ihren Schmerz auszuweinen; mancher Zug von Landleuten, von städtischen Bekannten geführt, trat ein und blickte erschrocken hinauf zu der Thurmstelle, wo die Granate ihr Verwüstungswerk gethan. Auch mancher baierische Soldat kam, kniete, sich bekreuzend, vor den Altarstufen nieder und ging weiter. Einmal kamen auch ein paar mecklenburger Kameraden, scheinbar völlig aus dem Groben geschnittene Figuren. Aber der eine, der nicht anders wie ein derber Landwirth in Uniform aussah, fragte mich, auf die im hohen Chor aufgestellte kleine Orgel zeigend: »ob dat woll verlöwt is, moal up dat Harmonium doar to speln?« »Versuchen Sie's«, antwortete ich, und so trat er denn in den geweihten Raum ein, wo er alsbald, zu meinem hohen Erstaunen, nach einigen schönen vollen präludirenden Accorden, unseren herrlichen protestantischen Choral »Jesus meine Zuversicht« brausend durch die Halle erklingen ließ.

Mit dem Eindruck davon schied ich von der Cathedrale und von Toul.«

Metz.

Metz.

Metz — das alte Divodunum der gallisch-römischen Zeit — hatte bei Ausbruch des Krieges 60,000 Einwohner und war Hauptstadt des Mosel-Departements, zugleich Kriegsplatz erster Klasse und eine der stärksten Festungen Europa's. Dazu alter Bischofssitz und Sitz der 5. Militair-Division.

Die 70er Kriegsereignisse, indem sie sich auf eine Cernirung beschränkten, haben an dem Bilde von Metz, wie es sich bis dahin darstellte, nichts geändert.

In seinem Kern eng und mittelalterlich, fehlt es ihm nicht an schönen Straßen und Plätzen, unter welchen letzteren vorzugsweise der »Place Royale« und die »Esplanade« (beide ein großes Ganze bildend) zu nennen sind. Auf der Esplanade erhebt sich die erzene Statue des Marschalls Ney, auf dem Cathedralenplatz, inmitten der Stadt, das alte Standbild des Marschalls Fabert, der, in Metz geboren, ein Zeit- und Ruhmesgenosse Turenne's war. Unter den anderweiten Sehenswürdigkeiten der Stadt nehmen das Rathhaus und der Justizpalast, das Jesuiten-Collegium und das Arsenal, die St. Vincenz-Kirche und die Cathedrale den ersten Rang ein.

Das Arsenal enthält eine reiche Sammlung von Waffen aller Art, darunter eine ungeheure Kanone, »Vogel Greif«. Die Inschrift lautet:

> Der Greif heiß ich,
> Meinem gnädigen Herrn von Trier dien' ich,
> Wo er mich heißt gewalten,
> Will ich Dorn und Mauer spalten.

Das Gewicht dieser Riesenkanone beträgt 20,000 Pfund, ihre Länge ist 15 Fuß. Der trier'sche Kurfürst Richard von Greiffenclau ließ das merkwürdige Geschützrohr 1528 gießen, die Franzosen nahmen es 1799 mit vom Ehrenbreitstein.

Die Cathedrale (St. Stephan) gilt als das großartigste Werk des französisch-gothischen Kirchenbaues in ganz Lothringen. Sie wurde im 13. Jahrhundert begonnen; dann ruhte der Bau; die oberen Theile zeigen den glänzenden Styl des folgenden (14.) Jahrhunderts. Die luftige, pikant durchbrochene Bekrönung des südlichen Thurmes, die dem Bau ein so originelles Profil verleiht, ist in spielenden Flamboyantformen ausgeführt. Eben dieser Thurm hat eine Höhe von 363 Fuß; in demselben befindet sich die berühmte Glocke la Muette, die »Stumme«, 260 Centner schwer. 1519, nach andern erst 1546, wurde der gesammte Bau, wie er im 14. Jahrhundert intendirt war, beendet. (Das knieende Bild des Baumeisters Pierre Perrat befindet sich am Altare neben der Sakristei.) Das große Portal der Cathedrale, wie es jetzt sich darstellt, ist ein verhältnißmäßiger Neubau und wurde erst 1764 nach Plänen Blondels angefügt. Ausgezeichnete Denkmäler innerhalb der Kirche sind zum größeren Theil während der Revolution zerstört worden.

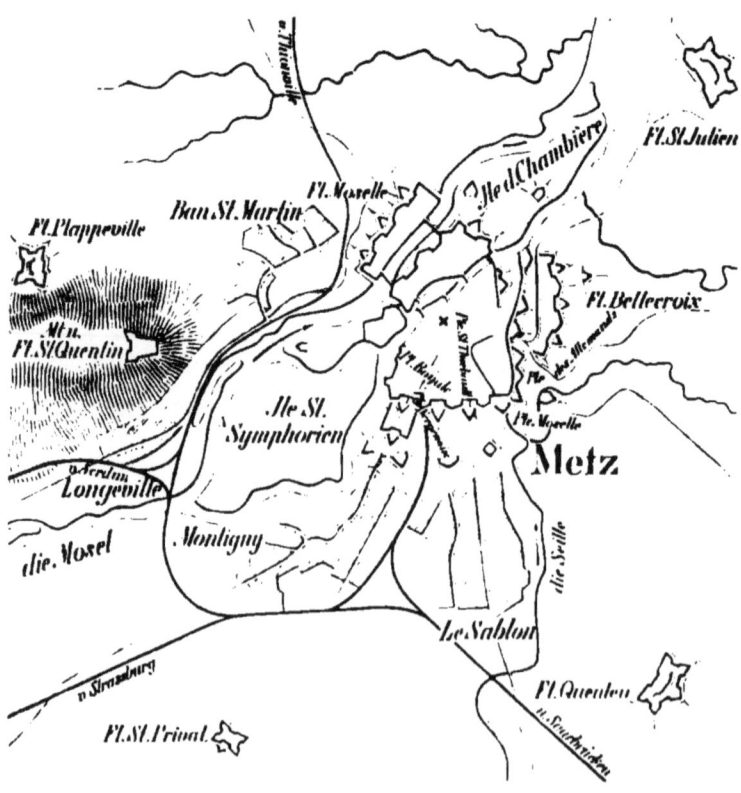

Von den zehn Thoren der Stadt nennen wir zuerst die Porte Serpenoise,[*]) die 1852 im Halbzirkel neu erbaut wurde. Eine Inschrift erwähnt der Rettung der Festung durch den Bäcker Havelle, der eine am 8. April 1470 seitens des Herzogs Nicolas von Lothringen versuchte Ueberrumpelung hinderte. — Die Porte de France zeichnet sich durch ihre außerordentlich starke Verschanzung aus. Sie hat je vier Thore, Wälle und Wassergräben. — Durch das alterthümliche, östliche Thor, die Porte des Allemands, im gothischen Styl 1445 erbaut und sehr gut erhalten, führt die große Straße nach Deutschland. Das Thor zeigt noch zahlreiche Kugelspuren von der vergeblichen Belagerung durch Kaiser Karl V., 1552.

Die seit 1864 angelegte unterirdische Wasserleitung, von nahezu zwei Meilen Länge, führt der Stadt aus ihren beiden Reservoirs bei Gorze täglich 10,000 Kubikmeter Quellwasser zu.

Die Urbewohner von Metz waren Kelten, später — seit etwa anderthalb Jahrhunderten vor Christo — mit Germanen gemischt. Cäsar fand hier bereits ein starkes Gemeinwesen vor. In seinen Commentaren über den gallischen Krieg erzählt er, daß Metz zu den ältesten und bedeutendsten Städten Galliens gezählt habe, die Bewohner von Stadt und Land aber sich als ein besonders kriegerischer Volksstamm ausgezeichnet hätten.

Die Römer schufen nun im Laufe der nächsten Jahrhunderte eine Menge hervorragender Bauwerke an dieser Stelle. So besaß Metz außer mehreren Tempeln und kaiserlichen Palästen auch ein Amphitheater, eine Naumachie, Bäder und eine großartige Wasserleitung, die (wie die gegenwärtige, 1864 angelegte) bis in die Gegend von Gorze ging und von dorther das reinste Quellwasser der Stadt zuführte. Von diesem alten, seiner Zeit aus zahlreichen Pfeilern bestehenden Aquädukt sieht man heute noch bei dem Dorfe Jouy 17 hohe Pfeiler aufragen, die mehr oder weniger gut erhalten und theilweise noch überwölbt sind. Jeder dieser Pfeiler ist über 70 Fuß hoch. Das vorerwähnte Dorf führt aus Veranlassung dieser Brückenbögen den Namen Jouy-aux-Arches. [Auch der mannigfach hier vorkommende Name Ars, Ars sur Moselle, Ars Laquenexy, stammt noch aus der römischen Epoche.]

Sehen wir von Jouy-aux-Arches und seinen 17 Brückenpfeilern ab, so sind keine deutlich erkennbaren Ueberbleibsel mehr aus jener Zeit vorhanden, aber jeder in die Tiefe gehende Neubau, der auf dem alten Grund und Boden von Metz unternommen wird, führt auf Trümmer alter römischer Herrlichkeit. So steht die »Markthalle« auf den Ruinen eines großen römi-

---

[*]) Eigentlich »Porte Scarpenoise« von einer kleinen Stadt, die in der Nähe von Pont à Mousson lag und Scarponne hieß, woraus zuerst Scarpenoise und dann Serpenoise gebildet wurde.

schen Bades, während der Gemüse- und Blumenmarkt,*) so wie der Place d'Armes und der Place St. Croix auf den Resten von Aquädukten und Befestigungsthürmen errichtet wurden. Bei Anlegung einer Redoute, die den Namen le Pâtée, die »Pastete« führt, stieß man auf das schon erwähnte Amphitheater, das dem von Nismes im südlichen Frankreich an Größe beinah gleichkommen soll.

Die Befestigungen von Metz gehen bis in seine früheste Vergangenheit zurück. Schon in der Römerzeit hatte es Mauern, die an der Südseite sich weit über die heutige Stadtenceinte hinaus erstreckten und beispielsweise die Orte Sablon und Montigny mit einschlossen. Die beständigen Kämpfe, in die die Stadt während des ganzen Mittelalters von der fränkischen Zeit an bis zur Zeit Karls VII. und noch hundert Jahre darüber hinaus (Heinrichs II.) verwickelt wurde, waren natürlich nicht dazu angethan, den Mauergürtel zu entfernen, im Gegentheil immer neue Werke und Wälle, Thürme und Thore entstanden, die im 15. und 16. Jahrhundert zu zwei Belagerungen führten, bei denen wir hier in Kürze verweilen möchten. Die eine davon (die zweite) ist in vielen Stücken wie eine Spiegelung dessen, was das Jahr 1870 uns erleben ließ.

Die Belagerung von Metz im Jahre 1444.

Die Belagerer in dem genannten Jahre waren Karl VII., König von Frankreich, und sein Schwager René, ursprünglich Herzog von Anjou, dessen voller Titel indeß lautete: René, König von Provence, Sicilien und Jerusalem, regierender Herzog von Anjou, Lothringen und Bar.

Die Veranlassung zu dem Kriege gaben 100,000 Gulden, die König René den Metzern schuldete und die diese — was zugestanden werden muß — auf wenig galante Weise eintrieben, nachdem alle vorangegangenen Mahnungen nichts gefruchtet hatten. Die Metzer bemächtigten sich nämlich, als Papst Eugen IV. eine große Ablaßandacht in Pont à Mousson verkündigen ließ, zu der auch die Gemahlin König René's zu wallfahren gedachte, des Seitens dieser Königin voraufgeschickten Gepäcks und führten dasselbe unter Bedeckung nach ihrer Stadt, wo es als Unterpfand verbleiben sollte, bis König René sich genöthigt sehen werde, die schuldigen 100,000 Goldgulden zurückzuzahlen. Die Königin, empört über ein so scharfes Verfahren, ließ ihre Räthe zu-

---

*) Dieser »Gemüse- und Blumenmarkt« ist eine sehr anmuthige Anlage. In seinen Hallen findet am 26. Dezember jeden Jahres eine Versammlung von jungen Männern und Mädchen aus den benachbarten Dörfern statt, die Stellungen in der Stadt suchen. Die jungen Männer heißen »Guéchens«, die Mädchen »Bacelles«. — Hierbei mag auch erwähnt werden, daß sich die Metzer selbst Messins nennen, ein Wort, das auch als Adjektiv dasselbe bleibt. Vin messin = Metzer Wein.

sammenrufen und fragte dieselben mit schluchzender Stimme: »Eh, messieurs, que vous semble de ceux de Metz, que mes bahuz et garderobe à Metz en ont ménez?« Die Rathgeber glaubten zunächst ein Mißverständniß annehmen zu müssen und forderten die Herausgabe. Als diese verweigert wurde, begab sich die Königin in höchster Erregung nach Anjou, um ihren zur Zeit dort weilenden Gemahl aufzusuchen. Diesem kam die Gelegenheit sehr erwünscht; eine ausbrechende Fehde war der einfachste Weg, die unbequeme Schuld gestrichen zu sehen; so erklärte er den Metzern den Krieg und versicherte sich dazu der Beihülfe seines Schwagers, des Königs von Frankreich. Karl VII. war ausnahmsweise unengagirt, da kurz zuvor ein Waffenstillstand zwischen ihm und den Engländern zum Abschluß gediehen war; er stellte also seine augenblicklich disponiblen Truppen, die zu erheblichem Theil bloße Abenteurer-Banden waren, seinem Schwager zur Verfügung und rückte gemeinschaftlich mit diesem vor Metz.

Metz war im Stande, dieser Macht zu trotzen. Es verfügte, mittelalterlich, nicht nur über eine nach Gewerken eingetheilte Miliz, es zog auch die Landbewohner seines Gebiets, die ebenfalls verpflichtet waren die Waffen zu tragen, zur Vertheidigung der Stadt heran. Dazu kamen Söldner zu Roß*) und zu Fuß und eine nicht unerhebliche, unter Geschützmeistern, Maîtres de bombardes, stehende Artillerie. Wenn wir diese letztere »eine nicht unerhebliche« nannten, so ist dies freilich aus den Anschauungen der damaligen Zeit heraus gesprochen. Mit einer heutigen Artillerie war sie nicht zu vergleichen. Sie bestand, neben einer größeren Anzahl von Feldschlangen und Streubüchsen (den späteren Haubitzen verwandt), aus vier bronzenen Bombarden schweren Kalibers und 33 eisernen. Diese Bombarden, welche weder Henkel noch Schildzapfen hatten, waren in ungeheure Holzblöcke eingelassen und befestigt, welche auf einem vierräbrigen Untergestell ruhten, derart, daß sie beim Rückstoß leicht zurückfahren konnten. Sie schossen Steinkugeln, welche den Steinbrüchen von Pontoy bei Metz entnommen waren. Eines dieser Geschütze schweren Kalibers, welches bei der Vertheidigung von 1444 gebraucht wurde, führte folgende Inschrift:

L'an XXXVI mil quatre cent
Fuit faicte pour useir mon temps

*) Diese »Söldner zu Pferde« (soldoyeurs) hatten die Verpflichtung, sich auf eigene Kosten beritten zu machen und bildeten eine Elite-Truppe. Es waren Edelleute aus allen Ländern, die, abenteuernd, das Glück aufsuchten. Sie traten als Freiwillige in den Dienst der Republik, erhielten aber doch einen monatlichen Sold von 4 oder 6 Livres, also von 560 bis 840 Franken nach heutigem französischen Gelde, je nachdem sie im Besitz von ein oder zwei Pferden waren. Die Anzahl dieser Söldner betrug während der Belagerung von 1444 dreihundertundfünfzig Mann. Wenn einer von ihnen in Kriegsgefangenschaft gerieth, so wurde ihm seine Löhnung unverkürzt während der ganzen Dauer derselben fortgezahlt.

En la garde et pour la deffance
De ceux qu'à Mets font offance:
Pour les pugnir et justicier
Propres suis à tel mestier.
Ci qui volrait sçavoir mon nom,
«Rédouté« m'appelle-t-on.

Es mag hierbei, ehe wir in unserer Erzählung der »1444er Belagerung« fortfahren, noch hervorgehoben werden, daß Metz vielleicht die
erste Stadt war, die sich in ihren Kriegen der Geschütze bediente. Schon in
ihrer mit dem eigenen Bischof Heinrich Dauphin geführten Fehde (1323—25)
kamen Kanonen zur Verwendung. Die Franzosen sollen sich der Geschütze
zum ersten Male im Jahre 1339, die Mauren bei Algesiras in Spanien 1342, die
Engländer bei Crecy 1346, die Venetianer 1380 bedient haben. Metz schien also
prädestinirt artilleristisch eine Rolle zu spielen. Jedenfalls ist es später, und
dann bis in unsere Tage hinein, der Haupt-Artillerieplatz Frankreichs gewesen.

Wir kehren nach diesem Excurs zu unserer Belagerung von 1444 zurück.

Die beiden verbündeten Fürsten (Karl VII. und König René) zeigten
sich ziemlich säumig in Ausführung ihrer Pläne und obschon im Sommer
ebengenannten Jahres alle Plätze Lothringens sich mit Truppen zu füllen begannen,
zweifelte man doch am 10. September, daß es überhaupt noch zum Kriege kommen
werde. Da fielen mit einem Male ganz unerwartet der Herzog Arthur von
Richemout, Connetable von Frankreich, Peter von Breze, Seneschall von
Poitou, und Karl von Anjou, Bruder des Königs René, an der Spitze
von 10,000 Mann in das Metzer Gebiet ein, von denen drei verschiedene
Colonnen zunächst die befestigten Posten von Ancy, Montigny und Ars-sur-
Moselle anzugreifen suchten.

In den meisten von der Stadt abhängigen Dörfern hatte man die
Kirchen als befestigte Posten eingerichtet. So auch in Ars. Hier vertheidigte der Maire des Dorfes, der sich mit nur 15 Söldnern in das Gotteshaus zurückgezogen hatte, Kirche und Kirchhof fünf Tage lang so tapfer
gegen eine Colonne von 2000 Ecorcheurs, daß ihm und seiner Besatzung
schließlich das Leben geschenkt und die Erlaubniß ertheilt wurde, mit Waffen
und Gepäck abzuziehen. [»Ecorcheur« hieß Fellabzieher. Diesen Ehrentitel
führten die Truppen Karls VII., weil sie jedem Feinde der ihnen in die
Hände fiel, alles bis auf die Haut zu nehmen pflegten.]

Am 16. September hatte man in Metz in Erfahrung gebracht, daß
die feindlichen Truppen vorhätten, sich am andern Tage (17.) in der Vorstadt Saint-Symphorien festzusetzen und die Abtei, von welcher diese Vorstadt den Namen führt, zu einem starken Waffenplatz einzurichten. Sofort
war man in der Stadt entschlossen die Abtei zu opfern und da die Zeit

drängte, steckte man sie an allen vier Ecken in Brand. Dasselbe geschah im Laufe der nächsten Wochen mit fast allen Vorstädten und Vorstadtskirchen; Ban Saint Martin, Mazelle, Saint Arnould, Saint Thiébault, Sainte Elisabeth, Saint Pierre-aug-Champs, die Kirchen St. Thiebault und St. Louis wurden in Asche gelegt, selbst noch weiter vorgelegene Ortschaften an der Ost- und Südseite der Stadt ließ man folgen.

Diese Energie erwies sich nur zu kleinerem Theile als die natürliche Consequenz eines stolzen und ausgebildeten republikanischen Gefühls; zu größerem Theile (wie so oft in ähnlichen Fällen) war sie das Resultat der Furcht, der Unterwerfung unter den starken Willen eines Diktators. Dieser Diktator war Johann von Bytoul, einer der Sieben des Kriegscollegiums. Nach den Chronisten jener Zeit, die wohl alle der gegnerischen Seite angehörten, war er roh und blutdürstig, verurtheilte alle feindlichen Soldaten, die in seine Hand fielen, zum Strange, und wies jede Auswechselung der Gefangenen zurück. Er war, so wird erzählt, stets unterwegs um die Posten zu revidiren und sich von der Ausführung der von ihm gegebenen Befehle zu überzeugen. Bei dieser Gelegenheit soll er stets einen kleinen Stutzschwanz geritten haben, an dessen Schweif eine kleine Glocke befestigt war. Jeder der die Glocke hörte, war beflissen seine Arbeit mit doppeltem Eifer zu verrichten.

Georg von Bytoul stand übrigens nicht allein da; andere Herren vom Rath waren ihm wenigstens ähnlich an Muth und Entschlossenheit. Meister Jacob Simon, Stadtschöffe und Weingutsbesitzer auf dem Banne von Longeville, hatte geschworen, daß er ungeachtet der Anwesenheit der feindlichen Truppen seine Weinlese abhalten wolle. Behufs Ausführung dieses Abenteuers rüstete er ein großes Schiff aus, besannte dasselbe mit Söldnern, die mit Feldschlangen und Armbrüsten bewaffnet waren, und fuhr mit demselben die Mosel aufwärts bis Longeville. Nachdem er dort angelangt, schickte er die Winzer, Männer und Frauen, in den ihm zugehörigen Weinberg. Jacob Simon beobachtete mittlerweile den Feind. Er brauchte nicht lange zu warten, da brachen die Ecorcheurs von verschiedenen Seiten hervor, umringten unter großem Gelächter die Frauen und schickten sich an, die jüngsten und schönsten derselben zu entführen. Aber im selben Augenblick wurden sie, vom Schiff aus, mit einem Hagel von Kugeln und Pfeilen überschüttet, so daß zwei Mann getödtet, mehrere verwundet und die übrigen in die Flucht geschlagen wurden. Die Körbe der Winzer füllten sich demnächst mit Trauben, nicht eine einzige blieb im Weinberge zurück und nachdem das Geschäft beendet und die Ernte nach dem Schiff gebracht war, setzte sich die Expedition wieder moselabwärts in Bewegung und gelangte, ohne von den Ecorcheurs weiter belästigt zu werden, in die Stadt.

Monate vergingen. Den verbündeten Fürsten war es mit ihrer Kriegführung nicht rechter Ernst und als der Winter heranrückte, begnügte man sich mehr und mehr mit einer bloßen Einschließung der Festung. Auch diese war den Metzern unbequem genug und so kam es denn, noch ehe die Adventszeit heran war, zu Verhandlungen, die zwar abgebrochen, und immer wieder abgebrochen, aber doch auch immer wieder aufgenommen wurden. Endlich, am 3. März 1445, kam ein Friedensschluß zu Stande. Die Metzer mußten 84,000 Goldgulden — eine Summe, die, wohl zu hoch gegriffen, in einem uns vorliegenden Buche als gleichbedeutend mit 6 Millionen Franken bezeichnet wird — bezahlen, und dem König René eine Quittung des Inhaltes auszustellen, »daß weder er noch seine Vorgänger ihnen etwas schuldig seien.« König René war der eigentliche Sieger; von den 100,000 Gulden, der eigentlichen Ursache des Krieges, durfte fürder keine Rede sein.

Der Friede war zu Pont à Mousson geschlossen worden; am 5. März wurde der Inhalt desselben den Metzern bekannt gegeben. Ein Herold zog unter Trompetenschall durch die Straßen und las folgende Zeilen in französischer Sprache vor:

»Oyez, oyez, oyez: on vous faict assavoir que le roy de France, le roy de Sicile et toulte la communaltect de la cité de Metz ont aujour-d'hui bonne paix et bon accort ensemble, et tellement que de cy en avant on ne faicent nulle entreprises sur eulx par queilx manière que ce soit, maix vous tenez pour bons amys et faictes honneurs et plaisirs l'ung à l'autre.«*)

Die zweite Belagerung von Metz im Jahre 1552.

Die zweite Belagerung von Metz, die hundertundacht Jahre später fiel, war von viel ernsterem Charakter. Sie hatte ein politisches Vorspiel, dessen wir kurz erwähnen müssen.

---

*) »Hört, hört, hört: Hierdurch wird kundgethan, daß der König von Frankreich, der König von Sicilien und die ganze Bürgerschaft der Stadt Metz heute Frieden und vollkommene Eintracht untereinander haben, so zwar, daß hinfort keine Art Unternehmungen gegeneinander vollführt werden sollen, und daß Ihr Euch gegenseitig als gute Freunde erachtet und Euch Ehre und Freude erweist.«

Ich habe oben im Text diese Proclamation in französischer Sprache — in der sie damals verlesen wurde — gegeben, um darauf hinzudeuten, daß Metz, trotz seiner, bis ins 16. Jahrhundert hinein dauernden, politischen Zugehörigkeit zu Deutschland, doch immer nach Sitte, Haltung, Sprache französisch war und, seinem ganzen Fühlen nach, nach Westen und nicht nach Osten gravitirte. Es hat deshalb mit dem »Verrath«, der 1552 Metz in die Hände Frankreichs spielte, nicht allzuviel auf sich. Es war etwa ein Verrath, wie der der Schleswiger, die, trotz des Londoner Protokolls, das sie politisch für immer zu Dänemark schlug, doch lieber Deutsch sein wollten. Und es auch wurden.

Im Jahre 1551 schlossen die protestantischen Fürsten Deutschlands (darunter vor allem Moritz von Sachsen) ein Bündniß mit Heinrich II. von Frankreich gegen Kaiser Karl V. In dem Bündnißvertrage hieß es Seitens unserer Fürsten, die — was immer politisch zu ihrer Rechtfertigung sprechen mochte — mindestens nicht beflissen schienen »allzeit Mehrer des deutschen Reiches« zu sein: König Heinrich möge sich der drei Bisthümer Metz, Toul, Verdun, baldmöglichst zu bemächtigen suchen.

Das that er denn auch. Es gab ohnehin in allen drei Städten seit lange eine französische Partei. Die »Seigneurie von Metz«, so scheint es, stand auf Seiten König Heinrichs und erleichterte ihm die Schritte, die er gegen die nominell deutsche Stadt vorhatte. In der That, die rasche, siegreiche Wegnahme derselben, über die wir zunächst zu berichten haben, war kaum etwas anderes als ein in Scene gesetztes Schauspiel. Alle Rollen waren vorher vertheilt.

Am 15. März schrieb König Heinrich, als er, im Bündniß mit dem protestantischen Deutschland, zum Kriege gegen Karl V. auszog, an die Metzer, ihm »Etappen« auf ihrem Territorium zu gönnen. Es scheint, man lehnte formaliter ab.

Um Ostern erschien der Connetable Anne de Montmorency, belagerte zunächst Gorze und seine Abtei, nahm es ein, verbrannte es und ließ die Besatzung hängen.

Der Connetable zog nun vor Metz selbst, einiges Geschütz wurde aufgefahren; man öffnete ihm aber alsbald die Porte Serpenoise und die Stadt kam ohne Widerstand in französischen Besitz.*) Das war am 10. Tage des April. Die Einwohner mußten die Waffen an einem bestimmten Ort abliefern, und weil man eine Belagerung (durch die Kaiserlichen) kommen

---

*) Der Historiker Mézeray schildert diese im Wesentlichen ohne Schwertstreich erfolgte Einnahme von Metz wie folgt: »Während König Heinrich II. sich zu Giuville am Krankenbette der Königin aufhielt, gab ihm der Connetable von Montmorency den Rath, sich sobald als möglich der drei Bisthümer zu bemächtigen, deren Besetzung die deutschen Fürsten, mit denen er verbündet war, ihm angerathen hatten. Nachdem der König eingewilligt und der Connetable sich der Stadt Toul bemächtigt hatte, rückte er auch gegen Metz vor und ließ die Bürgerschaft auffordern, sich zu ergeben. Die Höchstgestellten der Stadt (so schreibt Mézeray, während andere gerade das Gegentheil berichten) würden sicher gegen einen Wechsel in der Herrschaft protestirt haben, wenn sie nicht überrascht gewesen wären. So aber fügten sie sich und gingen auf Anrathen ihres Bischofs, Robert von Lenoncourt, darauf ein, dem Connetable nebst einigen Abligen und zwei Compagnieen zu Fuß, in der Stärke von 600 Mann, die Festung zu öffnen, oder wie Andere erzählen, Abtheilungen von je 100 Mann nach und nach in dieselbe einziehen zu lassen. Die Sache mag sich nun verhalten wie sie will, so viel scheint festzustehen, daß am 10. April 1552 die Compagnieen in doppelter Stärke und aus lauter ausgesuchten Mannschaften bestehend, gegen die Stadtthore vorrückten, die mit der Schließung derselben beschäftigten Bürger verjagten, demnächst in die Stadt einzogen und dieselbe zwangen, sich dem Banner Frankreichs zu unterwerfen.«

sah, wurden mehrere Kirchen und Gebäude niedergelegt. Dies währte indeß noch einige Zeit.

Zunächst erschien jetzt, am zweiten Ostertage, der französische König Heinrich II. und hielt seinen Einzug mit »nobler Compagnie« von großen Prinzen und Seigneurs. Vier der Vornehmsten der Stadt waren bereit ihm zu dienen; er war ganz in Waffen, ritt bis zur großen Kirche, stieg vom Pferde und verrichtete sein Gebet. Sämmtliche Prälaten, Geistliche und andere Zugehörige der Kirche, alle in ihren reichsten Kleidern, hatten ihn am Portal erwartet. Nach verrichtetem Gebet stieg er wieder zu Roß, und zwölf blasende Trompeter voraus, ritt er durch die Fournerue bis zum Hause des Seigneur Anbrouin Roussel, wo er Cour hielt.

Eine Beschreibung dieser Einzugstage (denn von einer »Eroberung« kann man nicht füglich sprechen) ist uns auch in einem Chanson erhalten geblieben, das, während der 1870er Belagerung, durch einen glücklichen Zufall entdeckt wurde. Es lautet in Uebersetzung etwa wie folgt:

Als sie nun sahen Kanonen
Und Mörser aufgestellt,
Da riefen sie um Erbarmen
Ueber Gräben und über Feld;
Die weiße Fahne in der Hand
Riefen sie mit Bedacht:
Es lebe König Heinrich
Und seine ganze Macht!

Am zehnten Tag (ein Donnerstag)
Im lustigen April,
Da waren die Metzer Herren
Dem König all' zu Will';
Der Connetable kam zuerst,
Es mußte wohl so sein,
Am Montag, zweiten Ostertag,
Zog auch der König ein.

Und der gemacht dies Liedel
Nach einem lustigen Ton,
War ein französischer Soldat
Der Metzer Garnison,
In Metz, der sehr berühmten Stadt
Im Lotharinger Land
Als er mit einem Stücke Speck
Am großen Brunnen stand.

So das Lied. Der Sänger indeß sollte seines »Stückes Speck« nicht lange froh werden. Sehr magere Zeiten brachen für die Metzer Garnison an, also muthmaßlich auch für ihn. Das geschah im Herbst desselben Jahres.

König Heinrich II. war längst nach Paris zurückgekehrt, auch der Connetable hatte Metz verlassen; innerhalb der Stadt kommandirte der Herzog von Guise als Generallieutenant des Königs.

Anfang Oktober kam eben diesem, dem Herzog, die Nachricht, daß der Kaiser (Karl V.) mit großer Heeresmacht, insonderheit auch mit vielen groben Karthaunen, heranziehe, um Metz zu belagern, zu berennen und den Franzosen wieder zu entreißen. Der Herzog traf seine Vorbereitungen, erhielt auch starke Unterstützungen von Frankreich her; viele vom hohen Adel erschienen mit ihren Capitainen, ihren Reitern und Fußvolk.

Das kaiserliche Heer bewegte sich inzwischen in drei großen Säulen heran. Zuerst, am Sonnabend nach St. Lucas (18. Oktober) erschien der Herzog von Holstein mit den »Brabançons«; er schlug sein Lager im Nordosten der Stadt auf, bei Grimont und Difirmont, hatte also einen Theil des Terrains inne; das, während der Belagerung von 1870, von der Manteuffel'schen Armee eingenommen wurde.

Die zweite große Heeressäule, die erschien, war die spanisch-niederländische unter Herzog Alba; sie schlug ihr Lager südlich der Stadt auf, so daß Le Sablon wahrscheinlich das Hauptquartier des hier Commandirenden war.

Die dritte Heeressäule war die des »Marquis von Brandenburg«; er rückte mit seinen Kriegshaufen in den nordwestlichen Abschnitt ein, also dorthin, wo die Vorstadt St. Martin, wo Fort Plappeville und Fort St. Quentin gelegen sind.

Der Kaiser selbst verließ Sonntag vor Martinitag (10. November) Thionville, erschien an der Südseite der Stadt, nahm Wohnung in dem dort gelegenen Hause des Claude de Gournais, Seigneur de Tallange, eines vornehmen und gut kaiserlich gesinnten Metzer Patriziers, und ernannte hier den Herzog von Alba zum Oberkommandirenden für die ganze Dauer der Belagerung.

Diese nahm nunmehr ihren Anfang. Es wurde gegraben, geschanzt, gefeuert; die umliegende Landschaft litt unsagbar, alles wurde genommen, die Noth ließ keine Wahl. Der Winter brach herein; die Unbilden wurden immer größer; ansteckende Krankheiten rafften viele Tausende fort. Von den 110,000 Mann, die die Belagerung begonnen hatten, gingen mehr durch Krankheit und Kälte, als wie in den zahlreichen Ausfallgefechten verloren, die die Belagerten unausgesetzt unterhielten. Die meisten Ausfälle gingen über den Pont des Morts in nordwestlicher Richtung, gegen den Marquis von Brandenburg. Hier, weil diese Stelle die gefährdetste war, erschien auch von Zeit zu Zeit (von Thionville her) der Kaiser; ein Platz am Abhang des Mont St. Quentin heißt noch bis diese Stunde La butte de Charlesquint.

Zahllose Opfer wurden gebracht; aber umsonst. Metz hielt sich. Beinahe wörtlich heißt es in der Chronik: »Man schoß den ganzen Tag, die

Fenster klirrten', es war ein Höllenlärm, aber man gewöhnte sich daran und Alles lachte zuletzt; Jedermann wußte, daß sie's draußen in Schnee und Eis nicht lange mehr würden aushalten können.

Und darin hatten sie Recht. Am 1. Januar 1553 begann der Abbruch des Lagers. Zuerst zogen die Truppen ab, die im Süden der Stadt unter dem speziellen Befehle Alba's gestanden hatten, dann folgte der Herzog von Holstein von Grimont, dann der Marquis von Brandenburg von der Vorstadt St. Martin aus. Alle zogen sie auf Thionville. Die abziehenden Colonnen wurden natürlich vom Feinde belästigt; man griff die Arrière-Garde in Rücken und Flanke an. Ein deutscher Offizier wandte sich entrüstet um und rief: »Wie könnt ihr verlangen, daß wir noch fechten sollen; wir haben kaum noch die Kraft zu fliehen.«

»Als sie nun fort waren, sah man das Elend und den Schmutz und die Räubereien des Lagers; todte Menschen und Pferde und Alles wurde begraben, damit es keine schlechte Luft gäbe.«

Der Herzog von Guise kehrte nach dieser glorreichen Vertheidigung nach Paris zurück; aber eh' er ging, ordnete er eine große Prozession an, er selbst, alle Prinzen und Capitaine, sowie alle Gentilhommes nahmen eine Kerze in die Hand und zogen in die große Kirche, um Gott zu danken.

Die Chronik dieser Belagerung schließt im Wesentlichen wie folgt:

»Alles war theuer. Ein schlechtes Viertel Kuhfleisch kostete 3 bis 4 Livre, ein Ei kostete 11 Sous (Solz). Die Kater und Katzen hatten schlechte Zeit; man war auf beständiger Jagd; sie wurden alle getödtet, gebraten und gegessen. Oft aß man auch Pasteten von Pferdefleisch.«

»Viele Diener in der Stadt ließen sich verführen und wurden französische Soldaten. Sie sollten das Gut ihrer Herrschaften hüten und verthaten es nun. So kam es, daß während dieser Belagerung viele reich wurden, die vorher arm waren, und viele arm wurden, die vorher reich gewesen waren.«

Man kann dies Alles nicht lesen, ohne frappirt zu werden durch viele Aehnlichkeiten zwischen damals und heut.

Uebrigens ließ König Heinrich, der bekanntlich ganz unter dem Einfluß der Guisen stand, zu Ehren des tapfern Vertheidigers der Festung eine Medaille schlagen, die folgende Inschrift führte: »A François de Lorraine, duc de Guise, pair de France, par le décret des armées, pour avoir conservé Metz et les grands du royaume, assiégés par Charles V. et les Allemands. Mars vous a donné une couronne d'herbe. Continuez, il vous rendra les couronnes royales de Jérusalem et de Sicile, qui ont appartenu à vos ancêtres.«

So viel über die Belagerungen von 1444 und 1552. Metz, als König Heinrich II. am zweiten Ostertage 1552 in die Stadt eingezogen war, hatte 60,000 Einwohner gehabt; am Ausgange des folgenden Jahrhunderts — trotzdem in dasselbe die großen Befestigungsarbeiten Vaubans und die ersten Bestrebungen fallen, Metz zu einem bedeutenden Waffenplatze zu machen — vermochte es nur 22,000 aufzuweisen. 1648 war es durch den westphälischen Frieden, neben Toul und Verdun, endgültig, will sagen auch de jure an Frankreich gekommen, nachdem es demselben, wie wir gesehen haben, von 1552 an bereits de facto zugehört hatte. Jene rapide Abnahme in der Bevölkerung innerhalb 150 Jahren lediglich auf den Herrschaftswechsel zurückführen zu wollen, ist wohl gewagt. Das 17. Jahrhundert war, in seinem ganzen Verlaufe fast, ein Jahrhundert erbitterter Kämpfe, nicht aber heiteren Prosperirens. Viele Reichsstädte, auch in Deutschland, gingen zurück.

Eine beglücktere Zeit, die wenigstens partiell den mittelalterlichen Glanz wieder heraufbeschwor, brach für Metz erst mit diesem Jahrhundert an. (Im vorigen Jahrhundert hatte es mehr an Befestigungen wie an Wohlstand zugenommen). Sehr wahrscheinlich war es unter dem ersten Empire, daß hier jene Casernen, Militairschulen, Magazine und Zeughäuser ins Leben traten, die mit ihren Dependenzien halb Metz überdecken. Das zweite Kaiserreich verfolgte nur den Weg des ersten. Im Uebrigen darf nicht verschwiegen werden, daß beide Empires, namentlich das erste, ihren Eifer und ihre Aufmerksamkeit mehr auf Herstellung eines mächtigen Depot- und Waffenplatzes innerhalb der Mauern von Metz, wie auf eine gesteigerte Vertheidigungskraft desselben richteten. In dieser Beziehung scheint das Julikönigthum erfolgreicher thätig gewesen zu sein. Erst nach 66 suchte auch die Regierung Napoleons III. das auf fortifikatorischem Gebiet Versäumte nachzuholen. Sehr wahrscheinlich war es Marschall Niel — ohnehin Ingenieur-General — der seinen Einfluß nach dieser Seite hin geltend machte. Das Prinzip der »detachirten Forts« wurde mit Rücksicht auf die weittragenden gezogenen Geschütze adoptirt und 1867 der Bau von Fort Plappeville, Fort St. Quentin, Fort St. Julien und Fort Quenlen begonnen. Im Wesentlichen waren diese vier Werke beendet, als der 70er Krieg ausbrach. Ein fünftes Werk, Fort St. Privat, war noch im Bau begriffen. Unsere Karte auf S. 712 giebt diese fünf Forts.

Durch die Herstellung dieser vier Forts war ein »verschanztes Lager« gewonnen. Innerhalb desselben werden wir, im Verlauf unserer Darstellung der Bazaine'schen Armee vom 19. August ab begegnen.

Vor Metz.

(Bis zum 30. August.)

Der 16. (Vionville) hatte der Armee Bazaine's Stillstand geboten, der 18. (Gravelotte-St. Privat) hatte eben diese Armee nach Metz zurück-geworfen. Am 19. begann sich die Einschließung der Festung zu vollziehen,

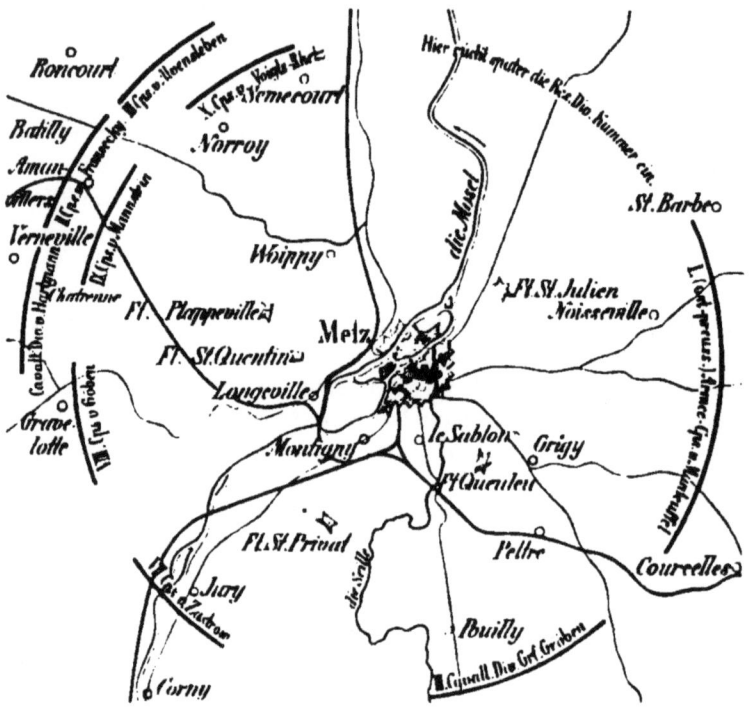

am 20. war sie eine Thatsache. Unsere Armeen, I. und II., standen im einresp. anderthalbmeiligen Umkreis um Metz her, einige Corps noch etwas weiter zurück. Die Stellungen, die sie inne hatten, waren die folgenden:

I. Corps, östlich der Mosel, zwischen St. Barbe, Courcelles sur Nied und Pouilly;

VII. Corps, an der Mosel, südlich von Metz bei Jouy (auf unserer Karte steht irrthümlich Jurn);

VIII. Corps bei Gravelotte;

IX. Corps zwischen Chantrenne und Amanvillers;

X. Corps (nördlich) bei Norroy und Semecourt;

II. Corps (in Reserve) bei Batilly;

III. Corps (ebenfalls Reserve) bei Roncourt;

1. Cavallerie-Division bei Verneville.

Diese ganze, aus sieben Corps und einer Cavallerie-Division bestehende Cernirungs-Armee wurde dem Oberbefehl des Prinzen Friedrich Karl unterstellt.*) Das Hauptquartier des Prinzen kam zunächst nach Doncourt.

Alle Anstrengungen des Obercommandos waren von Anfang an darauf gerichtet, die Einschließung möglichst perfekt und die Durchbrechung der Linie, wenn sie versucht werden sollte, möglichst schwierig zu machen. Zu diesem Behufe wurde bereits am 20. mit Feldbefestigungen begonnen, meist Batterie-Emplacements und Schützengräben. Die Vorpostenkette der einzelnen Corps wurde in genauen Zusammenhang gebracht und auf Grund der Terrain-Recognoscirungen berichtigt. Die Linie der Doppelposten begann im Norden auf dem rechten Ufer der Mosel südlich von Malroy und zog sich — immer am rechten Flußufer verbleibend — von Rupigny, Failly, Poix, Servigny, Noisseville, Brauerei l'Amitié, Montoy, Coincy, Aubigny, Ars Laquenexy, Mercy le Haut, Peltre bis zum Gehöfte St. Thiebault, dann über Marly sur Seille und das Orly-Gehöft nach der Eisenbahnbrücke von Ars sur Moselle. Hier wurde die Mosel überschritten und am linken Ufer des Flusses lief nun die Linie der Doppelposten weiter über Jussy, Rozerieulles, Bois de Chatel, Saulny, Bois de Woippy, Bellevue, St. Remy und Les Grandes Tapes bis wieder ans Moselufer, gegenüber von Malroy. Damit war der Kreis geschlossen. Einige Alarmposten waren noch weiter vorgeschoben. Namentlich die letzteren standen auf

---

*) Das IV., XII. und Garde-Corps, die ursprünglich der II. Armee zugehörten und, so weit die beiden letztgenannten Corps in Betracht kommen, den Tag von Gravelotte durch Erstürmung von St. Privat entschieden hatten, waren, wie wir wissen, Behufs Bildung einer IV. Armee (der Maas-Armee) abgezweigt und unter den Oberbefehl des Kronprinzen von Sachsen gestellt worden.

der zwischen dem Bois de Chatel und dem Bois de Woippy gelegenen Strecke den Vorposten des Feindes auf Schußdistance gegenüber.

Zur Verbindung der auf beiden Ufern der Mosel stehenden Ein-schließungstruppen bestanden oberhalb der Festung (südlich) zwei feste Brücken bei Ars sur Moselle und ein eiserner Brückensteg bei Novéant. Es wurde noch, zu weiterer Erleichterung der Communication, eine Feldbrücke bei Corny erbaut; ebenso unterhalb der Festung (nördlich) zwei Brücken bei Hauconcourt. Vom 23. ab waren sämmtliche Generalcommandos und Divisionen mit dem Obercommando der Armee durch telegraphische Leitungen verbunden. Dies erwies sich in der Folge als von großer Bedeutung; rechtzeitige Alar-mirung fernerstehender Truppentheile und rasche Unterstützung der gefährdeten war dadurch wesentlich erleichtert.

Die Verpflegung unserer Einschließungs-Armee bot in den ersten Wochen große Schwierigkeiten. Man war auf die mitgeführten Bestände oder auf Requisitionen angewiesen. Es kam den Truppen dabei zu Statten, daß die Gegend um Metz Seitens der französischen Armee nicht ausfouragirt worden war. In allen Dörfern waren die Scheunen mit dem Ertrage der eben eingebrachten Ernte gefüllt, die Kartoffeln waren noch in der Erde, aber schon genießbar, Heu fehlte, doch hatte die in den letzten Wochen vorherrschende feuchte Witterung den Graswuchs sehr gefördert. Die Dreschmaschinen, die man vorfand, befanden sich großentheils in un-gangbarem Zustande, doch gelang es bald dieselben zu repariren und erfolgte nunmehr mit Hülfe derselben das Ausdreschen des Getreides. Das Einsam-meln der Kartoffeln und die Gras-Ernte wurden in regelmäßiger Weise durch Commandos bewirkt, wodurch man, Alles in Allem, sehr erhebliche Bestände an Korn, Stroh, Kartoffeln und Heu gewann. Daneben brachten die weiter ausgedehnten Requisitionen der Cavallerie eine beträchtliche Anzahl von Vieh ein, wodurch auf längere Zeit eine reichliche Verpflegung mit frischem Fleisch ermöglicht wurde.

Alles dies indeß glich einem Brunnen, dessen totale Versiegung, bei den Ansprüchen, die an ihn erhoben wurden, binnen kürzester Frist unzweifel-haft war. Nur mit Hülfe rückwärtiger Bahnverbindungen war auf die Dauer die Verpflegung einer Armee von (die Verwundeten mit eingerechnet) über 200,000 Mann zu leisten. Solcher Bahnverbindungen besaß die Cer-nirungs-Armee zwei:

die Linie von Courcelles sur Nied, beziehungsweise Remilly, rück-wärts bis Saarbrücken, und

die Linie von Pont à Mousson über Nancy und Luneville bis Hagenau-Weißenburg und die Pfalz, —

diese zweite Linie indeß war illusorisch, da sie nur für Evacuation der Verwundeten vom 16. und 18. mit herangezogen werden durfte, im Uebrigen aber für die Transporte diente, die der III. und IV. Armee nachgeschoben wurden.

Also in Wahrheit eine Linie, die Linie Saarbrücken-Forbach-Metz stand zur Verfügung, die bis zur Station Remilly, etwa zwei bis dritthalb Meilen von Metz, benutzt werden konnte. Einzelne Züge wurden von Zeit zu Zeit bis Courcelles sur Nied vorgeschoben. Diese Bahnstrecke — bis nahezu in die Bivouaksplätze unseres östlich von Metz stehenden I. Corps führend — ermöglichte die Verpflegung eben dieses Corps ohne jede erhebliche Schwierigkeit, alle Corps aber, die am linken Moselufer lagerten, und ihrer waren nicht weniger als fünf, konnten, von dem Augenblick an, wo die Requisitionen den Dienst versagten, ihren Lebensmittelbedarf nur mit Hülfe eines Fuhrparks erhalten, der den Verkehr zwischen Remilly und Pont à Mousson und von da an nordwärts bis zu den Lagerplätzen der einzelnen Corps vermittelte. Das Mißliche eines solchen Verkehrs, bei den ungeheuren Ansprüchen, die jeder Tag erhob, lag auf der Hand; so wurde denn am 19. bereits die Herstellung einer Interimsbahn zwischen Remilly und Pont à Mousson geplant und am selben Tage noch in Angriff genommen. Schon einige Jahre vor Beginn des Krieges hatte man deutscherseits das Terrain in der bezüglichen Richtung durch einen höheren Eisenbahnbeamten eingehend recognosciren lassen und war jetzt in der Lage, die Resultate jener Untersuchungen vortheilhaft benutzen zu können. Man verwandte 4000 Arbeiter, unter welchen sich viele Bergleute aus Saarbrücken und etwa 250 Eisenbahnarbeiter aus Trier befanden. Die Bahn wurde eingeleisig erbaut und erhielt zum Theil sehr starke Steigungen. Um bei Remilly die durch die Niveauverhältnisse bedingte Herstellung eines langen Dammes zu vermeiden, entschloß man sich, im Interesse der Beschleunigung der Arbeit, hier einen Viaduct in Holz zu construiren; ebenso wurde bei Pont à Mousson die Bahn mittelst einer Holzconstruction über die Mosel geführt. Bei der Ausführung dieser Arbeiten erwies es sich als nothwendig, den Arbeitern und dem Bau selbst fortgesetzt militairischen Schutz zu gewähren, da die feindselige Haltung der Bevölkerung eine beständige Neigung zeigte, das Werk zu stören. Eine Erleichterung ergab sich andererseits daraus, daß man in Styring und Pont à Mousson nicht unerhebliche Vorräthe an Schienen und Bahnschwellen vorfand, die es nun gestatteten, die Legung des Geleises von beiden Endpunkten aus in Angriff zu nehmen. Bereits am 29. August war die Bahn im Wesentlichen vollendet und konnte von diesem Zeitpunkt an mit Lastzügen befahren werden.

Im Vordergrund aller Pläne und Unternehmungen aber stand doch immer die Frage: was thut der Feind? lagert er oder ist er in Bewegung?

wartet er auf Hülfe von außen, oder macht er Miene, den Ring zu durchbrechen? So wurden denn, zu besserer Beobachtung alles Dessen, was im Feindes Lager geschah, an geeigneten Punkten des Terrains Observationsposten eingerichtet, mit Fernröhren ausgestattet und mit Offizieren permanent besetzt. Berittene Ordonnanzen, zur Ueberbringung von Meldungen, waren ihnen beigegeben. Solche Observationsposten befanden sich an folgenden Punkten:

1. auf dem Horimont, nordwestlich Jèves;
2. auf dem Thurm von Gravelotte;
3. auf einer hohen Kuppe im Bois de Vaux;
4. auf der Höhe von Jussy;
5. auf dem St. Blaise, südöstlich von Jouy-aux-Arches;
6. auf dem Schloßthurm von Mercy-le-Haut;
7. auf dem Thurm von Noisseville;
8. auf der Kuppe westlich von St. Barbe;
9. bei Argency (an der Mosel).

Jeder dieser Punkte gestattet einen Einblick in das lachend-heitere Moselthal, und von der Höhe von Jussy aus versuchen wir eine Schilderung von Landschaft und Terrain.

Das Gesammtbild gleicht, namentlich nach links hin (nördlich), einem Eisenbahn-Durchschnitt, in den wir hineinblicken; statt des Schienen-Geleises hier ein sich schlängelnder Fluß. Abwechselnd engt sich das Thal oder weitet sich, da aber, wo die Seille in die Mosel tritt und das Thal, nach Südosten zu, sich zur Ebene auszubuchten beginnt, steigt das schöne alte Metz mit seiner Cathedrale empor. Bastionen fassen es ein, Vorstädte schicken strahlenförmig ihre Linien nach allen Seiten hin und dem Laufe des Flusses folgend blühen Dörfer, Schlösser, Fermen, in unabsehbar langer Straße aus dem fruchtbaren Boden auf.

Der erste Eindruck, den man nach der militairischen Seite hin hat, ist der: arme, schöne, verlorene Stadt. Sie scheint da zu liegen wie ein Opfer für jedes, auch das einfachste artilleristische Experiment. In geschäftiger Phantasie besetzen wir die Plateau-Abhänge hüben und drüben mit schweren Batterieen, eröffnen ein Feuer weittragendster Geschütze und der Thurm der Cathedrale stürzt und die Flamme schlägt aus dem Arsenal empor. Aber mit nichten. Unsere Batterieen ohne Weiteres vorschiebend bis an den Rand, von dem aus wir im Stande sein würden, die Vorzüge unserer Höhenposition gegen die still in der Tiefe daliegende Stadt auszubeuten, würden wir selbst, nach wenig Minuten schon, als Opfer unseres Unternehmens fallen, denn zwei Bergkegel, die das große Westplateau, auf dem wir stehen, vorpostenartig in das Moselthal hineingestellt hat, diese zwei

Vorposten hat die Stadt Metz ihrerseits in den Dienst genommen und zu Wächtern ihrer Sicherheit gemacht. Alles überragen sie, überall hinein blicken sie und sobald sie von ihrer mit Festungsbauten gekrönten Höhe her donnernd das Zeichen geben, fallen andere Forts vom rechten Flußufer her ein und sind mit geschäftig alles Artilleristische, was sich mit Anschlägen gegen Metz in ihre Nähe wagt, zum Schweigen zu bringen. Jene zwei dominirenden Bergkegel aber heißen Mont St. Quentin und Höhe von Plappeville. Sie sind es, die, in erster Reihe der Stadt ihre besondere Stärke, und, trotzdem sie schließlich eingenommen wurde, ihre Uneinnehmbarkeit verleihen. Das Aushungern ist eine Sache für sich. Wir wußten, was wir thaten, als wir uns auf eine Einschließung beschränkten und uns und der Stadt die Mühen und die Schrecken eines Bombardements ersparten.

Wir kehren nach diesem militairischen Excurs zu dem vor uns ausgebreiteten Panorama zurück und versuchen mit Hülfe eines Fernrohrs in Metz selber einzudringen. Die Entfernung bis zu den vorgeschobensten Werken beträgt wenig mehr als eine halbe Meile und wir beobachten einzelne französische Soldaten, freilich zunächst nur als Punkte und Striche, aber nichtsdestoweniger in ihren Bewegungen und Manipulationen, ja sogar in den helleren oder dunkleren Farben ihrer Uniformen erkennbar. Desto deutlicher giebt sich das Treiben in den nähergelegenen Vorstädten, besonders in Longeville und Ban St. Martin kund. Hier, theils im Flußthal, theils an den Abhängen und Einsattlungen des Mont St. Quentin und der Plappeville-Höhe hin, zieht sich das französische Lager, Zeltgassen, Feuerplätze und dazwischen der Marsch von Colonnen oder das ameisenhafte Durcheinander dienstfreier, spielender Soldaten. Einzelne der Colonnen halten sich ostwärts und marschiren der Mosel zu, um sie in Höhe von Fort St. Julien zu überschreiten. Was ist im Werke? Die bereit stehenden Ordonnanzen fliegen zum nächsten Generalcommando, unsere Meldung zu überbringen, und zehn Minuten später ist der ganze Cernirungsgürtel benachrichtigt: »Marsch feindlicher Colonnen in der Richtung auf Fort St. Julien«.

Ein Brief aus den letzten Augusttagen giebt eingehender noch als wir es vorstehend versucht, eine Schilderung der Landschaft, der Stadt und ihrer Umgebung, ein anschauliches Rundbild wie es sich damals, von dem schon erwähnten Juffy-Observatorium aus, dem Auge darstellte. Wir lassen den Brief seinem größeren Theile nach folgen:

»Die Einschließung hat sich vollzogen und im Großen und Ganzen darf gesagt werden, Metz ist ohne Verkehr mit der Außenwelt.

Ich beschränke mich hier darauf, von der Gegend zu sprechen, die zu bewachen der Division übertragen ist, zu der ich gehöre. Es ist der Terrainabschnitt zwischen dem linken Moseluser und der Chaussee Metz-Verdun, vielleicht der interessanteste, da er einmal das mächtige Fort St. Quentin mit einschließt, dann aber auch, weil die Abhänge, an denen unsere Vorposten stehen, die lieblichste Aussicht in das herrliche Moselthal mit seinen Weinbergen, Obstgärten und Villen gewähren. Die Höhen selbst sind jetzt von einer fortlaufenden Antivallationslinie und Geschützemplacements und Redouten gekrönt, hinter denen sich ausgedehnte Laubhüttenlager unserer bivouakirenden Truppen zeigen. Bei Anlage dieser durch die Cernirung gebotenen Bauarbeiten mußten leider die Schönheitsrücksichten in den Hintergrund treten und ist manch schöner Baum gefallen, um als Verhau dem Feinde die Fahrwege zu versperren, ist manches Blumenbeet von einem Schützengraben durchzogen, auch mancher Wald gelichtet worden, um Material zum Hüttenbau und Kochholz zu liefern. Es ist hart, aber es muß sein und vor diesem Muß schwinden alle Rücksichten.

In der vordersten Linie der Vorposten befinden sich einige vorspringende Höhenpunkte, von denen aus die beste Fern- und Uebersicht über das vorliegende Metz und seine Werke zu gewinnen ist.

Fangen wir im Norden an. Der Horizont nach dieser Richtung hin wird meinem Fernrohr gegenüber durch die Höhe von Plappeville begrenzt, auf der die Franzosen mit vieler Emsigkeit an der Errichtung eines neuen großen Erdwerkes arbeiten; es sind nicht allein Soldaten, sondern auch Civilarbeiter, die thätig sind, die letzteren wahrscheinlich gezwungen. Da der Baugrund zum Theil sehr steinig ist, so wird hier und dort die Erde in Säcken herbeigeschleppt; auf den fertigen Traversen stehen die dirigirenden Offiziere, breitbeinig, die Hände in den Taschen. Von dem Fort Plappeville zieht sich eine von einer neu angelegten Lünette durchbrochene Communication nach dem Fort St. Quentin, das die ganze Umgegend weithin sichtbar dominirt und dessen nach Süden hin belegene Kehle sehr massiv aussieht. Auf dem Glacis des Forts ist immer viel Leben, dem aber das militairisch geordnete Aeußere, wie wir es in solchem Falle gewohnt sind, gänzlich mangelt; auf der höchsten Traverse, oder besser einem Cavalier, steht, wenn es nicht zu arg regnet, ein Fernrohr auf dreibeinigem Stativ, durch welches ein Offizier die Stellung unserer Vorposten, so weit sie nicht durch Schluchten und Thäler verdeckt ist, beobachtet. Mittags nach 12 Uhr erfolgt die Ablösung der französischen Vorposten und kommen dann die Trupps hinter dem Fort herum, um in ihre Positionen zu marschiren. Es scheint, daß ein unserem Fernrohr nicht sichtbares großes Lager zwischen Fort Plappeville und St. Quentin am Ostabhange beider Höhen aufgeschlagen ist.

Am Fuße des St. Quentin links der Mosel liegen Scy, Chazelles Lessy, Ruffine, Moulins les Metz und Longeville. Alle Ortschaften, die hier genannt wurden, enthalten Sommerwohnungen und schöne Obstgärten der Metzer haute finance und haute volée und sind im Besitze des Feindes, während die nur wenig davon abgelegenen Dörfer Chatel, Rozérieulles, Juffy, Vaux von uns besetzt sind und die gegenseitigen beati possidentes zu häufigen Neckereien zwischen Dreyse und Chassepot veranlassen. In den vom Feinde besuchten und besetzten Ortschaften zeigt sich derselbe nur in starken Patrouillen, die zeitweise posto fassen und auf bedeutende Entfernungen zu uns herüber knallen, besonders gern nach unserem Observatorium, das aber seine Integrität bisher bewahrt hat. Hinter diesen Ortschaften nach Osten hin liegt Metz, von seiner mächtigen Cathedrale überragt und endlich gegen den Horizont in derselben Richtung St. Julien mit seinem Fort.

Bevor wir aber Metz betrachten, müssen wir auf die von Ars sur Moselle, über Montigny in einer großen Curve nach Metz führende Eisenbahn sehen. Der Eisenbahndamm bildet bei Montigny eine natürliche Deckung, hinter der größere Truppenmassen in Zelten lagern. Es ist überaus unterhaltend, auf so große Entfernung das französische Lagerleben zu beobachten, denn man sieht und erkennt durchs Fernrohr die einzelnen Personen. Auf den, dem Lager vorliegenden Wiesen weiden Pferde, meist Schimmel, wohl normännischer Abstammung; vor einigen Tagen waren auch einige Rinder auf die Weide geschickt, als wolle man uns damit zeigen, daß die Noth noch nicht so groß sei und Bazaine immer noch über Beefsteaks verfüge.

Von Metz selbst sieht man am besten das auf der Esplanade belegene große Gebäude, so weit ich mich aus eigener Anschauung erinnere, ist es die Artillerieschule. Vor diesem Gebäude stehen ausgedehnte Zelte, anscheinend Lazarethe, da die Lagerzelte nicht so groß und auch nicht rund wie diese sind. In die Straßen ist der Einblick durch Wälle und quer vorliegende Gebäude nicht gestattet, wohl aber auf eine sehr starke, frequente Brücke. Auf dieser Brücke bewegen sich elegante Equipagen, wenn auch nur vereinzelt, während die Wagen du service militaire sehr häufig und dann immer sehr eilig sind. Auch Truppenabtheilungen ziehen über diese Brücke. Nach Osten hin steigt hinter Metz das Terrain zum Fort St. Julien wieder an, und man sieht deutlich in das nicht unbedeutende Lager auch am Fuße dieser Höhe. Vom Fort St. Julien aus nach Süden hin fällt das Terrain bis zum Moselthale ab, das auf dem rechten Ufer sich zu einer Thalebene erweitert.«

So weit der Brief. Wir fahren nunmehr in unserer Darstellung fort.

Die Aufmerksamkeit der Unseren, wie sie den Bewegungen des eingeschlossenen Feindes galt, richtete sich im Uebrigen von Anfang an nicht minder darauf, die Einschließung möglichst vollkommen zu machen. Die Umstellung war so geschickt ausgeführt und die Wachsamkeit unserer Posten und Patrouillen so groß, daß es nahezu wie ein Wunder erscheinen mußte, zwischen ihnen hindurch in die Stadt hinein oder umgekehrt aus dieser hinaus ins Freie zu gelangen; nichtsdestoweniger glückten diese Versuche mannigfach. Geschickte, tapfere und patriotische Männer, die geneigt waren das Wagniß einzugehen, fanden sich seitens des Feindes immer aufs Neue und die Zahl Derer, die es mit dem Tode oder doch mit ihrer Freiheit büßen mußten, scheint, Alles in Allem, nicht allzu groß gewesen zu sein. Einige der hierher gehörigen Vorgänge fallen gleich in die erste Woche der Cernirung. Wir verweilen dabei in Kürze.

Am Abend des 23. wurde durch Vorposten des X. Armee-Corps ein Mann eingebracht, der den Versuch gemacht hatte, sich durch unsere Linien hindurchzuwinden. Es war der Brauer Johann Friedrich Goeker aus Metz, der sich dem Marschall Bazaine zur Ueberbringung von Nachrichten zur Verfügung gestellt hatte. Sehr wahrscheinlich leiteten ihn nur patriotische Motive. Er trug chiffrirte Depeschen, welche an die Adresse des Kaisers Napoleon, so wie des Kriegsministers Palikao gerichtet waren, und führte zu seiner Legitimation ein Schreiben des Generalstabschefs Jarras bei sich. Goeker war beauftragt, seine Depeschen dem französischen Consul in Luxemburg zur weiteren Beförderung zu übergeben. In dem Legitimationsschreiben wurde außerdem die Aufforderung an den Consul gerichtet, Nachrichten über die Stellung der deutschen Truppen zurückzusenden. Auf Grund dieser Umstände wurde Goeker am 25. August kriegsrechtlich wegen Spionage zum Tode verurtheilt, dies Urtheil bestätigt und am 27. August durch Erschießen vollstreckt.

Ein ähnlicher Vorfall nahm einen minder ernsten Verlauf.

In der Nacht vom 24. zum 25. brachte ein Agent*) die Nachricht aus Metz nach Corny an das Obercommando der I. Armee, daß am folgenden Morgen ein als Franziskanermönch verkleideter Bote versuchen werde, Depeschen des Marschall Bazaine durch die deutschen Linien zu bringen. Es wurde hiervon sogleich allen Feldwachen Kenntniß gegeben und außerdem eine halbe Escadron speziell für diesen Zweck in Streifcommandos aufgelöst. Im Walde von Saulny wurde andern Tags der Spion verhaftet. Er trug das Ordenskleid der Franziskaner mit dem rothen Kreuz der Genfer Convention und hatte vorher mehrere Häuser, in denen Verwundete lagen, besucht. Man fand zwischen den doppelten Sohlen seiner Schuhe drei an den Kriegsminister, an General Trochu und den Marschall Mac Mahon ge-

---

*) Bemerkenswerth ist hier der sprachliche Unterschied; der dem Feinde dienende Zwischenträger, auch wenn die reinste Vaterlandsliebe sein Thun bestimmte, ist immer ein »Spion«, der von Freundes Seite Engagirte aber, auch wenn er ein Lump ist, heißt immer »Agent«.

richtete Briefe, deren Inhalt besagte, daß Bazaine entschlossen sei, eine verzweifelte Anstrengung zu seiner Befreiung zu machen, falls ihm nicht binnen 10 Tagen Entsatz gebracht werde. Der Marschall (Bazaine) empfahl, alle irgend entbehrlichen Truppen von Paris nach Châlons zu führen und dann mit der so verstärkten Armee in der Richtung über Clermont, Dun, Briey nach Metz vorzurücken. So die Briefe. Ihr Ueberbringer, so scheint es, entging jeder kriegsgerichtlichen Prozedur und wurde einfach als Gefangener nach Spandau geschickt.

An demselben Tage (24.), an dem die Aufbringung dieses Franziskanermönchs im Bois de Saulny erfolgte, fand auch ein schon Tags zuvor zwischen dem General v. Goeben und dem französischen Oberstlieutenant Fay verabredeter und vom Prinzen Friedrich Karl genehmigter Austausch von Gefangenen und Verwundeten statt. Gegen 730 deutsche Gefangene wurden bei Moulins les Metz, ebenso eine Anzahl transportfähiger Verwundeter unweit Grigy an deutsche Offiziere übergeben, und dafür zunächst nur französische Verwundete nach Metz zurückgesendet, da die vorhandenen französischen Gefangenen bereits nach Deutschland abgeführt waren.*)

Diese 730 Gefangenen, die meist seit Vionville und Gravelotte in Metz gewesen waren, brachten uns erwünschte Nachricht aus der umlagerten Stadt. Beschränkte sich, was sie mittheilen konnten, auch lediglich auf einen kleinen Kreis von Erlebnissen, so war es doch genügend, sich ein ohngefähres Bild von den Zuständen innerhalb der Festung zu entwerfen. Wir geben in Nachstehendem, was ein Freiwilliger vom 40. und ein Offizier vom 16. Regiment, von denen der eine schon bei Spicheren, der andere bei Mars la Tour in Gefangenschaft gerathen war, über ihre Erlebnisse aufgezeichnet haben.

Der 40er schreibt: »Wir litten Hunger, die schmale Kost reichte nicht aus; dazu gönnte man uns kaum das ohnehin schlechte Wasser; nur Ratten, Mäuse und Fledermäuse hatte unsere Casematte im Ueberfluß. Insektenpulver erhielten wir acht Pfund, aber es versagte den Dienst. Es gab eben zu viel zu bekämpfen. Dazu dumpfig schlechtes Lager auf Pritsche und Strohsack; mißtrauische und pöbelhafte Bewachung. Wir waren einfach Arrestanten. Ruhrkranke in Menge und kein Arzt. Der nach zehn Tagen zum ersten Male erschienene Doctor (sog. Thierarzt) kurirte mit der Hungerkur. Viele Verwundete waren anwesend und stets ohne Doctor; diese armen Soldaten verbanden wir mit unserm nothdürftigen Verbindezeug. Ein

*) Wir blieben dadurch mit einer ziemlich beträchtlichen Zahl von Gefangenen in Schuld der Franzosen, eine Schuld, die jedoch schon am 6. und 7. September mit inzwischen bei Sedan und (kleineren Theils) auch bei Noisseville gemachten Gefangenen abgetragen werden konnte.

18*

Capitain vom Platz, Namens Lamet, wollte uns alle erschießen lassen; er schlug Einzelne sogar, weil sie die Mütze (was ganz wider unsere Instruction ist) nicht vor ihm abnahmen. Auf die Antwort eines echten Brandenburgers: »Det is bei uns keene Mode nich!« sagte Lamet, er wolle uns dann mit Gewalt dazu zwingen. Unser Zeitvertreib war: Wasser, Zwieback knabbern und schlafen. Die Gefangenen brachten sie mit gebundenen Händen. Ein sich einfindender Geldwechsler gab uns für einen Silberthaler nur 3 Francs, für einen Papierthaler nur 2 Francs; derselbe benutzte also unsere traurige Situation. Unsere Fleischration von 1½ Loth Gewicht bestand aus Lunge oder Leber, unsere Suppe aus Wasser und Brod; unser täglicher Sold, von welchem wir noch 10 Tage »zu gut« haben, war 7½ Centimes. Am 18. August kamen 30 Verwundete zu uns, welche wir wieder ohne Doctor verbanden. Sogar Schwerverwundete mit 4 Schüssen und 2 Hieben (von einem Cürassier-Regiment). Am selbigen Tage stieg die Zahl der Gefangenen auf über siebenhundert Köpfe. Der Raum, in welchem wir uns bewegten, hatte nur eine Fläche von 1600 Quadratfuß. Nachts war eine solche erstickende Luft, daß wir am andern Morgen Ohnmächtige zu behandeln hatten. Für ein 4 Pfund wiegendes Brod, welches man sich mit aller nur erdenklichen Mühe kaufen konnte, zahlte man 12 Francs = 3 Thlr. 6 Sgr. Während der letzten Tage war es zu keinem Preis mehr zu erhalten.«

Die Aufzeichnungen des Offiziers vom 16. Regiment gingen dahin: »In dem furchtbaren Kampf von Mars la Tour, wo der größte Theil der Offiziere meines Bataillons, auch mein Hauptmann (v. Arnim) fielen, waren unsere Tirailleure bis auf 16 Schritt feuernd an den Feind herangekommen, als wir von der Uebermacht überwältigt wurden. Der Capitain, welcher mir den Degen abforderte, ließ mir denselben, auf meine durch die Mittheilung unterstützte Bitte, daß ich ihn in drei Feldzügen geführt. In den nächsten Stunden wurde ich von Pontius zu Pilatus, von einem General zum andern geschleppt, die mich sämmtlich über Armeezustände, Aufstellungen, vor Allem aber darüber inquirirten, ob der Kronprinz nicht dabei gewesen, wo der Kronprinz sei, was der Kronprinz vorhabe? Die Offiziere benahmen sich im Allgemeinen anständig gegen die Gefangenen; einer der Generale lud mich sogar zur Tafel. Die Soldaten der verschiedenen Corps aber, an denen wir vorüber mußten, waren roh und pöbelhaft, drängten sich heran, schrieen, verhöhnten uns, schimpften auf die gemeinste Weise und wurden so drohend, daß der uns escortirende Offizier sich veranlaßt sah, den Begleitungsmannschaften zu befehlen, das Bajonett aufzupflanzen.

Unsere Soldaten wurden in Metz, wohin man uns andern Tages führte, in ein Fort eingesperrt, wir Offiziere aber, nachdem man uns das Ehrenwort abgenommen, keinen Fluchtversuch zu machen, in der Stadt selbst anständig einquartiert. Diese war reich beflaggt und voller Jubel über den angeblichen glänzenden Sieg vom 16. d. M.; unsere Verluste wurden ins Ungeheuerliche gesteigert und zahllose Trophäen sollten uns entrissen sein; so versicherten die Soldaten und Offiziere beim Erblicken meiner Regimentsnummer, daß sie unsere drei Fahnen erobert hätten. In der That war nur eine Fahne des 16. Regiments vorübergehend in Feindeshände gerathen, aber zurückerobert worden.

Die Physiognomie der Stadt und unsere Behandlung änderte sich vollständig im Verlauf der Schlacht vom 18. August. Je mehr sich der Kanonendonner Metz näherte, um so größer wurde der Lärm, die Aufregung auf den Straßen; schon kamen zahlreiche Verwundetenzüge in die Stadt, da erschien ein Offizier bei uns mit der Erklärung, daß wir auf Befehl des Generals anderweit untergebracht werden sollten, wies uns zwei sehr kleine Zimmer als unsern künftigen Aufenthalt an und erklärte ferner, daß der General befohlen, wir sollten dieselben nicht mehr verlassen. Protest hiergegen, schon um unserer Gesundheit willen, war Anfangs vergeblich; in den folgenden Tagen gestattete man uns eine einstündige tägliche Bewegung auf einem kleinen Hof, im Gänsemarsch hintereinander wie Sträflinge; ein barsches »Montez« des bewachenden Soldaten beorderte uns wieder hinauf; ein bärbeißiger Capitain, ein vom Unteroffizier Avancirter ohne Bildung und Schliff, war unser oberster Kerkermeister. Unsere Competenzen wurden mehr und mehr beschränkt.

Im Laufe des 24. August erfuhren wir, daß zwischen dem General Steinmetz und dem französischen Obercommando in Metz Verhandlungen wegen Austausch der Offiziere schwebten. Doch erfolgte dieser nicht, wie man uns Hoffnung gemacht hatte, um die Mittagszeit; wir wurden vielmehr erst Abends gegen 7 Uhr im geschlossenen Wagen durch die Stadt gefahren, dann mit verbundenen Augen durch die Werke geführt und waren nicht wenig erstaunt, als uns die Binde von den Augen genommen wurde, noch 731 Mann der Unsrigen von den verschiedensten Truppentheilen auf der Abmarschstelle zu finden, in deren Gesellschaft wir nunmehr nach Moulin geführt wurden, wo uns der escortirende feindliche Offizier gegen einfache Quittung dem Hauptmann v. Westernhagen überwies.

Unter den 731 Gefangenen hatte sich auch der Feldgeistliche Edmund Prinz Radziwill befunden. Seine Aufzeichnungen, wie sie die ausführlichsten sind, sind auch die interessantesten. Wir geben sie in einem eigenen Kapitel.

Sieben Tage gefangen in Metz.

(Bericht des Feldgeistlichen Edmund Radziwill.)*)

»Der Tag von Vionville lag hinter uns. Gegen Abend erschien auf dem
Schlachtfelde eines unserer Feldlazarethe, und die Verwundeten wurden auf
einen Platz gesammelt und verbunden — sehr Viele sogleich amputirt. An
diesem Orte der Schmerzen traf ich mit dem alt-lutherischen Feldprediger
Gerlach aus Bialosliwe in Posen zusammen, der unter Begleitung seines
Diakons, eines jungen Kaufmanns aus Erfurt, Namens Jakobskötter, mit
seinem Wagen die Höhe hinter Gorze hinaufgefahren war, um die Verwundeten mit Wein und Wasser zu stärken. Wir hatten erst während des Gefechtes am 16. Bekanntschaft gemacht, und eben wollten wir gemeinschaftlich
die Rückfahrt nach Gorze antreten, um Fuhrwerke zum Kranken-Transporte
zu beschaffen, als man uns anzeigte, daß ganz in der Nähe der Leichnam
eines französischen Generals liege, der, wie es scheine, noch unberührt sei.
Er war bereits steif, in zurückgebogener Lage wie vom Pferde gefallen. Der
schöne Kopf, von echtem französischen Typus, verrieth einen Mann von bald
60 Jahren. Er flößte Ehrfurcht ein, dieser Todte auf ödem Felde; welches
waren wohl seine letzten Gedanken? — Die Seele empfahl ich Gott; sollten
wir den Leichnam seiner vielleicht zahlreichen Familie nicht zurückgeben? Wir
entschlossen uns schnell, demselben wenigstens ein ehrenvolles Begräbniß zu

---

*) Edmund Prinz Radziwill, vierter Sohn des am 2. Januar 1873 verstorbenen
Fürsten Boguslaw Radziwill, war bei Ausbruch des Krieges Pfarrer in der polnischen Gemeinde
Ostrowo, wo er (bis dahin Kaplan in Warmbrunn) sein geistliches Amt eben angetreten
hatte. »Meine erste Predigt wurde zur Abschiedsrede«, so schreibt er selbst. Von dem Wunsch
erfüllt, unserer Armee zu folgen, wurde er der 5. Division, v. Stülpnagel, als Feldgeistlicher
zugetheilt. Mit dieser Division war er bei Spicheren und Vionville. Tags darauf gerieth
er, in Folge eines Actes besonderer Theilnahme und Courtoisie, in französische Gefangenschaft.
Einzelne Personen, die der Prinz namhaft macht (siehe oben den Text) scheinen dabei eine sehr
zweifelhafte Rolle gespielt zu haben.

sichern, und führten die Leiche in das nahe Rezonville, nachdem wir die bei
ihr vorgefundenen Gegenstände an uns genommen. Es waren das: eine
Summe von 2000 Francs in Gold, das rothe Halsband der Ehrenlegion,
dem der Orden selbst fehlte, zwei Manschettenknöpfe mit Wappen und
Namenszug I. M., zwei mit M. gezeichnete Taschentücher u. A. In Rezonville lagen zahlreiche Verwundete, ausschließlich Franzosen, unter der Pflege
des dortigen alten Pfarrers Weiß, eines französischen und eines jungen englischen Arztes, der Herren Gillet und Ward. Bei ihnen befanden sich noch
vier andere Herren, deren Namen und Persönlichkeit ich erst später kennen
lernte. Mit Ausnahme des jungen Grafen Sponneck, eines Sohnes des
früheren Begleiters des Königs Georg von Griechenland, der einen zeitwei-
ligen Aufenthalt in Frankreich zum Besuche der Schlachtfelder benutzte, hielt
ich die Herren Goetz und Vidal aus Paris und Baudouin aus Bordeaux
für Aerzte der freiwilligen Krankenpflege. Es scheint auch, daß sie sich als
solche selbst ausgegeben haben. Sie waren mit der französischen Armee nach
Rezonville gekommen, wurden aber jetzt von der preußischen Besatzung des
Ortes zurückgehalten, um die Kranken zu pflegen. Da nun, wie sich später
herausstellte, die drei oben genannten Herren keine Aerzte waren, mußte
ihnen diese Gefangenschaft höchst peinlich erscheinen, und unsere Ankunft in
Rezonville gab ihnen Anlaß zu dem Vorschlage, die Leiche des Generals nach
Metz, oder wenigstens bis zu den französischen Vorposten, zu bringen; sie
boten sich an, dieselbe zu escortiren. In der Meinung, jene Herren seien
Aerzte, die gleich nachher zu ihren Kranken zurückkehren würden, ließen unsere
Vorposten uns Alle passiren — vier Herren zu Pferde, mit der weißen
Fahne der Genfer Convention, wir zwei Feldgeistliche mit unserem Begleiter
und der Leiche des Generals im einspännigen Wagen. Wir näherten uns
Gravelotte, als das Pferd des Grafen Sponneck, ein Bauernpferd aus
Rezonville, das vielleicht noch keinen Sattel getragen hatte, des Reiters
lästig wurde und zum Unglück an einer abschüssigen Stelle der Chaussee, an
unserem Wagen vorbei, durchging; auch dieser war nun nicht mehr zu halten,
und eine Minute später lief der Schimmel des dänischen Grafen allein seiner
Heimath zu, Pferd und Wagen stürzten in den Graben und wir fanden
uns am Boden, eine Leiche und drei, Gott sei es gedankt, unverletzte Passa-
giere. Kaum hatten wir uns aufgerafft, als unsere Vorposten heran-
sprengten, in der Entfernung hatten sie uns in unserem eiligen Laufe für
französische Flüchtlinge gehalten und wir dankten es nur unserer früheren Begegnung, daß wir anstatt eines Angriffes mit blankem Säbel die freundlichste
Hülfe fanden, unseren nur wenig beschädigten Wagen wieder auf die Chaussee
zu bringen. Die Leiche des Generals wurde wieder aufgeladen, — armer
Todter, noch mehr sollte Dir bevorstehen, ehe Du die letzte Ruhe fandest!

Bald erreichten wir Gravelotte — ein trostloser Anblick der Ver-
lassenheit und der Zerstörung; ohne weiteren Unfall erreichten wir um 8 Uhr
Abends die in der Ferne St. Hubert liegenden französischen Vorposten.
Einer unserer französischen Begleiter sprach schon vor unserer Ankunft einige
mir unbekannt gebliebene Worte, worauf wir ohne Weiteres unter einer
Escorte von vier Soldaten zur nahe gelegenen Ferme de Moscou geführt
wurden. Auch dort wurden wir nicht vorgelassen, vielmehr schickte uns
Divisionsgeneral Metmann mitten durch die brennenden Wachtfeuer in das
Zeltlager des Marschalls Leboeuf. Unterdessen war es völlig dunkel geworden
und der General ließ uns in den nahen Meierhof zurückführen, wo wir ein fru-
gales Souper empfingen und schließlich auf dem Heuboden — fast von Stroh
entblößt — einquartiert wurden. Am anderen Morgen konnten wir von
unserem Gefängniß aus — ein Soldat verwehrte den Ausgang — das bunte
Treiben beobachten, das sich auf dem weiten Hofe der Meierei entfaltete.
Offiziere in den abenteuerlichsten Morgentoiletten traten an unseren Wagen
und deckten das Tuch von der Leiche unseres Generals, doch Niemand — zu
meinem großen Erstaunen — erkannte ihn. Etwa um 8 Uhr schickte man
uns abermals zum General Leboeuf. Es war der Morgen des 18.; begreiflicherweise hatte er keine Zeit, uns zu empfangen. Während vor
unsern Augen das ganze französische Lager abbrach und die Artillerie vorbei
defilirte, sah man in dichten Massen unsere Truppen heranziehen — ein
eigenthümliches Gefühl des Heimwehs für uns — im fremden Lager. Unter
Führung eines Gendarmen gelangten wir nach dreistündigem Marsche durch
lange Reihen von Transportwagen, Truppen und Lagerplätzen in das französische Hauptquartier nach Plappeville. Unterwegs hatte sich uns ein junger
Pole, Namens Wojtkiewiz, interprète de la garde impériale, angeschlossen.
Er blieb seitdem unser Begleiter und erwies mir, als seinem Landsmann,
wenn auch von der feindlichen Armee, viele Freundlichkeit. Er stellte uns
zunächst seinem Chef, dem General Bourbaki vor, der uns etwa um
12 Uhr Mittags vor seiner hübschen Villa empfing und von seinen reichen
Vorräthen serviren ließ. Bald nachher sahen wir ihn zu Pferde sein Quartier
verlassen; von einer bereits begonnenen Schlacht ahnten wir nichts; sein
feines Aussehen und sorgloses Benehmen ließ nicht vermuthen, daß er sich
an die Spitze seiner Garde stellen wollte. Weiter ging es durch die engen
Thäler der Metzer Fortificationen, inmitten bunter Feldlager zum Hauptquartier Bazaines. Unserm Wagen hatten sich zwei gefangene Infanteristen
vom 11. und 56. Regiment angeschlossen, die allenthalben mit dem theils
neugierigen, theils höhnenden Rufe: Prussiens. Prussiens! begrüßt wurden.
In dem hübschen Garten der ländlichen Villa, welche das Hauptquartier des
Commandeurs der französischen Armeen bildete, empfingen uns die Adjutanten

des grand état major, unter ihnen Grafen und Barone bekannter französischer Familien. In der zuvorkommendsten Weise aufgenommen, konnten
die Herren ihr Erstaunen nicht zurückhalten, daß man uns als Feldgeistliche
der feindlichen Armee gerade in einem so kritischen Momente mit offenen
Augen das gesammte Lager hatte passiren lassen. Wir wurden einzeln ins
Verhör genommen, und erhielten endlich eine Quittung über die bei der
Leiche des Generals vorgefundenen Gegenstände. Man hielt Letzteren für den
seit dem 16. vermißten Grafen Montaigu; doch stellte es sich später heraus,
daß es der Brigadegeneral Marguenat gewesen, der auf dem Felde der
Ehren geblieben. Sein in der Ferne de Moscou zurückgelassener Leichnam
wurde, wie wir später erfuhren, am 18. mit dem ganzen Gehöfte — in
dem wir als die Letzten übernachtet — zu Asche verbrannt! Merkwürdiges
Geschick! Auch nach dem Tode sollte dieser Körper noch die letzte Zerstörung
gewaltsamer Weise erfahren! Unter den Stabsoffizieren des Marschalls Bazaine waren mehrere, die ein sehr geläufiges Deutsch fast ohne fremden
Accent sprachen. Der erste interprète de l'armée, ein noch junger Mann
von einnehmendem Aeußern, examinirte den Gefangenen vom 11. Regiment
in eigenthümlicher Weise. Sie gehören zum 2. schlesischen ... Zum 11. Regiment, unterbrach ihn der Gefangene. — Ich weiß, erwiderte lächelnd der
Offizier, zum 2. schlesischen Regiment Nr. 11; Sie stehen in Altona und
gehören zum IX. Armee-Corps. Wie heißt Ihr General? — Der Gefangene
wußte es nicht. — Es wundert mich, daß ein preußischer Soldat dies nicht
weiß; übrigens, wenn Sie es nicht sagen wollen, es hängt ganz von Ihnen
ab. — Mein Begleiter und Leidensgefährte, Feldprediger Gerlach, erregte
dadurch das Mißtrauen seines Examinators, daß er angab, er sei für zwei
Armee-Corps angestellt, da es wohl bekannt war, daß bei jeder Division
ein Feldgeistlicher fungire. Die Erklärung lag in dem den Offizieren freilich
unbekannten Unterschiede der landeskirchlichen und der alt-lutherischen Con-
fession. Da aber Herr Gerlach die Kriegsmedaille von 1866 trug und sich
auch während unseres Transportes genau umgesehen hatte, wurde er schärfer
beobachtet und überwacht als ich; freilich hatte ich einstweilen die Folgen
davon mit zu tragen, denn als wir, bei dem Curé von Plappeville, Mr.
Seunneux, einquartiert, am andern Morgen im Garten promeniren wollten,
wurde uns das Verlassen unserer Zimmer von Gendarmen, die sich an allen
Ausgängen befanden, verwehrt; ich durfte nicht einmal die nahe Kirche be-
suchen, um die h. Messe zu lesen, ein Umstand, den später die Offiziere, bei
denen ich mich beschwerte, als ein Mißverständniß erklärten. Die Ursache
unserer strengen Bewachung lag außer den schon angegebenen Gründen in
einem Gespräche, welches wir am Abend des 18. in der Wohnung des
Pfarrers mit zwei Jesuiten aus Metz und dem aumônier de la garde,

die vom Schlachtfelde zurückkehrten, geführt hatten. Wir hatten die Verluste unserer Truppen bei Mars la Tour, französischer Rechnung nach, so niedrig geschätzt, daß die Angabe meines Freundes später in einer Metzer Zeitung als eine évaluation évidemment mensongère angegeben wurde und zu neuer Wachsamkeit über unsere Person Anlaß gab. Uebrigens hatten wir in Plappeville von der ganzen ungeheuren Schlacht nur die Schüsse von den Forts der Festung vernommen und erfuhren den Ausgang des Treffens erst im preußischen Lager. Die Ruhe und Gemüthlichkeit, von der wir im französischen Hauptquartier Zeuge waren, ließ nichts zu wünschen übrig und war ganz geeignet, uns über den Erfolg des Kampfes negativ in dieselbe Unwissenheit zu versetzen, welche, Dank der positiven Unwahrheiten der französischen Zeitungen, das ganze Volk der grande nation zu beherrschen anfing.

Am 19. Vormittags wurden wir von Neuem alarmirt und abermals zu Bazaine geführt, ohne mehr als seinen Schnurrbart gesehen zu haben; er sandte uns zum General Saint-Sauveur, dem Commandanten der Armee-Gendarmerie, der uns eben zu ihm zurückschicken wollte, als er noch rechtzeitig erfuhr, daß wir von ihm herkämen. Eine Stunde abermaligen Wartens wurde uns durch die Liebenswürdigkeit der Adjutanten Bazaines abgekürzt. Ich sprach mit einem Colonel, dessen Namen ich nicht kannte, und bat ihn, die Empfehlungen an zwei französische Offiziere ausrichten zu wollen, mit denen mich, auf der Eisenbahnfahrt zwischen Boppart und Bingen, der russische Gesandtschaftssecretair in Berlin, Graf Mouraview, der mit Briefen Sr. Majestät des Königs nach Stuttgart reiste, betraut hatte. Ich nannte ihm die Namen: Comte d'Anblau und de la Tour du Pin. »Mais le premier c'est moi«, erwiderte der Offizier, »le second se trouve aussi au quartier général.« Dergleichen unverhoffte Zusammentreffen in diesen bewegten Zeiten bieten ein eigenthümliches Interesse. Le Comte d'Anblau, dessen Besitzungen im Elsaß liegen, ist übrigens ein naher Verwandter der badischen Freiherren v. Anblaw; er sowohl, wie namentlich auch der Colonel Comte du Pan, sind oft in Deutschland gewesen und mit mehreren meiner Verwandten genau bekannt, — ein Umstand, dem ich manche Zuvorkommenheit zu verdanken hatte.

Endlich wurde uns eröffnet, daß wir einstweilen, da man versäumt hatte uns die Augen zu verbinden, nicht könnten zurückgeschickt werden. Um 1 Uhr zogen wir durch die Porte de France in Metz ein, im letzten Augenblicke noch durchnäßt von einem eben herangezogenen Gewitter. Nachmittags hatten wir genügende Muße, um die verschiedenen Antichambres des Commandanten der Festung, Generals de Coffinières, gründlich zu studiren. Nach 2 Stunden endlich wurden wir, Jeder einzeln, verhört; — ich wurde zuerst abgerufen und sah seitdem, so lange ich in Metz verweilte, meine Leidensgefährten nicht wieder. In der zuvorkommendsten Weise vom General empfangen, eröffnete mir dieser, daß er gegen mich keinen Verdacht hege; indessen erfordere es die gegenwärtige Lage der Verhältnisse, daß wir auf jetzt noch unbestimmte Zeit in Metz verweilen müßten. Er forderte mir mein Ehrenwort ab, die Stadt nicht verlassen zu wollen, — übrigens wohl ein gefährliches Wagstück — und gab mir darauf hin die Erlaubniß, im Hôtel zu wohnen und mich frei in der Stadt zu bewegen. Ich wurde darauf von dem jungen polnischen Interprèt in das Hôtel du Commerce geleitet und bezog mit ihm dasselbe Zimmer. Feldprediger Gerlach wurde, wie ich später erfuhr, in die sogenannte Ecole d'application, eine Art Kriegsschule, bei den gefangenen preußischen Offizieren untergebracht, sein Diakon, von ihm getrennt, unter strengen Gewahrsam gestellt.

Im Hôtel fand ich jene Herren wieder, mit denen wir Rezonville verlassen hatten. Zu ihnen hatte sich ein äußerst lebhafter aumônier vicaire aus Versailles gesellt, den ich schon am Tage vorher im Hauptquartier kennen gelernt hatte; er blieb mein treuer Begleiter und Genosse. Ein Commandant der Festung, mehrere Journalisten, unter diesen Mr. d'Aviau de Piolant, Correspondent des »Français«, jetzt aber durch unsere Erfolge von jeder Verbindung mit Paris abgeschnitten, einige Aerzte bildeten die Gesellschaft, mit der ich während meines Aufenthaltes in Metz verkehrte. So liebenswürdig auch einige dieser Herren waren, unmöglich konnte ich mich unter ihnen gefallen, denn, wie leicht begreiflich, war die Stimmung unter ihnen, wie die allgemeine Stimmung der Bevölkerung, eine im höchsten Grade gegen Preußen erregte. Hier war keine ruhige Ueberlegung, keine Prüfung der Motive und der Veranlassung des Krieges, sondern nur ein Haß, der trotz der fast übermüthigen Sprache, die in der Regel geführt wurde, und trotz der zur Schau getragenen Zuversicht auf die erprobte Tüchtigkeit der französischen Armee, eben nur von dem Drucke Zeugniß ablegte, den der Sieg unserer Waffen auf alle Gemüther ausgeübt hatte, ein Druck, den der Franzose nicht durch Trübsinn, sondern durch erhöhtes Prahlen und Raisonniren zu erkennen giebt. Sah man doch nur auf den Gesichtern der höheren Offiziere die Spur einer Besorgniß. Die Bevölkerung der Stadt, die durch ihre drei in der Stadt erscheinenden Journale genugsam über den wahren Stand der Dinge getäuscht wurde, ging ruhig ihren Geschäften nach oder schimpfte renommirend über die Barbarei der Preußen. Die Furcht vor einer langen Belagerung oder gar vor einem Bombardement, schien überhaupt nicht vorhanden, die Vorräthe der Festung sollten noch auf zwei bis drei Jahre ausreichen.

In der That konnte man von irgend welchem Mangel in der umzingelten Festung nichts merken. Nach französischer Art wurde im Hôtel täglich um 11 und um 6 Uhr copiös dinirt, wobei es an nichts mangelte. Nach dem Essen begab sich stets ein Theil unserer Gesellschaft in eines der zahlreichen Cafés, die von Offizieren aller Waffengattungen angefüllt waren und einen lebhaften und hübschen Anblick gewährten. Die einzige Spur einer Einschränkung bestand darin, daß man zum schwarzen Kaffee nur zwei Stück Zucker servirte, während man ihn in Friedenszeiten sich doppelt ver- süßen konnte. Die Gespräche der Offiziere, welche am 19. mit derselben Gemüthlichkeit ihr Café besuchten, wie vor der Schlacht, zeugten im Uebrigen von einer großen Erregung. Daß sie am 16. bei Mars la Tour einen glänzenden Sieg erfochten, ließ sich keiner ausreden; daß sie nicht das ganze Schlachtfeld bis zum andern Morgen occupirt hätten, schrieben sie der enormen Uebermacht auf preußischer Seite zu, die sie auf 250,000 Mann angaben. Alle französischen Journale waren angefüllt mit Erzählungen von den Gräuelthaten der preußischen Soldaten, denen zufolge wir wahre Barbaren sein müßten. Ich habe in den mit Requisitionen belegten Ortschaften viel Noth und Elend, auch manche Unordnung gesehen, habe aber dabei am besten erfahren, was man von dergleichen übertriebenen Berichten zu halten hat. Andererseits war ich nicht wenig erstaunt, als ich, bei meiner Rückkehr, in unserem Lager ganz dieselben Geschichten von den Franzosen erzählen hörte, die sie uns zur Last legten. Es versteht sich im Grunde von selbst, daß im Kriege nicht Alles in voller Ordnung hergeht, und man sollte lieber späteren Unord- nungen vorbeugen, als über die vergangenen sich beklagen.

Die Lazarethe schienen in gutem Stande zu sein, obgleich mir mein Begleiter versicherte, daß im Verhältniß zu den ungeheuren Mitteln, die durch freiwillige Beiträge schon gesichert wären, durchaus nicht genug geschehen sei. Auf der sogenannten Esplanade, einem mit schönen Garten-Anlagen um- gebenen Exerzierplatze, waren 30 bis 40 geräumige Zelte aufgestellt, in denen Damen der Stadt selbst den Dienst besorgten. Das Hospital, die caserne du génie, das schöne und großartige Institut der Jesuiten, St. Clement, mit seinen geräumigen Schulsälen, bot für Tausende von Verwundeten Raum und ausreichende Pflege. Nicht unerwähnt will ich zum Schluß das schönste Gebäude der Stadt lassen, die herrliche gothische Cathedrale, die mich in ihren Dimensionen und der reichen Ausschmückung an den Kölner Dom erinnerte. Gern weilte ich am Nachmittage in diesen ehrwürdigen Räumen; oft traten vereinzelte Soldaten ein und opferten eine Kerze zu Ehren der Muttergottes nach kurzem Gebet.

Das Leben im Hotel und in einer Gesellschaft, der man alle Tage weniger trauen lernte, begann lästig zu werden. Es hatte sich mir als wahrscheinlich herausgestellt, daß die Herren, die wir in Rezonville ge- troffen hatten, uns bei dem Commandanten der Vorposten als Gefangene introducirten, um auf diese Weise durch das Lager nach Metz geführt zu werden, und ihres Versprechens, nach Rezonville zurückzukehren, quitt zu sein. Es scheint mir dies der wahre Zusammenhang zu sein, obgleich die Herren es nicht zugeben wollten; von ihrer Seite wäre es allerdings weder höflich noch ehrlich gewesen. Endlich schlug die Stunde der Erlösung. Auf Antrag eines französischen Offiziers hatte Herr Feldprediger Gerlach an Se. Königliche Hoheit den Prinzen Friedrich Karl geschrieben, um einen Austausch der Gefangenen zu bewerkstelligen. Der Prinz ging darauf ein, und am Mittwoch, den 24. August, Abends 7 Uhr, versammelten sich 734 Mann und 7 Offiziere an Bastion 112, rechts von der Porte de France. Ihnen sollte ich mich anschließen. Meine Freude war groß, als mit den Offizieren auch Herr Gerlach aus dem mit Vorhängen verschlossenen Wagen stieg. Leider wurde sein Begleiter,*) den man für einen verkleideten Soldaten hielt, als Geisel zurückgehalten. General Coffinières, der selbst zur Stelle war, entließ uns freundlich. Arm in Arm mit den gefangenen Offizieren, denen bis außerhalb der Fortifikationen die Augen verbunden wurden, verließen wir die Festung. Ein schwerer Weg stand uns noch bevor. Ein großer Theil der von unseren Truppen besetzten Chaussee war mit Bäumen verhauen, was den Uebergang, namentlich mit unseren Pferden, höchlichst erschwerte. Erst gegen Mitternacht gelangten wir nach Gravelotte, wo General v. Goeben im Quartier lag; eine warme Suppe wurde als Wohlthat begrüßt.

Am folgenden Tage fuhr ich nach Gorze, um meine Effecten zu suchen — sie waren beim Stabe der Division. Ueberall freudig empfangen, erfuhr

*) Dieser, der Eingangs erwähnte Felddiakon, wurde erst am 20. September entlassen und zwar zusammen mit Pastor Oergel, welcher Letztre am 25. August, also einen Tag nach erfolgter Freigebung Radzimills und Gerlachs, in Gefangenschaft gerathen war. Pastor Oergel, aus Seefeld bei Kolberg, war am genannten Tage (25.), als er sich von Courcelles sur Nied, wo er Gottesdienst gehalten, nach St. Barbe begeben wollte, mit seinem Fuhrwerke den französischen Vorposten zu nahe gekommen und nach Metz geführt worden. Hier wurde er, trotz seiner ihn vollständig ausweisenden Papiere, nicht, wie die beiden vorgenannten Geistlichen, seinem Stande gemäß, sondern als gemeiner Strafgefangener, resp. Spion behandelt und inquirirt. So mußte er 18 Tage im allerelendesten Zustande zubringen. Alle seine Sachen wurden ihm abgenommen, nicht das kleinste Stückchen Papier zum Schreiben ihm gelassen. Endlich am 11. September theilte man ihm mit, daß das Kriegsgericht ihn freigesprochen habe, daß er jedoch bis auf Weiteres Kriegsgefangener bleiben müsse. Von da ab wurde er standesgemäß behandelt, zu einem Landwehr-Offizier vom 44. Regiment (einem katholischen Gymnasiallehrer) gebracht, leiblich gut verpflegt und durfte täglich eine Stunde auf dem Hofe promeniren. Am 20. September, wie schon Eingangs hervorgehoben, schlug die Stunde der Befreiung für ihn. Am Mittag dieses Tages wurde er aus seinem Quartier abgeholt und erreichte bei Einbruch der Dämmerung die preußischen Vorposten bei Ars sur Moselle. Mit ihm 140 freigelassene Soldaten und der zu Beginn dieser Anmerkung erwähnte Felddiakon.

ich, daß die weitläufigsten Recherchen nach den zwei verlorenen Feldgeistlichen waren angestellt worden, da man uns für todt oder wenigstens verwundet hielt. Herr Gerlach stattete dem Prinzen Friedrich Karl Bericht ab; ich erreichte noch am Donnerstag, den 25., Abends 7 Uhr, glücklich das Quartier der 5. Division im Dorfe Habonville. Der Empfang von Seiten des Stabes war für mich wahrhaft rührend. Meine Abwesenheit hatte nur eine Woche gedauert; allein der beste Beweis, daß in Kriegszeiten die gelindeste Gefangen-schaft zur Qual wird, ist der, daß man sich so sehr freut, wenn man die Seinen wiederfindet! Die Nacht in der Scheune von Habonville auf bloßem Stroh und unter einem Granatloche des Daches wog alle Betten und allen Comfort der Stadt bei Weitem auf!

(Bis zum 30. August.)

Bazaine, nach dem blutigen Tage von Gravelotte-St. Privat, hatte am 19. seine Armee unter die Forts und Mauern von Metz zurückgeführt. Am 20. standen die Corps wie folgt:

Die Garden (im Moselthal) östlich am Abhange des Mont St. Quentin;

das II. Corps Frossard, bei Longeville;

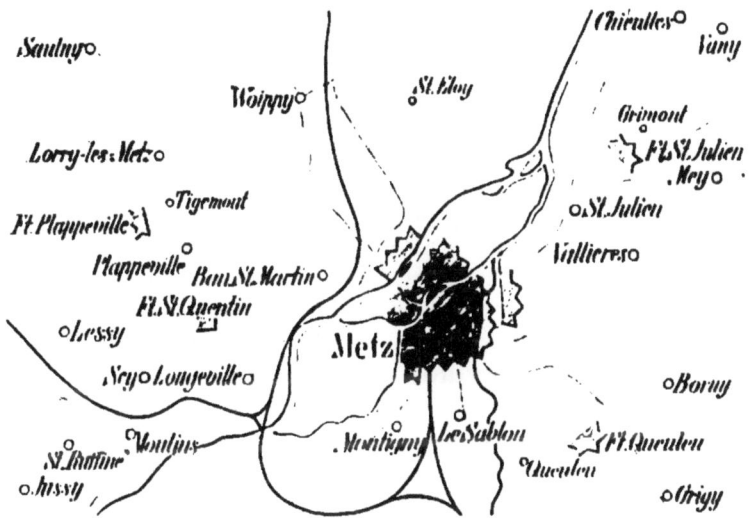

das III. Corps Leboeuf, bei Plappeville (zwischen Tignomont und der am östlichen Abhange des Mont St. Quentin gelegenen -Butte Charles V.-);

das IV. Corps L'Admirault, von Lorry bis Lignemont;

das VI. Corps Canrobert (im Moselthal) von Mosel-Fort bis Le Sansonnet.

Drei Corps also: die Garden, das II. und VI., standen im Thal; zwei: das III. und IV. auf der Höhe.*)

In dem Commando der Corps war seit dem 14., wo, an Stelle des schwerverwundeten Generals Decaen, Marschall Leboeuf die Führung des III. Corps übernommen hatte, keine Aenderung eingetreten; nichtsdestoweniger mag es gestattet sein, den Gang unserer Darstellung an dieser Stelle auf Augenblicke zu unterbrechen und zwar Behufs Einschaltung einiger biographischer Notizen, zu deren Mittheilung sich bis dahin keine Gelegenheit bot. Ueber Frossard haben wir S. 211, über Canrobert und Bazaine S. 226 und 227 bereits in Kürze berichtet. Was über den Letzteren noch zu sagen obliegt, behalten wir uns für ein eigenes Kapitel am Schluß dieses Abschnittes vor. So verbleiben denn noch: Leboeuf, Bourbaki, L'Admirault (über welchen Letztren ich nichts Biographisches zu ermitteln vermochte) und, außer diesen drei Corpsführern, die Generale Changarnier und Coffinières, von denen jener dem Obercommando halb als ein Volontair attachirt, halb als ein Ablatus beigegeben war, dieser aber, in einer gewissen Unabhängigkeit von Bazaine, die Stellung eines obersten Commandanten der Festung Metz bekleidete.

Marschall Leboeuf.

Marschall Leboeuf, 1809 geboren, erhielt seine Vorbildung auf der polytechnischen und später auf der Artillerieschule zu Metz. 1837 Capitain, von 1848 bis 50 stellvertretender Commandant der polytechnischen Schule, 1854 Brigadegeneral, 1857 Divisionair. Machte den Krim-Feldzug und den italienischen Krieg mit und war während des letzteren Artillerie-Oberbefehlshaber. Nach dem Kriege wurde er Adjutant des Kaisers, bei dem er viel galt, Großoffizier der Ehrenlegion und Mitglied des Artillerie-Comités. Wie Bourbaki, der aber, wenn wir seine spätere Haltung erwägen, wohl einen tieferen Ehrgeiz besaß, zählte er zu den Elegants der Armee, zu den »Exquisiten« des Hofes. Nach dem Tode des Marschalls Niel folgte er diesem als Chef des Generalstabes. Als solcher sprach er, bei Beginn des Krieges das historisch gewordene »nous sommes archiprêts«, trat dann, nach den Mißerfolgen bei Weißenburg, Wörth und Spicheren, der

*) Vgl. bei Angabe der französischen Stellungen nicht nur die vorstehende Karte (auf der statt Lignement »Lignemont« zu lesen ist), sondern auch unsere Karte auf Seite 712.

gegen ihn erregten öffentlichen Meinung, vielleicht auch dem Wunsche des Kaisers nachgebend, aus dieser Stellung zurück und übernahm am 14. Abends, wie bereits angedeutet (vgl. S. 242 und 246), an General Decaens Stelle das Commando des III. Corps.

General Bourbaki.

General Bourbaki, griechischer Abstammung, wurde 1817 oder 18 geboren. 1836 trat er als Unterlieutenant in ein Zuaven-Regiment und machte von da ab seine Carrière beinahe ausschließlich innerhalb jener Truppentheile, die den Kriegen in Algier ihre Entstehung verdankten. 1838 Lieutenant in der Fremdenlegion, 1842 wieder Capitain bei den Zuaven, war er 1846 Bataillonschef bei den »tirailleurs indigènes«, die später ihren Namen wechselten, und als Turcos ihre Berühmtheit und — den Sturz dieser Berühmtheit erfuhren. 1854 Brigadegeneral, 1857 Divisionair, nahm er sowohl an der Krim-Campagne wie an dem italienischen Kriege Theil. Elegant, schön, ritterlich, war er ein Günstling des Hofes, besonders der Kaiserin. Ende der 60er Jahre hatte er das Commando über die Kaiserliche Garde erhalten, an deren Spitze er den blutigen Kampf von Vionville mit-machte. Am 18., wie seinerzeit hervorgehoben, kam die Garde nicht zur Action. Charakteristisch für die Art, wie er sich zur Schlacht anschickte, ist die kurze Schilderung, die Prinz Edmund Radziwill in seinem Briefe (vgl. S. 738) von ihm giebt. Wir kommen im Verlauf der Belagerung von Metz und dann später, während unseres Januar-Feldzuges gegen die unter seinem Befehl stehende »Ost-Armee«, wiederholentlich auf ihn zurück.

General Changarnier.

Changarnier (Nicolas Anne Théodule), am 26. April 1793 zu Autun, im französischen Departement Saône-Loire geboren, wurde in der Kriegsschule von Saint-Cyr gebildet, verließ diese 1815 als Unterlieutenant und trat in die königliche Garde. 1830 ging er als Lieutenant nach Algier, wo er 1836 bei dem ersten Feldzuge nach Konstantine Bataillonschef war, und auf dem Rückzuge der Armee bedeutende Dienste leistete. Seitdem als verdienstvoller Offizier bekannt, stieg er allmälig zum Oberst, Brigadegeneral, Divisionsgeneral. Durch 18 Jahre nahm er fast an allen Gefechten der französischen Armee in Afrika Theil und gab fortwährende Beweise von Tüchtigkeit, Thatkraft und Bravour. Changarnier befehligte in Algier, als daselbst im Februar 1848 die Nachricht von der Proclamation der Republik in Frankreich anlangte, und übernahm aus den Händen des Herzogs von

Annale, damaligen Ober-Gouverneurs, die provisorische, bald darauf die
definitive Regierung von Algier. Er verblieb jedoch nur kurze Zeit in
dieser Stellung, trat vielmehr als Deputirter in die Nationalversammlung
und wurde Oberbefehlshaber der Nationalgarde des Seine-Departe-
ments, im Dezember auch Commandant der 1. Militair-Division (Paris).
Dieses doppelte Amt versah er bis Mai 1849. Nach den revolutionairen
Bewegungen, Mitte Juni desselben Jahres, wurde es ihm von Neuem übertragen, im Januar 1851 jedoch, da er im gespanntesten Verhältniß zu dem
Prinz-Regenten (Louis Napoleon) stand und durch einen energischen Tages-
befehl an seine Truppen auch die Nationalversammlung und die Pariser
gegen sich erzürnt hatte, abermals entzogen. Vom Departement Somme in
die legislative Nationalversammlung gewählt, stimmte er gewöhnlich mit der
Rechten und nahm, obschon entschiedener Gegner der Bonapartisten, doch
eine Art neutraler Stellung zwischen den Orleanisten und Legitimisten, die
sich gegenseitig seine Person streitig machten. In der Nacht des 2. Dezember
mit den andern republikanischen Generalen verhaftet und durch Decret vom
9. Januar 1852 aus Frankreich verbannt, lebte er eine Reihe von Jahren
zu Mecheln in Belgien, von wo er erst, wie es scheint kurz vor Ausbruch
des Krieges, nach Frankreich zurückkehrte. Ein Commando erhielt er nicht,
auch wurde ein solches schwerlich von ihm nachgesucht. Er galt bei allen
Parteien als ein tapferer Soldat und ehrlicher Mann. Wir finden, aus
den Metzer Einschließungstagen her, folgende Schilderung: »Gewiß, er war
alt, nicht blos an Jahren, sondern auch an Anschauungen, aber er besaß
inoralische Integrität und darin beruhte seine Macht und sein Einfluß.
Als er geglaubt hatte, das Land bedürfe seiner, hatte er Alles vergessen,
was ihm zu Leide geschehen war und ohne Bitterkeit und selbstische Hintergedanken trat er in den Kreis Derer ein, die ihn verletzt und vielleicht auch
verleumdet hatten. Er war nicht mehr in der Lage, militairische Großthaten
zu thun, an der Spitze von Divisionen siegreich einzugreifen, er beschränkte
sich auf eine stille Controle, die er übte und die um so größer war, je ferner
ihm die Absicht lag, sie üben zu wollen. Das Kleine, Unächte, Selbstische,
fühlte sich in seiner Gegenwart bedrückt.«

Commandant General Coffinières.

General Coffinières, etwa um 1810 geboren, erhielt seine erste
Erziehung auf der Polytechnischen Schule, besuchte dann die Ecole de Genie
in Metz und trat 1831 in das Ingenieurcorps ein. Wie die meisten
Ingenieur-Offiziere neigte er republikanischen Anschauungen zu. In Afrika
zeichnete er sich unter General Lamoricière aus, der ihn 1849, während der

kurzen Herrschaft der Republik, mit einem höheren Commando innerhalb seines militairischen Dienstzweiges betraute. Vor Sebastopol erwarb er sich die besondere Anerkennung des späteren Marschall Niel (Ingenieur wie er selbst); bei Schluß des Krimkrieges war er Brigadegeneral. Bald nach seiner Rückkehr nach Frankreich wurde ihm die Polytechnische Schule, darin er seine erste Erziehung erhalten hatte, unterstellt; 1865 erhielt er eine Division. Zu gleicher Zeit wurde er Mitglied der Befestigungs-Commission, der auch die Berathungen über die Landesvertheidigung oblagen. Bei Ausbruch des Krieges schwankte man, ob Frossard oder Coffinières zum Commandanten von Metz ernannt werden solle; — man entschied sich für Frossard. Letzterer indeß lehnte ab, so daß Coffinières in diese wichtige Stelle einrückte. Einer, der während der Belagerungswochen ihm nahe stand, schildert ihn wie folgt: »General Coffinières war ein großer, starker Mann, wohlwollend und gut-geartet, aber, wie so oft wohlwollende Naturen, von keiner großen Charakter-stärke. Dem Selbstsüchtling wird es nur selten schwer den Selbstsuchtslosen zu übervortheilen und für seine Zwecke dienstbar zu machen. So mußte Coffinières dem Bazaine unterliegen. Wäre jener (Coffinières) fester gewesen, hätte seine Energie seiner Einsicht entsprochen, so wäre das Schicksal von Metz vielleicht ein anderes gewesen. Aber er war schwankend und wechselnd in seinen Entschlüssen. Selbst in Unbedeutenheiten, die seine eigene Person angingen, gab sich dies zu erkennen. So beispielsweise in seiner Unterschrift. Zu Zeiten unterzeichnete er einfach »Coffinières«, dann wieder in voller Länge: L. F. Coffinières de Nordeck, dann wieder stellte er das F. vor das L., alle erdenklichen Spielarten kamen vor. So geringfügig dies ist, so charakteristisch ist es für den ganzen Mann. Im Uebrigen war er ein Segen für Metz und seine Bewohner; nichts war ihm zu klein, Allem schenkte er Aufmerksamkeit, jeder Frage gab er Antwort und nicht nur dienstlich kurz, sondern freundlich, oft sogar verbindlich. Dabei war er hülfsbereit, wohlthätig, und Tag und Nacht in Anspruch genommen, fand er doch noch Zeit aus eigenen Mitteln und mit eigener Hand zu unterstützen. Er schloß sich nicht ab; immer in Bewegung, sahen wir ihn fast täglich in den Straßen Anordnungen treffen und den Obliegenheiten seines Amtes sich unterziehen. Dabei immer schlicht, ohne Putz und Prunk, ohne Flitter und Federbusch. Manches ist gegen ihn laut geworden und nicht ohne einen gewissen Schein von Berechtigung. Arrestationen und Spionhetzen waren an der Tages-ordnung (an einem einzigen Tage wurden 66 Verdächtige eingebracht), aber wenn kommende Zeiten je Muße finden, diese Dinge klar zu legen, so wird sich zeigen, daß die Initiative zu all diesem Häßlichen und Verstimmenden nie bei General Coffinières, sondern immer an ganz anderer Stelle lag. Meine häufigen persönlichen Beziehungen mit diesem Manne, haben mich

schließlich) dahin geführt -- und zwar je länger desto mehr — ihn hoch-
zuhalten.-*)

Diese Männer, wie wir sie vorstehend, und zum Theil bereits in
dem 1. Halbbande dieses Werkes, sei es nach ihrem äußeren Lebensgange, sei
es nach ihrem Charakter zu schildern versucht haben, waren es, die über das
Wohl und Weh von Metz und der innerhalb seiner Forts eingeschlossenen
Armee von immer noch über 170,000 Mann zu entscheiden hatten. Denn,
wie gleich hier bemerkt werden mag, die Entschlüsse, die gefaßt wurden,
waren nicht befehlshaberisch durchgesetzte Anordnungen Bazaines, Alles vielmehr was geschah, wenn es eine gewisse, über das Alltägliche hinausgehende
Tragweite hatte, war das Resultat von Berathungen, an denen die Gesammtheit der Corpscommandanten theilnahm. Erwiesen sich die Letztren (was
oft gesagt worden ist) bei diesen Berathungen schwach und unselbstständig, so
trifft der Vorwurf mehr sie als Bazaine.

Wir geben zunächst eine bloße Aufzählung der Vorkommnisse innerhalb Metz vom 20. bis 30. August, dabei auf ausführlichere Mittheilungen
(briefliche Aufzeichnungen eines Engländers) verweisend, die wir im unmittelbaren Anschluß an unsere bloße Skizze der Ereignisse folgen lassen.

Am 20. August: Beziehung der Stellungen auf dem Terrain
Plappeville-Mont St. Quentin bis zum Moselufer hin, wie wir sie S. 745
näher angegeben haben.

Am 21. August: Verbleib in dieser Stellung. Errichtung von
Geschütz-Emplacements und Schützengräben.

Am 22. August: Marschall Bazaine beschließt, die bisher auf dem
linken Moselufer concentrirte Feldarmee theilweis nach dem verschanzten
Lager rechts des Flusses zu verlegen und befiehlt, daß drei Infanterie-
Divisionen, die Cavallerie-Division und Reserve-Artillerie des III. Corps,
Leboeuf, noch im Laufe des Tages defiliren und in dem Terrain zwischen
St. Julien und Queuleu Lager beziehen sollen. Marschall Leboeuf läßt
diese Bewegung ausführen und verlegt sein Stabsquartier von Plappeville
nach Plantières.

Am 23. August: Die von den drei Divisionen des III. Corps
Tags zuvor noch am linken Ufer verbliebene Division (welche, wird nicht
angegeben) geht nunmehr ebenfalls über den Fluß und bezieht ein Lager

---

*) Diese Schilderung wird im Wesentlichen zutreffen; ob auch in Rücksicht seiner
Stellung zu Bazaine, stehe dahin. Der eben jetzt, wo wir diese Bogen noch einmal überblicken,
schwebende -Bazaine-Prozeß- scheint herauszustellen, daß die Meinungsverschiedenheiten zwischen
dem Marschall und dem Festungs-Commandanten keine allzu erheblichen gewesen sind.

bei Montigny. Seitens des III. Corps beginnt man an diesem Tage die Position zwischen Fort St. Julien und Fort Queuleu fortifikatorisch zu verstärken. Marschall Bazaine entsendet einen Parlamentair, den Oberstlieutenant Jay vom Generalstabe des III. Corps, nach Juffy und läßt durch diesen Offizier ein Schreiben an den General v. Goeben gelangen, in welchem die Auswechselung von Gefangenen und Verwundeten beantragt wird. Das Obercommando (Prinz Friedrich Karl) genehmigte die gemachten Vorschläge, worauf der französische Parlamentair über St. Ruffine und Moulins nach Ban St. Martin zurückkehrt.

Am 24. August: Der verabredete Austausch von Gefangenen und Verwundeten findet statt. Gegen 730 deutsche Gefangene werden bei Moulins-les-Metz, eine Anzahl transportfähiger Verwundeter bei Grigy an deutsche Offiziere übergeben. (Ueber diesen Austausch und die begleitenden Umstände haben wir S. 733 und S. 743 ausführlich berichtet.)

Am 25. August: Marschall Bazaine formirt aus der Garde-Cavallerie und der 3. Reserve-Cavallerie-Division, welche auf der Insel Chambière nebeneinander im Lager stehen, ein Cavallerie-Corps und überträgt dem General Desvaux die Führung desselben. Bazaine faßt ferner den Entschluß, am folgenden Tage (26.) sämmtliche Corps auf dem rechten Moselufer zu concentriren und nach erfolgter Concentration die deutschen Stellungen bei St. Barbe und in Front desselben anzugreifen. Er erläßt an alle Corps die entsprechenden Dispositionen.

Am 26. August: Die Concentrirung der französischen Armee auf dem rechten Moselufer findet statt. Gegen Mittag erhebt sich ein heftiger Sturm mit Gewitter und Regengüssen. Die Truppen leiden hierdurch weniger während des Marsches, als nach dem Eintreffen in den Rendezvous-Stellungen. Die Artillerie vermag in dem aufgeweichten fetten Thonboden sich nur mit Mühe zu bewegen. Ueber Mittag versammelt Bazaine die Corpscommandeure und die Chefs der Spezialwaffen zu einer Berathung in Schloß Grimont. Man beschließt die Offensive (den Durchbrechungsversuch) aufzugeben. Unter den Motiven werden auch die »Witterungsverhältnisse« angeführt. Gegen 3 Uhr ergeht der Befehl an alle Corps: in das befestigte Lager am linken Moselufer zurückzukehren. Der Tag erhält, auf dem Rückmarsche der Truppen bereits, den Namen: la journée des dupes.

Am 27. und 28. August: Die ungünstige Witterung hält an; es ist kalt und regnet. Die in das alte Lager zurückgekehrten Truppen richten sich aufs Neue darin ein. Partisanen-Corps werden gebildet.

Am 29. August: Das Wetter bessert sich. Recognoscirungen finden statt, die aber nirgends zu Gefechten führen.

Am 30. August: Im Bazaineschen Hauptquartier zu Ban
St. Martin trifft früh Morgens ein Spion ein, der folgende Depesche
Mac Mahons überbringt: »Ich bin in Reims (22. August) und marschire
auf Montmedy; übermorgen, am 24., werde ich an der Aisne stehen und
dann nach den Verhältnissen so operiren, daß ich Ihnen Hülfe bringe.«
Gleichzeitig bestätigt sich die schon am 28. empfangene Nachricht, daß das II.
und III. preußische Corps westwärts, also dem Mac Mahon entgegen,
marschirt seien. Auf diese Mittheilungen hin entscheidet sich Bazaine — trotz
des am 26. Mittags in Schloß Grimont gefaßten Beschlusses — die Offensive
wieder aufzunehmen und die Durchbrechung zu versuchen. Am Abend des
30. geht allen Corps die Meldung zu:

»daß man am folgenden Morgen (31.) die deutsche Position bei
St. Barbe auf Grundlage der am 25. August zu gleichem Zweck ertheilten
Disposition angreifen wolle.«

Danach wurde andern Tags verfahren. Dies führte am 31. zur
»Schlacht von Noisseville«.

Eh wir zur Schilderung derselben übergehen, vervollständigen wir
zuvor die vorstehenden kurzen Angaben durch die Aufzeichnung eines in Metz
miteingeschlossenen Engländers, Mr. Robinson.

— — — —

Aufzeichnungen eines Engländers, Mr. Robinson.*)
Vom 19. bis 30. August.

»... Erschöpft durch die blutigen Kämpfe vom 14., 16. und 18.
lagerte am 19. Mittags die französische Armee im Halbkreise um Metz her,
auf dessen schützende Forts und Wälle sie zurückgeworfen war. Der Mont
St. Quentin stand scharf profilirt im Licht der heißen Augustsonne; an
seinem Fuße vorüber bewegte sich in langer Colonne der Zug der Verwundeten: Krankenwagen, Sessel, Bahren, dazwischen die Leichtblessirten gruppen-
weise zu Fuß. Alles drängte in die Stadt, zumeist den Klöstern und den
Kasernen zu. Was in letzteren von Truppen lag, wurde in Zelten

*) Mr. Robinson befand sich als Correspondent einer englischen Zeitung (in Man-
chester) bei der französischen Rhein-Armee. Er theilte die Schicksale derselben bis zuletzt, war
während der 70 Belagerungstage mit eingeschlossen und hat in einem interessanten Buche »The
Fall of Metz« darüber berichtet. Diese Berichte sind, nach der Seite der Schilderung hin,
zum Theil sehr ausgezeichnet; seine Urtheile aber, was gleich hier bemerkt werden mag,
können wir uns nur ausnahmsweise zu eigen machen. Alles was er über Bazaine schreibt
(wir kommen vielfach darauf zurück) ist einseitig und viel zu hart. Er stand ganz unter dem
Einfluß der republikanischen Majorität der jüngeren Offiziere, die den imperialistischen Marschall
schon um seines Imperialismus willen haßten und — — verdächtigten.

untergebracht, um Raum für die Verwundeten zu schaffen, aber alle vorhandenen Lokalitäten reichten nicht annähernd aus und so mußten Barracken-Hospitäler hergerichtet werden, die sich — denn man hatte nur Stunden zu ihrem Aufbau — durch die denkbar primitivsten Formen auszeichneten. Bretter wurden von zwei Seiten her schräg zusammengestellt (etwa so \), so daß Giebeldächer entstanden, die ein temporäres Unterkommen und leidlichen Schutz gegen Sonne und Regen gewährten. Die Stadt benahm sich musterhaft; patriotisches Gefühl und christliche Barmherzigkeit erwiesen sich gleich lebendig. Tage lang drehte sich alles Thun und Denken um die Verwundeten; Protestant und Katholik, Arm und Reich waren gleich geschäftig, gleich hülfebereit; die Frauen (wie während des ganzen Verlaufs der Belagerung) bewundernswerth.

Als wir endlich Zeit gewannen, wieder einen Blick auf die eigene Lage zu werfen, fiel es uns auf's Herz: »umstellt! wir sind eingeschlossen.« Und doch, es konnte nicht sein. Der Hang nach Selbsttäuschung, der das Erbtheil unseres Geschlechts ist, war erfinderisch in Beweisen, daß unsere Lage keineswegs eine hoffnungslose sei. Der ganze Rückzug auf Metz war eine Kriegslist Bazaine's und die Preußen, ihrer sonstigen Schlauheit zum Trotz, waren in die Falle gegangen. Mac Mahon, mit einem Ersatzheer, das wir beliebig auf 100,000 Mann oder auch auf das Doppelte und Dreifache berechneten, war im Anzug; Prinz Friedrich Karl zwischen zwei Feuern; Frankreich in Erhebung bis auf den letzten Mann; kein Deutscher (dessen waren wir in unsern enthusiastischen Augenblicken sicher) werde je wieder, heimathwärts, den Rhein überschreiten. »Denken wir an Anno 93! Erinnern wir uns der Antwort, die damals Frankreich dem Herzog von Braunschweig gab. Machen wir uns gegenwärtig, daß das damalige Paris drei Wochen lang 2000 Freiwillige täglich gegen den Feind schickte; erinnern wir uns des großen Tages von Valmy«; so hieß es in jedem Gespräch, das an jeder Ecke und in jedem Café geführt wurde.

Aber, wie das zu sein pflegt, nüchterne Erwägungen gingen nebenher und am 24., genau an dem Tage, an dem unsere Hoffnung auf der Höhe stand und wir jede Minute den ersten Kanonenschuß Mac Mahons zu hören gewärtigten, an eben diesem Tage hielten »Mssrs. les Messins« eine große Versammlung im Stadthause ab, in der eine »Bombardements-Versicherungsgesellschaft« gegründet werden sollte. Man konnte sich über 5 oder 10 Procent nicht einigen und ließ, nach heftigster Debatte, das ganze Unternehmen fallen, weil ein feiner Kopf inzwischen die Frage angeregt hatte, ob durch eine solche Versicherungsgesellschaft von durchaus privatem Charakter nicht die später an den Staat zu erhebenden Ansprüche jedes Einzelnen compromittirt werden könnten.

Am 24. war auch Gefangenenaustausch. Wir schickten dem Prinzen über 700 Mann hinaus, worauf er seinerseits uns sein Ehrenwort hineinschickte: »daß er für den Augenblick keinen Mann zur Gegengabe zur Hand habe und daß er unser Schuldner bleiben müsse, da alle Gefangenen bereits auf dem Wege nach Deutschland seien.« Dies war nun weiter nichts Ueberraschliches, im Gegentheil; aber die Hoffnungskraft unserer »Messins« wußte aus all und jedem Nahrung zu ziehen, und so galt ihnen denn der schnelle Gefangenentransport nach Deutschland als ein unanfechtbarer Beweis, daß man einer Befreiung dieser Gefangenen durch den heranziehenden Mac Mahon habe vorbeugen wollen.

Zwei Tage darauf, am 26., culminirte die frohe Erwartung jedes Einzelnen. Im Lager zeigte sich Bewegung und gleich darauf hieß es: »das Corps Frossard marschirt bis in Höhe von Fort St. Julien und hat Ordre den Fluß zu überschreiten.« Diese Nachricht hätte die Metzer elektrisirt, auch wenn jedes andere Corps zu diesem Marsche beordert worden wäre, daß es aber das Corps Frossard war, hatte doch noch eine ganz besondere Bedeutung. Frossard hatte Saarbrücken genommen, hatte den ersten großen Stoß bei Spicheren, dann den zweiten bei Vionville, endlich den dritten bei Nozerieulles und Ruffy auszuhalten gehabt, er war deshalb zu einer Art Kriegsmesser — zu einem Bellometer wie die Metzer sagten — geworden, und Frossard in Front bedeutete so viel wie Wiederaufnahme des Kampfes. Wiederaufnahme des Kampfes aber hieß: Vereinigung mit Mac Mahon, Sieg, Freiheit!

Alle diese Träume sollten Träume bleiben, und in der That gleich die ersten Stunden stellten dem Unternehmen ein wenig günstiges Horoskop. Es begann zu regnen, erst mäßig, dann heftig, dann fiel es wie in Strömen vom Himmel. Von der Höhe von Plappeville hernieder stiegen zwei unserer Divisionen; um Montigny herum wand sich eine lange Cavallerie-Colonne; das Wasser spritzte auf, die Hufe der Pferde versanken in dem aufgeweichten Boden. Endlich war die Mosel überschritten; etwa in Stärke von zwei Corps hielten die Unseren an den lehmigen Abhängen von St. Julien, Front gegen den Feind. So standen sie dreizehn Stunden ohne sich zu rühren; der Regen klatschte nieder; dann kam Ordre in das Lager am linken Moseluser zurückzumarschiren. Und so geschah es. Aber was die ermüdeten Regimenter am Morgen des 27. auf ihrer alten Lagerstätte vorfanden, das waren Pfützen, in denen sie nun die 24 Stunden zuvor abgebrochenen Zelte wieder aufzuschlagen hatten.

Diese Rückkehr ins alte Lager war die Folge eines Kriegsrathsbeschlusses, der am 26. Nachmittags in Schloß Grimont gefaßt worden war. Alle Corpscommandeure und die Chefs der Specialwaffen waren zugegen. Man kam überein, die Armee im verschanzten Lager von Metz zu belassen und fortan durch Unternehmungen des kleinen Kriegs die Kräfte der zur Einschließung verwendeten deutschen Truppen aufzureiben. Die Motive zu dieser Beschlußfassung waren mannigfacher Art. Unter andern war auch geltend gemacht worden, daß die Witterungsverhältnisse (der Regen) einem Durchbrechungsversuche nicht günstig seien.

Was das wahrhafte Motiv dieses Aufgebens der Offensive und der Rückkehr ins Lager am linken Moselufer war, wird vielleicht niemals aufgeklärt werden. Nur Vermuthungen sind darüber gestattet. Es scheint, daß schon zu einem so frühen Zeitpunkt, wie der 26. August, Bazaine ent- schlossen war in Metz zu bleiben und seine Chancen abzuwarten. Nur durch Andere sah er je zuweilen seine Pläne durchkreuzt und sich selber (wenn auch nur vorübergehend) zu Concessionen gezwungen. Eine solche Concession war auch die Truppenconcentration bei Fort St. Julien am 26. August. General Coffinières hatte all die Zeit über darauf gedrungen, »das Erscheinen Mac Mahons nicht abzuwarten, sondern ihm entgegenzugehen« und selbst noch während des auf Schloß Grimont abgehaltenen Kriegsrathes scheint er, im Gegensatz zu der Mehrzahl der Generale, für Durchbrechung der feindlichen Linie gesprochen zu haben. Der Antagonismus zwischen Bazaine und Coffinières, der später ein öffentliches Geheimniß und von den Gegnern selbst so gut wie zugestanden war, trat schon in den ersten Wochen der Belagerung hervor und wurde wahrscheinlich in jener Kriegsrathssitzung auf Schloß Grimont geboren. Bazaine war nicht der Mann entgegenstehenden Ansichten, zumal wenn sie die Kreise seines Ehrgeizes störten, ein williges Gehör zu leihen.

Alles, was auf Schloß Grimont vorging, blieb uns, bis mindestens zum nächsten Tage (wo die Rückkehr des Frossard'schen und Lebœuf'schen Corps ins alte Lager die beredteste Sprache führte) ein Geheimniß und so waren dieselben Stunden, die unseren bis auf die Haut durchnäßten Truppen am Abhange des Fort St. Julien so unbehaglich wie nur möglich vergingen, für uns Zurückgebliebene und Caféhausgeschützte so ziemlich die hoffnungs- reichsten und heitersten, die wir in den 70 Tagen der Metzer Belagerung erlebten. Die Stadt fieberte vor Aufregung, aber es war die Aufregung wie vor einem Fest. Extrablätter wurden ausgegeben, jede Stunde ein neues, und als um 9 Uhr die bis dahin überfüllten öffentlichen Lokale ge- schlossen wurden, war jede Straßenecke ein Versammlungspunkt, wo bis in die Nacht hinein politisirt wurde. Ein Chasseur war angekommen (dies war wahr), er hatte die ganze Strecke zwischen Verdun und Metz verhängten Zügels zurückgelegt (dies war halb wahr). Mac Mahon, so sagte er aus, habe am 25. Verdun erreicht und den Preußen eine entscheidende Niederlage beigebracht: enorme Verluste, fünf preußische Generale gefangen genommen, 140 Kanonen erobert. Auf der ganzen Strecke zwischen Verdun und Metz sei er keinem einzigen Preußen begegnet. So weit sein Bericht. Da er verdurstet war und ein lebhaftes Verlangen nach kaltem Grog zu erkennen gab, so wurde für ihn gesammelt, was ihm seinerseits immer erneute Veranlassung gab, uns zu erzählen, was und so viel wir hören wollten. Es ging Zug um Zug; für jedes Glas Grog ein Gemetzel mehr. Endlich wurde er zum General Coffinières geführt, einem strengen Examen unterworfen, dann eingesperrt und nach drei Wochen vor ein Kriegsgericht gestellt, das ihn zu drei Monat Festungsarbeit verurtheilte. Das war das Ende unseres Chasseurs.

Am 26. Abends indeß lagen alle die entsprechenden Aufklärungen noch fern, wir glaubten an den großen Sieg bei Verdun, der Moment unserer Befreiung schien nahe und ich begab mich zum großen Postamt, um anzufragen, ob es möglich sein werde, folgenden Tags einen Brief zu befördern. Man antwortete »ja«; um 7 Uhr früh würde expedirt, Briefe, die mitsollten, müßten bis um 6 Uhr eingeliefert sein. Sie gaben mir die Antwort bona fide: sie glaubten es wirklich.

Kaum hatte sich die Nachricht in der Stadt — die seit dem 17. ohne allen Verkehr mit der Außenwelt war — verbreitet, daß am nächsten Morgen Briefe befördert würden, so setzte sich Alles an den Schreibtisch. Ich meinerseits schrieb die ganze Nacht, stand um 6 Uhr früh am Schalter und sah hier Scenen, wie ich sie selbst bei Prozessionen und erstem Auftreten von Primadonnen kaum erlebt habe. In der engen Gasse — große Postämter sind immer in Gassen — drängten sich Tausende; Bitten und Schreien, Beschwörungen und Verwünschungen, — wohl dem, der eine breite Brust und spitze Ellenbogen hatte; nur mit der Flanke war hier vorzudringen. Endlich war ich an den Kasten heran und der Brief hinein. Was aus ihm geworden ist, hab ich nie erfahren; in England jedenfalls ist er nicht angekommen. Ich unterhalte einen starken Verdacht, daß er, wie die übrigen Briefe, einer Musterung unterworfen wurde, an die keiner der Schreiber während der geopferten Nachtstunden gedacht hatte. Um das Metzer Postamt jener Wochen und Monate sind Geheimnisse her, die wenig Aussicht haben, jemals gelöst zu werden.

An einem dieser letzten Augusttage, ich weiß nicht mehr genau an welchem, schnitten uns die Preußen den Wasserzufluß ab, der, wie in alten Römertagen und theilweis unter Benutzung des alten Aquädukts, von Gorze her in die Stadt geführt wurde. Die Verlegenheit war groß, aber nur momentan. General Coffinières wußte Hülfe zu schaffen, ließ, mit Hülfe dreier Dampfmaschinen, das Moselwasser bei Pont des Roches in große bereits vorhandene Reservoirs hineinpumpen, staute das Wasser der Seille auf und wußte aus dem in Strömen herabfallenden Regen, den er in Cisternen auffangen ließ, wenigstens diesen einen Vortheil zu ziehen. Die Umsicht, mit der General Coffinières dabei verfuhr, gab mir ein großes Vertrauen zu diesem Mann, das er, nach dem Geist und guten Willen, den er besaß, vielleicht gerechtfertigt hätte, wenn er zugleich von einem größeren Selbstvertrauen erfüllt gewesen wäre. Unter ihm hätte Metz noch Wochen, vielleicht noch Monate lang ausgehalten, und wie anders wäre dieser Krieg verlaufen, welche Opfer wären Frankreich erspart worden, wenn die Armee des Prinzen Friedrich Karl nur noch 14 Tage länger an der Mosel fest-gehalten worden wäre.

Die Nacht vom 27. auf den 28. August verbrachte ich auf Vorposten bei Montigny und zwar mit einem Trupp der Unsrigen zusammen, die sich einer bei Augny errichteten neuen preußischen Batterie gegenüber, kaum 2000 Schritt in Front derselben, eingegraben hatten. Die Nacht vorher (brief-schreibend) nicht geschlafen und nun diese Nacht! Mit Schaudern denk' ich daran zurück. Erst ein Gewitter, daß die Flammen überall aus der Erde aufzuschlagen schienen, — es blitzte gen Himmel, nicht vom Himmel herab. Und dazwischen, mit den Elementen um die Wette, die Schüsse der preußi-schen Batterie. Endlich schwiegen beide, aber nun fiel der Regen, als würden Kannen ausgegossen; wir standen knietief im Wasser und es war unmöglich, eine Pfeife brennend zu erhalten. Gegen Morgen ließ das Un-wetter ein wenig nach, aber es regnete noch immer. Heimkehrend in die Stadt, hört' ich in einem der Wallgräben an der Porte Serpenoise eine Flintensalve. Ich war zu müde, um zu fragen was es sei; zwei Stunden später hörte ich: ein Spion sei erschossen. Es war, während all der Wochen, die ich in Metz zubrachte, die einzige Execution derart.*)

Ueber diesen Spion habe ich nachträglich Erkundigungen eingezogen und dabei das Folgende erfahren. Der Unglückliche war Nikolaus Schull, ein Ungar von Geburt, in Wien erzogen, in Amerika naturalisirt,

*) Wenn Mr. Robinson in dieser Angabe Recht hat, so würde sich dadurch eine Erzählung erledigen, die während der Belagerungswochen in Cours war und große Theilnahme weckte. Es hieß, ein Freiwilliger (Berliner Kind, einziger Sohn reicher Eltern) habe mit seinem Quartiergeber in Auboné Freundschaft geschlossen und diesen, der alle Wege und Stege kannte, be-schworen, ihn, bei Gelegenheit einer seiner Metz-Excursionen, mit nach der Stadt hineinzunehmen. Der »Propriétaire«, der das Mißliche der Situation mehr fühlte als unser Freiwilliger, gab endlich nach; der Letztere vertauschte den Rock mit der Blouse, so brach man auf und Metz wurde glücklich erreicht. Alles schien gut gehen zu sollen; im letzten Moment aber brachte ein unbedachtes Wort die Entdeckung und beide wurden vor ein Kriegsgericht gestellt und er-schossen. In dem Briefe, den der junge Freiwillige schrieb, soll der Schmerz darüber, daß er einen Unschuldigen mit in sein Schicksal hineinzog, am lautesten gesprochen haben.

wo er lange Zeit als ein Partisan des Kaiser Maximilian gelebt und den Guadeloupe-Orden erhalten hatte. Mager, lang aufgeschossen, von starkem rothem Backenbart, machte er auf den ersten Blick ganz einen Yankee-Eindruck. Er hatte viel gesehen und viel befahren, war ein Abenteurer, aber ein Mann von Geist und Charakterstärke, nur in seinen Grundsätzen schwach. Er war höchst wahrscheinlich ein Doppelspion, der gegen gute Zahlung ebenso Deutschland an Frankreich, wie Frankreich an Deutschland verrathen hatte. Am 10. August, also vier Tage vor dem Erscheinen der Preußen, wurde er im Wagen ver-haftet, als er sich eben anschickte die neuen Erdwerke aufzuzeichnen, oder vielleicht nur zu überblicken. Der Beweis seiner Schuld nach dieser Seite hin war und blieb sehr schwach. Was gegen ihn entschied, waren die Papiere und Legitimationszeichen, die bei ihm vorgefunden wurden. Er hatte fran-zösische, vom General Ducrot (in Straßburg) und preußische, wie es hieß von der Mainzer Commandantur ausgestellte Papiere, die ihm also freie Bewegung hüben und drüben gaben, außerdem führte er eine preußische Erkennungs-Medaille, die ihn als Mitglied des preußischen Aufklärungs-Departements (Intelligence Department) erkennen ließ und 1000 Francs in Gold mit sich. Auf diese Dinge hin, wozu sich der Verdacht gesellte, die Stärke der französischen Armee bei Weißenburg und Wörth an die Preußen verrathen zu haben, wurde er verurtheilt und Sonntag, den 28. August, während der Regen vom Himmel fiel, an schon genannter Stelle erschossen. Er starb wie ein Held, nachdem er nur zwei letzte Wünsche geäußert hatte. Diese gingen dahin, daß man ihn anständig begraben und zwei Gebetbücher, die er hatte, an seine Kinder senden möge. Beide Wünsche sind erfüllt worden. Ein einfacher Stein auf dem Chambière-Friedhof zeigt die Stelle, wo er liegt.

Am 27. waren, wie ich bereits erwähnt, unsere auf's rechte Mosel-ufer geschobenen Corps in die alten Lagerplätze zurückgekehrt und während man Seitens derselben bemüht war, sich so gut wie möglich wieder einzurichten, wurden einzelne Scharfschützen-Abtheilungen auf das große Plateau von Amanvillers zu detachirt, um wo möglich Fühlung mit dem Feinde zu gewinnen. Denn wiewohl wir uns hier und da unter seinen Kanonen, ja gelegentlich selbst unter seinem Gewehrfeuer befanden, so konnten wir daraus doch nur schlußweise die Existenz eines Feindes feststellen, — zu sehen war er nicht. Er steckte in den zahlreichen Wäldern und Wäldchen, in denen er sich, in Gemäßheit seiner ursprünglich den Polarkreisen ent-stammten Natur, troglodytenhaft eingenistet hatte.

Wir sahen ihn nicht, aber desto mehr war er der Gegenstand unserer Unterhaltung und die Epoche leitete sich ein, wo die hundertfältig variirte Geschichte vom »grausamen Preußen« und »tapfern Franzosen« das Entzücken jeder Café-

haus- und jeder Wachtfeuer-Versammlung zu bilden begann. Alle die alten
»irish bulls« wurden wieder lebendig, nur national gemodelt, und der
»Chasseur zu Fuß«, der sechs Ulanen umringt und eingefangen hatte, war
schon innerhalb der ersten 10 Tage eine stehende Figur. Aber auch Harm-
loseres, in dem sich die liebenswürdigste Seite der Franzosen, ihr heiterer
Sinn und der bei aller Eitelkeit doch vorhandene Hang zur Selbstpersiflage
aussprach, lief dazwischen und so entsinne ich mich, wie die Schilderung
einer »Cavallerie-Attake«, die von einem Compagnie-Komiker mit reizend
outrirter Ernsthaftigkeit vorgetragen wurde, uns alle amüsirte. Der Gegenstand des Angriffs war eine alte, in ihrem Beruf emsig beschäftigte Wasch-
frau, die sich plötzlich, am Seille-Ufer, einem der gefürchteten Ulanen gegen-
übersah. Sie sinkt in die Knie, sie hebt die Hände gen Himmel, sie beschwört, — umsonst, weder ihr Alter noch ihre Häßlichkeit scheinen sie be-
schützen zu sollen. Wie ein Rasender bringt der aus dem Sattel Gesprungene
auf sie ein, der Säbel fährt aus der Scheide, noch ein Augenblick und . . .
Nein, die Scene hat sich verändert. Mit der Linken ein neben ihr liegendes
Stück Seife aufnehmend, dem die ganze Attake gegolten hatte, theilt er das
Stück mit Hülfe seiner gezückten Waffe in zwei Theile, reicht der alten Frau
die eine Hälfte, steckt die andere Hälfte auf seine Säbelspitze und — jagt
grüßend von dannen.

Diese kleinen Vorkommnisse unterhielten uns mehr, als sich der inmitten eines freien geistigen Verkehrs Stehende nur irgendwie vorstellen
kann. Wir hatten keine Briefe; unsere neuesten Tagesblätter brachten nichts
Neues; so waren uns Anekdoten, gleichviel ob erlebt oder erfunden, hoch
willkommen; sie hielten uns bei Laune und bewahrten uns vor Zänkerei und
malcontentem Gerede.

Im Uebrigen war das Wenige von Zerstreuung und Erheiterung,
das diese Dinge gewährten, uns wohl zu gönnen, denn wir hatten gleichzeitig den Anblick von viel Traurigem. Die armen Verwundeten! In Hunderten fielen sie der Unbill des Wetters zum Opfer. In den Zeltlazarethen
auf Ile de Sauley kam das Wasser oben vom Himmel und unten von der
Mosel gleichmäßig über sie. Die Zelte wurden weggeschwemmt und mancher
Amputirte ertrank auf seinem Strohlager, eh man ihn retten konnte. Auch
die Insel Chambière hatte ein Zeltlazareth und der monotone Schlag des
Regens, der erst auf das Segeltuch-Dach und dann endlos, von Secunde
zu Secunde, in einzelnen Tropfen auf die Betten fiel, brachte die Dabei-
stehenden halb von Sinnen, während die ohnehin nerven-erregten Kranken
geradezu daran zu Grunde gingen.

So war es in den letzten Tagen des August. Da klärte sich das
Wetter auf; die heiße Sonne trocknete rasch die Wege und am 30. August

760

— im Gegensatz zu den Beschlüssen, die am 26. auf Schloß Grimont gefaßt
worden waren — ging den einzelnen Corps erneute Weisung zu, sich marsch-
und schlagfertig zu machen. Wir waren thöricht genug, Allem zum Trotz,
was wir bis dahin schon erlebt hatten, noch einmal unsere Hoffnung aufflackern zu lassen. Freilich zum letzten Mal. Der nächste Tag brachte die
Schlacht bei Noisseville, der dann folgende unsere abermalige Rückkehr
ins »alte Lager«.

Von da ab kannten wir unser Loos.«

Die Schlacht bei Noisseville.

Vom 31. August und 1. September.

Marschall Bazaine hatte, wie bereits S. 752 mitgetheilt, am 30. August früh die von Reims aus datirte Benachrichtigung empfangen, daß Mac Mahon auf Montmedy marschire, um der in Metz eingeschlossenen Armee Hülfe zu bringen. Bazaine beschloß auf diese Benachrichtigung hin, den »Durchbrechungsversuch der feindlichen Linie«, der seit dem Kriegsrath am 26. eigentlich aufgegeben war, noch einmal aufzunehmen und zog zu diesem Behufe am 31. August alle seine Corps auf dem rechten Moselufer zusammen. Er wollte das Plateau von St. Barbe gewinnen und dann links schwenkend Thionville zu erreichen suchen. Nur die auf Vorposten befindlichen 10 Bataillone, außerdem die Division Castagny des III. und die Division Laveaucoupet des II. Corps sollten in Metz verbleiben.

So der Plan.

Seinen Aufmarsch am rechten Moselufer führte Marschall Bazaine dahin aus, daß

das VI. Corps Canrobert von der Mosel bis Villers l'Orme,

das IV. Corps L'Admirault rechts daneben à cheval der Straße St. Barbe,

das III. Corps Leboeuf abermals rechts daneben bis zur nach Saarlouis führenden Straße sich entwickeln sollte.

In Reserve verblieben die Garden und das II. Corps Frossard, jene am linken, dieses am rechten Flügel.

Der Aufmarsch ging sehr schleppend von statten. Während das II. und III. Corps bereits am Morgen gefechtsbereit standen, rückte das IV. Corps erst um 11, das VI. um 1 und die Garde um 2½ Uhr in ihre Positionen ein. Dies war gewiß ein großer Fehler. Es gab uns Zeit, unsere am linken Moselufer zunächst stehenden Corps theils an den Fluß

heran, theils auf das rechte Ufer hinüber zu ziehen, wodurch von vorn-
herein das Gelingen des Bazaine'schen Planes sehr in Frage gestellt wurde.
Staffelweise standen diejenigen unserer Divisionen, die an dem später
entbrennenden Kampfe eigentlich kaum einen Antheil nahmen, nordwärts an
beiden Flußufern hin, um — wenn auch der Durchbruch zunächst gelungen
wäre — das Entkommen auf Thionville zu hindern. Aber auch der Durchbrechungsversuch selber mißlang.

Wir gehen jetzt zu einer Schilderung desselben über.

Um 4 Uhr standen wir (von unserer für den heutigen Tag nicht in
Betracht kommenden Cernirung auf dem linken Moselufer abgesehen) in
einem doppelten Halbkreis um Metz herum,*) von dem der innere Halbkreis unsere erste, der äußere unsere zweite Linie war.

Der innere Halbkreis umfaßte die Strecken: Malroy-Charly,
Charly-Failly, Failly-Poix-Servigny-Noisseville, Noisseville-Montoy,

*) Unsere Cernirungstruppen am rechten Moselufer (im Wesentlichen: I. Armee-
Corps,†) 3. Cavallerie-Division und die Brigade Woyna vom VII. Corps) waren am
25. August durch das Eintreffen der 3. Reserve-Division erheblich verstärkt worden. Diese
Reserve-Division nahm Stellung auf dem Terrain zwischen St. Barbe und der Mosel. Ihre
Zusammensetzung war die folgende:

3. Reserve-Division: Generallieutenant v. Kummer.
Combinirte Linien-Infanterie-Brigade: Generalmajor v. Blankensee.
Regiment 19: Oberst v. Goeben.
Regiment 81: Oberst Frhr. v. Sell.
Posensche Landwehr-Brigade: Oberst v. Gilsa.
1. combinirtes Posensches Landwehr-Regiment.
2. combinirtes Posensches Landwehr-Regiment.
Westpreußische Landwehr-Brigade: Generalmajor v. Ruville.
Westpreußisches combinirtes Landwehr-Regiment.
Niederschlesisches combinirtes Landwehr-Regiment.
4 Reserve-Cavallerie-Regimenter. 36 Geschütze.

†) Wir recapituliren an dieser Stelle noch einmal die Ordre de Bataille des I. Armee-Corps, General der Ca-
vallerie Freiherr v. Manteuffel.
Division Bentheim
Brigade Generalmajor v. Gayl.
Regimenter 1 und 41. (Das Regiment Nr. 1 heißt im Text, nach seinem Chef, immer Regiment Kronprinz.)
Brigade Generalmajor v. Falkenstein
Regimenter 3 und 43.
Division Pritzelwitz
Brigade Generalmajor v. Memerty
Regimenter 4 und 44.
Brigade Generalmajor v. Zglinizki
Regimenter 5 und 45.
1 und 10. Dragoner-Regiment. 84 Geschütze.

Moutou-Aubiguy, Aubiguy-Ars Laquenexi-Mercy le Haut und Mercy le
Haut-Pouilly.

Der äußere Halbkreis zog sich über Argancy, Antilly, Bremy-
St. Barbe, Retonféy-Flanville, Courcelles sur Nied bis Frontigny und ging
dann unbestimmt in die erste Linie über.

Unsere Besetzung der ersten Linie (innerer Halbkreis) war die
folgende:

Linie Malroy-Charly. Hier stand die Linien-Infanterie-Brigade
Generalmajor v. Blankensee, Regimenter 19 und 81. (Das vorgelegene
Rupigny vom 2. Bataillon 81er besetzt.)

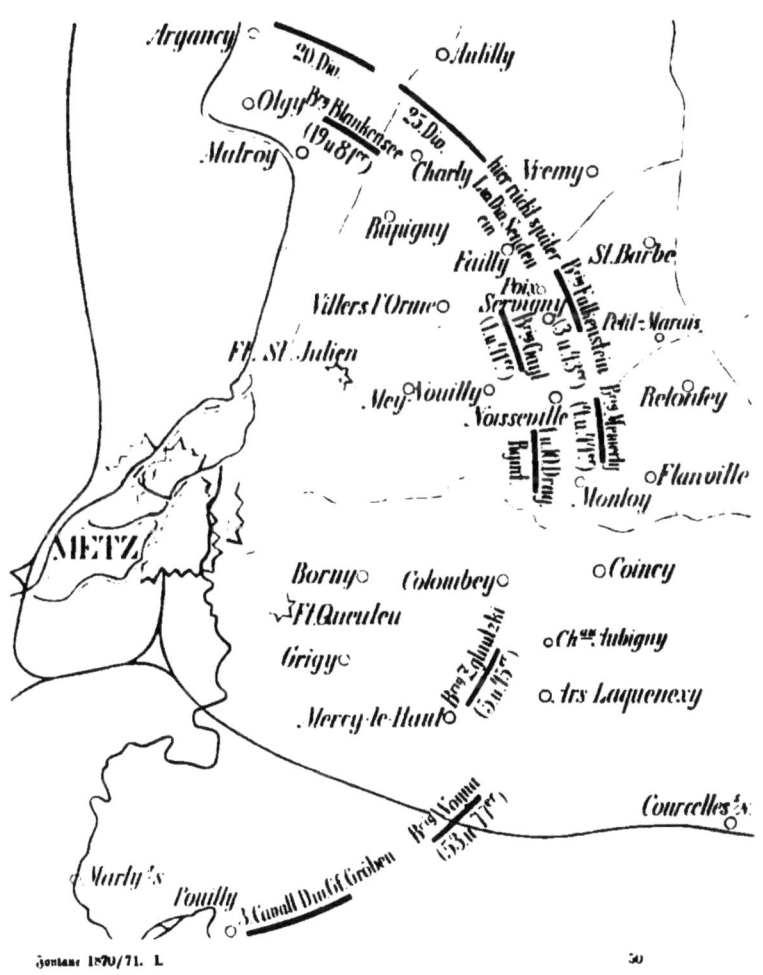

Linie Charly-Failly war eine Lücke, in die jedoch die in zweiter Linie dahinter stehende, oder bald eintreffende Landwehr-Division Schuler v. Senden, jeden Augenblick einrücken konnte.

Linie Failly-Poir-Servigny-Noisseville. Hier stand die Brigade Generalmajor v. Gayl, Regimenter 1 und 41.

Linie Noisseville-Montoy. Hier standen das 1. (Litthauische) und 10. Dragoner-Regiment.

Linie Montoy-Chateau Aubigny. Lücke.

Linie Chateau Aubigny-Ars Laquenexi-Mercy le Haut. Hier stand die Brigade Zglinitzki, Regimenter 5 und 45.

Linie Mercy le Haut-Pouilly. 3. Cavallerie-Division General Graf Groeben.

So die Besetzung der ersten Linie, die Besetzung der zweiten (äußerer Halbkreis) war die folgende:

Bei Arganey sechs Bataillone der 20. Division (X. Armee-Corps).

Bei Antilly 25. (großh. hessische) Division vom IX. Armee-Corps.

Bei Bremy (rechts auf Charly zu) die Landwehr-Division Schuler v. Senden.

Bei Bremy (links auf Retonfey zu) die Brigade Falkenstein, Regimenter 3 und 43.

Zwischen Retonfey und Flanville die Brigade Memerty, Regimenter 4 und 44.

Zwischen Flanville und Courcelles sur Nied Lücke.

Bei Courcelles — zwischen diesem und Mercy le Haut — Brigade Woyna, Regimenter 53 und 77.

Gegen diese unsere Doppellinie, richtete sich nun 1 Uhr der französische Angriff.

Das III. Corps Leboeuf, das die Hauptarbeit dieses Tages hatte, ging von Mercy aus gegen Nouilly und Noisseville;

das IV. Corps L'Admirault unterstützte zwei Stunden später den Angriff des Corps Leboeuf durch Vorgehen in der linken Flanke desselben gegen die Linie Poir-Servigny;

das VI. Corps Canrobert dirigirte sich gegen Malroy-Charly, erhielt aber im Laufe des Gefechts Ordre, rechts schwenkend gegen Failly vorzurücken und dieses zu nehmen. (Der Angriff gegen die Linie Poir-Servigny sollte dadurch unterstützt werden);

das II. Corps Frossard demonstrirte in der rechten Flanke des III. Corps Leboeuf und nahm mit zwei Brigaden an dem Kampfe, südlich der Saarbrücker Straße, Theil;

die Garde unter General Bourbaki blieb in Reserve.

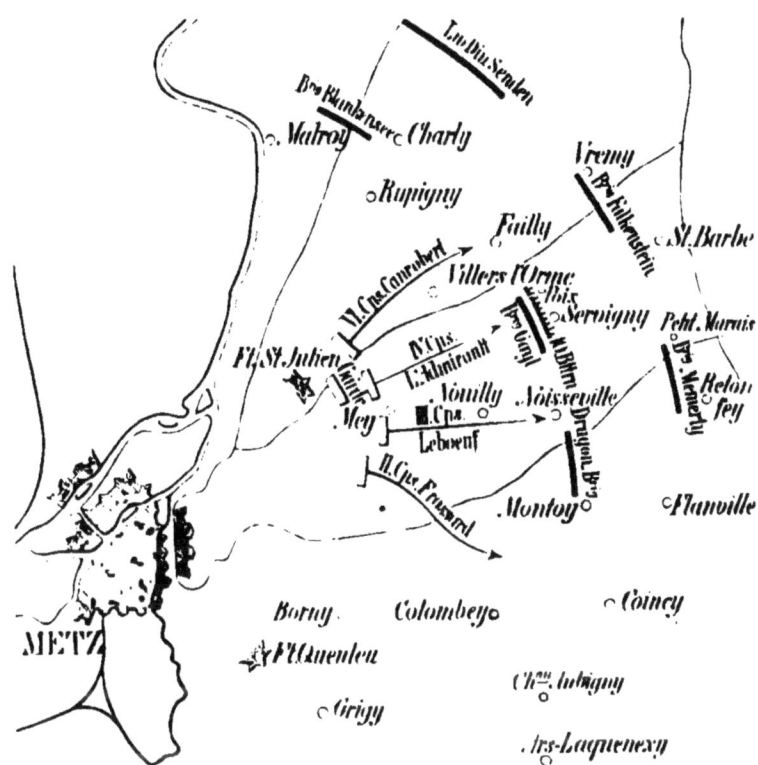

Es war Alles in Allem ein Kampf auf dem Plateau von St. Barbe, d. h. auf dem schmalen Streifen zwischen der einerseits nach St. Barbe, andererseits nach Saarlouis führenden Straße, ein Kampf, der — von französischer Seite aus gerechnet — nach links hin bis Failly und selbst Rupigny, nach rechts hin bis Mouton-Flanville hinübergriff. Die Kämpfe weiter nach rechts hin, wo das II. französische Corps vorging, waren ohne Bedeutung, bloße Demonstrationen, wie wir schon hervorgehoben haben. Es drehte sich erst um Nouilly-Noisseville, dann um Poix-Servigny. Daß diese letzten beiden Dörfer uns verblieben, machte den Plan Bazaines mißlingen.

Der Angriff des III. französischen Corps Leboeuf gegen Nouilly und Noisseville.

(4 bis 6)

Im Laufe des Vormittags hatten einige Plänkeleien stattgefunden. Dann wurde es still. Von 12 Uhr an bis gegen 4 Uhr Nachmittags verhielt die französische Armee sich völlig ruhig; man bezweifelte diesseits, daß es am 31. überhaupt noch zu einem Kampfe kommen werde. Da plötzlich, gegen 4 Uhr Nachmittags, eröffnete der Feind gegen die Stellung der Division Bentheim, insonderheit gegen das Centrum derselben: Poix-Servigny (Noisseville und Failly waren linker und rechter Flügel) ein heftiges Artilleriefeuer, das von den vier Batterieen unserer Divisions-Artillerie sofort aufgenommen wurde. Um freieres Schußfeld zu haben, gingen die vier Batterieen 600 Schritt über die Vertheidigungslinie ihrer Division hinaus und nahmen Position auf den Höhen südwestlich der Dörfer Poix und Servigny. Bald eilte auch die Corps-Artillerie (6 Batterieen) des I. Armee-Corps von St. Barbe heran und rückte in die Intervallen der Divisions-Artillerie ein, oder nahm Stellung an den beiden Flügeln derselben. Diese zehn Batterieen standen von der Straße St. Barbe an bis an die nach Noisseville fallenden Abhänge des Plateaus von Servigny, in heftigem Kampfe gegen das III. französische Corps, das jetzt auch mit seiner Infanterie einzugreifen und

die Division Metmann auf Nouilly,

die Division Montaudon auf Noisseville

zu dirigiren begann.

Unsererseits war um diese Zeit, zwischen 4 und 5 Uhr, die Linie Failly, Poix-Servigny, Noisseville durch die Brigade v. Gayl (Regimenter 1 und 41) und das 1. und 2. Bataillon des Regiments Nr. 3 besetzt. In Noisseville befand sich das 1. Bataillon vom Regiment Kronprinz. Links daneben, zur Deckung der linken Flanke der Division Bentheim, war die Brigade Memerty, Regimenter 4 und 44, in die vordere Linie, bis etwa an Montoy heran, eingerückt und hatte sogar die 2. Compagnie 4. Regiments bis an die Brasserie°) vorgeschickt. Es standen jetzt mithin in Front unserer Stellung auf dem Plateau von St. Barbe

die Brigade Memerty als etwas zurückgebogener linker Flügel,

die Brigade v. Gayl, durch zwei Bataillone vom 3. Regiment verstärkt, als rechter Flügel.

°) Die Localität, von der wir schon in unserer Anmerkung auf S. 235 und 236 ein Bild zu geben versucht haben, ist die folgende. Etwa zweihundert Schritt hinter Bellecroix Ferme (ein hart an der Straße gelegenes Gehöft) senkt sich die nach Saarlouis führende Chaussee in langer Schräglinie zu einer Thalsohle nieder und steigt dann ebenso wieder bergan. Die Thalsohle selbst ist durch ein Wässerchen markirt, das von Süd nach Norden fließt. Diesseits des Wässerchens, von Metz aus gerechnet, liegt die »Tannerie«, jenseits des Wässerchens die »Brasserie« und höher hinauf, da wo die Chaussee schon wieder das Plateau berührt, die »Auberge l'Amitié«. Alle drei aber liegen, wie auch Bellecroix, unmittelbar links der Straße.

Der vorgeschobenste Posten unserer Stellung war die »Brasserie«, dahinter Noisseville. In zweiter Reihe hatten wir an dieser Stelle und in diesem Augenblick nur erst Verfügung über die Brigade Falkenstein, Regimenter 3 und 43, die bereits zwei Bataillone für die erste Linie abgegeben hatte. [Die Brigade Zglinitzki, Regimenter 5 und 45, stand nach links, die Reserve-Division Kummer nach rechts hin zu weit ab, um, zu dieser Stunde schon, unmittelbar eingreifen zu können.]

Die Division Metmann hatte gegen 5 Uhr das unbesetzte Nouilly, die Division Montaudon etwa um eben diese Zeit den Terrainabschnitt vor der »Brasserie« erreicht. Hier aber begann die Division Montaudon zu zaudern. Es schien an energischer Befehlsgebung zu fehlen. Marschall Leboeuf, persönlich von großer Entschlossenheit, schwankte, weil es an bestimmten Weisungen gebrechen mochte. In diesem Augenblick erschien General Changarnier, der, wie wir wissen, kein eigentliches Commando führte, und gab der Têten-Brigade der Division Montaudon, der Brigade Clinchant, den Befehl zum Angriff. Diese ging sofort zu umfassendem Angriff vor, benutzte geschickt die schluchtartigen Vertiefungen, die hier das Terrain durchziehen, und von Westen und Süden her avancirend, nahm sie die, wie wir wissen von der 2. Compagnie 4. Regiments besetzte »Brasserie« im Sturm. Der größere Theil der Besatzung (welche letztere durch kleinere Abtheilungen des Regiments Kronprinz verstärkt worden war) gerieth trotz braver Gegenwehr in Gefangenschaft, während es anderen Theilen gelang, Noisseville zu erreichen.

Mit dem Verluste der Brasserie wurde die Lage des 1. Bataillons Kronprinz in Noisseville bedenklich, zumal andere Kräfte des Feindes, wahrscheinlich von der Division Metmann, die Nord- und Westfront dieses Ortes energisch angriffen. Von Unterstützung war nichts zu sehen, so daß dem concentrischen Angriff eines augenscheinlich sehr überlegenen Feindes gegenüber, auch Noisseville um 5½ Uhr geräumt wurde.

Um diese Zeit war es, daß die den zurückgebogenen linken Flügel bildende Brigade Memerty, deren Behufs Soutenirung der Brigade v. Gaul unternommener Anmarsch von Noisseville aus nicht beobachtet worden war, in breiter Front vorging und zwei Bataillone 4. Regiments gegen Noisseville und die Brasserie, das Regiment Nr. 44 aber gegen Montoy dirigirte. Beide Angriffe scheiterten. Die Bewegung gegen Noisseville daran, daß der Abzug des 1. Bataillons Kronprinz so gedeutet wurde, als ob Noisseville überhaupt aufgegeben werden solle, die Bewegung gegen Montoy aber — das einen Augenblick in Händen unserer 44er gewesen zu sein scheint — deshalb, weil das Corps Leboeuf eben jetzt seinen rechten Flügel immer weiter auszudehnen und einen heftigen und umfassenden Angriff gegen die Unsrigen einzuleiten begann, dem sie, bei ihrer großen Minderzahl, an dieser Stelle nicht Stand zu halten vermochten. [*])

Der Angriff des IV. Corps L'Admirault und des III. Corps Leboeuf gegen Poix-Servigny.

(6 bis 9)

Ronilly, die »Brasserie« und Roisseville waren gegen 6 Uhr in Händen des Feindes. Dieser Besitz genügte nicht, konnte ihm nicht genügen. Um das Plateau von St. Barbe sein zu nennen, mußte die Linie Poix-Servigny genommen sein, und um diese nehmen zu können, mußten zuvor unsere Front von Poix-Servigny haltenden und ihr Feuer fortsetzenden zehn Batterieen zum Abfahren gezwungen werden. Der nächste Angriff des Feindes ging also gegen diese unsere Artillerie-Linie und demnächst gegen die dahinter gelegenen, mehrgenannten zwei Dörfer selbst, das Centrum unserer Stellung. Bazaine ließ zu diesem Behuf zwei Divisionen in Front und eine Division von rechts her (also in unsere linke Flanke) avanciren. Diese Divisionen waren die folgenden:

die Division Metmann vom III. Corps Leboeuf gegen die linke Flanke,

die Divisionen Grenier und Cissey vom IV. Corps L'Admirault gegen die Front unserer Artillerie-Position.

Wiewohl überschüttet von Gewehrkugeln, hielten unsere zehn Batterieen nichtsdestoweniger aus und zwangen den Feind, durch geschickte Anwendung von Kartätschfeuer, mehrfach zur Umkehr. Aber so heldenmüthig und erfolgreich hier die Artillerie selbstständig den Kampf führte (es fehlte derselben jede Bedeckung durch andere Waffen), so wurde doch ihre weit vorgeschobene Position bei nahender Dunkelheit um so unhaltbarer, als die nach links hin gelegenen Weinberge eine große Gefahr in sich bargen, indem sie das Heranschleichen feindlicher Abtheilungen begünstigten. So ging denn die Artillerie, Angesichts eines erneut sich vorbereitenden Massenangriffs zurück und nahm theils zwischen Poix und Servigny, theils nördlich und südlich beider Dörfer Position, während sie bis dahin 600 Schritt in Front dieser Linie gestanden und gefeuert hatte. [**])

*) Der Kampf zog sich an dieser Stelle bis zum Dunkelwerden hin. In Höhe von Flanville kam das Gefecht um 7 Uhr zum Stehen; um 7½ Uhr vereinigte sich die Brigade, die sich an diesem Tage (wie auch schon am 14.) durch glänzende Haltung auszeichnete, wieder bei Retonfey.

**) Geschütze sind weder in der vorgeschobenen noch späteren Stellung auch nur vorübergehend in Feindes Hand gefallen, wie solches fälschlicherweise von französischen Schrift-

Der sich vorbereitende Massenangriff des Feindes aber, von dem wir eben gesprochen, kam durch diese rückgängige Bewegung unserer zehn Batterieen nicht ins Stocken, er wechselte nur sein Ziel und statt sich noch länger gegen Front und Flanke unserer Artillerie-Linie zu richten, richtete er sich nunmehr gegen Front und Flanke der Dörfer selbst.

Die Division Grenier ging gegen Poix;

die Divisionen Cissey und Metmann gegen Servigny, jene (Cissey) von der Front, diese (Metmann) aus unserer linken Flanke her, das heißt also von Noisseville aus.

Um Servigny vorzugsweise begann sich jetzt der Kampf zu drehen. Ein überaus heftiges Feuer jeder Art, an dem auch die Festungsgeschütze vom Fort St. Julien theilnahmen, leitete den Stoß ein. Da dieser zu erheblichem Theile von Süden her (Noisseville) kam, so mußten die südlich Servigny placirten Batterieen zurückgenommen werden. Ebenso zogen sich alle Infanterie-Abtheilungen, die bis dahin südlich und westlich des Dorfes, beispielsweise am Friedhof, Stellungen innegehabt hatten, in das Dorf selbst hinein.

Der Feind folgte. Um den Stoß zu pariren, waren mittlerweile die beiden Füsilier-Bataillone der bei St. Barbe in Reserve stehenden Brigade Falkenstein, bald auch zwei weitere Bataillone eben derselben herangezogen worden und avancirten jetzt tambour battant. als der Feind Miene machte in die Dorflisiere von Servigny einzudringen. Diese frischen Bataillone, untermischt mit den verschiedensten Abtheilungen der schon seit drei Stunden in vorderster Reihe im Gefecht stehenden Brigade v. Gaul, warfen den Feind, drängten ihn süd- und westwärts wieder zurück und besetzten aufs Neue den nach Westen hin vorgelegenen Friedhof, der uns verloren gegangen war.

Ebenso waren die gleichzeitig auf Poix*) vordringenden feindlichen

stellern behauptet und zum Theil selbst in deutsche Berichte übergegangen ist. Gingen in der vorgeschobenen Artilleriestellung preußische Geschütze verloren, so mußten sie verloren bleiben, da keine Infanterie in solcher Nähe war, um sie dem Feinde wieder entreißen zu können. Bei den später in der Dunkelheit auf Servigny erfolgenden Angriffen aber (s. S. 770) waren die Batterieen ins Bivouak bei St. Barbe zurückgezogen.

*) Dieser Angriff auf Poix, wie überhaupt das Gesammtvorgehen gegen die Linie Poix-Servigny, war durch ein Vorgehen des VI. Corps Canrobert gegen Failly unterstützt worden. Failly lag hart in unserer rechten Flanke. Ging uns dies Dorf verloren, so war die Stellung Poix-Servigny unhaltbar, da sie alsdann doppelt überflügelt war, von Noisseville und Failly her. Dies erkannte Bazaine und gab Canrobert, der ursprünglich Ordre hatte gegen die Linie Malroy-Charly vorzudringen, Befehl (vgl. S. 764), rechtschwenkend, zur Soutenirung des Angriffs auf Poix-Servigny, sich gegen Failly zu wenden. Dies geschah. Die Division Tixier griff an. Failly war durch das Füsilier-Bataillon Kronprinz besetzt; drei Compagnieen des Bataillons, die 9., 10. und 12., wurden größtentheils über das Dorf hinaus zurückgedrängt, nur die 11. Compagnie unter Hauptmann v. Gersdorff hielt noch

Streitkräfte der Division Grenier durch die hier stehenden Abtheilungen der Brigade v. Gayl abgewiesen worden.

Mit völlig eingetretener Dunkelheit verschwand der Feind gänzlich, so daß es den Anschein hatte, als sei ein nochmaliger Angriff nicht zu gewärtigen. Die über die Linie der beiden Dörfer nachgedrungenen Abtheilungen der Division v. Bentheim verblieben abwartend noch eine Zeit lang stehen und kehrten sodann hinter die Vertheidigungslinie zurück.   9 Uhr.

Spätabend-Angriff der Division Cissey vom IV. und der Division Aymard vom III. Corps gegen Servigny.
(10 Uhr.)

Servigny, als um 9 Uhr Abends der Kampf zu ersterben schien, war vom 2. Bataillon Kronprinz besetzt. Südlich davon, in einem mit Mauern eingefaßten Weinberge, stand die 10. Compagnie 41. Regiments. Vom Füsilier-Bataillon 43. Regiments waren ebenfalls Abtheilungen in Servigny eingerückt. Diesen Abtheilungen folgten in der Stunde von 9 bis 10 noch kleinere Trupps verschiedener, engagirt gewesener Regimenter, was diesseits in dem Glauben bestärkte, daß der Kampf vollständig beendet sei. Eine in der Dunkelheit (etwa 10 Uhr) sich von Westen her der Dorflisière nähernde Masse, wurde gleicherweise für ein solches Knäuel aus dem Vorterrain zurückgehender diesseitiger Trupps gehalten.

Aber es war anders. Diese sich nähernde dunkle Masse war eine feindliche Colonne*) und sich lautlos bis an unsere Schützenreihe heranbewegend, warfen sie sich plötzlich mit dem Bajonet auf die Ueberraschten. Im heftigen Ringen, Mann gegen Mann, wurde nicht nur die Schützenreihe, sondern Alles was sich im Dorfe befand ostwärts aus demselben herausgedrängt. Servigny war verloren gegangen, aber noch kein

den Westeingang besetzt. Mit unvergleichlicher Bravour widerstand diese Compagnie den wiederholten Angriffen, wiewohl solche mit immer erneuter Heftigkeit wiederholt wurden. Die Verluste waren groß, Hauptmann v. Gersdorff fiel tödtlich getroffen, Lieutenant v. Auer hielt aber das Dorf, bis spät Abends Unterstützung durch Theile der Landwehr-Division v. Senden eintraf.

*) Diese feindliche Colonne bestand aus Theilen der in der Ueberschrift dieses Unterkapitels genannten Divisionen Cissey und Aymard. Jene hatte die Tête, diese folgte. Seitens der Division Cissey traten vorzugsweise das 20. Jäger-Bataillon und das 1. und 6. Linien-Regiment ins Gefecht. Vielleicht auch diese Truppen nur sehr partiell. Die diesseitigen Berichte sprechen immer von feindlichen »Divisionen«, dabei den Theil als Ganzes nehmend. Wäre die Linie Poix-Servigny mit ganzen Divisionen angegriffen worden, so hätten wir sie schwerlich zu halten vermocht.

Schuß gefallen, so daß selbst die zunächst stehenden preußischen Truppen ohne Kenntniß des Verlustes geblieben waren.

General v. Bentheim, als er von dem Verluste des Dorfes Meldung erhielt, befahl unverzüglich, dasselbe mit dem Bajonet wieder zu nehmen und Alles, was sich von diesseitigen Truppen inzwischen am Ostausgange von Servigny gesammelt hatte, ging sofort vor, um die wichtige Position zurück-zuerobern. Es waren.

das 2. Bataillon Kronprinz,

6., 9. und 11. Compagnie 41. und

6. und 8. Compagnie 3. Regiments.

Der Angriff sah sich durch überraschendes Schnellfeuer der auf S. 770 erwähnten, im Weingarten südlich des Dorfes verbliebenen 10. Compagnie 41. Regiments erfolgreich unterstützt. Der Feind wurde geworfen und nach Westen zu bis über den Friedhof zurückgetrieben.*)

Diese Ereignisse waren einander so schnell gefolgt, daß der Feind nur kurze Zeit im Besitz des Dorfes verblieben war. Unsererseits zogen sich, zur Verstärkung der Position, noch eine Compagnie Kronprinz und die 12. Compagnie 41. Regiments nach Servigny hinein. Einige unbedeutende Vorstöße des Feindes wurden ohne Mühe abgewiesen. (11 Uhr).

Das Dorf blieb unser.

Die Wiedereroberung von Noisseville.

(Am 1. September bis 12 Uhr Mittags.)

Die Nacht war ruhig verlaufen. Am 1. September früh trafen für die am Abend vorher innegehabte diesseitige Stellung **) weitere Unterstützungen

----

*) An diesem Kampfe um Servigny nahm unsererseits auch General v. Memerty mit seiner Brigade Theil, wenigstens mittelbar. Er unterstützte die Vertheidigung dadurch, daß er, während der Feind Servigny angriff, seinerseits gegen das von der Division Montaudon (Brigade Clinchant) besetzte Noisseville vorging. Dies geschah zwei Mal. Das erste Mal um 8, (wo das Dorf besetzt, aber bald darauf wieder geräumt wurde), das zweite Mal um 10 Uhr. Es ist sehr wahrscheinlich, daß diese aus selbstständiger Entschließung des Generals v. Memerty unternommenen Angriffe der diesseitigen Vertheidigung der Linie Poix-Servigny wesentliche Dienste leisteten. Um 10 Uhr erwies sich Noisseville derartig stark vom Feinde besetzt, daß unsere, aus dem 2. Bataillon 4. Regiments bestehende Angriffscolonne, 800 Schritt östlich vom Dorfe Aufstellung nehmen mußte und später nach Petit Marais zurückgenommen wurde.

**) Unsere Stellung am Spätabend des 31. August war die folgende:

Linie Malroy-Charly: Brigade Blankensee, Regimenter 19 und 81.

Linie Failly-Poix-Servigny: Division Bentheim und Landwehr-Division v. Senden. (Dahinter die Corps-Artillerie des I. Armee-Corps bei St. Barbe.)

ein, und zwar die 18. (schleswig-holsteinsche) und 25. (großherzoglich hessische) Division. Sie besetzten, am Bois de Failly hin, die Linie Charly-Failly-St. Barbe.

Aufgabe des 1. September war die Wiedernahme der Tags zuvor verlorenen Oertlichkeiten.

Früh 4 Uhr waren die Truppen gefechtsbereit, und gab General v. Manteuffel bald darauf der Division Bentheim und der Brigade Memerty Befehl zum Angriff gegen Noisseville. Artilleriefeuer eröffnete den Kampf. Etwa um 7 Uhr hatten unsere südöstlich von Servigny aufgefahrenen Batterieen Noisseville in Brand geschossen und der Moment schien jetzt gekommen, zum Sturm gegen die Nord- und Ostlisière des Dorfes vorzugehen. Vier Bataillone (1. Bataillon Kronprinz und das ganze Regiment 43) machten den Angriff; der Hauptstoß wurde von Norden her geführt. Ein erschütterndes Feuer des Feindes, der mit drei Regimentern das Dorf besetzt hielt, empfing jedoch die Unsern, die trotzdem weiter vordrangen, nun aber aus den nordöstlich Nouilly, am Abhange des Plateaus von Servigny gelegenen Weinbergen Flanken- und Rückenfeuer erhielten. Hiergegen schwenkte zwar der rechte Flügel des Regiments Kronprinz und Abtheilungen des Füsilier-Bataillons 43 ein, dennoch gerieth der Angriff unter schweren Verlusten zum Stehen, zumal das diesseitige Artilleriefeuer eingestellt werden mußte, auch die Reserven in dem von Weinbergen coupirten Terrain nur langsam vorwärts kommen konnten. Ein der ersten Linie folgendes Halb-Bataillon (5. und 7. Compagnie vom 3. Regiment) und das 2. Bataillon 43 doublirten zwar in die Gefechtslinie ein, aber auch diesem erneuten Angriff gelang es erst nach wiederholten Versuchen die Dorflisière zu gewinnen. Einzelne Abtheilungen drangen bis an den westlichen Ausgang des brennenden Dorfes vor, vermochten sich aber, trotz größter Bravour, in der eroberten Position nicht zu behaupten. Der Feind kämpfte mit größter Zähigkeit; neuen herangezogenen Verstärkungen gegenüber mußte Noisseville unsererseits wieder aufgegeben werden. Ein nochmals versuchter Angriff scheiterte.

Linie Chateau Gras-Retonfey: Brigade Memerty. (Dahinter die 3. Cavallerie-Division bei Petit Marais).

Linie Retonfey-Marcilly: Lüde.

Linie Marcilly-Ars Laquenexi-Mercy le Haut: Brigade Zglinizki. (Dahinter die Brigade Wonna, in Front von Courcelles.)

Der Feind stand uns wie folgt gegenüber:

VI. Corps Canrobert von der Mosel über Vany bis in Front von Failly.

IV. Corps L'Admirault in Front der Linie Poix-Servigny.

III. Corps Leboeuf in Front der Linie Noisseville-Montoy (letztere beide Orte durch die Division Montaudon besetzt).

II. Corps Frossard, einen Haken bildend, in der Linie Colombey-Coincy-Flanville.

Die Garde hinter dem IV. Corps.

Ebenso war das Vorgehen der Brigade Memerty, die von Montoy und der Brasserie aus heftig beschossen wurde, zum Stehen gekommen. Auch diese Truppen mußten nach bedeutenden Verlusten zurückgenommen werden.

General v. Manteuffel beschloß nunmehr, vor Aufnahme eines abermaligen Sturmversuchs gegen Noisseville, ein Massenfeuer seiner Artillerie gegen das Dorf zu richten. Batterie reihte sich an Batterie und eine Stunde lang wurden Noisseville, die Brasserie und das Nebenterrain unter das vernichtende Feuer von 78 Geschützen genommen.

Um 10 Uhr, als General v. Manteuffel die Stellung bei Noisseville für hinreichend erschüttert hielt, gab er dem General v. Senden Befehl, mit sämmtlichen im Grunde zwischen Servigny und Noisseville befindlichen Truppen auf letzteren Ort vorzugehen. In jenem Grunde stand, vier Bataillone stark, die Posensche Landwehr-Brigade v. Gilsa. Diese nahm die Tête, das 1. Bataillon Kronprinz setzte sich an den rechten Flügel, das Regiment Nr. 13 folgte in Reserve. Von links her soutenirte abermals die Brigade Memerty den Angriff. In dem Moment, als das erste Treffen die Höhe erstieg, schien das heftige Feuer aus der Nordlisière des Dorfes auch diesem Vorgehen Stillstand gebieten zu sollen, aber das Stutzen währte nur kurze Zeit und um 11½ Uhr drangen die Unsern von Nord und Ost her in Noisseville ein, das, wie es scheint, ohne Wiederaufnahme eines Kampfes Mann gegen Mann, vom Feinde geräumt worden war. Ebenso wurde die Brasserie durch ein Bataillon der Brigade Memerty besetzt.

Der Feind machte keinen Versuch Noisseville wieder zu erobern, sondern zog sich zurück. Um 12 Uhr Mittags erstarb auf allen Theilen[*] des Schlachtfeldes das Gefecht.

---

[*] Nicht nur um Noisseville war in den Vormittagsstunden gekämpft worden. Während wir die größten Anstrengungen machten, dies Tags zuvor uns entrissene Dorf wieder in unsern Besitz zu bringen, erneute feindlicherseits das Corps Canrobert seine Versuche gegen Failly. Dies (wie am 31.) wurde noch immer durch das Füsilier-Bataillon Kronprinz besetzt gehalten, zu seiner Unterstützung aber war das Niederschlesische combinirte Landwehr-Regiment vorgezogen und in Schützengräben südlich des Dorfes einlogirt worden. Gegen diese Schützengräben ging vorzugsweise der Angriff, der ohne große Anstrengung und Verluste zurückgewiesen wurde. — Ein gleiches Schicksal hatten die Versuche des VI. Corps gegen das von einem Bataillon 81er besetzte Rupigny. Zwei Bataillone 19er, von der Brigade Blankensee, brachen vor, coupirten die Offensive des Feindes und warfen ihn auf Vany und Chieulles zurück. [Mit ähnlich glücklichem Erfolg operirte gleichzeitig die Brigade Woyna an unserm linken Flügel. Die hier gegenüberstehende Division des II. Corps Frossard wurde vorzugsweise durch das geschickte Vorgehen dieser Brigade zurückgedrängt, ein diesseitiger Erfolg, der — nach Angabe verschiedener Schriftsteller — mehr denn Anderes den Entschluß Bazaines: mit seiner ganzen Armee den Rückzug anzutreten, hervorgerufen haben soll.]

Der entscheidende Moment war das Auffahren der 78 Geschütze zwischen Servigny und St. Barbe und das Massenfeuer, das dieselben vielleicht eine Stunde lang gegen Noisseville richteten. Ueber diesen Moment hat unser mehrcitirter Mr. Robinson, der die Schlacht mitmachte, sehr anschaulich berichtet: »Es war wie ein Wirbel von Feuer. Das Pfeifen der Granaten war so laut und so andauernd, daß es wie das Dampfauslassen einer Locomotive in einer Bahnhofshalle war. Dieser Vergleich drängte sich mir damals auf und ich habe auch seitdem nichts finden können, das bezeichnender wäre. Dies Feuer dauerte schon geraume Zeit. Das Dorf brannte an verschiedenen Stellen. Verwundete gingen zurück und erzählten uns im Vorübergehen, daß wir zu schwach seien uns zu halten. Bazaine war all die Zeit über in St. Julien, eben jetzt beim Frühstück. Er hatte die Garden um sich her; aber keine Hülfe kam; dieselben Truppen, die gestern bis in die Nacht hinein gefochten hatten, mußten jetzt aufs Neue den Kampf bestehen. Die Kräfte versagten; es ging zurück. In diesem Augenblick kam eine Mitraillensen-Batterie den Abhang herauf, und fuhr inmitten fast der zurückgehenden Colonnen auf; sie hatte ersichtlich den Zweck, das Gefecht wieder zum Stehen zu bringen, das was uns an Infanterie mehr und mehr zu fehlen begann, zu ersetzen. Ich stand in unmittelbarer Nähe. Keine Buchstabenzusammenstellung ist im Stande den Ton zu imitiren, den diese 25 Rohrlöcher von sich gaben. Gr·r·r·ratt mag dem Ton am nächsten kommen; es wirkt auf die Magennerven und ein Unbehagen, ähnlich dem der Seekrankheit, kommt über uns. Die Preußen avancirten mit Bravour; »Gr·r·r·ratt«, — große Lücken waren gerissen; der Angriff stockte. Aber nicht auf lange. Drüben avancirten die Batterieen und immer dichter schlugen die Granaten ein, erst stürzten einige Pferde, Sand und Steine waren wie eine Staubwolke um uns her; die Situation wurde zu heiß, also rückwärts! Noisseville war wieder in Händen der Preußen. Marschall Leboeuf hielt persönlich aus bis zuletzt, immer in Front. Eitel, eifersüchtig, unsittlich, — alles mag er sein, aber er hielt sich wie ein Löwe, wenn anders diese Bezeichnung mehr Tapferkeit bedeutet als der Name, den er selber führt. Seine Adjutanten bildeten eine Gruppe hart neben ihm. Da schlägt eine Granate in die Gruppe ein, Chausseesteine fliegen wie ein Regen umher; als der Staub sich gesenkt hat, sehen wir Capitain Vandrimey, Generalstabsoffizier, am Boden liegen, ein Granatsplitter war ihm in Brust und Lunge gedrungen. Eh wir ihn bei Seite schaffen konnten, war er todt. Mit ihm waren fünf, sechs Ordonnanzen getroffen, leichter und schwerer. Krankenpfleger von der Genfer internationalen Gesellschaft waren mit ihren weißen Mützen und Brussards und all ihrem wunderbaren Transportapparat zur Hand und thaten ihr Bestes. Ich hebe dies um so lieber hervor, als es

nahezu das einzige Mal war, daß ich die Mitglieder dieser Gesellschaft inmitten des Schlachtfeldes und wirklich hülfeleistend sah. Im Allgemeinen
thaten sie nichts.

Im Centrum hatten die Preußen den Sieg; eine kurze Zeit noch
glaubten wir es am rechten Flügel, wo das 25. Linien-Regiment vorging,
halten zu können, aber unsere Signale riefen uns zurück, das am 31. August
glücklich Begonnene war am 1. September, weil es an Einsicht oder gutem
Willen gebrach, wieder verloren gegangen. Mit Mühe und Gefahr (auf
Wunsch des Marschalls Leboeuf) schlichen wir uns noch einmal, auf Noisseville zu, vor, um die Leiche Capitain Vaubrimey's zurückzuschaffen; es glückte
auch. Ein geringer Trost, wo so viel verloren gegangen war.

So endigte unser letzter Hoffnungstag in Metz. Unser Vertrauen in
die Fähigkeit Bazaines war von da ab völlig todt. Was hatten wir gesehen?
Wir sahen eine Armee ohne Einheit des Commandos sich in Bewegung setzen
und diese Bewegung unterbrechen in dem Moment, wo ein Nachtmarsch die
Position in unsere Hände gegeben hätte. Wir sahen eine Truppe, nachdem
sie einen Tag lang gekämpft und eine Nacht gewacht hatte, ohne Unterstützung gelassen. Wir sahen unsern Sieg, den wir trotz alledem in Händen
hielten, uns durch thörichte Ordres weggeschnappt. Das alles war zu viel.
Vertrauen kam nicht wieder und als wir schließlich wahrnahmen, daß sich
politische Intrigue zu militairischer Unfähigkeit gesellte, war der Moment
da, wo wir unsern General en chef weder für ehrlich noch für fähig hielten.«

Die Schlacht war beendet und mit ihr der einzige ernstgemeinte
Durchbrechungsversuch Bazaines. Einige lassen auch diesen nicht dafür
gelten und wie man einräumen muß, nicht ohne Grund. Daß er am 31.
das Plateau von St. Barbe uns entreißen und unsere Linien durchbrechen
konnte, wenn er ernsthaft wollte, ist ganz unzweifelhaft, und stimmen
wir darin den betreffenden Auslassungen Mr. Robinson's völlig bei; es
fragte sich nur andererseits, was er von einem solchen Erfolge gehabt, wie viel er schließlich von seiner ganzen Armee in Sicherheit gebracht hätte? Und hier weichen wir von Mr. Robinson ab. Nichtsdestoweniger muß zugegeben werden, und wir kommen am Schluß dieses Abschnitts ausführlich darauf zurück, daß der Tag von Noisseville den
schwachen Punkt in der Affaire Bazaine bildet. Hielt er den Angriff in dem
Sinne für nutzlos, daß er selbst bei glücklich durchgeführter Durchbrechung
den Untergang oder die Auflösung seiner Armee mit einer Art Sicherheit
voraussah, so mußte er den Muth haben, allen Ordres zum Trotz, jeden

Durchbrechungsversuch zu unterlassen, unternahm er diesen Versuch aber doch, gehorchte er jenen Weisungen, die auf Vereinigung mit Mac Mahon drangen, so mußte er auch die Sache ganz und auf jede Gefahr hin thun, und sich nicht damit begnügen, eine Art Schein-Schlacht zu schlagen.

Es war bei Noisseville, was nach dem vorstehend Gesagten nicht Wunder nehmen kann, Seitens des Feindes ziemlich planlos operirt worden, im Kampfe selbst hatte er große Bravour und Zähigkeit bewiesen. Er verlor, nach eigenen Angaben, 150 Offiziere und 3400 Mann. Der diesseitige Verlust beziffert sich auf 100 Offiziere und 2890 Mann. Die Haupteinbuße erfuhr das 1. Armee-Corps mit 74 Offizieren und 2218, nächstdem die 3. Reserve-Division (meist Landwehr) mit 17 Offizieren und 433 Mann.

Kanonen und Feldzeichen wurden weder erobert noch eingebüßt.

Vor Metz bis zum 30. September.

Wir geben — am Schluß dieses Kapitels Auszüge aus Briefen eines auch bei der Cernirungsarmee weilenden Engländers, des Sir Randal Roberts bringend — zunächst curforisch die Ereignisse vor Metz, wie sie vom 2. bis 30. September sich aneinander reihten.

Schon am 2. September, unmittelbar nach dem Tage von Noisse-ville, trat eine Veränderung in der Aufstellung der Cernirungscorps ein, aber erst vom 4. ab (nachdem am 3. beinahe sämmtliche Truppen des XIII. Armee-Corps*) vor Metz eingetroffen waren) wurde die Aufstellung auf wenigstens eine Woche hin stabil. Diese Aufstellung war die folgende:

*)   XIII. Armee-Corps:
General der Infanterie Großherzog von Mecklenburg-Schwerin.
17. Infanterie-Division: Generallieutenant v. Schimmelmann.
   33. (Hanseatische) Brigade: Generalmajor v. Kottwitz.
     1. Hanseatisches Infanterie-Regiment Nr. 75.
     2. Hanseatisches Infanterie-Regiment Nr. 76.
   34. (Mecklenburgische) Brigade: Oberst v. Manteuffel.
     Mecklenburgisches Grenadier-Regiment Nr. 89.
     Mecklenburgisches Füsilier-Regiment Nr. 90.
     Mecklenburgisches Jäger-Bataillon Nr. 14.
   17. Cavallerie-Brigade: Generalmajor v. Rauch.
     1. Mecklenburgisches Dragoner-Regiment Nr. 17.
     2. Mecklenburgisches Dragoner-Regiment Nr. 18.
     2. Brandenburgisches Ulanen-Regiment Nr. 11.
   6 Batterieen vom Schleswig-Holsteinischen Feldartillerie-Regiment Nr. 9.
2. Landwehr-Division: Generalmajor v. Selchow.
   3. Landwehr-Brigade: Oberst v. Arnoldi.
     8 Bataillone vom 8., 12., 48. und 52. Landwehr-Regiment.
   4. Landwehr-Brigade: Oberst Ranisch.
     8 Bataillone vom 20., 24., 60. und 64. Landwehr-Regiment.
   4. Reserve-Ulanen-Regiment. 3 Reserve-Batterieen vom X. Corps.

von Malroy bis Charly: Division Kummer;

von Failly bis Montoy: I. Armee-Corps;

von Coincy (über Laquenexy) bis Chesny: XIII. Armee-Corps;

bei Ponilly: 3. Cavallerie-Division;

von Marly sur Seille bis Ars sur Moselle: VII. Armee-Corps;

von Juffy bis Chatel: VIII. Armee-Corps;

vom Bois de Chatel bis Plesnois: III. Armee-Corps;

von Norroy bis Maizières-les-Metz: X. Armee-Corps.

Das IX. Armee-Corps in Reserve bei Roncourt und Pierrevillers, das II. Armee-Corps nach Aboué und Briey, die 1. Cavallerie-Division nach Jouaville detachirt. Obercommando: Malancourt.

Am 5. September wurde bei sämmtlichen Corps die durch die nunmehr stärkere Besatzung ermöglichte Anordnung getroffen, daß die Hälfte der Truppen enge Cantonnirungen in der Nähe der Gefechtsstellung bezog.

Am 6. September begann ein starker und zugleich kalter Regen, welcher, ohne Unterbrechung fünf Tage lang anhaltend, den fetten Thonboden vollständig erweichte, die Schützengräben mit Wasser füllte und die Baracken-lager und Bivouacsplätze unter Wasser setzte. Mannschaften und Pferde litten unter diesen Witterungsverhältnissen außerordentlich. Typhus und Ruhr stellten sich ein und es gab Wochen (gegen Ende des Monats), wo die Krankenzahl bei vielen Truppentheilen 50 Procent der Effektivstärke erreichte. Dieser heftige Landregen verdarb alle Strohvorräthe in den Lagern und Bivouacs, so daß die in erster und zweiter Linie stehenden Truppen darauf angewiesen waren, auf Strauchholz, dünnen Aesten und Weinreben zu schlafen, da der aufgeweichte Boden einige Bedeckung durchaus erforderte.

Am 9. September verlegte Prinz Friedrich Karl sein Haupt-quartier von Malancourt nach Corny. — Am selben Tage deckte ein Orkan sämmtliche Schutzdächer der Hauptdepots in Remilly und Courcelles sur Nied ab, wodurch große Bestände an Salz und Brod verloren gingen. (Das naßgewordene Brod mußte vergraben werden).

Am 10. September ging aus dem Großen Hauptquartier des Königs Befehl ein, daß das XIII. Armee-Corps wieder abrücken, mit einer Division die Festung Toul belagern und mit den übrigen Truppen die Ver-bindungen zwischen Paris und Metz besetzen und decken solle. Das Corps brach sofort auf. Um die dadurch entstehende Lücke zu schließen, dehnte sich das I. Armee-Corps nach links, das VII. nach rechts hin aus. [An eben diesem Tage — und darauf hin wurde das Abrücken des XIII. Corps wahr-scheinlich angeordnet — trafen aus Deutschland die ersten Ersatzmann-schaften ein, die der Cernirungs-Armee im Ganzen eine Verstärkung von 27,000 Mann zuführten.]

Am 12. September erfolgte auf der Bahnstrecke von Saarbrücken bis Remilly die Einrichtung regelmäßiger Personen- und Schnellzüge auch für den Privatverkehr.

Am 15. September verließ General v. Steinmetz die Armee, um sich, gemäß einer Cabinetsordre vom 12. September, nach Posen zu begeben und dort das ihm übertragene General-Gouvernement im Bereich des V. und VI. Armee-Corps anzutreten. General v. Steinmetz richtete bei Niederlegung des Obercommandos der I. Armee eine Proclamation an die ihm bis dahin unterstellt gewesenen Truppen. Die durch seinen Abgang vacant werdende Stelle wurde während der Einschließung von Metz nicht wieder besetzt.

Am 16. September (und an den folgenden Tagen) wurden die Pioniere angewiesen, in Rücksicht auf die bevorstehende herbstliche Jahreszeit zur besseren Unterbringung der in den vorderen Linien aufgestellten Truppen feste Baracken zu erbauen. Diese wurden in unmittelbarer Nähe der Stellungen in Terraineinsenkungen hergestellt, einige Fuß in die Erde versenkt und mit Thüren, Oefen, Fenstern und Giebeldächern versehen, so daß sie einen trocknen und warmen Aufenthaltsort boten. Die Oefen wurden großentheils aus der Umgebung der Cantonnements durch Requisition beschafft.

Am 19. September wurde im Bereich des VIII. Armee-Corps das 8. Jäger-Bataillon von der 15. an die 16. Infanterie-Division abgegeben.

Am 30. September verfügte Prinz Friedrich Karl eine abermalige Veränderung der Dislocation der Truppen.

Auszüge aus den Briefen eines Engländers (Sir Randal Roberts)*) bei der Belagerungs-Armee.

Gravelotte, 3. September.

Am 31. August und auch an dem folgenden Tage noch, hatten wir drüben am andern Ufer der Mosel eine Schlacht. Der Kanonendonner

---

*) Sir Randal Roberts, englischer Offizier (ich habe nicht in Erfahrung bringen können, von welchem Rang und bei welchem Truppentheil), war, während der ganzen Dauer des Krieges, bei der I. Armee, noch specieller beim VIII. Corps, in welchem letzteren er sich vorzugsweise dem Ostpreußischen Füsilier-Regiment Nr. 33, das sich bei St. Hubert und dann später bei Bapaume auszeichnete, anschloß. Er veröffentlichte seine Briefe im Daily Telegraph, dessen militairischer Berichterstatter er war. Von englischen Offizieren machten, so viel ich weiß, nur vier auf unserer Seite den Krieg mit: General Walker, Oberst Pemberton (Times-Correspondent), der bei Sedan an der Seite des Kronprinzen von Sachsen fiel, Captain Hozier (1866 Times-Correspondent), der indessen erst verhältnißmäßig spät auf dem Kriegsschauplatze erschien, und Sir Randal Roberts.

drang herüber. Sie nennen es die Schlacht bei Noisseville. Ich war nicht
dabei und so schreibe ich nicht darüber, ziehe es vielmehr vor, Ihnen und
Ihren Lesern eine Schilderung zu geben, wie ein »Tag auf Vorposten«
verläuft. (Gestern rückte das 2. Bataillon vom 33. in die Front und ich schloß
mich an, um selber ein Bild von dem Treiben unmittelbar im Angesicht des
Feindes zu gewinnen.

Die Bivouac-Nacht auf meiner Schütte Stroh war vorüber und der
Tag dämmerte eben herauf, als der Adjutant mich zum Aufbruch mahnte.
Die Toilette war schnell gemacht (Regenwasser in einem Kochgeschirr), dann
frische Patronen in den Revolver und — ich war fertig. Die nächsten
Schritte gingen ins »Hauptquartier«. Dies — so weit meine 33er in Betracht kommen — war immer das Zelt des Obersten. Ich hatte ihn seit
dem Tage von Gravelotte nicht wiedergesehen und fand ihn jetzt frisch, hoch-
aufgerichtet und wie immer voll Sorgfalt in seiner äußeren Erscheinung,
aber zugleich von einem gewissen schmerzlichen Ausdruck in seinen Zügen.
Die Verluste, die das Regiment auf der Höhe von St. Hubert erfahren,
waren in seinem Herzen noch unvergessen; Hauptleute standen an der Spitze
der Bataillone, junge Offiziere führten die Compagnieen.

Mittlerweile war ein Kaffee zubereitet worden, an dem der Adjutant
und ich mit Behagen theilnahmen, dankbar für jeden warmen Tropfen, der
uns das Frösteln aus den Gliedern trieb. Ja, wir froren wirklich. Bis
dahin hatte ich immer die Vorstellung unterhalten, daß die Moselufer ein
mildes Klima hätten, aber dieser Glaube war mir in der letzten Augustwoche,
wo Regen und Sturm kein Ende nehmen wollten, verloren gegangen. Auch
der gestrige Morgen war kalt.

Das Bataillon war inzwischen angetreten, Compagnie neben Compagnie; »Richt't Euch«, »Gewehr über«, und in Sectionen abgebrochen,
setzten sich die Compagnieen in Marsch. Auf 24 Stunden sagten wir dem
Lager Lebewohl, Einige, um es nicht wiederzusehen.

Die Vorposten standen eine Viertel- oder Drittelmeile in Front des
Lagers und zwar die des VIII. Corps von der Ferme Malmaison (nördlich
von Gravelotte) bis in die Nähe von Rozerieulles. Dies Dorf selbst war abwechselnd von den Franzosen und Preußen besetzt, für welche letzteren es zu
den unbehaglichen Aufenthalten zählte, da es im Bereich der Kanonen von
St. Quentin gelegen war.

Unser Bataillon marschirte bis an den steilen und an dieser Stelle
bastionsartig vorspringenden Abhang, zu dessen Füßen wir Rozerieulles erblickten; tausend Schritt weiter ostwärts, der Mosel zu, die rothen Dächer von
St. Ruffine und Moulins les Metz. Dahinter in seinen Windungen der
Fluß; links die Stadt mit ihren Brücken und Kirchen, die Cathedrale alle

andern überragend, und inmitten der Häusermasse das Rathhaus mit der
Spitalflagge: das rothe Kreuz auf weißem Grunde. Weiter nach Norden
hin Zelte, Dörfer, zuletzt in dem feinen Nebelschleier verschwimmend, der
über der schon leise herbstlichen Landschaft lag.

Während ich dies Bild auf mich wirken ließ, waren die Feldwachen
etablirt, die Posten ausgesetzt worden und mit dem commandirenden Offizier
unsere unmittelbare Umgebung musternd, nahmen wir wahr, daß auf einer
Stelle des Plateauvorsprungs eine Waldcoulisse uns den Blicken des Feindes
entzog und ein dicht daneben gelegener Steinbruch mit Hülfe von zwei
Bündeln Stroh ein vorzügliches Lager gewähren könne. Wir stiegen hinab
und richteten uns ein, so gut es ging.

Es schien — eine Erwartung in der wir uns schließlich täuschten —
ein sicherer Platz, aber jedenfalls war er öde und intereßlos; so kehrte ich
alsbald auf die Höhe des Plateaus zurück und erkletterte einen der nach
Osten zu in Front stehenden Bäume, um, mit Hülfe eines guten Glases,
einen Ueberblick über die gesammte Vorpostenlinie des VIII. Corps, wie über
die des Feindes, zu gewinnen. Wie die Linie drüben sich zog, konnte ich
nicht mit voller Klarheit erkennen, aber einzelne vorgeschobene Posten,
namentlich solche, die am Rande eines Abhangs scharfgezeichnet in der Luft
standen, sah ich in Menge. Dahinter das Lager; Cavallerie-Patrouillen
am Fuß der Berge hin, badende Soldaten auf der Strecke zwischen Longeville und dem Moselfort, und die Schräglinie des Mont St. Quentin hinauf
lang-bespanntes Gefährt, das schwere Steine zu weiterer Befestigung der
Werke hinaufzuschaffen schien.

Meine Beobachtungen wurden durch den Wiederhall eines Schusses,
der von drüben her gefallen war, unterbrochen, und ich sah jetzt nach links
hinüber, wo ich alsbald einen Trupp vom Königs-Husaren-Regiment wahrnahm, der vom Rande des Plateaus auf Malmaison zurücktrabte. Ein
Sattel war leer. Wie ich noch im Laufe des Tages erfuhr, war der Führer
der Patrouille, Rittmeister v. Loë, durch einen Schuß in den Kopf getödtet
worden. Als ein Beweis für die weittragende Kraft des Chaffepotgewehres
mag es dienen, daß die Husaren keines Gegners ansichtig geworden waren,
daß sie sich noch weit aus dem Bereich der feindlichen Feuerlinie vermeinten
und als sie den Rittmeister aus dem Sattel sinken sahen, einfach glaubten,
eine Ohnmacht habe ihn befallen.

Um 11 hatten wir unser Frühstück. Es bestand aus Schwarzbrot,
Speck, Kartoffeln und einer Flasche Wein. Was von Offizieren zur Stelle
war, versammelte sich im Steinbruch. Die Franzosen schienen aber nicht
gewillt, uns unsern Imbiß in Ruhe nehmen zu lassen, denn wir waren
noch keine fünf Minuten engagirt, als eine Granate scharf über uns hin-

pfiff, gleich darauf eine zweite. Ich sprang nun auf, um wieder den Baum
zu erklettern und nachzuschauen, von welcher Seite her der Feind unsere
harmlose Reunion unterbreche, als auch schon — ich war kaum aus dem
Steinbruch heraus — eine dritte Granate in unsern Frühstücksplatz einschlug
und inmitten der Offiziere explodirte. Ich erschrak und erwartete, als ich
wieder herautrat, nicht mehr und nicht weniger zu sehen als ihre verstümmelten Körper, aber wie groß war meine Ueberraschung, als mir statt dessen
ein herzliches Lachen entgegenschallte. Niemand war getroffen, wohl aber
waren alle derartig im Gesicht geschwärzt, daß sie aussahen wie Essenkehrer.
Der Jüngste lag noch am Boden, in einer Hand den Speck, in der andern
die Flasche Wein; ein alter Premier wetterte, daß ihm der Pfeifenkopf zer-
brochen war; der Hauptmann, der unser Bataillon commandirte, wischte sich
das Pulver aus den Augen. Im Uebrigen fingen die Franzosen jetzt an,
es immer ernsthafter zu meinen, so daß wir uns, sammt unserer Feldwache,
gezwungen sahen weiter rechts eine Terrainsenkung aufzusuchen. Aber wir
rückten hier erst ein, nachdem wir bereits durch eine neben dem Trupp
explodirende Granate 6 Todte und 2 Verwundete verloren hatten. Später,
die Kanonade dauerte kaum eine Stunde, kehrten wir in unsern Steinbruch zurück.

Der Nachmittag verging ruhig; gegen Abend, da mir der Sinn
nach etwas Warmem stand, den Vorposten aber strengstens untersagt war
ein Feuer zu machen, ging ich auf eine Stunde ins Lager zurück, gesellte
mich dem »Hauptquartier« im Zelte des Obersten und fand hier eine Mahl-
zeit, wie sie die Verhältnisse gestatteten: eine Suppe, ein paar frisch gekochte
Kartoffeln, eingelegten Lachs und zwei Büchsen Sardinen, die kurz vorher
aufgefunden und mit allgemeinem Jubel begrüßt worden waren. Bei Dunkelwerden kehrte ich nach diesem Zwischenspiel, das meine Volontairschaft mir
erlaubte, zu unsern Vorposten zurück.

Hier war inzwischen Befehl eingetroffen, während der Nachtstunden
Rozerieulles zu besetzen und nach Wein und Spirituosen zu durchsuchen.
Das entsprach ganz unser Aller Neigung. Eine solche »Fouragirung« war
unendlich unterhaltender als Ronde machen und Wachtposten controliren.
Als völlige Dunkelheit eingetreten war, stiegen wir den steilen Pfad, der
von unserem Plateau nach dem Dorfe führte, nieder, besetzten den nach dem
Feinde zu gelegenen Ausgang mit starken Posten und begannen nun unserer
eigentlichen Aufgabe nachzugehen. Unser erster Besuch galt natürlich dem
Monsieur le Curé. Er erklärte positiv und beschwor es bei allen Heiligen,
daß er nicht Deutsch verstände, bis ihm auf Französisch das Gefährliche seiner
Situation zu erkennen gegeben wurde. Die grellsten Farben wurden dabei
nicht gespart. So unterwarf er sich und führte uns in Person in seinen

Keller, wo wir ohne Mühe zwei Fässer voll des prächtigsten vin du pays entdeckten. Aus dem Keller in die Speisekammer; Butter und Brod, Käse und kaltes Huhn schufen uns hier ein Nachtessen, wie wir es seit Wochen nicht gehabt hatten. Monsieur le Curé fand sich rasch in die veränderte Lage, wurde gesprächig und ließ sich in unserer Gesellschaft seinen eigenen Wein schmecken.

Vom Feinde blieben wir unbelästigt; die einzige Störung, die er uns schuf, war unbeabsichtigt. Eins seiner Pferde hatte sich losgerissen, passirte die Linien hüben und drüben und wurde nun, überall, wo man seinen Hufschlag vernahm, von den Schildwachen angerufen, ohne daß diese, die stutzig wurden, je eine Antwort empfingen.

Endlich kam der Morgen, mit ihm die Ablösung, wir aber marschirten müde und abgespannt ins Lager zurück.

Gravelotte, 7. September.

Nach einem dreitägigen Ausfluge moselaufwärts bis Pont à Mousson traf ich heute früh wieder im Lager des VIII. Armee-Corps ein und ritt alsbald in die Front, um wahrzunehmen, in wie weit sich die Situation in meiner Abwesenheit verändert habe.

Die Erdwerke und die Geschütz-Emplacements hatten Fortschritte gemacht, einige waren bereits armirt. Der Zweck dieser Batterieen ging selbstverständlich nicht dahin, mit dem schweren Festungsgeschütz vom Fort St. Quentin eine ernste Fehde zu beginnen, sondern beschränkte sich darauf, das gelegentliche Niedersteigen unserer Patrouillen in die am Fuße des Abhangs gelegenen Dörfer zu erleichtern. Diese Dörfer waren Rozerieulles, Sey, Longeville und St. Ruffine.

60er waren auf Vorposten und als ich in der vordersten Linie erschien, wurde ich Augenzeuge eines kleinen Gefechts, das sich zwischen einer diesseitigen Patrouille und einigen französischen Jägern dicht bei Rozerieulles entspann. Die Letzteren hatten einen Weinberg in Front von Longeau besetzt, während die 60er in den Gärten von Rozerieulles eingenistet waren. Sie standen gedeckt, mußten sich aber doch in dem einen oder andern Moment eine Blöße gegeben haben, so daß es sich für die Chasseurs drüben ermöglicht hatte, ihnen einen Mann zu tödten und zwei zu verwunden. Die 60er schnoben Rache und ein Sergeant, der Führer der Patrouille, übernahm sie. Er war ersichtlich ein brillanter Schütze, was ich beobachtete, noch eh ich ihn schießen sah, so sorglich und so sauber bohrte er sich in der Gartenmauer, hinter der er stand, eine Oeffnung. Jetzt war sie fertig, er legte an, zielte, schoß, und der Offizier drüben war getroffen; der zweite Schuß tödtete, der dritte verwundete einen der Chasseurs. Dann stellte er das Gewehr bei

Zeit; er schien zu denken »Drei gegen Drei, nun sind wir quitt«. Die Entfernung mochte 500 Schritt betragen. Auf solche Distanzen ist das Zündnadelgewehr dem Chassepot sehr überlegen, welches letztre eine viel zu ansteigende Flugbahn hat, um auf kürzere Entfernungen einen sicheren Schuß zu gewähren. Bei Mars la Tour beispielsweise lag ich in einer Kiesgrube 400 Schritt in Front der französischen Garde. Sie gaben Salve auf Salve gegen die neben mir auf freiem Felde stehende preußische Infanterie, aber alles ging über die Köpfe weg; von fünfzig Kugeln traf nicht eine. Die Bedeutung des Chassepot fängt erst an, wenn die des Zündnadelgewehres aufhört; es ist auf 1000 Schritt noch eine vorzügliche Waffe.

Nachdem ich dieser Scene kleinen Kriegs zwischen den Chasseurs und den 60ern noch eine Weile zugesehen hatte, ritt ich nach links zu, wo ich bald erkennen konnte, daß das Dorf Lessy, das bis dahin eine Art neutrales Terrain gewesen, mittlerweile vom Feinde besetzt worden war. Ich sah deutlich die Käppi's Derer, die, über die Hecken und Mauern hinweg, zu mir hinüberlugten; Keiner schoß. So kam ich nach Chatel und ritt dann in das hart neben dem Dorfe befindliche Gehölz hinein. Hier traf ich Abtheilungen von den »Wetzlarer Jägern« (8. Jäger-Bataillon), die sich bis an die Ostlisière des Waldes herangeschlichen hatten. Die Entfernung von hier bis Lessy betrug höchstens 500 Schritt. Wir sahen am Nordausgange des Dorfes eine ganze Anzahl französischer Soldaten stehen, die von unserer unheimlichen Nähe so wenig eine Ahnung hatten, daß sie schwatzten und rauchten und eine Art Zeck oder Anschlag zu spielen schienen. Der Offizier, der mit den Jägern war, hatte ein brennendes Verlangen vorzubrechen und die ganze Abtheilung, die so harmlos über den Dorfrand hinaus ins Freie getreten war, abzuschneiden und gefangen zu nehmen; glücklicherweise aber hatte ich mein Fernglas zur Hand und konnte mit Hülfe desselben ihn auf zwei Geschütze aufmerksam machen, die, etwa in Entfernung von 1200 Schritt, derartig gerichtet waren, daß Alles, was aus dem Walde hervorbrach, nothwendig unter ihr Feuer gerathen mußte. So unterblieb der Versuch, der muthmaßlich nichts erreicht und manches Opfer gekostet hätte. Dabei mag die Bemerkung Platz greifen, daß die preußischen Artillerie- resp. Ingenieur-Offiziere nur sehr unvollkommen, die Offiziere der andern Waffengattungen aber so gut wie gar nicht mit guten Ferngläsern ausgerüstet sind. Sie verlassen sich auf ihr »gutes Auge«, wozu sie um so weniger Ursache haben, als jedes Regiment durchschnittlich zehn bis zwölf Offiziere aufweist, die Brillen oder überhaupt Augengläser tragen.

Im Uebrigen fand ich mittlerweile Manches in Betreff der Verpflegung der Mannschaften zum Bessern verändert. Alle Arbeiterabtheilungen, die zu graben und zu schanzen haben, erhalten bei ihrem Aufbruch und bei ihrer Rückkehr ein bestimmtes Quantum kalten Grogs oder Glühweins, dürfen aber während der Arbeit kein Wasser trinken; ebenso wird ihnen ein ausreichendes Quantum gut zubereiteten Fleisches zugewiesen, ohne Kartoffeln, entweder weil man sie nicht hat, oder weil man sie für schädlich hält. Man verspricht sich von diesen Maßregeln einen bessern Gesundheitszustand der Truppen, oder doch wenigstens keine Verschlechterung desselben, was unter Umständen auch schon als ein Gewinn angesehen werden müßte.« [Leider ging diese Erwartung, wenigstens zunächst, nicht in Erfüllung.]

Gravelotte, 15. September.

Seit der Zeit, während welcher ich nicht geschrieben, hat sich hier Mancherlei zugetragen, ist uns Manches berichtet worden. Am 8., wenn ich nicht irre, erfuhren wir durch einen Zwischenträger, daß in Metz eine Execution stattgefunden habe und zwar seien zwei französische Capitaine, die sich geweigert hätten, einem an sie ergangenen Befehl zu gehorchen, vor der Front ihrer Division erschossen worden. Bazaine, mit Uebergehung einer regelrechten kriegsgerichtlichen Procedur, habe dies angeordnet und auf der Stelle vollziehen lassen.*)

An demselben Tage war es, oder auch vielleicht schon ein oder zwei Tage früher, daß wir dem Marschall jene 6- oder 700 Gefangenen hineinsandten, die wir ihm, beim Gefangenenaustausch am 24. August, schuldig geblieben waren. Es war dies preußischerseits, über die bloße Schuldigkeit hinaus, eine fein bedachte Maßregel. Wenn Bazaine bis dahin vielleicht für klug gehalten hatte, seiner Armee die Mittheilung vom Schicksale der Mac Mahon schen Armee vorzuenthalten, so konnten nun diese 700 Gefangenen, die sämmtlich den Sedan-Tag und seinen Ausgang miterlebt hatten, an allen Straßenecken davon erzählen. Man versprach sich davon einen Eindruck auf die Stimmung der Bürgerschaft und der Soldaten.

Die Krankheiten, trotz der Vorsichtsmaßregeln, von denen ich in meinem letzten Briefe gesprochen, fingen um diese Zeit an sich sehr zu mehren. Die Mosel trat aus und die am Flusse hin stehenden Vorposten hatten gleichmäßig unter Nässe und Sumpfluft zu leiden. Ruhr brach aus. Aus Ars sur Moselle wurden 350, aus Corny 450 Fälle gemeldet; hier in Gravelotte war ihre Zahl noch viel erheblicher und ist es noch. Dabei steigen

---

*) Diese Mittheilung beruhte wahrscheinlich auf Erfindung. Ich habe auch in den detaillirtesten Werken, die über die Vorgänge innerhalb der Festung berichten, nichts gefunden, was jene Nachricht bestätigte. Bazaine war auch keineswegs in der Lage, um — mit Umgehung aller Rechtsformen — in so diktatorischer Weise verfahren zu können. Im Gegentheil, er saß all die Zeit über auf einem Dampfkessel und mußte sich hüten die Spannung willkürlich zu steigern.

die Preise der Lebensmittel, was auch einen Rückschlag auf die Gesundheits-
zustände äußert. Ein Ei 5 Sgr., ein Huhn 7 Francs, ein wenig Salat
2 Francs, ein Stück Rinderbraten 3 bis 4 Francs, eine Tasse Kaffee (ohne
Zucker und Milch) einen halben Franken. Zucker und Milch giebt es überhaupt nicht, auch Cognac nicht, wenn man nicht jenes odiöse Rosinengebräu
dafür gelten lassen will, das hier zu theurem Preise unter jenem Namen
feilgeboten wird. Feilgeboten und — gekauft. Die armen Soldaten, was
bleibt ihnen anders übrig! Wenn der Regen in Strömen fällt und sie knietief in dem aufgeweichten Boden stehen, die Stiefel zerrissen, der Mantel
naß oder durchlöchert, sind sie froh mit Hülfe dieses giftigen Decocts ihr
Blut erwärmen und ihre tristen Betrachtungen einlullen zu können. Im
Uebrigen könnte unser aller Lage noch viel trauriger sein. An Brod, Kaffee,
Taback ist kein Mangel, ebenso wenig an Salz, Schinken, Speck. Der
Wein könnte besser sein, aber wir haben ihn doch.

Das Franctireur-Wesen spukt um uns her und bringt bis in unsere
Cernirungslinie ein; man darf sagen, wir wohnen mitten unter ihnen und
derselbe Blousenmann, der uns am Morgen den Weg gezeigt oder ein Huhn
verkauft hat, schießt uns am Abend eine Kugel durch den Kopf. Das
häufige Vorkommen solcher Fälle hat den General v. Goeben veranlaßt,
in Ars und an andern Orten eine Proclamation anheften zu lassen, in der es
heißt, daß jeder Franzose, der, nachdem nunmehr die Ablieferung aller Waffen
längst angeordnet sei, noch ferner mit einer Schußwaffe betroffen werde, auf
der Stelle erschossen werden solle. Es ist abzuwarten, welchen Erfolg diese
Warnung haben wird. Viele sind des Krieges müde und unterwerfen sich
willig jeder Forderung, aber andere sind fanatisch und sprechen ihr »guerre
à outrance« je nach der Gelegenheit mit Blicken oder auch mit Worten aus.

Ich muß noch einmal auf den 8. zurückkommen. General v. Steinmetz, der seitdem seiner hohen Stellung enthoben und mit einer Proclamation an die Truppen zurückgetreten ist, führte an jenem Tage noch das
Obercommando der I. Armee (zu der auch das VIII. Corps gehörte) und
hatte angeordnet, daß bei Anbruch der Dunkelheit eine Beschießung der
Vorstadt Montigny beginnen solle. Die in Nähe der Vorstadt campirenden
Franzosen hoffte er dadurch aus ihren Lagerplätzen aufscheuchen und nach
der Stadt selbst hineintreiben zu können. Die Unbequemlichkeiten in dieser
müßten dann nothwendig mit der Truppenzahl wachsen, die in ihr Schutz
zu suchen trachteten.

Um diese Beschießung in Scene zu setzen, waren bereits in den
Nächten vorher Emplacements gebaut und leichte Feldgeschütze in Batterie
gebracht worden. Wie groß die Zahl war, habe ich nicht in Erfahrung
bringen können.

Um 4 Uhr fiel der Regen »in Strömen«. Es hat etwas Komisches und schriftstellerisch genommen etwas Kümmerliches, diesen Ausdruck immer wieder zu gebrauchen, aber da die Sache nie aufhörte, so muß auch das Wort dafür geduldig hingenommen werden. Ist es doch immer noch leichter zu tragen, als der ewige Regen selbst. Ich brach von Gravelotte auf, um nach Vaux, das Rendezvous war, hinüberzureiten. Der Wind peitschte mir die Tropfen in alle Fugen und Ritzen meiner Kleidung und einen Augenblick überkam mich die Lust, an die warme Seite meines Gravelotter Kamins zurückzukehren; aber ich überwand mich, und eine Viertelstunde später ritt ich in die Dorfgasse von Vaux hinein. Auf einem freien Platze standen bereits meine 33er; der Regen fiel auf die grauen Mäntel, und wie er auf sie fiel, so lief er auch wieder ab. Ich trat an den commandirenden Offizier heran und fragte: »ob er seine Leute, bis zum Momente des Aufbruchs, nicht unter Dach und Fach bringen wolle?« er lächelte und antwortete dann: »in diesem Wetter zu stehen ist freilich schlimmer als unter französischen Kugeln, aber meine Ordre stellt mich hierher und so muß hier gestanden sein, naß oder trocken.« Diese Antwort erinnerte mich an General Sir George Brown während des Krimkrieges, der, als ihm gesagt wurde, wenn er das Lager der leichten Division bei Aleddin aufschlagen lasse, so werde er, sammt seiner Division, in einem Sumpf campiren, einfach entgegnete: »ich habe gesagt, hier soll das Lager sein und hier wird es sein, Sand oder Sumpf, naß oder trocken.«

Nach dreiviertelstündigem Stehen kam Ordre zum Aufbruch. »Gewehr über, Marsch!« — in langer Colonne ging es nördlich einen steilen Pfad aufwärts, bis wir hart am Bois de Vaux einen Aussichtspunkt erreichten, von wo aus wir einen freien Blick auf den Mont St. Quentin und die am Abhang oder zu Füßen desselben gelegenen Dörfer Sey, St. Ruffine, Moulins·les·Metz und Longeville hatten. In Nähe dieses letzteren Ortes standen die Franzosen seit drei, vier Tagen in starken Massen, so daß diesseits die Annahme existirte, man werde, nach dem gescheiterten Versuche bei Noisseville, nunmehr einen Durchbrechungsversuch gegen Westen und zwar in der Richtung Ars sur Moselle machen. Das Bild, das vor uns lag, trug einen Schleier, grau dampfte es aus dem Thale auf, der Wind, der aus den Schluchten fegte, fuhr dann und wann dazwischen und theilte die Nebel oder schob sie ostwärts, immer aber waren die Gegenstände deutlich erkennbar. Hier und dort hatt' ich den Eindruck, als steigere der Schleier den Reiz des Bildes.

Ordre kam, daß um 7 Uhr die Kanonade beginnen solle. Alles stand erwartungsvoll, und kaum, daß die Abendglocke in Vaux zu läuten und die von Sey und St. Ruffine zu antworten begann, so fuhr diesseits eine kurze weiße Wolke in die regenschwere Landschaft hinein, in der Wolke ein Blitz, und ein dumpfer Donner rollte das Thal aufwärts und antwortete aus den Bergen. Ein Zwölfpfünder hatte den Signalschuß gegeben. Die erste Batterie, die mit ihrem Feuer einfiel, war die unsrige bei Vaux, dann folgte eine zweite und dritte jenseit der Mosel, eine vierte kanonirte vom Point du jour aus gegen Lessy und Plappeville, und ehe eine Viertelstunde um war, feuerte ein beträchtlicher Theil der Artillerie des VII. und VIII. Corps und ihre Granaten kreuzten sich in der Luft.

Eine kleine Weile schwieg der Feind, dann hüllte sich der Mont St. Quentin in eine Wolke und eh noch der Donner ausgerollt, schlug eine Riesengranate hart neben unserm linken Flügel ein und crepirte mit dumpfem Krach. Niemand war getroffen. Dem Fort St. Quentin folgte alsbald Plappeville und schickte einige Schüsse nach Point du jour hinüber, im Ganzen aber betrachtete man französischerseits unser Vorgehen mit größter Gleichgültigkeit, weil man von der Vergeblichkeit desselben eine volle und — vollberechtigte Ueberzeugung hatte.*) Mit Feldgeschützen war weder diesen Werken beizukommen, noch ihrem Feuer ebenbürtig zu begegnen. Ob wenigstens der Zweck erreicht wurde, das französische Lager bei Montigny zu beunruhigen, habe ich nicht in Erfahrung bringen können. Keinenfalls wurde der Feind in die Stadt hineingetrieben.

Um 7¼ Uhr setzte der Regen, der mittlerweile ein wenig pausirt hatte, mit frischen Kräften ein; Stadt und Landschaft, selbst die Forts, waren nur noch schattenhaft zu erkennen. Zuerst schwieg unsere Batterie bei Vaux; von Point du jour aus fielen noch einige Schüsse, dann erstarb das Feuer auch dort. Nur das Toben des Windes war noch in der Luft, ja es wuchs von Minute zu Minute. Naß, hungernd, verstimmt, ritt ich windan wieder auf Gravelotte zu. In einer halben Stunde hatt' ich's erreicht. Wie das Feuer im Kamin die Lebensgeister wieder weckte! Aber ich konnte zu keinem rechten Behagen kommen, wenn ich Derer gedachte, die jetzt, allen Unbilden des Wetters ausgesetzt, und im Bereich der Chassepot-kugel, ihren wenig beneidenswerthen Stand am Abhang des Höhenzuges von Rozerieulles hatten.

---

*) Mr. Robinson, der innerhalb Metz dieselben Granaten einschlagen sah, die sein Landsmann Sir Randal Roberts außerhalb Metz so zu sagen mit abfeuern half, schreibt über dieselbe Beschießung: »Bei beinah tropischem Regensturm, brach plötzlich eine furchtbare Kanonade über Metz herein. Trotz des Unwetters war Alles in Bewegung. Jedes Geschütz, das die Preußen in Position hatten, feuerte; unsere Forts antworteten; es war ein Höllen-lärm. Einige Granaten, vermuthlich von Ars her, erreichten die Insel Symphorien; andere, die von Rozerieulles herüberkamen, fielen in das Lager bei Plappeville. Montigny erlitt einigen Schaden; im Ganzen aber ging der Verlust, den uns dies enorme Feuer während etwa einer Stunde zuzog, nicht über 12 oder 11 Todte und Verwundete hinaus.«

Gravelotte, 18. September.

Wir hatten gestern bei den Vorposten ein kleines Ereigniß, das, in Ermangelung von Besserem, uns Alle interessirte. Ein Doppelposten unserer 33er Füsiliere stand in vorderster Reihe und sah zweihundert Schritt vor sich ein altes Weib, das beschäftigt war in einem Obstgarten allerhand Holz und Reisig zusammenzulesen. Unsere Füsiliere ließen sie gewähren und richteten ihre Aufmerksamkeit auf einen weiter links gelegenen Weinberg, wo ein Trupp Franzosen sich eingenistet hatte. Plötzlich sprang das alte Weib hinter einen Baum, wickelte aus ihrer seltsamen Bekleidung, die sie trug, einen Carabiner heraus, schoß und verwundete den ihr zunächst stehenden 33er. Der Kamerad des Verwundeten aber, ein guter Schütze und von resoluter Natur, legte ohne viel Besinnen an und feuerte. Das vorgebliche »alte Weib« war tödtlich getroffen. Sich über die Wiese hin bis an den Obstgarten heranschleichend, hatte unser Füsilier gerade noch Zeit an Moustache und Henri quatre zu erkennen, wen er eigentlich vor sich gehabt habe, als eine Flankenbewegung, die der Trupp vom Weinberge aus jetzt gegen den Obstgarten machte, ihn zwang in seine Postenlinie zurückzukehren.

Heute unterhielt uns ein anderes Vorkommniß. Wir waren in Vaux und saßen eben, nach beendigtem Mahl, bei der Nachmittagscigarre, als eine Ordonnanz eintrat und meldete: draußen sei ein Franzose, der den Commandanten zu sprechen wünsche. Ein Kopfnicken gab die Zustimmung und gleich darauf erschien ein alter Militair in der Thür, der durch Jahre, Haltung und edlen Gesichtsausdruck eine solche Wirkung auf uns ausübte, daß wir Alle unwillkürlich uns erhoben und uns vor ihm verneigten. Adlernase, Haar und Schnurrbart weiß, im Knopfloch die Ehrenlegion, — der typische alte Afrika- und Krim-Offizier. Er gab seinen Namen: Capitain Lamoricière. »Mon Colonel«, so wandte er sich an unsern Commandirenden, ich bin alter Offizier und zur Zeit Bewohner von Vaux. Unser Land ist in Ihren Händen. Ich bin zu sehr Soldat, um nicht gehorchen gelernt zu haben. Eine Proclamation, die ich eben gelesen, befiehlt uns unsere Waffen abzuliefern, — der Befehl wird von Ihrem Standpunkte aus gerechtfertigt sein. Ich besitze eine Vogelflinte und diesen Dolch. Um dieses Dolches willen komme ich. Der erste Napoleon gab ihn meinem Vater auf dem Felde von Austerlitz und ich selber habe ihn, bei allen Affairen, die ich mitgemacht, getragen. Es wäre mir schmerzlich, das alte Erinnerungsstück nicht mehr an seinem alten Platze zu sehen und so komm' ich mit der Bitte, es mir zu belassen.« Ich brauche wohl kaum hinzuzusetzen, daß seinem Wunsche auf der Stelle willfahrt wurde.

Die Haltung der preußischen Militairbehörden ist überhaupt entgegenkommend, wird aber vielfach mißbraucht und muß über kurz oder lang einen

Umschlag erfahren. Wort- und Vertrauensbruch sind an der Tagesordnung, und wenn die Betreffenden dieser ihrer Handelweise auch das Mäntelchen des Patriotismus umhängen und ihr Gewissen beruhigen, so müssen die Preußen, die unter diesem Lug- und Trugsystem zu leiden haben, doch nothwendig eine andere Stellung dazu einnehmen. Ein beständiger Mißbrauch wird mit den Pässen und Erlaubnißscheinen getrieben. Regel ist, daß jeder Dorfbewohner, der einen Paß erbittet und empfängt, zuvor ein Zeugniß des Maires beigebracht haben muß, worin sich dieser für den Bittsteller resp. Paßempfänger verbürgt. Aber alle diese Vorsichtsmaßregeln sind vergeblich. So empfing vor einigen Tagen ein Bewohner von Augny, unter Vorzeigung eines vom Maire unterzeichneten Attestes, die Erlaubniß nach Ars zu gehen, um daselbst Brod einzukaufen, händigte aber an letzterem Ort seinen Paß einem Complicen ein, der nun sofort aufbrach, um unter jeweiliger Benutzung dieses Passes und — der Dunkelheit, durch unsere Vorposten hindurch nach Metz hinein zu gelangen. Zu seinem Unheil waren aber unsere wachsamen Füsiliere auf Vorposten, und so wurde er noch im letzten Moment ergriffen und ins Hauptquartier gebracht. Der General hielt sich an den Maire und verurtheilte ihn zu einer Geldstrafe von 1000 Francs, — der eigentliche Uebelthäter kam mit dem bloßen Schreck davon. Es war best-qualificirte Spionage und der Tod durch Erschießen wäre angezeigt gewesen. Die Preußen nehmen aber, ebenso aus Politik wie aus Gutmüthigkeit, von solchen Prozeduren Abstand, da es unmittelbar darauf in allen Zeitungen der Welt heißen würde: seht her, ein neues Beispiel von Barbarei und Grausamkeit!

Gravelotte, 24. September.

Von Paris her hatten wir gestern Nachricht, daß nunmehr auch die Hauptstadt eingeschlossen ist. Hier vor Metz zieht sich der Zirkel immer enger; die auf Vorposten stehenden Truppen, oder doch wenigstens die besten Schützen, sind mit Chassepots bewaffnet worden und der Gesundheitszustand beginnt sich zu bessern. Schon ein Stillstand in den Zahlen ist bekanntlich gleichbedeutend mit Wendung zum Guten. In letzterer Zeit kamen auch viele Geschwülste und Karbunkel vor, was die Aerzte dem andauernden Genuß von frisch geschlachtetem und unmittelbar darauf in den Topf gethanem Fleisch zuschreiben.

Vor einigen Tagen hatten wir einen unangenehmen Vorfall in der Nähe. Die Ursache lag in Folgendem. Seit — ich glaube unmittelbar nach Sedan — ein gefangener französischer General*) mit seiner ganzen Suite

---

*) Sir Randal Roberts giebt in seinem Buche den Namen des französischen Generals; da ich indeß in der Ordre de Bataille sämmtlicher Corps diesen Namen nicht habe finden können, so vermuthe ich, daß er nicht richtig angegeben ist.

säbelrasselnd und siegesheiter durch Nancy gesprengt war, und in Folge dieses
seines unpassenden Auftretens bei der Bewohnerschaft den Eindruck hervorgerufen hatte, er käme als Befreier und nicht als Gefangener (was dann
schließlich geradezu zu einem Aufstandsversuche führte), war Ordre gegeben
worden, durchpassirenden französischen Offizieren die Waffen abzufordern.
Dieser Ordre gemäß trat ein junger preußischer Offizier in Pont à Mousson
an einen gefangenen Colonel heran und bat um seinen Degen. Der Oberst
zog den Degen, schleuderte ihn zu Boden und schrie: »On ne nous laissera
pas la chemise.« Mit bewundernswerther Ruhe erwiderte der junge Offizier: »In unserm Dienst ist es herkömmlich Befehlen zu gehorchen; ich gehorchte dem meinen und Sie beleidigen mich dafür, indem Sie Ihren Degen
auf die Erde werfen.« Nach dieser Replik sich an einen zur Seite stehenden
französischen General wendend, fuhr der Sprecher fort: »Herr General, ich
bitte Sie, dem Obersten befehlen zu wollen, daß er den Degen aufnimmt,
um ihn mir einzuhändigen.« Der General, die bittern Empfindungen des
Obersten theilend, machte statt dessen darauf aufmerksam, daß die Capitulation
von Sedan allen französischen Offizieren das Tragen ihrer Waffen eigens
zugestanden habe, worin er vollkommen Recht hatte. Was hier geschah,
geschah unzweifelhaft gegen die Capitulations-Bedingungen, aber als
natürliche Folge von Mißbräuchen und Demonstrationen, zu denen Einzelne, und darunter jener säbelrasselnde General in Nancy, sich hatten hin-
reißen lassen.

Beim Prinzen Friedrich Karl war in diesen Tagen Lever, bei
welcher Gelegenheit an eine Anzahl von Adjutanten und Generalstabs-Offizieren das Eiserne Kreuz vertheilt wurde. Der Prinz ist kein Redner und
so verlief der Hergang nach dieser Seite hin ziemlich bedeutungslos.
Andererseits versteht er es, durch ein Wort zu rechter Zeit, durch Aufmerk-
samkeiten und den Ausdruck wirklicher Theilnahme, die Herzen für sich zu
gewinnen. Hauptmann v. Schmeling, von der Garde-Artillerie, Adjutant
des Generallieutenant Schwartz und Bruder des bei St. Privat gefallenen
Major v. Schmeling, war unter Denen, die das Kreuz aus der Hand des
Prinzen empfingen. Letzterer sagte dabei: »Ich habe meine Tochter benachrichtigt, daß sie die Farbenskizze, die ich von dem Grabe Ihres Bruders
habe anfertigen lassen, an Ihre Frau Mutter schicken soll. Im Uebrigen
habe ich selbst an diese geschrieben und sie wissen lassen, wie sehr ich den
Verlust eines so guten Offiziers und treuen Freundes bedauere.«

Der Name des Prinzen führt mich durch eine Gedankenverbindung,
die keinen Eingeweihten überraschen wird, auf General v. Steinmetz.
Dieser, nachdem ich sein Scheiden aus dem Commando schon in einem
früheren Briefe hervorgehoben, hat uns nunmehr auch verlassen und ist

nach Posen zurückgekehrt. Er war ein ausgezeichneter Soldat, was selbst
seine Feinde zugestehen müssen, ließ es aber gelegentlich an rücksichtsvoller
Haltung gegen solche fehlen, die diese Haltung, und zwar mit Recht, fordern
zu können glaubten. Er trieb Brüskheit und Kurzangebundenheit à outrance
und diesem Mangel an höfischem oder auch nur höflichem Auftreten (die
Ansichten gehen darüber auseinander, wird hier seine Entlassung aus dem
Obercommando zugeschrieben. In der Schlacht zeichnete er sich durch »resolute Attaken« aus, die zwar immer zum Siege führten, aber unverhältniß-
mäßig große Opfer forderten, weil die mit Kühnheit vorgeschobenen Bataillone
zu lange ohne die nöthige Unterstützung blieben. So fiel der Sturm bei
Spichern drei Regimentern zu, die verloren gewesen wären, wenn nicht die
endlich eintreffenden Reserven die Schlacht wiederhergestellt und den Sieg
errungen hätten.°)

Neuerdings haben in dem Cernirungsgürtel wieder Hin- und Herschiebungen stattgefunden, was für diejenigen Truppentheile nicht angenehm
war, die sich in ihren Baracken mit einem gewissen Geschick und Geschmack
einzurichten verstanden hatten. Diese Baracken sind im Wesentlichen nach
demselben Prinzip erbaut, wie die der sardinischen Armee während des
Krimfeldzuges, haben Raum für 100 bis 120 Mann und gewähren einem
Unverwöhnten ein ausreichendes Maß von Luft, Wärme und Comfort. Die
Herstellung geschieht wie folgt: Ein Dutzend starker Pfähle wird in gerader
Linie und vorgeschriebener Entfernung von einander eingerammt und über
diese zwölf Pfähle ein Baum oder Balken gelegt. Durch diese einfache
Prozedur ist das feste, etwa 8 Fuß hohe Rückgrat des ganzen Baues ge-
wonnen. Nun werden Bretter, die von dem Grat aus von rechts und links
zur Erde niederführen, schräg angelegt, so daß ein langes Giebeldach entsteht.
Zu weiterem Schutz ist dies Dach mit Zweigen belegt und der ganze Bau,
des Regens halber, mit einem Graben umzogen. Im Innern, um mehr
Höhe und mehr Wärme zu schaffen, wird das Erdreich etwa fußtief heraus-
genommen; links und rechts (am Giebel) ein Fenster, in der Mitte eine Thür.
Das ist die Baracke.

Ende letzter Woche nahm ich an einer interessanten Expedition Theil,
die, von unserer Vorpostenlinie aus, unternommen wurde, um sich zu ver-
gewissern, ob Fort St. Privat besetzt sei oder nicht. Und wenn besetzt,

°) Auch hier wieder — wie schon S. 752 bei meinen Auszügen aus den Briefen
Mr. Robinsons (in Metz) — muß ich hervorheben, daß ich lediglich citire. Ich gebe die
vorstehende Stelle als eine Art Curiosum, als einen neuen Beweis dafür, wie schwer es im
Kriege selbst für relativ Eingeweihte ist, auch nur in großen Zügen das Richtige zu erfahren.
Die Schlacht bei Spichern, in die man völlig unvorbereitet eintrat, wurde Seitens der
14. Division, Generallieutenant v. Kamele, selbstständig begonnen und war schon halb durchgefochten, als General v. Steinmetz bei Saarbrücken eintraf

wie stark. Um 4 Uhr früh gingen wir vor: ein Sergeant vom 33., sechs Mann (ausgesuchte Leute) und ich. Das Fort erhob sich gerade vor unserer Front; die Strecke zwischen uns und ihm bot nicht die geringste Deckung; so lag uns ob, mit äußerster Vorsicht zu avanciren. Gebückt, ohne ein Wort zu sprechen, jeder zwanzig Schritt vom andern entfernt, so ging es vorwärts. Der Sergeant hatte den linken Flügel, dann ein Füsilier (ein großer, statt-licher Mann, der sich vorgesetzt hatte, sich heute noch das Eiserne Kreuz zu verdienen), dann ich, dann die fünf andern. Als wir schon in Nähe des Werkes waren, flüsterte ich dem Sergeanten zu: »es schiene mir, daß wir einen Schützengraben unmittelbar vor uns hätten«, worauf er nickte und ein Zeichen gab, daß sich Alles niederwerfen solle. So lagen wir mehrere Minuten und horchten mit äußerster Anstrengung nach dem Werk hinüber, aber Alles blieb still. In diesem Augenblick sprang der Füsilier, der zwischen mir und dem Sergeanten lag, auf und rief mit lauter Stimme: »es ist nicht besetzt; ich geh drauf los und seh nach«. Aber eh er noch einen Schritt gethan, pfiffen uns aus dem Schützengraben (ich hatte ganz recht gesehen) zehn, zwölf Kugeln entgegen und der Unglückliche, der schon das Kreuz so sicher zu haben glaubte, brach zusammen und rief uns, als wir rückwärts-krochen, mit herzzerreißender Stimme nach: »Sergeant, hilf mir« und dann: »schreib es nach Haus«. Ihn zu retten, war unmöglich. Die Entfernung bis zum Schützengraben war kaum 50 Schritt und das Feuer wuchs eher, als daß es nachgelassen hätte. Wir mußten ihn opfern; aber das Herz that uns weh. Als wir zurück waren, entstand erst die Frage: ist er todt jetzt, oder nur verwundet? Einen Parlamentair schicken verbot sich, da die Fran-zosen die weiße Flagge in den meisten Fällen nicht achteten; so blieb nichts anderes übrig als die nächste Nacht abzuwarten, und dann wieder an selber Stelle vorzugeben. Fanden wir ihn, nun so war Alles klar, fanden wir ihn nicht, so mochten wir uns noch der Hoffnung hingeben, daß sich der Feind, der das Feld behauptete, seiner angenommen habe. Aber — wir fanden ihn!

Vorfälle wie diese zählen natürlich zu den täglichen Ereignissen, und sonderbar, ihre Wirkung ist bei den Zunächstbetheiligten oft tiefer als der Eindruck, den der Massentod einer großen Schlacht hervorzurufen pflegt. Mancher von diesen Verlusten, wie sie den Vorpostenkrieg begleiten, könnte vermieden werden, aber eine Art Jagdeifer der Leute, zumal der auf Patrouille Geschickten, reißt sie zu unbedachten Handlungen hin. Es ist ein kriegerischer Geist, der in diesem Volke steckt, der alle Schichten, alle Altersklassen durch-dringt, was sich aus einer seltsamen Begegnung, die ich gestern hatte, er-geben mag.

Beim Nachhausereiten begegnete ich einem kleinen Soldaten, dem kleinsten, den ich all mein Lebtag gesehen habe. Er war völlig equipirt, trug Helm, Tornister und Seitengewehr, nur die Zündnadelflinte fehlte, — er würde sie kaum haben tragen können. Dieser Liliputaner trat mit vollständig militairischer Haltung an mich heran und fragte mich, wo die Commandantur des Ortes sei? Auf meine Gegenfrage, was ihn die Commandantur des Orts überhaupt anginge, erwiderte er mir, daß er zum 61. (pommerschen) Regiment gehöre, das eben auf Ablösung hier eingetroffen sei und daß er ein Quartierbillet brauche, um unter Dach und Fach zu kommen. Alles war so komisch wie möglich und um so komischer, je ernster er sich gerirte. Dieser junge Held war 9 Jahr alt. Ich nahm ihn vorn auf den Sattel und stellte ihn beim Abendessen unserm Offiziercorps vor, wo er selbstverständlich die freundlichste Aufnahme fand. Wir forschten nach seinen früheren Lebensverhältnissen und hörten nun, daß er eine Waise sei, daß sich, von seiner frühesten Jugend an, die 61er seiner angenommen hätten, daß man ihn, bei Ausbruch des Krieges aus den Sparpfennigen der Musketiere equipirt habe und daß er dem Regimente gefolgt sei auf dem Marsche und in die Schlacht.

Ich erfuhr bei dieser Gelegenheit auch, daß viele Truppentheile von solchen in Uniformen gesteckten Kindern begleitet seien, die wieder los zu werden so schwer sei, wie einen treuen Hund mit Drohungen und Scheltworten heimzuschicken. Sie verschwinden auf 24 Stunden, um sich plötzlich wieder einzufinden; wo sie inzwischen gewesen, weiß Niemand.

Persönlicher Muth, ungeordnete Lebensverhältnisse und ein tiefgewurzelter Hang nach Abenteuern, lassen bei Ausbruch jedes Feldzuges in diesem kriegerisch gearteten Volke immer aufs Neue solche Kindergarde, oder wie Napoleon I. 1813 von den Preußen sagte, solche »Enfanterie« entstehen.

In Metz bis zum 30. September.

Nach der Schlacht bei Noisseville kehrten französischerseits die Garde, das IV. und VI. Corps in ihre alten Lagerplätze am linken Moselufer zurück, während das II. und III. Corps am rechten Flußufer verblieben. Die Division Laveancoupet vom II. Corps besetzte die Außenforts des verschanzten Lagers. Das Obercommando beziehungsweise die Generalcommandos der einzelnen Corps befanden sich an folgenden Orten:

Obercommando (Bazaine) in Ban St. Martin;
Generalcommando des Garde-Corps in Plappeville;
Generalcommando des II. Corps in Montigny;
Generalcommando des III. Corps in Vallières;
Generalcommando des IV. Corps in Sch;
Generalcommando des VI. Corps in La Ronde.

Die Truppen und Generalcommandos blieben im Wesentlichen bis zum Schlusse der Belagerung in den Stellungen, die sie am Tage nach der Schlacht von Noisseville eingenommen hatten.

Die Vorgänge innerhalb Metz waren während des Monats September die folgenden.

2. September. Es ergiebt sich, daß in den Magazinen nur noch 385,000 Portionen Speck existiren. Frisches Fleisch (mit Ausnahme der Milchkühe) so gut wie garnicht vorhanden.

3. September. Die Nachricht von dem Ueberfall des Corps de Failly bei Beaumont trifft ein.

4. September. Rindfleisch wird durch Pferdefleisch ersetzt. (Täglich wurden seitdem 250 Pferde geschlachtet.) Die Nachricht von der Niederlage bei Sedan trifft ein.

5. September. Die Hafer-Ration wird herabgesetzt. Der erste kleine Luftballon mit Depeschen wird abgelassen.

6. September. Gegen 7 Uhr Abends dringen einige französische Bataillone vom III. Corps von Borny und Grigy her gegen Mercy le Haut vor, werden aber schließlich durch 2 Bataillone von 76. (hanseatischen) Regiment zurückgewiesen.

7. September. Sechshundert französische Gefangene, in Austausch gegen die am 24. August freigegebenen deutschen Gefangenen, treffen in Metz ein.

8. September. Bazaine empfängt französische Zeitungen, die ihm die Niederlage bei Sedan bestätigen.

9. September. Bazaine erfährt durch einen ausgewechselten französischen Offizier die Nachricht vom Sturz des Kaiserreichs und der Errichtung einer republikanischen Regierung.

12. September. Zweihundert halbverhungerte und gänzlich unbrauchbare Pferde werden über die Vorpostenlinie getrieben und in Freiheit gesetzt, um ihrer ferneren Ernährung überhoben zu sein.

14. September. Alle innerhalb der Vorpostenkette gelegenen Felder sind ausgebeutet und beginnt von diesem Tage an das Suchen nach Kartoffeln und Gemüse vor der Vorpostenkette.

15. September. Bazaine sendet in dreifacher Ausfertigung eine Depesche an die nationale Regierung, worin er diese auffordert, ihm Nachrichten und Verhaltungsbefehle zu geben. — In der Stadt kein Salz mehr.

16. September. Der erste größere Postballon steigt mit 5000 Briefen auf. (Er sank, wie man später erfuhr, 1¼ Meile von Neufchateau — 6 Meilen südlich von Toul — nieder. Die Briefe wurden befördert.) — Ebenfalls am 16. sendet Bazaine seinen persönlichen Adjutanten, den Obersten Boyer, nach Corny in das Hauptquartier des Prinzen Friedrich Karl und bittet um Mittheilung zuverlässiger Nachrichten über die Vorgänge in Frankreich. Von diesem Augenblick an, kann man sagen, beginnen die Verhandlungen zwischen Ban St. Martin und Corny, zwischen Bazaine und Prinz Friedrich Karl. Die Frage, was aus der Armee von Metz werden solle, wird vorläufig noch nicht berührt.

17. September. Die Fouragirungen beginnen. Eine an diesem Tage ausgeführte Expedition gegen Magny fur Seille ergiebt 7500 Garben Weizen.

18. September. Fouragirung von Magny aus in der Richtung von St. Thiebault (bei Marly).

19. September. Ein Bewohner von Ars bringt die Nachricht, daß die Preußen Baracken bauen und sich für den Winter einrichten.

21. September. Abermalige Auswechselung von Gefangenen.

22. September. Das III. Corps Leboeuf bricht im Laufe des Vormittags mit starken Abtheilungen vor und besetzt einerseits die Linie

Nouilly-Lauvallières-La Planchette, während es sich andererseits, rechts daneben, gegen die deutsche Vorpostenlinie zwischen Colombey und Mercy le
Haut richtet. Der Angriff ist erfolgreich, wir werden zurückgedrängt und
die Ausfouragirung von Lauvallières, die der eigentliche Zweck dieses Vor-
gehens war, kann erfolgen. Verlust auf französischer Seite: 1 Offizier
12 Mann todt, 7 Offiziere 100 Mann verwundet. Der deutsche Verlust
war nicht geringer.

23. September. Die Fouragirung vom Tage vorher soll in derselben Richtung wiederholt werden, doch mißglückt es heute, das dazu nöthige
Terrain zu gewinnen. Verluste beiderseits unbedeutend.

An diesem Tage, Abends 8 Uhr, erscheint Herr Edmond Regnier
in Ban St. Martin im Hauptquartier Bazaines und erbietet sich Verhandlungen zu vermitteln, welche geeignet seien, die Rheinarmee vor der Waffenstreckung zu bewahren. Marschall Bazaine nimmt diese Vermittlung an,
obwohl der mysteriöse Agent keine eigentliche Legitimation über seinen
Auftraggeber vorzulegen vermag, sondern nur eine Photographie des Kaiserlichen Prinzen an deren Stelle vorzeigt.

[Das Dunkel über diesen Mr. Regnier, dem eine Zeit lang
sogar die Existenz abgesprochen wurde, ist noch nicht gelichtet. Es
bleibt fraglich, ob er aus preußischem, oder aus napoleonischem
oder endlich aus eigenem Antriebe handelte. Das Letztere bleibt
immerhin das Unwahrscheinlichste. Lautre, patriotische Naturen
drängen sich höchst selten derartig in den Vordergrund, unter allen
Umständen aber bekunden sie geringere Routine. Regnier macht
ganz den Eindruck eines »Mannes von Fach«. Seine Sicherheit ist
so groß, daß sie fast aufhört, Anspruch auf diesen Namen zu haben.
Neuerdings vor das Kriegsgericht in Trianon (Prozeß Bazaine) citirt,
hat er sich der Nöthigung des Erscheinens vor demselben durch die
Flucht entzogen. Auch dies deutet auf ziemlich »unklare Verhältnisse«.
Im Uebrigen hat er selbst in einer 1871 erschienenen Brochüre (autorisirte deutsche Ausgabe Berlin bei A. Abelsdorff) über seine
Mission berichtet und entnehmen wir diesem Buche, das, wenn auch
nicht die Motive, so doch die Fakten sehr wahrscheinlich korrekt
wiedergiebt, das Folgende:

Am 11. ersah Regnier aus einem Zeitungsblatt, daß sich die
Kaiserin Eugenie in Hastings befinde. (Wo er sich selbst befand,
als er diese Notiz las, giebt Mr. Regnier nicht an.)

Am 14. ist er in Hastings. Er verkehrt mit mehreren Personen
aus der Umgebung der Kaiserin. Seine Pläne laufen in Kürze auf

52*

eine napoleonische Restauration hinaus. Die Kaiserin soll zurückkehren und unterm Schutze der Bazaineschen Rhein-Armee (die zu diesem Behufe frei zu geben und zu »neutralisiren wäre«) Senat und gesetzgebenden Körper einberufen, um dann in Friedensverhandlungen mit dem deutschen Sieger einzutreten. So die Regnierschen Vorschläge. Die Kaiserin vermag keine Entscheidung zu treffen; so gedenkt denn Regnier nach W i l h e l m s h ö h e zu gehn und erbittet sich zu diesem Behufe ein Introduktionsschreiben an den gefangenen Kaiser. Dies wird abgelehnt. Statt dessen empfängt er zwei Stereoskopbilder, die auf der Rückseite den Namen des kaiserlichen Prinzen tragen, dazu eine größere Photographie von Hastings mit folgender Unterschrift: »Mon cher Papa! Je vous envoie ces vues d'Hastings, j'espère qu'elles vous plairont. Louis Napoléon.« Hiermit ausgerüstet begiebt sich Mr. Regnier zunächst nach London.

Am 18. liest er in London, daß am 19. zwischen dem Grafen Bismarck und Jules Favre eine Waffenstillstands-Conferenz stattfinden solle. Diese Conferenz, wenn sie zu Stande oder gar zu einem Abschlusse kommt, erscheint ihm der kaiserlichen Sache bedrohlich; er eilt also von London über Calais, Amiens, Nanteuil und Meaux nach Ferriéres, wo er am 20. früh eintrifft.

In Ferriéres hat Mr. Regnier am selben Tage noch eine zwiefache Besprechung mit dem Grafen Bismarck, die eine Vormittags, die andre Abends. Sein nächstes Anliegen ist ein Paß, um zum Kaiser nach Wilhelmshöhe reisen zu können. Sehr bald aber, nachdem er seine Bereitwilligkeit ausgedrückt hat, eventuell sich auch (und zwar zunächst) nach M e t z zu w e n d e n, wird aus dem »Paß für Wilhelmshöhe« ein a l l g e m e i n e r Passirschein, der dem Herrn Regnier gestattet, »durch ganz Deutschland und in allen von deutschen Truppen besetzten Gebietstheilen zu reisen«. Zugleich — wenn wir seinen Angaben trauen dürfen — fallen die Worte gegen ihn: »Thun Sie, was Sie können, Jemanden mit uns zusammenzubringen, der Vollmacht hat zu verhandeln« und weiterhin: »Ein Telegramm soll vor Ihnen her nach Metz gehen, das Ihren Eingang in die Stadt erleichtern wird«. Hiermit fällt die Reise nach Wilhelmshöhe und die R e i s e n a c h M e t z, die vielleicht von Anfang an das Wichtigere war, tritt an ihre Stelle.

Am 21. Morgens verläßt Regnier Ferriéres. Am 23. Nachmittags 1 Uhr ist er in Corny, um 8 Uhr in Van St. Martin bei Bazaine. Es beginnen nun Bewegungen und Unterhandlungen (gelegentlich auch beides) zwischen Van St. Martin, Corny und Ferriéres, deren

Resultat die Sendung Bourbaki's ist. Dieser verläßt Metz in der Verkleidung eines internationalen Arztes und geht nach Hastings. Hierbei hat es sein Bewenden. Die Kaiserin lehnt die Verantwortung für den Schritt, der geschehen ist, ab; Regnier, bei einer dritten Unterredung mit dem Grafen Bismarck, erweist sich als unautorisirt oder doch als »ausreichender Vollmachten entbehrend« und damit hat die Episode Regnier ihr Ende. Vom 28. September ab wird seiner nicht mehr erwähnt. Die Sache des Kaiserreichs hatte durch all' diese Vorgänge nichts gewonnen; der einzig Gewinnende waren muthmaßlich wir. Ueber Zustände und Stimmungen in Ban St. Martin und Metz war manches bekannt geworden. In wie weit dies gewollt, und wenn gewollt, in wie weit es von wirklicher Bedeutung war, stehe dahin.]

25. September. Nationalgarden-Revue.*) — Baron Tricornot (Besitzer des Schlosses Colombey) theilt dem General-Intendanten der Rhein-Armee mit, daß in den Scheunen seines dicht vor der französischen Postenkette belegenen Gutes noch bedeutende Vorräthe an Heu, Hafer, Korn vorhanden seien.

26. September. Die vorstehende Mittheilung wird auch dem Marschall gemacht, mit dem Zusatze, daß binnen wenigen Tagen der letzte Vorrath an Fourage zu Ende gehe. Bazaine — der am Tage zuvor den General Bourbaki in der Verkleidung eines internationalen Arztes an die Kaiserin Eugenie abgesandt hatte — hat keine Neigung zu neuen Fouragirungsgefechten und antwortet nur: »j'attends mon International«. (Bourbaki.) Im Verlauf der Unterredung wird aber doch beschlossen, am folgenden Tage

mit einer combinirten Brigade vom III. Corps gegen Colombey,

mit der Brigade Lapasset (II. Corps) gegen Peltre und gleichzeitig

mit einer Brigade vom VI. Corps gegen Ladonchamps

vorzugehen.

27. September. Die Unternehmungen gegen Ladonchamps, Colombey, Peltre werden in der geplanten Weise ausgeführt.

Eine Brigade vom VI. Corps Canrobert (wahrscheinlich die Brigade Péchot; doch wird in manchen Berichten das zu einer andern Brigade ge-

---

*) Die 7000 Mann starke Nationalgarde, mit alten, ziemlich unbrauchbaren Gewehren bewaffnet, war sehr populair. (Natürlich; die meisten waren republikanisch und jeder hielt es im Case für eine Kleinigkeit, die Preußen mit Stumpf und Stiel auszurotten.) Bazaine, der schließlich doch der Klügste war, verhielt sich dieser »alten Garde« gegenüber sehr kühl. Man war gegenseitig nicht gut auf einander zu sprechen.

hörende 28. Linien-Regiment genannt) nimmt Schloß Ladonchamps und macht Gefangene, doch werden wenig Vorräthe erbeutet.

Die combinirte Brigade vom III. Corps Leboeuf (Regimenter 90 und 60) dirigirt sich gegen Colombey und ist im Stande 300 Centner Korn wegzuführen.

Die Brigade Lapasset vom II. Corps Frossard (Regimenter 84 und 97 und 14. Jäger-Bataillon) geht mit mehreren Bataillonen gegen Peltre vor und überrascht gleichzeitig den linken Flügel der vor Crépy stehenden Abtheilungen, indem eins ihrer Bataillone von Montigny aus per Bahn nach Crepy fährt und dort die Vorposten in Flanke und Rücken faßt. Von Grigy her bringen andere französische Bataillone gegen Mercy le Haut vor. So werden Crépy, Peltre und Mercy le Haut durch einen geschickt und energisch ausgeführten Angriff um 9½ Uhr genommen. 2 Offiziere und 150 Mann gerathen in französische Gefangenschaft. Der Hauptgewinn des Tages ist, daß, außer einigem Getreide, eine einem deutschen Armee-Lieferanten gehörige Rinder-Heerde, nebst einigen Ziegen und Schweinen, fortgenommen und nach Montigny geschafft wurde.

Es war dies das Hauptgefecht im September, auf das wir, bei unsern Auszügen aus den Briefen Mr. Robinsons (s. S. 808) noch einmal eingehender zurückkommen. Wir geben deshalb — unter Weglassung des weiter nördlich gelegenen Schlosses Ladonchamps — eine kleine Uebersichtskarte. Im

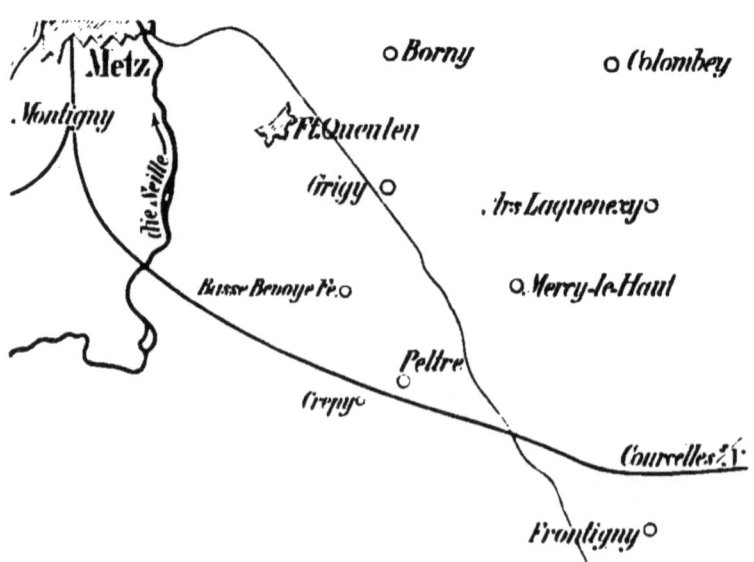

Uebrigen mag hier noch angefügt werden, daß ein in Crepy befindlicher deutscher
Marketender, der die Annäherung des französischen Militairzuges bemerkt und
darauf hin verfucht hatte die deutsche Befatzung zu allarmiren, verhaftet, nach
Montigny geschafft und am 4. Oktober, nach kriegsgerichtlichem Erkenntniß,
als Spion erschoffen wurde. Was uns, beiläufig bemerkt, als eine Abur-
theilung von sehr fraglicher Berechtigung erscheinen will, weil in der Handels-
weise alles Prämebitirte fehlt, was doch eigentlich erst den Spion macht.

Der Gesammtverlust in den drei Gefechten*) dieses Tages war auf
französischer Seite: 2 Offiziere 43 Mann todt, 9 Offiziere 325 Mann verwundet. Die deutschen Truppen verloren etwas weniger, doch büßten sie
dafür gegen 200 Gefangene ein.

30. September. Im Hauptquartier zu Ban St. Martin erscheint
der Bürgermeister von Metz Felix Maréchal, um dem Marschall Bazaine
eine Petition der Bürgerschaft zu überweisen, in der er (der Marschall) aufgefordert wird, die deutschen Linien so rasch und so energisch wie möglich zu
durchbrechen.

Wir beschließen auch diesen Abschnitt aus der Belagerung von Metz
mit Auszügen aus Mr. Robinsons interessantem Buche: »The Fall
of Metz.«

Auf dem Thurm der Cathedrale.

Ich war der einzige Civilist in Metz, der Erlaubniß hatte den Cathe-
dralenthurm zu besteigen, wo sich allerhand Ferngläser und außerdem eine
Telegraphenstation befand, die mit dem Commandanten (Coffinières), mit dem
General en chef (Bazaine) und mit jedem der Forts direkte Verbindung
unterhielt. Meine Erlebnisse hier waren mannigfach. Eines Tages, als wir
wieder beobachteten, trat ein Generalstabs-Hauptmann von dem Fernglase
zurück und rief mir zu: »Mon Dieu, die Preußen avanciren en echelon.«
»Wo?« fragte ich. »Dort«, rief er und zeigte auf lange schwarze Linien,
die sich quer durch die Felder zogen. Ich sah nun durch das Glas und
sagte mit leise sarkastischem Anflug: »Ja, mein Capitain, es sind dieselben

---

*) Gegen Abend brannten Schloß Ladouchamps, Schloß und Gehöft von Co-
lomben, Schloß und Gebäft von Mercy le Haut, Schloß Crepy und die Dörfer Jury und
Peltre nieder. Ein Theil dieser Brände war in Folge der Ortsgefechte veranlaßt, ein anderer
Theil erfolgte, um die in den Dörfern angehäuften Vorräthe der Beschlagnahme durch den
Gegner zu entziehen. So namentlich in Colomben, Peltre und Mercy le Haut. Auch an
den folgenden Tagen noch wurde deutscherseits die Vernichtung der in der Vorpostenlinie belegenen Vorräthe fortgesetzt.

Preußen, die Metz einschließen.- »Wie das?« »Es sind lange Pappel-schatten, die in Streifen sich über das Feld strecken.« Er sah noch einmal zu und sagte dann: »Sie haben Recht.« Dies sprach sich aus und »les ombres des peupliers« wurden sprüchwörtlich, um anzudeuten, daß wir nicht von einer wirklichen zahlreichen Armee, sondern nur von Schatten, von Gebilden unserer Phantasie umstellt wären. Wir schufen uns in unserer Einbildung einen Feind, der thatsächlich nicht vorhanden war, oder wenn vorhanden (was am Ende nicht ganz zu bestreiten war), doch so schwach, in so dünner Linie, daß es unmöglich schwer halten konnte, dies Blatt Papier an jeder beliebigen Stelle zu durchstoßen.

Geh ich auf diesen Punkt ein wenig näher ein.

Der beständige Regen hatte die Felder selbst unpassirbar gemacht; so war man preußischerseits auf die großen Straßen angewiesen und an diesen Straßen hin stand man in langen Strahlen, aber das zwischen gelegene, halbe Meilen breite Terrain war so gut wie unbesetzt. Die Armee hatte den besten Willen den Vorstoß zu wagen, von dem man sich das Beste ver-sprach; ebenso war die Stadt gewillt ihr Schicksal zu tragen, worin immer es bestehen mochte. Aber so bereitwillig die Stadt und die Truppen waren ein Aeußerstes zu wagen, so abgeneigt war Bazaine. Er wollte sich nicht compromittiren, keine Chancen aus der Hand geben; seine ganze Politik hieß »abwarten«. Wenn ein starkes republikanisches Gouvernement zu Stande kam, oder wenn Preußen alle Anstalten traf, ein solches republikanisches Gou-vernement nicht aufkommen zu lassen, so konnte er mit solchem Gouvernement oder vielleicht auch mit den Preußen paktiren, je nachdem das eine oder das andere die größeren Vortheile versprach. [Es scheint, daß er, Mr. Robinson, an dieser Stelle ein solches Paktiren mit Preußen meint, das ihn, den Marschall, etwa zum Protektor gemacht haben würde. Die ganze Stelle ist absichtlich dunkel gehalten.] Er hatte Lust den Glamis, den Cawdor zu spielen, jedenfalls mehr sich selbst als seinem Lande zu dienen. Derselbe Ehrgeiz, den er schon in Mexiko bewiesen hatte, trat jetzt wieder sichtbarlich hervor. Nur so wird diese »Belagerung von Metz« erklärlich, nur so läßt es sich begreifen, daß diese schöne französische Cavallerie schließ-lich zu nichts verwendet wurde, als ihre Pferde aufzuzehren oder aufzehren zu lassen. -

Unsere Luftballons.

Seit Mitte August war man in Metz von dem Verkehr mit der Welt abgeschnitten, keine Nachrichten, keine Briefe, keine Journale; ebenso unmöglich war es, Nachrichten nach außen hin gelangen zu lassen. Der Zirkel war eisern und für den Einzelnen undurchbrechbar; der Vorpostendienst wurde preußischerseits aufs Glänzendste gehandhabt. Man litt unter dieser Absperrung nicht blos politisch-militairisch, vor Allem auch moralisch; die geistige Oede, das Ausbleiben jedes Zuströmens von Neuigkeiten ward schmerzlicher empfunden als das Ausbleiben des frischen Wassers. Für dieses gab es Nothbehelfe; das Moselwasser war schlecht, aber es war doch Wasser, der Mangel an Nachrichten jedoch, das Aufhören jedes geistigen Verkehrs war absolut.

Schon Anfang September, unmittelbar nach dem gescheiterten Durchbrechungsversuch vom 31. August (Noisseville), entstanden Pläne dieser Verkehrsnoth abzuhelfen.[*] Meinerseits wurden Luftballons proponirt, was angenommen wurde.

Ich begann nun damit Nachforschungen nach dem für unsern Zweck unerläßlichen Material anzustellen: Papier, Kattun, Seide, Caoutchouc, Benzin und Terpentingeist, letztere beide um den Caoutchouc zu lösen. Auch die Seilerläden wurden besucht, um uns der nöthigen Schnüre und Stricke zu versichern. Als Beweis dafür, an wie kleinen Dingen oft die bessere oder schlechtere Ausführung eines Planes hängt, mag angeführt werden, daß uns die Limonaden- und Sodawasserfabrikanten um die Möglichkeit brachten, unsere Ballons mit Wasserstoffgas zu füllen; die starke Nachfrage nach Limonade und Sodawasser hatte zu vorzeitiger Consumirung aller Salz- und Schwefelsäure geführt, so daß sich die Entwickelung des betreffenden Gases (Hydrogen) aus Zink und Mineralsäure verbot. Hundert ähnliche Hindernisse waren zu überwinden; es glückte aber schließlich doch.

Die Autoritäten hatten mich förmlichst zum Luftballonfabrikanten ernannt und ein großer Boden in der Artillerie- und Ingenieurschule war mir als Atelier überlassen worden. Schon am 4. September ging ich ans Werk; nach wenigen Tagen war ein Ballon, der nach Art der Montgolfièren mit verdünnter Luft gefüllt wurde, glücklich hergestellt und eine -erste Auffahrt- schien sich glücklich bewerkstelligen zu wollen, als einer meiner Arbeiter, in der Hitze des Gefechts, den eben gefüllten, prächtig

---

[*] Ziemlich gleichzeitig mit Mr. Robinson brachte ein französischer Capitain, Namens Schulz (der Erfinder der Mitrailleuse), seine demselben Zweck dienenden Pläne zur Kenntniß der Behörden. Beider Pläne liefen auf dasselbe hinaus: Luftballons, zunächst ausschließlich für Briefe, später im Fall des Gelingens vielleicht auch für Personen, speciell zur Beobachtung des feindlichen Lagers, bestimmt. Die betreffenden Pläne wurden dem General Coffinières, schließlich dem Marschall selber vorgelegt. Beider Pläne fanden Billigung. Capitain Schulz, was gleich vorweg bemerkt sein mag, baute einen größeren und festeren Ballon, der selbst die Bewunderung des rivalisirenden Mr. Robinson fand; — er hatte aber Unglück mit seinem Prachtbau. Aus unaufgeklärten Gründen sank derselbe nach kurzer glänzender Erhebung in die preußischen Linien nieder und Capitain Schulz wurde von dem Tage an aus der Liste der Ballonmacher gestrichen. Mr. Robinson und sein Mitarbeiter, Lieutenant Breguet, behaupteten das Feld. Th J.

aufgeblasenen Ballon mit einer Leiter zerstieß. Die Verstimmung war groß; aber neue Arbeit war das beste Mittel dieser Verstimmung Herr zu werden, und bereits am 12. September konnte in Affichen angekündigt werden, daß man vom 13. September ab im »Bureau de poste aérostatique« Briefe in Empfang nehmen werde, von denen jeder auf einen Papierstreifen von zwei Zoll Breite und 3⅓ Zoll Länge geschrieben sein müsse. Inhalt: »ich lebe noch und befinde mich gut oder schlecht.« Eine enorme Zahl von Briefen ging ein. Vorerst konnten nur 8000 befördert werden, die hundertweise zusammengebunden wurden; alle zusammen in einer Caoutchouchülle, an der äußerlich folgende Notiz befestigt war: »Derjenige, der dies Packet findet und es, gegen eine Empfangsbescheinigung bei einem Postamte abliefert, erhält gegen Vorzeigung dieser Bescheinigung eine Belohnung von 100 Francs. Divisionsgeneral Coffinières.« Nun wurden die Stricke gelöst und siehe da, unter ungeheurem Jubel der ganzen Bevölkerung und unter dem beständigen Rufen »bon voyage«, stieg der Ballon in die Luft. Von hohen Punkten aus konnten wir ihm lange folgen; mit der Schnelligkeit von 7 deutschen Meilen die Stunde steuerte er südwärts auf Vesoul und Besançon zu. Alles war voll Dank; auch die Autoritäten gaben dadurch ihre Zufriedenheit zu erkennen, daß sie mir und meinen Mitarbeitern statt des großen Bodens den Manöverſaal einräumten. Sofort gingen wir zur Herstellung neuer Ballons. Unser Verfahren dabei mag in Kürze beschrieben sein.

Auf langen Tischen waren Muslinfahnen ausgebreitet, auf die wir zunächst Papier aufklebten. Sobald alles trocken war, gaben wir dem Papier zwei Collodium-Ueberzüge und schnitten nun die so hergerichteten großen Fahnen in Stücke, wie sie zur Formung eines Ballons nöthig waren. Nun klebten wir diese einzelnen Stücke zusammen, derart, daß der Muslin die Außenseite bildete. Der so hergestellte Ballon wurde mit Hülfe eines großen Blasebalgs einfach aufgeblasen und mit einer luftdichten Masse überzogen. Eine Mischung von Leim, gekochtem Oel und Glycerin hatten wir schließlich als bestes Anstrichsmaterial festgestellt. Nach diesem Anstrich war der Ballon fertig, es fehlte dann eben nur noch die Füllung mit verdünnter Luft, um ihn steigen zu lassen. Unsere Geschicklichkeit wuchs so schnell, daß wir alsbald im Stande waren täglich einen Ballon herzustellen. Da wir demselben, über die anfänglichen drei Meter hinaus, bald einen Durchmesser von fünf Meter gaben, so vermochten wir in der Regel 25,000 Briefe aufsteigen zu lassen. Wie viele von der enormen Gesammtsumme der expedirten Briefe (150,000) ihren Bestimmungsort erreicht haben, vermag ich nicht zu sagen; — wohl kaum der vierte Theil, denn Wind und Wetter waren uns nicht immer günstig und die Preußen außerordentlich auf der Hut. Bei einer bestimmten Gelegenheit ließen wir, am Ballon befestigt, ein Bauer mit

Brieftauben aufsteigen, an deren Hals ein Zettel hing: »wer diese Taube mit Nachrichten zurückschickt, erhält 100 Francs«; aber das Schicksal dieser armen Thiere war, in einer preußischen — Taubenpastete unterzugehen. Die Belagerer sandten uns anderen Tages schon einen Parlamentair mit der kurzen Notiz: »Besten Dank; sie waren weich und schmackhaft«.

An solchen Zwischenfällen war kein Mangel, aber unser Eifer blieb unausgesetzt derselbe, bis wir (und vielleicht speziell ich) Ende September mit unserem ganzen Plan in Ungnade fielen. Die Preußen schickten einen Theil der in ihre Hände gefallenen Correspondenz an Bazaine zurück, der nun in verschiedenen Briefen, namentlich auch in den meinigen, allerhand Verrätherisches finden wollte. Selbstverständlich war dies bloße Vorgabe, um dahinter Groll und Mißmuth darüber zu verbergen, daß ein Civilist und Fremder zu einer Art von populairer Figur geworden war. Ich muß dies annehmen, weil es bei solchen allgemeinen Redensarten blieb und nie und nimmer auch nur der Versuch gemacht wurde, mich und meine Correspondenzen vor Gericht zu stellen. Sie waren eben alle aufs Sorglichste und unter Vermeidung alles dessen, was als Geheimniß angesehen werden konnte, abgefaßt. Ein Verbot erfolgte nicht geradezu, aber man ließ ein solches wie ein drohendes Gewölk über mir und meinen Genossen schweben und erreichte dadurch was man wollte: man verdarb uns die Lust an der Arbeit. So wurden Ende September die Post-Ballons aufgegeben.

Mit dem großen »Recognoscirungs-Ballon«, den wir zu bauen vorhatten, ging es noch minder glücklich. Er kam gar nicht zu Stande. Die Kosten eines solchen, mit dem ich dann selber in Gemeinschaft mit einem französischen Offizier aufsteigen wollte, waren auf 14,000 Francs berechnet worden, eine Summe, die der Marschall ohne Weiteres als zu hoch erklärte. Vergebens erboten sich Prinz Murat und der Marquis de la Motte Fenelon den größten Theil dieser Summe zu zahlen, — der Marschall blieb bei seiner Weigerung. Er unterhielt höchst wahrscheinlich damals schon einen mehr oder weniger intimen Verkehr mit dem preußischen Hauptquartier und wollte in seinen Plänen durch nichts gestört werden. Sein Spiel hatte nur einen Zweck und dieser eine Zweck war er selbst.

Auf Markt und Gassen.

Die Tage in Metz waren triste, öde Tage; nur die Wochen, in denen die Ballonfabrikation mich beschäftigte, machten eine Ausnahme. Anhaltende Arbeit, zumal wenn ihr ein bedeutender oder doch ein humaner Zweck zu Grunde liegt, hilft über vieles hinweg.

In den Wochen, die unserer Ballonfabrikation vorausgingen, also in der zweiten Hälfte des August, machte ich verschiedene Versuche mit Hülfe eines Geleits- oder Sicherheitsbriefes erst durch die französischen Linien und mit Hülfe eines englischen, vom preußischen Gesandten unterzeichneten Passes, durch die preußischen Linien hindurchzukommen, aber es scheiterte jedesmal und ein Wunder bleibt es, daß mir wenigstens gelang heil nach Metz zurückzukehren. Denn nicht nur, daß die feindlichen Vorposten in der Regel eher schossen als sie anriefen, auch die französischen, nachdem ich preußischerseits abgewiesen worden war, thaten bei meiner Rückkehr dasselbe, so daß man wie ein Wild zwischen zwei Schützenlinien umherirrte. Nach einigen fruchtlosen Versuchen derart, gab ich es auf. Ein College von der New-York-Times, der es erzwingen wollte, bezahlte es mit seinem Leben; ich habe Näheres über seinen Tod nicht erfahren können.

Unsere größte Unterhaltung, an der, in Ermangelung von Besserem, Alt und Jung, Vornehm und Gering gleichmäßig theilnahmen, war die »Spionshetze«. Ein Jeder wußte, daß bei dieser Hetze nichts herauskam, daß es in 99 Fällen von 100 immer Unschuldige waren, die unter dem Geschrei »un espion« durch die Straßen geführt wurden, aber das Bedürfniß nach Abwechselung und Zerstreuung war so groß, daß man für jedes Vorkommniß, das das ewige Einerlei unterbrach, nur dankbar war. Selbst die Erwägung, daß das Damoklesschwert beständig über all und jedem hing, daß der nächste Tag schon einen selber zum Opfer ausersehen konnte, vermochte an der Befriedigung, die einem das Schauspiel gewährte, wenig zu ändern. Um so weniger, als man mit einer Art Gewißheit annehmen konnte: es werde nichts dabei herauskommen. Das meiste verlief komisch. Eine solcher Scenen mag hier erzählt werden.

Unter den in Metz Eingeschlossenen befand sich außer mir noch ein zweiter Engländer, ein Doktor, der in der indischen Armee gedient und sich durch Sonnenstich und brandy pawnee mindestens eine halbe Verrücktheit zugezogen hatte. Er hatte sich in den Kopf gesetzt, dem Marschall und seinem Generalstabe durch strategischen Rath von Nutzen zu sein, was Anfangs als amüsanter Zwischenfall gut aufgenommen worden war. Bald aber überwog das Unbequeme, er wurde abgewiesen und schließlich als »verdächtig« eingesperrt. Unglücklicherweise sprach er kein Wort französisch, die zahlreichen Dolmetscher andererseits konnten kein englisch, so entstanden Schwierigkeiten, die sich erst lösen zu wollen schienen, als entdeckt wurde, daß sich am Jesuiter-Collegium ein englischer Sprachmeister befinde, Mr. Hamilton. Dieser wurde citirt und zu sprachlicher Dienstleistung ins Gefängniß beordert. Hier angekommen, wußte der Gefängnißvorstand nicht was er mit ihm anfangen sollte und um sicher zu gehen, sperrte er ihn

ebenfalls ein. So vergingen Tage, bis sich schließlich, ohne alles Inter-
pretenthum, die Unschuld des verrückten Doktors herausstellte, der nun ohne
Weiteres entlassen wurde. Aber Mr. Hamilton's, des armen Sprachmeisters,
Zelle wollte sich nicht öffnen. Da er nur »von ohngefähr« zurückgehalten
worden war, da er nicht in den Listen stand, so konnte sein Fall auch gar
nicht zur Verhandlung kommen und möglicherweise hätt' er bis zum Einrücken
der Preußen warten müssen, wenn er nicht zufällig durch einen inspicirenden
Offizier entdeckt, erkannt und befreit worden wäre.

Solche Irrthümer waren an der Tagesordnung; immer neue Spione
wurden eingebracht, um nach drei Tagen oder früher wieder in Freiheit
gesetzt zu werden, aber man würde irre gehen, wenn der Schluß daraus
gezogen werden sollte, daß es überhaupt keine Spione gegeben hätte. Es
gab deren, nach meiner aufrichtigsten Meinung, sehr viele und erstaunlich
war die Kühnheit, mit der sie operirten. Sie tauchten in allen nur denk-
baren Uniformen auf, als Aerzte, Intendanturbeamte, Gensdarmen, thaten
Fragen über Fragen, oft in autoritativem Tone, wenn die Uniform dazu
berechtigte, und waren im selben Augenblick verschwunden, wo der Verdacht
sich zu regen begann. So kam es, daß wir, von Horchern und Agenten
umstellt, doch nur jenes einzigen Spions uns bemächtigen konnten, der am
28. August im Festungsgraben, nahe der Porte Serpenoise, erschossen wurde.

Das Leben in den Straßen von Metz hatte bald aufgehört meine
Theilnahme zu wecken, weil es eben immer dasselbe blieb, aber anfänglich
war es weder farb- noch interesselos; im Gegentheil. Es war ein bestän-
diges Auf- und Abfluthen von Uniformen aller Arten und Grade; das
Ganze bunt und flitterreich wie eine Theaterscene. In nichts excellirte die
französische Armee so sehr wie in Knöpfen, goldene, silberne, übersponnene,
mit und ohne Nummer; auf der Brust eines jungen Cavallerie-Offiziers
zählte ich 125 Knöpfe. Gensdarmen, Guiden, besonders Marketenderinnen
in nicht geringer Zahl belebten das Bild, besonders die Letzteren, die zum
Theil mit ihren Bärenfell-Mützen, schnurbesetzten Jacken und vergoldeten
Sporen von Kopf bis zu Fuß den ächten »chique« vertraten. Alle unschön,
aber alle malerisch und — »fett, fidel und vierzig«. Mitten durch dies Ge-
triebe zog sich, das Pittoreske des Bildes steigernd, ein schwarzer Streifen
von Abbés und Almoseniers, von denen die Letztern seit der Belagerung das
Rasirmesser außer Thätigkeit gesetzt und dadurch das Dunkelschwarz ihrer
Erscheinung gesteigert hatten.

Es war auch kein Mangel an Originalen, an sogenannten »Figuren«,
die jedesmal, wenn sie erschienen, begrüßt und bejubelt und von Hunderten
von Neugierigen gefolgt wurden. Unter diesen »Figuren« nahmen natürlich
diejenigen, die dem Heldengenre zugehörten, den ersten Platz ein und unter

diesen ragte wieder Monsieur Hitter als eigentlicher populairer Held hervor. Seine Erscheinung gab gleich den ganzen Mann: korpulent, heller Sommer-rock, Ledergamaschen, Jagdtasche und ein Chassepot über die linke Schulter gehängt. Alles drängte sich an ihn und bestürmte ihn mit Fragen, wenn er von seinen Jagdzügen zurückkehrte. Diese bestanden zumeist darin, kleine Trupps aus dem Hinterhalt zu überfallen, Proviantzüge wegzufangen, vor allem aber die preußischen Vorposten wegzuschießen. Er war dabei erfinderisch genug. Diese Art von Sport hatte nämlich bei der guten Deckung, die die Preußen in Löchern und Gräben, hinter Bäumen und Hecken zu nehmen wußten, ihre Schwierigkeiten, und Hitters Größe bestand darin, immer neue Mittel und Wege zu finden, um die gut Geschützten aus ihrer Deckung hervorzulocken. Eines dieser Mittel bestand darin, alte Blechbüchsen, an denen inwendig ein Klöppel, auswendig ein Draht befestigt war, Nachts in Nähe der preußischen Vorposten auszustreuen und eben diese Büchsen bei Anbruch des Tages mit Hülfe der Drähte in Bewegung zu setzen. Nun begann ein räthselhaftes Klimpern und Klappern über das Feld hin, das die Vorposten veranlaßte, aufzuhorchen und erst mit dem Kopf, dann mit dem Oberkörper aus der Deckung hervorzukommen. Das war der ersehnte Moment: Jetzt hatte Hitter ein Ziel und feuerte seinen Schuß ab. Ob er viel getroffen hat, stehe dahin. Es gab Leute, die der Ansicht lebten, er habe die Cernirungs-Armee decimirt. Franzosen sind sanguinisch, ganz besonders auf diesem Gebiet. Eine Thatsache ist es, daß selbst Bazaine gezwungen wurde, dieser Kriegführung auf eigene Hand seine Aufmerksamkeit zu schenken, wobei dahin gestellt bleiben mag, ob er es nicht lediglich deshalb that, um die eigene rasch hinschwindende Popularität durch Gunstbezeugungen gegen einen Volkshelden wieder zu ge-gewinnen. Jedenfalls, wenn er diese Absicht hatte, scheiterte er damit; Hitter weigerte sich, die ihm übersandte Dekoration anzunehmen und als der Antrag wiederholt wurde, sagte er: gut, ich werde sie tragen, aber rücken-abwärts.

.

Unsere Fouragirungs-Expeditionen.
Der Ueberfall von Peltre.

Mit Hülfe der Forts und kleiner Kämpfe glückte es, fast nach allen Seiten hin, ein gutes Stück der unmittelbaren Umgebung von Metz wieder unser zu nennen: Gärten, Gemüse- und Wiesenland, von dem wir nun Gras und Kartoffeln hatten.

Die Preußen schlossen uns nicht enger ein, sondern wir umgekehrt gewannen an Terrain. Sie hatten Anfangs Magny, St. Ruffine, Lorry, Mey und Nouilly inne, lauter Punkte, die wir nunmehr entweder besetzt hielten, oder doch beherrschten.

Das ermuthigte namentlich die Bürgerschaft, die im Uebrigen auch beständig davon träumte, den Prinzen Friedrich Karl gefangen nehmen zu wollen, auf größere Fouragirungen zu dringen. Wir wußten, die Preußen hatten in Remilly, Courcelles und Peltre große Vorräthe; diese in unseren Besitz zu bringen, wurden in der letzten Woche des September verschiedene Expeditionen in Scene gesetzt, die meist glückten und unter denen das - Unternehmen gegen Peltre - das interessanteste war. (Siehe unsre Karte auf S. 800.)

Peltre ist, nach Südosten zu, der erste Eisenbahn-Haltepunkt von Metz; die nächsten Stationen sind Courcelles und Remilly; die Linie selbst ist die nach Forbach und Saarbrücken führende, also genau die, die den direkten Verkehr der Belagerer mit Deutschland vermittelte. Von Remilly aus (wie bekannt) zweigte ein von den Preußen gelegtes Geleise nach Pont à Mousson hin ab; diese wichtige Zweigbahn erleichterte, ja ermöglichte vielleicht überhaupt nur die regelrechte Verpflegung der am linken Moselufer stehenden preußischen Corps, alles aber was diesseits, am rechten Ufer des Flusses stand, erhielt seine Lebensmittel von Remilly und Courcelles aus. Wie es scheint, wurden dann und wann einige Waggons sogar bis Peltre vorgeschoben und kamen den Truppenabtheilungen zu statten, die theils in Peltre selbst, theils links und rechts daneben in Crepy und Mercy le Haut standen. Auch die an der Seille hin, südlich von Metz gelegenen Ortschaften wurden wohl von hier aus verproviantirt.

Also gegen Peltre ging es. Viehheerden, Stroh, Heu, Hafer, alle möglichen Herrlichkeiten waren uns in Aussicht gestellt. Der Brigade Lapasset fiel es zu, von Montigny her diesen Stoß auszuführen; schon in aller Frühe setzten wir uns in Bewegung. Es war unter allen Fouragirungs-Expeditionen, ja unter allen Vorstößen und Ausfällen überhaupt, die während der ganzen Belagerung stattfanden, das wahrscheinlich bestgeplante und bestausgeführte Unternehmen. General Lapasset disponirte über seine Truppen derart, daß er einen Theil derselben die im Betrieb verbliebene Eisenbahn benutzen, dieser rasch vorgeschobenen Avantgarde aber das Gros seiner Brigade am Bahnkörper hin folgen ließ. Das Gros — dem eine Mitrailleusen-Batterie beigegeben war — marschirte bis Basse Bevoye und griff später von hier aus in den Gang des Gefechtes ein.

Der die Avantgarde bildende Eisenbahnzug hatte sich mittlerweile Peltre genähert; auf dem vordersten Wagen befanden sich zwei Geschütze; die Lokomotive schloß. Lautlos glitt der Zug bis hart an den Bahnhof und hielt; an den Waggons hin, der Seite abgewandt von wo wir die Preußen vermutheten, sammelten sich die Unseren, umschlichen das Schloß von Crepy und jetzt plötzlich laut und lebendig werdend, brachen sie mit Krach und

Schuß in das still daliegende Chateau ein. Die Ueberraschung war vollständig, der Kampf kurz. Eine andere Abtheilung, wohl die größere Hälfte,
hatte sich mittlerweile gegen Peltre gewandt. Peltre und Crepy, wie zunächst hier bemerkt werden mag, bilden ein Ganzes; die Bahn zieht genau
die Grenze. Auch hier glückte es uns. Die überraschten Preußen, so weit
sie nicht beim ersten Anlauf fielen oder zu Gefangenen gemacht wurden,
suchten das Hauptgebäude des Dorfes, ein neu errichtetes Frauenkloster
(le Convent des soeurs de Providence) zu erreichen und setzten sich an
dieser Stelle fest. Hier entbrannte nun der eigentliche Kampf. Sie wehrten
sich wie Verzweifelte; Schritt um Schritt mußte erstritten werden, Pardon
wurde weder gegeben noch genommen. Zuletzt stand man in der Kapelle;
an den Stufen des Altars, dem sie instinktmäßig zudrängten, wurden die
Letzten niedergemacht.

Ein rasch errungener Erfolg, aber bedeutungslos, ja widerwärtig fast
(wie jedes Massacre) wenn es nicht glückte, den Sieg auch praktisch auszunutzen. Daß man hier nicht lange sicher sein werde, war klar, schon bewegten
sich, von Courcelles und Laquenexy her, lange Colonnen heran; also rasch,
rasch! Mit den Menschen war man fertig, jetzt an die Hauptsache: das
Vieh, die Heerden. Ihr Gebrüll war wie Musik; lachende Zukunft, die sich
uns bot, denn ach des Pferdefleisches waren wir satt. Hinein in die Hürden,
und während organisirte Commandos die Rinder dem Bahnhof zutrieben,
trugen andere, die auf eigene Hand operiren zu können glaubten, einen Hammel
auf den Schultern, oder ein Lamm unterm Arme davon. Auch Heu und Hafer,
Zucker und Kaffee wurde gefunden; hinein in die Waggons, Mensch und
Vieh, Stroh und Hühner, alles bunt durcheinander; ein Pfiff — und der
siegreiche Eisenbahnzug glitt wieder heimwärts auf Montigny zu, während
Fort Queuleu über unsere Köpfe fort dem Feinde entgegendonnerte.

Wie im Triumph hielten wir unseren Einzug. Hundert Gefangene
vorauf. Dann ein Sappeur, dem ein Jungschwein am Halse hing, die
Beine zusammen gebunden, der Kopf nach unten. Dann die Heerde. Rechts,
der Flügelmann der letzteren, hatte einen Papierstreifen zwischen den Hörnern,
darauf »Bismarck« zu lesen war. Ungeheurer Jubel! Als die Kühe vorbei
defilirten, drängten sich junge Mütter heran und baten um Milch für ihre
Kleinen. Es war als hätten wir einen großen Sieg errungen. Und doch
was war es schließlich: 10 Kühe, erkauft mit dem Einsatz von 200 Menschen-
leben.«

Die Octoberwochen in Metz.

Die Stimmung, die die Ausfallgefechte vom 27. September — besonders der glückliche, schließlich einer Maskerade nicht unähnliche »Zug gegen Veltre« — hervorgerufen hatten, war eine überaus günstige gewesen, günstig über alles Erwarten hinaus. Aber sie war nicht von Dauer. Das schon erwähnte Zwiegespräch zwischen Bazaine und dem Bürgermeister von Metz (Felix Maréchal) hatte keinen Zweifel darüber gelassen, daß ein ernstlicher Versuch zur Rettung der Armee kaum noch gemacht werden würde, wenn auch andererseits weder die Unmöglichkeit des Gelingens, noch eine directe Abgeneigtheit in das Wagniß einzutreten, seitens des Oberfeldherrn ausgesprochen worden war. Bazaine verstand es vorzüglich, in den Antworten, die er gab, die Fragen um die es sich handelte offen zu lassen; er sagte nichts bestimmt zu, er lehnte nichts bestimmt ab. Um in jedem Augenblick eine gewünschte Freiheit der Action zu haben, balancirte er in seinen Kundgebungen zwischen ja und nein in geschickter Weise hin und her, einerseits die Schwierigkeiten der Lage, andererseits seine Geneigtheit betonend »diesen Schwierigkeiten zu begegnen«. Namentlich diese letztere Redewendung zählte zu den beliebtesten. Sie gestattete jede Art der Auslegung und konnte eben so gut auf einen letzten energischen Entschluß wie auf Capitulationsnothwendigkeit gedeutet werden.

Diese Ausdrucksweise entsprach übrigens durchaus der militairischen wie der politischen Situation, und es will uns deshalb unbillig erscheinen, daraus Anklagen gegen den Charakter oder die Begabung Bazaines herleiten zu wollen. Im Gegentheil, diese diplomatische Reservirtheit war geboten. Aber so sehr eine ruhige historische Darstellung dies zu betonen hat, so gewiß ist es doch auch, daß eine Redeweise, die immer Hintergedanken und eine Handelweise, die immer Hinterthüren hatte, nicht populair machen konnten und daß dasselbe Verfahren, das wir nachträglich gutheißen oder wenigstens begreiflich finden mögen, der Verstimmung von Armee und Bevölkerung, die einfach Durchbruch durch die preußischen Linien und Bruch mit dem Kaiserthum verlangten, immer neue Nahrung geben mußte.

Die erste Woche

(vom 1. bis 8. October).

Die Außendinge, wie sie sich mit dem Eintritt in den October zu gestalten begannen, waren nicht dazu angethan, diesen Unmuth zu balanciren. Regen stellte sich ein, die Nächte wurden kalt, die Lager unwohnlicher von Tag zu Tag. Die Truppen sahen sich allen Unbilden der Witterung ausgesetzt und blieben auch fernerhin nur auf die Schutzelte und die Lagerdecke angewiesen Dabei wurde die Verpflegung immer dürftiger bemessen und gleichzeitig qualitativ verschlechtert. Massenhaft starben die Pferde und verpesteten die Lager, da man verabsäumte die Cadaver mit der nöthigen Sorgfalt einzuscharren und sich in der Regel damit begnügte, dieselben in die Mosel oder die Gräben der Festung zu werfen. Dumpfe Resignation bemächtigte sich der Gemüther, selbst einzelne Generale, die entweder politisch anders standen wie Bazaine oder aber die militairische Erwägung über jede andere stellen zu können glaubten, gaben ihrem Mißmuth Ausdruck. General Deligup bemerkte bitter »die Armee werde lebendig begraben«.

Die Kunde von dieser wachsenden Mißstimmung drang natürlich auch bis Van St. Martin ins Hauptquartier und führte hier, um so mehr als gleichzeitig die Meldung von in Grandes Tapes aufgehäuften Vorräthen eintraf, zu dem Entschluß, die »Fouragirungs-Expeditionen«, die sich bis dahin als excellente Stimmungsverbesserungsmittel erprobt hatten, wieder aufzunehmen.

Der 7. October wurde für ein solches Unternehmen festgesetzt. Es war das letzte und opferreichste, weshalb wir etwas eingehender bei ihm verweilen.

— — —

Die Fouragirungs-Expedition gegen »les Petites et les Grandes Tapes«

am 7. October.

Die Expedition ging diesmal flußabwärts, und galt den beiden Gehöften Petites Tapes und Grandes Tapes, von denen, wie schon hervorgehoben, bekannt geworden war, daß sich daselbst große Vorräthe, namentlich an Getreide, befänden. Ein wenigstens vorübergehender Erfolg ließ sich mit um so größerer Sicherheit versprechen, als die Entfernung zwischen den vorgeschobensten diesseitigen und jenseitigen Linien, wenigstens auf diesem Terrain-Abschnitt, kaum 1000, an manchen Stellen kaum 500 Schritt betrug.

Der Terrain-Abschnitt, auf dem das Gefecht in Scene ging, liegt eine halbe Meile nördlich von Metz, am linken Moselufer, und zwar zwischen dem Fluß und der alten Römerstraße, mit welcher letzteren, auf allernächste Distance, die Luxemburger Eisenbahn und die Diedenhofer Chaussee parallel laufen. Diese drei Straßenlinien bildeten den linken, die Mosel den rechten Flügel des Actionsfeldes. Die Unsrigen hielten

Bellevue	St. Remy	Petites Tapes und Grandes Tapes
(an der Römerstraße)	(an der Diedenhofer Chaussee)	(beide an einem gegenüber Olgy einmündenden Bache gelegen)

besetzt; ihnen gegenüber wurden

St. Agathe	Ladonchamps	Petite Maxe und Grande Maxe
(an der Römerstraße)	(an der Diedenhofer Chaussee)	(beide an einem Malron gegenüber einmündenden Bache gelegen)

von den Franzosen gehalten. Unsererseits waren es Posensche Landwehr-Bataillone der Division Kummer, französischerseits vorgeschobene Abtheilungen des VI. Corps Canrobert, die die vordersten Positionen inne hatten. Die Landwehr-Division, ohne directe Soutiens, war auf die Unterstützung des links und rechts neben ihr stehenden X. und III. Armee-Corps angewiesen; die vordersten französischen Abtheilungen hingegen stützten sich auf das Gros ihres eigenen Corps, das unmittelbar südlich der oben genannten Linie: St. Agathe, Ladonchamps, Petite Maxe und Grande Maxe in tiefen Colonnen stand.

Marschall Bazaine ordnete an:

daß die gegenübergelegene feindliche Linie genommen und diese Operation durch ein gleichzeitiges Vorgehen, rechts des IV. Corps L'Admirault, links des III. Corps Leboeuf unterstützt werden solle.

In Gemäßheit dieser Ordre erfolgte 1¼ Uhr der Angriff. Er wurde indeß, einigermaßen überraschender Weise, nicht durch das in Front stehende VI. Corps, sondern, der Hauptsache nach, durch das in Reserve stehende Garde-Corps ausgeführt, dessen Voltigeur-Division Deligny erst in das VI. Corps eindoublirte und dann in seine zwei Brigaden sich theilend

die Brigade Brincourt über Franclonchamps gegen les Grandes Tapes (rechter Flügel) und

die Brigade Garnier über St. Remy gegen les Petites Tapes (Centrum) dirigirte.

Nur am linken Flügel nahmen Abtheilungen vom VI. Corps an dem Gefechte Theil. Es war die Brigade Gibon, die, aus St. Agathe und dem Bois de Woippy hervorbrechend, ihren Angriff gegen Bellevue (an der Römerstraße) richtete.

Die Angriffe der beiden Garde-Brigaden glückten, der der Brigade Gibon scheiterte; da es sich indessen in erster Reihe um Centrum und den diesseitigen linken Flügel (Grandes Tapes) gehandelt hatte, so ließ sich unzweifelhaft von einem Erfolge sprechen. Das Hauptobjekt war genommen. Um 3½ Uhr war die ganze Linie von Malroy bis St. Remy in Händen des Feindes; nur das hart links (westlich) daneben gelegene Bellevue wurde noch von unseren Landwehren gehalten.

Prinz Friedrich Karl gedachte jedoch nicht, den Feind im Besitz der eben eroberten Linie zu belassen, und um 4 Uhr Nachmittags wurde der Angriff zur Wiedernahme der früheren Vorpostenlinie eingeleitet. Der Angriff ging wie folgt:

In erster Linie die Landwehr-Division v. Senden und zwei Bataillone 19er; rechts daneben zwei Bataillone 57er, links daneben zwei Bataillone 16er.

In zweiter Linie die übrigen Theile der Brigaden Blankensee und Wedell, also vorzugsweise das Regiment Nr. 81 und die noch verbliebenen Bataillone der Regimenter 19, 57 und 16.

Von den Truppen der zweiten Linie kamen wohl nur einzelne Compagnieen noch zur Verwendung.*)

*) Sehr wahrscheinlich war der Theil des Angriffs, der die Wiedereroberung von les Petites und les Grandes Tapes beabsichtigte und erreichte, zu wesentlichstem Theile ein Werk der Brigade v. Wedell und zwar des 2. Bataillons 57. und des 1. Bataillons 16. Regiments, unterstützt durch Landwehr-Abtheilungen. Ein Bericht, den wir Ursach haben für authentisch anzusehn, giebt folgende Darstellung des Gefechtes.

   ... Etwa um 4 Uhr erhielt die 38. Brigade, Brigade v. Wedell — dieselbe, die den schweren Kampf bei Mars la Tour zu bestehen gehabt hatte — Befehl, zunächst vom rechten Flußufer auf das linke überzugehen und les Grandes Tapes wiederzunehmen.

   Die Brigade brach aus ihrem Bivouac bei Chateau Buy zwischen Arganey und Antilly auf, sammelte sich, nach Ueberschreitung der Mosel, in und bei Amelange und nahm derart Stellung, daß die 57er den linken, zwei Bataillone 16er (I. und Füsilier-Bataillon) den rechten Flügel bildeten.

   Das 2. Bataillon 57er, Major v. Wehren, wurde zunächst zur Rückeroberung von Grandes Tapes vorbeordert. Es avancirte hart am linken Flußufer hin, verstärkte sich im Vorgehen durch 57er Landwehren, die versucht hatten, diesseits des gegenüber Olgy einmündenden Baches wieder festen Fuß zu fassen, sah sich aber gezwungen, vor der Uebermacht des Feindes zu weichen. Zu seiner Unterstützung avancirten gegen 5 Uhr die 16er, im ersten Treffen das I. Bataillon in Compagnie-Colonnen, dahinter die Füsiliere. Da es schon dunkelte, wurde sämmtlichen Mannschaften der Ort — Grandes Tapes — bezeichnet, den wir zu nehmen hatten; es war hierzu eine Rechtsschwenkung erforderlich, die man auch signalisirte. Auf den Ruf seines Commandeurs erhob sich alsdann das Bataillon, unter Führung seiner Officiere, in einem Marsch Marsch mit kräftigstem Hurrah und wieder auf Commando warf es sich etwa 200 Schritt weiter einige Augenblicke nieder, um, immer auf Befehl, eine gleiche Strecke abermals zu erstürmen und anzuruhen, bis man im Verein mit den Füsilieren, die auf den Flügeln eindoublirt waren, nach Grandes Tapes hineinstürmte. Der Angriff war entscheidend. Der Feind zog sich vor uns zurück, während wir, hinter einer Gartenmauer geschützt, ihn beschossen. Mit Grandes Tapes ziemlich gleichzeitig kam auch Petites Tapes wieder in unsern Besitz. Die Gefangenen, die, hier wie dort, gemacht wurden, waren von der kaiserlichen Garde. Das I. Ba-

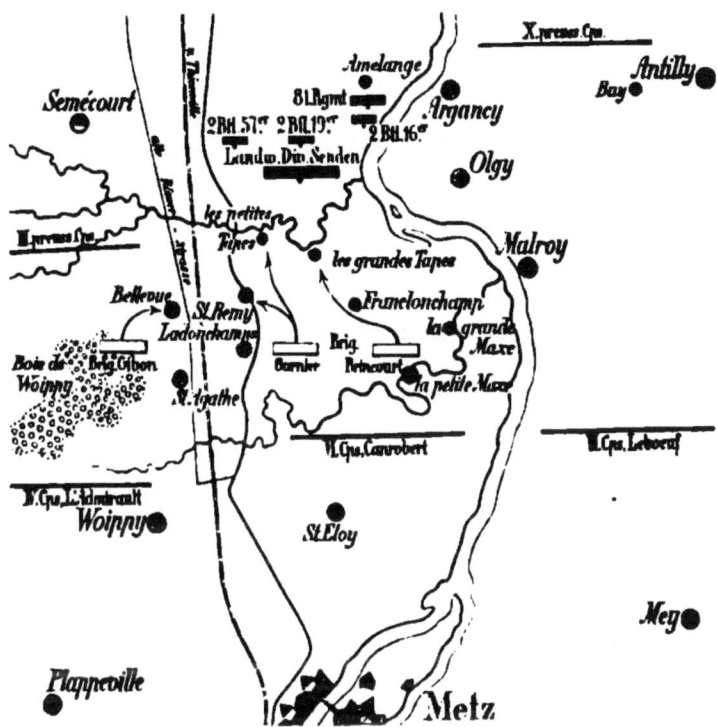

General v. Alvensleben II., Commandirender des III. Armee-Corps, hatte auf die ihm zugehende Meldung, daß General v. Kummer angegriffen sei, die 9. Infanterie-Brigade, Oberst v. Conta, und zwei Batterieen bei Norroy bereit gestellt. Die Brigade rückte vor, nahm das vom Feinde besetzte Bois de Woippy sowie die nördlich desselben gelegenen Waldparcellen und ein Gehöft westlich Bellevue.

Dieser Angriff fiel zusammen mit dem vorerwähnten Hauptangriff in der Front auf Bellevue, St. Remy, les Petites Tapes, les Grandes Tapes und Franclonchamps. Mit Eintritt der Dämmerung waren diese Oertlichkeiten genommen.*) Die wiederholten Versuche, welche der Feind zu deren Wieder-

_____

taillon 16. Regiments hatte diesen Erfolg mit nur 9 Mann an Todten und Verwundeten erkauft. Unter den Schwerverwundeten war leider auch der Commandeur des Regiments, Oberst Hahn v. Deriche.»

*) Die französischen Relationen weichen von dieser Darstellung, wie auch von der in unserer vorstehenden Anmerkung gegebenen, insoweit erheblich ab, als sie die Räumung von Grandes Tapes als eine freiwillige darstellen. Es heißt darin: »Um 5½ Uhr ertheilte

nahme machte, wurden abgewiesen. Angriffe, welche demnächst von Compagnieen der Regimenter Nr. 81 und 19 nach 7 Uhr Abends auf Labonchamps
gerichtet waren, wurden eingestellt, als man die bedeutenden Truppenmassen
erkannte, die der Feind dort aufgestellt. Weitere Angriffe auf diesen sehr
vertheidigungsfähigen, mit trockenen und nassen Gräben umgebenen und stark
besetzten Ort unterblieben.

Dem Berichte eines Offiziers, der, von einer Anhöhe bei Arganco
aus, dem Gange des Gefechts folgte, entnehmen wir zur Vervollständigung
unsrer vorstehenden kurzen Angaben das Folgende.

„.... Die Gefechtslinie war über eine Meile lang. Rechts und
links der Mosel eiferten die Geschütze, sich gegenseitig zu überbieten. Obwohl
ich gleich nach dem Alarm auf eine Anhöhe bei dem Dorfe Arganco geritten
war, von welcher man den ganzen Kampfplatz überblicken konnte, so war es
mir wegen der durch nebliges Wetter und den Pulverdampf verursachten
dicken Luft nicht möglich, die einzelnen Bewegungen genau zu beobachten. Der
ganze vorbezeichnete Theil der Moselebene wurde von einer einzigen Dampf-
nebelwolke bedeckt. Nur hier und da machte sich das Aufblitzen einer Kanone
und der dadurch verursachte heftigere Dampf bemerkbar. Um 3¼ Uhr stiegen
zwei Rauchwolken als Zeichen brennender Ortschaften (wahrscheinlich Labonchamps und Bellevue) auf. Die Heftigkeit des Kampfes erinnerte an den
18. August. Bald war der Kanonendonner, bald das Kleingewehrfeuer über-
wiegend, fort und fort dauerte Beides. Die Richtung des Kleingewehrfeuers,
welches sich von 3¾ Uhr an südöstlich hinzog, bewies den Rückzug des Feindes.
Kaum aber war der Kampf an irgend einer Stelle ruhiger geworden, so begann er an einer anderen desto lebhafter. Unsere Batterieen waren wieder
in dem Halbkreis, der sich von dem Dorfe Norroy über Feves, Semécourt,
Maizières, Arganco, Olgy, Malroy und Charly hinzieht, aufgestellt und
feuerten mit abwechselnder Heftigkeit, theils einzelne Schüsse, theils ganze
Salven in die feindlichen Colonnen sendend. Im Ganzen mögen etwa
120—150 Kanonen auf unserer Seite thätig gewesen sein. Besonders wirk-

Marschall Bazaine an die bei der Unternehmung betheiligten Truppen Befehl zur Rückkehr nach
dem verschanzten Lager, da er inzwischen erkannt hatte, daß durch das concentrisch wirkende
Feuer der deutschen Batterieen die Durchführung der beabsichtigten Ausfouragirung von Grandes
Tapes und Petites Tapes nicht zu ermöglichen sein werde und eine längere Besetzung nur die
Verluste vermehren konnte. — Wir halten diese Angaben im Wesentlichen für richtig. Sie stimmen
auch der Zeit nach. Etwa um 5¼ Uhr, eher später als früher, hielten beispielsweise unsere 16er
vor Grandes Tapes. Nur zwei schwache Bataillone stark, würden sie schwerlich im Stande gewesen
sein, eine Garde-Voltigeur-Brigade aus dieser Position hinauszuwerfen, wenn diese nicht Ordre
gehabt hätte, sich aus derselben zurückzuziehen. Am allerwenigsten aber würde ein solcher Erfolg
mit einem Verluste von 9 Mann an Todten und Verwundeten zu erringen gewesen sein.

sam sollen sich in Folge dieser Aufstellung die Batterieen in der Nähe der Dörfer Arganey und Olgy gezeigt haben. Die Position südlich vom Dorfe Olgy wurde gegen 5 Uhr durch zwei frisch herangefahrene Batterieen verstärkt. Von feindlicher Seite machten sich auch diesmal wieder die Kanonen von Fort St. Julien bemerkbar. Dieselben sandten ihre Geschosse fast ¾ Meilen weit, so daß sie verschiedene der von uns besetzten Orte nicht nur erreichten, sondern darüber hinweggingen. Eine große Anzahl ihrer Granaten schlug auf der nördlich von den Dörfern Arganey und Antilly, südlich von den Dörfern Olgy, Malroy und Charly begrenzten Höhe ein; einzelne im Dorfe Olgy, welches, wie auch die übrigen, während des Kampfes von unseren Truppen besetzt war. Glücklicherweise verfehlten die meisten dieser fürchterlichen Geschosse ihr Ziel, welches augenscheinlich unsere in der Gegend aufgestellten Batterieen bildeten. Auch die im Dorfe Olgy niedergefallenen Geschosse richteten keinen erheblichen Schaden an.

Zwischen 5 und 6 Uhr, bei beginnender Dunkelheit, entbrannte der Kampf noch einmal besonders heftig. Der Feind ließ auch die Mitrailleusen mit ihrem eigenthümlichen Gerassel wieder hören. Gegen 6 Uhr schien der Kampf beendet zu sein, wurde aber noch mehrfach, sogar mit Heftigkeit, wieder aufgenommen und dauerte — da der Mondschein eine Orientirung zuließ — bis gegen 9 Uhr. Es war der bedeutendste und heftigste, welcher seit dem 1. September vor Metz stattgefunden. Bei der eigenthümlichen Lage, in welcher sich unsere Armee hier befindet, ist ein Verfolgen des Sieges bis in die Umgebung der Festung ganz unmöglich. So tapfer daher auch die feindlichen Ausfälle zurückgewiesen werden mögen, die errungenen Siege können uns nicht befriedigen.

Die zweite Woche
(vom 8. bis 16.).

Die gute Wirkung, die man sich in Van St. Martin von der Expedition gegen »Grandes und Petites Tapes« versprochen hatte, blieb aus. Die Gründe dafür waren muthmaßlich die mannigfachsten; die Einen hatten »mehr« erwartet, die Andern fanden den Einsatz zu hoch, Dritte und Vierte endlich waren unter dem moralischen Einfluß des Eingeschlossenseins, der Langenweile, der Hoffnungslosigkeit und kaum minder unter dem physischen Einfluß schlechter und unausreichender Nahrung bereits einer Apathie verfallen, aus der sie durch kleine Unternehmungen nicht mehr gerissen werden konnten.

Es kam noch ein Anderes hinzu, das die sonst sprüchwörtlich gute Laune des französischen Soldaten erlöschen machte; ja dieses »Andere« wurde mehr und mehr zum Eigentlichen. Das Kaiserreich war gestürzt, die Republik erklärt und mit jedem Tage wuchs in der Stadt, wie im Lager draußen die Erkenntniß, daß man nur eingeschlossen sei und bleibe, weil Bazaine aus sachlichen oder persönlichen Gründen nicht geneigt sei, die kaiserliche Armee durch ein einziges Wort in eine republikanische umzu wandeln. Und in dieser Erkenntniß hatten Stadt und Lager völlig Recht. Die Frage »was zu thun sei?« war seit dem 4. September (Sturz des Empire) zu einer beinah aus-schließlich politischen geworden, und Bazaine schob den Durchbrechungs-versuch hinaus und entsagte ihm schließlich ganz, weil er mehr napoleonischer als französischer Feldherr war und weil er seine Armee lieber dem Kaiser aufbewahren, als sie den Herren Jules Favre und Gambetta zur Verfügung stellen wollte. Ob er darin Recht that, ist eine Frage, die je nach der Parteistellung, die der Beantwortende einnimmt, immer verschieden beant-wortet werden wird. Er hatte dem Kaiser geschworen und hielt seinen Eid, daran ist nichts zu bemängeln. Andererseits wird auch der Loyalste zugeben müssen, daß in bestimmt gegebenen Fällen die Landeswohlfahrt schwerer wiegen kann als die Treue gegen die Dynastie, oder als ein gegenstands-los gewordener Eid. In dem Widerstreit dieser Fragen steckte die Schwierig-keit der Lage Bazaines. Unserer persönlichen Ueberzeugung nach handelte er durchaus correct und zwar deshalb, weil der geleistete Eid durch seine politische Ueberzeugung, und seine politische Ueberzeugung durch Hinblick auf den ge-leisteten Eid gestärkt wurde. Der Gang der Ereignisse hat inzwischen dem Marschall Recht gegeben und die Unfähigkeit des Landes zu einer republika-nischen Regierungsform aufs Neue dargethan. So scheint uns die Sache zu liegen, die, wie wir annehmen, seitens des binnen Kurzem zusammentretenden Kriegsgerichts, in diesem Sinne und zu Gunsten des Marschalls entschieden werden wird, aber die Erregtheit, die in den September- und Octobertagen 1870 in den Köpfen der Bevölkerung wie der Soldaten spukte, stand anders zu dieser Frage, sah in dem Unglauben an die Allmacht der Republik, in dem Lächeln über das als Zauberwort cursirende »quatre - vingt treize« Un-verstand und Hochverrath, und mit diesen exaltirten Elementen war es, daß Bazaine Anfang October zu rechnen hatte.

Es war nicht leicht und ein Blick auf seine oft innerhalb weniger Tage wechselnde Handelweise, zeigt deutlich, wie lebhaft er das Bedrohliche seiner Lage empfand. Man darf füglich sagen, er ging durch alle Phasen und Behandlungsformen, wie um auszuproben, welcher einzuschlagende Weg der richtige sei. Die Vorgänge selbst, denen er Rechnung zu tragen hatte, waren selbstverständlich dabei ebenfalls von Gewicht. Den Anklagen und Drohungen setzte er vornehmes Ignoriren, den Anfragen unbestimmte Ant-worten, den Einzel-Auflehnungen Strenge, den Gesammt-Auflehnungen

Milde entgegen, immer aber hatte er einen »Kriegsrath« zur Hand, dessen Beschlüsse (deren er sicher war) ihn decken oder die Verantwortlichkeit wenigstens mindern mußten.

Geben wir in Nachstehendem Einzelnes aus den Vorgängen der zweiten October-Woche.

Am 9. oder 10. fanden innerhalb der Festung tumultuarische Aufläufe statt, republikanische Schilderhebungen, deren letzter Endzweck wohl unzweifelhaft war, die Armee zu einer Auflehnung gegen den Oberfeldherrn zu drängen. Bazaine ignorirte den Hergang. Seine Competenz zum Einschreiten (wozu einzelne Generale ihn drängen wollten) war ohnehin zweifelhaft, da die Festung selbst, im Gegensatz zum »Lager von Metz«, in General Coffinieres ihren eigentlichen Befehlshaber hatte, ein Einschreiten also nur mittelst dieses Letzteren oder aber über ihn hinweg möglich gewesen wäre. Beides verbot sich; mittelst des Generals deshalb, weil er selber Republikaner war und einige Tage später den Bürgern von Metz seine Unterwerfung unter die zeitweilige republikanische Regierung in einer Proclamation kund und zu wissen that; über ihn hinweg deshalb, weil ein solcher Schritt nur Oel ins Feuer gegossen und die Auflehnung wahrscheinlich vollkommen gemacht hätte.

Am lebendigsten, selbstverständlich, war das republikanische Gefühl in der Metzer Nationalgarde. Diese, die Unsicherheit, die in Ban St. Martin zu herrschen begann, sehr wohl erkennend, beschloß eine Deputation an den Marschall zu senden. Letzterer genehmigte diesen Schritt. Am 15. erschienen die Stabsoffiziere (der Nationalgarde) im Hauptquartier; Major Pardou war ihr Sprecher. Er trat vor den Marschall und sprach sich unverhohlen darüber aus, daß man ihm, dem Marschall

1. Absichten auf Wiederherstellung des Kaiserreichs,

2. die Absicht auf Regentschaftsführung während der Minderjährigkeit des Kaiserlichen Prinzen und

3. absichtliche Unthätigkeit der Armee zutraue, da die Capitulation bereits so gut wie beschlossen sei.

Der Marschall antwortete sehr verbindlich und — in der Negation. Er bestritt, in irgend welche Capitulationsverhandlungen eingetreten zu sein und bestritt zweitens, daß er das Kaiserreich wieder herzustellen gedenke. In beiden Punkten war der Marschall schwerlich aufrichtig. Die bereits am 12. oder 13. unter Zulassung des Prinzen Friedrich Karl angetretene Reise des Generals Boyer nach Versailles, war allerdings der erste Schritt zu einer Capitulationsverhandlung und die Wiederherstellung des Kaiserreichs war unzweifelhaft sein Zweck, so nehmen wir zu seiner Ehre und Rechtfertigung an. War dies nicht der Fall, so kann er einer Verurtheilung nicht entgehen. Seine Freisprechung wurzelt in der politischen, nie und nimmer in der militairischen Erwägung.

Am 16. war die Stellung Bazaines am bedrohtesten. Die von Ban St. Martin in die Stadt zurückgekehrte Nationalgarden-Deputation hatte Tags zuvor durch ihre über die »Audienz« gemachten Mittheilungen die Gemüther erhitzt; zum Ueberfluß war in selber Stunde die schon erwähnte Proclamation General Coffinières an den Straßenecken erschienen, in der dieser die »Regierung der nationalen Vertheidigung« anerkannte. Der Magistrat hatte ein förmliches Mißtrauensvotum beschlossen und General Changarnier wurde aufgefordert, zunächst sich an die Spitze der Nationalgarde zu stellen, um, gestützt auf diese, das Obercommando der Armee zu übernehmen. In gewöhnlichen Zeiten hätte in dieser Aufforderung etwas Lächerliches gelegen; welche »Stütze« vermochte eine 5000 Mann starke Nationalgarde gegen eine Armee von 150,000 Mann abzugeben?! Aber in jenen Octoberwochen lagen die Dinge sehr anders. Bevölkerung und Armee in ihrem republikanischen Gefühl einig, hatten längst fraternisirt und es fehlte am 15. Abends nicht an Versuchen, die Umwandlung der kaiserlichen Armee in eine republikanische zu vollziehen. Sehr wahrscheinlich scheiterte der Plan nur an der loyalen Haltung Changarniers.

Bazaine hatte Kunde von dem Allem. Noch war er ungebrochen. Ignoriren, Ausweichen, halbe Maßregeln hatten gleichmäßig den Dienst versagt; er beschloß deshalb auch das Mittel der Einschüchterung nicht unversucht zu lassen. Am 16. richtete er folgendes Schreiben an den Commandanten von Fort Plappeville: »Commandant! Ich mache Sie persönlich dafür verantwortlich, daß die Pionier-Capitains Rossel*) und de Bonenval, welche ich Ihnen durch den General-Großprofoß zusenden werde, im Fort von Plappeville in sicherem Gewahrsam verbleiben. Bazaine.«

Es scheint aber, daß diese Einschüchterung den Dienst versagte, und so griff er, davon ausgehend »Zeit gewonnen Alles gewonnen« zuletzt auch zu dem entgegengesetzten Mittel und entschloß sich zu massenhafter Vertheilung von Decorationen, Belohnungen, Beförderungen, auch zu milderer Handhabung der Disciplin. Die Auszahlung des Soldes für die zweite Hälfte des October wurde befohlen, unmittelbar darauf auch die Löhnung für den ganzen Monat November ausgegeben.

Dies half über die verhängnißvolle letzte Woche hinweg. Als diese nun war, waren die Dinge bereits so weit gediehen, daß eine Auflehnung dagegen, selbst Denen, die alles Geschehene mißbilligten, als zwecklos erscheinen mußte.

*) Derselbe Capitain Rossel, der später auf Seiten der Commune focht und nach Niederwerfung dieser und kriegsrechtlichem Spruch auf der Ebene von Satory erschossen wurde.

Die dritte Woche
(vom 16. bis 24).

Von dem Tage ab, wo Bazaine die Catastrophe von Sedan erfuhr, stand es, da er kaiserlich bleiben und die republikanische Schwenkung nicht mitmachen wollte, für ihn fest, daß er seine und seiner Armee Rettung nur von einem Friedensschlusse zu gewärtigen, sonst aber, über kurz oder lang, das Schicksal des Kaisers, Mac Mahons und der Armee von Chalons zu theilen haben werde. Im Monat September mochte er noch das erstere hoffen; von dem Momente an aber, wo sich die Unterhandlungen zwischen Jules Favre und Graf Bismarck zerschlagen hatten, von diesem Zeitpunkte an war ihm klar, daß er werde capituliren müssen. Jeder Tag steigerte ihm diese Gewißheit, und zumal vom Schluß der ersten Octoberwoche an konnte es sich, nach Lage der Sache, nur noch darum handeln, für die Armee möglichst gute Bedingungen und für sich selbst möglichste Deckung zu gewinnen. In der That dreht sich nun diese beiden Punkte Alles was vom 16., ja schon vom 10. October an, in Ban St. Martin geschah. Folgen wir diesen Vorgängen.

Am 10. versammelte Bazaine den Kriegsrath der Armee im Hauptquartier zu Ban St. Martin, hielt einen Vortrag und legte der Versammlung vier Fragen vor:

1. Soll die Armee so lange im Lager von Metz stehen bleiben, bis die noch vorhandenen Vorräthe völlig verzehrt sind?

2. Sollen auch fernerhin noch Ausfälle unternommen werden, um Lebensmittel und Fourage aus den umliegenden Ortschaften fortzunehmen?

3. Dürfen mit dem Feinde Capitulationsverhandlungen eröffnet werden?

4. Soll ein Durchbruchsversuch unternommen werden?

Die Fragen 1, 2 und 4 waren rasch erledigt; Frage 3, die wichtigste, führte auf das politische Gebiet hinüber. Es mußte, um sie mit »ja« oder »nein« zu beantworten, zuvor festgestellt werden, in welcher Eigenschaft man in eventuell zu eröffnende Verhandlungen eintreten wolle. War man imperial oder national? sollten die Verhandlungen unter der Voraussetzung geführt werden, das Kaiserreich durch die Armee von Metz wiederhergestellt zu sehen, oder sollte diese Frage gar nicht berührt, die Armee gleichsam neutral erklärt und die endgültige Entscheidung über diese oder jene Regierungsform in die Hände einer erst zu berufenden Constituante gelegt werden? Die Debatte über diese Fragen (die Majorität erwies sich als kaiserlich) ging hin und her; endlich einigte man sich über vier Punkte, deren wichtigster und entscheidender der folgende war: Binnen 48 Stunden sollen Verhandlungen eröffnet werden, um unter Wahrung der militairischen Ehre eine möglichst gute Capitulation abzuschließen.

Das Obercommando, in Folge eben dieser Beschlußfassung, richtete ein Schreiben an den Prinzen Friedrich Karl, um die Genehmigung desselben zu einer Reise General Boyer's nach Versailles zu erwirken. Diese Genehmigung, nachdem zuvor telegraphisch beim Könige in Versailles angefragt worden war, wurde seitens des Prinzen ertheilt und General Boyer trat seine erste Reise (der bald eine zweite folgen sollte) an. Dies war am 12. Mittags. Er begab sich zunächst nach Ars sur Moselle; von hier aus, in Begleitung zweier preußischer Offiziere, über Pont à Mousson, Toul, Bar le Duc, Epernay bis Nanteuil, von dort (zu Wagen) über Meaux und Lagny nach Versailles, wo er am 14. früh eintraf und bis am Abend des 15. verblieb. Am 17. war er wieder in Ban St. Martin und stattete am 18. einem abermals einberufenen Kriegsrathe Bericht ab. Er habe zwei Conferenzen mit dem Grafen Bismarck gehabt, König Wilhelm erkenne die kaiserliche Regentschaft noch immer als die einzige, einwandfrei-legitimirte Regierung an' und werde nur mit dieser in Verhandlungen treten, falls die französische Armee derselben Anschauung treu bleibe. General Moltke fordere die bedingungslose Waffenstreckung.

So Boyer's Bericht. Nach längerer Berathung beschloß der Kriegsrath mit 7 Stimmen gegen 2:

General Boyer solle eine zweite Reise antreten, und zwar diesmal über Versailles nach England gehen, um durch Vermittelung der Kaiserin Eugenie minder harte Bedingungen für die Armee von Metz zu erwirken.

Auch zu dieser zweiten Reise wurde seitens des Obercommandos in Corny (Prinz Friedrich Karl) die Genehmigung gewährt. Der General passirte die preußischen Linien, erreichte abermals Versailles, hatte erneute Besprechungen, in denen unsererseits an der Forderung »bedingungslose Waffenstreckung« festgehalten wurde, und trat dann, um die obenerwähnte Vermittelung anzurufen, seine Weiterreise nach England an. Von einer zwischengelegenen Station aus ließ er an Bazaine die einfache Mittheilung von dieser seiner Weiterreise gelangen, ohne hinzuzufügen, daß seine Vorstellungen und Versuche in Versailles gescheitert seien. Aber was General Boyer in seinem Telegramm verschwieg, um das Wort »hoffnungslos« nicht eher auszusprechen, als bis der letzte Schritt geschehen und auch die Kaiserin vergeblich angerufen oder vergeblich eingetreten sei, — die Thatsache vollständigen Fehlschlagens aller in Versailles erneuerten Versuche, war mittlerweile seitens des Obercommandos in Corny dem Marschall in Ban St. Martin bereits mitgetheilt worden. An der unbedingten Zuverlässigkeit dieser Mittheilungen ließ sich nicht zweifeln. So war denn von diesem Tage an (es war der 21.) das Schicksal der französischen Rhein-Armee besiegelt. Es konnte sich der Zeit nach nur noch um Tage und Stunden, den Bedingungen nach nur noch um relativ Nebensächliches, um die Innehaltung strengerer oder milderer Formen handeln.

Marschall Bazaine, ohne sich deshalb seiner Eigenschaft als Ober-feldherr einer kaiserlichen Armee zu entkleiden, vielmehr lediglich den Ver-hältnissen in zu billigender Weise Rechnung tragend, hielt es für gerathen, vor dem definitiven Abschluß der Capitulation noch einmal zu versuchen mit der »Regierung der nationalen Vertheidigung« in Verbindung zu treten. Es glückte auch in der That. Einer der auserlesenen Boten übergab am 27. October die Depesche des Marschalls an die Regierungs-Delegation in Tours,*) aber es war derselbe Tag, an dem, unter dem Druck der immer fühlbarer werdenden Noth, die Capitulation in Schloß Frescaty unter-zeichnet worden war.

Der Schilderung dieser letzten Tage der Belagerung von Metz wenden wir uns jetzt zu.

---

*) In dieser Depesche hieß es: »Unsere Lage hat sich immer schlimmer gestaltet. Ich muß durchaus erfahren, was im Innern des Landes und der Hauptstadt vorgeht, denn binnen kurzer Zeit werde ich aus Mangel an Lebensmitteln gezwungen sein, im Interesse Frankreichs und der Armee einen entscheidenden Schritt zu thun.« Gambetta, nach Empfang dieses Nothschrei's, erließ folgende amtliche Bekanntmachung: »... Die Armee von Metz ist reichlich mit Vorräthen aller Art versehen und hat bisher bei jedem ihrer stets siegreichen Ausfälle dem Feinde beträchtliche Verluste zugefügt ... Wir benutzen diesen Anlaß, um darauf hinzuweisen, daß Bazaine durch die Sendung einer Vertrauensperson alle jene Gerüchte vollständig widerlegt hat, welche den Marschall einer unfreundlichen Haltung gegenüber der Regierung der nationalen Vertheidigung beschuldigen.« Als diese Bekanntmachung in den amtlichen Zeitungen erschien, rückten die ersten preußischen Bataillone in Metz ein. Es haftet diesem Gambetta'schen Redactionsverfahren etwas mehr oder minder Komisches an, das durch das eben erwähnte Zusammentreffen und den sich darin aussprechenden Gegensatz von Wahrheit und Dichtung nicht gerade verringert wird; aber über dieses leise und noch dazu theilnahmvolle Lächeln hinaus vermögen wir es nicht zu bringen. Fern liegt uns all und jede Entrüstung über ein vorgeblich unsittlich-lügnerisches Gebahren. Solche »Unsittlichkeiten« sind in à outrance geführten Kriegen immer im Schwange gewesen und nicht nur der Tapferste, sondern auch der Listigste ist jederzeit als ein Held und wenn nicht als ein Held so als ein Liebling gefeiert worden. Vielfach in der Geschichte fallen beide Rollen zusammen. Die Kunst der Täuschung ist auch eine Kunst, die wie in der Politik so auch im Kriege ihre volle Be-rechtigung hat. Das wird nur immer von denen bestritten, die entweder die Zeche bezahlen mußten, oder so sehr »Hans im Glücke« waren, daß sie zu extremen Dingen nicht zu greifen brauchten. Wem das Messer an der Kehle sitzt, der ist zu allen Zeiten in den Mitteln zu seiner Rettung und Befreiung sehr unwählerisch gewesen. Lüge zählt noch zu den harmlosesten.

In extremis.

Die Capitulationsverhandlungen. Die Capitulation.

(Vom 24. bis 27.)

Die Noth wuchs. An Cerealien bestand längst der empfindlichste Mangel, die Rationen von schlechtem Kleienbrod waren mehrfach herabgesetzt worden, jede Kartoffel repräsentirte einen über das Gewöhnliche zwanzigfach hinausgehenden Werth, der auch gezahlt wurde. Am 22. gab General Coffinières die Erklärung ab, daß etwa am 28. October alle Brodverpflegung ihre Endschaft erreichen werde und am 24. theilte General L'Admirault dem Obercommando mit, daß sein Pferdebestand völlig erschöpft sei und das ihm unterstellte Corps (das IV.) höchstens noch an den drei nächsten Tagen die erforderliche Anzahl Pferde an die Schlächterei abgeben könne. Er erhielt die Antwort, daß sich sämmtliche Corps in gleicher Lage befänden. Zum Ueberfluß erfolgte an eben demselben Tage von Seiten des Generalcommandos in Corny auch noch die Mittheilung, daß, dem Wortlaut einer vom General Boyer aus Chislehurst eingetroffenen Depesche nach, die Kaiserin-Regentin jede Theilnahme an den Verhandlungen abgelehnt und nur ihre besten Wünsche für die Armee von Metz ausgesprochen habe.

So war denn der entscheidende Moment gekommen; Metz befand sich in extremis.

Bazaine, wie immer, versammelte den Kriegsrath, gab ein Bild der Sachlage und forderte Beschlußfassung. Man kam überein, beim Prinzen Friedrich Karl die Genehmigung zu Internirung der Armee im Innern Frankreichs oder zur Ueberführung nach Algier nachzusuchen. Changarnier wurde mit dieser schwierigen Mission betraut; Prinz Friedrich Karl erklärte sich bereit, den General zu empfangen und bestimmte, daß derselbe andern Tages 11 Uhr von zwei Ordonnanz-Offizieren bei den Vorposten abgeholt werden solle.

Der nächste Tag war der 25. Ein diesseitiger Bericht schildert die betreffenden Vorgänge wie folgt: »Unsere Ordonnanz-Offiziere waren zu festgesetzter Stunde bei den Vorposten. Da sie den General daselbst nicht trafen, nahmen sie eine Parlamentairflagge und gingen, von Hunderten unbewaffneter Feinde umschwärmt, bis zu dem französischen Verhau, wo die Wache sie mit Gewehr bei Fuß empfing. Als sie sagten, daß sie den General Changarnier erwarteten, zeigte der Wachthabende auf einen eben sich heranbewegenden Wagen. In der That, es war der General, ein hoher 70er, noch ziemlich rüstig, bat aber so weit als möglich fahren zu dürfen, da ihm das Gehen schwer falle. Selbstverständlich entsprachen unsere Offiziere seinem Wunsche und nachdem ihm die Augen verbunden und die kurze Wegstrecke zurückgelegt war, wurde der greise Parlamentair durch den General v. Stiehle vor den Prinzen geführt. Die Conferenz dauerte eine halbe Stunde. Changarnier schien gebrochen und das Letzte, was er sagte, war: »Wir werden fallen, aber mit Ehren. Ich wünsche Ihnen, meine Herren, daß Sie und kein braver Soldat Aehnliches erleben mögen.« Er war tief bewegt, als ihn die Ordonnanz-Offiziere bis zu den Vorposten zurückführten.«

Um 3 Uhr etwa traf der General wieder in Ban St. Martin ein. Er überbrachte die Mittheilung, daß eine regelrechte Verhandlung mit ihm nicht habe geführt werden können, da Prinz Friedrich Karl darauf bestehe, daß ein »mit ausdrücklicher Vollmacht versehener, activer General der Armee« ins deutsche Lager gesendet werde.

Zu diesem Schritte entschloß sich Bazaine sofort, und bereits um 5 Uhr Nachmittags (am 25.) konnte, halben Wegs zwischen Metz und Corny, im Schlosse Frescaty, eine erste Unterhandlung über die abzuschließende Capitulation eingeleitet werden. Preußischerseits nahmen General v. Stiehle und Hauptmann Steffen vom großen Generalstabe, französischerseits General Cissey, Divisionair im IV. Corps L'Admirault, an diesen Unterhandlungen Theil. Letzterer zeigte sich, wenigstens zunächst, noch ziemlich abgeneigt, auf unsere Bedingungen, die die Capitulation von Sedan als Grundlage hatten, einzugehen. Erst im Laufe der Nacht (vom 25. auf den 26.) kehrte General Cissey nach Ban St. Martin zurück.

Am Morgen des 26. abermals Kriegsrath. Unsere Bedingungen wurden vorgelegt. Changarnier und Cissey gaben Beide die Erklärung ab, daß sie, der eine in Corny, der andere in Frescaty, die Ueberzeugung von der Unbeugsamkeit der preußischerseits gestellten Forderungen gewonnen hätten. Man schritt nunmehr zur Abstimmung und wurde einig, die Capitulationsbedingungen anzunehmen. Nur General Desvaux, der, seit der Sendung Bourbaki's nach England (siehe S. 799), an Stelle desselben die Kaisergarde commandirte, stimmte dagegen. General Jarras, Chef des Generalstabes der Rheinarmee, wurde beauftragt, die weiteren Verhandlungen zu führen.

Dies geschah noch am selben Tage (26.). Um 6 Uhr Abends begab sich General Jarras in Begleitung des Oberstlieutenant Fay und des Major Samuel, Beide vom französischen Generalstabe, nach Schloß Frescaty,*) wo mit General v. Stiehle, der ebenfalls mit zwei Generalstabs-Offizieren erschienen war, in die Berathung der einzelnen Artikel eingetreten wurde. Namentlich Artikel IV. (siehe weiterhin den Wortlaut der Capitulation) führte zu einer lebhaften Debatte, indem französischerseits daran fest-gehalten wurde, daß allen Offizieren, ohne Rücksicht auf die Ausstellung eines unsererseits geforderten Reverses, Waffen und Privatgepäck belassen werden solle. Erst gegen 2 Uhr Morgens, also schon am 27. früh, waren die Verhandlungen geschlossen und General Jarras kehrte mit den ihn

*) »Schloß Frescaty, — so heißt es in einem während der letzten Octobertage ge-schriebenen Briefe — wiewohl unter den Kanonen mehrerer Forts und Redouten gelegen, war bereits zu Anfang der zweiten October-Hälfte von einzelnen unserer Compagnieen (ich glaube vom 54. Regiment) besetzt worden, so daß wir, als am 25. und 26. die Generale Cissey und Jarras eintrafen, bereits die Herren, die Wirthe an dieser Stelle waren und gewissermaßen die Honneurs des Hauses zu machen hatten. Das war nicht leicht. Die Einrichtung existirte noch, Fauteuils, Stühle, Tische, selbst Bibliothek und Lüstre waren vorhanden; aber über dieses bloße »Vorhandensein« ging es auch kaum hinaus; 14 Tage Einquartierung bei solchem Wetter und unter solchen Verhältnissen hatten der Erscheinung der Dinge einigermaßen Ab-bruch gethan.... General Cissey spannte die Saiten noch ziemlich hoch; General Jarras hingegen hatte Verständniß genug, dies zu unterlassen, war aber ein sogenannter »Heuler« und beschäf-tigte sich mehr mit dem eigenen Schicksal, als mit dem der Armee. Einen desto würdigeren Eindruck machten die beiden Herren seiner Begleitung: Oberstlieutenant Fay und Major Samuel. Ihnen ging das große Schicksal zu Herzen.«

Einem späteren Briefe (aus dem Sommer 1871) entnehmen wir über Schloß Fres-caty noch das Folgende: »... Erst unter rothblühenden Kastanien, dann zwischen Buchen und Ellern hin, die sich schließlich zu einem kleinen Gehölz erweitern, so erreichten wir das »Schloß«, in Wahrheit eine in einfachsten Renaissanceformen aufgeführte Villa. Nicht mehr in nieder-strömendem Regen, sondern im Schein der trüben untergehenden Sonne lag sie da. Ein Gärtnerbursch und seine Schwester kamen; sie bewohnten ein Häuschen, das zwischen den Stall-gebäuden lag und waren die einzigen Wächter hier. Jede Auskunft wurde uns willfährig ge-geben, nur nicht — der Schlüssel zum Schloß. Damals empfingen wir in Frescaty die Schlüssel von Metz, jetzt waren in Metz die Schlüssel von Frescaty. Das Schloß gehörte einem reichen Industriellen. So mußten wir uns mit einem bloßen Hineinlugen in die so berühmt gewor-denen Zimmer und mit einem Blick von der Freitreppe aus begnügen. Beinah unmittelbar zu Füßen derselben ein stiller, nach rechts hin von vier Trauerweiden umstandener Teich. Auf seinem Spiegel lag ein breiter, blutrother Streifen, denn in der Verlängerung dieser Linie sank eben die Sonne hinter dem Mont St. Quentin und überglühte diesen wie das vorgelegene Terrain. Wie still, wie schön! Da kamen der Bursch und seine Schwester und brachten uns Blumen, die sie inzwischen gepflückt und zu zwei Gärtnersträußen gebunden hatten.... Als wir, von der ersten Wegebiegung aus, noch einmal zurückschauten, lag Schloß Frescaty da wie ein Märchen· und nicht wie ein Capitulations-Schloß. Und könnt' es uns Wunder nehmen! Das furchtbare Schauspiel jener Schlachten- und Belagerungstage, lag es doch selbst schon wieder wie ein Märchen hinter uns.«

begleitenden Offizieren nach Van St. Martin zurück. Es fehlte noch die Unterzeichnung der Capitulation; über ihren Inhalt war man einig geworden.
Was den einen, noch schwebenden Punkt: »Waffen und Gepäck für alle
Offiziere« anging, so hatte sich General v. Stiehle bereit erklärt, auf
telegraphischem Wege die Genehmigung dazu beim Könige nachzusuchen.

Am 27. endlich erfolgte der definitive Abschluß der Capitulation. Schon am Morgen dieses Tages konnte dem Marschall, beziehungsweise seinem Kriegsrathe mitgetheilt werden, daß König Wilhelm genehmigt
habe, sämmtlichen in Metz befindlichen Offizieren Waffen und Gepäck zu
belassen. Prinz Friedrich Karl fügte seinerseits hinzu, »daß die Uebergabe
der französischen Armee mit militairischen Ehren stattfinden solle«. Durch
diese beiden Zugeständnisse war nunmehr alles geregelt und General Jarras
begab sich, mit Vollmachten zum definitiven Abschluß ausgerüstet, um
6 Uhr Abends nach Schloß Frescaty; er war abermals von den beiden schon
genannten Generalstabs-Offizieren begleitet. General v. Stiehle empfing, wie
am Tage zuvor, den französischen Unterhändler. Nach Prüfung der gegenseitigen Vollmachten und nochmaliger Berührung eines streitig gebliebenen
Punktes (Abzug eines gemischten Detachements in voller militairischer Ausrüstung; was abgelehnt wurde) schritten die beiden Bevollmächtigten zur
Unterzeichnung der Capitulations-Urkunde.*) Dieselbe hatte folgenden Wortlaut:

Capitulation.

Art. 1. Die unter dem Befehl des Marschalls Bazaine stehende französische Armee ist kriegsgefangen.	Art. 1. L'armée française, placée sous les ordres du maréchal Bazaine, est prisonnière de guerre.

---

*) Diese Unterzeichnung erfolgte 8 Uhr Abends, entweder in dem unmittelbar hinter
der Freitreppe des Schlosses gelegenen Empfangssalon oder in dem Zimmer rechts daneben.
Besonders dieser letztere Raum wurde während der Verhandlungen benutzt. Der Unterzeichnung ging noch ein grotesker Moment voraus, über den wir Folgendes finden: »Es war ein
tolles Wetter an diesem Unterzeichnungsabend. Ein furchtbarer Wind fegte um das Schloß
her, lärmte im Kamin, warf die Ziegel vom Dach. Dazu war es kalt und zugig, da die
Compagnieen, die hier lagen, überall Schießscharten in das Mauerwerk geschlagen hatten.
Um der Ungemüthlichkeit abzuhelfen und wenigstens ein Minimum von Comfort herzustellen,
besetzte man den Kronleuchter mit einigen Lichtern, die man aufzutreiben das Glück gehabt
hatte, suchte ein Feuer im Kamin herzurichten und stellte vor Allem eine an anderer Stelle
weggenommene Bretterwand von Innen her an die Balconthür, um dadurch den Zug zu
mindern. Es ging auch eine Viertelstunde; plötzlich aber setzte der Sturm mit doppelter Gewalt ein, fuhr durch die Ritzen und Löcher und warf die vorgestellte Bretterwand mit ungeheurem Krach in den Salon hinein. Es war wie eine Pulververschwörung.« (Das Dintenfaß,
aus dessen spärlichem Inhalt die Capitulation endlich unterzeichnet wurde, gehörte dem
Premierlieutenant und Adjutanten v. Goetz vom 54. Regiment. Tisch, Dintenfaß, Feder
sind als Souvenirs an jenen denkwürdigen Abend nach Berlin gekommen; die beiden ersteren
befinden sich im Besitz des Prinzen Friedrich Karl.)

Art. 2. Die Festung und die Stadt Metz mit allen Forts, dem Kriegsmaterial, den Vorräthen aller Art und allem Staatseigenthum, wird der preußischen Armee in dem Zustande übergeben, in welchem sie sich im Augenblicke der Unterzeichnung dieser Uebereinkunft befindet. Die Forts Saint Quentin, Plappeville, Saint Julien, Queleu und Saint Privat, so wie das Thor Mazel (Straße nach Straßburg) werden am Sonnabend, den 29. October Mittags, den preußischen Truppen übergeben.

Um 10 Uhr Morgens desselben Tages werden Artillerie- und Ingenieur-Offiziere mit einigen Unteroffizieren in die genannten Forts hineingelassen, um die Pulvermagazine in Besitz zu nehmen und etwaige Minen unschädlich zu machen.

Art. 3. Die Waffen, sowie das ganze Kriegsmaterial der Armee, bestehend in Fahnen, Adlern, Kanonen, Mitrailleusen, Pferden, Kriegskassen, Militair-Fahrzeugen, Munition ꝛc., wird in Metz und in den Forts an eine von Herrn Marschall Bazaine eingesetzte Militair-Commission überliefert, um unmittelbar danach an preußische Commissaire übergeben zu werden.

Die unbewaffneten Truppen werden regimenter- oder corpsweise rangirt und in militairischer Ordnung an die Plätze geführt, welche für jedes Corps bezeichnet werden. Die Offiziere kehren dann allein unter der Bedingung in

Art. 2. La forteresse et la ville de Metz, avec tous les forts, le matériel de guerre, les approvisionnements de toute espèce, et tout ce qui est propriété de l'État, seront rendus à l'armée prussienne dans l'état où tout cela se trouve au moment de la signature de cette convention.

Samedi, 29 Octobre, à midi, les forts Saint-Quentin, Plappeville, Saint-Julien, Queuleu et Saint-Privat, ainsi que la porte Mazelle (route de Strasbourg) seront remis aux troupes prussiennes.

A dix heures du matin de ce même jour, des officiers d'artillerie et du génie, avec quelques sous-officiers, seront admis dans lesdits forts, pour occuper les magasins à poudre, et pour éventer les mines.

Art. 3. Les armes, ainsi que tout le matériel de l'armée, consistant en drapeaux, aigles, canons, mitrailleuses, chevaux, caisses de guerre, équipages de l'armée, munitions etc., seront laissés à Metz et dans les forts à des commissions militaires, instituées par M. le maréchal Bazaine, pour être remis immédiatement à des commissaires prussiens. Les troupes sans armes seront conduites, rangées d'après leurs régiments ou corps, et en ordre militaire, aux lieux qui sont indiqués pour chaque corps. Les officiers rentreront alors, libre-

das Innere des verschanzten Lagers oder nach Metz zurück, daß dieselben hierdurch auf ihr Ehrenwort verpflichtet sind, Metz nicht ohne Befehl des preußischen Commandanten zu verlassen.

Die Truppen werden dann durch ihre Unteroffiziere auf die Bivouacsplätze geführt.

Die Soldaten behalten ihre Tornister, Effecten und Lagergegenstände (Zelte, Decken, Kochgeräthschaften u. s. w.).

Art. 4. Alle Generale und Offiziere, sowie die Militairbeamten mit Offiziersrang, welche schriftlich ihr Ehrenwort abgeben, bis zum Schluß des gegenwärtigen Krieges nicht gegen Deutschland zu kämpfen und auch auf keine andere Weise gegen seine Interessen zu handeln, werden nicht kriegsgefangen.

Die Offiziere und Beamten, welche diese Bedingung annehmen, behalten ihre Waffen und ihr persönliches Eigenthum.

Um den Muth anzuerkennen, den die Armee, wie die Garnison während der Dauer des Feldzuges gezeigt haben, wird außerdem denjenigen Offizieren, welche die Kriegsgefangenschaft wählen, erlaubt, ihre Degen oder Säbel mit sich zu nehmen, sowie all' ihr persönliches Eigenthum.

Art. 5. Sämmtliche Militairärzte bleiben in Metz zurück, um für die

ment, dans l'intérieur du camp retranché, ou à Metz, sous la condition de s'engager sur l'honneur à ne pas quitter la place, sans l'ordre du commandant prussien.

Les troupes seront alors conduites par leurs sous-officiers aux emplacements de bivouacs. Les soldats conserveront leurs sacs, leurs effets et les objets de campement (tentes, couvertures, marmites etc.).

Art. 4. Tous les généraux et officiers, ainsi que les employés militaires ayant rang d'officiers, qui engageront leur parole d'honneur, par écrit, de ne pas porter les armes contre l'Allemagne, et de n'agir d'aucune autre manière contre ses intérêts jusqu'à la fin de la guerre actuelle, ne seront pas faits prisonniers de guerre.

Les officiers et employés, qui accepteront cette condition conserveront leurs armes et les objets qui leur appartiennent personnellement.

Pour reconnnître le courage dont ont fait preuve pendant la durée de la campagne les troupes de l'armée et de la garnison il est en outre permis aux officiers, qui opteront pour la captivité, d'emporter avec eux leurs épées ou sabres, ainsi que tout ce qui leur appartient personnellement.

Art. 5. Les médecins militaires, sans exception, resteront

Verwundeten zu sorgen; sie werden gemäß der Genfer Convention behandelt werden. Dasselbe findet statt mit dem Personal der Hospitäler.

Art. 6. Erörterungen über einzelne Punkte, hauptsächlich in Betreff der städtischen Interessen, sind in einer Beilage behandelt, welche dieselbe Gültigkeit hat, wie das gegenwärtige Protocoll.

Art. 7. Jeder Artikel, welcher Zweifel herbeiführen könnte, wird stets zu Gunsten der französischen Armee ausgelegt werden.

Verhandelt im Schlosse Frescaty, den 27. October 1870.

v. Stiehle.   Jarras.

en arrière pour prendre soin des blessés; ils seront traités d'après la convention de Genève; il en sera de même du personnel des hôpitaux.

Art. 6. Des questions de détail, concernant principalement les intérêts de la ville, sont traitées dans un appendice, qui aura la même valeur que le présent protocole.

Art. 7. Tout article qui pourra présenter des doutes sera toujours interprété en faveur de l'armée française.

Fait au château de Frescaty, le 27 Octobre 1870.

L. Jarras.   v. Stiehle.

Der König war durch die Nachricht von dem lang herbeigesehnten Ereigniß tief bewegt. Zwei seiner Telegramme, die wir, weil eins das andere corrigirt und erweitert, in Nachstehendem zusammenfassen, geben Zeugniß davon: »Versailles, den 28. October. Gestern Abend ist die Capitulation unterzeichnet worden. Gefangene: 173,000 Mann, 3 Marschälle, 6000 Offiziere. Das ist eins der wichtigsten Ereignisse. Dank der Vorsehung. Man soll Victoria schießen. Am 29. werden die Stadt und die Forts besetzt.« Am selben Tage noch wurden der Kronprinz und Prinz Friedrich Karl mit Rücksicht auf die Colossalresultate von Sedan und Metz zu Feldmarschällen ernannt. Wie der König hinzufügt: »Der erste Fall der Art in Unserem Hause.«

——— ———

So der König. Jeder war sich mit ihm der außerordentlichen Bedeutung dieser Waffenstreckung der feindlichen Armee bewußt. »Vergebens, — so heißt es in den Schriftstücken jener Tage — wird man in der Kriegsgeschichte ein Beispiel aufzufinden suchen, welches in seiner großartigen Eigenthümlichkeit der Capitulation von Metz ebenbürtig zur Seite gestellt

werden kann. Einhundertundfunfzigtausend Franzosen,[*] der Kern und letzte
Rest der glorreichen französischen Armee, geführt von ihren tüchtigsten und
bewährtesten Marschällen und Generalen, eingeschlossen in einem befestigten
Lager, welches von den Franzosen mit stolzer Zuversicht als ein unüber-
windliches Bollwerk betrachtet und gerühmt wurde, — haben am 27. d. die
Waffen strecken müssen, nachdem sie von einer numerisch nicht bedeutend
stärkeren deutschen Armee seit dem Tage von St. Privat, also seit 70 Tagen,
mit eisernem Arm eng eingeschlossen gehalten worden waren. Die Sieger
mögen sich des schwererrungenen Lorbeers freuen und der Ausgang darf sie
mit besonderer Genugthuung erfüllen. Sie haben das Bewußtsein, daß sie
in dem erkämpften Waffenplatze das stärkste Bollwerk für Deutschlands
künftige Vertheidigung im Westen und eine vorzügliche Bürgschaft zur
Sicherung des Friedens errungen haben.«

Der 28. verging mit Vorbereitungen zur Ausführung der Capitulation. Der 29. brächte dieselbe. Darüber im folgenden Capitel.

[*] Die Kranken und Verwundeten miteingerechnet, waren es 173,000 Mann. Dazu
ein unermeßliches Kriegsmaterial. Die Cernirungs-Armee erkaufte diesen Erfolg durch einen
Gesammtverlust von 5483 Mann, wovon 3090 Mann auf den August einschließlich der
Schlacht von Noisseville, 471 Mann auf den Monat September und 1922 Mann auf den
October kamen. Hierzu die großen Einbußen am 14., 16. und 18. August, ergiebt unsererseits
einen Gesammtverlust vor Metz von etwa 46,000 Mann. (Die Einbußen des Gegners sind in
der Regel als erheblich niedriger angesehen worden, da die Franzosen, namentlich am Tage von
Gravelotte, in gedeckten Stellungen fochten. Nach einer Angabe General Coffinières indeß beziffert sich der französische Gesammtverlust auf 42,000 Mann, wonach derselbe — in Erwägung
des Umstandes, daß unsere Armeen, wenigstens an den drei Schlachttagen, um 70- bis
80,000 Mann stärker waren als die Armee des Gegners — unseren Gesammtverlust relativ
noch übertreffen würde.)

Ausführung der Capitulation.

(28. und 29. October.)

Am 28. October herrschte in der Stadt, in Folge des Bekanntwerdens der Capitulation, eine außerordentliche Erregung. Große Menschenmassen, unter denen sich auch Nationalgardisten, sowie einige Offiziere der Armee befanden, durchzogen am frühen Morgen die Straßen und unternahmen tumultuarische Demonstrationen. Von der Cathedrale und einigen andern Kirchthürmen her wurde Sturm geläutet, große Volksmassen sammelten sich vor dem Rathhause und der Commandantur an. General Coffinières ließ einige Bataillone Garde-Infanterie in die Stadt einrücken, besetzte mit diesen Truppen die Thore und inneren Wachen und ließ, zum Theil unter An-wendung von Gewalt, die Straßen durch Detachements säubern.

Dies energische Einschreiten stellte die Ruhe wieder her und noch am Abend des 28. konnte mit der durch Artikel III. der Capitulation näher festgesetzten Entwaffnung begonnen werden. Am 29. früh wurde sie fort-gesetzt und vollendet.

Das II. Corps Frossard, wahrscheinlich einschließlich der Brigade Lapasset, legte in Fort St. Privat,

das III. Corps Leboeuf in Fort St. Julien und Queuleu,

das IV. Corps L'Admirault in Fort St. Quentin,

das VI. Corps Canrobert in Fort Plappeville,

die Garnison von Metz im Artillerie-Arsenal die Waffen nieder. Eben dahin wurden sämmtliche Adler und Fahnen geschafft.

Die Kaisergarde wurde nicht entwaffnet.

So unruhig der 28. verlaufen war, so ruhig entwickelten sich die Dinge am 29. Um 10 Uhr Vormittags erschienen, gemäß der getroffenen

Uebereinkunft, preußische Artillerie- und Ingenieur-Offiziere in den verschiedenen Forts, nahmen die Pulvermagazine in Besitz, suchten die vorhandenen
Minen auf und unterbrachen die Leitung derselben. Um 12 Uhr wurden
die Forts und das Mazelle-Thor durch preußische Infanterie besetzt, worauf
auf Fort St. Quentin die preußische Fahne aufgezogen wurde. In jedes
der äußeren Forts rückte zu der genannten Zeit ein Detachement von
2 Bataillons, 2 Feldgeschützen, 100 Mann Artillerie und einer halben
Pionier-Compagnie.

Fort St. Quentin und Fort St. Privat wurden durch Truppen
des IX. Armee-Corps und zwar jenes durch Bataillone der 18., dieses durch
Bataillone der 25. (Großherzoglich Hessischen) Division,

Fort Plappeville durch das III.,

Fort St. Julien durch das I.,

Fort Queuleu durch das VIII., und die

Porte Serpenoise und Porte Mazelle durch das VII. Armee-Corps
besetzt. (Zur Besetzung aller dieser Punkte, wie oben bereits hervorgehoben,
genügten einzelne Bataillone der genannten Corps.)

Vom II. Armee-Corps rückten Abtheilungen in die innere Stadt ein.
General v. Kummer wurde zum Commandanten von Metz ernannt.

Der Ausmarsch der französischen Armee begann gegen 1 Uhr. Die
Kaisergarde allein war noch bewaffnet, und marschirte in voller militairischer
Ordnung unter Führung des Generals Jureau auf dem Eisenbahndamme
von Longeville nach Montigny und dann weiter auf der nach Nancy füh-
renden Straße bis Tournebride (westlich vom Schloß Frescaty), wo dieselbe
vor Prinz Friedrich Karl, den Stäben des Obercommandos, des II. und
IX. Armee-Corps und den längs der Straße aufgestellten Truppen des II.
und IX. Armee-Corps defilirte. Als die Tête der Garde-Grenadier-Division
Picard sich dem Standpunkte des Prinzen Friedrich Karl näherte, sprengte
General Jureau vorwärts, um dem Prinzen den Front-Rapport zu über-
reichen, wurde indeß an General v. Fransecky, als den commandirenden
General der daselbst aufgestellten Truppen gewiesen, übergab diesem den
Rapport und nahm, während des Vorbeimarsches der Garde, neben Prinz
Friedrich Karl Stellung.

Diesen Vorbeimarsch der Garde finden wir in einem Spezial-
bericht mit großer Lebendigkeit geschildert.

„Der Hauptausmarsch der französischen Garde, in der Stärke von
22,000 Mann, und ihr Vorüberdefiliren bei dem Prinzen Friedrich Karl
hatte, nach vorgängiger Bestimmung, auf der Chaussee von Metz nach Ars

zur Moselle zu erfolgen. Trotz des strömenden Regens, der, seit acht Tagen anhaltend, die Beschwerden unserer Truppen sehr erhöhte, stellten sich am Mittag bei der Auberge Tournebride, ¼ Meile von Metz, das 2. und 54. pommersche Infanterie-Regiment, das 2. pommersche Jäger-Bataillon, das pommersche Pionier-Bataillon, zwei leichte Batterieen des 2. Artillerie-Regiments und zwei Schwadronen des 11. neumärkischen Dragoner-Regiments in voller Parade ohne Mäntel in der Entfernung von 50 Schritten längs der Chaussee auf. Um 1 Uhr erschien der Prinz Friedrich Karl mit dem General v. Fransecky und zahlreichem Gefolge. Ein dreimaliges kräftiges Hurrah der Truppen und die schmetternde Feldmusik begrüßten den Feldherrn, der Metz bezwang, als er längs den Reihen der Regimenter hinsprengte.

Bald erschienen nunmehr zwei französische höhere Stabsoffiziere, von denen besonders der eine, ernst und würdevoll, ein Bild des tiefsten Seelenschmerzes zeigte, und meldeten den Ausmarsch der Kaiserlich französischen Garde in die preußische Kriegsgefangenschaft.

Es waren bedeutungsvolle Stunden, in die wir jetzt eintraten. In Reihen von 8—10 Mann zogen Cürassiere, Carabiniers, Lanciers, Chasseurs à cheval und Husaren der Garde, alle zu Fuß, dann die reitende Artillerie, das 1. Grenadier-Regiment, zwei Voltigeur-Regimenter und das Chasseur-Bataillon an uns vorüber. Es waren fast durchweg lauter schöne, überaus kräftige, martialisch aussehende Männer, unbedingt die Elite der ganzen französischen Armee und noch vor wenigen Monaten die stolzeste und kriegsfreudigste Truppe, die Europa besaß. Alle Gardisten waren sehr gut uniformirt und führten Mäntel und viel sonstiges Gepäck bei sich. Ersichtlich hatte man der Mannschaft zuletzt noch die Magazine geöffnet, damit sie sich dort für die lange Kriegsgefangenschaft mit allem Nöthigen versorgen sollte. Die Haltung der Leute war ernst und ruhig; Kummer, Schmerz, in einzelnen, aber wenigen Fällen auch Haß, war auf den Gesichtern fast aller Offiziere und Soldaten ausgeprägt. Unsere Pommern bewahrten die beste Haltung den besiegten Feinden gegenüber; kein kränkender Jubelruf, kein Wort der Freude oder was sonst die Franzosen hätte verletzen können, wurde hörbar; es war eine fast lautlose Stille, in der Alle verharrten, und das Erschütternde des Moments übte auch auf die Unsrigen eine ersichtliche Wirkung. Sie ehrten sich selbst, indem sie den nach langer, tapferer Vertheidigung von uns besiegten Feind ehrten.

Den gefangenen Franzosen sah man den Hunger und die Entbehrungen der letzten Wochen verhältnißmäßig wenig an; dahingegen zeigten 40—50 Pferde der berittenen Offiziere, die ich beobachtete, nur zu viele Spuren des Mangels und waren theilweise nur noch Haut und Knochen.

Schmerzliche Scenen kamen vor; viele französische Soldaten weinten, als sie von ihren Offizieren Abschied nahmen; auch in den Augen dieser standen Thränen."*)

So der Bericht. Auch eine andere Schilderung hebt hervor: »Die Kaisergarde bewährte, durch ihre tadellose Haltung beim Defiliren, ihren Charakter als Elite-Truppe." Nicht ein Gleiches ließ sich von den andern Corps sagen, wenigstens nicht durchgängig. Die Disciplin war sichtlich herab-gekommen, viele waren betrunken, noch andere hatten in Uebermuth oder Gleichgültigkeit versäumt, ihre Lagerdecken und Kochgeschirre mitzunehmen. Ein starker Bruchtheil dieser ging, bei den immer größer werdenden Unbilden des Wetters, an diesem Leichtsinn zu Grunde.

Die 6000 gefangenen Offiziere wurden am 1. November in sechs großen Eisenbahnzügen bis nach Saarbrücken geschafft; ein Extrazug, der dieselbe Richtung nahm, beförderte die Corpscommandeure Canrobert, Leboeuf, Frossard, L'Admirault und das Personal der höheren Stäbe.

Marschall Bazaine war bereits zwei Tage früher aufgebrochen.

Ein Wort über ihn im folgenden Capitel.

*) Nach dem Vorbeimarsch wurden die Truppen (ähnlich wie bei Sedan) auf eine große Wiese geführt, wo sie zunächst Rationen erhielten. In der Nacht leuchteten die Bivouac-feuer. Andern Tages begann bereits der Transport der Gefangenen, und zwar bis zur Grenze zu Fuß, von dort aus per Bahn. Die Begleitmannschaften gab das VII. Corps.

Bazaine.

(Geschrieben im September 1873.)

Marschall Bazaine hatte sich am 30. October über Ars sur Moselle und Noveant nach Corny begeben und sich beim Prinzen Friedrich Karl als Gefangener gemeldet. Noch am selben Tage seine Weiterreise nach Deutschland antretend, war er am 1. November in Cassel eingetroffen. Er verblieb daselbst bis zum Friedensschluß und nahm — wie auch die Marschälle Canrobert und Leboeuf — Wohnung im Hôtel du Nord.

Es ist hier der Ort, nach Voraufschickung einiger biographischer Notizen, die in den ersten Zeilen nur eine Wiederholung des bereits S. 227 Gegebenen sind, eine Charakteristik des Marschalls zu versuchen.

François Achille Bazaine wurde im Jahre 1811 geboren. Nach Einigen gehörte er väterlicherseits einer in den französischen Kriegsannalen namhaften Familie an; nach anderer (allgemeinerer) Annahme indeß machte er seine Carrière von der Pike auf, war Tambour und verwirklichte die französische Lieblingsidee vom »Marschallstab im Tornister«. 1831 trat er in die Armee, ging 1832 nach Afrika und erwarb das Kreuz der Ehrenlegion auf dem Schlachtfelde; 1837 schiffte er sich mit der Fremdenlegion nach Spanien ein und machte hier zwei beschwerliche Feldzüge gegen die carlistischen Guerilla-Schaaren mit. 1839 wieder nach Algier, wo er an den Expeditionen nach Milianah, Kabylien und Marokko theilnahm. 1850 trat er an die Spitze des ersten Regiments der Fremdenlegion. 1854 Brigadegeneral. In dieser Eigenschaft war er in der Krim, wo er bei der Belagerung von Sewastopol sich eben so sehr durch Bravour wie durch organisatorischen Geist auszeichnete. Nach der endlichen Einnahme der Festung wurde er Divisionair und Platzcommandant von Sewastopol. Um eben diese Zeit befehligte er mit Umsicht und Erfolg das Expeditionscorps gegen Kinburn. Nach seiner Rückkehr ward ihm die Inspection über mehrere In-

fanterie-Divifionen übertragen. 1863 ging er als Divifionair mit nach
Mexiko, wo er alsbald, nach dem Abgange des Marschall Forey, den Oberbefehl über die dort concentrirte französische Armee übernahm. Puebla und
Mexiko wurden genommen, 1864 das Kaiserreich (Erzherzog Maximilian)
proclamirt. 1867 unterlag Kaiser Max der republikanischen Partei und
wurde auf der Ebene von Queretaro erschossen. Es hieß damals, daß
Bazaine diesen Ausgang habe verhindern können; nach Einigen folgte er
dabei erhaltenen Befehlen, nach Anderen seinen eigenen ehrgeizigen Plänen,
die auf nichts geringeres aus waren, als sich selber zum Kaiser von Mexiko
zu machen. Alle diese Dinge indeß gehen wenig über das bloße Gerücht
hinaus. Selbst die Aufzeichnungen Eingeweihter, wie beispielsweise des bei
St. Privat gefallenen Prinzen Felix Salm, sind mehr von Abneigung wie
von jener ruhigen Erwägung dictirt, die die Voraussetzung eines historischen
Urtheils ist. Auch in Betreff dieses Punktes übrigens wird der bevorstehende
Prozeß sehr wahrscheinlich Aufschluß geben. Man wird die Vergangenheit
heranziehen, um aus ihr Schlüsse auf die Gegenwart oder doch das gegenwärtig zur Verhandlung Stehende ziehen zu können.*) — Die französische
Expedition kehrte nach Frankreich zurück, mit ihr Bazaine. Ueber seine Verwendung in der Epoche, die der mexikanischen Expedition unmittelbar folgte,
liegen uns keine bestimmten Angaben vor. Es scheint, daß er, mehrfach bei
Zusammenziehungen von Truppen, namentlich auch im Lager von Chalons,
das Commando über diese führte und hierbei den Ruf befestigte, den er

*) Dies ist nicht geschehn, aus Gründen, die ich immer vermuthete, über die mir
indeß erst die mittlerweile zur Veröffentlichung gelangten Castelnau'schen Berichte (siehe Nr. 45
und 46 der P. Lindau'schen »Gegenwart«) Gewißheit gegeben haben. Bazaine in Mexiko
war noch um vieles nicht-schuldiger als Bazaine in Metz. Ueber diesen ist, wie ich das weiterhin ausführen werde, je nach dem Parteistandpunkt immerhin zu streiten, über jenen nicht.
Die künstlich gemachte Maximilians-Glorie bedurfte eines dunklen Hintergrundes und man nahm
ohne Weiteres Bazaine. Ich fürchte sehr, daß die Charakterschilderung, die General Castelnau
vom Kaiser (Maximilian) giebt, in allem Wesentlichen zutreffend ist. Alles in dieser Schilderung
trägt den Stempel der Wahrheit, und es ergiebt sich aus ihr, daß dem Kaiser einfach nicht
zu helfen war. Seine Haltung kann nur dann gutgeheißen, ja selbst glorificirt werden, wenn
es auch von ihm heißen darf: »er wollte sterben«. Ich zweifle, daß dies zutrifft; aber zutreffend
oder nicht, dem Marschall Bazaine ist aus dem blutigen Akt, der dies Trauerspiel abschloß,
kein Vorwurf zu machen. Am allerwenigsten kann von einer Mitschuld die Rede sein. Mitte
Februar 1867 fragte der Marschall an, »ob die Absichten des Kaisers, Maximilian in Folge
der Niederlage des Generals Miramon keine Abänderung erfahren hätten; noch könne er ihm die
Hand reichen, um Sr. Majestät bei seinem Rückzuge behülflich zu sein, in wenigen Tagen würde
ihm dies unmöglich werden«. Nirgends begegnet man einer mala fides Bazaines gegen den
Kaiser Maximilian, andrerseits nirgends einem Verdacht Castelnaus, oder des Kaisers Napoleon
oder des französischen Gesandten in Mexiko (Mr. Dano) gegen den Marschall und etwaige
ehrgeizige Pläne dieses Letztern. Konnte auch nicht der Fall sein. Denn die ganze Armee, auf
die sich doch diese ehrgeizigen Pläne hätten stützen müssen, war nur von einem Gefühl erfüllt:
heraus aus diesem unglückseligen Lande und wieder beim nach Frankreich, je eher je lieber.

sich bereits in drei Feldzügen erworben hatte. In wie weit er sich dabei selbst genügte, darauf kommen wir an anderer Stelle zurück.

Bei Ausbruch des Krieges gegen Deutschland übernahm er das Commando des III. Corps, das ebenso wie das I. (das Mac Mahon'sche), vielleicht durch seine Zusammensetzung, gewiß durch seine Zahl ein hervorragendes war. Es bestand aus 4 Divisionen und hatte eine Stärke von 50,000 Mann. Von Anfang an nahm er eine exceptionelle, über die andern Corpsführer, selbst Mac Mahon kaum ausgenommen, hinausgehende Stellung ein und wurde bereits am 5. August mit der provisorischen Oberleitung der gegen die Saar operirenden drei Corps, II., III., IV., betraut. Die unmittelbare Nähe des Kaisers indeß, der in Metz verweilte, machte diese Ernennung vorläufig ziemlich illusorisch. Erst eine Woche später wurde das bis dahin Halbe und blos Nominelle zu einer Wirklichkeit, und zwar über das Commando jener drei Corps noch h i n a u s.

Die Operationen gegen die Saar, wie überhaupt die ersten Kriegsoperationen scheiterten bekanntlich, und die nach den Tagen von Wörth und Spicheren mit jeder Stunde wachsenden Verlegenheiten des Empire ließen es allseitig empfinden, daß die Oberleitung des Heeres nicht in den Händen eines mit natürlichen Gaben ausgerüsteten Dilettanten, wie es der Kaiser war, sondern in der Hand eines Mannes von Fach und entsprechender Kriegserfahrung liegen müsse. Wer dieser Mann war, darüber konnte kein Zweifel sein. Es standen außer Bazaine ausgedehntesten Falles noch vier zur Wahl: Changarnier, Canrobert, Mac Mahon, Leboeuf; aber über alle vier mußte im ersten Momente hinweggegangen werden. Changarnier war zu alt, Canrobert zu sehr bloßer Soldat, Mac Mahon befand sich auf der Flucht, und Leboeuf war — an allem Schuld. Also Bazaine! Am 12. erfolgte seine Ernennung zum Generalissimus. Der Kaiser, übrigens auch in militairischen Dingen nicht ohne Blick und Urtheil und nur der Kraft der A u s f ü h r u n g, des Practischen überhaupt entbehrend, hegte zu dem Führertalent des Neu-Ernannten ein großes, beinah unbedingtes Vertrauen. Ebenso nahm die Armee seine Ernennung im Allgemeinen mit großer Befriedigung auf. Er verstand das Metier (hatte er doch von der Pike auf gedient), galt für tapfer, schlau und vorsichtig. Man war des Glaubens, daß er die Klugheit, oder doch die erforderliche Kriegslist besitzen werde, die bis dahin begangenen Fehler wieder gut zu machen; ganz besonders waren es die Offiziere und Unteroffiziere, die in Mexiko unter ihm gedient, von denen diese Ueberzeugung gehegt und ausgesprochen wurde. »Il est un grand tacticien«, ging es von Mund zu Mund. Alle alten Troupiers waren seines Lobes voll. Der rechte Mann schien an den rechten Platz gestellt.

Die allgemeine Stimme war für ihn, n u r s e i n e e i g e n e n i c h t.

Wie in so Manchem glich er auch hierin Benedek. Er mißtraute sich und seinem Werkzeug, der Armee. Allerhöchster Gaben entbehrend, war seine Beanlagung doch gerade superior genug, um zu erkennen, was ihm und der Gesammtheit fehlte. Das Offiziercorps stand nicht auf der Höhe, auf der es stehen sollte, und im Lager von Chalons, wie schon Eingangs angedeutet, hatte er an sich selbst die Erfahrung gemacht, daß ihm, trotz Italien und Mexiko, doch die Fähigkeit abgehe, bedeutende Truppenmassen tactisch zu verwenden. Diese Erkenntniß scheint ihm von Anfang an die Neigung zu entscheidenden Operationen genommen zu haben. »Un grand tacticien«, wiederholte die Armee; der Einzige, der zweifelte, war er selbst.

Am 12. ernannt, übernahm er Tags darauf (den 13.) den Oberbefehl. Es fiel auf, daß er, ganz gegen alles Herkommen, keine Proclamation erließ, keine Revue abnahm, vielmehr der Armee wie dem Personal seines Stabes gegenüber eine sehr reservirte Haltung einnahm. Doch war diese kühle Haltung zunächst nur dazu angethan, den zutrauensvollen Respekt vor ihm zu steigern. Bedeutende Menschen sind über die bloße Liebenswürdigkeit nicht nur erhaben, sie ziehen sogar gesteigertes Ansehen aus der Abwesenheit derselben. Gleich die nächsten Tage, und zwar der 14., 16. und 18., stellten seine Begabung auf eine harte Probe, vielleicht auf eine härtere, als sie jemals einem Feldherrn, noch dazu unmittelbar nach seiner Ernennung, Angesichts eines übermächtigen und bereits siegreichen Feindes gestellt worden ist. Mit dem Resultat am 14. schien man etwas überraschender Weise auf französischer Seite zufrieden. Der Kaiser gratulirte dem Marschall zu dem vorgeblichen bei Colombey-Nouilly errungenen Erfolge und fügte hinzu: »der Zauber ist gebrochen.«*)

So kam der 16. und 18. Wegen beider Tage ist er getadelt worden, und zwar um desselben Fehlers willen, wenn es ein Fehler war. Es wird ihm vorgeworfen, die Stelle, auf die es ankam, nicht richtig erkannt und in Folge davon Truppen irrthümlich zurückbehalten, an den ausschlaggebenden Punkt nicht hinbeordert zu haben. Bei Vionville übersah er, so heißt es, daß die Entscheidung bei Mars la Tour, am Tage von Gravelotte, daß sie bei St. Privat lag. Diese Anklagen sind, wenn blos die Thatsachen sprechen sollen, begründet. Warf er sich am 16. bei Mars la Tour mit aller Kraft auf unsern linken Flügel, so waren wir verloren; schickte er am 18. seine Garden rechtzeitig in die Stellung von St. Privat, so wurde dieser Punkt wahrscheinlich nicht gestürmt. Insoweit also hat die Anklage

---

*) Auch in diesem Satze drückt sich der abergläubische, überall ein Eingreifen dämonischer Mächte annehmende Herzenszug des Kaisers aus. Demselben Gebiete gehört es an, daß er sich bereits am Tage nach der Ernennung Bazaines von Metz nach Chalons begeben wollte, die Reise aber unterließ, weil der betreffende Tag ein 13. war.

Recht. Aber sie liegt doch nicht in der Billigkeit. Bazaines Gedanke am 16.,
daß wir ihn von Metz ab-, statt in Metz hinein zu drängen beabsichtigten,
war an und für sich kein falscher, wenn er auch der Wirklichkeit nicht entsprach. Es ist bekannt, daß wir uns auch diesseitig in diesem Plan erst
haben zurecht finden müssen, und daß es bis diesen Tag zweifelhaft bleibt,
ob nicht Abdrängen von Metz besser gewesen wäre, als Hineindrängen in
Metz. Der Krieg hätte dann einen ganz andern Verlauf genommen, gewiß
keinen glorreicheren, aber vielleicht einen rascheren und minder opfervollen.

    So viel über den 16. Was den 18. angeht, so fragt es sich, ob
seine etwaige Schuld nicht noch entschuldbarer ist. Die Schlacht wurde bei
St. Privat entschieden, dies ist freilich ein Fakt; aber der ganze Tag von
Gravelotte erinnert lebhaft an die Schlacht bei Torgau, die schließlich auch
sehr anders gewonnen wurde, als der große König erwartet hatte, ja die
noch gewonnen wurde, als der rechte Glaube daran bereits aufgegeben war.
Aehnlich bei Gravelotte. Wir hatten plötzlich den Sieg, wie man wohl
sagen darf, zu eigener freudigster Ueberraschung, weil er von dem
Flügel herkam, der den Sieg einleiten, bedingen, aber nicht eigentlich ihn besiegeln sollte. Daß er (der linke Flügel) dies dennoch that, war eine Art
Extra, das er leistete. Darüber noch ein Wort. An einem Schlachttage,
an dem wie die Situationen so auch die Intentionen beständig wechseln
müssen, kann jeder Punkt zu der Ehre kommen, in diesem oder jenem
Moment der wichtigste gewesen zu sein; jetzt liegt die Entscheidung hier,
jetzt liegt sie da; dennoch wird von vorn herein ein Punkt als der eigentlichste erkannt werden müssen. Dieser eigentlichste Punkt war am 18. der diesseitige
rechte Flügel; bei Point du jour durchzubrechen, die Höhe von Rozerieulles zu
nehmen, dahin ging unser Plan, oder wenn nicht der Plan, so doch der that-
sächliche Verlauf der Schlacht, wie dieser sich dem Beobachter darstellte. Hier
hielt der König und Moltke, hier wurde, wenn nicht am opferreichsten, so doch am
andauerndsten gerungen, hier war der Punkt, wo Alles, was noch in Nähe
oder Ferne stand, unsererseits zuerst an den Feind kommen mußte, hier
endlich war es, wo um 7 Uhr Abends die Pommern wirklich eintrafen
und über die Gravelotter Schlucht hinweg ihren Sturm gegen die feindliche
Linie unternahmen. An solcher Stelle, oder doch in Nähe derselben, seine
Garden festgehalten zu haben, die, wie zugegeben werden muß, um eben diese
Zeit bei St. Privat noch besser zu verwenden gewesen wären, — daraus
ist kein Vorwurf gegen den Marschall herzuleiten. Die französische Garde
kam allerdings da, wo sie stand, nicht zum Kampfe, aber, was nicht zu übersehen ist, sie stützte das in ihrer Front stehende II. Corps Frossard. Verwendung der Garde links und rechts, in getrennten Divisionen, wäre wahrscheinlich das Vorzuziehendere gewesen; nichtsdestoweniger kann es Bazaine

ablehnen, am 16. und 18. direct fehlerhaft operirt zu haben; er verfuhr verständig und correct.

Verständig und correct, aber freilich auch nicht mehr, und so
geneigt wir sind, ihn gegen directe Beschuldigungen in Schutz zu nehmen, so
gewiß ist es doch auch, daß es ihm an einem Letzten und Höchsten gebrach. Wie
seinem Thun die schuld- und anklage-involvirenden Momente fehlen, so fehlte ihm
andererseits die Initiative, die aus einem bedeutenden Gedanken wie von
selber erwächst. Im Uebrigen bleibt es bestehen, daß er am 16., namentlich
zu Anfang, vorzüglich disponirte und für den 18. eine nicht leicht besser zu
findende Stellung wählte. Er blieb ruhig und hatte unverkennbar (beispielsweise im Gegensatze zu Wimpffen bei Sedan) einen Blick für das Ganze;
er war wirklich ein Feldherr, ein Mann von höherer Begabung, den
schließlich kein anderer Vorwurf trifft als der, an die Colossalität der ihm
gestellten Aufgabe nicht hinangereicht zu haben. Man kann nicht sagen, daß
er ihr absolut nicht gewachsen gewesen wäre, er war ihr nur nicht voll
gewachsen. Daß der 16. wie eine partie remise endigte, muß als ein ganzes
Wunder erscheinen und unser Sieg am 18. wenigstens als ein halbes. Am
16. rangen wir mit der Uebermacht der Zahl, am 18. mit der Uebermacht
einer formidablen, fast uneinnehmbaren Stellung. Die Ueberlegenheit der
Waffe, die gerade an diesem Tage zu voller Ausnutzung kam, kam auf
Seiten des Gegners hinzu. Ein wenig Ueberblick, ein wenig Kühnheit, ein
wenig Genie von Seiten des feindlichen Oberfeldherrn mehr, und beide Tage
verliefen anders. Er verlor das Spiel aus keinem anderen Grunde, als weil
seine höhere Begabung doch keine höchste war. Er ist nicht zu feiern, aber
er ist noch weniger zu tadeln; er war doch der beste General Frankreichs und seinem Rivalen Mac Mahon unendlich überlegen.

———

Wir treten nun speciell in die Frage ein, die, vom 6 October an,
dem Kriegsgerichte in Trianon zur Entscheidung vorliegen wird, in die
Capitulationsfrage, in die Frage, ob Bazaine schuldig ist, durch die
Uebergabe von Metz und die Waffenstreckung seiner Armee eine hochver-
rätherische oder überhaupt eine strafwürdige Handlung begangen zu haben.
Diese Frage ist nicht als ein Ganzes und nicht von einem Gesichtspunkte
aus zu beurtheilen; Militairisches und Politisches wechseln oder durchbringen
sich einander und weisen mannigfach, wie in einer Legirung, ihre verschiedenen
Gehalte von diesem oder jenem auf. Am 12. September erfuhr der Marschall
die Capitulation von Sedan als eine Thatsache. Er hatte bis dahin nur
gerüchtweise von ihr gehört. Dieses Datum bezeichnet denn auch einen Wende-

punkt, und haben wir danach eine Epoche bis zum 12. September und eine Epoche nach dem 12. September zu unterscheiden.

Die Epoche bis zum 12. September ist die vorwiegend militairische, die Epoche nach dem 12. September die vorwiegend politische. Wir behalten in der Folge diese Eintheilung bei.

Bis zum 12. September.

Bis zum 12. September wird die Handlungsweise Bazaines vorzugs-weise, wo nicht lediglich, vom militairischen Standpunkte aus zu be-urtheilen sein. Die Epoche der politischen Erwägungen war noch nicht angebrochen. Er war muthmaßlich gut Kaiserlich bis zuletzt, bis zum 12. September gewiß; als absolute Thorheit will uns deshalb die An-nahme erscheinen, er habe schon vor dem Bekanntwerden von Sedan Hoch-verrath gesponnen und von einer Dynastie Bazaine geträumt. Von politischen Erwägungen, die über das militairisch Politische*) hinausgegangen wären, kann bis zum 12. September keine Rede sein.

»Waren seine militairischen Erwägungen die richtigen?« ist dem-gemäß die erste sich aufdrängende Frage. Diese Frage in ihrer Allgemeinheit wird weder mit einem bestimmten »ja«, noch mit einem bestimmten »nein« zu beantworten sein, deshalb nicht, weil auch diese Epoche wieder in drei kleinere, unter einander sehr verschiedene Zeitabschnitte zerfällt:

1. in die zehn Tage vom 20. bis 30. August,

2. in die zwei Tage der Schlacht von Noisseville (31. August und 1. September) und

3. in die zehn Tage vom 2. bis 12. September.

In 1. und 3. scheint er uns völlig schuldlos dazustehen, in 2. nicht. Ein Blick auf die zehn Tage vom 20. bis 30. August ergiebt unschwer, daß

---

*) Diesen Begriff muß ich zu präcifiren suchen. Ein Generalissimus an der Spitze von 200,000 Mann ist immer eine Art Politiker. Man muß aber durchaus, man verzeihe den Ausdruck, zwischen politischer Politik und militairischer Politik unterscheiden. Der Bazaine-Fall bietet ein Musterbeispiel zur Unterscheidung beider. Der Marschall war auf-gefordert, in den letzten Tagen des August der Mac Mahon'schen Armee die Hand zu reichen. Unterließ er dies, weil er es nicht für richtig hielt, so verfuhr er dabei militairisch poli-tisch und störte von seinem zunächst rein militairischen Standpunkte aus einen Plan, dessen Ausführung oder Nicht-Ausführung vielleicht von größter politischer Wichtigkeit war. Dennoch kann man solch Verfahren durchaus nicht ein eigentlich politisches nennen. Es kommt eben auch bei diesen Dingen auf die Motive an. Thut oder unterläßt man etwas aus mili-tairischen Rücksichten und Erwägungen, so kann, wie immer politisch es gewirkt haben mag, das Geschehene oder Nicht-Geschehene auch nur von militairischem Standpunkte aus beurtheilt resp. verurtheilt werden. Die politische Verantwortlichkeit fängt erst da an, wo dem Thun oder Lassen auch politische Motive zu Grunde liegen.

die erste Hälfte dieses Zeitabschnittes seitens des Marschalls zur Wiederherstellung einer durch drei heiße Schlachttage und voraufgegangene ungeheure
Strapazen etwas aus dem Gefüge gekommenen Armee benutzt wurde, während die zweite Hälfte (vom 25. bis 30.) den Durchbrechungsversuch,
dessen Unterlassung den hauptsächlichsten Anklagepunkt bildet, wenigstens in
ernstlicher Vorbereitung sah. Dieser Durchbruchsversuch wurde am 25. geplant, am 26. begonnen und nur mit Rücksicht auf eine ganz besondere
Ungunst des Wetters, wie ein aussichtsloses Gefecht wieder abgebrochen.

Diese »besondere Ungunst des Wetters« hat man vorläufig als keine
Entlastung gelten lassen wollen: wir glauben mit Unrecht. Es giebt Momente, in denen, weil alles an der Minute hängt, die Frage: »Regen
oder Sonnenschein«, zu etwas Gleichgültigem und ernster Beachtung Un-
werthem herabsinken muß; ein solcher Moment lag hier aber nicht vor. Es
hing damals, zum mindesten allem Anschein nach, noch nichts an der
Minute; ein Aufschub war noch ein wieder einzubringender Verlust,*) und die
Erwägung »gutes oder schlechtes Wetter« hatte noch ein Recht für wichtiger
angesehen zu werden, als die Erwägung »drei Tage früher oder später«. Daß im
Uebrigen dieser Versuch am 31. bereits, behufs Handreichung zu Mac Mahon
hinüber, wieder aufgenommen wurde, ist bekannt. Wir kommen darauf zurück.

So viel über den Zeitabschnitt vom 20. bis 30. August. Aehnlich
günstig scheinen uns die Dinge vom 2. bis 12. September für den Marschall
zu liegen. Auch hier dürfte seine Handelweise vom Standpunkt eines
»Prozesses« aus unangreifbar sein. Schon am 3. oder 4. September,
spätestens am 6., erfuhr er gerüchtweise die Niederlage bei Sedan. Er
trat also, seinerseits völlig unverschuldet, in eine Epoche der Ungewißheit ein,
die sich ebenso auf die Sachlage wie auf die Stellung bezog, die er zu
derselben einzunehmen haben werde. Wird sich die Nachricht bestätigen?
war die erste Ungewißheit; wenn sie sich bestätigt, was wird Dir obliegen
zu thun? war die zweite.

*) Man hat dies bestritten und auf eine Depesche des Kaisers aus Chalons vom
22. hingewiesen, die dem Marschall mittheilte, »daß die Mac Mahon'sche Armee nach der Maas
und Aisne abmarschire«, also der in Metz eingeschlossenen Armee zu Hülfe eilen werde. Diese
Depesche aus dem Kaiserlichen Hauptquartier ist jedoch, nach Aussage Bazaines wie auch
des Zeugen de Mornay, erst am 29. in Metz eingetroffen, also nur einen Tag früher als die
Mac Mahon'sche Depesche von gleichem Datum (22.), die von Reims aus meldete: »ich
marschire auf Montmédy«. Diesen Aussagen Bazaines und de Mornays stehen allerdings die
bestimmtesten Aussagen des Obersten Lewal entgegen, dennoch hat dieser selbst zugeben müssen, daß
er nur ganz allgemein von einer eingetroffenen Depesche obigen Inhalts (die Armee von Chalons
marschirt an die Maas rc.) sprechen könne, keineswegs aber behaupten wolle, daß die Depesche
aus Chalons und aus dem Kaiserlichen Hauptquartiere gekommen sei. Daran hängt
aber Alles. Depeschen des mannigfachsten und sich widersprechendsten Inhalts, die mehr oder
minder nur Gerüchte wiedergaben, trafen vielfach ein.

In solchen Situationen beziehungsweise Stimmungen ist »abwarten« unter neun Fällen von zehn das einzig Richtige, ein kritikloses »Dranlos« aber das allemal Verwerflichste. Blinder Eifer schadet nur. Existirte denn überhaupt die Hand noch, so durfte Bazaine fragen, der er gebunden sein sollte, die seinige entgegenzustrecken? Wer wollte sagen »ja!« Die ganze Sachlage bedurfte der Klärung. Es waren Uebergangs-Zehntage. Die Zeit zu rein militairischen Actionen war dahin und die Zeit zu vorwiegend politischen Entschlüssen war noch nicht angebrochen.

So erübrigt uns denn aus der ganzen ersten Hälfte der Belagerung (bis zum 12. September) nur noch ein Blick auf Noisseville. Und hier scheint uns allerdings eine Verschuldung Bazaine's vorzuliegen. That er am 31. August und 1. September ebenfalls nichts, so würde man diese zwei Tage ohne sonderlichen Zwang dem Zeitabschnitt vom 20. bis 30. zulegen und einfach hervorheben dürfen: am Unwetter des 26. und 27. war der erste Versuch gescheitert, und auch am 31. noch, trotz Abmachungen und Zusagen (die übrigens keineswegs absolut bindender Natur waren und auch von Mac Mahon nicht inne gehalten wurden), glaubte der Marschall den Zeitpunkt zur Wiederaufnahme eines solchen Versuchs nicht gekommen. So etwa, im Falle einfachen weiteren Nichtsthuns an den genannten beiden Tagen, würde sich dieses Zögern haben entschuldigen lassen. Da er aber im Gegensatze hierzu am 31. die Sache wirklich unternahm, so mußte er sie auch durchführen. Denn sie war durchzuführen. Daß er sie dennoch nicht durchführte, bezichtigt ihn entweder des bösen Willens oder eines unausweichenden Könnens. Wenn nur dieses letztern, so involvirt doch auch dieses ein ernstes Maß von Schuld. »Niemand hat die Verpflichtung, ein großer Mann zu sein«, ist ein Sprichwort, das nur gelten kann, so lange die entsprechende Zusage, oder ihr Aehnliches, weder laut, noch leise gegeben wurde. Wer aber in einem kritischen Moment seines Vaterlandes das Commando über 200,000 Mann übernimmt, der hat mit dem Muth der Uebernahme eines solchen Commandos auch zugleich die Verpflichtung übernommen, der gestellten und acceptirten Aufgabe gewachsen zu sein. Gewachsen wenigstens bis zu einem gewissen Grade. Bazaine blieb an diesem Tage hinter dem zu fordernden Maß zurück. Noisseville ist der Punkt, worauf hin der Marschall angeklagt und vielleicht verurtheilt werden kann.

Aber, wie gleich hier hervorgehoben werden mag, der einzige Punkt!

Nach dem 12. September.

Am 12. empfing Bazaine in aller Bestimmtheit die Nachricht:

von der Capitulation bei Sedan,

von der Gefangennahme des Kaisers,

von dem Sturze des Kaiserreichs und
von der Erklärung der Republik.

Von diesem Augenblick an ist sein Thun nur noch vom politischen Standpunkt aus anzusehen. Daß er auch von da ab noch, anzurathender Weise oder nicht, unter Transetzung großer Opfer vermocht hätte, den Durchbruch auszuführen, ist unzweifelhaft; ebenso kann umgekehrt zugegeben werden, daß im Gegensatz zu dem nunmehr immer politischer sich Gestaltenden der Gesammt-Situation (namentlich gegen das Ende der Belagerung hin), einzelne militairische Erwägungen den politischen Calcul wiederum zu beeinflussen begannen. So beispielsweise der totale Mangel an Transportmitteln. Im Ganzen aber bleibt bestehen, was schon Eingangs dieses Capitels hervorgehoben wurde, daß vom 12. September an die Frage nicht mehr hieß: »kann ich durchbrechen«, sondern: »soll ich durchbrechen?« Die Frage war nach dem Sturze des Kaiserreichs und Proclamirung der Republik eine eminent politische geworden.

Stellte sich Bazaine, der Politiker, richtig zu dieser Frage? Es will uns scheinen, ja. Wir finden in dem Firck'schen Buche »die Vertheidigung von Metz« die folgenden Sätze:

»Der Marschall war ein treuer Anhänger des Kaisers und hatte wenig Vertrauen zur Befähigung der Regierung der nationalen Vertheidigung, hielt auch vermuthlich die Fortsetzung des Krieges für ein aussichtsloses Unternehmen. Wäre im Einklang mit dieser während des Monats September allseitig getheilten Ansicht im Beginn des October ein Präliminar-Frieden zum Abschluß gekommen, so würde Frankreich bei den Verhandlungen sicher großen Nutzen aus dem noch Vorhandensein einer anerkannt guten Armee im Lager von Metz gezogen haben, man hätte in diesem durchaus nicht unmöglichen Falle günstigere Bedingungen erlangt, die inneren Unruhen wahrscheinlich ganz vermieden und mit Benutzung der reichen Cadres in kurzer Zeit eine solide Armee herstellen, eventuell mit dieser den nur abgebrochenen Kampf wieder aufnehmen können.

Wie dem immer sei, das Commando über die bei Metz versammelte Armee war dem Marschall vom Kaiser übertragen worden, weshalb keinesfalls eine Verpflichtung für ihn, den Marschall, bestand, diese einzige Armee einem Consortium*) zur Verfügung zu stellen,

*) Ueber dieses »Consortium« (J. Favre-Gambetta) zu dessen grundsätzlichen Verkleinerern ich keineswegs gehöre, werde ich in Band II. ausführlicher zu berichten haben. Nur wenige Bemerkungen schon hier. Die Lage Bazaines dem republikanischen Gouvernement gegenüber war ohngefähr die, wie wenn der General v. Manteuffel, an der Spitze von 200,000 Mann, in Erfahrung gebracht hätte: »in Berlin habe sich eine Diktatur unter Virchow und Franz Duncker etablirt«, wobei noch zu bemerken ist, daß das politische Ansehen der Herren Jules Favre-Gambetta wohl kaum auf der Höhe jener zwei Ebengenannten stand. Gambetta war in seiner

65*

welches weder von der gesammten Nation berufen, noch durch frühere hervorragende Leistungen besonders vertrauenerweckend war. Bazaine beschloß deshalb, als er am 12. September die erste sichere Kunde von der Capitulation

Art ein Genie; ich bewunderte ihn aufrichtig; aber sein Genie war das des Fanatikers.
Als er von der Capitulation hörte, rief er aus: »ich würd' es vorgezogen haben, die Armee
von Metz in ein Beinhaus verwandelt zu sehen«. Was im Uebrigen seine Mitarbeiter am
Werke angeht — Personen die doch auch erwogen sein wollen — so haben die seit dem 6. October
geführten Prozeßverhandlungen uns einige dieser »Herren von der Regierung« und ihre Ver-
trauensmänner kennen gelehrt. So beispielsweise Herrn Lachard, einen gebornen Elsässer,
der, unter dem Regime J. Favre-Gambetta, Gesandter in Brüssel war. Seine Zeugenaussage
vor Gericht ist in mehr als einer Hinsicht so charakteristisch, daß sie hier in extenso wieder-
gegeben werden möge. »Als ich meinen theuren Freund Jules Favre verließ, um mich auf
meinen Posten nach Brüssel zu begeben, wußte ich nicht das erste Wort von Diplomatie; aber
ich dachte mir: Wenn man halb todt noch zu Pferde gestiegen ist, um dem Marschall Mac Mahon
in den Kampf zu folgen, wird man auch hier seine Pflicht thun können. Ich empfing in
Brüssel manche Personen, welche es auf sich nehmen wollten, sich nach Metz einzuschleichen,
so einen gewissen Lord Beauclair, wenn es wirklich ein Lord gewesen ist, dann die Gräfin
Cabarrus. Zu dieser sagte ich: Wenn Sie das durchführten, so leisten Sie wirklich etwas Großes
und als Lohn dafür verspreche ich Ihnen die Freundschaft meiner Frau (Heiterkeit). Ich liebe
nämlich sehr meine Frau, eine Deutsche, mit der ich schon seit 15 Jahren verheirathet bin. Ich
lernte auch die Marschallin Canrobert kennen: Das ist eine sehr edle Frau, schön und sehr
distinguirt, ein wahrer Typus (Heiterkeit). Wenn ich mich nicht gewählt ausdrücke, so bitte ich
das zu entschuldigen, ich leide schon längere Zeit an Schlaflosigkeit. Ich machte die Bekanntschaft der Marschallin am Bette eines Verwundeten. Ich sah sie später in einem Salon wieder.
Elende belgische Blätter behaupteten, daß ich ihr um anderer Zwecke willen nachginge, aber vor
Allem liegt mir daran, daß Sie nicht zweifeln, einen Ehrenmann vor sich zu haben; darum
stelle ich meine Aussage unter den Schutz einer für mich geheiligten Person, nämlich meines
Vaters. (Das Publikum hört mit wachsendem Erstaunen zu.) Ich selbst leistete das Mögliche.
Meine Frau stand mir bei und ich hatte noch andere Adjutanten, so z. B. Hrn. Verardi, den
Eigenthümer der »Indépendance belge«, der mir stets mit dem größten Eifer Neuigkeiten überbrachte. Eines Tages erfuhr ich, daß Bourbaki in Luxemburg wäre. Ich sage: Bourbaki, weil
ich mit ihm sehr befreundet bin und weil es ein historischer Name ist. Ich lud ihn zu mir
und bat ihn, nach Tours zu gehen und dort ein Kommando anzunehmen. Hier muß ich wieder
von einer Frau sprechen, aber von was für einer! Noch gestern sagte ich in Gegenwart von
zwei Marschällen: »Bourbaki, Sie haben da eine verteufelte Frau!« (Fortwährendes Gelächter)
Ich konnte ihn nicht bestimmen, nach Tours zu gehen; da ließ ich seine Frau und die Marschallin
Canrobert zu mir bitten und lieferte ihnen Bourbaki aus. Seine Frau nahm ihn in die Mache
und das blieb nicht ohne Wirkung, sie ist gleichwohl nicht schön, Frau Bourbaki. Sie sagte zu
ihm: »Wenn man Deinen Namen trägt, so krepirt man nicht im Bett!« Man bat mich, auch
meine Beredtsamkeit zu entwickeln und ich ließ es an mir nicht fehlen. Endlich sagte Bourbaki:
»Gut, ich gehe, ich will Gambetta dienen; ich thue es meiner Frau zu Liebe«. (Gelächter) Zeuge
wendet sich zum Zuhörerraum und ruft zornig: Ich lache nicht! Ich erlaube nicht, daß man
in Gegenwart eines Elsässers lache! (Stürmische Heiterkeit) Präs.: Lassen Sie das! Zeuge
(fährt fort): Ich hatte auch Herrn Régnier bei mir, ich sah ihm gleich an, daß es mit ihm
nicht richtig sei. Er sagte mir, er sei eine historische Persönlichkeit und erzählte mir sein Leben:
es war die Laufbahn eines politischen Hanswursts und der ganze Mensch machte auf mich den
Eindruck eines Maikäfers, der in einem Concerte mitbrummt, wo falsch gesungen wird.«

So Lachard, darf man sich wundern, wenn französische Marschälle zu einer Regierung,
die unter andern auch solche Mitglieder zählte, sich weder hingezogen fühlten, noch sich viel
von ihr versprachen.

von Sedan erhielt, die unter seinem Befehl stehende Rheinarmee im Lager von Metz versammelt zu halten, und die als nah bevorstehend angesehene Beendigung des Krieges abzuwarten. Er verzichtete gleichzeitig, um die Kraft und dadurch auch die politische Bedeutung der Armee nicht nutzlos zu schwächen, auf größere Kämpfe, beschäftigte die Truppen beinahe ausschließlich mit fortificatorischen Arbeiten und ordnete nur insoweit kleinere Ausfälle an, als ihm dies im Interesse der Moral der Truppe oder zwecks Erhaltung des Vertrauens zur oberen Führung gelegentlich nothwendig erschien.«

Diesen Sätzen, die wir in jedem Wort unterschreiben, haben wir wenig hinzuzufügen. Sie enthalten — immer mit Ausnahme von Noisseville — die völlige Exculpirung Bazaines, seine Rechtfertigung als Soldat unbedingt, seine Rechtfertigung als Politiker wenigstens von unserm Standpunkt aus.

Ueber den ersten Punkt können die Ansichten nicht wohl auseinandergehen. Er hatte Louis Napoleon geschworen und befehligte eine Armee, die denselben Eid geleistet hatte. Als Soldat mußte er kaiserliche Politik treiben und dem Kaiser die Armee zu erhalten suchen.

Ueber Punkt zwei, wie zuzugeben ist, können dagegen die Ansichten divergiren. Der Politiker Bazaine hatte eine andere, oder doch eine weitergehende Aufgabe als der Soldat. War er ihr gewachsen? Er sah sich in eine Lage gestellt, in der die Rücksicht auf den geleisteten Eid in beständigen Conflict gerieth mit der Rücksicht auf das Wohl des Landes.

Ging hier nicht die Sache über die Person? War hier nicht ein Fall gegeben, wo es sich geziemte, einem höchsten Sittengesetze folgend, eine zwar geheiligte Form, aber doch immerhin nur eine Form dem lebendigsten Leben zu Liebe zu durchbrechen? Und wenn die Berechtigung hierzu bestritten werden konnte, lagen hier die Dinge nicht so, daß durch die Ereignisse selbst der unter anderen Verhältnissen gegebene Eid ohnehin gegenstandslos und deshalb hinfällig geworden war? So drängten sich die Fragen. Die Antwort darauf wird je nach den sittlichen und politischen Standpunkten verschieden lauten, aber auch das mißbilligendste Votum des Patrioten à outrance wird nicht in Form einer wohlmotivirten Anklage auftreten können. Bazaine in seiner Eigenschaft als Soldat that, was er mußte, in seiner Eigenschaft als Politiker, was er durfte. Er hätte, wie die Anschauungen, und zumal in Frankreich, nun einmal liegen, ohne Einbuße an seiner Ehre die große Schwenkung mitmachen und die kaiserliche Armee in eine republikanische umwandeln können, die Geschichte würde ihm diese Wandlung verziehen, das Vaterland sie gefeiert haben; aber es ist unmöglich, aus dem immerhin rühmenswerthen Umstande, daß er diese Umwandlung nicht machte, irgend etwas wie eine Schuld herleiten zu wollen. Er blieb treu seinem Eid, treu seinem Gefühl persönlicher Anhänglichkeit, auch treu seinen politischen Anschauungen; dies mag unbequem, unerwünscht, ja selbst ungünstig für die Landeswohlfahrt gewesen sein, zu verurtheilen ist es nicht. Hieran wird in den großen Zügen nichts zu deuteln und zu ändern sein, und nur über begleitende Dinge zweiten und dritten Ranges mag noch gerechtet werden. So wird ihm vielleicht aus seinen bereits am 16. September beginnenden und dann fortgesetzten Beziehungen zum Obercommando in Corny ein Vorwurf gemacht und dieser Vorwurf durch einen Hinweis auf das französische, jeden Verkehr mit dem Feinde untersagende Reglement motivirt werden können, aber auch hier will uns seitens des Marschalls das blos äußerliche Hinausgehen über Regel und Vorschrift immer nur als etwa ausreichender Grund zu einer Reprimande erscheinen. Diese beständigen Sendungen und Anfragen nach Corny hinüber verletzten gültige Formen, gewiß, aber erst ein ganz bestimmter Inhalt dieses hin und her gehenden Verkehrs würde eine Formverletzung wie die vorliegende auch zu einem strafenswürdigen Verbrechen stempeln können.

An diesem Inhalt hat es sicherlich gefehlt. Hochverrath wäre erst indicirt, wenn der Marschall preußischen Zwecken gedient und preußisches Gold genommen hätte. In der That, auch davon ist seitens der Ankläger die Rede gewesen. Aber diese Annahme ist thöricht, weil ganz und gar unglaublich. Der außerordentliche Reichthum des Angeklagten wird hier zu einem goldenen Schilde, an welchem sich die Pfeile brechen; wenn aber nichts destoweniger, und zwar einer fast bis zur Gewißheit gesteigerten Wahrscheinlichkeit zum Trotz, die Bestechungsmöglichkeit (wenigstens hypothetisch) einen Augenblick zugegeben werden mag, so fragen wir, welcher Preis wäre nöthig gewesen, um zu den Colossal-Ansprüchen eines Mannes hinanzureichen, der — so scheint wenigstens die Annahme seiner Ankläger zu sein — jeden Augenblick im Stande gewesen wäre, die Rolle eines Retters des Vaterlandes zu spielen und in dieser Rolle neben seinem Ehrgeiz doch zugleich auch jede andere Form des Geizes zu befriedigen!

Von Hochverrath nichts, von Versehen und Mißgriffen etwas, aber ein kleiner und begrenzter Theil! Seine Schuld, seine einzige, liegt in Roisseville. Ueber die Art dieser Schuld haben wir uns ausgesprochen. Sie zu erklären, ist außerordentlich schwer, bis zur Stunde vielleicht unmöglich. Der erste Napoleon pflegte zu bemerken: »es scheint ein Naturgesetz, daß die Menschen nur vier ihnen direct unterstellte große Einheiten zu leiten vermögen, und es bedarf sehr befähigter Köpfe, um fünf solche Einheiten mit völliger Klarheit zu überschauen«. Bazaine hatte fünf Corps zu dirigiren! Sollen wir annehmen, daß in diesem napoleonischen Satze der

Schlüssel zum Verständniß gegeben und der Marschall, auf die Vier hin bean-
lagt, an der Fünf einfach gescheitert sei? Es liegt hier ein dunkler Punkt.

Die nächsten Wochen werden das Räthsel lösen, wenn es nicht (was
auch möglich) absichtlich ein Räthsel bleibt.

Vor etwa Jahresfrist sagte der Marschall: »wenn man mich gegen
die Wand drängt, so werd' ich mich rücksichtsloser wehren, als Manchem
lieb ist«. Darauf hin, noch dazu unter veränderten Zeitumständen, könnte
ein Compromiß beliebt werden, welcher das Dunkel ließe, wie es ist!

———

Nachschrift.

(28. November 1873.)

Es ist uns, zu unserem Leidwesen, versagt, den Schluß des seit dem 6. October in Trianon verhandelten Bazaine-Prozesses abzuwarten. Das Urtheil
des Kriegsgerichts, von Eingeweihten vorläufig auf den 16. Dezember berechnet, wird erst gesprochen werden, wenn dieser Halbband bereits dem Publikum vorliegt. Es muß also gewagt werden, jener Entscheidung vorzugreifen
und, gestützt auf das bis diesen Augenblick sich darbietende Material, er-
neuert (denn schon das vorstehende Capitel stellte sich diese Aufgabe) ein
Schuldig oder Nicht-Schuldig auszusprechen. Es gereicht uns dabei einigermaßen zur Beruhigung, daß die Zeugen-Aussagen so gut wie geschlossen
sind und daß ein Hervortreten von Momenten, die alles bis jetzt Erwiesene
wieder in Frage stellen könnten, so gut wie unmöglich ist.

Die vom General de Rivière herrührende, ganz und gar vom Parteigeist diktirte Anklageschrift lassen wir fallen; — weil sie Alles in der Haltung
des Marschalls als schuldig beweisen will, beweist sie nichts. Ich richte meine
Aufmerksamkeit viel mehr auf den Gang des Prozesses selbst.

Dieser Gang des Prozesses hat zwei Punkte mit eben so viel Berechtigung wie Geschick in den Vordergrund gestellt und zwar die zwei Fragen:

1) Warum gehorchte Bazaine nicht der Aufforderung Palikao's, sich mit
Mac Mahon bei Verdun oder Montmedy zu vereinigen?

2) Warum gehorchte Bazaine nicht der Aufforderung der »Regierung
vom 4. September« (J. Favre-Gambetta) die preußischen Linien
coute que coute zu durchbrechen?

Auf diese Anklage zwiefachen Ungehorsams hin hat Bazaine geantwortet:

ad 1. Ich habe die Vereinigung mit der Mac Mahon'schen Armee von
dem Augenblick an erstrebt, wo mir die entsprechenden Depeschen zu-

gingen. Es war am 29. und 30. An einem früheren Tage habe ich keine Depesche erhalten, weder von Mac Mahon, noch vom Kaiser.

ad 2. Ich habe Depeschen, Ordres oder Weisungen seitens der Regierung vom 4. September überhaupt nicht erhalten. Hätte ich solche erhalten, so würde ich ihnen gehorsamt haben.

Die Zeugen-Aussagen, wenn man unter diesen die Körner von der Spreu sondert, haben den vorstehenden Angaben des Marschalls entsprochen. Damit ist der Anklage der Boden unter den Füßen fortgezogen und die Freisprechung Bazaines erscheint uns selbstverständlich.

Sie erscheint uns selbstverständlich, weit über das von uns Erwartete hinaus, denn so lebhaft wir, längst vor Beginn dieses Prozesses, für die Nicht-Schuld des Marschalls plaidirt haben, so gingen wir doch all' die Zeit über von der Annahme aus, daß diese Nicht-Schuld lediglich von Innen heraus, nicht aber auch formell zu begründen sein werde. Wir fanden seine Rechtfertigung, wie wir auf S. 843 bis S. 848 ausführlich dargestellt haben, in der militairischen und politischen Situation und erwarteten, daß die Aussagen des Marschalls, statt sich auf den Nicht-Empfang von Depeschen, Ordres oder Weisungen zu berufen, einfach darauf hinauslaufen würden:

ad 1. Ich blieb in Metz und marschirte nicht auf Montmedy, weil ich es militairisch für falsch ansah, diesen Marsch anzutreten, und

ad 2. Ich blieb in Metz und durchbrach nicht die feindlichen Linien, weil ich es für politisch falsch ansah, das Kaiserthum aufzugeben und unter der Devise »ich diene Frankreich« doch nur der Republik zu dienen.

Wie sich das Kriegsgericht zu so offnen Bekenntnissen gestellt haben würde, muß freilich zweifelhaft erscheinen, und so war es denn begreiflicherweise klug, den Beweis des Nicht-Schuldig von der formellen und nicht von der moralischen Seite her anzutreten. Für unsere persönliche Ueberzeugung aber steht es fest, daß nicht der Nicht-Empfang von Depeschen, sondern lediglich das Nicht-Wollen 1. eines Vereinigungs-Marsches und 2. eines Fahnenwechsels (Republik statt Kaiserthum) seine Handlungsweise bestimmt habe.

Und in beiden Punkten hatte er Recht. Ich verweise auch hier wieder auf schon Gesagtes. Die Auslassungen des Obersten Stoffel vor dem Kriegsgericht haben zur Genüge dargethan, daß der Vereinigungsmarsch auf Verdun oder Montmedy nur ein Lieblingsplan des Kriegsministers Palikao war, dem von Seiten Mac Mahons ebenso widerstrebt wurde wie von Seiten Bazaines. Ist dieser schuldig, so ist es jener nicht minder. Aber sie sind Beide gleich nicht-schuldig. In große Verhältnisse gestellt,

ohne eine wirkliche Autorität über sich (denn der Kaiser hatte sich derselben
entäußert und Palikao konnte einem Bazaine und Mac Mahon gegenüber als
solche nicht gelten), hatten sie kein höheres Gesetz als ihr Gewissen und ihre
Ansicht von der Sache. Darnach handelte jeder.

Und in derselben Weise wie Beide gerechtfertigt waren militairisch
selbstständig zu handeln, in derselben Weise war speziell Bazaine politisch
gerechtfertigt, von einem Ausharren beim Kaiserthum mehr Heil für das Land
zu erwarten, als von einem Uebergehen zu einer provisorischen Regierung,
die in der That gar keine Regierung war.

Ein diesen Anschauungen entsprechendes, offenes Bekenntniß, eine
frank und freie Darlegung der eigentlichsten Motive, die sowohl in den letzten
Augusttagen, als das Kaiserreich noch existirte, wie späterhin, unter der Republik, die Handelweise des Marschalls bestimmten, würde uns sympathischer
berührt haben, aber wir vermögen andrerseits doch auch keinen Vorwurf an
eine Vertheidigungsweise zu knüpfen, die uns vorzugsweise als eine advokatische
erscheinen will. Denn die Freisprechung, die der Angeklagte guten Grund
hat sich selber zu Theil werden zu lassen, involvirt noch nicht die Freisprechung
eines Kriegsgerichts. Die Wahrheit siegt zuletzt vor der Geschichte, aber sie
siegt nicht nothwendig in Trianon. So mag es denn drum sein, ob das
Nicht-Schuldig auf ein Innerliches oder Aeußerliches hin ausgesprochen wird,
wenn es nur überhaupt ausgesprochen wird.

Am 11. Dezember.

Dies Nicht-Schuldig ist nicht ausgesprochen worden.
Nachdem Anklage und Vertheidigung*) in sechstägigem Beweis und

---

*) Der Vertheidiger Lachaud legte am Schluß seines Plaidoyers dem Gerichtshofe
auch zwei schriftliche Erklärungen des Prinzen Friedrich Karl vor. Die erste, vom 28.
November d. J. lautete: »Ich erkläre durch das gegenwärtige Schriftstück, daß niemals während der ganzen Dauer der Belagerung von Metz der Marschall Bazaine nach meinem Hauptquartier Corny gekommen ist, und daß ich denselben nach der Capitulation von Metz zum ersten
Male zu Gesicht bekommen habe.« Die zweite, vom 8. Dezember datirte Erklärung, war folgenden Inhalts: »Ich erkläre, daß ich für den Marschall die vollständigste Hochachtung hege,
namentlich wegen der Energie, mit welcher derselbe die verhängnißvolle Capitulation von Metz
hinausgezogen hat.« Die Vorlegung dieser Schriftstücke (übrigens gleich darauf vom Ankläger,
General Pourcet, getadelt) war bereits ein verzweifeltes Mittel, ein wahrscheinlich bewußtes
und auch vom Angeklagten selbst gutgeheißenes va banque-Spielen. Die Parthie stand
bereits so, daß man es darauf ankommen lassen mußte, ob die Wucht der Wahrheit stärker
sein werde als die Gereiztheit, die aus diesen Aussagen des feindlichen Feldherrn zunächst
nur neue Nahrung ziehen konnte. Vielleicht stand der Ausgang des Prozesses — eine gewisse
Mattheit in der Vertheidigung läßt uns darauf schließen — auch schon klar vor der Seele des
Vertheidigers sowohl wie des Angeklagten, und die Erklärungen des Prinzen wurden vorgelegt
nicht mehr um das Leben, sondern — um die Ehre zu retten.

Gegenbeweis sich erschöpft und der Marschall selbst noch einmal das Wort ergriffen hatte, um die Erklärung abzugeben:

»In meinem Herzen leben nur diese beiden Worte: Ehre und Vaterland. Ohne jemals gegen diese stolze Devise gefehlt zu haben, habe ich meinem Vaterlande während 42 Jahre treu gedient. Ich beschwöre es bei Jesus Christus, daß ich Frankreich nie verrathen habe;«

trat der Gerichtshof zu einer letzten Berathung zusammen und gab 9 Uhr Abends am 10. Dezember sein Urtheil dahin ab:

daß der Marschall Bazaine **schuldig** sei, die Capitulation sowohl der Festung Metz als der Feldarmee bewirkt zu haben, ohne daß er vorher Alles gethan, was Pflicht und Ehre vorgeschrieben.

Dies Urtheil war mit Einstimmigkeit gefaßt worden. Es bedeutet: Degradation und Erschießung.

Ob es vollzogen wird, ist für die Rechts-Entscheidung und für unsre Stellung zu derselben gleichgültig. Im Uebrigen meinen wir, muß ein solches Urtheil vollzogen werden.*) Mit solchen Dingen spielt man nicht. Dergleichen darf nicht anders im Sande verlaufen, als mit Blut.

Der Parteigeist hat zu Gericht gesessen. Der Ankläger, General Ponreet, hat dies mittelbar selber ausgesprochen, indem er die Schuld des Marschalls dahin präcisirte, daß dieser den »ehrgeizigen Traum gehabt habe, an der Spitze seiner Truppen die kaiserliche Regentschaft zu restauriren«. Gewiß hatte er diesen Plan. Wir aber finden in diesem Plane sein Recht, die Anklage fand darin — sein Verbrechen.

Man soll nicht an Tage glauben, sagt die Schrift. Und dennoch! Am 10. Dezember 1848 ging Louis Napoleon als der »Erwählte der Nation« aus der Wahlurne hervor, und am 10. Dezember 1873 wurde das Todesurtheil über einen Marschall von Frankreich gesprochen, weil er an diesen »Erwählten der Nation« mehr geglaubt hatte, als an die Herren Jules Favre-Gambetta.

Der beleidigte Eitelkeitsgötze hat ein Sühnopfer verlangt; er hat es um.

Ein furchtbarer Trost bleibt: »Er war der erste nicht und wird der letzte nicht sein.«

*) 12. Dezember. Es wird nicht vollzogen werden. Der Gerichtshof hat, einstimmig wie er verurtheilte, so auch einstimmig ein Gnadengesuch beim Marschall-Präsidenten (Mac Mahon) eingereicht. Dieser war tief bewegt. Die Begnadigung kann nicht ausbleiben. Das Ganze: eine in der Entwickelung stecken gebliebene Tragödie, weil es dem Dichter und seinem Regisseuren doch an dem Muthe gebrach, die letzten Consequenzen zu ziehen... Nun ist es Macbeth, der am Südrande des Birnam-Waldes eine Villa bezieht. (Freilich eine umgitterte, wie die letzten Telegramme melden.)